THE MIDDLE EAST

THE CRADLE OF CIVILIZATION REVEALED

중동의 역사

문명 탄생의 요람

중동의 역사

문명 탄생의 요람

스테판 버크 수석 고문 | 박경혜 옮김

THE MIDDLE EAST

THE CRADLE OF CIVILIZATION REVEALED

ANCIENT CIVILIZATIONS:
THE MIDDLE EAST

중동의 역사 문명 탄생의 요람

초판 1쇄 발행 | 2012년 12월 31일

엮은이 | 스테판 버그
옮긴이 | 박경혜
펴낸이 | 김선기
펴낸곳 | (주)푸른길
출판등록 | 1996년 4월 12일 제16-1292호
주소 | 137-060 서울시 서초구 방배동 1001-9 우진빌딩 3층
전화 | 02-523-2907 팩스 | 02-523-2951
이메일 | pur456@kornet.net
홈페이지 | www.purungil.co.kr
ISBN 978-89-6291-219-7 03910

이 도서의 국립중앙도서관 출판시도서목록(CIP)은 e-CIP홈페이지(http://www.nl.go.kr/ecip)와 국가자료공동목록시스템(http://www.nl.go.kr/kolisnet)에서 이용하실 수 있습니다.(CIP제어번호: CIP2012004524)

집필진

수석 고문

스테판 버크(Stephen Bourke)는 근동 고고학자로서 1980년부터 특히 요르단과 시리아에서 다양한 국제 고고학 프로젝트에 참가해 왔으며 지난 25년간 70여 개의 고고학 출판물을 집필하거나 집필에 참여했다. 1992년부터 현재까지 펠라, 요르단에서 호주 시드니 대학 발굴팀을 지휘하고 있다. 가장 최근의 현장 작업은 2009년에 이루어졌다. 앞서 1994-1999년에 요르단에 있는 금석 병용 시대의 표준 유적인 텔레일라트가술의 새로운 발굴을 지휘했다. 그는 BCE 6500-300년경 도시 생활이 시작된 신석기 시대로부터 전고전 시대 후기의 철기 시대 지역 국가에 이르는 분야를 연구하고 있다. 현재 펠라에서 진행되고 있는 발굴 및 이미 작업이 끝난 금석 병용 시대의 텔레일라트가술 발굴, 시리아의 텔네비멘드에서 이루어지고 있는 영국의 조사 및 발굴, 홈스 지방 조사 등에 따른 여러 가지 연구 프로젝트를 추진하고 있다. 시드니 대학의 텔레일라트가술 발굴에 대한 논문과 오론테스 강변에 있는 텔네비멘드(고대의 카데시)의 발굴을 기반으로 한 논문을 작성하는 중이다. 이와 함께, 더럼 대학의 홈스 지방 조사 프로젝트에 참여하여, BCE 1000년대 홈스 지방의 정착 역사에 대해 연구하고 있다.

필진

머리 브라운(Maree Browne)은 시드니 대학에서 고전 및 근동 고고학과 선사 시대에 대해 공부했다. 주로 시드니 대학이 담당한 요르단의 펠라를 비롯한 유적들의 발굴에 참가했다. 그녀의 주요 분야는 고대 환경의 고고학과 환경이 현지 주민을 위해 다루어진 방법이다. 현재 호주 뉴사우스웨일스 대학 건축학과에서 강의하고 있다.

마크 W. 샤발라스(Professor Mark W. Chavalas)는 미국 위스콘신 라크로스 대학의 사학과 교수로서 고대 근동사, 고고학 및 아카드어를 가르치고 있다. 하버드, 예일, 캘리포니아 버클리, 브라운, 코넬, 위스콘신-매디슨 및 애리조나 대학에서 연구비 지원을 받은 바 있다. 시리아의 텔아샤라(테르카), 텔크라야 및 텔모잔(우르케시)에서 발굴했다. 가장 최근의 저서로는 공동 편집한 *Mesopotamia and Bible, Life and Culture in the Ancient Near East, The Ancient Near East* 및 *Current Issues in the History of the Ancient Near East* 등이 있다.

케이트 다코스타(Dr. Kate da Costa)는 호주 시드니 대학 고고학과의 ARC 연구원이다. 그녀는 근동 및 고전 시대 고고학을 강의하고 있으며 요르단 발굴 및 조사 프로젝트를 감독하고 있다. 주요 연구 분야는 근동의 로마 및 이슬람 초기 시대, 외부 정치 세력과 현지 주민들의 상호 작용이다. 현재는 고고학적 방법을 이용하여 로마 제국의 국경을 탐지하고 있다. 그녀는 또한 지중해 동부 도자제 조명 등의 권위자이기도 하다.

피터 에드웰(Dr. Peter Edwell)은 호주 맥쿼리 대학의 고대사학과에서 강사로 재직 중이다. 최근의 연구 및 강의 분야는 알렉산드로스 대왕의 정복 시대로부터 로마 제국 후기에 걸친 지중해 동부와 메소포타미아 지방에 대해서이다. 그가 2005년에 제출한 박사 논문은 근동에서 로마 세력의 확장을 다루고 있다. 시리아와 근동을 두루 여행하여 최근 유프라테스 강 중류에서의 로마 지배에 대한 책을 출판했다.

요셉 가핀켈(Dr. Yosef Garfinkel)은 이스라엘 예루살렘의 히브리 대학에서 성서 고고학의 이가엘 야딘 교수로 있다. 또한 키부츠 샤아르하골란에 있는 야르무크 문화 박물관의 큐레이터이기도 하다. 그는 세계 최초의 촌락 집단이 자리 잡고 농업이 시작된 근동 선사 시대를 전문으로 한다. 게세르, 이프타헬, 아슈켈론, 샤아르하골란 및 텔타프 등의 신석기 시대 및 금석 병용 시대의 많은 유적들을 발굴했다. 현재까지 건축, 토기 및 물 공급과 같은 일상생활의 모습과 예술, 종교 및 춤 등 보다 정신적인 면모들을 모두 다루는 12권의 저서와 100편 이상의 글을 발표했다.

리오 그로스먼(Dr. Leore Grosman)은 이스라엘 예루살렘 대학과 바이츠만 연구소의 연구원이다. 그녀는 근동과 레반트 통로에 중점을 두고 특히 식량 생산, 수렵 채취 생활에서 농경 생활로 이전하게 된 본질에 대해 연구하고 있다. 구석기 시대 석기군에 대한 연구 이외에도 1995년부터 힐라존타시티트 동굴(나투프)의 발굴을 지휘하고 있다. 2005년의 박사 논문에서 그녀는 당시의 다른 개체들을 검토하기 위해 컴퓨터 시뮬레이션을 도입하였다. 최근 그녀의 연구는 수학 및 컴퓨터를 이용한 기술 개발, 특히 고고학을 위한 3D 기술에 초점을 맞추고 있다.

로이드 르웰린존스(Dr. Lloyd Llewellyn-Jones)는 영국 에든버러 대학 고고학과에서 강사로 있다. 아케메네스 페르시아의 역사와 그리스와 헬레니즘 세계의 사회문화사를 전공하였다. *Aphrodite's Tortoise: the Veiled Woman of Ancient Greece*를 비롯하여 그리스-페르시아 역사에 대한 다양한 저서와 글을 발표했다. 현재 크테시아스의『페르시카』출판 및 고대 근동의 왕실 하렘에 대한 연구를 진행 중이다. 그는 *Lost Worlds: Persepolis* 등의 여러 TV 다큐멘터리를 제작하였다.

케빈 M. 맥고프(Dr. Kevin M. McGeough)는 캐나다 앨버타 주의 레스브리지 대학 고대근동사학과의 조교수로 재임하고 있으며 근동의 청동기와 철기 시대의 언어 및 물질 문화를 전문으로 한다. 레스브리지 대학에서 BA 학위를 받았고 하버드 신학 대학교에서 MTS 학위를 마쳤으며 펜실베이니아 대학에서 근동의 언어와 문명으로 PhD 학위를 받았다. 그는 *Exchange Relationship at Ugarit*를 포함한 여러 권의 저서와 글을 발표했다. 과거에 대한 관심만 갖고 있는 것이 아니라 대단한 영화 애호가이기도 하다.

캐런 래드너(Dr. Karen Radner)는 영국 런던 대학 고대 근동사학과의 강사로 있다. 그녀의 전문 분야는 BCE 3000년에서 1000년까지의 중동 설형문자 문화이며 주요 연구 분야는 특히 BCE 9세기에서 BCE 7세기의 아시리아이다. 그녀는 아시리아의 정치, 사회, 경제, 법률 및 종교를 포함한 전반적인 역사에 대해 출판했다. 저서로는 *Die neurassyrischen Texte aus Tall Sheh Hamad; Das mittelassyrische Tontafelarchiv von Giricano/Dunnsa-Uzibi* 및 *Die Macht des Namens; Altorientalische Strategien zur Selbsterhaltung* 등이 있다.

세스 리처드슨(Dr. Seth Ricardson)은 2003년부터 미국 일리노이의 시카고 대학 동방 연구소에서 고대근동사학과의 조교수로 재임하고 있다. 2002년 컬럼비아 대학에서 BCE 1595년 바빌론 제1왕조의 몰락에 대한 논문으로 PhD 학위를 받았다. 그의 연구 분야는 BCE 2000년대 초기 바빌로니아의 경제 및 행정 관련 설형문자 문헌, 바빌로니아의 간(내장) 점의 지적 역사, 근동의 노동사, 반란 및 국가 붕괴와 관련된 이론적 문제들이다.

샌드라 섐(Dr. Sandra Scham)은 전직 *Near Eastern Archeology*지의 편집자로 현재 고고학 잡지의 워싱턴 특파원으로 있다. 워싱턴 DC의 미국 가톨릭 대학에서 고대 근동 고고학을 가르치고 있으며 메릴랜드 대학과 이스라엘의 예루살렘 대학에서 강의한 바 있다. 이스라엘, 요르단 및 터키 남동부 지역에서의 고고학 작업에 참가했으며 고인류학으로 PhD학위를 받았다. 현재 미국 과학 진흥회 회원으로 미국 국제 개발처 중동부와 함께 일하고 있다.

고넨 샤론(Dr. Gonen Sharon)은 현재 예루살렘의 히브리 대학에서 고고학을 가르치고 있다. 히브리 대학에서 "아슐리안 양면 도구 기술과 이 기술이 전기 구석기 인류의 행동과 문화 연구에서 가지는 의미"라는 논문으로 PhD 학위를 받았다. 그의 연구 분야는 석기 도구 기술, 초기 아프리카와 유라시아 및 실험고고학이다. 현재 이스라엘 북부의 게셔베노트야코브의 중기 구석기 무스티에 유적을 발굴하고 있다.

매트 워터스(Dr. Matt Waters)는 미국 인디아나 주의 노트르담 대학에서 BA를 받고 펜실베이니아 대학에서 MA와 PhD 학위를 받았다. 펜실베이니아 대학과 델라웨어 대학에서 강의를 했고, 현재는 위스콘신 대학 오클레어 캠퍼스의 고전 및 고대사학과의 부교수로 재직 중이다. ACLS 회원이며 2006년에는 미국 동양협회가 주최하는 Jonas C. Greenfield상을 받았다. 그의 연구 분야는 아시리아와 엘람의 관계와 BCE 1000년대 초반의 아케메네스 페르시아 제국 및 고대 근동과 그리스 고전 시대 사이의 문화 소통이다. 한 권의 저서와 공동 저서가 있으며 고대 근동과 그리스 역사에 대한 기사와 서평들을 발표했다.

차례

중동에 대하여

중동이란?

아시아와 아프리카의 접점에 놓여 있는 중동은 인류의 역사상 중요한 역할을 한 지역이다. 중동이란 명칭은 특정한 지역뿐만 아니라 그 지역에서 빈번히 다투기는 하지만 공통적인 기반을 갖고 있는 문화들을 반영하고 있다.

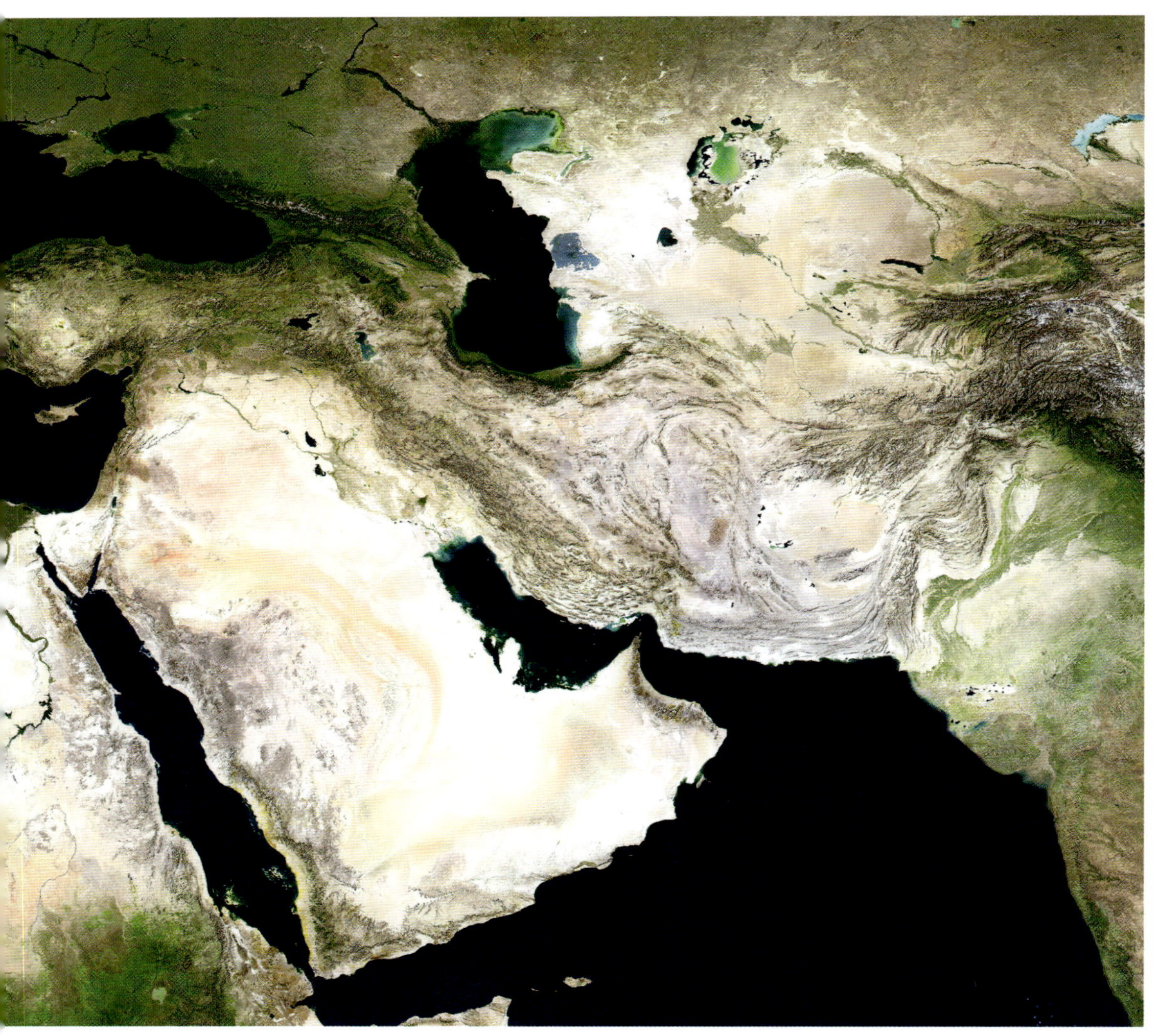

상: **이 중동의 위성 사진**에서는 아라비아 반도의 넓은 사막과 그 위의 비옥한 초승달 지역이 보이며, 멀리 왼쪽으로는 지중해가 있다.

“중동(Middle East)”이라는 명칭은 비교적 최근 들어 사용되기 시작했다. 이 명칭은 1902년 미국의 해군 전략가인 알프레드 테이어 매헌이 중동과 전략적 요지인 페르시아 만에 대해 쓴 글에서 처음 사용되었다. 이 글에서 중동은 러시아와 영국의 두 세력이 다투던 중간 지역이었다. 이후 기자들이 이 용어를 사용하면서 제2차 세계 대전 무렵 일반적인 용어가 되었다.

중동, 근동, 극동?

제1차 세계 대전까지 이 지역은 보편적으로 근동이라 불리었다. “극동”은 중국, 일본 및 아시아의 태평양 연안을 지칭하였고 “중동”은 중앙아시아를 의미하였다. 근동이란 유럽에 가까운 아시아 지역이었다. 제1차 세계 대전 후 오스만 제국의 붕괴 및 아랍 국가들의 부상으로 중동이라는 명칭은 더욱 일반화되었으나 고고학자 및 역사가들 사이에서는 아직까지 근동이 사용되고 있다. 최근까지도 중동은 아시아 전역을 포함한 동양의 일부로 여겨져 왔으나 이제 서양인들은 동양을 극동으로 생각하게 되었다. 그러나 미국과 영국의 일부 교육 과정에서는 아직도 서아시아를 “동양”으로 칭하고 있다.

몇 년 전부터는 중동이라는 명칭을 사용하는 것에 대한 비판이 일어나고 있다. 이러한 비판 대부분의 쟁점은 “동”이라는 지칭에는 지구에 중심이 있다는 전제가 있으며 그 중심을 유럽에 둔 유럽 중심주의적인 명칭이라는 것이다. 또한 이 지역의 실제적인 다양성을 모호하게 하는 명칭이라는 비판도 있다. 수많은 국가를 포괄하는 막연한 지명을 사용함으로서 복잡성이 정확히 드러나지 않는다는 것이다.

현대의 정치적 분열

오늘날 중동 지역을 구분하는 공식적인 경계가 없기 때문에 현재의 국가들만을 기준으로 하여 중동의 범위를 규정짓는 것은 불가능하다. 그러나 대부분은 바레인, 이집트, 이란, 이라크, 이스라엘, 요르단, 쿠웨이트, 레바논, 오만, 팔레스타인, 카타르, 사우디아라비아, 시리아, 터키, 아랍에미레이트, 예멘 등의 국가들이 중동에 속한다는 것에 동

좌 : **예루살렘**은 세계의 세 가지 주요 종교인 유대교, 이슬람교, 기독교에서 특히 중요한 성스러운 도시이다.

의할 것이다. 이러한 국가들은 모두 영토의 범위에 아시아의 일부를 포함하고 있다(시나이 반도를 차지한 이집트까지 포함해서). 그리고 이 국가들이 갖는 아시아와의 연관성이 바로 중동 지역을 정의하는 것이다. 이와 더불어 리비아, 알제리, 수단, 튀니지와 같은 몇몇 북아프리카 국가들(무슬림이 지배적인)이 종종 중동으로 간주되어 왔다. 과거에는 구소련에 속한 연방 국가들이었던 아프가니스탄과 파키스탄 역시 중동으로 여겨지기도 했으나 이는 오늘날 학자와 해설가들 사이에서 일반적으로 통용되는 것이 아니다.

현재 이 지역의 국경선은 제1차 세계 대전 후 오스만 제국이 분열되면서 만들어졌다. 오스만 제국은 베르사유 조약(1919년)에서 유럽 세력들에 의해 분해되었다. 프랑스에는 시리아와 레바논, 영국에는 이라크와 당시 팔레스타인으로 불리던 지역의 지배권이 주어졌다. 아나톨리아의 주민들은 자기들의 나라를 해체시킨 이 조약에 반발하여 터키를 건국하였다. 영국과 프랑스의 세력은 점차적으로 이 지역에서 철수하였다. 1948년 팔레스타인에서 영국의 통치가 종료되고 이스라엘이 건국됨으로 인하여 이 지역은 분쟁으로 돌입하게 되었다. 이스라엘의 분쟁(이스라엘과 팔레스타인의 관계)은 오늘날까지도 중요한 이슈가 되고 있다. 중동의 경제적 영향력, 특히 페르시아 만 연안국들의 영향력은 막대한 매장량의 석유가 발견되면서 엄청나게 커졌다.

지리

일반적으로 "중동"이라는 표현에는 식물이 살 수 없는 광대하고 평평한 사막이라는 이미지가 있다. 실제로 중동 대부분의 지역이 황량한 것은 사실이나 그것이 일률적인 것은 아니다. 해발고도로 볼 때 중동의 지형은 극단적이다. 터키에서부터 이란에 이르는 거대한 산맥이 존재하는가 하면, 다른 한편으로 이스라엘과 요르단에는 해수면보다 417미터가 낮은, 세계에서 가장 낮은 육지인 사해 지역이 존재하기도 한다. 이스라엘, 요르단, 시리아와 터키는 언덕과 산맥들로 나뉘어 있는데, 이는 고대로부터 자연스럽게 국경이 되었다.

중동의 일부인 이집트에서 이라크에 이르는 경작이 가능한 초승달 형태의 지역은 흔히 비옥한 초승달이라 불린다. 이 초승달의 중심에 해당하는 아라비아 반도는 넓은 사막으로 이루어져 있다. 낙타가 길들여지기 전에는 이 지역을 가로지르는 것이 쉽지 않았고, 오늘날에도 인간이 정착하기 위해서는 수많은 노력이 필요하다. 북부 지역인 시리아의 사막은 바위와 자갈로 채워져 있으며 언덕과 계곡들로 나뉘어져 있다. 아라비아 반도의 남부는 건조한 바람에 의해 항상 모습이 변하는 모래 언덕으로 이루어진 전형적인 사막이다.

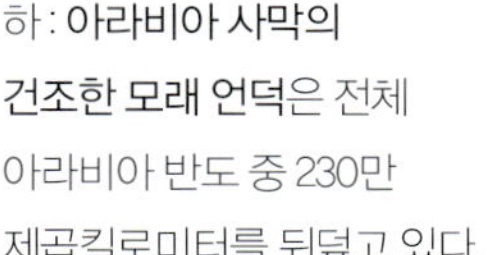

하 : **아라비아 사막의 건조한 모래 언덕**은 전체 아라비아 반도 중 230만 제곱킬로미터를 뒤덮고 있다.

민족과 문화

중동은 오랫동안 다양한 민족과 문화의 발상지였다. 그들이 어떤 민족이었는지, 또한 이들 민족이 어떻게 연관되었는지를 이해하는 것은 어려우면서도 흥미로운 과제이다.

상 : **이 수메르 점토판은** BCE 2360년경, 경작을 위해 마구를 채운 당나귀에 대해 이야기하고 있으며, 이라크의 텔로에 있는 수메르 도시 기르수 유적에서 발견되었다.

민족과 인종에 대한 고대의 관념은 현대와 다르지만(복잡하다는 것은 빼고), 학자들은 일반적으로 당시 사용하던 언어나 그들이 속했던 나라에 따라 분류한다.

메소포타미아 문명

고대에는 오늘날 이라크에 해당하는 메소포타미아가 남과 북으로 나뉘어 있었다. 오래된 출처에 의하면 최초로 이 지역에 살고 있던 이들은 "검은 머리 사람들"로 알려진 수메르인들로 이라크의 남부에 살고 있었다. 수메르어를 사용하던 민족은 아카드어를 사용하는 이들에 의해 BCE 3000년대 후반(아카드의 초대 왕조)에 정복당했다. 아카드어는 셈어에 속하며 수메르 문자를 차용하여 기록하였다. 아카드어와 수메르어는 메소포타미아에서 철기 시대(BCE 1200–586년)에 들어 아람어에 밀려나게 되었다. 오늘날 이라크의 북부에 살던 민족은 중요 도시인 아수르에서 따온 아시리아인들로 알려지게 되었고, 남부에는 탁월한 문화의 도시인 바빌론이 세워져 그곳 주민들은 바빌로니아인들로 불리게 되었다.

시리아–팔레스타인 및 아나톨리아 민족

청동기 시대에 남부 레반트 지역과 가장 연관성이 컸던 민족은 가나안인들이었다. 가나안인은 셈어를 사용했으며 오늘날 이스라엘로 알려진 지역에서 커다란 도시국가들을 구성하고 있었다. 이들은 이집트인들에 의해 가나안인이라 불렸는데, 이는 아마도 그들 스스로가 그들이 유래한 도시의 이름을 따라 가나안인이라 칭했을 것으로 여겨진다. 청동기 시대 후기(BCE 1200년경)에는 넓은 중심 도시들이 파괴되었고 가나안 문명은 대부분 소멸되었다.

그러나 가나안 문명의 몇몇 요소들은 레바논 연안 지역의 페니키아인들을 통해 철기 시대까지 살아남았다. 페니키아인들은 해양 기술을 가지고 북아프리카 지역까지 진출하였으며, 특히 카르타고를 복속시켰다고 여겨진다. 카르타고를 복속시킨 페니키아인들은 로마와 세 차례에 걸쳐 포에니 전쟁을 벌인 것으로 유명한 카르타고인들의 선조가 되었다. 시리아–팔레스타인의 다른 지역들은 청동기 시대 후기에 파괴된 후 상황이 극적으로 변하게 되었다. 기원이 불분명한 필리시테인들이 오늘날 이스라엘의 해안에 정착했다. 필리시테인들 근처의 산악 지역에서 이스라엘인들이 나타났다. 오늘날 요르단으로 알려진 지역에서는 모압, 암몬과 에돔 족이 작은 왕국들을 형성하였다.

아나톨리아의 문화 역시 제법 다양했다. 그중 가장 오랫동안 지속된 것은 히타이트 문화로 인도유럽어계의 언어를 사용하였으며 청동기 시대 후기에 전성기를 맞았다. 히타이트와 북부 메소포타미아 사이는 후르리인들의 중심지였다. 청동기 시대 후기에는 미탄니라는 후르리인들의 왕국이 메소포타미아와 아나톨리아 사이에 자리 잡고 오

문화적 요충지

고대 메소포타미아 지역에서 수많은 문화들이 아시리아 및 바빌론과 상호 교류하였다. 잘 알려진 암몬족은 아라비아 사막에서 BCE 2100–2000년경, 우르 3세 때 메소포타미아 지역으로 이주했다. 암몬족은 셈 유목민에서 비롯되었으나 범람원을 따라 이주한 후, 메소포타미아 주민들과 섞이게 되었다. 청동기 시대 후기(BCE 1550–1200년경)에는 시리아 북동부의 산악 지역에서 온 카시트인이 바빌론을 정복하고 바빌로니아의 전통과 풍습을 대체로 수용하여 장기간 이 지역을 지배하였다. 신바빌로니아 시대에는 여러 민족이 바빌론의 지배권을 두고 경쟁하였다. 그중 칼데아인들이 바빌론을 차지하는 데 성공하였고, 성서의 저자들과 그리스 작가들은 "칼데아"를 바빌로니아를 지칭하는 용어로 사용하게 되었다.

늘날의 터키 남동부, 북부 시리아와 북부 이라크에 걸쳐 세력을 떨쳤다.

고대 이란의 민족들

이란에는 메소포타미아 지역처럼 오래전부터 사람들이 거주했다. 그러나 초기 이란 문명에 대해 우리가 아는 바의 대부분은 메소포타미아의 기록을 통한 것이다. 현대 학자들이 원시 엘람 상형문자라 부르는 이란 최초의 표기 언어는 아직도 완전히 해독되지 않았다. 이란에는 이전에도 많은 사람들이 살았으나 엘람이 이름이 알려진 이란의 문명 중 최초의 것이다. 엘람 문명은 BCE 2700년경 이란에 세워져 BCE 559년까지 지속되었다.

BCE 1000–500년에 이란 북서부 지방의 메디아에서 뚜렷한 이란인 집단이 생겨났다. 그들은 중요한 세력이 되었으며, 바빌로니아인들을 도와 메소포타미아에서 아시리아인들을 패배시켰다. 메디아는 첫 이란 제국이 세워진 곳으로 자주 언급되나 이란은 아케메네스 시대(BCE 559–331년)에야 통일되었다. 이 시대의 호칭은 왕조를 창시했다고 하는 아케메네스의 이름에서 따왔으나 아케메네스 왕조가 중동에서 지배 세력이 된 것은 BCE 559년 키루스 대왕 때이다. 이 왕조는 BCE 331년 알렉산드로스 대왕에 의해 패배할 때까지 이란과 동부 지역을 지배했으리라 추정된다. 아케메네스 왕조는 그리스와 사이가 나빴고, 이 강대국 간의 전쟁은 유명한 헤로도토스와 투키디데스의 책에 그리스의 시각으로 기록되었다. 일반적으로 사용되는 페르시아라는 명칭은 아케메네스 시대를 말하며 페르시아 역사의 출발점으로 여겨진다.

알렉산드로스 대왕의 사망 후 이란은 알렉산드로스 대왕의 그리스인 후계자 셀레우코스 왕조에 의해 지배되었다. 셀레우코스 왕조는 이란에서의 지배를 유지하지 못하고 파르티아 제국에 의해 도전을 받았다. 파르티아 제국은 400여 년간 세력을 유지하였으나 CE 224년에 반란이 일어나 멸망하고 사산조 페르시아 제국이 성립되었다.

상 : **엘람 문화**는 이란에서 2000년 이상 지속되었다. 이 엘람의 채색 항아리는 BCE 1000년에서 800년 사이에 만들어졌다.

하 : **레바논의 해안**에서 고고학자들이 고대 페니키아의 도시 사렙다(오늘날 사라판드)를 발굴하고 있다.

경제와 농업

중동은 역사적으로 여러 가지 농업 및 경제 활동의 발상지였다. 몇몇 지역의 경제를 심각하게 제한하는 기후 조건, 지리적 상황, 정치 사회적 격변에도 불구하고 전통적이거나 새로운 경제 활동이 전 지역에서 계속되었다.

오늘날 중동의 많은 국가들은 다음 네 가지 중요한 경제적 난관에 봉착해 있다. 전쟁의 영향으로 고통받고 있으며, 기간 시설 체계는 세계의 평균 수준에 비해 한참을 밑돌고 있고 인구 밀도가 높다. 또한 물도 부족하다. 그럼에도 불구하고 전통적인 경제 활동과 더불어 가능한 곳이라면 어디서나 새로운 기회를 만들어 내고 있다. 요르단은 방대한 교육 및 의료 서비스 분야와 그에 부차적으로 관광 분야를 발달시켰다. 레바논은 금융 센터로 잘 알려져 있다. 이스라엘은 항공기 및 의료 기기 제작과 주로 다이아몬드 가공 무역으로 유명하며 시리아, 그리고 특히 이라크는 석유와 천연가스 수출로 이익을 얻고 있다.

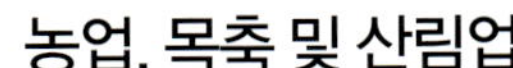

농업, 목축 및 산림업

강우 지역, 계절별 최고 강수량의 패턴 및 경작에는 어울리지 않는 사막과 산악 지형 등으로 제한을 받기는 하지만 중동의 다양하고 폭넓은 자연 환경에서는 여러 가지 종류의 농산물 생산이 가능하다. 지난 20세기에 이루어진 좀 더 발달된 관개 프로그램으로 토마토, 오이, 야채, 허브를 집중 재배하는 등 원예 농업이 비약적으로 증가하였다.

올리브, 대추야자, 과일 및 견과류의 재배는 6000년 동안 이루어져 왔다. 중동에서 재배되는 가장 중요한 과수는 올리브 나무이다. 올리브 나무는 BCE 4000년경 중동의 서부인 요르단과 이스라엘에서 계획적으로 심어져 경작되었으며 레바논과 시리아에서도 경작되었다. 올리브 열매는 먹을 수도 있고 기름을 짜낼 수도 있으며, 목재는 높은 가격을 받을 수 있다. 중동에는 1000년 이상된 고목들이 재배되는 곳들이 있다. 이라크는 대추야자 나무 재배에 더욱 유리하다. 이들 과수들은 식품, 기름, 감미료 및 건축 자재를 제공해 준다.

중동 지역에 야생적으로 자생하여 가장 먼저 재배되기 시작한 토종 작물로는 밀, 보리 및 여름에 수확하는 이집트 콩이 있다. 또한 야생 귀리는 레반트 지역이 원산지이나 유럽에서 처음으로 재배되었다가 재도입되었다. 흥미로운 점은 현대적인 농업 기술에도 불구하고 토종 작물들이 제일 많이 재배되고 있다는 것이다. 콩, 편두, 누에콩 등의 야생 완두와 아마는 중동이 원산지로 여전히 많이 재배되고 있다.

목축 또는 양과 염소의 방목은 이 지역에서 짐승들이 가축화되기 시작한 오래 전부터 행해졌다. 사막의 변두리와

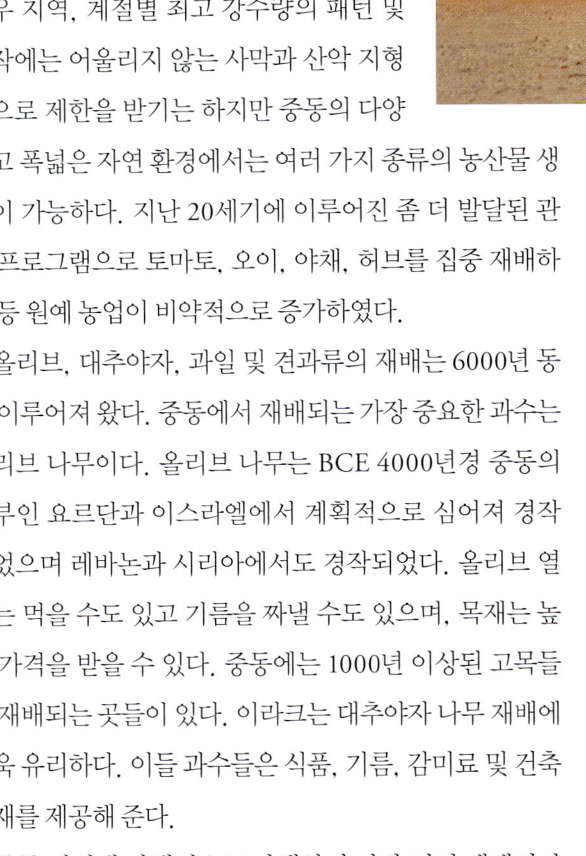

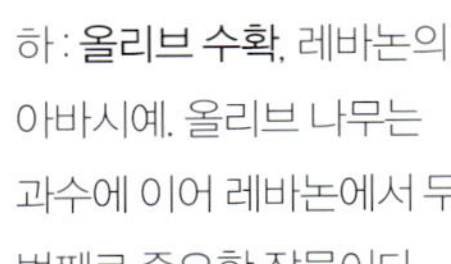

하 : **올리브 수확.** 레바논의 아바시예. 올리브 나무는 과수에 이어 레바논에서 두 번째로 중요한 작물이다.

석유 매장량은 세계에서 가장 많은 것으로 알려져 있다. 시리아에도 석유가 매장되어 있는데, 이는 1960년대부터 시추되고 있다. 중동 대부분의 국가들이 석유를 가지고 있으나 대부분 너무 깊은 곳에 있어 개발하기가 어렵다. 이라크, 시리아 및 요르단에는 엄청난 양의 천연가스가 매장되어 있으며 이라크에는 다른 광물도 있으나 중동에서 그 의미는 작다고 할 수 있다.

좌 : **베두인 여인**이 요르단에서 양을 몰고 가고 있다. 정부의 정착 정책에도 불구하고 많은 베두인들은 여전히 전통적인 유목 생활을 이어 가고 있다.

건축 자재

중동의 대부분 지역에서는 20세기까지 약 1만 년 동안 오직 진흙 벽돌만이 사용되었다. 진흙과 잘게 다진 짚이나 가축의 똥만 있으면 약간의 인력으로도 벽돌을 만들 수 있었다. 진흙 벽돌은 방열성이 뛰어나고 단순한 아치형 건축도 용이하며 벽감이나 벤치 등의 가구도 함께 만들 수 있다. 외부에 규칙적으로 석회를 발라줌으로써 어느 정도는 비로부터 보호를 할 수 있다. 사암이나 현무암이 있는 시리아 남부나 요르단 북부와 같이 건축에 사용할 수 있는 돌이 있는 지방에서는 주택이 석조로 건축되기도 했다.

전통적으로 지붕은 평평하게 만들어졌는데, 이 지붕의 구조에는 여러 가지 목적이 있었다. 여름의 무더운 밤에는 지붕 위에서 잠을 청하여 시원한 바람을 쐴 수가 있었고, 길고 긴 건조한 계절에는 이곳에서 과일과 허브를 말릴 수도 있었다. 그러나 20세기에 들어와서 콘크리트와 시멘트 벽돌이 전통적인 중동의 진흙 벽돌을 대체하여 널리 사용되게 되었다.

고지대의 방목장에서는 작물 재배와 목축이 공존하고 있다. 곡물 재배지는 양과 염소 떼로 비옥해지고 가축들은 수확하고 난 그루터기를 뜯어 먹는다. 그러나 목축은 다방면에서 압력을 받고 있다. 정치적인 국경은 레반트의 베두인들과 같이 많은 아랍 부족의 전통적인 유목 생활을 거의 불가능에 가깝게 한다. 국민들에게 교육을 제공하려는 현대의 국가들은 아이들을 학교에 다닐 수 있도록 유목민들의 가족이 한 곳에 정착할 것을 요구하고 있다. 개간되거나 올리브 나무들이 심어지는 지역이 점점 넓어지면서 양이나 염소 떼가 풀을 뜯어 먹을 수 있는 영역이 점점 좁아지게 되었다.

산림업은 나라에 따라 다르다. 레바논은 고대로부터 삼나무로 유명하여 이집트의 파라오들이 사용하였으며 전해지는 바에 의하면 예루살렘에 세워진 솔로몬의 사원을 건축하는 데 레바논의 삼나무가 쓰였다고도 한다. 과도한 개발로 인하여 오늘날에는 목재 산업의 규모가 대단히 줄어들었다. 요르단은 중동에서 가장 성공적으로 소나무 목재를 중심으로 한 산림 산업을 진행하고 있다.

그 밖의 자원들

현대 중동의 지정학적 경계의 대부분은 제1차 세계 대전의 여파로 오스만 제국이 멸망한 뒤 제국의 영토를 분할한 유럽 세력의 활동에서 생겨났다. 특히 1908년 이라크에서 석유가 발견되면서 유럽의 이목을 끌게 되었다. 이라크의

하 : **진흙 벽돌 생산**은 중동에서 여전히 중요한 경제 활동의 한 분야이다. 이 진흙 벽돌들은 이란의 네이리즈 근처 공장에서 건조되고 있다.

물의 중요성

수자원의 개발은 중동의 역사상 항상 중요한 문제였다. 대부분의 지역이 반건조하거나 건조하기 때문에 수자원 경영 전략의 개발은 필수적이다.

중동 대부분 지역의 강수량은 비교적 적은 숫자의 농업 인구만을 유지할 수 있는 수준이다. 그러나 중동에서는 성공적인 수자원 경영 전략을 통해 수천 년 동안 증가해 온 인구를 지탱하고 있다.

중동의 하천과 호수들

이 지역에는 물이 많지만 이 물을 모두 농업에 사용할 수 있는 것은 아니다. 오늘날의 이스라엘과 요르단에 있는 사해는 여느 바다보다도 염도가 높은 바다이다. 때문에 사해는 식수로는 소용이 없으나 치유 효과가 있는 것으로 유명하다. 사해에 물을 제공하는 주요 원천은 요르단 강으로 요르단 지구대를 따라 흐르며 이스라엘과 요르단을 갈라놓고 있다. 요르단 강은 이스라엘 북부에서 네 개의 물줄기가 합쳐져 형성되며 이스라엘 북부에 있는 훌라 호와 갈릴리 해를 가로지른다.

이라크를 중심으로 하는 고대 문명인 "메소포타미아"는 그리스어로 "두 개의 강 사이에 있는 땅"이라는 의미이다. 이 두 개의 강은 여전히 이라크를 지나고 있는 동쪽의 티그리스 강과 서쪽의 유프라테스 강이다. 둘 다 터키의 산악 지대에서 남쪽으로 흘러 샤트알아랍 삼각주에서 만나 페르시아 만으로 흘러든다. 두 강은 고대 메소포타미아 역사에서 중요한 역할을 하였다.

하 : **사해**의 해변이 소금의 결정체로 덮여 있다. 높은 염도로 인하여 물고기나 해조류들이 살지 못한다.

역할을 한다.

강을 활용하는 방법 또한 중요한데, 경작에 충분하도록 빗물을 가두던 고대 이라크의 경우가 가장 눈에 띈다. 고대 이라크의 주민들은 티그리스 강과 유프라테스 강의 물줄기를 수로를 통하여 바로 경작지로 우회시켰다. 티그리스 강과 유프라테스 강의 중요한 침니 현상을 고려할 때 이 수로들을 유지하려면 끊임없이 관리해야 했는데 이는 수많은 법률 기록이 남아 있는 것으로도 알 수 있다.

좌: **유프라테스 강**, 이라크의 안바르 지방에서 보이는 풍경이다. 고대의 유프라테스 강은 오늘날에 비해 더욱 평온하고 예측이 가능했으며 안정적인 수원이었다.

현대에는 댐을 건설하여 수자원을 안정적으로 활용할 수 있으나 이에 따른 문제들도 발생하여 환경 파괴 및 물에 대한 권리를 두고 다툼이 일어나게 되었다. 요르단 강과 갈릴리 해를 우회시켜 사용하여 요르단 강의 생태계가 타격을 입었고 갈릴리 해와 사해는 남용으로 인하여 심하게 오염이 되어 버렸다.

중동의 바다들

중동은 지중해, 홍해 및 페르시아 만으로 둘러싸여 있다. 이 세 곳의 바다는 중동의 역사에서 식량 공급원 및 중요한 수송 통로의 역할을 하고 중동 내의 국가들이나 세계의 국가들을 연결시켜 주었다.

지중해는 이스라엘 · 레바논 · 시리아와 터키의 서쪽과 이집트의 북쪽에 접해 있다. 해류는 비교적 안정적이고 시계반대방향으로 흘러 중동과 유럽, 북아프리카 사이의 고정적인 해상 운송 통로가 되었다.

홍해는 아시아와 아프리카를 나누며 아라비아 반도와 아프리카의 동쪽 해안에 접해 있다. 아라비아 반도의 서쪽에 있는 수에즈 운하는 이집트 본토와 시나이 사막을 갈라놓고 있으며, 동쪽에 있는 아카바 만의 해안은 대부분 사우디아라비아와 이집트에 속하지만 이스라엘과 요르단이 접해 있기도 하다.

페르시아 만은 아라비아 반도의 동쪽에 있으며 이라크와 쿠웨이트의 남쪽 항구들이 자리 잡고 있다. 이는 인도양의 일부이며, 남쪽의 오만 만과 아라비아 해로 유입된다.

수자원 개발 전략

중동에서는 사용 가능한 수자원의 종류에 따라 일반적으로 빗물을 모으는 것과 강을 우회시키는 것의 두 가지 전략이 주로 쓰인다. 지중해 연안에는 연간 강우량이 충분하여 주민의 정착과 농업이 가능하지만 예측을 할 수는 없다. 겨울 동안 비가 가끔씩 올 수도 있고 며칠간 한꺼번에 내릴 수도 있기 때문이다. 그러므로 바위를 갈라 만든 커다란 저수 탱크가 빗물을 모아 저장하는 데에 매우 중요한

강의 통제

중동의 많은 수원은 터키에 있기 때문에 터키의 댐 건설 계획은 중동 전 지역에 영향을 미친다. 티그리스 강과 유프라테스 강 모두 꽤 많은 수량이 수력 발전과 관개 농업에 사용하기 위해 터키에서 우회되었다. 시리아 역시 유프라테스 강에 댐을 세웠다. 1973년 타브카 댐의 건설은 아사드 호를 형성하여 중요한 고고학적 유적지를 수몰시켰다. 이라크는 이미 많은 댐들을 이 두 강에 건설했는데, 시리아와 터키의 물 관리 계획 때문에 국내의 주요 수원이 영향을 받을지도 모른다고 우려하고 있다.

상: **타브카 댐**은 시리아의 유프라테스 강에 있다.

고고학적 발견

중동 지역에 존재하는 세계적으로 중요한 역사적 유적의 목록은 다른 곳과는 비교할 수 없을 정도로 길다. 바빌론에서 예루살렘, 니네베와 같은 아시리아의 왕궁 도시들로부터 우가리트와 비블로스 같은 해안 항구 도시에 이르기까지 중동 지역은 계속해서 고대 사회에 대한 새로운 정보를 드러내고 있다.

고고학적인 증거는 150만 년 전 중동에 인간이 살았음을 추측할 수 있게 한다. 이 당시의 유적으로부터 시작해서 새로운 역사적인 발견이 계속되고 있다. 중동의 고고학 유적은 식물 재배, 정착화, 문자의 발명, 도자기와 야금술 사용, 조직적인 종교, 초기 도시국가, 대 제국뿐만 아니라, 한 유럽 세력에 의한 정복(알렉산드로스 대왕의 정벌과 오스만 제국의 멸망 등), 근대 국가의 기술적으로 진보한 도시들의 발달 등에 대한 증거들을 계속하여 배출하고 있다.

이라크에만 10만여 곳의 유적이 존재하리라 여겨지는 가운데 발견된 곳은 1만 여 군데에 불과하며 그중의 일부만이 발굴되었다. 새로운 유적이 매일 발견되고 있으며 그중에는 합법적으로 발견되는 곳도 있으나 도굴꾼들에 의해 발견되어 알려지지 않은 곳도 있다.

유명한 유적과 유물들

중동에서 발견된 것들 중에는 대단한 것들이 많다. 1840년대 오스틴 헨리 레이어드가 니네베에서 발견한 센나케리브 왕궁은 유럽을 놀라게 하였고 19세기의 대대적인 원정을 초래하였다. 이들 대부분의 원정은 박물관들에 의해 지원되는 유물 수집 연습에서 얼마 발전되지 않은 것이었다. 19세기 말에 들어서야 보다 학문적인 작업이 이루어졌다. 레너드 울리가 1920년대와 1930년대에 우르에서 왕실 무덤을 발굴하여, 고대 수메르 문명에 대해 이해하는 데에 결정적인 역할을 하였다. 이와 비슷하게는 1947년 사해 서쪽 둑의 쿰란 근처에서 발견된 사해 문서가 유대교와 초기 기독교의 역사에 대해 새로운 빛을 던져 주었다. 예리코에서 발견된 신석기 시대의 회반죽된 두개골 및 석탑과, 1950년대에 캐슬린 케니언이 발견한 청동기 시대의 지층은 역사뿐만 아니라 이 지역의 고고학 발전에도 중요한 일이었다.

최근의 특출한 발견으로는 1만 5000개의 명판들로 이루어진 에블라(오늘날 텔마르드디크)의 고문서, 시리아와 에게인들의 교류를 보여 주는 벽화와 손대지 않은 왕실 무덤이 있는 콰트나(오늘날 알미슈리파) 왕궁, 요르단의 아인가잘에서 발견된 1만 년 전의 석고 조각, 시리아 텔브라

하 : **사해 문서**는 동굴에서 발견되었으며 BCE 335년에서 CE 68년경의 것으로 고대 유대인들의 종교와 문화를 새롭게 이해할 수 있도록 해 준다.

고고학적 연대 표기 용어

BCE "서력 기원 이전(before the Common Era)"의 약어로 "주전(BC, before Christ)"이라는 기독교식 용어를 대체한 것이다.

BP "지금으로부터 ㅇㅇ년 전(before the present, i.e., 기준년 CE 1950년으로부터 ㅇㅇ년 전)"의 약어로 방사성탄소 연대측정법이나 기타 과학적 연대측정법에서 비롯된 연대 표기법이다.

CE "서력 기원(Common Era)"의 약어로 "주후(Anno Domini, i.e., in the year of our load)"라는 기독교식 용어를 대체한 것이다.

우리에게 친숙한 연대 표기 체계는 이미 존재하던 여러 가지 표기법 중 하나일 뿐이다. 현재 세계적으로 쓰이는 달력은 그레고리력(기독교)으로 율리우스력(로마)의 역법상 오차를 수정한 것이다. 그레고리력은 나사렛 예수의 추정 생일을 기원으로 날짜를 계산한다. 그 밖에도 유대, 이슬람, 힌두, 시크, 페르시아의 역법이나 매우 지역화된 체계를 포함해서 다양한 역법이 존재한다.

좌 : **이라크에 있는 사마라의 고고학적인 보물들**이 집중적인 군사 활동에 의해 위협을 받고 있다.

크의 미탄니 왕궁 등이 있다. 그러나 대부분의 정보는 그보다 훨씬 더 보잘 것 없는 증거에서 나온다. 신석기 유적에서 체를 쳐서 골라낸 씨앗으로 고대의 생활을 복원하는 느리고 고된 작업, 또는 고대의 거주지 패턴과 경제적인 전략의 변화를 파악하기 위한 유물들의 표면 채집 등은 거의 1면 기사를 장식하지 못한다.

고고학적 도전

중동의 많은 도시들은 이전의 거주지 층 위에 건설되었다. 이는 자연스럽게 고고학, 유적 관리와 도시 생활을 위한 현대적인 개발 간에 갈등을 일으켰다. 예루살렘 같은 경우에는 시내에 있는 고대 성지의 종교적 의미 때문에 문제가 커졌다. 또한 중요한 유적들이 역사상의 전쟁들에 의해 손상되거나 파괴되었다. 최근의 한 예로 세계문화유산으로 지정된 이라크의 사마라가 군대 주둔지로 사용되어 손상되었다. 국제 미술품 거래 시장에 물건을 대는 도굴 역시 중요한 문제이며 이를 저지하는 것은 대단히 어려운 일이다.

고고학의 현 상황

고고학에 대한 투자는 연구 목적과 보존 목적으로 나뉜다. 보존을 위한 것에는 근래에 불도저로 밀려 버린 유적이나 도굴꾼에 의해 침입을 당한 유적의 발굴, 도로나 댐 등의 규모가 큰 건설로 유적이 매장되거나 손상을 받기 전에 시행하는 발굴 등이 있다. 이들 대부분의 발굴은 지방 문화재 관리부의 직원들에 의해 진행되지만 시리아의 유프라테스 강 유역에 있는 타브카 댐의 경우 외국의 팀에 협력을 요청하였다. 지방 문화재 관리부나 외국에서 초청된 팀 모두 연구 조사를 실행한다. 이는 보통 학문적인 질문들에 대한 대답을 제공하기 위해 유적을 지정하거나 찾는 것을 수반한다. 중동 지역의 정부는 외국의 고고학자들을 특히 반기며 공동 프로젝트가 최근 개발되고 있다.

현대 고고학은 여러 분야에 걸친 활동이다. 발굴팀은 생물 층서학 전문가뿐만이 아니라 식물학(꽃가루), 동물학(동물의 뼈), 자연 인류학(인간의 뼈), 지학(자기 공명 연구), 지질학(암석분류학), 생물학(식물 화석), 복원, 보존, 문화재 관리를 전문으로 하는 발굴가들로 구성된다. 측량사, 컴퓨터 전문가, 도예가, 삽화가, 사진가, 기록 담당자들이 발굴가들에 의해 발견된 물건들을 힘들여서 세밀하게 기록하고 서류로 만든다. 전통적인 방식에 따라 6주간의 발굴로 찾아낸 증거들을 모아 발표를 하기까지는 적어도 2년이 걸린다.

하 : **시노프의 발굴 현장.** 터키 북쪽 해안에 있는 곳으로, 고고학자들이 보다 최근의 건축물 아래에서 청동기 지층을 발굴하고 있다.

비옥한 초승달 : 농업의 발상지

서론

농업, 도시화, 표기 체계(특히 알파벳), 수학, 천문학, 법, 사회 계층, 구약 및 신약, 유일신교 등, 현대 서양 문명의 뿌리는 고대의 근동에서 찾을 수 있다.

아프리카, 아시아 및 유럽이 만나는 지점에 있다는 지리학적 요인 때문에 현대적 통신 수단이 발달하기 이전의 근동은 세계에서 가장 정보가 빠른 지역이었다. 구세계에서는 모든 지식의 흐름이 이곳에 집중되었기 때문에 주민들은 중요한 변화에 제일 먼저 대응할 수 있었다.

인류의 발달 단계

약 250만 년 전 동아프리카에서 최초로 인류의 활동이 나타났으며, 180만 년 전에는 처음으로 인류가 동아프리카 지구대를 통해 아프리카에서 아시아와 유럽으로 이동했다. 이스라엘의 요르단 계곡에서 인류 최고의 유적이 발견되었다. 인류의 발달을 이해하려면 수렵과 채취, 초기 경작 그리고 도시 사회의 3단계로 나누는 것이 유용하다.

수렵 채취인들은 식량을 자연에 의지하며 계절에 따른 유목 생활지에 살았다. 20–25명의 소규모 집단을 이루었으며 공동 분배 사회 조직을 가졌다. 부싯돌과 다른 단단한 돌들이 일상 도구로 사용되었고 나무도 사용되었으나 나무 도구는 거의 전해지는 것이 없다. 비록 동굴에서 발견된 흔적 때문에 인류의 조상하면 "동굴인"이 떠오르지만 야외의 유적들이 더 많은 것으로 보아 이는 사실과는 다르다고 할 수 있다.

경작에서 도시 생활로

경작 집단은 BCE 9800년경 처음으로 고대 근동의 레반트 지역에 정착하였다. 레반트는 현재의 이스라엘, 팔레스타인, 요르단, 레바논, 시리아, 북부 이라크와 터키 동부의 유프라테스 계곡 경계에 위치한다. 이 초기의 경작자들은 식량 생산을 위하여 밭을 개간하고 가축들을 길렀으며, 상주하는 마을에 1000명에 이르는 큰 공동체를 이루어 살며 계층화된 사회를 지녔다. 그들은 일상의 요구를 충족하기 위해 토기, 석회를 칠한 식기들인 "백색 도기", 다시 물에 불린 석회 반죽으로 만든 형상과 금속 등의 제작 기술을 발명하였다. 수력에 대한 지식은 우물을 파고 항해를 발달시켜 키프로스와 크레타 등의 지중해 섬들을 식민지로 삼을 수 있게 해 주었다. 초기 도시 문명의 새로운 사회경제적 계층은 BCE 3000년대 후반에 메소포타미아와 이집트의 강력한 국가들로 진화하였다.

도시 생활 방식은 농부와 전문업자(도공, 목공, 상인, 예술가, 군사, 서기 등) 들의 복합적인 경제와 관련이 있었다. 이들은 수천의 인구를 가진 커다란 요새 도시에 살며 복잡한 사회 계층 질서를 가지고 있었다. 왕과 성직자들은 노예를 데리고 도시에서 함께 살았다. 단일 지배자를 가진 거대한 공동체의 조직은 대규모 건설을 가능하게 하였다. 메소포타미아와 나일 강 계곡에서 경제가 발달하여, 관개수로를 파서 경작지를 넓히고 인구를 증가시켰다. 지배자와 종교 지도자들 또한 피라미드, 왕궁, 사원 등의 거대한 건축물을 지었다.

상: "메소포타미아"는 그리스 어로 "두 강 사이에 있는 땅"이라는 의미이다. 티그리스 강과 유프라테스 강이 이라크 남부에서 합류하고 있는 모습이 보인다.

선사 시대의 유물

수렵 채취인들과 초기 농경인들에 대한 연구를 "선사학"이라 부른다. 그들의 유적에 남아 있는 흔적은 그들이 어떻게 살았는가에 대한 유일한 증거이다. 현대의 조사는 연도, 기후 변화, 석기 기술, 동물학, 인류학, DNA 등 대단한 양의 자료를 제공해 준다.

초기 도시 사회에서 발명된 문자(메소포타미아의 수메르어)는 원래 경제 거래와 정치적 사건을 기록하기 위해 사용되었고 인류 역사 기록의 첫 장을 열었다. 유적에서 발견된 유물들과 더불어 고대 문서는 사람의 이름, 노래, 꿈, 신화, 믿음 등 아무 말 없는 유물들에서는 절대로 알아낼 수 없는 많은 것을 알려 준다. 근동은 좁은 지역이지만 인류의 발달 역사상에서는 특별한 위치에 있다. 이곳은 인류가 아프리카에서 아시아와 유럽으로 확산되는 가교였다. 이스라엘에서 발견된 무덤과 연관된 유물들은 인류가 또 다른 현실에 대한 의식이라는 인지 행동을 했다는 증거로 여겨진다. 이 지방에서 서로 다른 두 인류의 증거가 발견되었다. 호모 사피엔스와 네안데르탈인이 그것이다. 레반트 나투프 문화는 수렵과 채취에 경제적 기반을 두었으나 처음으로 정주지를 세웠다. 첫 농경 공동체는 근동에서 발달하였으며 후에 첫 도시가 설립되었다.

좌: 카르파스 반도는 키프로스 섬의 북쪽에 위치하고 있다. 키프로스는 인류 발달의 "초기 농부" 단계에 지중해에서 처음으로 사람이 살기 시작한 섬이다.

아프리카를 벗어나서

인류 진화의 첫 단계는 동아프리카에서 시작되었지만, 최초의 고고학적 흔적들을 통해 볼 때 중동의 인류 모습은 인류가 새로운 지역으로 이주하여 정착하는 과정을 설명해 준다.

선사 시대 고고학은 260만 년 전 에티오피아의 고나 유적에서 첫 도구가 출현하면서 시작되었다. 뒤이은 아프리카로부터의 이주에는 인류뿐만 아니라 여러 종의 동식물들도 포함되어 있었다. 이는 서쪽의 지중해와 동쪽의 아라비아 사막 사이로 난 좁고 길쭉한 모양의 비옥한 땅에서 발견할 수 있다. 이 레반트 통로는 늘 아프리카에서 유라시아로 가는 고속도로의 역할을 해 왔다. 탄자니아에서 시작하여 북쪽의 케냐와 에티오피아로 향하는 동아프리카 지구대에서 대부분의 초기 인류 화석이 발견되었다. 동아프리카 지구대의 지류인 홍해와 사해의 지구대가 이주의 통로였던 것으로 여겨진다.

아프리카 외에 가장 먼저 인류의 흔적이 발견된 곳은 조지아의 남쪽에 있는 드마니시였다. 완벽한 상태의 인간 두개골과 뼈의 화석들, 올도완 도구로 규정된 석기들이 BCE 180만 년의 현무암 습지대 위에 박힌 층에서 발굴되었다. 이는 약 200만 년 전 이전에 드마니시에 살던 인류가 레반트 통로를 지나갔음을 보여 준다.

고대의 흔적

고대 근동에서 가장 오래된 유적은 갈릴리 해 남쪽으로 3킬로미터 떨어진 사해 가장자리 요르단 계곡의 우베이디야 유적으로 드마니시 직후에 생겼다. 이 지역 특유의 무거운 지각 변동은 고고학적 지층을 그 후에 요르단 계곡에 두껍게 쌓인 퇴적층 위쪽으로 올려놓으며 지층을 가파른 각도로 경사지게 하여, 이전에는 가로로 놓여 있던 표면이 이제는 거의 수직에 가깝게 되었다.

우베이디야 유적에서는 석기뿐만 아니라 작은 물고기, 새, 코끼리 등 동물의 뼈도 대량으로 발견되었다. 석기로 뼈 위에 새긴 흔적은 이 뼈들이 우베이디야의 훌라 원시 호숫가, 즉 갈릴리 해가 가장 어린 호수였던 시절 원시 지구대의 호숫가에 살았던 초기 인류에 의해 어떠한 방식으로든 사용되었음을 가리킨다. 이들 인류가 사냥을 했는지 아니면 단지 죽은 고기를 먹었는지는 논의 중이다. 세 개의 작은 치아만이 이 유적지에서 발견된 유일한 인류의 뼈이다. 그러나 우베이디야에 거주하던 초기 인류는 풍부한 석기를 남겨, 이들이 전기 구석기 시대 후기 올도완 아슐리안 문화의 최초 단계로 추정되는 석기 문화를 소유하고 있었음을 알 수 있다.

하 : 동아프리카 지구대는 길이가 약 6000킬로미터이며 너비는 60킬로미터에 달한다. 사진은 케냐에 있는 구역이다.

아슐리안 문화의 양면 도구는 이후 100만 년간 레반트 통로를 통해 인류가 이주했음을 보여 준다. 갈릴리 해 북쪽으로 10킬로미터 떨어진 게셔베노트야코브는 79만 년 전의 아슐리안 문화 유적으로 아프리카에서 이주해 온 다른 흐름을 보여 준다. 우베이디야 유적과 비슷한 지각 변동 현상으로 드러난 게셔베노트야코브 유적에서는 더 진화한 아슐리안 문화의 다양한 석기들이 발견되었다. 게셔베노트야코브 유적의 주먹도끼는 비슷한 시대에 아프리카 유적에서 발견된 것과 유사하다. 또 이것들은 레반트 지역의 후기 아슐리안 문화 유적에서 나온 수천 개의 플린트 주먹도끼와는 달리 현무암으로 만들어졌다. 게셔베노트야코브 유적의 도구들은 아프리카 아슐리안 문화 도구의 전형적인 형태를 보인다. 이와 유사한 아슐리안 문화의 석기 유적이 인도와 코카서스에도 있으므로, 게셔베노트야코브 유적은 아프리카에서 시작된 이주가 멀리 떨어진 인도에까지 미쳤음을 알려 준다.

좌: **조지아의 드마니시는** "첫 유럽 인종의 요람"으로 여겨진다. 사진에 보이는 유물들 중에는 호모 에렉투스의 턱과 다양한 도구들 및 거대한 검치호의 두개골이 보인다.

이주의 물결

180만 년 전, 초기 드마니시 인류가 올두바이 석기 전통을 가지고 레반트 통로를 지났다. BCE 150만 년 우베이디야에는 초기 아슐리안인들이 이주해 왔고 BCE 75만 년에는 게셔베노트야코브에서 발견된 현무암 주먹도끼를 제작하는 이들이 뒤를 이어 도착했다. 아슐리안 문화의 주먹도끼 수천 개가 이집트, 요르단, 이스라엘, 시리아, 레바논에서 발굴되었다. 이 도구들은 아슐리안 게셔베노트야코브 후기 문화에서 네 번째이자 마지막 단계에 해당하는 것으로 추정된다.

레반트에서 전기 구석기 시대가 막을 내린 것은 30만 년 전이다. 약 40만 년 전 아슐리안 문화가 아슐리안-야부르디안 문화로 교체되고 무스티에 중기 구석기의 새로운 석기 제작법이 등장하며 전기 구석기 시대가 끝났다.

게셔베노트야코브(GBY)

GBY에 살던 사람들이 남긴 도구와 뼈의 화석은 물에 의한 침전물로 덮여 있다가, 근래에 요르단 강에 의해 노출되었다. 산소 접촉이 없는 환경은 식물과 유기적인 잔해를 보존시켰다. 오래된 유적에서는 대단히 드문 경우이다. 나무의 몸통과 가지, 과일과 씨앗, 나무껍질까지 남아 있어 아슐리안인들이 어떻게 살았는지를 알려 준다. GBY에서는 현존하는 최고의 나무 유물 및 7종의 식용 견과류와 이를 깨서 열기 위한 석기 도구들이 발견되었다. GBY 석기군의 가장 중요한 의의는 불에 탄 플린트 무더기와 오래된 화로의 흔적 등, 불을 통제하며 사용한 최초의 증거가 발견된 것이다.

우: **현무암 주먹도끼는** 이곳에서 발견된 수많은 유물들 중의 하나로 초기 인류가 어떻게 살았는지를 잘 이해할 수 있게 해 준다.

이주와 분산

레반트의 중기 구석기(BP 25만–4만 5000년)는 이주와 분산의 시기였다. 호모 에렉투스는 두 종류의 인류로 교체되었다. 이들은 우리와 같은 종인 호모 사피엔스 사피엔스와 유사한 종인 호모 사피엔스 네안데르탈렌시스(네안데르탈인)였다.

1970년대 유럽의 주요 유적들을 발굴함으로써 얻은 데이터들은 한 가지의 명백한 상황을 떠올릴 수 있게 해 주는 것으로 여겨졌다. 대략 500만 년 전 아프리카로부터 이주해 온 초기 형태의 인류인 네안데르탈인이 유럽 대륙을 수십만 년 동안 지배했으리라는 것이다. 이들은 유럽 빙하기의 추운 기후에 잘 적응하였고 그들의 도구 문화(무스티에 문화)는 그들이 수세기에 걸쳐 살아남을 수 있게 했다.

약 40만 년 전 크로마뇽인들이 유럽에 출현했다. 그들의 골격은 현재 우리와 비슷하며 플린트와 흑요석으로 칼과 같이 보다 정교한 도구를 만들었다. 또한 그들은 뼈로 된 도구를 사용하고 유럽의 뛰어난 동굴 벽화나 형상들을 만들어 낸 예술가들이었다.

하: **카르멜 산의 서면**은 이스라엘 북부에 있다. 이곳에서의 고고학적 발견은 인류의 진화에 대해 많은 정보를 알려 주었다.

그러나 레반트에서 근 10여 년 동안 이루어진 조사로 현생 인류와 네안데르탈인들의 관계에 대한 매우 다른 시나리오가 등장하게 되었다.

네안데르탈인과 현생 인류가 공존했나?

최초의 선사 유적 발굴은 1920년대 갈릴리 해의 하구에 위치한 와디아무드의 주티예 동굴에서 투르빌과 피터에 의해 이루어졌다. 여기에서는 갈릴리인이라고 불리는 인간의 두개골 조각이 발견되었고 이 뼛조각은 연대측정에 의해 BP 40만 년경의 것으로 판명되었다. 한편으로 와디아무드의 또 다른 구역인 아무드 동굴에서 결정적인 발견이 이루어졌는데, 이곳에서는 신생아를 포함한 몇몇 네안데르탈인들의 유골들이 발견되었다. 이들이 발견된 지층은 BP 5만 5000년경의 것으로 레반트에서 마지막으로 생존했던 네안데르탈인으로 분류된다. 레반트의 다른 동굴들에서도 네안데르탈인들의 흔적이 발견되었다. 카르멜 산의 케바라 동굴과 카르멜 지방의 동굴 계곡에 있는 타분 동굴 및 시리아의 데데리예 동굴에서 커다랗고 전형적인 네안데르탈인의 유골이 발굴되었다.

그러나 바로 여기에서 이야기가 복잡해진다. 이스라엘의 다른 동굴 유적에서는 다른 종의 인류가 주거하고 있었다는 발굴 결과가 나왔다. 갈릴리 하부의 나사렛 남쪽에 위치한 카프제 동굴의 묘지에서 현생 인류에 해당하는 골격들이 많이 발견되었다. 이 유적의 연대는 BP 9만 년인 것으로 판명되었다. 이와 비슷한 상황이 타분 동굴에서 서쪽으로 겨우 300미터 떨어진 곳에 있는 스쿨 바위 요새에서도 나타난다. 이곳에서 현대와 원시 골격의 조합을 보이는 뼈들이 많이 발굴되었는데, 이들은 모두 6만 년에서 10만 년 전의 것들이다.

그러므로 레반트에서의 발견은 흥미를 자아낸다. 현생 인류는 이미 10만 년 전부터 이곳에 살았다. 이 말은 아직까지 당시의 네안데르탈인이 그저 발견되지 않은 것이거

좌 : **네안데르탈인의 무덤**은 최초의 의도적인 매장이 이루어진 증거이다. 이것이 종교적인 믿음을 나타내는 것인지에 대해서는 아직 확실치 않다.

나, 아니면 흥미롭게도 네안데르탈인이 나타난 BP 6만 년보다 4만 년이나 전부터 현생 인류가 이곳에서 살아왔다는 것을 의미한다. 이 두 종류의 인류가 발굴된 유적들은 때때로 매우 가까운 곳에 있다.

그러나 이 이야기는 이것으로 끝이 아니다. 중기 구석기 시대에 레반트에서 만들어진 석기들을 분석했을 때, 네안데르탈인들과 현생 인류의 도구 양식이나 생활 방식에서 특기할 만한 차이를 발견하지 못했다. 모든 유적에서 동일한 도구 제작 기술로 같은 무스티에 유물들이 제작되었다.

동일한가, 다른가?

가장 오래된 현생 인류의 유적은 에티오피아에서 발견되었으며 16만 년 전의 것으로 추정된다. 다시 한 번, 레반트가 아프리카에서 이주하는 주된 통로가 되었다. 이는 확인된 것으로는 다섯 번째의 이주였다. 그러면 레반트에서의 발견을 어떻게 해석할 수 있을까?

한 가지 가능한 것은 현생 인류가 아프리카에서 레반트로 약 10만 년 전에 이주했다는 것이다. 6만 년 전 이들은 유럽으로부터 남쪽으로 이주하던 네안데르탈인들과 만났고 이들은 4만 5000년 전 레반트에서 후기 구석기가 처음 나타나기 시작했을 때까지 공존했다. 이 두 종류의 인류가 어떤 관계를 유지했는지는 알 수 없다. 이들이 정말 공존했던 것일까? 우리가 알 수 있는 것은 이들이 같은 도구 문화를 공유했고 같은 지역에서 살았다는 것뿐이다. 또한 네안데르탈인들은 우리보다 어느 정도 더 큰 뇌를 가지고 있었고, 시체를 매장했으며, 노인과 장애자들을 보살폈다. 그러나 그들이 언어도 사용했을까? 고고학자들과 형질인류학자들은 현생 인류와 네안데르탈인들의 생물학적 관계에 대해 논쟁을 계속하고 있다. 이들은 생물학적으로 완전히 다른 종이었을까? 아니면 네안데르탈인은 현생 인류의 출현으로 사라진 인류 진화 계보의 한 가지였을까? 그도 아니면 레반트 동굴의 고고학적인 발견에서 추측할 수 있듯, 네안데르탈인과 현생 인류는 다른 골격을 갖고 있지만 인류의 다양성이라는 범주로 포괄할 수 있는 하나의 그룹에 속하는 것일까? 네안데르탈인은 인류의 한 종류가 아닐지도 모른다. 레반트에서 얻은 정보들은 대답보다는 더 많은 질문을 남겼다.

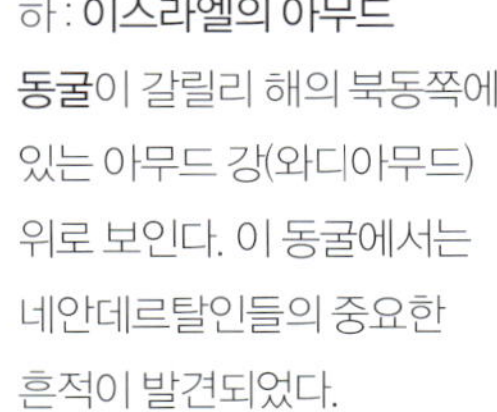

하 : **이스라엘의 아무드 동굴**이 갈릴리 해의 북동쪽에 있는 아무드 강(와디아무드) 위로 보인다. 이 동굴에서는 네안데르탈인들의 중요한 흔적이 발견되었다.

현생 인류의 출현

중기 구석기 시대의 무스티에 석기 전통은 레반트 지역에서 25만 년 이상 지배적이었다. 그 후, 4만 5000년에서 5만 년 전 사이에 변화가 일어났다. 새로운 석기 기술과 새로운 생활 방식이 고고학적인 발견을 통해서 확인되었다.

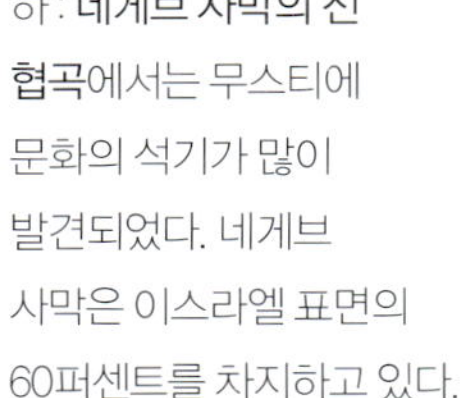

하 : **네게브 사막의 진 협곡**에서는 무스티에 문화의 석기가 많이 발견되었다. 네게브 사막은 이스라엘 표면의 60퍼센트를 차지하고 있다.

이 고고학적인 발견들 중에서 특히 중요한 발견들은 네게브 사막의 진 계곡에 있는 깊은 협곡의 소규모 노천 유적을 발굴하면서 나왔다. 이 유적지, 즉 보케르타시티트의 발굴 현장에서 무스티에 문화의 석기 기술로 제작된 것이 확실한 도구들이 나왔다. 그러나 중기 구석기 시대의 표준적인 기술에 몇몇 변화가 도입되었다. 박편 석기와 송곳을 기반으로 하는 무스티에 문화는 가늘고 긴 돌날(blade)을 주로 이용하는 석기 제작 방식으로 대체되었다. 이때부터 석기 시대가 끝날 때까지는 돌날을 이용한 생산 방식이 세계 대부분의 지역에서 지배적인 석기 제작 방식이 되었다. 박편 석기보다 훨씬 더 큰 비율의 날을 가진, 플린트나 흑요석으로 된 돌날의 생산은 효과적이고 능률적인 도구 제작을 가능하게 만들어 주었다. 이러한 핵심적인 기술의 혁신은 후기 구석기 시대의 출현을 알리는 지표가 되었다.

지역 발달과 새로 온 사람들

보케르타시티트와 레반트의 다른 후기 구석기 시대 초기의 유적에서 관찰된 유물들은 중기 구석기 시대의 석기 전통과 후기 구석기 시대의 돌날 제작 양식 시기 사이에 있었던 과도기적 단계를 대표한다. 그렇다면 이것은 누가 고안해 낸 것일까? 아프리카에서 새로이 도착한 사람들이 고안한 것일까? 유럽에서처럼 네안데르탈인들을 대체한 현생 인류들이 고안하였을까? 문화적으로나 생물학적으로나 네안데르탈인을 호모 사피엔스 사피엔스가 대체했다는 유럽식 시나리오가 레반트의 후기 구석기 시대의 출

좌 : **돌 긁개.** 에티오피아에서 발견된 무스티에 문화의 기본 도구로, 사진의 도구들은 BP 16만 년경의 것으로 추정된다.

다. 여기서 중요한 것은 그 아랫부분으로, 깊은 홈에 의해 두 부분으로 나누어져 있어 오리냐크 문화의 가장 전형적인 형태인 반달 모양의 홈이 있는 뼈 찌르게를 연상하게 한다. 이 단 하나의 도구가 당시 동굴에서 살고 있던 사람들이 오리냐크 문화의 일부였음을 보여 주는 증거가 되었다. 선사 시대 전체적으로 보면 고대 근동에서 레반트의 오리냐크 시대는 짧았다. 북쪽에서 온 사람들이 지역 원주민들에 의해 쫓겨났는지 아니면 그들의 석기 전통을 잃어버릴 정도로 원주민에게 동화되어 버렸는지는 현재로서는 알 수가 없다.

현에는 맞지 않는 것이 확실하다.

초기의 유물들은 레반트 후기 구석기 시대에 석기의 주를 이룬 아흐마리안 전통을 보여 준다. 이 양식은 레반트 전역의 많은 유적에서 발견되었고, 초기 아흐마리안 전통으로부터 후기 구석기 시대로 이어지는 발달 노선을 따랐을 가능성이 있다. 아흐마리안 석기 전통은 레반트 지역에서 후기 구석기 시대 내내 명백하게 지배적인 문화였다. 그러나 잠시 동안 유럽에 뿌리를 둔 다른 석기 전통들이 고대 근동 지역에 유입되었다. 이스라엘과 레바논을 중심으로 하는 레반트 북부의 해안 평야에 있는 대부분이 동굴인 몇몇 유적들에서는 "레반트 오리냐크" 지층이 발굴되었다. 서유럽에서는 오리냐크 문화가 수많은 유적을 통하여 매우 잘 알려져 있는데, 이는 "진정한" 후기 구석기 시대 최초의 문화로서 무스티에식 제작 방식을 대체하였다. 이 문화는 4만 년에서 3만 5000년 전에 시작되었다. 레반트의 변종 문화는 그 후인 3만 2000년에서 3만 년 전 사이에 도래하여 얼마 지속되지 않았고 지리적으로 한정된 지역에서만 나타났다.

유럽으로부터의 이주

오리냐크 문화의 레반트 동굴들에서 발굴된 유물들은 북쪽에서 레반트로 이주해 온 석기 전통을 보여 준다. 유럽식 제작 도구들을 지닌 사람들이 여전히 구식 아흐마리안 기술을 사용하던 사람들 곁에 정착하였다. 유럽과 레반트의 오리냐크 사용자들 간 접촉을 알려 주는 주요한 증거는 갈릴리 서부의 케바라 동굴에서 발견된 조그만 뼛조각이

레반트 지역의 후기 구석기 문명은 "왕의 대로"가 그랬던 것처럼 해당 지역에 문화적 변화를 지속적으로 초래하고 구세계의 각 지역들을 연결했다. 그러나 레반트의 후기 구석기 문명이 유럽에 비해 뒤떨어지는 부분이 있었는데, 동굴 벽화, 조각상 또는 조각 등이 발견된 적이 없다는 것이다. 그 이유는 알려져 있지 않다.

후기 구석기 시대의 아흐마리안 문화는 점차적으로 아구석기 시대의 잔석기 기반 석기 전통으로 진화하였다. 구석기 시대의 생활 방식은 점차 변화되기 시작하여 빙하 시대 후반에는 더 많은 사람들이 한 곳에 더욱 오래 머무르게 되었다. 이제 세계는 다음의 문화적 대변화, 즉 유랑 수렵 채집인 집단으로부터 정착 농업 마을 사회로의 전환을 맞을 준비를 해야 했다.

하 : **후기 구석기 시대의 돌과 뼈로 된 도구**들은 기술이 상당히 발달했음을 보여 준다. 사진에는 다양한 칼과 창촉이 나와 있다.

나투프

1930년대부터 중동, 특히 레반트 통로는 수렵 채집 사회에서 농업 정착 사회로 전이한 고고학적 증거들을 제공해 주었다. 나투프 문화(BP 1만 5000–1만 1500년)는 레반트에서 식량 생산 문화의 주도자들로 알려져 있다.

우 : 이스라엘의 **힐라존타시티트 동굴**은 원래 매장 의례의 장소로 사용되었다. 이 유적은 어떻게 의례가 일상생활과 접목되었는지를 보여 준다.

나투프 시대에 도래한, 빠르고 수많은 기술적 변화는 사회에 깊은 영향을 미쳤다. 나투프 문화는 1930년대 초 도로시 개로드에 의해 사마리아의 슈크바 동굴과 카르멜 산의 엘와드 유적 발굴에서 처음으로 확인되었다. 후에도 많은 나투프 문화 유적들이 지중해 지역, 요르단 계곡, 네게브, 요르단 고지대에서 발굴되었다.

나투프 문화는 후기 아구석기 문화에 속하는 것으로 파악되었다. 이 시기에 가장 흔한 플린트 잔석기의 기하학적인 형태는 작은 초승달 모양이었다. 일반적으로 그 크기와 초승달 형태를 만드는 방법에 따라 초기 나투프(BP 1만 5000–1만 3000년경)와 후기 나투프(BP 1만 3000–1만 1500년경)의 두 단계로 나뉜다. 낫 모양의 날을 가진 도구는 다양한 곡식을 수확하기 위해 만들어졌으며 이것은 나투프 문화의 두드러진 특징이다.

도구 제작에 쓰이는 돌의 종류 말고도 나투프 문화를 정의하는 주요 기준인 나투프 도구의 독특한 모양은 나투프 거주지를 중심으로 한 지중해 연안에서부터 요르단 계곡까지에 해당되는 제한된 지역에서 발견되었다. 나투프 문화가 발생하기 전 레반트 지역의 선사 문화에는 예술 작품과 장식적 요소가 드물었기 때문에, 그에 비해 활발했던 예술 활동의 증거가 많은 주의를 끌게 되었다. 또한 나투프 문화의 가장 중요한 특징은 영혼관의 변화를 나타내는 넓게 조직된 매장용 토지였다. 이것은 이전의 고고학적 기록에서는 찾아볼 수 없던 것이었다.

나투프의 마을

나투프 문화의 사람들은 초기 구석기 시대에 잠시 사용되었다가 버려진 동굴과 바위틈을 다시 주거지로 이용했다. 또한 에이난(아인말라하)과 와디함메 27의 발굴지에서 커다란 나투프 노천 마을의 흔적을 볼 수 있다. 나투프 문화 유적지의 뚜렷한 특징과, 처음으로 발견된 들쥐와 생쥐, 참새 등의 동물 유해를 기반으로 추론해 볼 때, 이 시대에 연중 영구 정착 생활이 출현했을 것으로 생각된다.

우선, 집단은 수렵과 채집을 하는 사람들로 이루어졌고 이러한 집단들이 점차적 영구으로 정착을 하면서 생활 방식을 바꾸어 갔다. 나투프 시대의 후반기에는 유랑 생활로 다시 돌아간 흔적도 있지만, 영토의 경계에 대한 보다 명백한 표현도 나타난다. 나투프 문화 말기와, 더욱 결정적으로는 그 뒤를 잇는 토기 없는 신석기 시대(PPNA)의 전 시기 동안 정착 마을 생활이 시작되고 농업이 발달하였음을 보여 주는 유적들이 발견되었다.

나투프의 초기 단계에는 참나무 숲과 스텝 산림 지대가 지속적으로 확장되었다는 증거가 있다. 레반트 중남부 지역은 곡물류, 콩류, 견과류 등 식용 식물이 풍부했을 가능성이 있으나 나투프 문화 유적에서 식물학적 증거는 희귀하다. 핵심 지역에서 벗어난 시리아 아부후레이라의 후기 나투프 문화 유적에서도 몇몇 식물학적 증거가 발견되었다. 밀, 호밀, 렌즈콩, 쓴 야생 완두, 피스타치오, 팽나무 열매와 배 등 다양한 잠정적 식용 식물들이 그곳에서 확인되었다. 동물들의 유해는 나투프 문화 사람들이 영양, 사슴, 소 들을 사냥을 했음을 나타낸다. 그러나 염소, 말, 당나귀 들의 유해는 얼마 발견되지 않았다.

상 : **작은 반달 모양의 플린트 석기**들은 나투프 세석기의 전형적인 예로 사냥과 음식을 준비하기 위해 사용되었다.

후기 나투프 시대는 관련 연구에 의해 그 존재가 사실로 입증된 소빙하기의 기후 변화와 상관관계를 가지고 있다. 이는 상당히 건조한 시기로 1000년 동안 지속되었으며 북부 유럽은 빙하 기후로 되돌아가게 되었고 스텝 산림 지대가 축소되었다.

나투프 문화의 가장 눈에 띄는 특징인 영구 주거의 발달 흔적은 특히 둥근 집들이 있는 넓은 유적에 뚜렷하다. 근처에서 모아 온 다듬지 않은 돌들로 기반을 만들고 거주지의 둘레에 둥그렇게 옹벽을 쌓았다. 이 주거 구조는 주의를 기울여 세심하게 계획되었고 외따로 떨어진 것이 아니라 작은 집단을 이루었다.

예를 들어 헤이요님 동굴에는 원형 혹은 타원형의 방 같은 구조물들이 두 줄로 나란히 늘어서 있던 흔적이 남아 있다. 방들은 대략 직경 2.5미터에 주위 벽의 두께는 1미터 정도였다. 갈릴리 해 바로 북쪽에 있는 에이난(아인말라하)에는 깎아낸 경사면을 길게 따라 집들이 나란히 세워

좌 : **선구적인 고고학자였던 도로시 개로드(1892–1969년)**는 케임브리지와 옥스퍼드 대학에서 공부했다. 그녀는 여성으로서는 처음으로 케임브리지 대학의 교수가 되었다.

뼈와 돌 도구

나투프 시대는 이전의 어느 시대보다 더욱 많고, 더욱 정교하며 다양한 모양의 뼈로 된 도구가 제작되었다. 이 도구들은 영양, 늑대, 사슴, 새 들의 뼈대, 이빨, 뿔로 만들어졌다. 이 도구들은 가죽을 벗기거나 바구니를 만들기 위해 사용되었다. 이전 시대에 약간 발견된 간석기는 나투프 문화 유적에서 많이 나타나게 되었다. 여기에는 석회암, 현무암 및 사암으로 만들어진 다양한 크기의 사발과 막자사발, 막자 등이 있다. 이들 중에는 무게 100킬로그램, 깊이 80센티미터에 달하는 고정된 막자사발이 있다. 근래에 들어서 간석기는 요리 활동에 따라 여러 그룹으로 나누어졌다. 찧기, 섞기, 빻기, 갈기를 위한 도구뿐만 아니라 음식을 차리기 위한 도구로 작은 사발과 접시들도 있었다. 나투프 문화의 간석기는 제작하는 데 많은 노동이 요구되었고, 빈번히 기하학적 문양으로 정교하게 장식되었다. 이러한 도구들이 조심스럽게 사용되어 좋은 상태로 남아 있는 것은 사유 재산이 점점 중요해지고 있었음을 알려 준다.

상좌 : **나투프 문화 유적에서 나온 유물들**에는 음식을 준비하고 차리기 위한 사발과 막자사발 등이 있다.

졌다. 각 층은 화로, 저장소, 작업 공간 등 여러 개의 시설을 지탱할 수 있었고 돌이 깔린 층도 있었다.

더 큰 시설에서는 새로운 규제 체제가 혈연관계가 아닌 사람들이 서로 교류하는 방식을 통제할 수 있게끔 발달하였다.

죽음의 커지는 중요성

나투프 문화 유적들에는 새로운 발달의 증거가 또 있다. 큰 규모의 묘지가 생겼다는 것이다. 나투프 후기에는 매장 의식이 발달하여 힐라존타시티트 동굴과 같은 유적은 보다 유동적이던 사람들이 주로 묘지로 사용하였다.

대략 500군데의 무덤이 알려졌으나 확실한 패턴을 그려 내기는 어렵다. 사체는 보통 웅츠린 자세로 매장되었으며 펴진 자세는 드물었다. 한 사람만의 무덤이 있는가 하면 다양한 나이와 성별의 사람이 함께 묻혀 있기도 했다. 몇몇은 치장이 되어 있거나 장식된 옷이 입혀져 있었다. 때로는 시체를 원하는 장소에 두기 위한 목적 때문이었는지 돌 한 개나 여러 개가 죽은 사람의 머리 밑에 놓여 있기도 하고 무덤 위에 올려져 있기도 했다. 대부분의 무덤은 특별하게 배열되어 있지는 않았고 단순히 구덩이를 다시 흙으로 채웠을 뿐이었다.

그러나 어떤 무덤들의 구덩이는 부분적으로나 전체적으로 돌을 쌓아 만들었다. 보다 복잡한 예로는 요르단 계곡의 에르크엘아흐마르에서 발견된 무덤처럼 돌로 포장이 되어 있거나, 아마도 의식에 따른 듯 깨진 큰 사발을 구덩이에 넣은 것도 있었다. 때로는 납작하게 눕거나 선 돌로 무덤을 표시하기도 했다. 그러나 대부분의 무덤에는 어떠한 표시도 되어 있지 않았다.

나투프가 끝날 무렵 새로운 풍습인, 뼈를 다시 파내어 흩어서 매장하는 2차 매장이 증가하여 신석기 시대에까지 이어졌다.

언제 식물 재배와 농업이 시작되었는지에 대해서는 연구자들의 의견이 엇갈리고 있으나 개가 가축화된 것은 나투프 시대부터인 것으로 보인다. 실제로 개와 인간이 함께 매장된 무덤들이 적어도 에이난(아인말라하)과 헤이요님 단구 두 곳의 나투프 문화 유적에서 발견되었다.

활발한 예술 활동

핵심 지역에서 문양이 새겨진 석제 유물들이 여러 개 발견되었다. 헤이요님 동굴에서 발견된 사다리 모양이 새겨진

좌: **나투프의 무덤**은 독특하게 옆으로 누운 자세로, 이는 사체를 조심스럽게 다루었음을 보여 준다.

돌판, 와디함메 27에서 나온 뇌문 문양의 현무암 그릇들이 여기에 포함된다.

뼈나 돌로 동물이나 사람의 형상을 만든 것은 카르멜 산의 유적들에서만 발견되었다. 이들 유적지에는 케바라, 엘와드, 와디오렌이 있다. 뼈에 동물을 새긴 것은 뛰어난 기술로 자연스럽게 표현되어 있으나 인간 형상의 대부분은 매우 도식적이다. 개인 장신구들도 많이 발견되었다.

1000개가 넘는 뼈로 된 유물들이 헤이요님 동굴의 나투프 시대 지층에서 발견되었고 그중의 4분의 1이 펜던트, 다리뼈와 이빨로 만든 구슬 등 개인 장신구였다. 보통 영양의 발가락뼈로 잘 만들어진, 타원형의 좁은 쪽 끝에 구멍이 뚫려 있는 펜던트는 여러 나투프 문화 유적에서 발견되었다. 색이 칠해진 펜던트의 대부분은 무덤용이었고, 단지 소수만이 생활 공간에서 나왔다. 헤이요님 동굴과 힐라존타시티트 동굴에서 나온 여우와 하이에나 등 여러 동물들의 이빨들은 아마도 목걸이에 사용하는 것인 듯 구멍이 뚤려 있었다.

장신구에 적합한 조개껍질은 머리 장식, 목걸이, 팔찌, 허리띠 또는 옷 장식으로 쓰였으며, 특히 무덤에서 함께 모여 있는 것이 발견되었다. 헤이요님 동굴과 헤이요님 단구 유적에서 발견된 조개껍질 중 90퍼센트를 차지할 정도로 지배적인 유물인 모뿔조개 구슬은 나투프 문화의 특징으로 여겨지며 초기 아구석기 시대의 집단들에게 중요한 변화가 이루어졌음을 나타내는 지표이다.

에이난에서 발굴된 후기 나투프 문화 유물들이 아나톨리아의 흑요석으로 된 물건 등 이국적인 것들을 포함하고 있다는 사실은 흥미롭다. 이는 토기 없는 신석기 시대에 교류망이 잘 이루어지기 시작했다는 첫 신호였다. 농업으로의 전이와 함께 사회적, 경제적으로 깊은 변화(신석기화 과정)가 나투프에서 시작되었고 이는 의심할 여지없이 이념의 중요한 변화와 함께 이루어졌다. 이러한 이념적인 변화가 경제적인 변화보다 먼저 와서 방아쇠 역할을 한 것인지, 아니면 태생이나 혼인으로 연결되지 않은 많은 사람들이 영구적으로 정착해서 살게 된 결과 이념적인 변화가 온 것인지는 확실치 않다.

우: **이 송곳니 펜던트**는 힐라존타시티트에서 발견된 것으로 인간과 개가 가까운 관계였음을 보여 준다.

최초의 농부

1930년대에 농업의 시작에 대해 처음으로 관심을 보인 사람은 "농업 혁명"을 주창한 고든 차일드였다. 그는 마지막 빙하기가 끝나고 급격히 건조해진 기후의 변화로 인해 경작이 시작되었다고 설명했다.

우 : 고든 차일드(1892–1958년)는 호주 태생으로 에든버러에서 유럽 선사 시대의 교수를 하다가 런던 고고학 연구소의 소장이 되었다.

차일드는 오아시스에서 인간과 동물들이 점점 친숙해져 어린 동물을 길들이게 되고 점차 완전히 가축화시키게 되었다고 가정하였다. 비록 차일드가 중동에서 일하지는 않았지만 그의 생각은 미국인인 로버트 브레이드우드(1907–2003년)에 의해 처음으로 증명되었다. 로버트 브레이드우드는 1940년대 말, "세계 최초의 마을"이라 믿어졌던 이라크의 자르모를 발굴했다. 그의 가설에 의하면 농업은 비옥한 초승달 북부의 언덕 지역에서 시작되었다. 농업 혁명을 설명하기 위한 다른 가설들은 기후 변화나 인구 증가에 따른 필요에 집중했다. 지금은 자르모에 앞서 예리코나 레반트의 다른 유적지에서 농업이 발달했다는 것이 확실하게 되었다.

최초의 정착

신석기 시대(BCE 9800–5800년경)는 수렵 채집인들로부터 대략 250만 년 이후에 왔다. 인류의 생활은 유랑 생활에서 영구적으로 정착하여 사는 생활로 바뀌었다. 야생의 식량에 의존하는 것에서 농업과 동물을 길들이는 생활로, 작은 집단에서 큰 집단으로, 평등 사회에서 계급 질서를 가진 사회로 변화했다.

캐슬린 케니언(1906–1978년)은 1950년대에 예리코에서 신석기 시대의 연속적인 4단계 지층을 발굴하였다. 이 지층들은 토기 없는 신석기 A(PPNA)와 토기 없는 신석기 B(PPNB)에 이어 토기 있는 신석기 시대로 알려져 있다. 이는 근동에서 처음으로 확인된 자세한 장면이었고 예리코는 신석기 시대를 이해하는 데 있어 핵심적인 유적지가 되었다. 이후, 근동에서 수백 개의 신석기 시대 유적이 발견되어 세계 최초의 농업 집단에 대한 생생한 모습을 보여주게 되었다.

신석기 시대의 첫번째 단계인 토기 없는 신석기 A(BCE 9800–8800년)는 2헥타르 규모의 작은 마을이 특징이다. 주거지는 원형이거나 타원형이고 각각 화로와 돌절구가 있는 식사를 준비하는 구역을 포함하고 있었다. 각 주거지는 핵가족에 의해 사용되었다. 일상생활의 유물(화살촉, 초승달 모양의 칼, 도끼)은 플린트, 사암, 현무암으로 만들어졌다. 외부에서 들여온 물건들이 소량 발견되었는데, 이 중에는 아나톨리아의 흑요석(화산 유리), 바다에 사는 조개껍질 및 푸른 광석 등이 있었다. 어른들은 보통 살던 집 바닥에 웅크린 자세로 묻혔다. 때때로 유골은 파내어져 회반죽, 조개껍질 등으로 치장되고 생전의 모습처럼 칠해졌다. 얼마 되지 않는 발견된 예술품으로는 여자, 새의 형상과 기하학적 문양이 새겨진 사암 유물들이 있다. 일부 학자들은 여성의 형상이 땅, 인간, 가축들의 풍요를 관장하는 "대지모신"을 나타낸 것이라 믿는다.

예리코는 지방의 중심이었던 것으로 여겨진다. 동시대의 가장 큰 거주지로서 면적이 2.5헥타르에 이르며 그보다 작은 유적들(예를 들어 네티브하그두드와 길갈)이 걸어서 하루나 이틀 정도 걸리는 거리에서 다수 발견되었다. 아나톨리아 흑요석과 푸른 광석으로 된 많은 양의 유물들이 예리코로 수입되었다. 예리코에서 알려진 것으로는 세계 최초인 거대한 건물이 발견되었다. 이것은 약 8미터 높이의 돌탑으로 내부에 20개의 계단이 설치되어 있었으며, 매장용 방으로 사용되었다. 탑 옆으로 서쪽에서부터 거주지를 둘러싸는 돌담이 쌓여 있다. 담 밖으로는 5미터 폭의 물 없는 해자가 파여 있었다. 케니언은 이를 요새화된 도시의 일부로 보았으나 다른 학자들은 탑이 망을 보는 곳으로 사용되었고 담은 옆에 붙은 와디켈트의 급작스러운 홍수로부터 보호하기 위해 지어졌다고 여기고 있다. 이런 거대한 건축물은 동시대에는 예리코가 유일하여, 주위의 마을들보다 훨씬 정교한 사회를 가지고 있었음을 암시해 준다.

상 : PPNB 시대의 낫으로 세 개의 플린트로 된 칼날이 동물의 뼈로 만들어진 것으로 보이는 손잡이에 끼워졌다. 이스라엘의 나할헤마르 동굴에서 발견되었다.

이 시대의 다른 지방 중심지인 괴베클리테페는 오늘날 우르파 근처의 북부 레반트에서 발견되었다. 이곳에서 클라우스 슈미트가 2–3미터 높이의 돌담과 2–4미터 키의 T 모양 돌기둥을 발굴했다. 돌기둥은 각기 무게가 몇 톤에 달하므로 채석하고 운반해 오는 데에는 많은 사람들이 필요했을 것이다. 돌기둥들에는 다양한 동물들의 그림이나 기하학적 문양이 새겨져 있다. 동물들은 수컷인 것이 분명하고 지역의 신앙이나 신화의 중요한 요소였던 것으로 보인다. 이 유적의 보존 상태가 뛰어난 이유는 건물이 일부 지면보다 낮게 지어져 사용 후 묻혔기 때문이다.

마을 공동체의 설립

토기 없는 신석기 B(BCE 8800–6800년경)의 공동체는 14헥타르에 이르는 훨씬 넓은 마을을 이루기 시작했다. 신석기 생활 방식이 아나톨리아, 키프로스, 유럽 남서부의 새로운 지역에 퍼졌다. 키프로스를 개척한 것은 바다에서의 이동이 가능했다는 것을 의미한다. 이 시대에는 우물이 발견되어 이 시대 사람들이 물을 사용하고 저장하는 방식에 대한 지식을 가지고 있었음을 알 수 있다.

이 시대의 레반트에서 가장 특징적인 건축물은 흰색 회반죽을 마루에 입힌 장방형 건물이다. 여전히 사암, 플린트, 현무암이 일상 도구를 제작하는 데에 사용되었다. 이 시기의 플린트 도구는 길고 우아한 "배 모양"의 칼날로 특징지을 수 있으며 화살촉과 낫이 만들어졌다. 흑요석, 바다에서 난 조개껍질, 구슬 등 수입된 물건들이 발견되었고, 제련되지 않은 동광으로 만든 유물이 터키의 차외뉘와 아시클리휘위크에서 발견되었다. 오페르 바요세프와 데이비드 알론이 유대 사막에 있는 나할헤마르 동굴에서 돗자리, 신발, 마직물, 뿔로 만든 낫, 나무 구슬, 나무 연장 등 수백 개의 썩기 쉬운 재료로 만든 물건들을 발견하였다.

매장 풍습은 더욱 정교해졌다. 어떤 두개골은 다시 파내

하 : **캐슬린 케니언의 발굴로 생긴 이 깊은 구덩이**는 예리코에 있으며 1950년대에 생겼다. 거대한 규모의 선사 시대 흙더미에서는 최초 단계의 정착 생활에 대한 흔적이 많이 발견되었다.

상 : 예리코의 PPNA 시대 석탑(BCE 8000년경)은 요새나 망루 또는 홍수막이의 일부였던 것으로 보일 수 있다. 그러나 실제로는 묘실로 사용되었다.

다. 이 시대의 풍부한 예술적 표현을 처음으로 보여 주는 유물이 예리코에서 발견되었다. 케니언은 회반죽을 씌운 인간의 두개골들이 묻혀 있는 구덩이를 발굴하였다. 토기 없는 신석기 A 시대 유적에서도 두개골들이 발견되었지만 이들은 특별하게 다루어지지 않았다. 이제는 두개골들에 회반죽이 입혀졌고 그중에는 조개껍질이 눈에 박혀 있는 것도 있었다. 두개골 사용이 끝나면 거주 층 밑에 조심스럽게 다시 매장되었다. 이러한 형식의 선조 숭배는 정착 생활 방식이 시작된 것과 연관되어 있다. 두개골은 공동체의 선조를 나타내며, 마을과 주위 경지에 대한 권리를 정당화시켜 준다.

신격화된 조상이나 부족 신의 거대한 조각상 또한 발견되었다. 레반트 남부의 예리코와 아인가잘에서 발견된 진흙과 회반죽으로 만들어진 이 신상들은 인간이 흙으로 빚어졌다는 성경이나 수메르의 신화와 닮았다. 이 인간을 본뜬 거대한 석상은 동시대에 만들어진 돌 가면과 함께 북부 레반트의 우르파 근처에 있는 네발리초리와 괴베클리테페에서 발견되었다. 이 유물들은 눈과 입 자리에 구멍이 뚫려 있었고 매달 수 있게 만들어져 있었다. 이러한 유물들은 이 시기에 종교적 활동의 중요한 구성 요소인 정교한 공공 의례와 집단적인 춤이 곁들여진 의식이 진행되었음을 의미한다. 이 시기에는 춤추는 그림들이 얼마 발견되지 않았지만, 고대 근동의 역사를 통틀어 후기에는 더 많이 발견되었다.

어져 회반죽이 입혀지고, 치장되었다. 이는 숭배 의식이거나 최종 매장의 일부였으리라 여겨진다. 오랫동안 사용된 후, 이 두개골들은 모두 함께 구덩이에 묻혔다. 이에 대해 여러 가지 추측이 분분한 상황이지만, 이 시대에 역사상 처음으로 예식과 치장된 인간 두개골의 재매장이 나타나게 되었음은 확실하다.

많은 사람들이 모여서 커다란 공동체를 이루게 되면서 새로운 사회 조직이 생기게 되었다. 집의 크기와 생석회 등의 필수품 취득량에서 차이가 나타나는 등 사회 계급이 뚜렷해졌다. 사회 체제를 공고하게 하는 집단적 경험을 만들기 위해 예술과 종교적 형상의 사용이 확대된 것도 볼 수 있다. 가정의 차원에서는 인간이나 동물 형상의 작은 유물들이 사용되었다. 가축의 형상 또한 많이 나타나기 시작했는데, 때로 마술이나 부두 행위의 증거와 함께 있어 아마도 성공적인 사냥을 기원하는 데 사용되었던 것으로 보인다. 단체 차원에서는 규모가 큰 실제 크기의 물건들, 예를 들어 회반죽된 두개골, 가면, 조각상들이 발견되었

마을 공동체의 발달

토기 있는 신석기 시대(BCE 6800–5800년경)에는 신석기 도구에 아주 핵심적인 요소가 첨가되었다. 바로 토기가 사용되기 시작한 것이다. 토기 그릇은 음식 준비, 가열, 액체 저장에 사용할 수 있었고, 커다란 저장용 항아리는 종자를 비축하는 데 사용할 수 있었으므로 가정에 새로운 발달을 가져왔다.

이 시대의 많은 유적들은 소규모이며, 많은 저장용 구

덩이와 쓰레기용 구덩이가 있어 보다 큰 재산을 축적하였음을 암시하는 증거가 나타난다. 요르단 계곡의 샤아르하골란에서 독특한 거주지가 발굴되었다. 그 크기는 20헥타르에 달하며 이는 남부 레반트에서 발견된 것들 중 가장 큰 규모이다. 길을 따라 넓은 안뜰을 가진 건물들이 서 있고 대수층까지 파 내려간 우물이 있는 잘 계획된 거주지이다. 집들의 크기는 250–700제곱미터이며 안뜰을 둘러싸고 8개에서 24개의 방들이 지어졌다.

핵가족 중심의 작은 집으로 이루어진 토기 없는 신석기 시대의 주거지보다 훨씬 더 큰 이 주거지에는 대가족이 살았다. 안뜰을 가진 당시의 주택들은 이러한 건축 구조가 나타난 최초의 예이며 오늘날까지도 근동과 지중해 주변에서 사용되고 있다.

샤아르하골란에서는 300개 이상의 예술품들이 발견되었다. 넓은 엉덩이와 접힌 뱃살을 가지고 편하게 앉아 사선으로 홈이 파인 눈으로 세상을 지켜보는 여성의 구운 진흙 형상이 특히 눈에 띈다. 이 형상은 세밀한 부분에까지 깊은 주의를 기울인 초현실적인 모습을 하고 있다. 다른 형태의 형상은 강에서 나온 석회암 자연석으로 만들어졌다. 약간 도려내거나 파는 것만으로 도식적인 인간의 형상이 돌멩이 위에 새겨졌다. 이 두 가지의 형상은 주로 여성을 표현하고 있으며 발굴가들은 "샤아르하골란의 여신들"이라고 불렀다.

전반적으로 신석기 시대 거주지는 시간이 흐를수록 더욱 복잡해졌다. 마을은 더욱 커졌으며 각 가족들의 주거지도 넓어졌다. 새로운 건축 기술이 도입되었고 물의 부족은 우물을 파는 것으로 해결되었다. 진화하는 사회 조직을 지탱하려는 노력의 일환으로 집단 의례가 발달되었다.

이러한 신석기의 생활 방식은 아시아와 유럽, 아프리카로 확장되었다.

좌: **예리코에서 발견된 회반죽이 칠해진 두개골**은 BCE 8000–7000년대에 레반트 남부에서 널리 행해지던 죽은 자에 대한 예우를 보여 주는 예이다.

하: **이 포식자의 조각상**은 우르파 근처의 괴베클리테페에서 발견된 T형 기둥에서 발견되었다. 이 조각이 있는 정교한 건물은 이제껏 발견된 것 중에 가장 오래된 장제전으로 보인다.

동물의 가축화

와디룸 동굴
베두인 낙타 대상들을 그린 이 암석 선화는 1980년대에 남부 요르단 사막의 사암과 화강암 바위에서 발견된 그림의 일부이다. 이 그림들의 많은 부분이 8000년 이상 되었으리라 여겨진다.

동물의 가축화는 인류의 진화에 있어 중요한 돌파구였다. 농사는 수렵 채집 방식으로 유지할 수 있는 것보다 더 많은 인구를 유지할 수 있게 해 주었다. 동물을 길들이는 것은 수천 년에 걸쳐 진전되었다. 처음에는 야생 동물을 사로잡아 울타리 안에 가두었다. 야생의 환경에서 격리된 이 동물들은 근친 교배를 시작하였다. 인간들에 의해 선별을 당하여 먹이를 구하는 패턴이 변했으며 덜 사나운 수컷과 선택적으로 교배를 시켜서 보다 다루기 쉬운, 작은 몸집과 뿔을 가진 가축 무리가 발달하게 되었다. 고고학적 유적에서 발견된 뼈들로 이러한 변화들을 추적할 수 있다. 그러나 최초의 가축화 단계는 직접적인 증거가 남지 않아 정확히 어느 시대에 이루어졌는지 알 수 없다. 식량의 원천으로서 선택된 가축의 종들은 사회적 구조를 가지고 무리를 지어 살며, 야생일 경우보다 더 자주 새끼를 낳고 성장도 빠르다. BCE 1만 2000년 무렵 나투프 문화의 수렵 채집인들은 개를 길들이기 시작했다. 이는 잡아먹기 위해서가 아니라 개들의 사냥 기술과 보호를 위해서였다. 개와 인간의 유해가 한 무덤에서 발견된 것은 "개는 인간 최고의 친구"라는 유명한 격언을 뚜렷하게 나타내는 사례이다.

신석기 시대의 첫 단계에는 내부 경제가 농업과 수렵을 중심으로 이루어졌다. 아직 동물의 가축화가 이루어지지 않았기 때문이다. 토기 없는 신석기 B 시대에 들어서 양과 염소 떼를 기르기 시작했는데, 아마도 레반트의 북부에서 처음 시작되어 남부에 도입된 것으로 여겨진다. 가축화는 전 지역에서 동시에 시작된 것이 아니었고, 어떤 곳에서는 여전히 사냥을 통해 고기를 얻고 있었다. 토기 있는 신석기 시대에는 새롭게 소와 돼지를 기르게 되어 가축화가 더욱 확실히 자리잡게 되었다. 이 단계에서 야생 동물을 수렵하는 것은 급격하게 감소하여 대부분의 고기는 가축에서 충당되었다. 토기 없는 신석기 B 시대가 끝날 무렵에는 비옥한 초승달의 건조한 지역에 큰 변화가 일어났다. 이전에 신석기 수렵 채집인들이 이용하던 지역에서 이제는 사막에 적합한 새로운 생활 방식이 채택되었다. 가축화된 양과 염소의 목축을 동반한 농업이 근동 건조 지역에 퍼져 유목 목축을 전업으로 하게 되었다. BCE 4500년 무렵의 금석 병용 시대에는 당나귀가 짐을 나르는 짐승으로 길들여졌고 이로 인해 원거리 물자 수송이 가능해졌다. 이 지역에서 말이 가축화된 것은 겨우 BCE 2000년대 이후부터라고 알려져 있다. 말들은 주로 네 바퀴 수레와 두 바퀴 마차를 끄는 데 이용되었다. 원래 말은 중앙아시아에서 가축화되기 시작하였으며, 오랜 시간이 걸려서야 근동에 들어오게 되었다. 낙타는 BCE 2000년대 말에 길들여지기 시작하여 넓은 사막을 가로지르는 것이 가능하게 되었다.

"인간 최고의 친구"의 증거
이스라엘의 에이난(아인말라하)에서 발굴된 1만 2000년 전의 무덤은 인간과 개가 함께 묻혀 있는 모습을 보여 준다.

금석 병용 시대의 토기
이 토기 형상들은 네게브 북부 지역을 관장하던 사원인 길라트에서 발견되었다(BCE 4000년경).

고대 근동에서 동물 이용의 증가는 세 가지 다른 측면을 가지고 있다. 첫째, 가축화된 동물의 종류가 증가했다. 둘째, 유목을 통해 사막 환경에 가축화된 동물들이 도입되었다. 셋째, 동물 사육이 더욱 집중화되었으며 이에 대해 고고학자 앤드류 셰라트는 "2차 혁명"이라는 별명을 붙였다. 여기에는 낙농, 가죽, 털, 운반, 경운 등 고기 이외의 목적으로 동물을 번식시키는 것이 포함된다. 신석기 유적에서 발견된 동물의 뼈를 수컷과 암컷의 비율, 이들이 죽는 나이 등에 따라 분석해 보면 동물들이 어떻게 이용되었는지에 대해 알 수 있을 것이다.

고대 근동 지방에서 동물의 가축화

동물	문화	시기
개	나투프 문화	BCE 12000년
양과 염소	토기 없는 신석기 시대	BCE 9000년
돼지	토기 있는 신석기 시대	BCE 8000년
소	토기 있는 신석기 시대	BCE 6000년
당나귀	금석 병용 시대	BCE 4000년
말	후기 청동기 시대	BCE 1500년
낙타	철기 시대	BCE 1200년

영구 거주

수렵 채집 생활 방식은 인구 성장을 느리게 만들었다. 농사와 정착 생활로의 변환은 이러한 상황을 완전히 변화시켰다. 마을에 사는 것은 가족마다 더 많은 아이들을 가질 수 있게 했다. 인구는 극적으로 증가하여 불과 몇 백 년마다 두 배씩 늘어났다.

상 : 터키 동부에 있는 **쿠르디스탄의 유프라테스 강 지역**은 농업과 보다 정착에 가까운 주거가 시작된 전형적인 지역이다.

우 : **"대지모신"상**은 요르단 계곡의 야르무크 강에 있는 샤아르하골란에서 발견되었다.

이러한 상황이 초래한 압박은 다양한 방법으로 해결되었다. 각 마을들이 커졌고, 각 지역의 마을 수가 많아졌으며, 사람들은 새로운 지역으로 이주했다. 초기 농경 사회는 레반트로부터 근동의 가까운 지역으로 퍼졌고, 더 나아가 유럽과 아프리카까지 확산되었다. 최초의 농경 사회는 BCE 1만 2000년경 나투프 시대에, 최초의 영구 거주 중심지인 레반트에서 발달되었다. BCE 9800년경의 토기 없는 신석기 A 시대에는 초기 마을의 경제적 기반이 수렵과 채집에서 농사로 바뀌었다. 식물, 곡물, 야채들이 처음 재배되었고 그 뒤를 이어 동물의 가축화가 이루어졌다.

신석기 패키지

2000년 이내로 아시아, 유럽, 아프리카에 영구적인 마을이 자리 잡게 되었다. 신석기인들은 이른바 "신석기 패키지"를 발달시켰다. 여기에는 식물(밀, 보리, 콩) 재배와 가축(염소, 양, 소, 돼지) 사육, 세 가지 독특한 플린트 도구(화살촉, 낫, 도끼), 우물을 기본으로 하는 물 공급, 다양한 종교적 특징("대지모신" 형상과 춤추는 장면들), 그리고 그 후의 토기 제작 등이 포함된다. 이 특징들은 신석기 생활 방식이 이 지역들에서 독립적으로 발명된 것이 아니라 레반트에서 유래된 것임을 알게 해 준다.

BCE 8800–6800년경의 토기 없는 신석기 B 시대에 마을 사회는 레반트로부터 카이요누와 아시클리, 차탈휘위크의 저단위 유적이 있는 아나톨리아 지역, 자르모와 사라브 같은 유적이 있는 이라크와 이란의 자그로스 산맥 등 근동의 더 넓은 지역으로 확대되었다. 이들 마을들은 서로 연결되어 있었고 이는 흑요석(터키의 동부 아나톨리아 고원과 아르메니아에서 발견되는 화산 유리)이 교환된 것으로 미루어 알 수 있다. 소수의 흑요석 유물들이 이스라엘의 네게브 사막 지역을 비롯하여 비옥한 초승달 지역 동부에 있는 대부분의 유적지에 이르기까지, 근동의 많은 신석기 유적에서 발견되었다.

토기 없는 신석기 B 시대에 레반트에서는 구운 석회암으로 만드는 회반죽을 입힌 마루가 표준적이었고, 이스라엘, 요르단, 레바논, 시리아 등 당시 거의 모든 유적에서 발견되었다. 더 멀리 떨어진 터키의 네발리초리와 아시클리에 있는 유적의 일반 주거지에는 그러한 마루가 없지만 종교적 건물의 바닥에는 회반죽이 입혀져 있다. 몇몇 전문가들은 두텁게 회반죽을 바른 바닥은 원래 터키와 북부 시리아에서 시작되었고 남부에 전파되었을 때는 오직 종교 건물의 바닥에만 사용하게 되었다고 믿는다. 이는 토기 없는 신석기 B 시대에 "종교"가 북쪽에서 들어왔음을 암시한다. 남부에서 종교적 건물 바닥에 회반죽이 입혀진 것은 일반 주거지의 진흙 바닥과 차이를 두기 위한 것이라고 생각하는 이들도 있다. 이는 의례적 순결과 성스러운 장소라는 개념이 시작된 것으로 본 것이다.

BCE 6000년대에는 트랜스코카시아 지역 북부에 신석기 마을들이 자리 잡았다. 예이툰의 넓게 수평으로 드러나 있는 유적은 사각형 건축물들이 서로 붙어 지어져 있는 마을의 구조를 보여 준다. 보다 후의 예로는 동쪽으로 훨씬 떨어진 곳인 파키스탄 서부의 메르가르 신석기 유적이 있다. 초기 신석기인들은 소, 양, 염소 떼를 기르고 밀과 보리를 재배했다. 동물의 가축화는 파키스탄으로부터 인도 및 동남아시아로 퍼졌을 가능성이 있다. 중국에서는 식물 재배와 가축의 사육이 독립적으로 발달하였고, 아마도 중국에서 동남부의 섬으로 전파되었을 수도 있다.

지중해 개척

지중해의 키프로스와 크레타 섬에 최초로 사람이 살게 된 것은 토기 없는 신석기 B 시대였고 이는 바다 항해를 할 수 있었다는 의미를 내포한다. 1990년대에 들어 바위를 파서 만든 두 개의 우물이 키프로스의 남서쪽에 있는 키소네르가-밀루트키아에서 발견되었을 때에야 신석기 시대까지 거슬러 올라간 역사가 확인되었다. 이때, 실루로캄부스의 거주지는 집, 무덤, 예술품들을 가진 번성하던 마을이었다. 주민들은 종자와 동물들을 외지에서 들여왔다. 인간의 무덤에서 고양이의 뼈가 발견되었다.

유럽에서 최초로 알려진 신석기 유적은 크레타 섬의 크노소스에 있는 유명한 청동기 시대의 미노스 왕 궁전 아래에서 나왔으며 BCE 7000년경의 것이다. 이는 근처의 아나톨리아 본토에서 바다를 통해 이주가 이루어졌음을 알려 준다. 얼마 후, 농사가 아나톨리아에서 유럽으로 전파되었다. 몇몇 초기의 유럽 마을이 불가리아의 텔아스마크, 테살리와 발칸 반도, 루마니아에서 발견되었다. 이들 유적지에서는 "신석기 패키지"의 모든 중요한 요소들이 발견되었다.

BCE 5000년대에는 농사가 이집트로 전파되었다. 초기 신석기 문화가 이집트 중부의 페이윰 호숫가와 하부 이집트의 메림데에서 발견되었다. 이들 유적지에서 발견된 일상 유물에는 화살촉, 낫, 토기 등이 있다. 이집트에서 최초로 기른 식물과 동물들은 레반트에서 기원한 것으로 판명되었다. 농사는 나일 계곡에서 서쪽의 사막 오아시스로 전파되었고 곧이어 목축이 동쪽과 남쪽의 건조한 지역에서 나타났다.

하 : **밭을 가는 모습의 테라코타(BCE 2000년경)**는 키프로스의 북부에서 발견되었다. 함께 있던 초기 청동기 유물들은 아나톨리아 본토의 문화적 영향을 짐작할 수 있게 해 준다.

아인가잘

아인가잘에서의 가장 흥미로운 발견은 구덩이에 묻힌, 인간의 모습을 한 커다란 형상이다. 한 구덩이에서 스무 개의 형상들이 발견되었고 두 번째 구덩이에서는 열 개의 형상이, 세 번째에서는 오직 머리만이 발견되었다.

중요한 신석기 유적인 아인가잘은 요르단의 암만 근처에 있다. 이 유적은 1974년 암만과 요르단 북부 지방을 연결하는 도로를 새로이 건설했을 때 발견되었다. 유적은 1980년대와 1990년대에 개리 롤프슨과 지단 카파티에 의해 발굴되었다. 유적에서는 층층히 쌓여 구별되는 세 시기가 나타났는데, 모두 신석기 시대의 것이었다.

이 거주지는 작은 상시 마을로 시작되었으나 얼마 후 극적으로 커져 14헥타르에 이르게 되었다. 당시로서는 세계에서 가장 큰 거주지였으며, 초기의 대규모 거주지 중에서는 가장 먼저 발견되었다. 토기 없는 신석기 B 시대의 이보다 더 큰 유적이 그 후로 요르단 남부의 바스타에서 발견되었다.

아인가잘의 주택

이 독특한 거주 단위는 돌로 된 기반 위에 진흙 벽돌로 쌓은 한두 개의 장방형 방으로 구성되어 있다. 바닥에는 흰색 회반죽을 두껍게 깔아 놓았다. 이 회반죽을 만들기 위해서는 석회암을 약 850도에서 구워 내어야 했다. 발굴자들은 이를 위해 집중적으로 나무를 태웠기 때문에 주변 환경이 파괴되었으며, 이로 인해 많은 주민들이 마을을 떠날 수밖에 없었다고 확신한다. 큰 탑 모양의 곡식 저장고와 닮은 구조물이 플린트, 석회암, 현무암으로 만든 풍부한 물건들과 함께 발견되었다. 경제 기반은 보리, 밀, 콩, 렌즈 콩, 병아리 콩 등의 다양한 곡물 재배였다. 고기는 가축화된 염소로부터 얻어졌고, 부족한 것은 사슴, 영양, 돼지, 여우, 산토끼 등의 야생 동물을 사냥하여 보충했다.

좌 : **아인가잘 조각상**은 실제 인간의 절반 정도 되는 크기로 갈대로 만든 뼈대 위에 회반죽을 입힌 후 그림을 그렸다.

주민들은 그들의 사회적 신분에 따라 다양한 종류의 무덤을 가졌다. 보다 공을 들인 무덤의 주인들은 황토색으로 물들어 있었고, 구슬 목걸이를 하고 있거나, 공양물인 고기와 함께, 살던 집의 바닥에 웅추린 자세로 묻혔다. 때때로 무덤을 열고 두개골을 꺼내기도 했다. 어떤 두개골은 붉은 색이나 회반죽으로 칠해지기도 했다. 한 구덩이에서는 회반죽이 칠해진 두개골의 흔적 세 개가 발견되었으나 두개골 자체는 없었다. 이는 신석기 시대에 회반죽이 칠해진 두개골이 오랜 기간 동안 사용되었고, 오래된 회반죽을 걷어 내고 얼굴 형상을 새로 고쳤다는 것을 의미한다. 어떤 이들은 집밖의 구덩이에 묻혔고, 또 다른 이들은 격식을 차리지 않고 피난처에 묻히기도 했다.

이 시대의 가장 중요한 발견은 수많은 예술품들이다. 보통 소와 같은 대량의 동물 형상들이 발견되었는데, 어떤 구덩이에는 한꺼번에 24개의 형상이 묻혀 있기도 했다. 플린트가 꽂힌 두 개의 동물 형상이 발견되었는데, 아마도 사냥에 나가기 전에 부두와 비슷한 의식을 치루었던 것 같다. 또한 여자나 남자의 형상들도 발견되었다. 이 조그만 형상들은 개인이나 한 가족에 의해 사용되었던 것 같다. 수백 명이나 수천 명이 참석하는 공공 의식에는 더 큰 예술이나 종교 물품이 요구되었다. 40개 이상의 인간 형상이 발굴되었으나 이들이 신격화된 선조인지 신을 표현한 것인지는 확실하지 않다.

토기 없는 신석기 C 시대(PPNC)

이 단계는 아인가잘에서 처음 확인되었다. 예리코의 시대와 토기 없는 신석기 B 시대 및 토기 있는 신석기 시대를 잇는 교량 역할을 하는 시기이다. 이 시대의 거주지는

이전보다 작았고 건축은 단순해졌으며 바닥에는 회반죽이 깔리지 않았다. 가끔 PPNB 시대의 구조가 다시 사용되기도 했다. 이 시대의 플린트 기술은 그다지 정교하지 못했고 기다란 돌날의 제작은 중단되었다. 예술 활동은 최소한으로 줄었고 커다란 형상들은 더 이상 만들어지지 않았다. 석회암에 조각된 여성의 형상이 흥미를 끄는데, 이는 웅크린 자세의 뚱뚱한 여성을 표현하고 있다. 이러한 모습은 다음 시대의 여성 형상에서 더욱 발전되었다.

토기 있는 신석기 시대

이 단계에서 거주지의 크기는 작은 편에 속했다. 특징적인 발견으로는 청어 가시 무늬 토기와 뾰족한 머리에 "커피콩" 모양의 눈을 한 구운 진흙 형상들이 있다. 이들은 작은 진흙 덩어리에 가늘고 길게 갈라진 틈을 새겨 만들어졌다. 야르무크 문화가 레반트 남부의 녹지대에서 발생하였다. 이 시대의 알려진 유적 중에서 규모가 가장 큰 것은 샤아르하골란이다.

아인가잘에서는 오직 거대한 거주지를 형성했던 PPNB 시대에만 집중적인 예술 활동이 이루어졌다. 샤아르하골란과 차탈휘위크의 거대한 신석기 유적에서도 풍부한 예술품들이 발견되었다. 거주지의 규모와, 예술이나 종교적 활동량에는 상관관계가 있는 것이 확실하다. 오늘날까지도 이러한 활동들은 작은 마을보다는 대도시에서 더욱 활발하다.

상 : **아인가잘의 주택**에서 보이는 회반죽은 전형적인 PPNB 건축에서 널리 사용되었다.

가장 오래된 인간의 형상

아인가잘에서는 세 종류의 형상이 발굴되었다. 상반신상, 전신상(한 여성상은 양손에 손가락이 여섯 개씩 달려 있어 웰링턴 부츠를 손에 낀 것 같다는 의미에서 '부츠'라는 별명이 붙었다) 및 두 개의 목과 머리를 가진 상(쌍둥이를 표현한 것일 수도 있으나 부부라고도 여겨질 수 있다)이다. 예리코에서 발견된 같은 시대의 한 형상에는 발가락이 여섯 개 달려 있다.

우 : **이 형상은 1984년에 발굴되었다.** 제작 방식에 대한 연구 결과, 한 사람이 머리들을 만들고 또 다른 사람이 몸통을 만든 것으로 드러났다.

차탈휘위크

1961년 영국의 고고학자인 제임스 멜라아트가 아나톨리아 남부의 차탈휘위크에서 훌륭한 벽화를 발견했다. 이 벽화에는 다양한 장면들이 묘사되어 있다. 사냥하는 남자들이 야생 사슴이나 황소 주위를 뛰어다니고 있거나 콘도르들이 머리 없는 인간의 몸 위로 활공하고 있기도 하고 손자국이 줄을 이어 나열되어 있거나 화산 폭발도 그려져 있다.

회반죽으로 덮인 벽에 새겨진 다른 장식으로는 한 쌍의 표범, 양 팔을 든 인간 형상, 뿔 달린 황소의 섬세한 두상이 있었고, 이 모든 것이 벽과 벤치에 포함되어 있었다. 이 장식들 때문에 차탈휘위크는 예술사상 특별한 지위를 차지하게 되었다. 차탈휘위크는 고대 세계에서 특히 유명한 신석기 시대 유적 중의 하나이다. 16헥타르에 해당하는 구역에 17미터 깊이의 유적이 남아 있다. 주민의 수는 500명 이상이었을 것으로 추정된다. 멜라아트가 발굴한 것은 200채 정도의 건물로 대부분이 사원으로 여겨졌다. 이전의 어떤 신석기 시대 유적과도 비교할 수 없을 정도의 엄청난 유적들이었다. 두터운 침전물과 VI번 지층이 불에 탄 덕분에 벽화가 효과적으로 봉인되어 보존되었고, 차탈휘위크는 전설이 되었다. 그런데 이 발굴의 후속 연구는 특이하게 진행되었다.

하 : 이 벽화에는 사슴이 사냥되어 잡히는 모습이 그려져 있다. 인구 밀도가 높은 거주지의 많은 주택에서 이와 비슷한 벽화들이 많이 발견되었다.

최초의 도시

차탈휘위크는 진흙 벽돌집들이 밀집된 벌집 형태를 하고 있으며 지상에서 건물로 통하는 경로가 제한되어 있다. 대부분의 이동은 밀집된 지붕을 통하며 개인의 집으로는 사다리를 통해 들어갔다. 집들마다 작은 사각형의 방이 있었고 L자 모양의 단이 벽을 따라 있었다. 아마도 잠을 자는 장소였을 이 단은 늘 조심스럽게 회반죽이 칠해져 있었다. 집마다 화로가 있었다.

이 유적의 특징은 플린트, 흑요석, 뼈로 만든 도구, 구슬, 인장 및 토기 등이 풍부한 유물들이다. 한 남자의 무덤에서 나온 독특한 물품으로 뱀의 모양이 조각된, 뼈로 된 손잡이가 달린 긴 플린트 단검이 있다. 직물, 나무 쟁반, 컵, 장방형 상자 등 썩기 쉬운 재료로 만들어진 유물들도 남아 있었다. 침소용 플랫폼 아래에서 수많은 인간의 무덤들이 발견되었다. 여러 명이 함께 묻혀 있는 무덤의 대부분은 가족묘로 판명되었다. 다른 집보다 더 많은 유골들이 묻혀 있는 집이 있었는데, 이 몇몇 곳은 아마도 신성함 때문인지 다른 곳보다 더욱 매장지로서 인기가 있었던 것 같다.

게다가 진흙이나 다양한 돌로 만든 인간과 동물 형상의 벽 장식들이 많이 발견되었다. 약 50여 개의 인간 형상 중에는 단순한 나체의 여성들도 있고, 한 쌍의 표범이나 사자가 붙은 의자에 앉아

좌 : **이 독특한 양면 항아리**는 양면에 황소의 머리가 새겨져 있다. 이는 조각들이 맞추어지고 나서야 발견되었다.

있는 여성도 있었다. 어떤 여성 형상은 직접 표범의 등에 앉아 있었다. 남성의 형상은 드물었다. 조각된 석판들도 발견되었다. 그중 하나는 한 쌍의 여성들이 껴안고 있는 모습을 보여 주는데, 한 몸에 머리가 둘 달려 있는 아인가잘의 회반죽 형상들과 비슷하다. 다른 석판에는 네 사람이 춤추는 모습이 새겨져 있다.

스캔들을 극복하고

멜라아트의 차탈휘위크 발굴은 1965년 터키 정부와 분쟁이 발생하여 갑자기 중지되었다. 고고학계는 이후 영국의 고고학자들이 새로운 의문점들을 가지고 돌아올 때까지 30년을 기다려야 했다.

1993년 케임브리지 대학의 고고학자인 이안 호더가 차탈휘위크의 발굴을 새로 시작했다. 그동안 발굴 기술은 대단히 발전하여 느리고 섬세한 현지 작업을 규범으로 삼게 되었다. 이제껏 모인 적 없는 숫자의 다양한 전문가들이 한 구덩이에서 매우 세밀하게 오랜 시간 분석 작업을 하였기 때문에, 결과는 늦게 나올 수밖에 없었다.

차탈휘위크 주민들의 생활 방식에 대한 새로운 시각을 제공해 주는 다섯 권의 두꺼운 보고서가 최근에 발표되었다. 이들은 그동안 차탈휘위크에 대한 지금까지의 추측 대부분이 잘못된 것임을 드러낸다. 이제는 이들이 먹은 소가 가축이 아니었으며 사냥이 처음 알려진 것보다 훨씬 중요했다는 사실을 알게 되었다.

호더의 발굴이 확장되면서 멜라아트가 초기에 했던 주장은 처음 의심했던 것보다 믿을 만하다는 사실이 드러났다. 호더의 발굴 팀은 멜라아트가 발견했던, 뿔이 달린 황소 두상이 포함된 특별한 벽 장식을 발굴하기 시작하였다. 멜라아트가 발견했던 것처럼 수많은 무덤들이 다시 발견되었고 그중의 하나는 동물의 이빨로 만들어진 정교한 발찌를 하고 있었다.

앞발을 들고 서 있는 곰이 그려진 인장 등 보다 정교한 예술품들이 발견되었다. 이제는 멜라아트가 발견한 대부분의 형상들이 곰이며, 그가 처음 생각했던 것처럼 인간들이 곰으로 변장을 한 것이 아니라는 사실이 밝혀졌다.

차탈휘위크 벽화에 그려져 있는 동물들을 분석한 결과 이전의 PPNB 시대에 돌에 새겨진 동물들과 같다는 것이 나타났다. 이는 차탈휘위크의 후기 신석기 주민들과 널리 퍼진 레반트의 PPNB 문화가, 이전에 생각되던 것보다 훨씬 더 강한 연관성을 가지고 있었다는 것을 의미한다.

이러한 예들이 보여 주는 것처럼 이제껏 발견된 것 중에서 가장 위대한 신석기 시대 유적인 차탈휘위크에는 여전히 많은 놀라운 발견들이 남겨져 있다.

하 : **차탈휘위크에서 발견된 테라코타**들 중의 하나로 출산하는 대지모신의 양옆으로 사자 또는 표범이 붙어 있다.

후기 신석기 메소포타미아

메소포타미아에서 후기 신석기 시대, 그리고 또한 "금석 병용 시대"라고도 불리는 그중 일부는 인류의 진화에서 이전의 "신석기 혁명"과 이후의 "도시 혁명"이라는 중요한 두 단계의 사이에 위치한다.

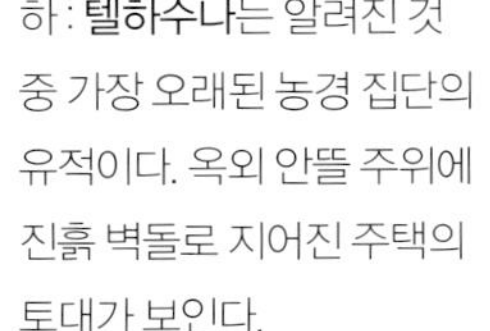
하 : **텔하수나**는 알려진 것 중 가장 오래된 농경 집단의 유적이다. 옥외 안뜰 주위에 진흙 벽돌로 지어진 주택의 토대가 보인다.

이 시기는 비교적 얼마 알려지지 않았다. 그리고 오로지 다양한 문화 집단과 그들의 지리적 위치, 연대에 대한 단편적인 지식만이 알려져 있을 뿐이다. 이 시대는 도예의 각 양식에 따라 크게 4단계로 나누어진다. 이 양식은 그릇의 형태와 장식에 반영되었다. 지리적으로는 시리아, 터키 남동부, 이라크를 포함한다. 시리아의 텔사비아비야드에서 BCE 6000년경의 커다란 건물들이 발견되었다. 각 건물은 많은 정사각형이나 직사각형의 작은 방으로 나누어져 있고 각 방에는 돌로 된 인장과 작고 둥근 진흙 덩어리들로 된 인장 등 300개 이상의 인장이 끈으로 묶인 채 들어 있었다. 이 인장들은 상자나 방을 봉인하는 데 사용되어 허가받은 사람이 열었는지를 알 수 있도록 해 주었다. 이는 신석기 시대의 행정 활동과 사적 소유 개념의 진화를 명백히 보여 준다.

BCE 6500년 무렵, 근동에서는 많은 지방 소문화가 발달했으나 그들에 대해서는 잘 알려진 바가 없다. 경제 기반은 곡물 및 콩류의 재배 같은 농업과 염소, 양, 소, 돼지 같은 가축의 사육이었다. 도예의 특징에 따라 나누어지는 하수나 이전, 하수나, 사마라 및 할라프의 4단계는 북부 시리아와 메소포타미아의 특징이다.

하수나 이전 문화

이 시대의 가장 잘 알려진 거주지는 시리아의 움다바기야로 1970년대에 디아나 커크브라이드에 의해 발굴되었다.

그녀는 모두 동일한 문화에 속하는 네 개 지층에 걸친 거주지를 발굴하였다. 최초의 거주지에서는 둥근 구덩이만이 발견되었다. 이후 시기의 가정 주택에서는 야외 오븐과 실내 화로 및 굴뚝같이 정교한 시설이 나타났다. 야생 당나귀를 사냥하는 그림이 그려진 벽도 있었다. 어떤 건물에는 중앙에 긴 복도가 있고 그 양측으로 작은 방들이 있는데, 방들의 크기는 1제곱미터 정도로 생활 공간으로 사용하기에는 너무 협소했다. 아마도 저장고로 쓰였던 것 같다. 이 유적에서 발견된 토기는 단순하고 비교적 대충 만든 것들이었다. 어떤 토기에는 몸체 중앙에 손잡이 비슷한 것이 둘러져 있고, 또 다른 토기에는 인간이나 동물 모습을 한 장식적인 요소들이 있었다. 이와 비슷한 토기와 건축물을 포함한 대규모의 유적이 현재 이라크 중앙의 텔소토에서 발굴되고 있다.

하수나 문화

이 이름은 오늘날 이라크 북부의 모술 근처에 있던 텔하수나에서 유래한다. 로이드 시턴과 파우드 사파르가 1940년대에 이 유적을 발굴했을 때, 이후 점차 중요성이 드러나게 된 여섯 개의 거주층을 발견하였다. 이 문화의 다른 유적으로는 야림테페 I이 있는데 여기서는 대가족의 주거지였을 것으로 여겨지는 대규모의 건물들이 발견되었다. 이 건물들은 이스라엘의 샤아르하골란에서 발견된 같은 시기의 건축물과 비슷한 구조로 되어 있었다.

하수나 문화의 토기는 이전 시기에 비해 훨씬 발달되었다. 다양한 대접과 항아리를 포함하여, "옥수수 껍질 쟁반"으로 불리는 넓고 얕은 대야 모양의 독특한 토기도 발견되었다. 토기에는 붉은 줄과 다양한 문양이 함께 새겨져 있다. 이 시기의 인간 모양 조형물은 "커피콩" 모양의 눈을 하고 있는데, 이는 길게 흠집을 낸 작은 진흙 덩어리를 붙여서 만든 것이었다. 이러한 형식은 토기 있는 신석기 시대에 예리코에서 처음 출현하였으며 이란 동부에서부터 발칸 반도까지 이르는 넓은 지역으로 확산되어 BCE 8000년대에서 BCE 4000년대에 이르기까지 오랫동안 사용되었다.

사마라 문화

이 이름은 이라크 중앙부의 사마라에서 유래한다. 사마라의 유적은 1911–1914년 에른스트 헤르츠펠드에 의해 발굴되었다. 그는 오직 놀라운 사마라 토기에 대해서만 발표하여 그 유적의 건축이나 매장, 다른 물질적 문화에 대해서는 알려지지 않았다.

이라크 텔에시사완의 넓게 수평으로 드러나 있는 사마라 거주지에서는 일종의 요새로 여겨지는 울타리에 둘러싸인 큰 건물들이 많이 발굴되었다. 건물들은 방이 많고, 세 개의 긴 부속 건물로 이루어져 "T형 주택"으로 알려졌다. 무덤이 마루 아래에서 발견되었는데 진흙이나 설화 석고로 만든 많은 형상들을 포함하여 풍성한 부장품들이 함께 매장되어 있었다. 이들 중에는 "커피콩" 눈을 한 형상들도 있다. 토기는 양질의 것이며 검은 색과 때때로 붉은 색의 무늬로 장식되어 있다. 장식 문양에는 동물이나 인간 형상, 복잡하게 배치된 기하학적 문양이나 2–6개의 장식띠 사이에 대칭 무늬가 그려진 것 등이 있었다. 어떤 항아리의 목은 "커피콩" 눈을 한 인간의 형상으로 장식되어 있기도 하다. 그중에서도 뛰어난 것으로는 4–6명의 춤추는 여자들로 장식된 얕은 대접들이 있다. 넓은 엉덩이를 가진 그녀들은 정면을 바라보고 서서 팔과 손가락을 구부리고 있다. 흩날리는 긴 머리를 하고 원을 그리며 움직이는 모습이다. 여인들의 위에는 비교적 큰 전갈이 줄을 잇고 있는데, 이는 메소포타미아 신화에서 사랑의 여신인 이슈타르의 상징으로 알려져 있다. 아마도 이 토기의 그림은 이슈타르 전통의 가장 오래된 근원일 수도 있다.

이 시대의 많은 정보들은 페터 악케르만이 발굴한 텔사비아비야드에서 나왔다. 사마라 최초의 유적과 동시대인 6번 지층은 화재를 당했다. 이로 인해 부서지기 쉬운 진흙이 구워졌고 보통 세월이 흐르며 녹아내렸을 건물과 다른 많은 유물들이 뛰어난 상태로 보존되게 되었다. 건축물

좌: **이 문양이 새겨진 그릇**은 하수나에서 발굴된 2만 5000여 개의 토기들 중 하나이다.

하: **독일의 고고학자 페터 악케르만**은 1986년부터 시리아의 텔사비아비야드 유적에서 발굴을 이끌고 있다.

우 : **이 신석기 여성상**은 여신을 표현한 것이며 부장품으로 사용되었다고 여겨진다. 이라크의 텔에시사완에서 발견되었다.

로는 많은 방들로 나누어진 장방형 건물들이 있으며, 때로는 둥근 건물도 발견되었다. 이들은 서로 가까이 지어져 밀집된 거주지를 이루었다. 돌 인장과 300개 이상의 진흙 인장 등 풍부한 유물들이 발굴되었다. 이러한 대규모의 유물은 근동의 어떤 신석기 유적에서도 발견된 바가 없었다. 진흙 동전들도 많이 발견되었다. 이 작은 기하학적 물건은 숫자를 세기 위해 사용되었고 후에 수메르인들의 최초의 기록 체계로 진화하였다. 이 모든 유물은 도시에서만 찾아볼 수 있는 행정 체제의 존재를 나타낸다. 공간 분석은 다양한 방과 건축물들의 기능을 더욱 잘 이해할 수 있도록 해 주었다. 이를 통해 정착 농민들과 유목민들의 관계에 대한 명백한 증거를 얻을 수 있었다.

할라프 문화

메소포타미아 선사 시대에서 가장 유명한 시대는 의심할 여지없이 할라프 문화 시대이다. 그 유적은 1910년 초, 막스 폰 오펜하임에 의해 시리아 북동부의 카부르 계곡의 텔할라프에서 처음 발견되었다. 1930년대에 아르파치야, 차가르바자르, 텔브락의 유적들이 막스 말로완에 의해 발굴되어 텔할라프에서는 알 수 없었던 많은 부분들(건축, 형상, 인장, 구슬 등)이 밝혀졌다. 현재 대규모 발굴이 터키 동부에 있는 도무즈테페의 할라프 유적에서 진행되고 있다. 할라프 유적은 아나톨리아의 고원 지대, 자르고스 산맥의 아래 부분, 메소포타미아의 지리적으로 다양한 지역 등에 퍼져 있다. 시간과 지역에 따라 이 문화에는 작은 변화가 일어났으나 주된 특징은 유지되었다. 대부분의 할라프 거주지는 1헥타르 미만으로 소규모 공동체를 이루고 있었다. 많은 유적지에는 계절에 따른 유목 활동이 반영되어 있다.

할라프가 연구되던 초기에 발굴된 아르파치야 유적은 둥근 방과 때때로 여기에 긴 장방형의 방이 부속된 형태의 건물 외에는 큰 건물을 짓지 않았다는 인상을 주었다. 이러한 방식의 건물은 "톨로이"라 불렸는데, 그리스의 무덤 건축에서 빌려 온 명칭이었다. 분명히 할라프 유적에서는 원형 건축이 주로 나타났으나 이후의 추가 발굴에서 장방형 건물도 지어졌다는 것이 확실해졌다. 이러한 건물들은 야림테페 II, 발리크 강에 있는 키르베트에아셰네프 및 특히 텔사비아비야드의 할라프 지층에서 발견되었다. 이곳에서는 18×10미터 크기의 건물이 발견되었다. 이 건물은 이 유적의 이

전 지층에서 발견된 거대한 건물과 흡사한 형태였다. 계단 모양의 현관문이 있고 벽감과 벤치가 달린 벽에 흰색 회반죽이 입혀져 있었다. 지상층에는 20개의 방이 있었는데, 사람이 살기에는 너무 작았으므로 저장소로 사용되었을 것이라고 추정된다.

할라프 문화의 가장 중요한 분야는 토기로, 고대 근동에서 만들어진 모든 토기들 중에서도 가장 뛰어나다. 마치 이 시대의 예술 재능이 주로 가장 정교한 형식의 그릇을 만들고 장식하기 위해 사용된 것처럼 보인다. 정성을 들인 그림에는 때로 두 개 이상의 색을 사용했고 질 좋은 광채와 윤기가 흐르고 있다. 이 토기 전통은 레반트 전체에 영향을 주어 "와디 라바흐"라는 지역 문화의 도공들이 할라프 그릇의 형태를 따랐다.

이 시대에서는 많은 인장들이 발견되었다. 보통 2-3센티미터의 크기로 단추처럼 둥글거나 정사각형 또는 직사각형 모양을 하고 있다. 등 쪽에는 작은 구멍이 뚫린 손잡이가 달려 있어 끈을 맬 수가 있었다. 대부분의 인장에는 평행선이나 교차선, 바둑판 등 기하학적인 무늬가 새겨져 있다. 때로는 뿔이 달린 동물이 그려져 있기도 하나 복잡한 장면은 없다. 구슬도 많이 발견되었는데, 그중에는 나비 모양도 있다.

할라프 문화에서는 여성 형상도 제작되었는데, 양손으로 가슴을 받히고 앉아 있으며 골반이 강조된 나신상이다. 때로는 붉은 선이나 점이 그려져 있다. 이 형상들의 머리는 비교적 도식적이며 때로는 단순한 못 같은 모습을 하고 있다.

터키 남동부의 도무즈테페에는 넓고 복잡한 장례소가 있는데, 이것은 "죽음의 구덩이"라고 알려져 있다. 적어도 38구의 시신이 발견되었고 동물의 뼈 수천 개와 함께 잘게 부수어져 섞인 채 묻혀 있었다. 인간의 뼈를 분석한 결과 그들은 의도적으로 죽임을 당하여 토막나고 익혀졌다. 이 구덩이는 동물과 인간의 살코기를 먹은 잔치의 잔해를 묻은 것으로 보인다. 그러나 이것이 식인 풍습을 반영한다는 발굴가 스튜어트 캠벨의 주장을 믿는 것은 신중해야 한다. 일반적인 매장 풍습은 웅크린 자세로, 때로 토기 그릇과 같은 부장품들과 함께 묻는 것이었다.

좌: **이 채색된 할라프 토기 쟁반**은 이라크 모술 근처의 텔아르파키야에서 발견된 것으로 할라프 토기 특유의 문양을 보여 준다.

메소포타미아의 후기 신석기 및 금석 병용 시대 문화

문화	주요 발굴 유적지	추정 시기
하수나 이전 문화	움다바키야야림테페 I(XII) 텔소토, 하수나(I), 텔보큐라스	BCE 7000–6400년
하수나 문화	하수나(II–IV), 야림테페 I	BCE 6400–5800년
사마라 문화	사마라, 바그호즈, 하수나(V–VI), 텔에시사완(III–IV), 초가마미	BCE 6000–5300년
할라프 문화	할라프, 아르파치야, 차카르바자르, 도무즈테페, 텔사비아비야드(5)	BCE 5800–5300년
우바이드 문화(3–4단계)	우바이드(XI–VIII), 에리두(XI–VI), 테페가우라(XIX–XIII)	BCE 5300–4000년
우루크 문화	우루크	BCE 4000–3200년

좌: **텔사비아비야드** 발굴은 시리아 현지인 60여 명의 도움을 받는 25명의 전문가와 학생들로 이루어진 발굴단에 의해 매년 8–10월에 이루어진다.

메소포타미아의 토기

고대 근동에서 토기가 제작되기 시작한 것은 BCE 6000년대로 마을 생활이 시작된 몇 천 년 후였다. 신석기 시대에 도입된 이후 토기는 지속적으로 사용되었다.

토기 그릇은 다양한 목적으로 사용할 수 있다. 작은 용량의 그릇에는 화장품이나 약을 보관할 수 있고 큰 용량의 그릇에는 액체나 종자를 보관할 수 있다. 음식 준비를 하고, 불 위에 직접 올려 조리할 수 있으며 조리된 음식을 담아서 내놓을 수 있다. 토기가 고고학적 연구에서 특히 중요한 것은 여러 가지 이유에서이다. 일단 만들어지면 깨지더라도 썩지 않기 때문에 고대의 생활 방식에 대한 많은 정보를 유지하게 된다. 그리고 토기는 대량으로 만들어져 발굴할 때 가장 흔한 유물이다. 각각의 문화는 보통 특정한 형태와 장식을 발달시키므로, 연대를 표시해 주는 물건으로 이용될 수 있다. 또한 토기는 한 지역에서 다른 지역으로 운반되었으므로 떨어진 지역 간의 교역과 관계를 알려 준다. 마지막으로 제작 방식은 사회 구조를 반영한다.

가장자리 근처에 두 개의 돌출된 손잡이가 달린 주둥이가 넓은 큰 항아리와 같이, 초기의 기본적인 그릇 유형은 지리적으로 넓은 곳에서 나타났고 메소포타미아, 아나톨리아, 그리스와 남쪽으로 멀리 떨어진 이스라엘에서도 발견되었다. 각각의 토기 유형은 후에 지리적으로 보다 국한된 지방에서 연대순으로 발달하였다. 토기는 대접이나 대야와 같이 열린 형태나 항아리와 같이 닫힌 형태로 제작되었고 그리기, 새기기, 연마 등 다양한 기술을 사용하여 장식되었다. 토기를 굽는 가마들이 많은 메소포타미아의 유적에서 발견되었다. 북부 메소포타미아의 할라프 문화에서는 다양한 불

신석기 시대 토기 항아리
요르단 계곡의 샤아르하골란에서 발견된 생선 가시 문양이 새겨진 항아리는 BCE 6000년대 남부 레반트에 있었던 야르무크 문화의 전형적인 예이다.

아카드 테라코타 상
이 테라코타 형상은 우르 제3왕조(BCE 2190–2004년경) 시대부터 종교 의례에 사용하기 위해 봉헌된 여신상으로 추정된다.

을 다루는 기술로 정성껏 장식된 모양이 좋은 토기를 만들어 예술의 절정에 도달했다. 어떤 학자들은 이 토기들이 전문화와 부유한 상류 계급 사람들을 위한 제품 제작을 반영한다고 주장하였다. 할라프 문화의 사람들은 주로 보통 크기의 컵, 대접, 항아리 등 아마도 잔치에 쓰였을 법한 매우 우아한 토기 그릇을 만들어 냈다. 토기에는 약간의 색을 사용한 기하학적 문양이나 인간과 소, 새, 뱀과 같은 동물을 그려 장식하였다. 인기 있었던 그림은 황소의 머리였고 때로는 뿔만을 양식화하여 다양하게 변화시켰다. 꽃무늬는 이 시대에 최초로 출현했다. 그릇에는 꽃, 나무, 나뭇가지들이 그려졌다. 인간의 모습은 드물었으나 그려졌을 때에는 거의 모두가 춤추는 장면이었다. 때로는 머리 모양, 가면, 옷 등 춤에 관련된 다양한 장신구를 곁들여 제법 자연스럽게 묘사하였다. 다른 경우로는 춤추는 모습이 매우 양식화되어 세모난 머리에 두세 개의 세로선으로 몸통을 표현하고 두 개의 가로선으로 양팔을 표현하였다. 어떤 때는 스무 개 이상의 이런 형상이 그릇의 주위를 빙 둘러서 원무를 형성하였다.

야림테페 II에서는 특별한 발견이 이루어졌다. 인간의 형상과 동물의 형상을 딴, 두 개의 독특한 그릇이 구덩이에 묻혀 있었다. 하나는 긴 머리를 하고 똑바로 서 있는 나체의 여인 모양을 하고 있었는데, 이 형상이 이후의 지배적인 종교 제물이 되는 모든 "바이올린 형태의 조각상"에 영감을 준 것일 수 있다고 여겨진다. 다른 그릇은 돼지 모양을 한 둥글납작한 단지였다.

할라프 토기는 위신이 높은 것을 상징하는 물품으로 사용되었기에 그토록 높은 수준에 이를 수 있었던 것으로 보인다. 후에는 이를 위해 금, 은 또는 상아가 사용되었으나 당시에는 이러한 재료들이 없었다. 때문에 정교한 토기 그릇이 높은 신분을 상징하기 위해 사용되었다.

이란의 수사에서 발견된 기하학 문양의 사발
초기 수시아나(BCE 4500년경)의 토기 형태는 메소포타미아의 영향을 뚜렷이 보여 준다. 이 문양들은 다른 지역의 고대 문명에서는 알려지지 않았다.

초기 신화?

아르파치야에서 발견된 또 하나의 독특한 할라프 그릇으로는 그림이 그려진 제법 작은 사발이 있다. 바깥에는 다양한 기하학적 문양에 황소의 머리와 큰 토기 그릇을 사이에 둔 두 인간의 작은 형상이 그려져 있다. 안쪽에는 길쌈하는 두 여자와 사자를 사냥하는 한 남자가 그려져 있다. 이는 신화를 뜻할 수도 있으나 아직 증명되지 않았다.

BCE 4500년경의 채색된 토기 그릇
이 사발은 막스 말로완이 이라크 북부의 텔 아르파치야에서 발견한 것이다. 다른 많은 토기들이 한 건물에 있었던 것으로 미루어 볼 때 도공의 집이었으리라 추정된다.

우바이드 문화

BCE 4000년대 상반기의 우바이드 시대에는 처음으로 메소포타미아에서 수로망이 출현하였다. 이는 중요한 기술 발전으로 건조한 지역에서 넓은 토지를 경작할 수 있게 해 주었다.

수로망은 또한 사회 조직에도 지대한 영향을 미쳤다. 수로를 파고 유지하기 위해서는 공동의 노력이 필요했다. 토지를 개척하는 능력이 커지며 인구가 증가했고 더욱 농경지가 필요해져 관개 시스템을 확대시켜야 했다. 이라크 남부의 텔알우바이드는 해리 리지날드 할에 의해 발굴되었고 이후 1920년대 초, 레오나드 울리에 의해 다시 발굴되었다. 우바이드 문화는 5단계에 걸쳐 발달되었다. 최초의 우바이드 문화는 남부 메소포타미아에서만 발견되었고 대략 북부의 할라프 문화 후기와 같은 시기였다. 주로 에리두와 텔엘우에일리의 작고 깊은 시굴 갱으로 알려져 있고 남부 메소포타미아의 충적 평야에서 최초의 거주지가 발견되었다.

이주였는가 아니면 교역이었는가?

BCE 5300년 무렵 북부, 서부, 동부에서 후기 우바이드 유물이 이제껏 본 적이 없을 정도로 많이 나타나, 어떤 학자들은 남쪽에서 주변 지역으로 "우바이드 이주"가 일어났다고 보았다. 또 다른 학자들은 이를 국제 교역의 급증이 낳은 결과로 보았다. 우바이드 문화는 동부 실리시아 및 지중해 연안, 서쪽으로는 북부 이스라엘과 서부 이란 고원, 동쪽으로는 페르시아 만의 남동 해안에까지 퍼졌다. 처음으로 남부 메소포타미아가 고대 근동에서 중요한 문화 세력이 되었다. 아마도 발달된 관개 수로와 연결되어 경작과 생산량이 극적으로 증가하게 되었기 때문일 것이다.

식량 생산에 보다 적은 인원이 필요하게 되었다는 것은 다른 사람들이 공예, 교역, 건설 및 행정 분야에서 전문화될 수 있었다는 것을 의미한다.

좌 : 이 **우바이드 테라코타 여성상**은 티그리스 강의 동쪽 강변에 위치한 텔에시사완에서 발견되었다. 이곳에서는 다섯 개의 거주 지층이 발견되었다.

이 단계에서 작은 마을들에게 둘러싸인 거대한 주거지가 나타났다. 이에 대한 좋은 예는 바그다드 북동쪽의 텔아바다로 사하 자심에 의해 세 개의 거주지 층이 발굴되었다. 2번 지층이 완전히 발굴되어 열 채의 큰 건물을 가진 우바이드 마을이 드러났다. 집은 세 부분으로 구성되어 있고, 긴 T자의 중앙 홀에 작은 방들이 딸린 것이 전형적인 형태이다. 큰 집에는 대가족이 살았으리라 생각된다. 안뜰에서 정교한 토기 가마들이 많이 발견되었다.

당시의 신전은 일반 주택보다 컸으며 표준화된 넓은 중앙 홀과 그 양옆으로 방들이 붙는 3부 설계에 따라 지어졌다. 성스러운 건물로 차별화하기 위해 외벽은 지지대로 점점 더 강화되었다. 테페가우라(XIII번 지층)에서는 광장 주변에 세 개의 건물이 지어져 있는 것이 발견되어 종교 활동이 활발했음을 보여 주었다. 이들 벽의 일부는 붉은색으로 칠해져 있었다.

전형적인 우바이드 토기는 고온에서 구워졌고 담황색 진흙에 검은색으로 수평 띠와 물결 무늬가 그려졌다. 다양한 모양의 토기가 대접, 깊은 잔, 다리 달린 그릇, 항아리 등 물레의 원형인 돌아가는 판 위에서 만들어졌다. 흙으로 구워 만든 다른 물건으로는 낫, 못, 가락 바퀴, 투석기용 돌 등이 있었다. 메소포타미아에 플린트가 수입되기는 했지만 우바이드인들은 더 싸고 대체하기 쉬운 흙으로 만든 물건들을 선호했을 것이다.

반지나 끌과 같은 소수의 구리 유물이 테페가우라(XVII번 지층)에서 발견되었다. 테페가우라를 비롯한 우바이드 유적에서는 많은 수의 인장이 발견되었는데, 이는 경제적, 사회적 조직이 더욱 복잡해졌음을 의미한다. 인장은 기하학적 문양, 뿔 달린 동물, 뱀, 콘도르, 인간의 모습으로 장식되었다. 특히 눈에 띄는 인장으로는 동물의 머리(일반적으로 야생 동물의 머리)를 한 인간의 모습이 새겨진 인장들이 있다. 이는 나중에 사회의 거칠고 혼란스러운 세력을 지배한다는 것을 상징하는 "야수의 왕"의 모티프가 되었다. 이러한 그림은 이란 남서쪽에 있는 수사의 초기 층에서도 흔히 발견되는데, 이는 당시 메소포타미아의 영향이 강했음을 보여 준다.

불가사의한 형상들

서 있는 남녀를 묘사하는 우바이드 형상은 보통 무덤에서 발견되었다. 머리는 길고 가끔 역청이 덮여 있기도 하다. "커피콩" 눈을 하고 있으며 넓은 어깨, 가는 허리, 모아진 다리를 하고 있다. 머리는 도식화되어 도마뱀이나 뱀의 머리를 닮았다. 어떤 여성상은 아기를 안고 있는 데 역시 도마뱀 머리를 하고 있다. 에리두에서 발견된 한 남성상은 홀을 손에 쥐고 있다. 이런 날씬한 형상들은 이전의 신석기나 할라프 시대의 뚱뚱한 "대지모신"과 매우 대조적이다. 영아들을 토기 그릇에 넣고 집 바닥에 묻는 것이 성행하여 텔아바다에서는 127구가 발굴되었다. 에리두에서 넓은 묘지가 발견되었는데, 등을 펴고 곧게 누워 있는 모습은 이전의 전형이었던 옆으로 움추린 자세와 대조된다.

우바이드 사회 조직은 이전의 메소포타미아 문화보다 복잡했고 수장의 자리를 위한 경쟁이 계속되었다. 이는 일종의 권력 집중화를 의미하지만, 세속인이 중심이었는지 사제가 중심이었는지는 논쟁의 여지가 있다. 수장들은 이전과는 비교할 수 없을 정도로 무거운 조세를 징수하여 운하와 신전 등 대규모의 건설을 주도했다. 말기의 사회는 점점 복잡해져 농업, 종교, 공예, 산업 등의 분야가 전문화되었다.

상: **이 큰 잔과 두 사발**은 기르수에서 발견된 것으로 우바이드 토기의 훌륭한 예이다.

하: **이 안뜰이 있는 진흙 벽돌 건물**은 이스라엘 요르단 계곡에 있는 텔차프의 중기 금석 병용 시대 유적에 있다.

메소포타미아 : 문명의 요람

서론

대략 6000년 전, 남부 메소포타미아에서 신석기 시대의 특징이었던 작은 촌락 사회가 사라지고 신전을 중심으로 한 큰 마을이 생겨났다. 이로 인하여 도시 생활 또는 문명이 발달하게 되었다.

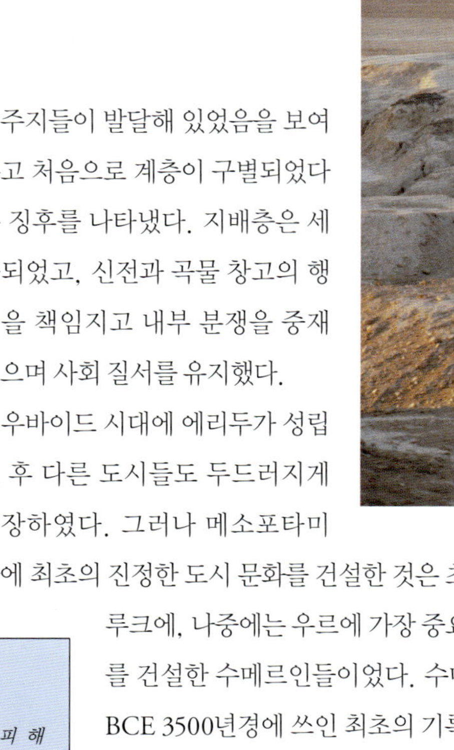

남부 메소포타미아보다 티그리스 계곡의 북부에서 먼저 정착이 이루어진 것으로 여겨진다. 관개 수로와 아마도 신정 사회의 개념이 우바이드 시대(BCE 5500–4000년) 이전에 티그리스 강과 유프라테스 강의 합류 지점에 있는 건조한 저지대에서 발달한 것으로 보인다. 이들은 북부에 있는 이웃의 관개 기술을 빌리고 유프라테스 강의 봄철 범람을 이용하여 경작지를 넓혔다. 에리두에서 처음으로 발견된 우바이드 문화는 넓은 마을 거주지와, 메소포타미아에서는 처음으로 출현한 공공건물을 특징으로 한다. 또한 우바이드 유적은 큰 마을 주위에 작은 "위성" 거주지들이 발달해 있었음을 보여 주고 처음으로 계층이 구별되었다는 징후를 나타냈다. 지배층은 세습되었고, 신전과 곡물 창고의 행정을 책임지고 내부 분쟁을 중재했으며 사회 질서를 유지했다.

우바이드 시대에 에리두가 성립된 후 다른 도시들도 두드러지게 성장하였다. 그러나 메소포타미아에 최초의 진정한 도시 문화를 건설한 것은 초기에는 우루크에, 나중에는 우르에 가장 중요한 중심지를 건설한 수메르인들이었다. 수메르인들은 BCE 3500년경에 쓰인 최초의 기록으로 인하여 역사에 알려지게 되었다. 그들의 언어는 셈어에도 인도유럽어에도 속하지 않는 완전히 고립된 언어로 믿어진다. 근동 지역의 주 언어들은 인도유럽어와 셈어로 나누어진다. 인도유럽어는 셈어보다 훨씬 더 큰 언어 그룹이지만 근동 지역에서 인도유럽어를 사용하는 인구는 언제나 적었다. 고대 근동의 인도유럽어로는 후르리어, 루위어(히타이트어)와 고대 페르시아어가 있다. 셈어는 역사적으로 중동, 북아프리카, 동아프리카에서 사용되었고 오늘날까지 이어지고 있다. 여기에는 아카드어, 페니키아어, 아람어, 히브리어, 가나안어 등이 속한다. 셈어도 인도유럽어도 아닌 수메르어는 알려져 있는 현존하는 언어나 사라진 어떤 언어와도 연관이 없는 고립된 언어이다.

수메르인들은 최초로 도시 문화를 탄생시켰을 뿐만 아니라 지금까지 알려진 바로는 최초로 기록을 남긴 민족이기도 했다. 처음에

기록이 시작된 것은 종교적, 정치적 또는 문학적인 목적 때문이 아니라 회계를 위해서였다. 초기 설형문자 기호들은 사실 점토 동전과 유사한 것이었으며 문자 사용 이전 시대에 경리를 위해 사용되었다. 이 점토 동전들은 농산물이나 가축 또는 토지의 양을 기록하기 위한 것이었다.

수메르 도시국가

수메르인들은 많은 도시국가를 건설하였고 이들이 커짐에 따라 적대 관계가 발달하기 시작했다. 서로 너무도 가까운 곳에 위치하였기 때문에 자원을 차지하기 위한 경쟁이 치열해졌다. 그럼에도 불구하고 이들의 농경 기술은 혁신적이었다. 도시국가를 에워싼 좁은 구역에서 보리, 편두, 병아리콩, 밀, 양파, 마늘, 래터스 및 겨자를 재배했다. 이들이 키우던 가축으로는 염소, 돼지, 소와 양 들이 있다. 여기에 운송을 위한 당나귀와 견인을 위한 황소 등이 더해졌다.

수메르인들의 기술력은 독창적이었다. 방사상 수로 체계가 건설되고 유지되었으며 바지선(굵은 갈대로 만든 간단한 뗏목)을 만들어 많은 양의 물자를 수송할 수 있었다. 수메르인들에 의해 물레와 가마가 개량되어 완벽해졌다. 그러나 이들은 제국을 건설하지는 않았다. 아카드에 의해 잠시 정복되었다가 수메르가 다시 독립한 후대에는 라가시와 우르가 두드러져 커다란 영향력을 행사하는 강대한 도시국가가 되었다. 이는 아마도 BCE 2300년경 근동 최초의 대제국을 건설한 아카드의 사르곤에게서 교훈을 얻었기 때문일 것이다.

아카드와 우르 제3왕조 르네상스

약 150년 동안 아카드인들은 수메르 전 지역, 시리아의 대부분, 엘람 근처의 자그로스 산맥 기슭에 이르는 지역을 지배했다. 아카드의 지배 방식은 그 뒤를 잇는 다른 제국들의 모범이 되었다. 사르곤은 제국을 유지하기 위해 다음과 같은 몇 가지 전략을 채택했다. 자신의 딸을 달의 신인 신의 대사제로 삼았고, 지방의 전략적인 요지에 아들들을 총독으로 파견했다. 또한 다른 딸들을 정복한 지역의 왕과 혼인시켜 어디에서건 자기 일가의 손에 제국의 통제력이 남도록 하였다.

아카드 제국이 붕괴한 후, 라가시에서 새로운 수메르의 왕이 일어났다. 구데아는 우선 그와 닮은 석상들이 많이 발견됨으로써 알려지게 되었다. 그 후로 나타난 다른 수메르의 왕으로는 우르 제3왕조의 창시자인 우르남무가 있으며, 그는 수메르의 르네상스를 이루었다. 우르의 지배는 100년 정도 지속되었다. 수메르의 마지막 왕조는 BCE 2000년 흉작과 이웃한 엘람인들의 끊임없는 침략이 겹쳐지면서, 결국 사라지고 말았다.

좌 : **우루크**는 수메르 최초 유적들 중의 하나이다. BCE 4000–3000년경에 세워졌다. 처음으로 인구가 밀집된 도시이자 중요한 교역 중심지가 되었다.

하 : **구데아는 사랑받았던 수메르의 왕**이다. 오늘날까지도 그의 수많은 형상들이 발견되고 있다.

수메르 왕의 계보

수메르의 정치 구조에 대한 대부분의 정보는 수메르 왕의 계보라 알려진 특이한 문헌에서 나왔다. 이 목록은 수메르를 다스렸던 모든 왕들이 기록되어 있는 고대 문헌이다. 각 왕의 수도와 외국 왕들의 이름도 포함되어 있다. 이 계보의 원문은 초기 왕조의 치세를 담은 하나뿐인 연대기이며 각 왕이 다스리던 도시국가들의 위치 및 왕의 이름과 다스린 기간이 기록되어 있다. 왕권은 신으로부터 부여받는 것이라 믿어졌으며 이러한 믿음은 정복에 의해 각 도시에 전해졌을 것으로 보인다. 흥미로운 점은 목록에 선술집을 운영하던 쿠그바우라는 여왕의 이름이 나와 있는 것이다. 그녀는 키시 제3왕조의 유일한 지배자였다.

수메르에 대한 의문점

19세기에 니네베와 님루드의 유적에서 발견된, 점토판에 기록된 수메르어는 수메르에 대한 의문을 불러일으켰다. 세대를 거듭하였지만 학자들은 아직도 그에 대한 해답을 찾지 못하고 있다.

우 : **호르무즈드 라삼**은 1826년 모술에서 태어났다. 그는 길가메시 서사시의 석판을 비롯하여 여러 중요한 발견을 이루어 내었다.

이 의문들은 수메르어를 공부하는 학생들에 의해 제기되었는데, 여기에 고고학자들이 자신들의 의문을 더하면서 더욱 복잡해졌다. 우루크의 초기 거주지가 발견되었지만, 수메르인들이 언제 처음으로 여기에 수메르 문명 초기의 가장 중요한 중심지를 지었는지, 정말 그들이 건설했는지를 알아내는 것은 어렵다.

그들은 어디에서 왔는가?

많은 학자들은 수메르인들이 처음 정착할 때부터 남부 메소포타미아에 있었다는 19세기 이라크의 고고학자인 호르무즈드 라삼의 의견에 동의할 것이다. 다른 학자들은 이들이 BCE 3000년대에 남쪽으로 이주해 왔을 수 있다고 생각한다. 그러나 이들도 수메르인들이 항상 적합하지만은 않은 환경에도 불구하고 굉장한 양의 곡물을 생산하는, 솜씨 좋은 농민들이었다는 점에는 동의한다. 남부 메소포타미아는 계절에 따라 매번 홍수를 겪었고, 습지가 항상 존재했다.

수메르 문화는 일반적으로 BCE 5500년경에 시작된 우바이드 시대에서 유래했다고 믿어진다. 이라크 남부 라르사 근처의 텔아와일리에서 발굴된 우바이드 유적은 이전의 북부 사마라 문화와 유사한 수메르 이전의 문화를 보여 준다. 후기 사마라의 유적인 초가마미에는 BCE 6000년경의 관개 수로 흔적이 남아 있다. 즉 텔아와일리는 메소포타미아 최초로 북부의 사마라 사람들에 의해 시작된 관개 농업이 남부로 내려가는 일종의 전이점이라 할 수 있다. 수메르인들이 북부 출신이라는 설을 믿는 이들에 따르면 농경민들이 먼저 북부에 신전을 중심으로 한 마을을 발달시킨 후에 메소포타미아 남부로 확산되었다고 한다.

결합 문화?

수메르인들이 남부의 원주민이라고 믿는 학자들은 그들

우 : **우루크의 영향**은 대단히 커서 이 유적의 이름을 따서 고고학적인 문화 구분 용어가 만들어졌다.

이 티그리스 강과 유프라테스 강의 합류 지점에 있는 습지대에 살던 사냥꾼과 어부들로, 아마도 근세에 그곳에 살았던 마시 아랍인들의 조상일 것이라고 가정한다. 이들의 문화와 북부에서 온 농경민들의 문화가 결합하여 수메르가 탄생했다는 것이다. 수메르의 전설에서 딜문(바레인)이 언급되었기 때문에 또 다른 학자들은 페르시아 만에 위치한 이 섬에서 왔을 것이라 주장한다.

수메르가 서로 다른 문화 간의 결합으로 탄생한 문명이라는 학설은 수메르 최초의 유적에 속하는 에리두가 여러 가지로 경제적 변화가 일어났을 것이라고 여겨지는 곳에 위치했다는 사실을 통해 뒷받침된다. 에리두의 농경민은 사마라에서 유래한 것으로 보이는 관개 농업 형식을 발달시켰다. 또한 에리두는 오래전부터 어부와 사냥꾼들이 갈대로 움막을 지었던 아라비아 해안과 가깝기도 하다. 마지막으로 목축민(에리두 근처의 황량한 지역에 살며 양과 염소 떼를 기르는 반유목민)들도 특징적인 생활 방식을 형성하는 데 기여했다. 초기 단계의 에리두에는 다른 문화들이 있었던 것으로 보인다. 이는 수메르어가 아닌 단어 몇몇이 수메르 기록에 포함되었기 때문인데, 이러한 수메르인이 아닌 사람들의 기원에 대한 단서는 찾을 수가 없다.

좌 : **설형문자**는 세계 최초의 문자이다. 다양한 형태로 적용되어 3000년 이상 사용되었다.

수메르어

수메르어는 처음부터 학자들에게 어려움을 주었다. 우선 수메르의 기호별로 붙일 수 있는 음가에는 엄청난 수와 종류가 있었다. 이로 인해 초기의 수메르어 전문가인 금석학자 조셉 할레비(1827-1917년)는 수메르어가 진짜 언어가 아니라 암호라고 추정했다. 이는 아시리아를 연구하는 학자들에 의해 논의되었고 1897년까지 할레비의 관점이 완전히 거부되지는 않았다. 그러나 그들의 논의는 수메르의 기원을 둘러싼 신비를 더욱 짙게 할 뿐이었다. 이들은 단지 수메르어가 셈어 계통인지 아니면 셈 공통 조어에 속하는지에만 중점을 두었다. 그러나 오늘날, 수메르어는 현재 사용되는 언어와 명백한 관계가 없는 자연적인 언어로서 고립된 언어라고 여겨지게 되었다.

대부분의 학자들은 수메르어는 발달된 형태로 보아 BCE 3000년 이후에 우루크에서 나왔을 것이라는 결론을 내렸다. 당시 어떤 다른 언어가 사용되고 있었는지는 알 수 없으나 메소포타미아 북부에서 사용되던 대부분의 언어가 셈어와 연관되었던 반면 남부에서는 수메르어가 다른 많은 셈어계 방언들과 공존했을 것으로 여겨진다. 셈어가 광범위하게 사용되던 지역 근처의 고립된 일부 범위에서만 수메르어가 쓰였다는 사실은 이 최초의 문어가 보다 오래되고 널리 퍼져 있던 그와 비슷한 언어를 계승하여 살아남은 것임을 의미할 수도 있다.

수메르어의 죽음

설형문자의 역사는 CE 1세기까지 이어졌으나 수메르어는 BCE 1000년대에 사라지기 시작했다. 어떤 학자들은 수메르어가 바빌로니아 시대(BCE 1800-1600년경)에도 사용되기는 했으나 점점 그 빈도가 낮아졌다고 생각한다. 수메르 문명은 BCE 23세기부터 점차적으로 셈어계인 북부의 아카드 문화에 밀려나게 되었고, 그와 함께 수메르어도 종교나 서사시에서만 사용되는 언어가 되어 갔다. BCE 1000년경에는 오직 다년간 훈련을 받은 사제 학자들만이 이미 "사어"가 된 수메르어를 어느 정도 이해할 수 있었다.

우루크 시대

우바이드 시대의 뒤를 이은 새로운 문화에서 우루크가 지배적인 역할을 한 덕분에 이 시기는 우루크 시대라 불리게 되었다. 우루크 시대에 우루크는 메소포타미아 최초로 거대한 도시국가로 완성되었다.

상 : 이 눈 모양의 형상들은 BCE 2000년대에 만들어진 것으로, 우루크와 같은 시대에 발달했던 나가르(또는 텔브라크, 시리아)의 독특한 형상이다.

우 : 우루크에서 발견된 물건을 나르는 사람의 청동상(벽돌을 나르는 것으로 여겨짐. BCE 3500년경)은 우루크 시대에 공예가 발생하기 시작했음을 알게 해 준다.

우루크 시대는 사회적 계층의 분화가 더욱 심화되었다는 점을 특징으로 들 수 있다. 이러한 현상은 근동 다른 지역의 선사 시대 거주지에서는 볼 수 없는 것이다. 선구적인 농업 생산 조절 시스템이 초기에 확장되었다는 것과 사회적인 계층이 분화되었다는 것은 우루크가 메소포타미아에서 일찍이 국가를 형성할 수 있었던 요인들 중의 하나였다.

우루크 시대의 국가를 형성한 것보다도 더 중대한 사건은 최초의 문자가 출현했다는 것이었다. 메소포타미아의 중심 도시들은 관개 시설을 정비하고 잉여 농산물을 비농민들에게 재분배해야 하는 필요성에서 발달하게 된 것이었다. 따라서 도시에서 물자의 흔적을 보존하기 위해 발달된 초기 기록은 "상징적 창고"라고 불려졌다. 메소포타미아 최초의 도시들은 아나톨리아나 레반트의 촌락 사회와 비교했을 때 경제적으로 보다 잘 조직되었고 기록은 추가적인 자산이었다.

우루크 시대의 정부

메소포타미아가 본거지를 부양하기 위한 국내 농업과 문명의 요구에 필요한 자원을 취득하기 위한 교역에 의존하게 된 것은 거주지들의 수가 급격하게 증가한 결과이기도 했지만, 수메르의 교역 식민지가 전 지역에 퍼져 지역 경제를 변화시킨 결과이기도 했다. 신전 도시의 구조보다는 그것이 조성한 공동체 생활의 양상이 더 외부에 대한 영향력을 갖고 있었다. 종교 축제의 일정은 단지 종교적 행사의 목록에 그치는 것이 아니었다. 이는 사람들의 생활을 규제하는 것이었다. 그러므로 정착된 도시 사회가 잉여 농산물이나 밀집된 인구의 기풍을 통제할 필요는 있었으나 반드시 종교적인 지도자가 필요한 것은 아니었다. 수메르인들이 자주 교역하던 멀리 떨어진 지역에 보다 느슨하게 통제되는 식민지나 수메르의 영향을 받는 도시국가들이 생겨나기 시작했다. 예를 들어 마리와 에블라는 수

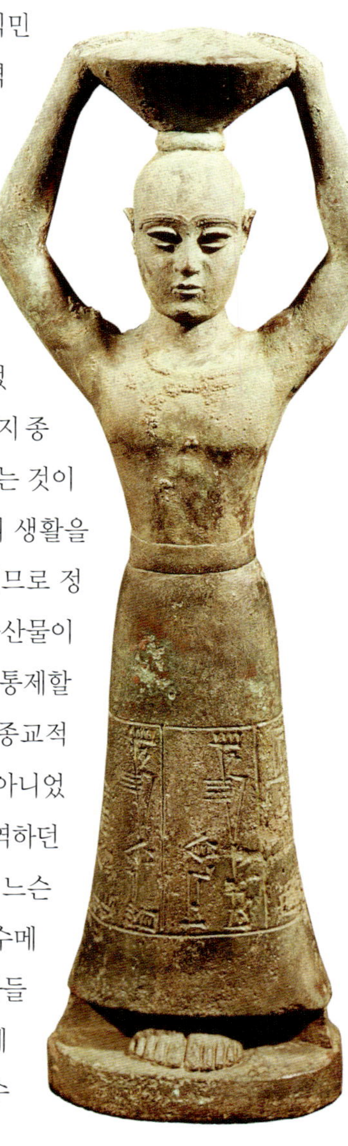

메르와 긴밀하게 연결되어 있었으나 신전이 통제하는 도시화 체제를 받아들이지는 않았다.

중앙의 지배자들이 잉여 농산물을 수집하여 재분배하는 역할을 맡는 것은 고대 근동 지역 대부분의 도시국가들에서 공통적으로 볼 수 있으며 우루크 시대에 메소포타미아에서 처음으로 생겨난 것이었다. 또한 금속, 도기, 직물 등의 산업이 전문화 및 표준화된 것도 이 시기에 도시 생활이 발달하게 된 주요 요인이었다. 장인들의 수가 눈에 띄게 증가했고 상류 계층의 주문은 이미 건재했던 메소포타미아와 그 이외의 근동 지역 간 교역을 더욱 촉진시켰다. 또한 신전은 메소포타미아에서 예술가들이나 장인들에게 가장 큰 고객이었던 만큼 공예품 제조업의 성장에 대해 어느 정도 영향력을 행사했다. 우루크 시대에 종교계 인사들이 독점했던 대부분의 행정 관리직은 훗날 비종교계 인사들이 차지하게 된다. 우바이드 시대는 친족 관계를 기반으로 한 부족 연합의 시대였으나 이는 점차 하는 일을 기반으로 권력과 지위가 주어지는 방식으로 바뀌게 되었다. 우루크 시대의 사회는 오랜 동업 체제를 버리고 진정한 계급 사회가 되었다. 신전의 권위와 이에 부속되었던 군사 및 정치 지도자들은 이러한 변화를 위한 최초의 자극제가 되었다.

고고학적 증거

우루크는 이 시대 가장 중요한 거주지였으나 니푸르의 중요성도 커졌다. 우루크의 정착 구조에는 니푸르와 약간의 차이가 있었다. 우루크의 인구는 니푸르보다 밀집되어 있었다. 반면에 니푸르는 우루크보다 국가로서의 외형을 갖추고 있었으나, 거의 처음부터 에리두 같은 성지로 취급받았다. 도기로 된 물레, 바퀴가 달린 탈 것, 쟁기, 도예 가마들의 개량 같은 혁신이 우루크 시대에 일어났고 이 모든 것들에는 당시의 물질문화의 영향이 뚜렷하게 나타나 있다. 우바이드 시대 메소포타미아 전역에 퍼졌던 독특한 그림 도기는 점차적으로 빠른 물레를 통해 대량으로 만든 그림 없는 다양한 도기로 대체되었다. 특히 사발은 대량으로 나타나 광범위한 지역에서 사용되었다. 도기는 메소포타미아의 전역에 퍼진 제조지에서 대량으로 생산되었다. 이 도기 제작소들은 교역로상 전략적인 위치에 있는, 인구가 많은 곳에 자리 잡았다. 우루크 시대에는 대규모의 교역과 더불어 노예의 사용이 괄목할 정도로 증가한 것이 분명하다. 광범위한 지역에서 발견된 유물들은 다양한 곳에서 많은 이들이 수메르로 이주해 왔음을 알려 준다.

교역을 통해 획득한 물자의 중요한 부분을 차지하는 것은 목재와 석재로, 신전의 건설과 보수에 사용되었다. 이

우루크 시대의 예술품

우루크 시대에 발생하기 시작한 도시들에서는 다양한 예술 형태가 빠르게 발달하기 시작했다. 이들 중에서, 이 시대의 다양한 문양이 새겨진 원통형 인장은 오늘날에도 많이 남아 있다. 재산권이나 계약을 공개적으로 증명하기 위한 인장은 이 시기부터 빈번하게 사용되기 시작했고 새겨진 문양도 보다 세밀하고 장식적으로 변해 갔다. 인장의 내용은 전쟁이나 종교 행사 또는 농사나 가축을 돌보는 것이다. 우루크 시대의 다른 석조 예술은 대부분 종교를 주제로 하여 참배자, 사제나 제물로 바쳐질 동물들을 묘사하고 있다. 우루크 시대의 가장 유명한 예술품들은 우루크 시대에서 초기 왕조 시대로의 전환기에 만들어진 것으로 여겨지며, 한편으로는 우루크 시대의 예술이 빠르게 발달했음을 보여 주는 좋은 예이다. 와르카(우루크) 석조 꽃병에는 식물, 양, 바구니 또는 항아리를 든 사람들 및 우루크의 왕이 이난나 신전에 제물을 바치는 종교적인 장면이 네 단계로 묘사되어 있다. 이난나 여신으로 추정되는 유명한 설화 석고 두상(와르카의 여인)은 최초로 신을 사실적으로 돌에 조각한 것이다. 인장과 조각에 새겨진 형상 역시 훗날 왕권의 신성화로 발전될 최초의 묘사들을 보여 준다.

우 : **와르카의 여인**은 2003년 4월 바그다드가 함락되었을 때, 이라크 국립 박물관에서 사라졌다. 알려진 바에 의하면 한 과수원에서 다시 발견되었다고 한다.

시대에 세 부분으로 이루어진 신전의 설계가 시작되었다. 우루크 시대 초기의 신전은 기다란 중앙 홀과 양측에 그보다 작은 공간이 붙어 있었고 정면에는 벽감과 부벽 들이 있었다. 후기 우루크의 건물로는 유명한 석회암 신전이 있는데, 그 기반만이 발견되었으므로 신전 전체가 커다란 석회암 블록으로 지어졌는지는 확실하지 않다. 또한 그에 못지않게 유명한 "백색 신전" 역시 같은 시기에 지어졌다. 이 신전의 벽은 회반죽으로 덮여 있었고 외벽에는 벽감과 부벽 들이 사용되었다.

도시와 거주지

우루크 시대에는 남부 메소포타미아 전역에서 거주지의 수와 크기가 극적으로 증가했다. 후기 우루크 시대에 이들 중 많은 도시들이 요새화된 것은 의심할 여지없이 사회의 군사화가 시작되었음을 보여 주는 것이다. 사회 구조가 점점 더 복잡해지고 경제력이 성장하면서, 세속의 지도자들이 신전과 경쟁하기보다는 신전을 지원해 주고, 또 신전으로부터 지지를 받음으로써 도시에서 자신들의 지배권을 확고하게 하기 시작했던 것으로 보인다. 더 많은 상류층의 대가족들이 도시 내 중심부 가까이에 벽으로 둘러싸인 주거지를 건설하기 시작했다. 이는 아마도 토지와 재산의 소유권을 묘사하기 위한 인장이나 상징이 발명되어 널리 사용된 부가적인 요인일 것이다. 상류층의 성장은 또한 고급 장인 및 기술에 대한 요구를 증가시키게 되었다.

문자 사용 이전 사회의 이 유산들을 통해 떠올릴 수 있는 가장 흥미로운 질문은 충적 평야의 주요 도시들과 외부 지역들 간의 관계는 어떠했는가이다. 어떤 학자들은 남부 충적 평야의 자원 부족 현상이 농업 생산성의 향상으로 인해 야기된 인구 증가 및 사회 계층 분화와 맞물려서, 일종의 초기적인 제국주의를 형성시켰고 이 초기적인 제국주의는 이후 역사에서 좀 더 완전한 형태로 등장하게 되었다고 보았다. 다른 학자들은 이 시기의 도시들이 가장 큰 도시인 우루크와 함께 스스로를 넓은 내륙 지역을 통제하고 행정 수도 및 제례 의식지의 역할을 하는 지방 중심지로 간주했다고 여겼다. 이 이론들을 뒷받침할 만한 증거는 얼마 없지만 어쨌든 간에 말기의 "우루크 현상" 붕괴와 작은 정치체로의 분열은 모두 우루크를 중심으로 한 초도시적 조직이 있었음을 의미한다.

기록의 시작

우루크 시대는 사회 계층 분화, 종교 중심화와 같은 약간은 믿기 어려운 업적을 이루어 낸 한편으로, 또한 엄청난

젬데트나스르

아직 알려지지 않은 이유로 우루크의 우위가 메소포타미아 전역에서 붕괴하였고, 뒤를 잇는 젬데트나스르 시대(BCE 3000–2900년경)에는 수메르의 세력이 다시 내부로 줄어들게 되었다. 젬데트나스르 자체는 바그다드 남쪽에 있는 작은 유적이다. 이곳에서 발굴단이 우루크 시대 직후의 고유한 토기 형식을 발견했다. 젬데트나스르 시대는 예술적인 탁월함과 제국으로의 회귀로 알려졌다. 바로 전의 우루크 시대는 남부 메소포타미아에서 도시화 및 복합적인 사회가 이루어지는 과정이 절정을 이루었다. 우루크 문화권에 속한 적이 있었던 북부와 동부 지역에서는 당시 매우 다른 문화가 발달되고 있었으나 젬데트나스르 문화는 수메르의 심장부인 남부 메소포타미아 전역에 알려져 있었고 우루크의 높은 문화 수준을 1세기 정도 유지했다. 다른 지역과는 대조적으로 젬데트나스르에서는 인구가 증가했고, 농업 관개 시설이 확대되었으며 신전 도시들이 성장했다. 교역과 세분화된 공예가 발달되었고, 가장 중요한 기록과 원통형 인장의 사용이 증가되었다.

좌 : **젬데트나스르의 설화 석고 꽃병**(BCE 2950년경)에는 이난나 여신을 기리는 황소와 추종자들의 행렬이 묘사되어 있다. 1920년대에 유적이 발굴되어 많은 설형문자 문헌들이 나왔다.

좌 : **우루크의 항공 사진.** 우루크는 우루크 시대에 규모가 네 배로 증가하였다. 위성 마을들이 도시 주위에 생겨난 것은 도시화 및 사회 계층 분화의 전조를 알리고 있다.

혁신과 발전을 이룩하였다. 가장 중요한 것은 문자의 발달인데, 문자는 당시의 특수한 도시 상황에서 행정을 위한 도구로 시작되었다. 생산 및 물자 유통 과정을 추적하고 교환을 통제하며, 특히 토지와 가축 같은 재산의 소유권을 주장하는 도구로서, 문자의 발명은 원통형 인장과 함께 원거리와 정확하게 소통하고 또한 훗날을 위한 자세한 정보를 저장하는 것을 가능하게 했다. 문자의 발명이 인류 발전에 얼마나 중요한 역할을 했는지 파악하는 것은 어려운 일이다. 그러나 문자가 없었다면 역사와 지나간 문명들에 대한 지식을 잃어버렸을 것이다. 신전 도시, 농경지 및 목초지와 교역지의 확대, 농업 관개 시설의 체계화, 일부 공예 부분의 발달 등 지역의 발전을 가져온 우루크의 다른 많은 업적들 중에서도 문자의 발명이야말로 우루크를 세상에 알려지게 한 것이었다.

하 : **우루크에서 발견된 원통형 인장들 중의 하나** (BCE 2500년경). 전 지역이 도시화되면서 인장은 상업이나 법적 거래에서 대단히 중요하게 되었다.

마을에서 도시로

메소포타미아 남부의 우바이드 문화는 처음으로 복잡한 도시 생활 방식을 발달시켰다. 커다란 우바이드 마을은 물레, 구리 제련, 관개 기술 등 핵심적인 혁신을 이루어 내었다.

고대 근동 문명의 원형으로 간주되는 관개 농업은 메소포타미아 북부에서 처음 발달된 것으로 보인다. 티그리스 강과 유프라테스 강의 계곡은 일찌기 신석기 시대에 정착한 사람들에게 좋은 기회이자 도전할 만한 상대였다. 강은 풍작에 필요한 지속적인 용수를 공급해 주었으나 이를 위해서는 인간의 개입이 필요했다. 규제가 없으면 갑작스러운 홍수로 황폐해질 수 있었다.

우바이드 마을

우바이드 문화 초기, 이주민들에 의해서나 아이디어의 도입에 의해 들어온 새로운 관개 기술로 에리두가 세워졌다. 이 기술은 북부보다 메마른 남부에 더 적절했다. 엄중한 수량 조절을 전제로, 높은 지하수위와 강렬한 태양은 일년 내내 농사를 짓게 해 주었다.

진흙 벽돌로 된 큰 집과 최초의 신전이 메소포타미아에 나타난 것은 복잡한 마을 생활이 시작되었음을 의미한다. 여기서 발굴된 무덤은 점차 신분 구별이 나타났음을 보여준다. 아마도 상류층의 신분이 세습되어, 더 호화로운 무덤으로 지위를 나타낸 것으로 보인다. 실용적·종교적 목적의 공공사업은 선발된 몇 사람에 의해 지휘되었던 것 같다. 공공 곡물 저장고가 발견된 것으로 보아, 당시에는 소유의 재분배가 이루어졌던 것이 틀림없다.

최초의 신전 마을

고고학자들에게 에리두는 뜻밖의 발견이었다. 이 전설적인 신전은 진흙 벽돌로 층층이 쌓아 올린 18개의 연속 층으로 되어 있고 BCE 5500년이나 그보다 오래된 시기의 것이다. 신전을 중심으로 한 마을은 메소포타미아 북부에서 시작된 것으로 여겨졌으나, 남부 메소포타미아에서 에리두가 발견되면서 그 점에 의문이 생겼다. 에리두 사원은 사회의 상징적 중심이었고 사회적인 것에서 정치, 경제적인 것으로 바뀌었다. 메소포타미아의 사원들은 토지와 자원을 관리했고 행정 사제들이 지혜롭게 경영하였다.

사원의 종교 생활은 농업 일정과 일치하는 행사 일정을 제공하여 마을의 활동을 조정했다. 일상생활에서 의식 절차가 중요해졌고, 메소포타미아에서 만들어진 시간에 대한 개념은 축제 일정에 맞추어 체계화되었다.

에리두는 완전한 도시국가가 되기 전부터 수호신을 모셨던 것으로 보인다. 이는 신선한 물과 지식에 연관된 신으로 훗날에 바빌로니아의 에아 혹은 엔키로 구현되었다. 각 도시들은 고유의 수호신을 모시면서 도심을 외부인들에 대한 성역으로 만들었고, 시민들은 그 안에서 신의 가호를 받았다. 왕과

신화 속의 에리두와 우루크

수메르 신화에 의하면 에리두는 길가메시 서사시에 나오는 대홍수 이전에 세워졌다. 엔키 신이 에리두를 바다에서 솟아나게 하고 비옥하게 만들었다. 또한 에리두는 위대한 아누가 신권 만물령을 엔키에게 주어 지키고 후세에 전하도록 한 곳이다. 수메르인들은 에리두를 고대로부터의 성지로 여겼으나 최초로 도시가 된 곳은 에리두가 아니었다. 에리두의 신전 중심 사회가 도시화에 영향을 준 것은 사실이나, 전설에 의하면 처음으로 도시가 된 것은 이난나 여신의 남편인 두무지 신이 태어난 곳이었다. 이 도시는 수메르 신화에서 또 다른 중요한 위치를 가지고 있는데, 바로 길가메시가 세워 왕이 된 곳이기 때문이다. 이 도시가 바로 우루크로 모든 도시들의 조상이다.

우 : **BCE 2000년대의 이 점토판**에는 에리두의 주신 엔키와 세계 창조의 이야기가 기록되어 있다.

상 : **BCE 3000년의 인장과 그 자국.** 우루크의 시조이자 신화적인 영웅인 길가메시와 그 야생의 친구 엔키두의 이야기가 묘사되어 있다. 그들의 위업과 만남 및 싸움은 서사시로 남았다.

시민들은 도시의 안녕을 위해 신전을 유지할 책임이 있었고 수호신에게 바치는 축제는 가장 중요한 행사였다.

진정한 도시국가

우루크가 비교적 짧은 시간 내에 마을에서 도시로 바뀌었을 때, 에리두와 신전은 이미 1000년에 가까운 역사를 가지고 있었다. BCE 4500년경부터 우루크는 교역의 중심지가 되었는데, 이는 많은 수로들이 인접한 티그리스 강과 유프라테스 강 사이에 있다는 조건 덕분이었다. 에리두와 같은 신전 도시들은 이러한 수로들의 기슭에 있어 다른 곳에서 이주해 온 노동력이나 교역을 통해 풍요를 누릴 수 있었다.

우루크는 넓은 지역의 정치적, 종교적 중심지였다. 우루크 주변의 농민들은 시장에서 물건을 살 능력이 있었고 그 결과 우루크는 교역의 중심지가 되었다. BCE 3300년경 우루크에는 두 개의 신전 구역이 있었다. 하늘의 신 아누와 신들의 어머니인 이난나의 구역이었다. 신전 구역은 동시에 정치적 중심지였으리라 믿어진다. 우루크의 산물은 대량 생산 도기, 금속 제품, 세공된 돌 인장, 치장된 돌 그릇 등이었다. 관료 체계가 발달하여 자세한 기록을 보관하는 것을 중요하게 여겼고 최초의 기록 체계가 기록을 보관하고자 하는 요구를 충족시켜 주었다.

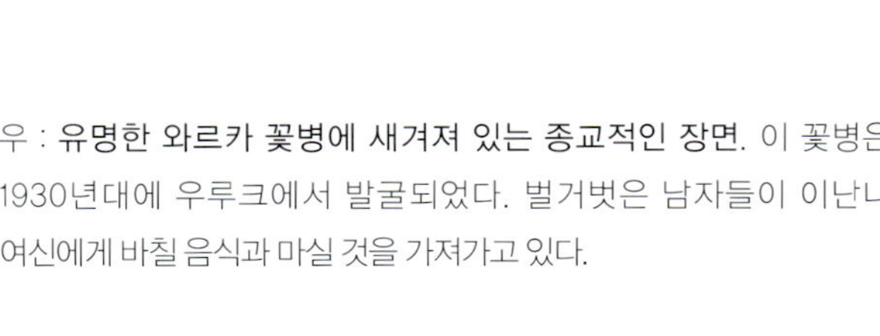
우 : **유명한 와르카 꽃병에 새겨져 있는 종교적인 장면.** 이 꽃병은 1930년대에 우루크에서 발굴되었다. 벌거벗은 남자들이 이난나 여신에게 바칠 음식과 마실 것을 가져가고 있다.

도시 생활

수메르의 마을은 처음부터 농업을 위한 대규모 정착지 이상의 것이었다. 수메르인들은 도시 내에서보다는 도시 바깥에서 자원을 개발하는 모델을 기반으로 발전했다.

강을 따라 최초의 마을들이 자리를 잡고, 복잡한 수상 운송 체계가 탄생하면서 수메르인들의 거주지들에는 안정적인 상품의 유통 루트가 확보되었다. 그리고 이 덕분에 마을 중심에 정교한 신전을 세울 수 있게 되었다. 이러한 규모의 건축은 교역이 촉진되어 획득한 경제적 번영과 높은 기술 수준 및 대량의 유능한 노동력에 크게 의존하는 일이었다.

하: 우르의 지구라트 외부에 있는 돌계단. 이 계단은 사담 후세인에 의해 벽돌과 시멘트로 조잡하게 복원되었다.

초기 수메르 도시

그 지역의 신에게 바쳐진 신전은 제일 눈에 띄기 쉽도록 지어졌다. 인공적인 산처럼 설계되어 거대한 벽돌 연단들을 계단처럼 쌓아 올린 이 신전들은 지구라트로 알려지게 되었다. 언덕이나 산을 닮은 이 신전들은 외부를 둘러싼 계단으로 출입하였으며 이러한 종교 건축 형식은 메소포타미아에서 수천 년에 걸쳐 사용되었다. 신전이 있는 마을이 도시국가로 성장하며 종교계 인사들이 정치 및 군계 인사들과 결탁하게 되었고, 한 인물이 종교적 · 정치적 역할을 맡으며 초기 형식의 군주가 생겨나게 되었다. 관개 농업에 의해 농산물 생산량이 남아돌 정도로 증가하여 도시의 상류 계층뿐만이 아니라 예술가와 장인들까지도 부양할 수 있게 되었다. 이러한 도시들 중에는 인구가 무려 수만 명에 이르는 곳도 있었다. 신전에 행정 건물(궁전, 저장고, 작업장)들이 부속되었을 것으로 여겨진다. 농지와 목초지가 도시를 둘러싸고 있었으나, 수메르인들은 사냥이나 낚시에도 능숙했다. 이 모든 활동들은 증가하는 인구뿐만이 아니라 도공, 직공, 목수, 대장장이 등의 다양한 직업에 종사하는 이들을 부양했다. 수메르인들이 육지와 바다

에서 교역을 시작하면서 상인들도 곧 농업에 종사하지 않는 근로자들의 대열에 참가하게 되었다. BCE 3000년대 이전에 수메르인들은 대형 공공건물, 장식 예술, 판매를 위한 다양한 상품들, 풍부한 식량 공급 및 기술을 갖춘 노동 인구 등 도시 생활의 모든 외관을 갖추었다. 이 시점에서 유일하게 갖추지 못했던 것은 그토록 다양한 상거래의 기록을 편리하게 만들어 주는 제도였다.

수메르 도시의 신들

모든 수메르의 도시들은 하늘의 신이자 신들의 아버지인 아누, 폭풍의 신 엔릴, 아침과 저녁의 별을 관장하는 이슈타르 등 많은 신들을 공통적으로 인정했다. 신들은 절망적일 정도로 난폭하고 예측할 수 없었고, 인간들의 목숨에는 개의치 않았다. 창조 서사시에서는 신들이 일을 할 필요가 없도록 하기 위해 인간이 창조되었다는 사실을 강조한다. 각 도시들은 자신들의 신을 모시고 있었고, 이 신들은 말 그대로 신전 안에 살고 있으며 원칙적으로 도시의 모든 것을 소유했다. 그러므로 신의 뜻을 이해하고 도시의 경제적 생산물 재분배를 통솔하는 사제들은 그들의 초자연적이면서 물질적인 지위로 인하여 숭배를 받았다.

수메르 도시 방문

수메르는 문자가 발명되기 이전에도 상당한 도시를 이루고 있었다. 초기 수메르 도시에 다가서는 방문자들은 제일 먼저 소가 끄는 쟁기로 밭을 갈고 있는 많은 농부들을 마주쳤을 것이다. 그다음에는 중심가 외곽 지역에서 일하고 있는 대장장이들과 무두장이들을 보았을 것이다. 강 위에는 여러 종류의 물건들을 실은 나룻배들이 떠 있고, 지구라트 양식의 주신전이나 다른 신전들이 스카이라인을 압도하고 있었을 것이다. 방문자가 정문을 통해 도시로 들어가면 기구, 옷, 도기 등 일상생활 용품들을 만들고 있는 장인들 곁을 지나게 되었을 것이다. 웅장한 지구라트 근처의 중심가에 가까워지면 거래를 하는 상인들이 점토 동전 같은 초기 기록 수단을 사용하여 물건들의 종류와 양을 적고 있었을 것이다. 신전 구역에 들어가면 숙련된 장인들이 사제나 상류층 인사들을 위해 고급스러운 제품을 만들고 있는 모습을 볼 수 있었을 것이다.

좌 : **이 수메르 점토판**은 BCE 2350년경 텔로(고대 기르수)에서 발견된 것으로 염소와 양들의 수를 기록하는 데 사용되었다.

수백 년이 흐른 후, 이 방문자의 후손이 다시 그 도시를 찾아갔다면 신전 서기들이 분주하게 점토판에 설형문자를 새기고 있는 모습을 보게 되었을 것이다. 기록을 요청한 고객을 표시하기 위해서는 원통형 인장(문양이 새겨져 있는 작은 원통형 돌)을 사용하였다. 점토판에 기록된 대부분은 (설형문자에 대한 교육을 받았을 경우에만 읽을 수 있을 것이다) 신전과 그 소유지의 행정에 관한 사항으로, 당일 제물로 바쳐진 염소와 양의 목록, 그리고 임금 목록 등이 나와 있다. 이 목록에 사용된 셈법은 60을 단위로 하였고, 이 나눗셈 단위는 오늘날까지도 시간과 각도를 재는 데 사용되고 있다.

좌 : **원통형 인장**은 수메르의 도시에서 널리 사용되었다. 사진의 인장에는 마리의 왕인 이딜룸이 묘사되어 있다. BCE 2000년경의 것이다.

종교와 정치

수메르의 도시 종교는 주로 각 도시의 신전에서 섬기는 신을 중심으로 한다. 수메르의 모든 도시국가들이 같은 신들을 숭배하였으므로 각 도시의 신전은 다른 도시 사람들에게

상 : **사제 왕 에비일의 조각상**(BCE 2500년경)은 마리의 이슈타르 신전에서 발견되었다. 석고와 청금석으로 만들어졌다.

도 존중을 받았다. 처음에는 신들의 아버지인 아누에게 바쳐졌다가 나중에는 매혹적인 하늘의 여왕 이난나/이슈타르의 것으로 바뀐 듯한 신전이 우루크에서 발견되었다. 에리두는 지혜와 물의 신인 엔키의 신전으로 널리 알려졌으며, 라가시에서는 전쟁의 신인 니누르타가 숭상을 받았다. 우르는 달의 신인 신을 섬겼으며, 지혜의 신인 나부는 보르시파에서 매우 사랑받았다. 라가시와의 지속적인 분쟁으로 유명한 도시 움마에서는 전쟁과 관련된 신인 샤라가 숭배되었다.

군대와 왕 및 사제들이 후기 수메르의 도시들에 대한 책임을 맡아서 자원을 통제하고 거의 끊임없이 전쟁을 벌였다. 이들은 사회의 상류층이었고 그 아래에서 단순한 관료에 해당되는 서기와 신전 종사자들이 도시의 경제와 사법을 관리했다. 왕이나 군대, 신전과는 상관없는 상류층도 있었다. 이들은 대지주와 성공한 상인이나 장인이었다. 최하위층은 인구의 대부분을 차지하는 소농민과 노예들이었다. 또한 전쟁이나 약탈 시 포로로 잡혀 온 이들도 이 계층에 속했다.

교육과 예술

수메르의 교육과 예술은 신전 사회의 산물이었다. 설형문자가 발명된 이후, 사제와 서기들은 세계와 신들에 대한 자세한 역사 및 예배용 시들을 기록하여 방대한 도서관을 만들었다. 장식 예술 역시 신에게 봉헌되었으며, 나중에는 왕을 위하여 만들어지게 되었다. 정교한 모자이크, 조각, 기념비, 두상, 프리즈 들은 왕과 신의 힘이나 권위를 상징하였다. 1920년대 레너드 울리가 왕실 무덤을 발굴하고 알아낸 바와 같이 우르의 왕들은 예술 작품 창작을 새로운 경지에 이르게 만들었다. BCE 2000년대의 수메르인들은 왕을 성대하게 장사 지냈다. 금, 준보석, 설화 석고, 은 등으로 만들어진 물건들을 껴묻거리로 함께 묻었으며, 더욱 극적으로는 병사, 시종 및 노예들을 함께 매장시켰다. 이들은 모두 자신의 삶을 끝맺을 준비를 하고 주인과 함께 무덤에 묻혔다. 일반인들을 위해서는 보다 평범한 예술품들이 사용되었는데, 예를 들면 예술적인 문양이 정교하게 새겨진 원통형 인장들이 있다.

교육은 주로 쓰기와 셈하기로 이루어졌다. 서기 교육을 위해 선발된 아이들은 신전의 학교로 보내져 높은 수준에 이를 때까지 열심히 점토판에 문자를 받아 적었다. 점토를 사용하기 때문에 실수를 했을 경우 다시 지울 수는 있었지만, 후일 이들 중의 가장 뛰어난 자는 돌 위에 문자를 새기게 될 것이었다. 학생은 실제로 혼자 일을 맡게 되기 전까지 수천 개의 형상들을 완벽히 습득해야만 했다. 그토록 집중을 요하는 과정 중에 무게와 측정 표준 단위를 배우는 것은 더 없이 필요한 휴식이었을 것이다.

우 : **금으로 된 칼집이 있는 단도**(BCE 2500년경)는 우르의 왕실 무덤에서 발견된 보물들 중의 하나이다. 수메르 장인의 솜씨를 볼 수 있다.

근거리 및 원거리 관계

매년 북부 산악 지대에 쌓인 눈이 녹는 양에 따라 유량이 많은 영향을 받기는 했지만 넓은 강들이 흘러들었다. 강들은 페르시아 만을 향하여 흘러가며 범람원에 비옥한 토사를 쌓았다. 이곳은 메소포타미아 농업의 심장부로 물고기와 야생 동물들, 대추야자 나무들이 풍부하다. 많은 곳들이 늪에 지나지 않아서 분명히 쉽지는 않은 환경이지만 자원이 풍부한 지역이었다. 초기에 메소포타미아 지역에 정착한 이들은 많은 풍요로움을 누렸지만, 한편으로 부족한 필수품들도 있었다. 부족한 자원은 외지에서 가져와야 했는데, 주로 석재, 금속 및 목재가 그랬다. 시리아와 소아시아에서 들여오는 자원들은 끊임없이 티그리스 강과 유프라테스 강을 따라 운송되었다.

수메르인들이 언제부터 배를 만들기 시작했는지는 확실치 않으나 BCE 3000년대 중반에 새겨진 배의 모양이 발견된 것으로 보아 당시에는 이미 흔했을 것으로 여겨진다. 당시 수메르인들은 문자를 사용하기 시작했고 이집트와는 사상이나 예술품을 주고받았으며 인더스 계곡과 오만에서는 석재와 구리를 들여오게 되었다. 수메르인들은 교역 상대방에게 바퀴가 달린 운송 수단과 도예용 물레를 소개한 것으로 보인다.

수메르 도시 내에서는 사회적 신분이 절대적이었다. 또한 도시 형성 초기부터 수메르인들은 사유 재산권에 대해 거의 숭배에 가까운 사고를 발달시켰던 것으로 여겨진다. 당시의 많은 기록은 시민들 간의 재산 거래를 다루고 있고 자세한 매입 목록을 작성하였다. 서기들은 신전의 업무가 없을 때, 이러한 거래에 채용되었다. 또한 메소포타미아에서 발견된 최초의 법률들도 재산을 중요하게 여기던 당시의 생각을 반영하고 있다.

엄격한 사회 구조

수메르인들에게 문명화된 사회가 도래하게 되었다. 대부분의 사람들은 태어날 때부터 사회적으로 엄격하게 계층화된 체제에 갇혀 움직일 여지가 거의 없었다. 수메르인들이 뛰어난 창의력을 가질 수 있었던 원인 중의 일부는 대규모 도시 생활이 시작되면서 터지기 시작한 보다 복잡한 문제들에 있었다. 이러한 체계에서 기록의 보관과 체계화는 여느 때보다 더욱 요구되었다. 천문학, 태음력의 발명, 더욱 복잡해진 시간 기록 체계, 토지 경계 설정, 물품과 서비스, 회계 등은 모두 인간과 그를 둘러싼 자연환경을 통제하는 데 쏟았던 노력을 보여 준다.

수메르 도시국가들의 붕괴를 초래했던 가장 큰 원인이었던 끊임없는 전쟁은 궁극적으로 이렇게 고도로 조직된 생활 방식이 초래한 결과였다. 이웃과 싸움을 시작하는 것은 억압받던 하위 계층민들이 엄격한 사회 구조에서 탈피할 수 있는 수단이 되었다. 그리고 점령을 통해서 비록 일시적으로나마 다른 도시들의 자원을 취할 수 있었다. 아카드 제국이 붕괴한 후 수메르 도시국가는 이러한 교훈을 진심으로 받아들였던 듯하다. 우르 제3왕조는 문화와 언어에서는 수메르계였으나 아카드인들에게서 배운 것이 확실한 제국의 모델을 따라 구성되었다.

하: 금과 청금석으로 만들어진 머리 장식, 귀걸이, 목걸이(BCE 2500년경)는 우르의 왕실 무덤에서 발견되었다.

설형문자

5000년 전 세계 최초의 문자가 수메르에서 나타난다. 언어를 받아 적는 이 방법은 3000년 이상 사용되었으며 아카드어, 엘람어, 히타이트어(루위어), 후르리어, 고대 페르시아어, 우가리트어를 기록하는 데 쓰였다. 설형문자는 사물과 추상적인 개념을 둘 다 표현하는 상징인 상형문자의 나열로 시작되었다. 상징은 원래 상징하는 사물과 흡사했을 것이나 점점 추상화되었다. 주로 점토판에 기록되었으나 기념비에 새겨지기도 했다. 엄밀히 말하자면 설형문자는 표어문자, 음절문자, 알파벳 문자 등 다른 표기 방식에 응용되었다.

초기 설형식 상형문자는 뾰족하게 깎은 갈대를 사용하여 세로 방향으로 기록되었다. 후에 점토 위에 문자를 찍을 수 있는 일종의 펜이 발달되었다. 펜으로 새겨지는 독특한 각진 모양은 가로 방향으로 나열되어 많은 분량을 상대적으로 빨리 기록할 수 있도록 하였다. 설형문자 점토판은 다시 점토를 덮어씌워 재활용을 하거나, 영구 보관을 위해서 다른 도기들처럼 가마에서 굽기도 했다. 왕실 기록소에서 발견된 점토판들은 처음부터 구워 내었거나 대화재에 의해 우연히 구워져 보존된 것들이다. 이러한 점토판들이 우가리트, 에블라, 마리, 니푸르, 니네베 등지에서 대량으로 발견되었다.

당나귀 집계

경작을 위해 마구를 채운 당나귀의 총계가 기록된 점토판이다. BCE 2360년경의 것으로 텔로(고대 기르수)에서 발견되었다. 수확, 가축, 땅의 소유권 등을 기록하기 위하여 기록이 발달되었다고 믿어진다.

BCE 3000년대에는 점토로 된 일종의 동전이 메소포타미아에서 형성되기 시작한 중심 도시에서 사용되기 시작했다. 이 동전들은 우루크, 니푸르, 수사, 우르에서 발견되었고 회계 목적으로 사용된 것으로 보인다. 동전에는 특정한 요소들(예를 들어 양, 소, 와인 등)이 새겨져 있으며 옷이나 가죽 가방에 소지하였다. 이 동전들은 초기 설형문자 문서의 전신

건립 점토판

신전에 기부한 자나 건설한 자를 표시해 놓은 건립 점토판은 일반적으로 신전의 기반에 묻혔다. 이 점토판은 신바빌로니아 시대인 BCE 555년경의 것이다.

이었다. 이 초기 문서들 중에서도 주목을 받는 것은 "학교 점토판"이다. 이는 초기부터 서기 교육이 발달되었음을 알려 준다. 노련한 서기들이 이 점토판을 이용하여 어린 학생들에게 기호를 정확하게 표기하는 방법을 가르쳤다.

아카드인들은 BCE 26세기에 설형문자를 사용하기 시작했다. 수메르인들과는 달리 셈어를 사용하는 아카드인들은 설형문자에 새로운 기호들을 만들어야 했다. 당시 상형적인 상징들은 양식화된 문자들로 축소되었으나 이후 변형된 거의 대부분의 설형문자들은 원래의 수메르어와 어느 정도의 유사함을 지녀, 일부 언어들을 구분하여 파악하는 데에 어려움을 주고 있다. 아카드인들이 설형문자를 사용한지 수백 년이 흐른 뒤에도 중동 지역에서는 의사소통에 설형문자를 사용하였다. 이집트의 텔엘아마르나에서 발견된 유명한 점토판은 대부분 BCE 14세기 이단의 파라오였던 아크나톤 시대의 것으로 아카드어로 쓰여 있다.

설형문자는 아시리아, 신바빌로니아 및 페르시아 제국을 포함한 중동의 제국들에 의해 대대로 사용되었으며, 파르티아 시대 초기(CE 100년경)까지 계속 사용되었다. 그 후로 설형문자에 대한 지식은 헨리 롤린슨 경과 그의 동료들이 1850년대 이란의 베히스툰에서 세 개의 언어로 기록된 비문을 해독하여 번역하게 될 때까지 결국 세상에서 잊혀 버렸다.

아카드어의 적용
이 점토판은 이집트 중부의 텔엘아마르나에서 발견된 것이다. 이집트와 당시의 강대국들 사이에서 이루어진 교역과 국제 관계에 대해 아카드어 설형문자로 기록되어 있다(BCE 1340년경).

공적인 용도와 사적인 용도

발견된 증거들로 알 수 있듯이, 설형문자는 공적인 비문에 사용되기도 했다. 석판에 서기들이 100개 이상의 칸으로 된 설형 그림문자들을 새겨 넣었다. "높고 강력한 아다브(수메르의 도시)로부터 신전에서 선출된 것을 축하하며 대여사제에게"라고 적혀 있다. 설형문자가 사적인 용도로 발달했다는 사실은 라가시 북서쪽에 있는 이라크의 텔로에서 발견되어 오늘날 루브르 박물관에 있는 점토판으로 알 수 있다. 위의 점토판 보다 1세기 이후의 것으로 라가시의 왕에게 보내는 서신이다.

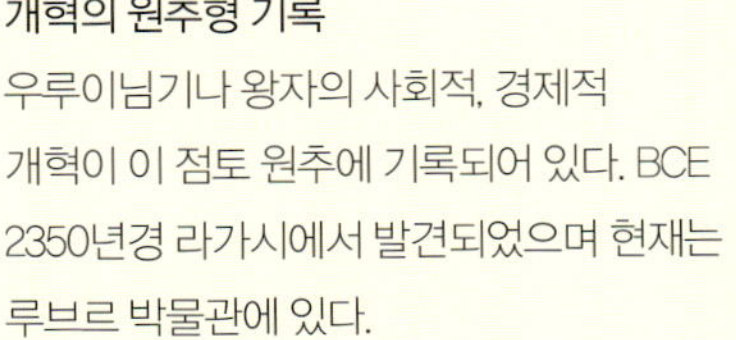

개혁의 원추형 기록
우루이님기나 왕자의 사회적, 경제적 개혁이 이 점토 원추에 기록되어 있다. BCE 2350년경 라가시에서 발견되었으며 현재는 루브르 박물관에 있다.

경쟁 도시국가들

도시국가는 가장 오래되고 널리 퍼진 정부 형태의 하나이다. 수메르가 도시국가 개념을 만들어 냈다고는 하지만 어떤 일부 학자들은 북부 메소포타미아에서 생겨난 것으로 믿고 있다.

상: 미국 발굴단이 성스러운 도시 니푸르에서 발굴하고 있는 모습(1957년). 니푸르는 수메르의 주신 엔릴의 국가 신전이 있는 도시였다.

첫 도시국가가 건설되었을 때, 시민들은 수로와 신전의 건설 및 유지, 그 밖의 다른 공공사업에 몰두했다. 처음, 오직 우루크만이 왕을 모시는 영광을 누렸고, 우루크의 왕은 실제적으로든 아니든 어쨌든 명칭만이라도 수메르의 왕으로 간주되었다. 왕권은 급속히 분산되었고 얼마 지나지 않아 인접 도시국가들 사이의 경쟁심이 고조되어 전쟁으로 번지게 되었다.

초기 왕조의 도시국가들

우: 독수리 비석에 새겨진 병사들. 라가시의 왕자 엔나툼이 지휘하여 경쟁국인 움마와의 전투에서 승리하였다.

수메르 역사에서 대부분의 시간 동안 수메르인들은 자신들을 통합된 민족으로 간주하려 하지 않았다. 각 도시국가들의 시민들은 자신이 특정한 도시에 속한다고 생각했다. 작지만 매우 독립적인 많은 도시들 간의 긴밀한 유대관계, 증가하는 인구 및 절대적으로 한정된 농산물 자원을 보자면 토지와 자원을 두고 분쟁이 일어났다는 것이 그리 놀라운 일은 아닐 것이다. 우루크는 종교와 시장의 중심지로서 명성을 얻은 첫 도시였다. 후에 엔릴 신의 국가 사원으로 유명한 니푸르가 중요한 신전 도시가 되었지만 니푸르는 정치적이거나 경제적인 영향력을 행사한 적이 없었고, 그 대신 다른 도시국가들이 탐내는 남부럽지 않은 위치를 가지게 되었다. BCE 2000년대에는 다른 도시를 정복하려는 왕은 누구나 엔릴의 지지를 받았음을 보여야 했으므로 니푸르를 지배하는 것이 신의 총애를 과시할 수 있는 최상의 수단이 되었다.

BCE 2500년경에 발견된 설형문자 기록에 의하면 메소포타미아의 도시들은 끊임없이 경쟁하는 관계에 놓여 있었다. 왕들은 다른 도시를 능가하는 사원과 궁전을 지으려 했고 스스로의 힘과 권위를 입증하기 위해 예술품과 건축물들을 주문하였다. 수메르 시대(또는 초기 왕조 시대, 대략 BCE 2900−2300년)는 이러한 경쟁들을 특징으로 하며, 이로 인하여 세속적인 정부와 종교계가 점점 분리된 것으로 보인다. 궁전과 같은 기념비적인 건물들은 자원을 더 이상 종교만을 위해 사용하지 않게 되었음을 확실히 보여 준다.

키시와 움마 그리고 라가시

초기 왕조 시대의 기록들은 중요한 여러 왕들 및 그들이 지은 건물, 벌인 전쟁, 설립한 제도들을 묘사한다. 키시는 니푸르처럼 일찍이 중요한 도시국가로 세워졌다. BCE 2500년 이후 다른 도시국가들의 지배자들이 수메르에서 광범위한 지역에 왕국을 세우려 할 때 스스로를 키시의 왕으로 칭하는 것이 일반적이었다. 비옥한 지역을 두고 다년간 싸우던 라가시와 움마는 몇몇 기록에서 중요하게 등장한다. 키시의 왕이 이 두 도시 사이에 경계를 그어 분쟁을 해결하려 하였으나 이는 오래가지 못했다. 오늘날 파리의 루브르 박물관에 있는 유명한 독수리 비석에서는 이 분쟁을 해결하기 위해 그렇게 원만하지는 못한 방법이 시도되었다고 기록하고 있다. 이 비석은 오랜 분쟁 끝에 라가시의 왕이 움마의 왕에게 이겼음을 기념하는 것으로 보인다.

승리한 왕이 전차를 타고 영웅으로 묘사된 장면을 포함하여 움마와 라가시의 전쟁에 대한 여러 장면들이 비석에 새겨져 있다. 학자들은 왕과 동행하는 병사들의 기이한 무기와 투구, 창을 근거로 초기 전쟁을 얼마간 상세하게 그려낼 수 있었다. 비석의 뒷면에는 전쟁의 신 니누르타가 움마인들을 커다란 그물로 가두고 있다. 라가시의 왕은 움마의 왕에게 예전에 키시의 왕이 정해 준 경계를 넘어오지 않겠다는 맹세를 하도록 강요할 수 있었던 것으로 보인다. 움마와 라가시 사이의 적대감은 계속 이어졌고 두 도시가 또 다른 도시들과 계속 동맹을 바꿔가며 다른 적들에 대항하여 싸웠다는 기록이 있다.

수메르의 통합

최초로 통합된 수메르를 다스린 왕은 움마의 루갈자게시(재위 BCE 2375-2350년)였다. 그는 메소포타미아와 시리아의 다른 모든 중요 도시국가들을 정복했다고 전해진다. 다른 왕들은 모두 루갈자게시 앞에 머리를 숙였고 "해가 뜨고 지는 곳에서는" 상대할 자가 없었다고 왕실 기록에 나와 있다. 그의 제국은 단지 24년 동안만 지속되었다. 아카드의 왕인 사르곤이 근동의 왕으로서는 처음으로 지속되는 제국을 세워 최초의 "수메르와 아카드의 왕"이 되었다. "수메르와 아카드의 왕"이라는 명칭은 이후 200년간 모든 메소포타미아의 지배자들에게 사용되었다.

수메르의 전쟁

당시 도시들 간의 전쟁에는 보병들이 위주였으나 야생 나귀가 끄는 작은 전차들도 가끔 있었다. 수메르인들은 역사상 최초로 전차를 사용한 사람들이었던 것으로 여겨지지만 그들의 전차는 후세의 것보다 더욱 무겁고 거추장스러웠다. 전차는 관측대로 사용되었고 또한 병사들이 왕을 볼 수 있도록 해 주었다. 독수리 비석에 묘사된 라가시 왕의 보병들을 보면 훗날 BCE 330년 무렵에 알렉산드로스 대왕의 마케도니아 병사들이 효과적으로 이용한 팔랑크스 기술을 가지고 있었던 것으로 보인다.

도시국가들의 지배가 시작될 무렵, 수메르의 왕과 군대는 서로 독립적인 명칭으로 표기되었다. 그러나 전쟁이 잦아지게 되자 왕은 전쟁 지도자가 되었으며, 상황의 변화를 반영하여 새로운 칭호가 발명되기도 하였다. 그 이후에는 초기 국가의 모든 중요한 지휘권이 직접적으로 한 사람의 책임하에 놓이게 되어 왕이 종교 지도자의 역할도 맡게 되었다.

상 : **우르 왕의 군기**(BCE 2600-2400년경)는 지금까지 알려진 바로는 최초로 수메르의 전쟁을 보여 주고 있다. 나무 상자에 모자이크로 새겨져 있으며 1920년대에 발견되었다.

우루크

우루크는 초기 수메르 도시들 중에서 가장 크고 중요하다. 우루크는 메소포타미아 문명의 창조와 동의어가 되었다. 우루크의 창조 신화에 따르면, 이 도시는 길가메시가 세웠고 그는 최초로 왕이 되었다.

고고학자들에 의하면 오늘날 와르카로 불리는 우루크는 우바이드 시대(BCE 5000년경) 초기에 처음 세워졌다. 그러나 우바이드 시대는 우루크의 최전성기가 아니었다. 우바이드 시대를 이어 그 이름을 딴 우루크 시대가 왔을 때, 우루크는 위대한 업적을 이루었다.

초기 우루크

우루크에서 처음으로 대대적인 정착이 이루어진 것은 우루크 시대였다. 우루크 시대라는 명칭은 와르카에 이 "도시의 맥박"이 뛰기 시작하면서 붙었는데, 그 크기가 600헥타르에 달하는 거대한 도시가 되었기 때문이다. 우루크 시대는 고전적인 수메르 문명이 응집되는 과도기에 해당한다. 우루크는 유프라테스 강의 지류들로 관개가 되는 습하지만 비옥한 땅에 세워졌다. 대부분의 건물은 갈대와 진흙으로 세워졌으나 신전의 건축을 위하여 많은 양의 돌이 수입되었다.

우루크 최초의 종교 건축물은 두 구역으로 나누어진다. 가장 중요한 수메르의 여신인 이난나를 위한 신전이 한 구역의 중심이다. 가장 먼저 지어진 건물의 하나가 백색 신전으로 이난나에게 봉헌되었다. 메소포타미아에는 석조 건물이 드물었기 때문에 몇몇 고고학자들은 기반만이 채석된 사암으로 이루어졌으리라 믿는다. 어쨌거나 이 신전은 수메르에서는 이제껏 본적이 없는 규모로, 엄청난 노동력을 필요로 했다. 신전에는 독특한 이중 계단이 설치되어 중요한 예식이 거행되는 옥상으로 올라갈 수 있게 되어 있다. 오직 사제들과 왕들만이 올라갈 수 있었다.

후기 우루크

점차 다른 건물들이 백색 신전 주위에 세워졌다. 백색 신전은 아마도 훗날에 세워진 하늘의 신 아누의 신전과 연결되어 있던 것으로 보인다. 아누는 땅으로부터 하늘을 분리했고 세계와 인간을 창조하였으며 신들의 아버지로 이난나의 창조자라고 여겨졌다. 아누의 신전은 현재 우바이드 시대로부터 우루크 시대에 걸쳐 지어진 신전들로 이루어져 있다. 이 신전은 500년에 걸쳐 증축되었고, 그 결과 우루크의 후기에는 5층 건물 높이에 이르렀다. 구조적으로는 중앙 홀, 불을 피운 자국이 뚜렷한 제단과 많은 벽감이 있는 대부분의 후기 우바이드 신전과 유사하다.

이난나 여신과 아누 신의 성역에서는 넓은 건물들이 반복적으로 더욱 정교한 양식으로 재건되어 부의 증가와 도

우르크의 모자이크 건축

이난나 신전 구역의 남쪽에 육중한 주랑과 함께 테라스가 지어져 있다. 거대한 입구를 이루었으리라 여겨지는 주랑은 계단을 통해 신전 구역의 안뜰과 연결되어 있다. 기둥들은 흙벽돌과 이를 고정시키기 위한 갈대 묶음 등 두 줄의 버팀대로 이루어져 있다. 기둥의 마감은 우루크 건축의 가장 흥미로운 면모이다. 기둥 겉에 진흙을 입히고, 그 위에 색이 들어간 수천 개의 진흙 원추들로 최초의 다채색 모자이크를 구성하였다. 신전 전체가 이러한 원추들로 덮였다. 이 모자이크 신전은 이난나 신전 구역과 아누 지구라트 사이에 위치하고 있다.

우 : **채색된 진흙 원추들이 섬세한 모자이크를 이루며** 우루크의 공공건물(BCE 3200년경)에서 기둥을 장식하고 있다. 이들은 또한 벽과 기둥을 침식으로부터 보호하는 역할을 한다.

좌 : **우루크**는 남부 메소포타미아의 지평선에 우뚝 솟아 있었다. 돌로 된 토대의 아누 신전은 여러 거대한 공공건물 중의 하나였다.

시의 번영을 증명한다. 후기 우루크 시대는 집중적인 건설의 시대였고 많은 신전들이 각기 다른 층에 지어졌다. BCE 3000년대에는 성역 주위의 건물들이 넓어지기 시작하여 인구의 증가로 인한 행정 건물의 확대를 보여 준다. 우루크는 농경 정착 마을에서 커다란 중심 도시로 변화하는 여러 단계를 뚜렷이 보여 주는 도시이다.

우루크의 상징적인 의미

BCE 3000년대 중반 우루크는 메소포타미아에서 가장 큰 도시로, 메소포타미아 남부의 늪지대에서 뛰어난 신전들과 놀라운 공공건물들이 주를 이루는 진정한 중심 도시로 부상했다. 도시에는 조각상들이 세워졌는데 이는 아마도 세계 최초였을 것이다. 그러나 메소포타미아 후대 역사에서 우루크의 중요성은 실제적이기보다 상징적이었다. 도시국가들의 왕은 기록에 종종 우루크를 언급하며 그 신화적인 왕들에 자신을 대입하려 했다.

초기 청동기 시대(초기 왕조 시대)가 시작되면서 우루크의 문화를 전형적인 특징으로 하는 수메르 문화는 이란 중앙으로부터 나일 강 삼각주의 이집트까지 근동 전 지역에 나타났다. 메소포타미아의 도시국가 시대인 초기 왕조 시대(BCE 2900–2300년)는 우루크로 대표되는 일종의 신전 도시 정치 구조를 퇴색시키는 새로운 정치 구조를 가져왔다. 우루크를 둘러싼 성곽은 초기 왕조 시대 후반에 도시국가들 사이에서 나타난 경쟁에 취약했음을 짐작하게 한다. 이는 아마도 우루크가 종교적으로 의미가 있었기 때문일 것이다. 우루크가 길가메시에 의해 세워졌다는 전설은 초기 왕조 시대에 더욱 큰 의미를 갖게 되었다. 길가메시가 정말 우루크의 왕이었는지는 모르지만, 훗날 이야기나 서사시에 나오는 그의 영웅적 행위는 초기의 우루크를 정확하게 묘사한 것이 아니라, 자신들의 전설적인 기원에 대한 수메르인의 관점을 보여 주는 것이다.

좌 : **우루크의 비석**(BCE 4000년경)에서 우르크의 왕이 활로 사자를 사냥하고 있다.

라가시의 부상

수메르의 도시국가들 중에서 가장 오래되고 중요하게 여겨졌던 라가시는 훗날 수메르 시대에는 우루크나 우르를 능가할 정도로 부유하고 강대한 국가가 되었다.

상 : 에안나툼 왕이 닝기르수 신으로서 전차를 타고 병사들을 이끄는 모습이 기르수의 독수리 비석(BCE 2450년경)에 나타나 있다.

BCE 2000년대에 라가시는 아카드인들에게 정복되기 이전에나 이후에나 여러 번 명성을 떨쳤다. 라가시는 역사적으로 대개 동쪽 국경의 엘람인들과 북쪽의 도시국가 키시로부터 침략을 막기 위해 애를 쓰던 독립된 왕들에 의해 지배되었다. 라가시는 광범위한 지역을 차지하고 있었으며 경제 중심인 라가시, 정치 종교 중심인 기르수, 신전 구역인 니나라는 세 곳의 커다란 도시를 아우르고 있었다. 최대의 적대 국가는 가장 가까운 곳에 있는 움마였으며, 오랫동안 이어진 다툼 끝에 라가시가 승리하였다. 현재 파리의 루브르 박물관에서 소장하고 있는 유명한 독수리 비석(Stele of Vultures)은 움마와 라가시와의 장대한 충돌을 자세히 묘사하고 있으며 거대한 은제 물병은 사자 머리를 한 독수리가 사자를 양쪽 발톱으로 움켜쥐고 있는 모습을 보여 준다. 이 유물들은 라가시가 끊임없이 분쟁을 일으키는 호전적인 이웃이었으며 병법을 연마하고 있었음을 보여 준다.

라가시의 팽창

왕은 신의 이름으로 라가시를 보호할 임무를 맡았다. 도시 근방의 토지는 부분적으로는 왕이나 신전이 소유하였고, 나머지는 시민들이 소유하였다. 그 너머에서 움마와 라가시의 전설적인 충돌이 일어났다. 라가시의 에안나툼 왕이 도시 간의 경계 문제로 움마와 불화를 일으킨 것이다. 대단히 비옥한 토지가 그 발단이었는데, 물을 대는 수로는 움마의 것이었고 토지는 라가시가 사용했다. 불화가 일어나자 움마의 왕은 수로에 물을 끊도록 명령했고 에안나툼은 움마로 쳐들어가 그들을 정복해 버렸다. 기르수 근방(오늘날 텔로)에서 발견된 경계비에 새겨진 기록은 두 도시 간의 경쟁 관계를 확인시켜 준다.

다소 호전적이라고 알려진 라가시의 주민들은 수메르인들 중에서 최초로 지배자에게 반란을 일으키기도 하였다. 이 반란은 세금 인상과 자유에 대한 억압 때문에 일어났던 것으로 보인다. 반란의 결과 우르카기나가 왕위에 올랐는데, 그는 부패를 척결하기 위한 개혁을 시행한 것으로 알려졌으며 메소포타미아 최초의 법률 창시자였던 것으로 여겨진다.

라가시의 종교

비록 모든 신들이 도시의 신전에 모셔진 것은 아니었으나, 라가시의 주민들은 모든 수메르인들처럼 다신교도들이었다. 라가시에서 숭배되었던 신은 전쟁과 풍요의 여신인 니나로, 이난나/이슈타르 및 닝기르수와 관련이 있었다. 닝기르수는 수메르의 전쟁의 신인 니누르타의 라가시 버전인데, 관개까지 관할하였다(수로의 관리 때문에 라가시와 주위 도시들의 다툼이 잦았던 것을 반영한 것으로 보인다). 이 신은 라가시의 주신으로 경작지를 보호하며 왕은 그의 이름으로 전쟁을 했다. "기르수의 신"의 상징인 사자머리 독수리는 결국 라가시의 상징이 되었다.

쇠퇴와 정복

구데아의 후계자들은 라가시의 패권을 유지하기 위한 다방면의 싸움에서 저명한 선조와는 겨룰 수 없음을 알게 되었다. 라가시는 얼마 동안 메소포타미아에서 예술의 중심지로서의 지위를 지켰으나 정치적 중심지로서의 지위는 순식간에 잃게 되었다. BCE 22세기에 우르 제3왕조의 지배하에 들어갔다는 것은 의심의 여지가 거의 없으나 이 시기에 라가시에서 무슨 일이 일어났는지는 확실히 알 수 없다. 우르 제3왕조가 멸망하고 난 뒤에는 고대 바빌로니아 제국의 영역에 속하게 된 것으로 여겨진다. 고대 바빌로니아 제국의 가장 유명한 왕은 함무라비로 그는 우르카기나와 이후 우르 제3왕조의 왕인 우르남무의 예를 따라 자신의 법률을 제정했다.

좌 : **라가시 왕조의 시조인 우르난셰**가 신전을 건설하기 위해 진흙 바구니를 머리에 이고 나르고 있다(기르수, BCE 2500년경).

하 : **구데아가 지배하던 때**에는 라가시가 부흥하여 풍요로웠다. 그는 자비롭고 개혁적이었다. 사진의 흑색 섬록암 조각상은 BCE 2150년경의 것이다.

정복과 부활

우르카기나 왕이 통치한 지 수백 년 후, 라가시는 다른 수메르 도시국가들처럼 아카드 제국에 의해 독립을 잃는다. 종속된 라가시는 정복된 다른 도시국가들과는 달리 수메르의 특성을 유지하는 데에 성공한다. 기르수(오늘날 텔로)의 고고학적인 발견으로 알 수 있듯, 라가시는 아카드 시대에도 경제 분야에서나 예술의 성취 수준면에서 중요한 도시로 남았다. 잘 알려진 바 없지만 자그로스 산맥의 유목민이라 믿어지는 기탄족의 약탈에 의해 아카드 제국이 멸망하자 라가시는 다시 독립을 되찾고, 기탄족의 "어두운 시대" 동안 계속 이를 유지한 듯하다.

라가시의 황금기는 기탄족이 사라지고 라가시 역사의 핵심 인물인 구데아가 일어나며 도래한다. 구데아는 모든 면에서 유능한 지배자였고 특출한 전투 지휘자였다. 도시를 세우고 다양한 먼 지역에서 자원을 수입했고 동시에 라가시의 독립을 지키기 위해 엘람인들과 전쟁을 치렀다. 발견된 수많은 조각상으로 미루어 보아 구데아는 자신의 조각상을 많이 주문했던 것으로 보이며, 덕분에 그의 실제 모습은 다른 메소포타미아의 왕들보다 더욱 잘 알려지게 되었다. 구데아의 통치 아래 라가시는 번영했고 외관상으로는 평화를 유지했다. 구데아는 가난한 농민들이 도시의 부유한 토지 소유주들에게 지는 엄청난 빚을 탕감하기 위한 개혁을 실행한 것으로 알려져 있다. 또한 그의 시대는 라가시에서 예술이 부흥한 시기이기도 했다.

바빌론을 넘어

당시 최초의 대제국을 세운 아카드의 사르곤은 다른 많은 도시들처럼 자신이 바빌론을 세웠다고 주장했다. 아카드 시대의 자료에서 바빌론에 대해 처음으로 언급된 것은 사실이다.

우 : **터키에 있는 알라카휘위크**의 왕실 무덤에서는 금 물주전자를 비롯한 풍부한 세공품들이 발견되었다.

사르곤이 주도권을 잡기 이전인 우루크 시대 후기(BCE 3500−3050년)에는 바빌론의 중심부가 아직 자리잡지 못했다. 어떤 학자들은 바빌론이 사르곤의 수도였던 아카드에 세워졌다고 주장하지만, 이는 영원히 밝혀질 수 없을 것이다. 이 중요하고도 흥미진진한 유적은 오늘날 지하수반 아래로 잠겨 버려서 고고학자들이 이 시대의 지층까지 도달하지 못하고 있다.

바빌론이 알려진 아모리인들의 다른 유적들과 비슷한 남부 충적 평야의 북쪽에 위치하고 있다는 이유로 아모리인들이 정착하며 세운 도시로 보는 주장이 있다. 셈족이 메소포타미아를 통과하던 길목의 중요 거점이었음은 훗날의 역사에서도 확실하다. 그러나 아모리인들이 바빌론에 정착한 것은 후기 청동기 시대 이후였다. BCE 2000년대에 아모리인들은 유프라테스 계곡의 서쪽 사막에 있던 그들의 본거지에서 메소포타미아의 도시들과 교역한 것 같다. 서쪽의 가나안이나 이집트와 메소포타미아 사이의 무역을 용이하게 한 것은 아모리인들이었다. 아모리라는 말의 어원은 수메르어의 아무루로 서부 사람이라는 의미를 갖고 있다. 수메르인들은 아모리인들을 미개인으로 여겼다.

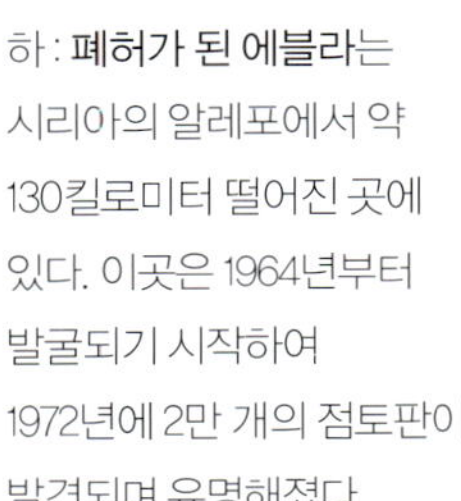

하 : **폐허가 된 에블라**는 시리아의 알레포에서 약 130킬로미터 떨어진 곳에 있다. 이곳은 1964년부터 발굴되기 시작하여 1972년에 2만 개의 점토판이 발견되며 유명해졌다.

마리 및 에블라

최초의 중요한 아모리인 도시는 마리이다. 수메르인들은 많은 자원을 수입하였고, 마리는 북부와 서부 간의 중요한 교역로에 위치했다. 고대 근동에서 특히 중요한 발견들 중의 하나는 수천 개의 명판들이 모여 있던 마리의 도서관이다. 이 명판들은 마리의 풍습과 경제 생활에 대해, 가치

를 가늠할 수 없는 귀중한 정보를 제공해 주며 여러 부족들을 파악하고 그들의 문화에 대해 조금이나마 알 수 있게 해 준다. BCE 30세기가 시작될 무렵 마리는 근동의 주석 교역 중심지가 되었다. 주석은 청동 무기 제작에 필수적인 귀중한 자원이었다. 마리는 확장된 관개 시스템을 가지고 풍부한 곡물을 성공적으로 생산해 내어 더욱 부유해질 수 있었다.

마리는 BCE 23세기에 파괴되었고 그 이후로도 얼마 동안은 재건되지 않았다. 일부 학자들은 마리와 상업적으로 경쟁 관계에 있던 에블라가 마리의 쇠락에 관여하였고 이를 통해 이득을 얻었다고 본다. 에블라에는 적어도 BCE 3000년대의 우루크 시대 및 후기 청동기 시대부터 사람이 살고 있었던 흔적이 있으며 에블라의 절정기는 마리의 멸망 후였다.

에블라에서도 방대한 양의 명판이 발견되었고 이들은 경제적, 문화적, 정치적 생활을 세밀하게 묘사하고 있다. 에블라는 메소포타미아가 수입해 오던 목재와 직물의 중간 시장이었고 양털 무역의 중심지였다. 에블라의 주요 거래 상대는 수메르였으나 이집트의 고왕국과 접촉했다는 명백한 증거들이 발견되었다. 에블라의 예술과 건축은 메소포타미아 저지대와의 긴밀한 관계를 보여 주어 수메르 문화가 가까이는 아카드, 멀리는 시리아의 예술과 문화에까지 영향을 주었음을 알 수 있게 한다.

새로이 대두되는 비셈족 문명

셈어를 사용하는 민족들이 메소포타미아에 들어오는 동안 하티인들은 중앙 아나톨리아에 알라카휘위크를 세웠다. 이들의 이름이 히타이트 왕국에서 사용되면서 다소간의 혼란이 일어났지만, 하티인들은 히타이트인도, 히타이트인의 조상도 아니다. 하티 문화는 히타이트 문화와 동시에 출현하였으며 그들의 언어는 인도 유럽계도, 셈계도 아니었다.

알라카휘위크의 고고학적 주요 발견은 초기 청동기 시대의 왕이나 상류층의 정교한 무덤이다. 이들은 보석, 무기, 그릇, 지붕 장식 등의 조각된 물건들 및 금, 은이나 다른 금속들로 만들어진 명판들과 함께 매장되었다. 이 유물들은 1920년대 울리가 우르의 무덤에서 발견한 유물들보다는 후대의 것으로 짐작된다.

메소포타미아에서의 엘람인

우리가 메소포타미아 이외의 문명을 이해하는 데 있어 늘 중심을 차지하는 키시의 왕은 엘람인에 최초의 사료(BCE 2700년경)를 제공해 준다. 수메르는 훗날 BCE 25세기에 잠시 동안 엘람인들에 의해 지배되었고 수메르의 몇몇 도시국가 왕들은 엘람을 잠시 동안 정복하기도 했다. 그러나 엘람인들이 정말 역사에 적극적으로 참여하게 된 것은 아카드 시대에 들어선 후이다. 사르곤이 일어나며 당시 엘람인들의 수메르 지배는 끝을 본다. 사르곤은 수메르를 안정시킨 후 엘람을 정복했다. 그는 엘람의 수도인 수사를 장악, 아카드 지방 정부를 세워 엘람어 사용을 금지시키고 아카드어를 동부 조정에 강제로 도입시켰다.

엘람인과 원엘람인

하티인들이 중앙 아나톨리아에서 정교한 도시 문명을 발달시키는 동안, 아직도 신비에 싸여 있는 엘람 문명이 수메르의 동쪽에서 일어나고 있었다. 엘람이 소위 원엘람 문화와 언어적으로 연관이 있었는지는 아직 해독이 되지 않고 있는 관계로 알 수 없으나, 훗날 엘람의 도시로 확인된 수사에서 원엘람어로 된 문헌이 많이 발견되었다. 원엘람어는 BCE 3050년 무렵에 사용되던 문자였다. 비록 수사의 원엘람 문화가 처음에는 우루크 시대의 수메르 문화와 매우 비슷한 면을 보였으나 BCE 2000년대부터는 수메르와 아카드의 영향과 이란 고원 남서부 지역의 문화를 결합시킨 독자적인 성격을 갖추기 시작했다.

상 : **수사의 원엘람어 점토판으로 자세한 회계 내용이 기록되어 있다.** 점토판은 행정과 통계에 빈번히 사용되었다. BCE 2900년경의 것이다.

셈족의 이주

수메르인들이 셈어를 사용하지는 않은 것은 확실하지만 이들은 북쪽과 남쪽에서 셈족과 교역을 했다. 아라비아 반도의 북부에서 처음 확인된 최초로 셈어를 사용한 이들은 BCE 4000년경에 메소포타미아의 북부 및 중앙을 지배한 것으로 여겨진다.

키시 제1왕조와 북부에 있던 다른 수메르 도시국가들의 수장은 셈어의 이름을 가진 것으로 나타난다. 그들이 아카드인이었는지 다른 부족 출신이었는지는 확실하지 않지만 일반적으로 메소포타미아 중북부의 우바이드인들이 수장이었다. 수메르 문명을 가능하게 한 중요한 혁신을 이루어 낸 동부의 우바이드인들은 셈어를 사용하였다. 수메르인과 셈계의 아카드인, 후의 아모리인들은 BCE 2000년대 후반에 아라비아를 떠나 레반트와 시리아에 자리를 잡았다가 티그리스 강과 유프라테스 강 계곡의 저지에 정착한다. 그들의 근원지는 밝혀지지 않았으나 셈어와 수메르어를 차용한 단어들이 파악되었다. 이 차용된 단어들은 셈족과 수메르인들이 서로를 어떻게 보았는지 보여 준다. 표기와 원예에 관련된 수메르의 단어가 어떻게 아카드어에 흡수되었는지, 또 가축과 전쟁 및 종교의 표현이 어떻게 수메르어에 포함되게 되었는지를 주목하는 것은 흥미로운 일이다. 훗날 수메르인들은 태양과 정의의 신인 샤마시나 사랑과 전쟁의 여신인 이슈타르와 같은 셈족의 신을 숭상하게 되었다.

수메르인과 셈족의 관계

애초에 북부에서는 아카드인이, 서부에서는 아모리인들이 수메르 도시국가들로 잠식해 들어왔으나 이들의 관계는 평화적이었던 것으로 보인다. 두 민족의 셈 문화는 창의적인 수메르인들과의 접촉으로 얻는 점이 있었다. 가장 뚜렷한 예는 수메르어 이외의 많은 구어들이 설형문자를 채택하게 된 것이다. 설형문자는 주로 수메르와 아카드의 문화를 고대 근동 전 지역에 전파했고, 설형문자로 표기된 아카드어는 제국이 멸망한 오랜 후에도 메소포타미아, 레반트, 아라비아, 이집트에 걸쳐 도시국가들 간의 표준 의사소통 수단으로 쓰였다.

아카드인들이 메소포타미아를 지배하게 되었던 무렵에 수메르인들은 아카드인과 그들의 문화에 제법 익숙해졌던 것으로 보인다. 지배자로서 아카드인들은 언어적 동화에 박차를 가했다. 당연히 자신들의 언어에 중점을 두고 신속하게 모든 소통 기록에 아카드어를 사용하도록 했다. 설형문자와 아카드어가 메소포타미아의 국경을 넘어 퍼지기 시작했다. 아카드의 예술 역시 널리 퍼져 아카드의 부조와 인장 및 조각들이 근동 전역에 나타나기 시작했다.

전설적인 땅, 딜문

도시국가의 위대한 신들에 대한 전승과 더불어 수메르인들에게는 에덴의 동산에 해당하는 딜문의 이야기가 있었다. 딜문은 비옥한 풍경, 시원한 바람, 힘든 노동이 필요 없는 생활 등 모든 좋은 것들을 상징한다. 딜문은 도시가 되기 전에 신들의 땅이었으며 전설에 의하면, 질병과 슬픔이나 죽음이 없는 곳이다. 대부분의 학자들은 딜문이 어디에 있는지 알고 있다고 믿는다. 이들에 의하면, 딜문은 바레인 섬으로 선사 시대로부터 메소포타미아, 아라비아 연안, 인더스 동부 및 오만과 연결되는 교역의 중심이었다.

좌 : **딜문은 풍요의 땅**으로 인간들과 동물들이 조화를 이루며 사는 곳이었다. 사진의 인장(BCE 2000년대)에는 숫양이 묘사되어 있다.

상 : **달의 신인 신**(좌)이 초승달 위에 서서 기도를 받고 있다. 다른 사람은 바빌로니아 제신전의 주인인 마르두크의 상징 앞에서 기도하고 있다(BCE 1000년경).

셈족의 종교 관념

신들이 변덕스럽거나 아예 악의에 차 있다고 보는 수메르인들의 관념은 사실 셈족에게서 나온 것이라고 한다. 수메르의 문학에서 신은 자신에 대한 숭배를 소홀히 하는 인간들을 창조한 것에 대해 후회한다고 하였다. 인간들은 신에게 삶을 바쳤음에도 불구하고 자칫 조그만 잘못만 저질러도 신들에게 버림을 받을 수 있다고 여겼다. 창세기와 자주 비교되는 수메르의 홍수 신화에서는 한 가지 눈에 띄는 점이 있다. 노아의 하나님은 인간의 사악함 때문에 벌을 내린 반면, 수메르의 신들은 인간들이 너무 소란스럽다고 멸망시키려 했다는 점이다.

아모리인

메소포타미아에서 인자한 측에 속하던 아카드인들의 지배가 끝나자 성경에서 사악한 무리로 나오는 아모리인들이 수메르를 공격하기 시작했다. 얼마 지나지 않아 아모리인들이 수메르를 지배하게 되었고 이들이 위대한 바빌론을 세웠다고 전해진다. 유명한 아모리인 왕 중의 하나인 함무라비가 훗날 바빌론에서 왕좌에 올랐다.

수메르인들이 보기에 아모리인들은 아카드인들과는 달랐다. 아모리인들은 주변 정착민들의 도시를 약탈하며 내키는 대로 방랑하는 독립적인 유목민들로 그려졌다. 아모리인들에게 최고의 신은 메소포타미아의 달의 신인 신이다. BCE 2000년대 중반 이후 아모리인들은 수메르의 서쪽에 정착하였고 기록에서는 아무루라는 이름으로 불렸다. 이들로 인하여 이 지역의 사회적, 정치적 구조에 많은 변화가 일어났다. 아모리인들은 도시국가에 살지도, 신전이나 왕에게 귀중한 자원을 바치지도 않았다. 아모리인들은 보잘 것 없는 이들에게 땅을 나누어 주었고, 수메르의 지배층에 의해 평민들에게 부과되었던 무거운 세금과 노역을 완화했던 것으로 보인다. 아모리인들의 문화에 나타나는 대부분의 특징들은 성서에 묘사된 초기 이스라엘인들의 문화에서도 찾아볼 수 있다. 여기에는 유목 중심 생활, 평등주의, 세금에서의 자유가 반영되었다.

좌 : **이슈타르/이난나는 수메르에서 풍요와 전쟁을 상징하는 여신이다.** 이 테라코타 부조(BCE 2000년경)처럼 그녀는 종종 사자 등 위에 서 있는 모습으로 표현된다.

아카드 제국의 사르곤 왕

사상 최초로 제국을 세운 사르곤만큼 풍부한 상상을 불러일으키는 일화들로 둘러싸인 인물은 없을 것이다. 그의 출신을 밝혀내는 것은 대단히 어렵다.

상 : 아카드의 왕 사르곤의 섬록암으로 된 승리의 비석(BCE 2350년경)은 수사에서 발견된 것으로, 사르곤 왕이 주변의 도시들을 지배하는 것을 경축하고 있다.

아카드어

사르곤이 다스리던 시대에는 이전까지 수메르어로 기록되었던 것이 아카드어로 바뀌게 되었다. 아카드 왕조의 점토판에서 보였던 새로운 서체가 신화와 향연을 아름답게 표현한 장면들과 함께 동시대의 원통형 인장에서도 뚜렷하게 사용되었다. 사르곤의 정복은 제국 구석구석까지 아카드어를 도입시켰고, 이후 아카드어는 수 세기동안 고대 근동에서 공용어나 외교어로 사용되었다. 아카드어로 인하여 메소포타미아 문명은 고대 근동의 다른 지역에서 막강한 영향력을 행사할 수 있었고, 성서나 그리스 문화에서도 그 흔적을 찾아 볼 수 있다.

사르곤과 관련된 많은 전설은 마치 성서 속의 이야기처럼 느껴진다. 이는 이미 청동기 초기 시대에 레반트와 메소포타미아가 밀접한 관계를 맺고 있었음을 반영하는 것일 수 있다. 그중 하나는 다윗이 왕위에 오르는 일화를 연상시킨다. 키시의 왕이 사르곤을 궁중에 들인 후 아누와 엔릴 신의 총애를 잃게 되고, 사르곤에게 자신의 왕국을 빼앗기는 꿈을 꾼다. 이에 왕은 사르곤을 죽이려다가 실패하고 그를 우루크의 왕에게 사신으로 보냈다. 사르곤을 죽이라는 명령이 담긴 편지도 함께였다. 그러나 사르곤은 이 음모에서도 살아남아, 훗날 키시와 우루크뿐만이 아니라 메소포타미아까지 정복한다.

초기 수메르 도시국가 중 최북단에 있던 키시는 처음으로 셈어를 사용하는 지배자를 두게 된 도시국가들 중의 하나였다. 키시 제1왕조의 왕 이름들은 셈어로 표기되어 있었으나 이들이 아카드 출신이었는지, 아니면 다른 부족 출신이었는지는 불분명하다. 이는 사르곤이 처음으로 정복한 도시국가가 키시였다는 점을 통해 설명할 수 있을 것이다. 키시로부터 움직인 사르곤은 당시 메소포타미아에서 가장 컸던 움마를 패배시켰다. 사르곤은 단기간 만에 가장 유력한 지배자로 부상했지만 세력의 불리함이 금방 뚜렷해졌다. 움마 이후에 복속된 도시국가들 사이에서 반란이 일어나서 이들을 완전히 제압하는 데에 많은 노력이 투입되었다.

정복 및 강화

사르곤은 레반트와 터키의 토로스 산맥에 이르는 지역까지 지배를 넓혔다. 수메르 도시국가들의 반란은 계속되었고 사르곤은 그의 절대 권력이 보장될 수 있도록 정부를 개편하였다. 그는 자신의 딸을 신전의 총책임자로 삼고 아들을 총통으로 임명하였다. 특히 그의 딸 엔헤두안나는 그녀가 지은 수많은 시와 신에게 바치는 기도들로 기억되고 있다. 그녀는 뛰어난 재능에도 불구하고 신녀로서는 성공하지 못하여, 이난나 여신에게만 정성을 쏟은 나머지 달의 신을 등한시한다는 사제들의 비난을 받아서 자리에서 물러나게 되었다.

사르곤의 기록

고대 근동 지역 전역에서 교역을 하려고 했던 사르곤의 의욕은 그를 엘람의 수도인 수사로 향하게 하였다. 사르곤이 살아 있었던 당시의 유일한 기록이 수사에서 발견되었다. 이후 수메르 왕의 명단에는 사르곤이 56년간 통치했고 아카드 시를 세운 것으로 기록되어 있다. 또한 그의 통치 기간은 반란에 의해 어지러웠으며 그의 능력에도 불구하고 그토록 넓은 영토 전역을 안정시키지는 못했던 것으로 나타나 있다. 문자로 의사소통을 하게 된 지 겨우 수백 년밖에 지나지 않은 당시에 방대한 왕국이란 행정적으로 넘기 힘든 장애물을 야기하였다. 그가 폭군이었다는 증거는 없으나 수메르인들은 셈족 출신 왕의 지배를 받는 것에 대해 분하게 여겼던 것으로 보인다. 오히려 수메르와 엘람의 분열된 정치 상황은 제국의 일부로서 단일하게 통치되는 것을 받아들이지 못하게 했다.

사르곤의 제국은 그의 아들에게 승계되어 간신히 9년 동안 통치되다가 사르곤의 손자인 나람신에게 넘겨졌다. 왕위에 오른 나람신은 끊임없는 반란에 휩싸인 왕국을 30년이 넘도록 지배했다. 그의 통치 초기부터 수메르의 도시국가들은 제국에서 떨어져 나가기 시작했고, 곧이어 제국은 사르곤이 정복했던 자그로스 산맥의 기탄족에게 침략을 당했다. 나람신이 죽자 기탄족에 의해 사르곤의 제국은 사라지게 되었다. 사르곤이 무명에서 일어나 왕이 되어 짧은 기간 동안이나마 메소포타미아 전역을 통합한 것은 이 지역의 뿌리 깊은 적대 관계를 고려할 때 대단히 어려운 일이었다. 사르곤의 제국은 메소포타미아의 첫 셈족 제국이었으며 우르 제3왕국 및 그 후의 샴시아다드와 함무라비의 제국에게 모델을 제공하였다.

상 : **아카드의 사르곤 왕**은 그가 정복한 영토를 유지하고 강화시키기 위한 전략을 고안해 내었다. 그러나 거대한 규모의 제국을 통제하는 것은 결국에는 불가능한 것으로 판명되었다. 니네베에서 발견된 구리 흉상은 사르곤의 것이라 주장되고 있으나 확인된 사실은 아니다.

좌 : **생명의 나무 앞에 서 있는 사르곤 왕**의 돌 부조는 BCE 2300년의 것이다. 그의 오랜 통치는 메소포타미아의 지도를 바꾸어 놓았다.

아카드 왕국

도시국가들 간의 전쟁으로 수메르가 고통을 받는 가운데 북쪽의 도시인 아카드에서 강력한 왕국이 형성되었다. 아카드의 왕 사르곤(BCE 2350년경)의 정복은 메소포타미아 역사에서 중대한 분기점을 이루었다.

상 : 마니슈투수의 상(BCE 2270년경)은 섬록암에 조각되었다. 섬록암은 밀도가 높은 단단한 돌로 문자를 새길 수 있고 광택이 아름다워 왕들이 즐겨 사용하였다.

셈어를 사용하는 아카드인은 걸출한 왕인 사르곤의 지휘 아래 수메르의 모든 도시국가들을 통합하는 데에 성공한다. 우리가 수집할 수 있는 자료들에 의하면 아카드는 수메르 문명의 중심지와 나란히 성장했으나 정확한 위치는 아직 밝혀지지 않고 있다. 우르 제3왕조 시대에 수메르 세력이 부활하였음에도 불구하고 메소포타미아 전체를 "수메르와 아카드의 땅"이라 부르게 된 것은 아카드 제국의 의미가 깊이 남았기 때문이다.

BCE 27세기로 거슬러 올라가는 설형문자 기록은 아카드 명부로 시작하고 아카드 단어를 포함하고 있기에 아카드인이 언제부터 뚜렷한 문화 정체성을 지니기 시작했는지는 가정하기가 어렵다. BCE 3000년대에 일어난 남부 메소포타미아 도시 대혁명에 아카드인이 가담했을 가능성도 있다. 아카드인들은 초기 왕조 시대부터 이웃인 수메르인들의 문자 개념을 채택했다. 니푸르 근처에서 발굴된 BCE 2600년경의 문서에서 아카드 서기들의 이름이 발견되었다. 수메르 왕들의 명단을 보았을 때 키시 제1왕조에도 아카드식 이름을 가진 왕들이 포함되어 있다는 점은 수메르 북부에서 아카드인과의 접촉이 오래전부터 있었음을 암시한다. 훗날 아모리인과 연계하는 셈족의 도시국가인 마리는 아카드어를 사용한 최초의 국가들 중의 하나로 여겨진다. 메소포타미아에서 아카드인은 사르곤이 일어나기 이전부터 긴 역사를 가지고 있었다.

아카드 지배의 면모

수메르 왕의 계보에는 사르곤, 리무시, 마니슈투수, 나람신과 샤르칼리샤리 등 다섯 명의 아카드 왕 이름이 기록되어 있다. 이 계보에 의하면 사르곤은 56년 동안 재위하였고 그의 후손 네 명이 86년 동안 지배하였다. 아카드 왕들의 행적에 대해서는 약간의 짧은 기록만이 남아 있다. 고대 바빌로니아 시대 서기들의 기록에서도 정보를 얻을 수 있다. 메소포타미아 남부 핵심 지역을 넘어선 제국의 크기는 추측할 수밖에 없다. 하지만 사르곤의 후계자들 시대에 빈번하게 반란을 일으켰던 엘람인들이 제국의 지배에 속해 있던 것은 확실하다. 또한 이란 고원의 산악 지대에서부터 시리아와 레바논에 이르기까지 정복했다는 다른 아카드인들의 기록에 대해서 뒷받침하는 고고학적인 증거들이 증가하고 있다.

아카드인들은 달의 신인 신을 숭배했으며 그에 따라 달의 여신을 모시는 신녀 우두머리의 임무도 중요하게 생각하였다. 이 직책은 사르곤의 딸 엔헤두안나가 맡았던 때 이후로 아카드 왕의 딸들에게 세습되었다. 사르곤은 주요 종교 단체들을 왕가와 결합시키려 하였으며 제국의 다른 신들을 숭상하고 경비를 충당하였다. 이는 또한 제국의 초기부터 왕의 일가족을 주요 지위에 임용하던 아카드의 풍습을 보여 준다.

사르곤의 후계

아카드 제국 역사의 3분의 1 이상을 지배한 사르곤이 죽으면서, 제법 안정되고 풍요로워지기는 했지만 불행히도 분쟁의 여지가 많았던 왕국을 그에 비해 능력이 뒤떨어지

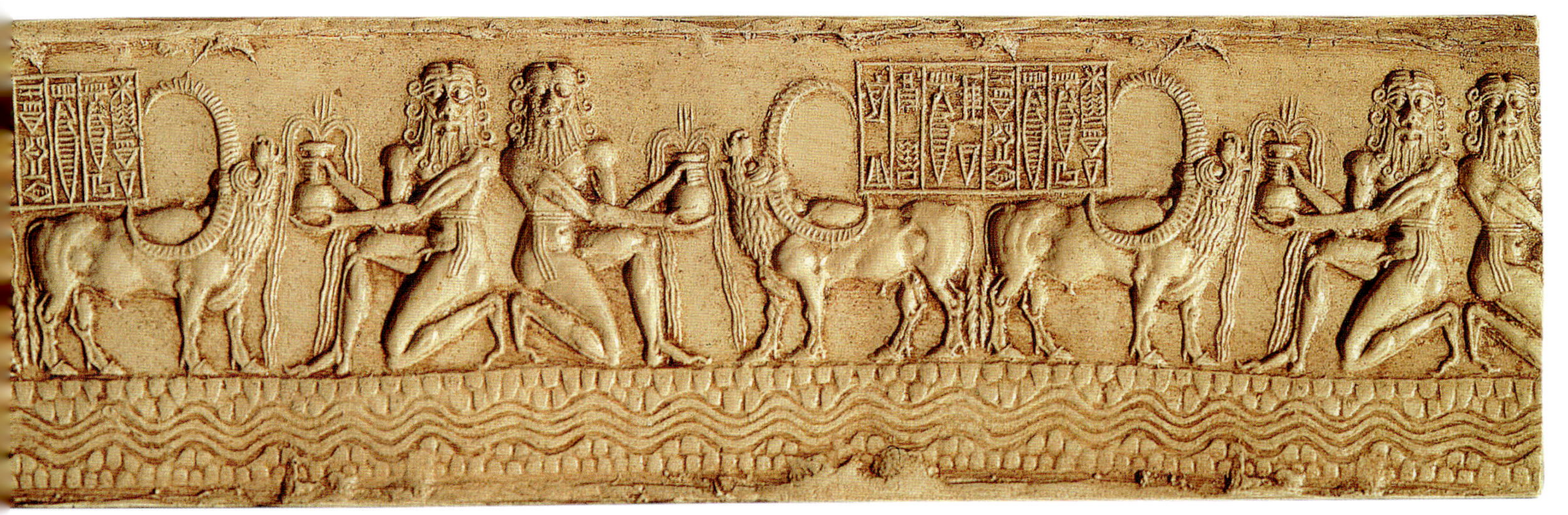

상 : 아카드 5대 왕인 샤르칼리샤리의 원통형 인장(BCE 220년경)은 물소와 물의 신을 세밀하게 보여 준다. 현재 루브르 박물관에 있다.

는 후계자들에 넘겨주게 되었다. 일부 학자들은 아카드 제국의 대부분이 복속된 영토가 아닌 공물을 바치는 도시국가들로 구성되어 있었다고 생각하였다. 사르곤의 아들인 리무시 시대의 기록은 수메르의 도시국가들 및 엘람인들과의 사이에 끊임없는 전쟁이 있었음을 말해 준다. 이 지역들에 사르곤이 얼마나 강력한 지배력을 행사하였는지는 가늠하기 어렵다. 후대 왕인 마니슈투수, 나람신과 샤르칼리샤리 시대의 기록에도 전투에 대해서는 많이 언급되어 있으며 사르곤의 후손들 중에서 가장 뛰어났던 나람신만을 제외한 모두가 전쟁터에서 사망했거나 암살당하였다. 제국에서는 바빌로니아만이 유일하게 안전한 지역이었고, 국경을 유지하고 공물과 세금 징수를 강화시키기 위하여 아카드 왕들은 바빌로니아 외부에서 군사 작전을 전개할 수밖에 없었던 것으로 여겨진다. 새로운 군사 작전을 개시할 때마다 아카드의 자원은 확연히 줄어들었고, 제국의 자원을 확보하기 위하여 점점 더 약탈을 할 수밖에 없게 되었다.

좌 : 나람신 왕이 인간들 위에 당당하게 서 있는 모습이 나람신 개선비의 일부 조각에 나타나 있다.

아카드 제국에서 비교적 문제를 일으키지 않고 강력하게 지배를 펼친 유일한 왕은 사르곤의 손자인 나람신뿐이었다. 널리 퍼진 유적들에서 나온 기록들에 의하면 나람신은 티그리스 강 상류를 넘어서 카부르 강 상류, 엘람의 도시인 수사 및 남부 메소포타미아의 거의 모든 중요 도시들에 이르기까지 지배력을 행사하였다. 나람신은 최초로 스스로를 "사계(四界)의 왕"이라고 일컬었으며 이는 훗날 수메르와 바빌로니아의 지배자를 일컫는 명칭이 되었다. 그는 또한 자신을 "아카드의 신"이라 일컬으며 처음으로 왕을 신격화시켰다. 니푸르에서 나온 기록에 아카드의 백성들이 나람신의 이름으로 맹세를 했다고 표시되어 있는 것으로 미루어 볼 때 왕의 신격화가 받아들여졌던 것으로 보인다.

아카드의 기록

아카드 제국의 치하에서 아카드어는 제국의 행정에서 공통적으로 사용되는 언어가 되었고 수메르어는 오직 문학에서만 사용하게 되었다. 수메르의 설형문자는 셈어 계통의 발음을 적도록 고안된 것이 아니었기에 아카드어의 표현을 완벽하게 기록할 수는 없었다. 그럼에도 불구하고 아카드의 서기들은 수메르어와 아카드어를 함께 기록할 수 있는 설형문자를 개발해 내었다. 수메르와 아카드 국경 바깥의 전략적인 지점에 자리잡은 아카드 군사들은 아카드어와 기록을 메소포타미아의 국경 너머로 전파시키는 역할을 했다. 예를 들어 고유의 설형문자 체계를 가지고 있던 엘람인들은 아카드 시대 동안 아카드 문자를 받아들여 엘람어를 표기하는 데 사용하였다. 고대 아카드 문자는 미학적으로 뛰어난 것으로 여겨졌고 고대 바빌로니아 시대까지 기념비에 사용되었다.

하: **이 점토판은 학생들용**으로, 니푸르에 있는 엔릴 사원의 나람신상 비문을 필사한 것이다. 현재 루브르 박물관에 있다.

아카드의 경제

아나톨리아 광산에서 채집된 은, 아프가니스탄의 라피즈, 레바논의 삼목, 오만의 구리들은 모두 아카드인들이 귀중히 여기는 산물들이었다. 아카드인들은 이들을 손에 넣기 위해 광범위하게 교역했고, 심지어는 교역로를 지키기 위해 전투도 불사하였다. 텔레일란에서 발굴된 아카드의 유적은 교역과 제국의 국내 경제에 대한 유용한 정보를 제공해 준다. 아카드의 국내 경제는 메소포타미아 북부와 남부의 농업 및 농민들의 노동을 바탕으로 하였다. 조세는 농산물 그 자체와 노역으로 이루어졌다. 노역은 주로 요새, 신전, 수로 및 왕을 위한 공공 건설을 목적으로 하였다. 아카드 제국 때인 BCE 2600년대에는 강의 수위가 이전보다 훨씬 낮아지기 시작하여 메소포타미아의 지하수면은 강수량과 산에 내린 눈이 녹는 양에 따라 정기적으로 보충되었다.

곡물 저장소는 왕이 소유하고 관리하였으며 농민이 아닌 도시 노동자들에 대한 배급은 중앙정부가 담당하였다. 아카드 제국이 일어나기 전까지는 농산물 자원이 메소포타미아의 도시국가들 간에 일어난 치열한 경쟁의 주요 원인이었다. 아카드인들은 이 점을 파악하고 농업 생산을 효과적으로 조직함으로써 이 문제를 개선하려 했다. 가장 먼저 왕과 신전에 속한 밀 경작지는 요새로 보호하였다. 두 번째로는 아카드식의 조직, 보관 및 배급 제도와 더불어서 아카드 시대 내내 메소포타미아 저지에 지속적으로 많은 비가 내린 덕분에 100년이 넘도록 가뭄과 기근을 피할 수가 있었다. 세 번째로는 신전의 권위를 이용하여 심각한 식량 부족이 닥친 시기에 일할 농부들을 모집하는 아카드식 관습이 기근과 재난에서 벗어나는 데에 효과를 발휘하였다. 이 시책은 식량이 부족할 때 분쟁을 일으킬 수도 있는 이들에게 유용한 일을 하도록 하는 역할을 했지만, 한편

집중적인 경작으로 인해 장기적으로 볼 때에는 아카드 제국의 곡물 생산에 막심한 피해를 입힐 수도 있게 되었다.

제국 멸망의 징후

아카드 제국의 고도로 조직화된 농업 시스템은 강우량과 강의 수위에 직결되어 홍역을 치러야 했다. 가축 떼들이 경작지의 그루터기들을 뜯어 먹도록 데리고 다니던 유목민인 아모리인 역시 이 시스템에 포함될 수밖에 없었다. 전통적으로 양치기들은 가축들을 경작지에서 방목하기 위해 양털, 고기 및 유제품을 신전을 비롯한 토지의 소유자에게 제공했다. 그런데 아카드 제국에서는 이렇게 바치는 것들이 왕에게 지불해야 하는 세금으로 바뀌었다. 불행스럽게도 겨울에는 방목지가 부족하여, 유목민들이 가축 떼를 경작 중인 땅에 데려가려고 하면 농민들과의 마찰이 일어날 수 있었다. 그러나 아카드인이 북부와 남부의 메소포타미아를 통합하여 남북 간에 밀을 수송할 수 있게 되자 이는 더 이상 문제가 되지 않았다. 그러나 이는 아카드 제국 전체에 보급할 수 있을 만큼 밀이 충분하게 생산되었을 때에만 가능하였다.

메소포타미아의 농업에 기반을 둔 고도로 효율화된 조직으로 인해 아카드는 메소포타미아에서 가장 부유한 제국이 될 수 있었다. 그러나 아카드 제국이 달성한 경제적, 정치적 균형은 불안정한 것이었다. 정복지의 분리 성향, 농민과 유목민의 긴장 관계, 심지어는 종교에서는 전반적으로 관용적이었음에도 일부의 종교 행위가 물의를 일으켜 제국은 정치적, 경제적, 문화적인 면에서 도전을 받고 있었다. 아카드 제국은 성공적으로 단합된 통치력의 모범을 제시하며 메소포타미아의 지평을 넓혀갔지만 이 업적은 늘 안정된 경제적 경영이라는 전제를 바탕으로 할 수밖에 없었다. 아카드 제국의 힘과 이념은 항상 역사가들을 매료시켰다. 특히 조각, 문학, 기록이 담긴 장서 등 제국이 남긴 물질적 유산은 다른 시대들과는 확연히 다르기 때문에 아직도 이 시대의 진정한 업적을 강조하는 데 사용되고 있다. 또한 그들의 짧은 통치 기간은 메소포타미아의 엄청난 역사에 비하여 보잘 것 없게 보일 수도 있으나 아카드 제국은 도시국가들의 전쟁으로 혼란했던 시기에서 훗날 바빌로니아와 아시리아의 왕국으로 넘어가는 데에 결정적인 역할을 했다.

지도학과 천문학

아카드는 도로로 결합되고 통신망으로 연결된 제국이었다. 또한 역사상 최초로 토지 소유 상황을 조사하여 기록하였다. 당시에는 훗날 바빌로니아에서 대단히 중요시하게 되는 천문학과 점성학도 발달하였다. 바빌로니아인들이 사용하던 별들에 대한 표준 작업은 아카드 시대의 문헌을 참고로 했다. 아카드인들은 달력을 만드는 데에도 집중하였다. "나람신이 니프르의 엔릴 신전과 자발람의 이난나 신전에 초석을 놓은 해에"와 같은 문장이 기르수에서 발견된 문서에 나와 있는 것처럼 나람신은 왕을 기준으로 하는 달력을 사용하였다. 왕에게 중대한 일이 있었던 것에 맞추어 해를 표시하는 바빌로니아의 달력은 아카드 시대에서부터 발달한 것이다.

상: **위와 같이 돌로 된 지팡이의 머리** 부분은 신에게 헌정되었다. 시파르에서 발견된 이 지팡이의 머리(BCE 2200년경)에는 샤르칼리샤리가 태양의 신 샤마시에게 바친다고 기록되어 있다.

좌: **아카드의 경제에서 양은 중요한 역할을 차지했**다. 이 아카드 비석의 조각(BCE 3000년경)은 현재 루브르 박물관에 있다.

아카드 제국의 붕괴

아카드 제국의 갑작스러운 붕괴는 여전히 수수께끼로 남아 있다. 학자들은 짧은 기간이었지만 강대했던 제국의 내부 붕괴와 분열을 설명하기 위하여 다양한 재난이 있었을 것이라고 가정하고 있다.

아카드 제국은 동쪽으로는 메소포타미아로부터 페르시아 만에 이르고 서쪽으로는 터키의 실리시아까지 세력을 미치고 있었다. 그러나 BCE 2000년대 말, 제국이 생긴 지 겨우 150년 만에 아카드 제국은 갑자기 붕괴하였다. 나람신은 능력 있는 지배자였으나 그의 아들이 왕위를 잇자 아카드 시대 동안 위협을 계속하던 구티인은 사르곤 왕조를 몰아내기 위한 노력을 배가시켰다.

경제적, 문화적, 정치적으로 아카드의 핵심을 이루는 수메르 도시국가들의 균열, 지속되는 전쟁 비용으로 인한 국고 고갈, 신수도의 건설에 소요된 과도한 지출을 포함한 더욱 다양한 원인들이 제국의 붕괴와 관련하여 언급되었다. 고고학자들은 이들이 논리적이기는 하지만 설득력은 없다고 여긴다. 사르곤과 그의 후계자들을 괴롭히던 모든 행정적인 문제들은 효과적인 리더십에 의해 완화될 수 있었다. 이러한 리더십은 사르곤뿐만이 아니라 그의 손자인 나람신 또한 발휘하였던 것으로 여겨진다. 그러므로 이 강력한 제국이 갑작스럽게 붕괴한 원인은 계속해서 연구자들의 관심을 끌고 있다.

기후설

학자들은 최근 아카드 제국이 이집트 고왕국과 같은 문제로 인해 고통을 겪었다고 보고 있다. 즉, 고대 근동 지역 전체의 급격한 건조화와 강우량의 급감으로 심각한 가뭄을 겪었다는 것이다. 이 시대 메소포타미아의 기후는 역사적 기록에서는 거의 수집되지 않기 때문에 연구자들은 이 지역 가까이에 있는 대양 유역에 남겨진 퇴적물 분석에 의존할 수밖에 없다.

이 지역의 기후가 건조해졌다는 증거는 오만 만의 해양 침전물을 광물학적, 지구화학적으로 분석함으로써 발견되었다. 오만 만이 선택된 이유는 메소포타미아 지역에서 건조한 기후 조건이 지배적이었을 당시에, 메소포타미아의 먼지를 포함한 바람이 불던 경로에 위치했기 때문이다. 이 분석 결과와 아카드 시대 유적의 지층 자료를 비교함으로써 동시대의 성분을 발견할 수 있었고, 이는 급작스러운 건조화 현상이 아카드 제국 멸망의 주요 원인 중의 하나였음을 강하게 뒷받침해 주었다.

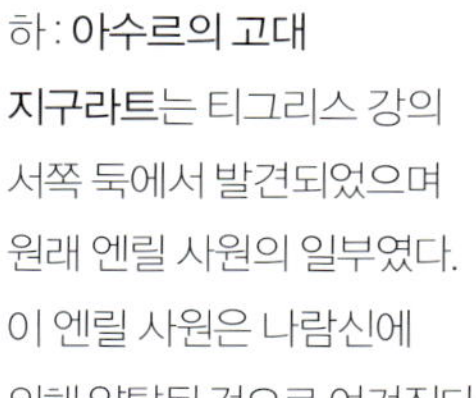

하 : **아수르의 고대 지구라트**는 티그리스 강의 서쪽 둑에서 발견되었으며 원래 엔릴 사원의 일부였다. 이 엔릴 사원은 나람신에 의해 약탈된 것으로 여겨진다.

좌 : **아카드에 대한 저주가 적혀 있는 점토판.** 나람신이 니푸르의 엔릴 신전을 약탈하자 신들이 아카드 제국에 저주를 내렸다고 한다.

텔레일란에서 발견된 증거

메소포타미아 북부에 있는 텔레일란은 기후 변화설을 뒷받침하는 가장 뛰어난 비교 데이터를 제공해 준다. 이 유적은 아카드인들에 의해 도시의 성벽과 신전이 재건되고 곡물 생산이 재편성되자마자 버려졌다. 이 전성기 이후로는 인간 활동의 흔적이 거의 없다. 유적 지층의 토양 샘플은 바람에 의해 날아온 모래로 구성되었으며 땅속에 사는 벌레의 흔적이 없어 기후가 더욱 건조해지고 바람이 세졌음을 나타낸다. 유적에서 발견된 양과 가축들의 흔적에는 극도의 탈수 증세가 보이며 수천의 주민들이 보다 비옥하고 비가 많이 오는 지역을 찾아 떠난 것으로 보인다.

유목민인 구티인과 아모리인 들은 전통적으로 전해 내려오는 유목 통로에 대한 지식으로 가축 떼를 물이 있는 곳으로 이동시킬 수 있었다. 그러나 그 도중에 이미 자리 잡은 농민들과 귀한 물을 두고 다툼을 벌이게 되었던 것 같다. 정착 농민과 유목민의 투쟁이 가열되면서 정치적인 불안이 뒤따르게 되었다. 또한 비에 의존하는 티그리스 강 북부와 유프라테스 계곡의 농업이 받은 타격은 아카드 제국이 실시한 농업 보조금으로 남부 메소포타미아에 손실을 입혔다. 티그리스 강과 유프라테스 강의 수위는 BCE 2300년경부터 낮아지기 시작하여 물을 댈 수 있는 경지가 줄어들었고 이미 적대적이었던 유목민과 정착민의 관계를 더욱 악화시켰다.

멸망의 종교적인 이유

고대의 출처에 의하면 아카드 제국의 멸망은 사르곤의 손자인 나람신의 탓으로, 그가 성스러운 도시인 니푸르를 공격하여 엔릴 신의 신전을 약탈했기 때문이라고 비난하고 있다. 그 결과 엔릴이 아카드 제국에 저주를 내려 "…방대한 농업 지역은 곡물을 생산하지 못했다. 물을 댄 과수원은 시럽도 와인도 생산하지 않았다. 구름은 비를 내리지 않았다…. 백성들은 굶주림에 시달려 몹시 동요하게 되었다." 근래에 나온 기후 변화설의 맥락에서 보면 이 기록이 전혀 틀린 바는 아닌 것으로 보인다.

초기 셈족 문명과 돼지

아카드 제국이 멸망한 것과 함께, BCE 2000년대에 근동 전역에서 돼지고기를 먹는 것이 종교적으로 금지된 것은 고대 근동이 건조해진 것이 이유였다는 주장이 있다. 근동의 모든 가축들 중에서 돼지만이 단지 마시기 위해서만이 아니라 땀샘이 없는 피부를 식히기 위해 물을 필요로 했다. 가뭄이 들어도 양이나 염소 떼 또는 소나 당나귀들이 마실 만큼의 물을 찾을 수는 있었으나 돼지의 경우는 전혀 달랐다. 결국, 돼지고기를 먹지 않게 된 것은 물 때문이었다고 할 수 있다.

상 : **위 사진의 어린 수스 스크로파(멧돼지)는** 아카드인과 수메르인들이 가축화시킨 것과 같은 품종이다.

우르의 제3왕조

사르곤이 메소포타미아를 통일했을지는 모르나 최초이자 유일한 수메르 제국은 수메르 문명의 소양과 우아함을 구현했다. 이 제국이 바로 우르 제3왕조로 "수메르의 르네상스"로 불린다.

산악 지대의 부족으로 우리에게는 거의 알려진 바가 없는 구티인의 지배 이후로 수메르의 도시국가들은 외세의 침략으로부터 벗어나 안정과 안전을 추구하였다. 어느 면으로 보나 군대를 일으켜 구티인을 패배시킨 유서 깊은 도시 우루크가 가장 이상적인 곳이었다. 그러나 우르의 한 남자가 다른 수메르와 아카드의 도시들에 대한 권리를 주장하는 데 성공하기에 이르렀다. 수메르의 지혜와 아카드의 전술을 조합함으로써 우르남무는 국가 건설자와 개혁자로서 메소포타미아를 지배하게 되었다. 그는 또한 지금까지 알려진 바에 의하면 세계 최초로 법률을 제정하였으나 단지 조각들만이 남겨져 있다.

우르남무의 봉기

우르남무에 의해 세워진 왕조인 우르 제3왕조는 학자들 사이에서 전통적인 수메르 도시국가 지배의 확장판으로 볼 것인가 아니면 아카드 모델에 입각한 순수한 제국 행정으로 간주할 것인가를 두고 논의의 대상이 되어 왔다. 우르 제3왕조는 에블라, 에슈눈나처럼 멀리 떨어진 도시국가와 그 둘 사이의 제지란 지역까지 포함하여, 아카드와 구타인들의 영토 대부분을 지배하게 되었다. 우르남무가 어떻게 해서 권력을 잡게 되었는가에 대한 가설은 여럿이 있다. 전통적인 가설은 우르남무는 군사 지도자로서, 구타인들을 권좌에서 몰아낸 우루크 왕의 지위를 빼앗았다는 것이다. 수메르 왕의 계보에 따르면 우루크 왕은 7년 동안 군림했다.

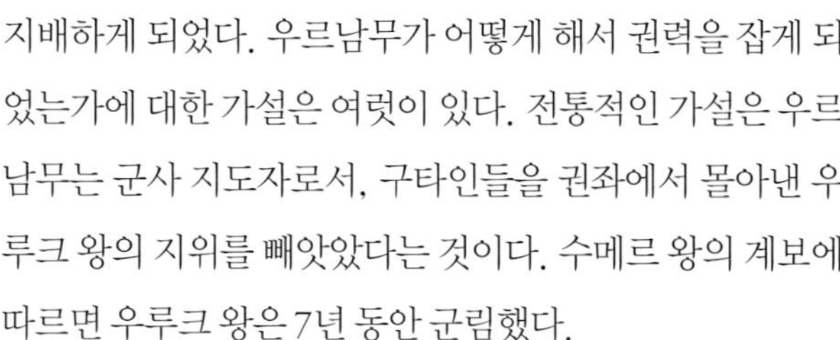

보다 최근의 가설은 우루크 왕이 우르남무를 총통으로 삼고 지배했을 것이라고 본다. 우르에서 발견된 두 개의 돌기둥에 있는 우르남무의 일생에 대한 기록 속에 이와 같은 내용이 포함되어 있다. 이에 따라 어떤 학자들은 전통적인 가설에 우르남무가 우루크 왕에 대한 반란을 일으켜 폐위시켰으리라는 생각을 접목시켰다. 또 다른 관점은 우르남무가 우루크 왕의 가까운 친척이며, 우루크의 왕에게 우르를 지배할 권한을 받았다는 것이다. 총통으로서 4년간 우르를 지배한 우르남무는 라가시의 지배자를 전투에서 패배시키고 왕을 죽인 후 "수메르와 아카드의 왕"이 되었다.

하 : 우르 제3왕조의 시조인 **우르남무**가 앉아 있는 달의 신 난나르에게 제물을 바치고 있다. 이 부조(BCE 2100년경)는 우르의 비석 일부이다.

우르남무가 왕조를 창시하다

우르남무가 반란을 통해 왕위를 찬탈한 것인지, 아니면 공식적인 예식을 통하여 권좌에 올랐는지는 아직 밝혀내야 할 사항으로 남겨져 있다. 수메르의 역사 초기부터 우르와 우루크는 긴밀한 관계를 맺고 있었다. 또한, 경쟁 관계에 있던 도시국가의 지배자들을 패배시키고 중상하는 것은 오래된 전통이라 할 수 있다. 메소포타미아에서는 외부 출신이 권력을 잡게 되면 패배한 상대의 신용을 떨어뜨리는 경향이 있었다. 이로 인하여

좌 : **바빌로니아 원통형 인장의 자국**(BCE 2050년경)에서 민머리의 숭배자가 여신에 의해, 앉아 있는 남성(아마도 우르남무)에게 인도되고 있다. 우르남무의 비문에는 "대영웅, 우르의 왕"이라 표현되어 있다.

이전에 있을 수도 있던 우호적인 관계들이 모두 불분명하게 되어 버렸다. 분명하다고 여겨지는 것은 BCE 2100년경, 우르남무가 우루크와 라가시의 중요한 도시국가들 및 우르를 지배함으로써 우르 제3왕조의 남부에서의 권위와 메소포타미아에서 수메르의 문화를 재차 강조했다는 것이다. 우르의 왕은 수메르 전체의 왕이 되었고 후에는 시리아와 엘람의 왕이 되었다. 정복된 지역에서는 우르에 공물을 바치거나 제국의 완전한 일부가 되어 세금을 바쳤다. 우르 제 3왕조는 지리적, 정치적으로 확연하게 다른 두 부분으로 나뉘었다. 하나는 왕이 지배하는 제국의 중심부이고 다른 하나는 독자적인 지배자를 가지고는 있지만 우르의 경제적인 지배를 받는 제국의 속국이다. 순응하지 않을 경우에는 전면적으로 지배를 당하게 되거나 정복당할 위협을 받았기 때문에 에블라와 비블로스는 마리나 카르슈미시처럼 우르에 공물을 바쳤다.

우르남무의 후계자 슐기

우르남무는 반항을 지속하던 구티인들과의 전쟁에서 죽었으리라 생각된다. 우르남무가 죽은 후에 그의 능력있는 아들 슐기가 뒤를 이었다. 슐기는 부왕의 업적을 이어받아 왕국을 지속시키고 번영시키기 위하여 자신의 영토를 제국에 복속시켰다. 17년간 통치를 한 우르남무에 이어 48년 동안 지배를 한 슐기가 우르의 법률을 제정했을 것이라고 주장하는 학자들도 있다. 또한 슐기는 부왕의 건설 계획을 완성시켰으며 제국의 행정 조직을 개편했다. 그의 재위 기간 동안 도시국가의 지배자들은 군사력이 없는 주지사가 되었고, 특별히 다루기 어려운 곳에는 지방 주둔군이

우르남무의 역사적 기록

우르 제3왕조 시대의 기록은 비교적 많지 않다. 비록 문학이나 경제적인 문서는 많지만, 우르남무의 통치에 대한 증거는 그의 법령처럼 부분적인 것에 지나지 않는다. 그는 짧은 시간 만에 메소포타미아의 도시국가들을 대부분 정복한 후, 남은 기간 동안 지배하는 데 전념했던 것으로 보인다. 그는 무게와 부피의 측량 단위를 제정했고, 과부와 고아들을 착취하는 것을 금지시켰으며, 우르의 거대한 지구라트와 성역 등 중요한 신전들을 개축하였다. 그는 신으로부터 왕권을 부여받았다고 공표함으로서 왕조를 세웠다. 우르남무의 후계자인 슐기와 아마르신은 아버지로부터 신성을 이어받았다. 이 세 명의 왕은 우르의 왕실 무덤에 나란히 묻혔다.

상 : **우르남무에 대한 찬양가가 적혀 있는 설형문자 점토판.** 완벽하고, 백성을 아끼며, 인자하고, 공정하고, 비옥한 땅을 보장해 준다고 칭송하고 있다. 우르남무는 그의 왕국을 수메르, 아카드, 엘람뿐만이 아니라 시리아 내륙의 대부분을 차지할 때까지 확장시켰다.

아모리인과 목축민

"그는 텐트에서 산다. 그는 제물을 바치지 않고, 산악 지대에서 송로를 캐내며, 경작하지 않고, 날고기를 먹으며, 죽어서는 땅에 묻히지 않는다." 우르 제3왕조 시대의 시는 아모리인과 그들과 가까운 목축민들의 특징을 밝혀 준다. BCE 2000년대 말은 인구 이동의 시기였던 것으로 보인다. 기후 변화가 아카드 제국이 붕괴하게 된 첫 번째 요인으로 꼽히지만 그 후로 2세기가 지나기 전에 광범위한 기근과 가뭄이 다시 닥쳐 우르 제3왕조가 몰락하게 된 원인이 되었다. 메소포타미아에서 문명이 싹틀 수 있게 해 준 수로 체계도 그 원인 중의 하나였을 가능성이 있다. 수로를 통한 관개가 이루어지는 땅에서 염분이 누적되는 것은 아카드 제국의 심각한 문제였고 이는 우르 제3왕조에서도 마찬가지였다. 우르의 왕을 약탈한 유목민 자신들도 마을이나 도시에 정착하여 농부가 되어 가는 중이었다. 이 과정은 BCE 1800년대에 아모리인이 바빌론을 차지함으로서 완료되었다.

배치되었다. 그는 아시리아 지역에서 어려움을 겪어, 재위 후기에는 거의 매년 북부 지역에 원정을 보냈다. 그는 죽기 전에 메소포타미아 북부의 후르리, 수바르트, 아시리아인 들을 정복하였다. 또한 시리아의 아모리인들을 상대로 여러 번의 원정을 이끌었다.

우르의 주요 경쟁국인 구티인들은 여전히 제국의 변두리에서 머물며 비옥한 저지에 끊임없이 침입하여 파괴를 일삼았다. 슐기가 무법의 엘람인들을 평정하기 위해 사용한 전략은 자신의 딸들을 와르시 및 안샨의 왕들과 혼인을 시키는 것이었다. 그는 후에 수사를 정복하여 수메르의 지배자를 세웠다. 엘람인들이 반란을 일으켰으며, 슐기는 변방 지역을 통제하기 위하여 외인 용병 부대를 개발하기 시작했던 곳인 안샨에서 일어난 반란을 제압해야만 했다. 비록 부인은 셈족 출신이었으나 슐기는 스스로를 모든 면에서 수메르를 구현하는 자라고 보았다. 그의 업적으로는 제국 지배의 중앙화, 조세 절차와 징수의 표준화, 정부 기록 보관소 개발, 조직적 군대, 국가 차원의 달력 등이 있다. 슐기가 사후가 아니라 이미 생전에 신격화되었다는 점은 백성들이 그를 얼마나 존경했는지를 반영한다.

우: **슐기 왕의 이름**이 섬록암으로 된 추(BCE 2050년경)에 적혀 있다. 현재 루브르 박물관에 소장되어 있다.

슐기의 후계자들

슐기의 아들인 아마르신은 우리에게 아모리인과 수많은 전쟁을 벌인 것으로 알려져 있다. 또한 점점 세력을 넓혀 가는 후르리인들에게도 대처해야 했으므로 그의 활동은 도시들 내부의 건설과 지방에서의 전쟁으로 나누어졌다. 시리아와 엘람에서의 실질적인 지배력은 잃어버렸던 것 같지만 그럼에도 불구하고 생전에 신격화되었으며 우르에서 노환으로 사망하였는데 10여 년 후 그의 형제에 의하여 왕좌가 이어지게 된다. 아마르신의 동생으로 아모리인과의 전쟁을 계속하던 슈신은 점점 메소포타미아 심장 지역으로 후퇴할 수밖에 없게 되어서 아모리인을 저지하기 위해 두 강 사이에 벽을 쌓았다. 그는 오늘날 이란에 해당하는 자그로스 산맥의 영토를 복속시켰고 인더스 계곡 지역과 교역 관계를 맺는 데 성공한다. 슈신은 겨우 재위 9년 만에 사망하고 그의 아들이자 우르 제3왕조의 마지막 왕 입비신이 그의 뒤를 이었다.

입비신은 엘람인 및 아모리인과의 분쟁을 이어받아 우르와 니푸르 주위에 요새를 증축함으로써 이에 대처하였다. 원래 허약한 왕이었던 그는 사방으로부터 적의 포위를

좌 : **이 수메르어 점토판은** 현재 대영 박물관에 있으며, 설형문자로 기록되어 있다. 아마르신(BCE 2020년경) 시대의 것으로 열한 개의 특정한 토지의 보리 생산 목록이 적혀 있다.

받았고 점점 축소되고 있었던 제국은 거의 그가 왕위에 오르자마자 사라지기 시작했다. 20여 년간의 재위 기간 동안 그는 우르에 거의 갇혀 지내다시피 했고, 사방의 위협 때문에 다른 영토에는 다녀올 수조차 없었다. 같은 해, 에슈눈나와 엘람을 잃고 아모리인으로부터 제대로 보호해 주지 못하자 수메르 지역에 있는 거의 모든 주의 지배자들도 그에게서 떠나 버렸다. 입비신이 니푸르와 이신에 임명한 이들도 그에게 반란을 일으켜 우르 제3왕조에서 떨어져나갔고 수메르 동부와 엘람의 해안 지역에서 자신들의 지도자를 세웠다. 입비신의 말기는 극심한 기근과 가뭄, 적으로 인해 거듭되는 어려움으로 얼룩져 있었다. 입비신은 결국 폐위되고 포로가 되어 엘람으로 끌려가게 되었으며 그곳에서 갇혀 지내다 죽었다.

우르 제3왕조의 유산

일반적으로 다른 제국들도 마찬가지이지만, 우르 제3왕조의 유산 역시 군사적인 성공이 아니라 문화적, 경제적 차원에서의 혁신이었다. 우르 제3왕조의 상업 경제는 자국에서 필요한 자원을 얻는 수단에 그치는 것이 아니라 유통과 잉여를 확인하여 배분하고 조세하는 제도를 설치하는 수준에까지 이르렀다. 이는 또한 불확실한 도회 생활을 꿈꾸며 시골에서 빠져나오려는 이들에게 사회적 유동성을 보장해 주었다. 이 시대의 방대한 문서는 전쟁이 계속되던 기간도 경제적으로 급격한 성장을 이루었음을 증명해 준다. 우르 제3왕조는 수메르 문학 작품들의 사본 제작 등 상업 문서 이외의 문서 또한 대량으로 제작하도록 장려했다. 수메르어는 문학계에서 지배적이었으며 아카드어는 제국의 행정에서 쓰이는 공식적인 언어였다. 이때가 실제로 수메르의 대 서사시가 기록되어 처음으로 후세에 남겨지게 된 시대일 것이다.

하 : **우르의 테라코타 상** (BCE 2100–2000년경)들로 가운데의 왕 양옆으로 사제가 서 있다. 이들은 우르 제3왕조의 최고위 인물들이다.

지구라트

아카르쿠프의 지구라트

이 지구라트는 바빌로니아 왕 쿠리갈주에 의해 BCE 1300년경에 건설되었다. 벽의 높이는 58미터이다. 지구라트의 설계는 오늘날 특히 공공건물로서 전 세계에서 많이 활용되고 있다.

난나의 지구라트

이 항공 사진에서는 지상층에서 올라가는 세 곳의 계단을 뚜렷이 볼 수 있다. 이 지구라트의 대부분은 사담 후세인에 의해 주로 어울리지 않는 건축 자재로 조악하게 보수되었다.

지구라트는 지금까지 알려진 인류 최초의 종교적 건축물 중의 하나이다. 또한 적어도 BCE 3000년대부터 BCE 6세기까지 사용된 근동 역사상 가장 오랫동안 지속된 사원의 형태이다. 훗날 수메르인, 바빌로니아인 및 아시리아인들이 모두 신을 모시기 위해 지구라트 사원을 건설하였다.

에리두의 엔키 신을 위한 사원은 지구라트의 진화를 보여 주는 가장 뛰어난 예이다. 엔키는 지구 위의 모든 물의 근원인 신비로운 지하수의 대양(압주)에 살고 있다. 엔키는 운명의 신이며 수메르 서사시에 나오는 대홍수에서 인간들을 구원한 신이기도 했다. 수메르인들에 의해 처음 지어진 엔키의 사원은 메소포타미아 남부에서 매우 중요했으며 에리두가 도시국가로서의 영향력을 잃은 후에도 오랫동안 중요한 지위를 차지할 수 있도록 하였다. 17–18개의 각기 다른 사원 유적 구조들 중에서 가장 오래된 초기 우바이드 시대의 건축물은 그 크기가 3제곱미터에 지나지 않는다. 이 건축의 정점에는 벽감이 파여 있으며 내부의 중간 지점에 있는 단에 불에 탄 자국이 있는 것으로 보아 제물을 태우는 제단이었으리라 여겨진다.

사원은 우바이드 시대에 걸쳐 여러 단계로 발전하였다. 뒷부분에 해당하는 두 단계의 경우 부서져 잘 알려지지는 않았으나 우바이드 시대 후기의 구조물들은 이후 모든 메소포타미아 사원에 나타나는 보편적인 특징을 가지고 있는 단순한 지구라트들이다. 이 사원들은 이전에 지어진 부분들과 실제 설계상으로 매우 달라 고고학자들이 처음에는 이들을 각기 다른 문화들에 의해 지어진 것으로 여길 정도였다. 에리두 사원 최후의 건축물은 우루크 시대의 것이며 초기 지구라트의 패턴을 충실히 따르고 있다. 이는 이후 메소포타미아의 모든 종교 건축에서 사용된 에리두 사원의 디자인이 이미 보편적인 사원의 디자인이 되었다는 것을 알려 준다.

지구라트의 특징인 여러 층계는 우루크 시대를 이은 초기 왕조 시대 말이나 초기 청동기 시대 가까이에 들어서 완성되었으리라 여겨진다. 이 시기에는 제단의 형태가 장방형이거나 타원형 또는 직사각형인 것도 있었다. 지구라트는 기본적으로 피라미드 구조였다. 사실 제3왕조 초기(BCE 2700년경)의 파라오인 조세르는 하이집트의 사카라에 일곱 개의 계단식 피라미드를 지었다. 보통 중심은 흙벽돌로 지어졌으며 외부에는 구워낸 벽돌을 사용하였다. 외부 벽돌의 표면에는 종종 다양한 색상의 유약이 칠해졌고 천문학적인 의미를 지니도록 배치되었다. 2층에서 7층까지 완성된 양식 위에 신전이 세워졌다. 지구라트는 한쪽 면이나 빙 둘러 올라가는 계단을 통하여 올라가도록 되어 있다.

신에게 바치는 음식
이 거대한 신전은 난나에게 바쳐진 것으로 BCE 2100년경 우르남무 왕에 의해 세워졌다. 제물로 바쳐진 음식은 신전 꼭대기의 제단에서 요리되었다.

현명하고 깔끔한 설계
연기가 제단에서 하늘 높이 올라갈 수 있도록 특별한 통풍구가 건물 내부에 마련되었고, 빗물이 잘 빠져 나갈 수 있도록 배수구도 설치되었다.

신성한 전용 거처

메소포타미아의 지구라트는 대중 의례의 장소가 아니라 신이 거주하는 곳이다. 층층이 단으로 쌓여 있는 것은 인간계와 하늘에 살고 있는 신의 세계 사이의 거리를 은유적으로 표현한 것이다. 오직 사제들과 왕만이 최상층의 사원을 방문할 수 있었고, 이들만이 지구라트 아랫부분에 있는 방들에 대해 알고 있었다. 그것은 이들이 신을 모실 우선적인 책임을 가졌기 때문이다. 이러한 독점권은 엄청난 권위를 부여해 주었고, 사제들은 메소포타미아 사회에 큰 영향력을 행사하게 되었다.

우르 제3왕조의 헤게모니

아카드 제국이 멸망한 후 우르 제3왕조의 왕들은 정교한 지배 체제를 발달시켰다. 도시국가들이 지배하던 영토는 주로 분해되어 각 도시의 통치자에 의해 운영되었다.

세금 징수는 주를 다스리는 자의 책무 중 하나였다. 우르 제3왕조 시대에는 곡물, 가축, 노역 및 토지들이 모두 조세의 징수 대상이었다. 아울러 주나 중앙 정부는 잉여분이 공정하게 배분되도록 보장하였고 이는 신전의 관료들뿐만이 아니라 가난한 이들에게도 나누어졌다.

상: **양과 염소**는 우유, 털, 고기를 제공해 주기 때문에 높은 가치가 있다. 이 조각상은 금과 돌 및 나무로 되어 있으며 우르의 왕실 무덤(BCE 2500년경)에서 발견되었다.

왕, 귀족, 평민

학자들 사이에서는 평민들이 우르 제3왕조 시대의 풍요로움의 혜택을 받았는지에 대해 견해가 일치하지 않는다. 한 학설에 의하면 지방에 일종의 봉건 제도가 보급되었고 노동자들이나 농민들은 계약직 종들보다 조금 나은 신분이었다고 한다. 보다 최근의 분석은 다른 면모를 보여 준다. 우르 제3왕조에는 이집트의 신왕조에서처럼 특정한 그룹의 노동자들이 있었으며 이들 중 어떤 이들은 보다 더 독립적이었다는 것이다. 일부에게는 노역이 강요되었고 다른 이들은 영지를 돌보며 할당을 받았으며 가장 자율적인 그룹에 속하는 이들은 언제 어디서 일할 것인지를 선택할 자유가 있었다. 자율적인 그룹의 이들은 일을 찾으러 여행을 다닐 수 있었고 땅을 취득하여 신분을 상승시키는 일이 가능하였다. 근동에서는 노예 신분이 세습되지 않았다. 노예의 대부분은 빚을 진 자들이었고 또는 가족에 의해 팔렸거나 포로들이었다. 근동에서 노예들은 재산을 모으거나 자신의 자유를 살 수 있었다. 노예들이 빈번하게 자유를 사거나 주인과 노역 기간에 대해 흥정을 한 것을 기록한 많은 자료들이 이를 증명하고 있다. 강제 노역이 국가적 사업을 위한 가장 확실한 수단에 속한다는 사실은 놀라운 일이 아니었다. 우르 제3왕조의 왕들은 모든 메소포타미아 문명의 특징인 복잡하고도 필수적인 관개 수로의 유지에만 노력한 것이 아니라 국가적인 건설 사업도 추진했다. 더 나아가 농업 생산의 중앙화에 대한 시도를 지원하기 위해 저장 설비를 건설했다. 국가가 파종에서부터 수확, 저장에 이르는 농업의 모든 것을 통제하기 시작하면서 농업에 종사하는 노동력의 비율이 매우 증가하게 되었다.

우르 제3왕조의 경제

이 시대의 유적지에서 수천에 달하는 기록이 발견되었고

이들의 많은 부분이 경제 활동과 관련된 것이다. 그러나 대부분이 우르 제3왕조의 경제에 대한 전반적인 모습을 보여 주는 특별한 제도들과는 관련이 없다. 대부분이 융자, 사원 토지의 임대, 노예 매매나 이와 비슷한 주제를 다루고 있다. 이러한 기록들을 평가하는 것에서 어려운 점은 이들이 국가의 허가를 받은 계약인지 사적인 계약인지를 구별하는 것이다. 후자는 독립적이고 스스로 관리할 만큼 재산을 소유한 이들의 개인적인 활동을 포함한다. 이러한 사람들에게 수입과 지출은 사원이나 궁궐과는 연관이 없을 수도 있었고 왕이나 고위 관료들의 식솔일 수도 있었다. 우르 제3왕조의 기록 중에서 푸즈리시다간(오늘날 드레헴)에서 발견된 기록들은 많은 학자들 사이에서 국내 경제를 재구성하는 데에 더할 수 없이 귀중하게 여겨지고 있다. 푸즈리시다간은 니푸르 근처의 커다란 행정 및 재분배의 중심지로, 신전에 제물로 바쳐질 가축들을 공급하였다. 또한 이곳에는 양털과 가죽을 다루는 공장들이 있었다. 이곳과 다른 유적지에서 발견된 거의 모든 기록들은 공적인 경제 활동에 관한 것으로 많은 학자들이 이 방면에

세계 최초의 관료

우르 제3왕조는 아마도 세계 최초로 전문적인 관료들을 탄생시킨 나라일 것이다. 널리 퍼져 있고 다루기 힘든 메소포타미아의 도시국가들을 지배하기 위하여 우르의 왕은 공식 채널을 사용하고 주민들과 재산을 관리하며, 자세한 회계 방식을 확실하게 하는 제도를 세웠다. 이들 조직은 우르 제 3왕조의 혁신적인 업적인 공식 사신을 통해 서로 소통했다. 비록 보다 높은 권위에 호소할 수 있는 제도는 있었지만(지방 통치자가 최종 권위자였다), 현지의 문제, 특히 법적인 사건은 가능한 한 현지에서 해결되었다. 때때로 마을 광장이나 신전 앞에서 "민간 공판"이 열리기도 했으나 이는 매우 드물었다. 주로 왕과 그의 대리자인 관료가 공적이거나 사적인 불화의 심판자 역할을 하였다.

상 : **니푸르의 지사가 원통형 인장(BCE 2500년경)에 묘사되어 있다.** 비록 인장은 "공적인" 문서에 자주 사용되었으나, 점점 장식적이고 세밀해지게 되었다.

지나치게 편중하게 되었으나 실은 이 면모만이 우르 제3왕조의 모든 것을 보여 주는 것은 아니다. 비록 비공식적인 기록들에서 발견된 내용들은 수적으로 적으나, 보다 더 다양한 거래들을 다루고 있다.

수메르와 아카드의 왕들

우르 제3왕조 시대는 "수메르의 르네상스"로 여겨진다. 그러나 같은 시기에 아카드 문명이 공식적인 메소포타미아 문명을 무시하지 못할 만큼 잠식하여 공공 행정에 사용되고 있었다. 수메르어는 문학에서 사용되어 우르의 모든 교육받은 이들이 습득해야 했으나 아카드어는 제국의 일상 언어로서 널리 사용되었다. 그 결과 왕족의 이름은 아카드식 이름을 쓰게 되었으며 이 시대에 세워진 모든 새로운 도시들에도 아카드식 명칭이 붙여졌다.

하 : **움마에서 발견된 점토판(우르 제3왕조)에 다양한 농업 활동의 회계가 자세히 기록되어 있다.** 더 많은 사람들이 보다 큰 도시로 이동하기 시작하여 도시국가들이 성장하고 상업 거래가 발달하게 되었다. 그래서 이러한 거래를 기록할 방법이 필요했다.

우르 제3왕조의 쇠퇴

기후의 변화, 염류 집적 작용, 외세의 침략 및 도시의 불안 등이 모두 우르 제3왕조 멸망의 원인으로 여겨진다. 그러나 이 모든 요인들이 우르 제3왕조의 통치 기간 내내 작용하였다면 어째서 그토록 흔들리던 사회가 100년 이상 견디며 지속될 수 있었을까?

상 : 수메르의 이비신이 달의 신인 난나에게 바치는 글이 광을 낸 마노에 새겨져 있다(BCE 2000년경).

농산물 생산량의 저하는 도시에 커다란 영향을 주었고, 정착한 농민과 유목민 들 사이에서는 물과 땅에 대한 경쟁이 심해졌다. 유목민들은 고유의 정치적, 사회적, 경제적 주기로 인하여 시기에 따라 정착 생활을 하기도 했으나 그 이외에는 더욱 유동성을 필요로 하였다. 기후의 변화 역시 식량 생산에 중요한 영향을 미쳤다. 기후의 변화가 이 시대에 전반적으로 농민의 수가 감소한 것보다 더욱 큰 영향을 주었는지는 확실치 않다. 많은 이들이 토지를 매입하여 계약 노동자들을 사용하였고 농민들은 도시에서 상업에 종사하는 것이 더욱 많은 돈을 벌 수 있으리라 여겨 농민의 수가 감소하게 되었다. 서부에서는 아모리인들이, 동부에서는 엘람인들이 정치적, 경제적으로 계속적인 압력을 가해 왔다. 이 모든 점을 고려했을 때, 어째서 우르 제3왕조가 멸망했는가보다는 어떻게 해서 우세한 위치를 계속해서 차지할 수 있었는가를 알아보는 것이 더 중요할 것이다.

최후의 왕

우르 제3왕조의 마지막 왕인 입비신은 행정 능력 면에서 믿음직스럽지 못했지만 도시의 분열과 호전적인 부족들로 이루어진 국경의 분쟁 문제를 동시에 해결해야만 했다. 그의 제국은 끊임없이 공격을 받았고 그가 왕위에 오르자마자 국경 지역에서는 저마다 독립을 주장하기 시작했다. 그가 가진 리더십이 어땠든지 간에 그가 처한 상황을 해결할 수는 없었다. 주요 도시들을 지키기 위해 요새화를 시도하였으나 이는 중앙의 권위를 보장하기보다는 각 도시들 사이의 분열을 조장하게 되었다. 입비신의 가장 큰 골칫거리인 아모리인들이 수메르인들의 생각처럼 원시적인 부족은 아니었으나, 그렇더라도 어떻게 그토록 큰 문제를 일으킬 수 있었는지는 알 수가 없다. 우르 제3왕조의 약점을 간파한 아모리인들이 모든 요인들을 이용하여 왕조를 쇠약하게 만들었을 수도 있다.

쇠퇴와 몰락

우르 제3왕조가 놀라울 정도로 기록을 잘 보관한 덕분에 메소포타미아 역사상 다른 어느 때보다도 왕조의 마지막에 대해 더욱 자세하게 알 수 있다. 왕의 서신, 시, 이신의 문서들은 입비신의 추락을 알려 준다. 입비신이 이신의 지사로 임명한 이시비에라는 왕의 서거 시 조사를 맡은 총책임자였다. 마리 출신의 이비시에라는 입비신이 엘람인들과의 전쟁에 출전하는 동안 우르의 주변 도시들을 아모리인들로부터 방어하는 임무를 맡겠다고 했다. 입비신이 이 제안을 받아들여 이신과 니푸르는 이비시에라의 지휘

농업적으로 몰락한 증거

아카드 제국의 시대에 시작된 사막화 현상은 우르 제3왕조 시대에도 계속된 것으로 보이며, 페르시아 만 침전물을 분석한 결과, 강들의 수위가 오랜 기간 동안 매우 낮았다는 것이 밝혀졌다. 생태계의 균형이 너무도 불안정하여 적들의 습격에 의한 피해나 수로 운영의 실수만으로도 심각한 식량 부족이 초래되었다. 기록에 의하면 입비신의 시대에는 종자의 가격이 기하급수적으로 올랐다고 한다. 분명히 아모리인의 공격이 농경지나 관개 수로에 피해를 입혔으므로, 그들에게도 일부의 책임이 있었다. 아모리인은 보다 조직적이고 강력한 엘람인이 우르를 침략하고 왕을 포획할 수 있도록 길을 열어 준 셈이었다.

하에 들어가게 되었다. 이비시에라는 노련한 교섭자였으며 능숙한 전달자였음이 왕과의 교신에서 뚜렷이 들어난다.

이비시에라는 이신을 요새화한 후 왕권을 장악하기 시작했다. 이비시에라는 그가 왕권을 맡기 시작한 날짜를 기준으로 하여 공문서의 날짜 표기 방식을 바꾸었을 뿐만 아니라 스스로를 엔릴 신의 총애를 받는 자로 불렀다. 이는 아마도 당시 심각한 우울증에 봉착한 입비신의 입장과 대조적임을 과시하기 위해서였던 것으로 보인다. 입비신은 엔릴 신이 자신을 싫어한다고 지속적으로 불평했었다. 제물로 바친 동물을 살펴서 알아보는 징후와 전조도 이를 뒷받침하여 왕을 더욱 더 낙심하게 하였다. 신에게 총애를 받는다는 확신은 이비시에라가 니푸르를 지배하는 동안 더욱 강해졌고 결국은 스스로를 우르를 포함한 메소포타미아 남부 전역의 지배자로 공포하게 되었다.

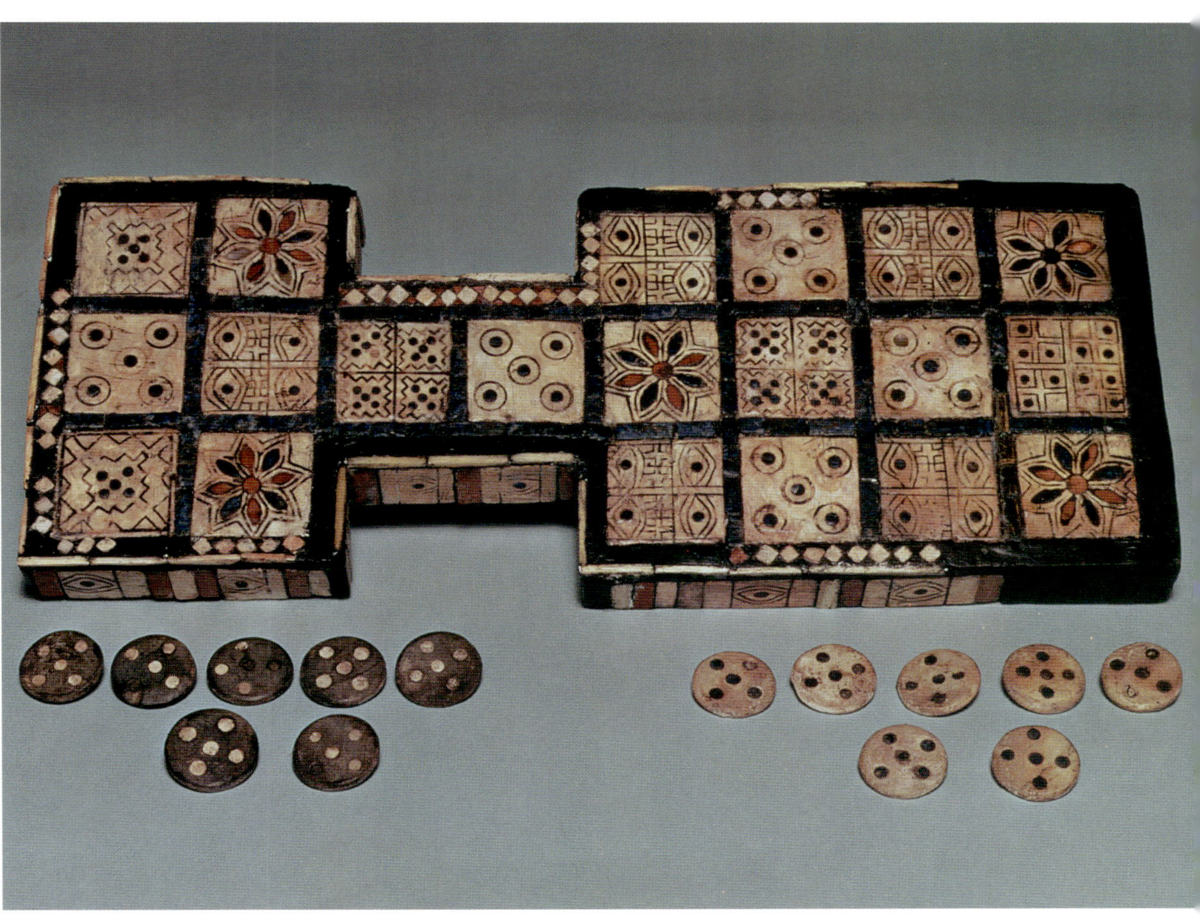

상 : 우르의 왕실 무덤(BCE 2500년경)에서 출토된 게임판은 레너드 울리에 의해 발견되었으며 현재 대영 박물관에 있다.

멸망

입비신은 이비시에라가 바란 것처럼 쉽게 사라져 주지 않았다. 입비신은 이비시에라가 반역을 일으킨 후에도 14년 동안 통치를 계속했다. 결정적인 타격은 기근으로 인하여 그가 지배하던 도시의 인구가 격감한 것이었다. 우르의 멸망을 기록한, 비수로 찌르는 듯 슬픈 시는 아마도 훗날 성서에 실린 애가에 영향을 미쳤을 것으로 생각된다. 우르 제3왕조의 문명은 수메르 문화의 절정을 증언한다. 우르 제3왕조의 쇠퇴는 초기 청동기 시대의 도시화와 중기 청동기 시대에 발달한 "국제 시대"의 시작을 뚜렷이 갈라놓는다. 제국은 지중해 전역에 새로운 시장을 열고 메소포타미아 주변 지역 주민들에게 수메르 문화를 노출시킴으로써 이 변화에 기여하였다. 이들의 성과를 충분히 활용하는 것은 그들의 뒤를 잇는 메소포타미아의 셈족의 몫으로 남겨졌다.

좌 : 수메르어로 된 비가(루브르 박물관 소장)는 우르의 잔해에 대한 비통함을 노래하고 있다(BCE 2000년경). 우르 제3왕조의 멸망은 서사시와 종교적인 글들이 쏟아져 나오게 했다.

귀금속과 보석

메소포타미아에서는 금과 은을 수입해야만 했으나 이것이 귀금속 세공 유물이나 높은 기술 수준을 이루는 것에는 영향을 미치지 않았던 것으로 보인다. 이 귀금속들이 어디에서 왔는지는 아직도 확실치 않다. 수메르인들이 BCE 3000년대 무렵 이 분야에 너무도 빨리 정통하게 된 점은 외부의 영향을 받았으리라고 추측하게 한다(초기 일부 공예품들의 원료 생산지는 이란 고원이다). 터키의 동부 산악 지대에 있는 귀금속 광상이 주 원천이었으리라 믿어지지만 아라비아, 엘람, 옥수스, 알타이와 토로스 산맥 및 인더스 강 유역과의 교역을 통해 원료를 얻었을 수도 있다. 인더스의 하라파와 모헨조다로에서는 인더스 강에서 나온 금을 사용하였다. 레반트(나할카나)와 북부 시리아(텔주데이다)에서 출토된 초기의 금 세공품들은 BCE 4000년대 초부터 근동 지역 전체에서 금이 사용되었음을 시사한다.

메소포타미아에서 사랑받던 장신구 디자인은 나뭇잎, 원뿔형, 소용돌이, 포도송이 등, 자연과 기하학적 문양이었다. 수메르와 아카드의 장신구는 금이나 은으로 된 잎에 마노, 홍옥수, 벽옥, 청금석, 옥수 등의 준보석들을 배치하였다. 수메르 유적지에서 장신구 교역과 생산에 관련된 서류들이 많이 발견되었다.

메소포타미아 후기의 보석 세공인과 장인들은 칠보, 조각, 낟알 장식, 세선 세공 등의 세공 기술을 사용하였다. 다양한 종류의 목걸이, 팔찌, 발찌, 펜던트, 브로치들이 발견된 것은 아마도 남녀노소를 가리지 않고 장신구를 착용했기 때문일 것이다. 인간뿐만이 아니라 신상에게 바치기 위해서도 만들어지고는 했던 장신구는 귀한 제물로도 사용되었으며 착용했을 시에는 특정한 신에 대한 숭배와 재앙으로부터의 보호를 상징하였다. 예를 들어 청금석은 지닌 사람에게 하늘의 신인 아누의

신에게 바치는 장신구
닝기르수 신의 상징인 사자머리 독수리 상은 금과 청금석으로 만들어졌다(BCE 2500년경). 청금석은 아프가니스탄에서 온 것일 수 있다.

부장품
금과 청금석으로 만들어진 이 목걸이(BCE 2500년경) 같은 장신구는 우르의 왕실 무덤에서 출토되었다. 레너드 울리는 16기의 왕실 무덤들을 발굴했다. 부장품으로는 귀금속, 식품류, 수레 또는 황소들까지 포함되었다.

커다란 영광인 죽음?
푸아비 왕비와 함께 묻힌 시녀들은 복잡하게 만들어진 머리 장식, 목걸이 및 사진에서 보이는 것처럼 여러 장신구들로 치장되어 있었다(BCE 2450년경).

보호를 받을 수 있게 해 주었다.

세계에서 가장 유명한 보석들 중의 몇몇이 1920년대 우르의 왕실 무덤을 발굴한 레너드 울리에 의하여 발견되었다. 특히 푸아비 여왕의 무덤에서 수메르의 장인 기술과 디자인의 뛰어난 예가 대량 발견되었다. 청금석과 금으로 된 브로치 세 개, 청금석과 금으로 된 물고기 모양의 부적 세 개, 아름다운 영양 모습의 금으로 된 부적이 그녀의 팔을 장식하고 있었다. 그녀의 머리 위에는 크기가 조금씩 다른 세 개의 금관이 금 밴드로 묶여 있었다. 세 개의 금관은 엮여진 원, 백양나무와 버드나무 잎 등 각각 다른 문양으로 장식되어 있다. 파란색과 흰색으로 장식된 금관의 위로는 금으로 된 꽃이 줄기 끝에 매달려 있다. 금꽃으로 장식된 빗이 머리에 꽂혀 있고 넓고 동그란 귀걸이가 걸려 있다. 준보석 구슬로 이루어진 세 줄짜리 목걸이의 중앙에는 세선 세공으로 된 꽃이 걸려 있다. 손가락에는 여러 개의 반지가 끼워져 있고, 가슴, 손목, 팔에 장식을 하고 정성을 들인 옷을 입은 몸종들이 있었다. 비록 여왕의 무덤이 놀라운 광경이기는 했을지라도 그토록 많은 몸종들이 자발적으로 자살을 했다는 것은 믿기 어려운 일이다. 폭력의 증거는 없으나 약간의 독약이 든 얕은 주발이 나누어졌으리라 여겨진다. 이 대규모의 자살이 사후의 행복을 보장하기 위해 자발적으로 행해졌는지, 전제적인 권력의 무자비한 증거인지는 알 수가 없다.

메소포타미아 야금술의 간략한 역사

우선, 메소포타미아에서 구리의 야금술은 구슬이나 고리와 같이 작은 물건들로 제한되었다. 그러나 우루크 시대 말기에는 닫힌 틀과 납형 주물 공법이 도입되어 가슴 장식이나 그릇 및 인간, 동물, 식물 등의 복잡한 모양을 다양하게 만들 수 있게 되었다. 수메르인들은 BCE 2000년대에 뛰어난 금은 세공 기술을 가지게 되었으며 다양한 과정을 통해 예술 작품을 창조해 내었다. 메스칼람다그 왕의 투구(위의 사진, BCE 2650–2550년경, 이라크 박물관 소장)는 우아함과 기량에서 최고의 사례이다.

세력 다툼 : 왕국들의 전쟁

서론

다국적 조직이었던 우르 제3왕조가 붕괴하자 BCE 1000년대의 중동에서는 많은 적대 국가들이 정치적 지배를 위해 다투게 되었다.

초기 청동기 시대(BCE 2000년대 말)에 버려졌던 시리아의 많은 마을들은 중기 청동기 시대(BCE 2000−1550년)에 다시 사람들이 살게 되었는데 무엇 때문이었는지는 확실하지 않다. 아모리식 이름을 가진 왕들은 시리아와 이라크에서 나타나기 시작하여 메소포타미아의 우루크와 라가시에서 시리아 내륙의 마리와 테르카, 알레포, 에블라, 콰트나까지 많은 국가들을 지배했다.

아모리인의 발흥

아모리인이 처음 언급된 것은 사르곤 말기(BCE 2200년)의 기록에서였다. 100년 후, 우르 제3왕조의 왕들은 아모리인들을 시리아에 머물게 하기 위해 성곽을 쌓았다. 그러나 우르 제3왕조의 주민들 중에는 아모리식 이름을 가진 사람들이 이미 많았다. BCE 2000년 경, 아모리인들은 메소포타미아의 대부분에 확산되었고 많은 도시에 아모리인의 이름을 가진 왕이나 행정 관리들이 있었다. 그들은 아모리인들의 풍습을 그 지역 전통에 융합시켰다. 아수르의 아모리인들은 자신들을 아시리아인으로 여겼으며, 바빌론(왕국 이전의 불명확한 메소포타미아 마을)의 아모리인들은 스스로를 바빌로니아인들로 여겼다. 한편 이들 도시에서 아모리인들은 그들의 전통적인 왕실 족보를 각기 살고 있는 도시 지배자의 계보에 접목시켰다. 예를 들어, 17인의 “장막에 산 아모리 왕”은 아수르와는 전혀 상관없었음에도 불구하고 아시리아 왕명록에 이름을 남겼다.

북부에서는 커다란 관료 국가가 다시 나타나기 시작했다. 이는 알랄라크, 마리, 텔레일란의 기록들에 나와 있다. 이 지역의 실세는 유프라테스 강 하류의 마리였다. 관료 조직을 갖춘 막강한 아모리 왕조의 존재가 마리에서 나온 수천 개의 BCE 18세기 설형문자 기록으로 밝혀졌다. 유프라테스 강 북부의 다른 아모리인 도시 테르카는 카부르 강 지역을 BCE 1750–1500년경 지배했다. 시리아 연안에서 가장 강력했던 아모리 왕국은 알레포로 여겨진다. 이 증거가 알랄라크와 마리에서 발견되었다.

새로운 국가들의 출현

BCE 17세기 후반에 아나톨리아의 히타이트인들이 시리아–메소포타미아를 정복하여 바빌론을 약탈하고 알레포와 알랄라크에 대혼란을 일으켰다. 보통 이때 후기 청동기 시대(BCE 1550–1200년경)가 시작되었다고 본다.

히타이트의 정복 이후 미탄니라는 시리아 연맹 제국의 건국 전까지 1세기 동안 새로운 국가는 나타나지 않았다. 시리아는 서로 경쟁하는 국제적 대국들의 초점이 되었다. 이집트, 히타이트, 카시트인들이 지배하던 바빌로니아, 그리고 BCE 1350년경에는 아시리아도 이 치열한 경제적, 군사적 경쟁에 참여했다. 이는 이집트의 텔엘아마르나와 히타이트의 수도였던 하투사의 유적에서 발견된 국제 서신들이나 근래에 발견된 왕의 편지들에서 확인되었다. 이 지역에는 다양한 민족이 있었으나 아카드어가 공용어로 사용되었다.

또한 중동의 많은 지역에 정교한 관료 체제가 있었음이 밝혀졌다. 시리아 연안의 콰트나와 우가리트에서 수천 개의 알파벳식 설형문자 기록이 나왔고, 시리아 내륙의 텔문바카(고대 에칼트), 텔하디디(아주)와 유프라테스 중류의, 히타이트 속국 에마르에서 위성 마을의 문화생활을 보여 주는 5000여 개의 기록과 파편이 발견되었다.

암흑의 시기

BCE 1200년경 주요 국가들은 혼란 속에 있었다. 이집트와 아시리아는 크게 쇠퇴하고, 하티(히타이트 왕국)와 카시트 바빌로니아는 공격받아 축소되었다. 당시 일명 바다의 백성들이 에게 해에서 중동으로 대거 이주한 기록 및 고고학적 발견들이 있다. 이는 서셈어를 쓰는 아람인들이 시리아에서 티그리스–유프라테스 계곡으로 이주하여 아시리아와 카시트의 교역로를 막는 계기가 된 것 같다. 이를 "암흑기"(BCE 1200–900년경)라 하며 레반트 남부에서 훗날 성서에 나오는 유다, 이스라엘, 암몬, 모압과 에돔 등 소왕국들이 차례로 통합되었다. 신히타이트 도시국가들이 아나톨리아 동부와 시리아 북부에서 나타났고, 페니키아와 아람 국가도 출현했는데, 아람–다마스쿠스가 가장 유명하다.

네부카드네자르 1세(BCE 1124–1103년)가 바빌로니아 왕국의 권위를 되찾으려 하는 동안, 아시리아는 티글라트필레세르 1세(BCE 1115–1077년)하에 다시 뭉치기 시작했다. 그러나 두 왕국은 BCE 11세기에 다시 쇠락해서 이 정치적 부흥기는 오래가지 않았다.

상 : **교역 마을인 우가리트**에서 풍부한 설형문자 기록 보관소와 함께 사진의 신상(BCE 1400–1200년경) 같은 청동기 시대의 유물들이 다수 발견되었다.

이신과 수메르–아카드 전통

이 세력 다툼의 시기에, 시리아와 메소포타미아의 보다 오래된 수많은 도시들에서는 수메르–아카드의 전통이 지속되었다. 이러한 특징은 특히 메소포타미아 남부의 도시인 이신에서 눈에 띈다. 아마도 이곳에서 왕의 지배를 정당화시키기 위한 수메르 왕의 계보가 작성되었으리라 여겨진다. 이신의 왕들은 계속해서 수메르어로 기록을 남겼다. 당시 수메르어는 이미 구어로서는 소멸되었던 것으로 보이지만 과거와의 연속성을 유지하는 데에는 유용한 도구였다. 이신 왕조 5대 왕인 리피트이슈타르의 법령(BCE 1930년경)은 BCE 2000년대의 수메르 법령을 돌아보게 한다.

좌 : **포로를 끌고 가는 병사**는 BCE 2500–2000년경의 것으로 마리에서 발견되었다. BCE 1760년 무렵에 바빌로니아인들에게 파괴당할 때까지, 마리는 독립된 아모리 도시국가의 중추 역할을 했다.

에슈눈나와 엘람

초기 왕조 시대(BCE 2900-2300년)에 중요한 수메르 도시였던 고대 에슈눈나는 BCE 2017년경 우르 제3왕조로부터 독립을 얻어 내었다. 그후 이란에서 온 엘람인들이 에슈눈나를 함락시켜(BCE 1766년경) 이 지역의 정치적 풍경을 바꾸었다.

고대 에슈눈나(오늘날 텔아스마르)는 오늘날 이라크의 중동부인 디얄라 강 계곡 지방에 자리 잡고 있었다. BCE 2000년대 말 우르 제3왕조에 복속되었고 BCE 1000년대 초에 강력한 도시국가가 되었다. 우르 제3왕조로부터 독립한 후 BCE 1766년 엘람인들에게 멸망당할 때까지 약 19명의 왕이 다스린 것으로 알려져 있으며 이들 중 대부분이 아모리인들이었다고 추정된다. 마리의 시조 이름 연대기에는 에슈눈나의 이피크아다드 2세가 BCE 1850년 무렵 이라크 북부의 아라파와 유프라테스 강변에 있는 라피쿰을 포함한 디얄라 지방의 국가들을 정복하는 데 성공했다고 나와 있다. 또한 아수르를 정복했었다는 그의 후계자인 나람신은 메소포타미아 북부까지 진출하여 제벨 신자르(북서부 이란의 언덕)로부터 아나톨리아의 토로스 산맥에 있는 카부르 강의 원천에 이르렀으며, 마리가 있는 유프라테스 강 중류 지방도 점령했다.

에슈눈나 법령

에슈눈나의 끝에서 두 번째 왕인 다두샤는 대출, 보증금, 노예, 농업과 관계된 거래, 공격하는 황소, 남편된 자의 권리, 담장의 붕괴, 성범죄 등에 관련되는 법령으로 더욱 잘 알려져 있다. 이 법령은 함무라비 법령(BCE 1770년)보다 약간 앞선 것이나 함무라비 법령과 마찬가지로 약 60개의 법령은 "만약 X가 생기면, Y가 주어질 것이다"라고 가정하는 "만약-하면"이라는 문구로 구성되어 있다. 법령은 아윌룸(상류 계급), 무슈케눔(정의하기 어려운 일반 계급) 및 와르둠(노예 계급) 등, BCE 1000년대 초기 메소포타미아 사회의 기본적인 세 개 그룹을 대상으로 한다.

에슈눈나 법령은 함린 분지의 텔하르말(고대의 샤두품으로 현재는 바그다드 변두리에 위치한다)과 텔하다드에서 발견되었다. 불행히도 현존하는 부분에는 서론이나 본론이 없고 단지 다두샤의 이름이 나와 있는 짧은 표제만 쓰여 있다.

좌 : 석회암에 조각된 대여신상은 에슈눈나(오늘날 텔아스마르)에서 발견되었으며 BCE 2800-2300년 무렵의 것이다.

엘람에 의한 함락

BCE 1766년 이란에서 온 엘람인들이 마리와 함무라비 치하의 강력한 왕국인 바빌로니아의 도움으로 에슈눈나를 함락시켰다. 이란으로 가는 북부 교역로에 위치한 에슈눈나는 엘람에서 북부 교역로를 따라 내려오던 이란의 엘람인들이 처음으로 맞닥뜨리는 도시였다. 엘람의 수도인 수사는 에슈눈나와 동시에 우르 제3왕조에서 벗어났다. 에슈눈나가 함락된 것은 이 지역의 정치에 중요한 영향을 끼쳤다. 엘람인들은 셰크나(오늘날 텔레일란)까지 진출했으나 함무라비의 공격 때문에 메소포타미아를 포기할 수밖에 없었다.

엘람

엘람은 원래 이란의 남서부 지방이었다. 엘람인들이 에슈눈나를 정복할 무렵에는 이미 1000년이 넘는 시간 동안 메소포타미아의 정치에서 중요한 역할을 하고 있었다. 그들에 대해 알려진 바의 대부분은 메소포타미아의 기록과 수사에서 발견된 유물들에 의한 것이다. 자그로스 산맥의 산자락에 있는 수사는 이란의 도시로 다양한 시기에 메소포타미아의 문화적, 정치적 보호국 역할을 했다. 이란 최초의 기록이 여기서 발견되었는데 이것은 원시 엘람 문자라 알려져 있는 메소포타미아 상형문자의 초기 형태로 아직

좌 : **아카드의 왕 나람신**은 엘람의 국가와 협정을 맺었으나 다른 민족들은 그렇게 운이 좋지 못했다. 사진은 나람신이 자그로스 산맥의 룰루비족을 정복하고 있는 모습이다.

해독되지 않았다.

엘람인들에 대한 첫 기록은 BCE 2500년대 초기 왕조 시대의 메소포타미아 문서에서 나온다. 아카드 제국과 우르 제3왕조(BCE 2350–2000년경)가 수사 및 이란 고원의 상당한 부분을 지배했기 때문에 엘람인들은 이들 왕실에서 정치적으로 큰 역할을 담당했다. 아카드의 왕인 나람신은 수사의 북부에 있었으리라 추정되는 아완과 협정(BCE 2275년경)을 체결할 정도였다. 이 문서는 엘람어로 된 최초의 기록으로 알려져 있다. 엘람어는 고대나 현대의 어떠한 언어와도 관련이 없는 언어이다.

1세기 후, 아완의 푸주르인슈시나크는 처음으로 이란 고원과 수사를 포함한 엘람 전체를 통합했다. 그러나 우르 제3왕조는 수사와 그 주변의 지역(예를 들어, 수시안나, BCE 2110–2000년경)을 통제할 수 있었고 엘람의 왕들과 혼인으로 연맹을 맺었다. 이후 우르 제3왕조는 BCE 2004년경 엘람인들에 의해 정복되었으며, 엘람의 수쿨마흐 왕조가 수사를 차지하는 데 성공했다. 비록 행정 언어는 주로 아카드어였으나 간간히 엘람어가 사용되었다. 메소포타미아의 이신–라르사 시대(BCE 2004–1792년경)에는 엘람인들이 메소포타미아 지방 정치에서 긴밀한 역할을 했다. 수사 북부에 있던 또 다른 엘람 국가의 왕인 쿠두르마부크는 아들인 와라드신을 라르사의 왕위에 앉히는 데 성공한다. 와라드신의 형제인 림신이 그의 뒤를 이어 재위 기간(BCE 1822–1763년경) 동안 메소포타미아 정치의 주요 실세가 되었다.

수쿨마흐 왕조의 몰락

수쿨마흐 왕조는 BCE 1500년경 멸망했으나 그 이유는 알려져 있지 않다. 그 후 엘람과 수사의 기록에서 주로 사용되는 언어는 엘람어(중 엘람 시대, BCE 1500–1100년경)가 되었고 신들의 메소포타미아 이름도 엘람어로 대체되었다. 바빌로니아의 카시트인 왕들은 이란 남부에서 엘람 왕들과 왕가 간의 혼인을 맺었다. 그러나 바빌로니아의 이신 제2왕조 네부카드네자르 1세(재위 BCE 1124–1103년경)는 엘람인들을 완패시키고 엘람 왕조의 멸망을 초래하였다. 그러나 엘람인들은 민족으로서 계속 존재하여, 약 500년 후까지도 엘람의 궁수들은 페르시아 군대의 일원으로 명성을 떨쳤다.

하 : **이 베를 짜는 엘람 여인**은 에슈눈나에서 발견되었으며, 이신–라르사 시대의 것으로 엘람 문화의 절정을 보여 준다.

아시리아와 샴시아다드 1세

샴시아다드 1세는 아모리인으로 BCE 1814년경 아수르를 정복했다. 33년 후(BCE 1781년경), 그의 치세가 끝날 무렵에는 북부 메소포타미아 전체를 지배했다. 제국 건설의 성공은 그를 메소포타미아 역사의 창시자들 중 하나로 만들었다.

이라크 북부의 아수르에 대해서는 BCE 2000년대 후반, 아카드 사르곤의 후계자들이 지배할 때 처음으로 기록되었다. BCE 2000년경, 아수르는 우르 제3왕조의 일부였으나 우르 제3왕조가 붕괴하자 독립했다. 이 이야기는 아나톨리아의 중요한 무역 도시인 카네시(BCE 2000–1800년경)에서 발견된 수천 개의 상업 문서에 나와 있다.

샴시아다드 1세와 아시리아

마리에서 발견된 문서에 의하면 샴시아다드 1세는 부친 일라카브카붐의 뒤를 이어 아모리인들의 도시인 에칼라툼의 왕위에 오른다. 에칼라툼의 정확한 위치는 알려지지 않았으나 아수르 남쪽의 티그리스 강의 왼편 어딘가였을 것으로 여겨진다. 그는 에슈눈나의 나람신이 북부 이라크의 대부분을 포획하자 바빌론으로 도망치게 되었다.

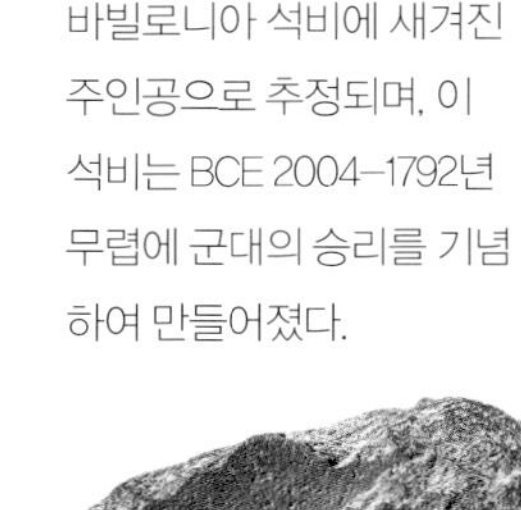
하 : 샴시아다드 1세는 이 바빌로니아 석비에 새겨진 주인공으로 추정되며, 이 석비는 BCE 2004–1792년 무렵에 군대의 승리를 기념하여 만들어졌다.

그리고 에칼라툼에 귀환하고 얼마 지나지 않아 아수르를 공격하여 점령했다. 아시리아 왕명록에 의하면 그의 치세는 이때부터 시작되어 33년 동안 지속되었다고 한다. 그의 지배에 대한 이야기는 이웃에 있는 마리, 수도인 슈바트엔릴(1000개 이상의 문서가 발견되었는데, 그중 많은 부분이 샴시아다드 1세 때의 것이다), 슈샤라(현재 이라크 북동부의 텔셈샤라)의 유적과 앞서 언급한 아시리아 왕명록에서 나왔다. 샴시아다드는 아모리인이라는 그의 출신에도 불구하고 중요한 역할을 했다. 북부 메소포타미아 전역을 정복했다고 하며 새로운 수도인 슈바트엔릴(시리아 카부르 강의 동쪽에 가까운 텔레일란으로 생각된다)을 설립했다.

이전에 아나톨리아에 교역을 개척했던 아시리아 왕들처럼 샴시아다드는 북부 교역로를 지배하기 위해 힘을 썼으나, 아나톨리아 식민단은 그의 재위 기간 중에 해체되었던 것으로 보인다. 샴시아다드는 스스로 아카드 왕의 후손이라고 주장하며 자신을 아카드의 왕들과 연결시키려 공을 들였고 심지어는 사망한 사르곤계 왕들의 영혼을 위해 마리에서 제물을 바치기까지 했다.

샴시아다드 1세와 그의 치세

아수르를 점령한 샴시아다드는 동부 카부르 강의 서쪽으로 진출하여 버려졌던 셰크나를 슈바트엔릴로 개명하여 그곳에 정부를 세웠다. 이 새로운 왕국은 서부의 영토와 함께 유프라테스 강변에 있는 마리 왕국의 영향권에 있었다. 그리고 BCE 1800년 무렵, 샴시아다드는 마리를 패배시키고 수도를 점령하는 데 성공한다. 이로써 그는 북부 메소포타미아 전체를 지배하게 되었고, 자신의 명문에 티그리스와 유프라테스 강 사이의 땅을 통일시켰다는 문구를 새겼으며, 바빌로니아의 왕 함무라비와 긴밀한 동맹을 맺었다. 샴시아다드는 지배를 강화하기 위해 그 아들들을 전략적 위치에 파견했다. 야스마아다드가 새롭게 정복한 마리를 주재하는 동안 이

샴시아다드 1세 이후의 아시리아

북부 메소포타미아 제국은 샴시아다드의 사후(BCE 1781년경) 그의 아들들이 거대한 영토를 하나로 유지하지 못하여 오래 가지 못했다. 샴시아다드가 죽자 알레포 왕국과 에슈눈나가 연합하여 "두 개의 머리"를 가진 왕국을 공격했다. 야스마아다드는 마리의 옛 왕가의 후손인 짐리림에 의해 폐위당한다. 한편 이슈메다간은 에칼라툼을 수도로 하는 줄어든 왕국을 적어도 다음 대까지는 유지시켰다. 그러나 엘람인들이 BCE 1765년경 에칼라툼을 점령하자 이슈메다간은 함무라비에게 구원을 요청하였다. 비록 바빌로니아 왕의 도움으로 왕위를 되찾았으나 에칼라툼은 바빌로니아의 속국으로 전락한다. 이슈메다간이 죽자 그의 아들 무투아슈쿠르가 뒤를 이었지만 그의 치세는 짧았다. 무투아슈쿠르는 에칼라툼을 지배한 마지막 왕으로 알려졌다. 그 후 에칼라툼은 메소포타미아 역사의 기록에서 사라지게 되었다.

좌 : 시리아의 텔레일란을 발굴하며 샴시아다드 1세가 지었으리라 추정되는 신전에서 사진과 같은 BCE 1780년 무렵의 점토판을 발견하였다.

슈메다간 1세는 에칼라툼에서 지배하였다. 둘 다 왕으로 간주되기는 하였으나 이슈메다간 1세에게만 "대왕"의 칭호가 붙여졌는데, 그는 더 나아가 아카드의 왕을 연상시키는 "만물의 왕"이라고까지 불렸다.

샴시아다드의 치세가 끝날 무렵 에슈눈나는 아시리아의 영토를 침략하였고, 샴시아다드 자신은 극서부 원정에 참여하여 강력한 알레포와 싸웠다. 그의 군대는 레바논까지 도달했는데, 대단히 많은 군사들을 왕국에서 차출했던 것으로 추정된다. 또한 야스마아다드 및 시리아 왕국 콰트나와 정략결혼을 맺었으나 이 결혼에 대하여 정작 당사자는 그리 내켜하지 않았다.

샴시아다드 1세와 그의 아들들

샴시아다드 1세와 그의 아들들, 특히 야스마아다드와의 관계를 이해할 수 있는 중요한 서신들이 마리에서 발견되었다. 서신에 의하면 야스마아다드는 발리크 강 하류 지역의 영토, 특히 투툴을 유지하는 것에 어려움을 겪은 것이 분명하였다. 샴시아다드 1세도 아들의 통치 능력에 대해 걱정하고 있었다. 게다가 야스마아다드는 그의 형에 대한 불만을 토로했으며 영토를 가지고 다투기도 했다. 그러나 두 아들은 부친에게 충성을 바쳤고 반란을 일으키지는 않았다. 마리에서 발견된 서신들은 거의 야스마아다드를 수신인으로 하는 것으로 야스마아다드 자신의 견해가 표현된 것은 아닐 수도 있다.

좌 : 이 점토를 구워 만든 테라코타(BCE 2000년경)는 여성의 형상을 하고 있는데, 샴시아다드 1세 시대에 아모리 왕실 식탁을 위한 접시를 굽는 데 사용되었다.

철기 시대의 도래

철광석 파편

고대 근동과 이집트에서는 장신구, 인장 및 다른 세공품들을 위해 철광석을 제련하는 등 다양한 광석을 사용하였다.

비록 역사학자들이나 고고학자들이 근동에서 철기시대가 시작된 것을 BCE 1200년경이라고 보고 있지만, 적어도 BCE 4000년대부터 이 지역에서 철이 간헐적으로 사용되었다는 사실은 고고학적으로 증명되었다. 또한 BCE 2000년대에 만들어진 특수한 철제품도 다수 발견되었다. 여기에는 메소포타미아의 디얄라 강 유역에 있는 에슈눈나에서 나온 철 단검, 아나톨리아 중북부에 있는 알라카휘위크의 상류 인사 무덤에서 나온 철제 장검, 이집트 기자의 대 피라미드와 관련된 작은 철 조각 등이 있다. 철 제품에 대한 기록도 발견되었다. 예를 들어 마리의 짐리림이 철로 된 반지를 이웃 나라의 왕에게 선물했다(BCE 1780년경)는 기록이 있다. 이 물건들 중 몇몇은 운철로 만들어졌다고 추정한다고 해도 일부는 구리 제련의 부산물이었을 확률이 크다.

BCE 1000년대 말기의 문헌에는 고대 근동에서 철제품 제작이 매우 널리 퍼져 있었다고 나온다. 유명한 성서 구절인 사무엘상 13:19–22는 BCE 11세기에 가나안 남쪽 해변에 살던 필리시테인들이 히브리인들의 철 사용 독점권을 가지고 있었던 것으로 해석되는 경우가 많으나 실은 이는 잘못된 해석이다. 실제로 이 구절의 의미는 히브리에는 대장장이가 없었기 때문에 철 도구를 고치기 위해서 필리시테인들에게 가져가야만 했다는 것이다. 그러므로 이 시대에 철 제련은 여전히 전문 활동이었고 중동 어디에서나 흔하게 행해지던 것이 아니었다.

금속 제련

BCE 9세기 무렵, 사진의 아시리아 부조가 제작되었을 때에는 금속 제련이 일상생활에서 흔한 것이 되었다. 사진은 위에서부터 시계 방향으로 포도주 만들기, 요리하기, 금속 제련, 동물 도살 장면을 보여 준다.

어쨌든 철은 적어도 BCE 1200년까지 청동 제품을 대체하지 못했다. 비록 철이 청동보다 우월하게 여겨지기는 했지만 철을 만들어 내는 것이 대단히 어려웠기 때문이다. 그러나 철광상은 대단히 풍부했기 때문에 일단 강철을 만드는 과정(철의 표면에 탄소가 흡수되도록 하는 방법)을 이해할 수 있게 되자 급속히 보급되기 시작했다. 실제로 키프로스, 갈릴리의 하르아디르, 요르단의 펠라와 베카 계곡에서 BCE 11세기 무렵 제철 기술을 사용했던 흔적이 발견되었다. 현재까지 발견된 헬레니즘(BCE 300년경) 시대 이전의 철 작업장은 얼마 되지 않는 것이 사실이지만 갈릴리의 텔인암과 레바논의 카미드알로즈에서 발견된 철을 녹이는 용광로는 두 곳 모두 대략 BCE 13세기의 것으로 확인되었다.

최근 흑해의 동쪽 해안에 있는 조지아 지방(고대 콜키스)에서 일하는 학자들은 약 40군데의 제철 시설을 발굴하였다. 방사성 탄소를 이용한 연대 측정법을 사용한 결과 BCE 1500년의 것으로 밝혀져, 철 생산의 기원에 대한 수정이 요구되고 있다. BCE 1000년이 얼마 지나지 않았을 때, 조지아 지방이 우라르투와 아시리아 왕국에 철을 공급했다는 사실은 잘 알려져 있다. 분명 BCE 1200-1000년경에는 철 야금이 중동 지방을 가로지르며 점차적으로 확산되었다. 시리아-팔레스타인, 키프로스 및 동유럽에서 그 예를 찾아볼 수 있다.

철 야금의 간단한 기술은 일반인들도 철제품을 사용할 수 있도록 했고, 농업과 산업, 심지어는 전쟁에도 혁명을 일으키게 되었다.

도구와 무기
사진의 쇠도끼, 못, 칼 들은 BCE 1000년대 초반의 것으로 시리아의 마리에서 발견되었다. 청동보다 부서지기는 쉽지만 날은 더욱 오랫동안 날카롭게 유지되었다.

히타이트인들과 철 생산

철기에 대한 가장 오래된 언급은 BCE 14세기 말 중앙 아나톨리아 북부의 히타이트 수도 하투사에서 발견된 외교 서신에 남아 있다. 히타이트 왕 하투실리 3세가 쓴 것으로, 아시리아의 왕(아다드니라리 1세로 추정되나 서신의 첫 부분은 실종되었다)이 철을 요청한 것에 대한 답신이었다. 하투실리는 당시 자신의 무기고에는 여분이 없다는 말과 함께 아시리아 왕의 기분을 상하지 않게 하기 위해 철 단검을 선물로 보냈다. 이 서신은 히타이트인들이 철을 제련하기 시작했다는 증거로 자주 거론되어 왔다. 그러나 히타이트인들이 최초로 철을 발견하여 생산했다는 증거는 없다.

철과 금으로 된 흉갑
사진의 금으로 된 사자 모양의 못이 박힌 장식용 흉갑은 알렉산드로스 대왕의 부친인 마케도니아 필리포스 왕(BCE 382-336년)의 무덤에서 출토되었다.

함무라비 치하의 바빌로니아

함무라비(재위 BCE 1792–1750년)가 바빌로니아의 왕좌에 올랐을 때, 바빌로니아는 큰 국가들에 둘러싸인 약한 도시국가에 불과했다. 그러나 함무라비의 치세가 끝날 무렵에는 1000년 이상 유지될 제국이 탄생하였다.

함무라비 이전의 바빌로니아 초기 왕조(BCE 1894–1793년경)를 다스린 몇몇 왕들에 대해서는 알려진 바가 거의 없다. 중요한 왕의 연례 행사에 대한 서기들의 기록과 같은 일부 자료에 의하면 당시의 왕들은 주로 신전이나 요새, 운하와 같은 건설 사업에 힘을 기울였다고 한다. 이들은 또한 가까운 도시인 시파르에 신경을 썼는데 사비움(재위 BCE 1844–1831년경)은 시파르에 샤마시 신전을 재건하였고 바빌론에 마르두크 신전을 건설하였다. 한편 이 당시의 왕들이 이웃 국가들과 전쟁을 치루었다는 증거도 찾아볼 수 있다. 수무라엘(재위 BCE 1880–1845년경)은 바빌론의 북쪽에 있는 중요한 도시였던 키시를 약탈했다고 한다.

초기 왕조의 마지막 왕인 신무발리트(재위 BCE 1812–1793년경)가 다스릴 무렵에는 메소포타미아에 샴시아다드(재위 BCE 1814–1781년경)의 아시리아, 디얄라 강가의 에슈눈나, 바빌론 남쪽의 이신 및 라르사 등 중요한 국가들이 많이 있었다. 특히 오늘날의 이란에 위치한 엘람이 메소포타미아의 정치에서 중요한 역할을 하고 있었다. 이들 중 라르사의 림신(재위 BCE 1822–1763년경)은 바빌로니아의 신무발리트가 속한 연합군 세력을 무찔렀다고 한다.

좌 : 이 청동과 금으로 된 상은 성스러운 나무 앞에서 기도하고 있는 함무라비를 표현한 것으로 여겨진다. BCE 1750년 무렵에 만들어진 것으로 라르사에서 발견되었다.

선대의 왕들처럼 함무라비라는 이름은 그가 아모리인임을 알려 준다. 아모리인들은 BCE 2000년대 말부터 메소포타미아에 스며들기 시작하여 함무라비의 시대에는 아시리아, 에슈눈나, 우루크, 바빌론 등 다수의 중요한 도시 국가들을 지배하게 되었다.

함무라비의 치세 : 제국 건설

함무라비는 왕위에 오르자(BCE 1792년경) 제국을 확대시키는 것보다는 우선 건설 사업을 추진하고 유명한 함무라비 법전을 만드는 등 국내 행정에 힘을 기울였다. 사실, 함무라비 재위 29년(BCE 1763년경)까지는 도시국가들의 연합군에 속한 일원으로서 참여한 세 번의 전투만이 기록되어 있다. 바빌로니아는 본래 샴시아다드 1세가 지배하던 강력한 왕국인 아시리아의 하위 왕국이었으나 BCE 1781년 샴시아다드가 사망하자 메소포타미아의 정치 구도에 변화가 생겼다.

마리가 아시리아로부터 독립하자, 함무라비는 이에 대한 대응을 위해 남쪽의 라르사와 연맹을 맺었던 것으로 추정된다. 라르사는 이신과 우루크를 포함한 남부 지방 대부분을 정복할 수 있을 만큼 강력한 국가였다. 그러나 BCE 1763년경, 함무라비는 엘람, 아시리아, 에슈눈나의 연맹을 물리치는 데 성공한다. 그리고 1년 후에는 라르사를 패배시키고 우르 제3왕조 이래 200년 만에 처음으로 메소포타미아 남부 전 지역의 정치적 통일을 이루어 냈다. 함무라비는 "수메르와 아카드의 왕"과 같이 BCE 2000년대부터 아카드 제국과 우르 제3왕조의 왕들에게 사용되었던 칭호를 사용하기 시작하여 메소포타미아 황제의 맥을 이으려는 의도를 분명히 했다.

남부 메소포타미아를 통합한 후, 함무라비 치하의 바빌론과 시리아에 있던 짐리림(재위 BCE 1780–1760

좌 : **함무라비의 건립 비석**(BCE 1760년경)은 바빌론 근처 남서쪽에 있는 보르시파의 에지다 신전에서 발견되었다.

년) 치하의 마리가 많은 서신을 교환한 것으로 보아 두 국가의 사이는 매우 좋았던 것으로 보인다. 사신들뿐만이 아니라 군사들도 교환되었다. 그러나 짐리림의 치세가 끝나자(BCE 1760년경) 마리는 바빌로니아의 치하에 들어가게 되었다. 이 시리아의 도시는 요새를 파괴당하고 바빌로니아인들의 약탈에 시달렸다. BCE 1756년 무렵, 함무라비는 북쪽의 에슈눈나를 정복하고 아시리아를 쇠약하게 만들었다. 그렇게 하여 BCE 1750년경 그가 사망할 무렵에는 오직 시리아 해안의 알레포와 콰트나만이 함무라비의 지배에서 독립을 지킬 수 있었다.

아이러니하게도 함무라비 시대의 바빌로니아에 관한 대부분의 정보는 바빌론에서 나온 것이 아니다. BCE 1000년대 초기 바빌론의 유물들은 대부분 자연적인 지하수반에 잠겨 버려 오늘날에는 고고학자들이 접근할 수 없게 되었다. 그러나 마리의 짐리림과의 서신, 시파르 근처에서 나온 기록, 함무라비 법전과 같은 법 문서 및 다른 남부 메소포타미아 도시에서 발견된 많은 서기들의 기록들은 바빌로니아와 함무라비의 강력한 통치에 대한 귀중한 정보를 제공해 준다.

함무라비 이후 메소포타미아의 분열

비록 함무라비가 사망할 당시 메소포타미아 전역이 한 명의 왕에 의해 지배되고는 있었으나 이는 오랫동안 지속되지 않았다. 마리를 계승한 국가인 카나는 테르카를 수도로 정하고 함무라비의 뒤를 이은 삼수일루나(재위 BCE 1749–1712년경)가 통치하는 동안 독립을 선언했다. 약 100년 후, 쇠퇴하여 작은 도시국가에 지나지 않게 된 바빌로니아는 BCE 1595년 히타이트의 침략에 무릎을 꿇었고, 함무라비의 선조인 수무아붐(재위 BCE 1894–1881년경)에 의해 창시된 왕가는 막을 내리게 되었다.

함무라비 시대 고대 바빌로니아의 생활

노예의 해방, 노동자의 단기 고용, 혼인, 이혼, 입양, 은이나 보리의 대출, 재산 교환, 집, 토지, 가축 및 어린이 등의 재산 구매, 부동산 임대(지붕마저 임대가 되었다) 및 유산이나 부동산과 관련한 소송 등 다양한 분야의 법적 거래를 표현한 수천 개의 계약서들이 고고학자들에 의해 발굴되어 함무라비 시대의 바빌로니아 국내 사정을 이해할 수 있게 되었다. 이 계약서들은 남부 메소포타미아

우 : **함무라비 법전 비문**의 아래쪽에는 비어 있는 공간이 있다. 이것은 원래의 법전 기록에 내용이 추가될 가능성이 있었음을 시사한다.

상 : **이 메소포타미아 왕의 조각**은 함무라비의 모습일 가능성이 있으며, 엘람인이 이란의 수사에서 약탈한 물건들과 함께 발견되었다.

전역에 걸쳐 10여 곳의 유적에서 발견되어 행정 중심적이기는 하지만 생생한 문화를 드러내어 준다.

뿐만 아니라 함무라비와 신하들(또한 신하들 사이의) 간에 오고간 수백 통의 서신들도 남아 있다. 이들은 대체로 함무라비가 사망하기 전 약 10여 년 동안의 것이다. 서신에 의하면 함무라비는 바빌론이 라르사를 대신하여 과세의 중심이 되도록 만들었다. 또한 많은 서신이 왕국 남부 일정 구역을 책임지고 있던 신이디남에게 보내졌다. 그는 운하와 댐의 수리와 준설을 책임지고, 운하에서 경작지로 흘려 보내는 물의 양을 조절했으며 경작지에 세금을 부과하였다. 또한 지방에서 바빌론으로의 성공적인 물자 수송을 책임졌고, 빈번하게 법적으로 중요한 결정을 내려야 하는 왕에게 조언을 했다. 또한 그는 도난당한 재산을 되찾았는지, 군인들이 충분히 징병되었는지, 탈영병들이 처벌받았는지도 확인했다.

다른 관료로서는 원래 함무라비의 아들인 수무디타나를 보좌하던 샤마시하지르가 왕궁 집사로 승격되었다. 함무라비가 남부 메소포타미아를 정복한 후 왕이 소유한 무수한 토지들을 관리하는 것이 그의 임무였다. 서신에 따르면 샤마시하지르는 영지가 올바르게 관리 및 경작이 되고 있는지, 수입과 지출이 균형을 이루고 있는지를 확인해야 했고, 장인, 사제, 군인, 육체 노동자들과 같은 국가의 인력들에 대한 책임을 지고 있었다. 그는 궁과 백성들 사이의 중개자 역할을 한 것으로 보이며, 백성들과 자주 직접 교류하였고 왕을 직접 알현할 수도 있었다. 그러나 샤마시하지르는 상사인 신이디남의 명령을 받았다.

학자들은 함무라비의 사람됨과 성격에 대해 아직 완전히 파악하지는 못하고 있다. 그는 여러 명의 부인들을 데리고 있었을 것이라고 여겨지지만 그중 누구의 이름도 알려지지 않았다. 지금까지 남아 전해지는 서신들에는 위에서 본 바와 같이 정부나 행정의 일상사에 대한 것이 대부분이며 함무라비의 개인적인 생활에 대한 귀중한 정보는 거의 없다.

함무라비 법전과 그의 역사적 중요성

아마도 당시의 가장 중요한 기록은 프랑스의 고고학자들에 의해 1901년 수사에서 발견된 함무라비 법전일 것이다. 섬록암으로 만들어진 이 비석의 높이는 2.4미터이다. 비석의 꼭대기에는 태양의 신이자 정의의 신인 샤마시가 앉아 있고 그 앞에 함무라비가 서 있는 모습이 새겨져 있다(이 비석은 원래 시파르의 샤마시 신전에 있었으리라 여겨진다).

우르에서 발견된 이전의 법령들처럼 함무라비 법전은 세 개의 주요 부분으로 구성되어 있다. 함무라비의 왕으

우 : **함무라비와 태양의 신 샤마시**가 함무라비 법전비의 맨 위에 새겨져 있다. 왕(좌)은 오른손을 입 쪽으로 들어 경의를 표하고 있다.

바빌로니아의 서기

바빌로니아 시대에 나온 대부분의 작품들은 바빌론에서 생겨난 것이 아니라 서기 양성소가 있는 남쪽의 고대 도시인 니푸르와 우르에서 나온 것으로 보인다. 이들 양성소는 비록 사립인 경우가 많았지만 대부분 궁전에 소속되어 있었다. 학생들의 문헌이나 어휘 목록 연습, 시험, 학생 생활에 대한 글, 왕의 찬가를 복사한 점토판들이 많이 발견되어 당시 서기 수련생들의 생활과 교육 방식에 대한, 가치를 매길 수 없이 소중한 정보들을 얻을 수 있다. 교육 과정에는 설형문자 기록과 수메르어 및 수학 등이 포함되었다.

우 : **바빌론에서 발견된 점토판**(BCE 2112–1600년경)은 바빌로니아 서기들이 사용하던 언어를 보여 준다. 이들 점토판에는 고대 수메르어를 비롯한 여러 언어들이 기록되어 있다.

로서의 자질과 행적을 길게 묘사한 프롤로그, 메소포타미아에서 현존하는 것 중 가장 방대한 282항의 법령, 그리고 긴 에필로그가 있다.

프롤로그와 에필로그는 우아한 찬양의 문체로 되어 있어 고대 바빌로니아의 다른 문학 작품들과 그 성취 수준을 견줄 만하다. 특히 니푸르, 에리두, 시파르, 라르사, 쿠타, 보르시파, 딜바트 및 그의 영역 밖에 있었던 니네베까지 포함한 주요 도시에 있는 메소포타미아 신들의 신성한 사원들을 소유하게 된 것에 대하여 묘사하는 부분을 예로 들 수 있다.

법전의 본문은 조건과 가정으로 시작하여 지시 사항이 따라오는 결의론 방식으로 구성되어 있다(예를 들어, 만약 X라는 일이 생기면, Y가 내려질 것이다). 같은 시기의 에슈눈나 법령처럼 함무라비 법전은 살인, 도둑질, 공격, 육체적 부상 등을 포함하여 여러 가지 형사상의 범죄를 다루고 있으며 상속, 입양, 혼인, 부동산, 임대와 같은 다수의 민사적인 쟁점들도 언급하고 있다. 비록 이 법령들은 실질적인 사건보다는 이상화된 사실을 반영하고 있으나, 그 내용과 구조를 연구함으로써 바빌로니아의 문화와 사회의 근본과 원리를 배울 수 있다.

고대 바빌로니아의 문학과 서기의 전통

함무라비 시대의 문학 작품들에도 주목할 가치가 있다. 법문이나 서한문 및 행정적인 글 등도 발견되었지만, 함무라비 시대의 서기들은 BCE 2000년대부터 전해져 내려온 신화나 서사시와 같은 문학적인 문서들도 기록하였다. 게다가 왕에 대한 찬송가 및 천문학이나 수학에 대한 문서들을 포함하여 완전히 새로운 문학 작품들도 창조되었다. 실제로 함무라비 시대는 메소포타미아 역사상 다른 어떤 시대보다도 방대한 기록들을 자랑한다.

바빌로니아의 서기들은 기본적으로 기록에 사용하던 아카드어뿐만이 아니라 메소포타미아에서 더 이상 거의 사용되지 않던 수메르어에도 능통했다. 그리고 이들은 수메르의 작품들을 단지 베끼기만 한 것이 아니었다. 예를 들어 서기들은 유명한 우루크의 왕 길가메시에 관련된 다양한 수메르의 기록들을 합쳐 "길가메시 서사시"로 알려진 하나의 서사시로 만들어 내었다. 이는 결국 오래된 주제를 가지고 새로운 문학 작품을 창조한 것이었다. 고대 바빌로니아본에 나오는 서사시의 영웅은 일련의 비극적인 상황을 헤쳐 나가며 우루크의 백성들을 위한 더 좋은 왕이 되어 간다.

히타이트 고왕국

아나톨리아 중북부에 있는 하투사를 근거지로 한 히타이트인들은 250년 동안(BCE 1650-1400년) 아나톨리아, 시리아 북부, 메소포타미아 상류 지역을 다스렸다. 고왕국이라 불리는 이 시대에는 대략 15명의 왕들이 지배했다고 알려져 있다.

"히타이트"라는 명칭은 중부 아나톨리아를 하티라 부르던 것에서 파생되었다. 히타이트인들의 고왕국은 왕국이 형성되던 시기의 수도였던 하투사에서 주로 발견된 수천 개의 설형문자 문서들로 인해 알려지게 되었다.

히타이트의 기원

비록 히타이트인들의 정확한 기원은 알려져 있지 않지만 히타이트인의 이름을 가진 인물들이 카네시(BCE 1920-1740년경) 등 아나톨리아의 교역 중심지에서 발견된 고대 아시리아 문서에 나타난다. 이 문서에는 아나톨리아 남서부에 있었으리라 여겨지는 쿠샤라를 지배하던 아니타(BCE 1750년경)라는 왕의 이름이 언급되어 있다. 히타이트인이라 생각되는 아니타는 하투사를 파괴했고 도시는 100년 후 재건되었다. 히타이트어로 쓰인 다른 문헌에는 그가 중앙 아나톨리아를 통합했다고 나와 있다.

히타이트어는 인도유럽어에 속한다. 후대에 아나톨리아에서 사용되는 루위어와 어느 정도 공통적인 특징이 있으며 산스크리트어나 그리스의 마케도니아어와도 비슷한 점이 있다. 히타이트인들은 메소포타미아의 설형문자의 변형 문자를 받아들였다. 이는 아마도 아시리아의 상인들이나 시리아 내륙의 고대 바빌로니아 서기 전통에서 배웠을 것이라고 생각된다.

좌 : **사진의 대모신상**은 터키의 하사노글란에서 발견된 것으로 히타이트 시대 바로 전에 만들어졌다. 아나톨리아에 살던 히타이트 선조 민족의 사회나 기원에 대해서는 거의 알려진 바가 없다.

하투실리 1세와 그의 후계자들

후대의 히타이트 왕들은 스스로를 아니타의 후손이라고 주장하지 않았다. 그들은 하투실리 1세(또는 그의 부친인 라바르나)로 시작하여 약 15명의 왕들이 하투사에서 고왕국을 지배했다고 기록하고 있다. 히타이트어와 아카드어로 쓰인 하투실리 1세의 기록에 의하면 히타이트인들은 아나톨리아에서 북쪽으로는 잘파, 남서쪽으로는 아르자와, 시리아 북부에 있는 토로스 산맥의 남쪽, 유프라테스 강에서 가까운 곳에 있는 아슈와 및 할파(알레포로 여겨짐)까지 펴졌다. 더 나아가 하투실리 1세는 거의 700년 전 동쪽에서 와서 이 지역을 정복했던 아카드 제국 사르곤 왕의 업적을 능가했다고 자찬했다.

하투실리(재위 BCE 1650-1625년경)는 조카와 양아들 나바르나를 내치고 손자인 무르실리를 후계자로 삼았다. 이를 위해 그는 귀족들로 하여금 새로운 후계자에게 복종의 맹세를 하게 했다. 그의 치세 동안의 내정은 또 다른 아카드-히타이트어 문서로서 매우 선전적인 성격을 띤 하투실리 1세의 칙령(또는 유언)에 나와 있다.

왕위를 승계한, 하투실리 1세의 손자 무르실리 1세(재위 BCE 1625-1595년경)는 남동쪽의 바빌론을 급습하여 바빌로니아의 초기 왕조를 멸망시켰으나 그의 사후 히타이트는 유프라테스 건너편 지역을 포기했다. 후세의 텔레피누 선포에 의하면 무르실리는 매부였던 한틸리(재위 BCE 1595-1560년경)에게 살해당했고, BCE 1560년경 지단타 1세가 장인 한틸리와 그의 아들을 살해하고 왕위를 찬탈했다. 이러한 암살은 계속 이어져 지단타 1세는 자신의 아들 암무나에게 죽임을 당하고, 암무나의 아들은 암무나의 며느리의 형제인 후지야 1세의 추종자들에 의해 살해당했다.

후지야 1세의 매부인 텔레피누(재위 1525-1500년경)

는 암살을 피했을 뿐만이 아니라 왕위에 올라서도 폭력적인 음모나 암살을 이용하지 않고 전대의 왕을 제거할 수 있었다.

텔레피누 선포

BCE 16세기에 일어난 이러한 상황들은 히타이트 전대 왕들의 치세에 대한 개요가 들어 있는 텔레피누 선포의 긴 프롤로그에 기록되어 있다. 텔레피누 이전에 암살이 빈번했던 것을 고려하면 그의 선포가 왕위 계승에 대한 규칙(적어도 이론상으로라도)을 정하고자 하는 의도를 포함한 것도 당연한 일이다. 이때부터 왕위 계승 방식은 부계 상속으로 정착되었다. 또한 이 선포는 왕가의 안정을 도모하기 위한 것이었다.

그러나 선포의 규율이 실행된 것으로는 보이지 않는다. 텔레피누는 직계 남자 후손 없이 사망했다. 그의 후계자인 알루왐나는 사위였을 가능성이 높고, 그 역시 얼마 지나지 않아 왕가와는 관련이 없는 타후르와일리에게 왕위를 빼앗겼다. 이 시기에 한틸리 2세, 지단타 2세, 후지야 2세 등 세 명의 왕들이 뒤를 이었는데, 자세한 기록은 없고 모두 전대의 왕들과 이름이 같은 것으로 보아 왕가의 일원이었던 것으로 보인다.

고왕국의 멸망

텔레피누의 사망부터 고왕국의 마지막 왕인 무와탈리 1세의 즉위까지 얼마의 시간이 흘렀는지는 확실치 않다. 그러나 학자들은 약 1세기 정도(BCE 1500–1400년경)였다고 본다. 이 시기의 히타이트인들은 외부에 대한 강력한 정책을 유지했을 가능성이 높다. 텔레피누가 토로스 산맥 남동부 산악 지대의 루위인, 히타이트인, 후르리인들로 구성된 왕국인 키주와드나와 연맹을 맺었기 때문이다.

이 시기에는 또한 시리아에 중심을 둔 후르리인들의 미탄니 왕국이 부각되기 시작했다. 미탄니 왕국은 알레포를 물리치고 지중해 연안에 진출하여 알랄라크와 같은 히타이트의 속국들이 히타이트를 배반하게 만들었다. 미탄니의 왕인 파라타르나와 샤우슈타타르가 시리아–팔레스타인의 해안 지방을 두고 이집트의 투트모세 3세(재위 BCE 1479–1425년경)와 다투는 동안 히타이트의 왕들은 국내의 불안정한 왕실 문제에 몰두했을 것이다. 그다음 세기, 이러한 상황은 히타이트인들이 영토를 최대로 확장했던 200년 동안의 히타이트 신왕국(BCE 1400–1200년경) 때 바뀌게 된다.

좌: **연대 미상의 데스마스크**는 히타이트 무덤에서 발견되었으며 죽은 자의 무덤이 지하 세계 즉, "암흑의 땅"으로 들어가는 문이라고 생각했던 히타이트인들의 믿음을 보여 준다.

우: **투트모세 3세**(사진에 나오는 석회암 부조는 디르엘바흐리에 있는 그의 장제전에 있다)가 다스리던 시대에는 이집트가 시리아의 영토를 잠식해 들어갔음에도 불구하고, 히타이트와 이집트의 관계는 우호적이었다.

미탄니

미탄니 왕국은 원래 BCE 1000년대 후반, 시리아 내륙과 북부 이라크에 있던 후르리 국가들의 연맹이다. BCE 1450년 무렵 미탄니는 북부 메소포타미아에서 가장 강력한 국가였다.

상 : **후르리어로 된 가장 오래된 문헌**은 사진에 나오는 BCE 2150년 무렵의 점토판이다. 우르키시(오늘날 텔모잔)에 있는 후르리인들의 신전에서 발견되었다.

미탄니의 역사는 단지 부분적으로만 재구성되었다. 최초의 왕은 슈타르나의 부친인 키르타라고 여겨진다. 왕국의 수도는 와슈칸니로 확실한 위치는 아직 드러나지 않았다. 북부 시리아의 카부르 강 상류 근처라고 생각되고 있으나 정확한 위치는 확실하지 않다.

미탄니의 구성원은 누구였는가?

미탄니는 주로 북쪽의 코카서스 산맥 너머에서 이주해 왔으리라 여겨지는 후르리인들로 구성되어 있던 것 같다. 후르리인들에 대한 최초의 언급은 BCE 2000년대 말, 아카드 왕 나람신 시대에 쓰여진 수메르-아카드 설형문자 기록에서 나왔다. 기록에 따르면 후르리인들은 메소포타미아 북쪽, 특히 시리아의 카부르와 발리크 강 유역 및 이라크 북부의 티그리스 강 유역에 살았다고 한다.

BCE 2000년경, 여러 후르리 국가들이 BCE 1600년경 미탄니가 세워질 때까지 지속되며 북부 메소포타미아 전체를 "후르리화"하였다. 다양하고 제각각인 문헌들을 볼 때, 미탄니란 원래 후르리인의 국가들과 종속 왕국들의 연맹을 표현하는 정치적인 명칭인 것 같다. 실제로 대부분의 종속 왕국에는 고유의 왕이 있었고 이들이 서약과 제물을 바쳐 미탄니와의 조약에 맹세를 한 것으로 보인다. 불행히도 미탄니의 왕실 문서들은 발견되지 않았다. 이 왕국에 대해 알려진 바는 이집트와 아나톨리아(히타이드)에서 온 왕들의 서신과 아시리아의 다양한 기록들 및 누지(이라크 북부), 테르카(시리아의 유프라테스 강 유역), 알랄라크(아나톨리아 서부 해안), 우가리트(시리아 해안) 등 미탄니 종속 국가의 문서에서 나온 정보들이다.

미탄니의 확장

BCE 1500년 무렵(대략 이집트 신왕국의 제18왕조와 동시대) 파라타르나와 샤우스타타르의 치세하에 미탄니는 시리아의 대부분으로 확장된 것으로 추측된다. 미탄니 연맹은 이집트 투트모세 3세(재위 BCE 1479-1425년경)의 영토 확장으로 압력을 받은 것 같다. 투트모세의 기록에는 시리아 중앙 지방인 누하슈셰에서 미탄니에게 승리를 거두었다고 되어 있다. 미탄니는 아나톨리아의 남동부(키주와드나), 알랄라크를 수도로 하는 무키시 왕국이 있는 시리아 해안, 알레포 등지의 지배를 계속한 것으로 보인다. 실제로 알랄라크의 이드리미는 그의 "유사 자서전"에서 자신이 왕좌에 앉은 것은 미탄니의 덕이라고 했다. 그 후 히타이트 조약에는 샤우스타타르가 아시리아(북부 이라크)의 아수르를 약탈하고 자신의 수도인 와슈칸니를 치장하기 위해 노획물을 가져갔다고 나와 있다. 아시리아의 아라파 지역(특히 누지)은 이때 미탄니의 세력권에 들어간 것으로 보인다.

후기 미탄니의 왕은 이집트 텔엘아마르나(BCE 1370-

신비에 싸인 후르리어와 카시트어

후르리어는 아직 완전히 파악되지 않고 있다. BCE 1000년 이후 시대에 트랜스코카시아의 반 호수 지방에서 사용되던 우라르투어와 어느 정도 비슷한 점을 가지고 있다. 이제는 사멸한 "후르리-우라르투어족"은 이 지역의 다른 언어들(예를 들어 인도유럽어, 셈어)과는 연관되지 않은 것으로 보인다.

BCE 16세기부터 바빌론을 지배한 왕조의 언어인 카시트어 또한 거의 파악된 바가 없다. 카시트어로 된 문헌은 발견된 적이 없다. 그러나 약 200개의 기본 단어들이 포함된 아카드어와 카시트어의 어휘 목록(예를 들어 색상, 전차의 부분, 관개 및 식물들) 두 개와 몇몇 인명들이 확인되었다. 이들을 근거로 미루어 볼 때, 카시트어는 알려진 어떠한 언어들과도 연관되어 있지 않은 고립어였던 것으로 추정된다.

1340년경)에서 발견된 아마르나 서신을 통해 주로 알려졌다. 아마르나 서신은 미탄니 왕들과 이집트 왕들의 외교 관계를 증명해 준다. 두 나라가 친밀한 관계를 맺은 것은 세력이 커지기 시작하던 아시리아와 아나톨리아의 히타이트에 의해 미탄니가 위태로운 입장에 처했기 때문일 것이다. 텔엘아마르나의 장문의 서신에서 보이는 바와 같이 미탄니의 왕 투슈라타는 이집트의 아멘호텝 3세(재위 BCE 1390–1352년경)와 좋은 관계를 유지했다. 그는 아픈 아멘호텝 3세의 회복을 돕기 위해 니네베의 샤우슈카(아시리아의 이슈타르) 여신상을 보내기까지 했다.

멸망

그러나 미탄니는 분해되기 시작했고 투슈라타는 히타이트의 왕 수필률리우마 1세에게 패배당했다. 히타이트인들은 미탄니의 수도인 와슈칸니를 약탈하고 후르리인 샤티와자를 왕으로 임명했다. 즉 BCE 1350년경 이후로 미탄니는 더 이상 고대 근동에서 정치적으로 중요한 역할을 하지 못하게 되었다. 게다가 아시리아인들이 독립을 선언하게 되면서 미탄니를 하니갈바트로 명명하고 아시리아와 히타이트 제국 사이의 보잘 것 없는 완충국으로 삼았다. 아시리아의 기록에는 많은 미탄니 시민들이 이 지역으로 이송되었다고 나오고, 중기 아시리아 제국이 이들을 완전히 흡수한 것으로 보인다. 미탄니 자체는 히타이트와 아시리아 사이의 완충국으로서 유지되다 100년 후 아시리아인들에게 완전히 정복당했다. 또한 와슈칸니는 BCE 1290년경 아시리아의 아다드니라리에 의해 다시 약탈당한다.

군사적, 정치적 세력 및 중앙이라는 위치 때문에 미탄니와 후르리인들은 메소포타미아의 문화와 교역을 아나톨리아와 팔레스타인, 에게 해까지 전파했다. 후르리어와 히타이트어로 된 길가메시와 같은 메소포타미아의 서사시와 다른 문학 작품들도 발견되었다.

상: **우가리트의 왕궁**에서 고고학자들은 넓은 기록 보관소를 발견하였다. 이들 기록 중에는 미탄니 왕국에 종속되었던 시대의 우가리트 왕국에 대해 알 수 있게 해 주는 문헌들이 있다.

하: **시리아 텔브라크 유적**의 가장 높은 곳에서 미탄니 궁전과 신전이 발굴되었다.

바빌로니아의 카시트인

메소포타미아 역사상 가장 오래 유지된 왕조를 세운 카시트인들은 400년(BCE 1570–1155년경) 동안 바빌로니아를 지배했다. 이들은 아시리아, 이집트 및 다른 강대국들과의 관계를 구축하며 근동에서 중추적인 역할을 했다.

비록 카시트인들의 기원은 명확하지 않지만, 이들이 최초로 설형문자 기록에 나타난 것을 보면 BCE 18세기 이전 어느 시기에 시리아의 북동부 산악 지대(오늘날 쿠르디스탄)에서 메소포타미아로 이주해 온 것으로 보인다. 카시트라는 명칭이 최초로 언급된 것은 라르사의 림신(재위 BCE 1770년경)과 바빌론의 삼수일루나와 아비에슈(재위 1749–1684년경)가 왕위에 있었던 때이다. 왕실 기록에 보면 왕들이 카시트 부대와 싸워야 했다고 나오는데 이 기록에 따르면, 카시트인들은 반(半)유목 민족이며 빈번히 용병이나 농업, 공공사업 일손으로 고용되었다. 이 시대의 일부 카시트인들은 고대 바빌로니아 사회에 동화되어 재산을 사고팔기도 하고 말 사육과 수레 제작 등의 분야에서 공식적으로 활동했다.

하: **두르쿠리갈주의 유적.** 카시트 왕 쿠리갈주 1세의 수도로 지구라트를 포함하고 있다. 이 유적은 바그다드로부터 서쪽으로 약 30킬로미터 떨어진 곳에 있다.

카시트인들의 확산

북부 이라크의 누지와 오론테스 강변에 있는 알랄라크의 문서들에 의하면 BCE 16세기 초, 카시트인들은 메소포타미아 북부 및 시리아에 걸쳐 분포되어 있었다. 유프라테스 강과 카부르 강의 합류 지점 근처에 있던 테르카가 수도인 작은 왕국 카나는 카시트인 집단이 지배했다고 한다. 아카드화된 카시트 이름을 가진 테르카의 왕 카슈틸리아슈는 바빌론의 아비에슈(재위 BCE 1711–1684년경)와 동시대의 인물이라 여겨진다.

BCE 1595년에는 히타이트인들이 바빌론을 점령하고 약탈하여 바빌로니아 초기 왕조를 무너뜨렸다. 그러나 무슨 이유에서인지 그들은 이곳에 남지 않았고, 세력의 빈 공간을 결국은 카시트인들이 채우게 되었다.

바빌론의 카시트인들

카시트 왕조는 바빌론에서 400년 이상(BCE 1570–1155년경) 계속되었으나 BCE 14세기까지는 기록이 상당히 드물다. 훗날 바빌로니아 왕명록에는 카시트 왕조가 576년간 지속되었고 36명의 왕이 있었다고 나온다. 그러나 적어도 처음 8명의 왕은 바빌론 도시를 직접 다스린 것이 아니라 후대 왕들의 선조로서 적힌 것으로 여겨진다. 바빌론을 지배한 카시트 최초의 왕은 BCE 16세기의 아굼카크리메 2세 또는 부르나부리아시였다. 당시 남부 메소포타미아의 해안 지역은 시랜드 왕조(바빌론 제2왕조)가 다스리고 있었는데, BCE 1475년 무렵 울람부리아시의 치세에 처음으로 카시트의 지배하에 들어가게 되었다. BCE 14세기 무렵에는 남부 메소포타미아 전역이 카시트의 지배하에 놓이게 되었다.

이집트 텔엘아마르나에서 나온 왕의 서신은 두 명의 카시트 왕, 카다슈만엔릴 1세(재위 BCE 1374–1360년경)와 부르나부리아시(재위 BCE 1359–1333년경)가 이집트 제18왕조의 왕인 아멘호텝 3세 및 아크나톤과 교류했다는 것을 보여 준다. 14통의 서신이 왕들 간의 동등한 관계를 그리고 있는데, 주로 외교적인 혼인에 대한 내용이다. 또한 카시트인들은 엘람, 아시리아, 하티와도 같은 외교 정책을 추진했다. 사실, 부리나부리아시는 아슈루발리트 1세의 딸과 결혼할 정도로 북쪽의 아시리아와도 긴밀한 관계를 유지했다. 그러나 당시 아시리아는 확실히 우세한 위치에 있었고 아슈루발리트는 바빌론을 점령하여 쿠리갈주 2세(재위 BCE 1327–1303년경)를 왕위에 앉혔다.

그럼에도 불구하고 카시트의 바빌로니아 왕국은 국제 무대에서 계속 중요한 역할을 했다. 예를 들자면 히타이트 왕 하투실리 3세는 새로운 바빌로니아의 왕 카다슈만엔릴 2세(BCE 1263–1255년경)에게 좋은 관계를 유지하고 싶다는 서신을 보냈다. 한 세대가 지나고 아시리아의 투쿨티니누르타 1세가 바빌론의 카슈틸리아시 4세(재위 BCE 1242–1235년경)와의 전쟁에서 승리하여 카시트 왕을 폐위시키고 스스로 바빌론의 왕좌에 올랐다. 그 후 지역 군주들을 임명하여 지배하도록 시켰다. 카시트인들이 아시리아에 대해 반란을 일으킬 수는 있었지만 BCE 1155년경 결국 왕조는 몰락했다.

좌: **카시트의 쿠두루** 또는 경계석에는 바우(굴라) 여신이 새겨져 있다. 쿠두루는 카시트 시대의 경제 관계에 대한 중요한 정보를 제공해 준다.

카시트 문화

오랜 지배 기간 동안 카시트인들은 완전히 바빌론인화하여 바빌로니아의 신들을 위한 신전을 지었다. 또한 카시트의 왕들은 길가메시 서사시와 바빌로니아의 창작 서사시 등 많은 문학 작품과 종교 문서를 수집하고 출판시켰으며 이들을 분류해서 "정전"을 제정했다.

카시트의 국내 상황에 대한 더 많은 정보는 엔릴 신의 성도로서 카시트 시대에 메소포타미아에서 대단히 중요한 사원이 된 니푸르의 약 1만 개의 문헌에서 나왔다. 이 문서들은 왕이 지방 유지들에게 토지를 무상으로 주는, 봉건 제도의 변형된 형식을 기반으로 한 중앙 통치 체제가 있었음을 암시한다. 카시트 왕들에 의한 건설 사업 중 가장 의미 있는 것은 아마도 신수도 두르쿠리갈주(오늘날 아카르쿠프)일 것이다. 두르쿠리갈주는 쿠리칼주 1세(BCE 15세기 초)가 바빌론 북쪽에 있는 티그리스 강과 디얄라 강의 합류 지점 근처에 건설한 도시이다. 비록 카시트인들이 문화적인 혁신을 많이 만들어 내지는 못했으나 바빌로니아의 서기 전통이 살아남을 수 있게 하였고, 남부 메소포타미아에서 500년에 가까운 기간 동안 비교적 안정되게 지배했다.

좌: **이 카시트의 원통형 인장**은 BCE 16세기의 것으로 신(또는 여신)과 기도하는 사람의 모습이 묘사되어 있다.

히타이트 신왕국

히타이트 신왕국(BCE 1400-1190년경)은 히타이트의 최절정기였다. 히타이트 왕들은 미탄니 왕국을 제거하고 아나톨리아를 평정했으며 북부 시리아의 새로운 영토를 정복하고 200년 동안 지배하였다.

히타이트 제국의 진정한 시조인 수필룰리우마 1세는 BCE 1344년경에 들어서야 권력을 잡았고, 히타이트 신왕국 시대의 수필룰리우마 이전에는 적어도 3-4명의 왕들이 있었던 것으로 알려져 있다.

수필룰리우마 1세 이전의 왕들

투드할리야 1세(재위 BCE 1400년경)는 비록 남동쪽의 종속국인 키주와드나를 시리아의 미탄니 왕국에게 빼앗겼으나 히타이트 왕국을 안정시켰다. 히타이트인들은 고왕국 시대에 지배했던 거의 모든 영토를 수복하였고 투드할리야 1세는 아나톨리아 서쪽의 아르자와를 되찾았다.

그의 아들, 아르누완다 1세(재위 BCE 1380년경)는 북쪽의 카스카 민족과 갈등을 겪고 아르자와를 빼앗겼는데, 이는 일부 아히야와 왕국(마케도니아의 국가로 추정)의 개입에 의한 것이다. 그의 후계자인 투드할리야 2세(재위 BCE 1360-1345년경)는 왕국의 통합을 유지하지 못했다. 히타이트 문헌에 의하면 사방에서 반란이 일어나 수도인 하투사가 점령되고 불에 탔다고 하는데 고고학적으로는 파괴의 흔적이 발견되지 않았다. 투드할리야 2세가 사망하기 전 어느 날, 그의 아들 수필룰리우마 1세가 질 것이 뻔한 미탄니 원정에 참가했다. 비록 연대적 세부사항은 명확하지 않으나 투드할리야 2세의 처음 승계자는 선왕과 이름이 같은 투드할리야 3세였고 수필룰리우마 1세(재위 1344-1322년경)에 의해 제거된 것으로 보인다.

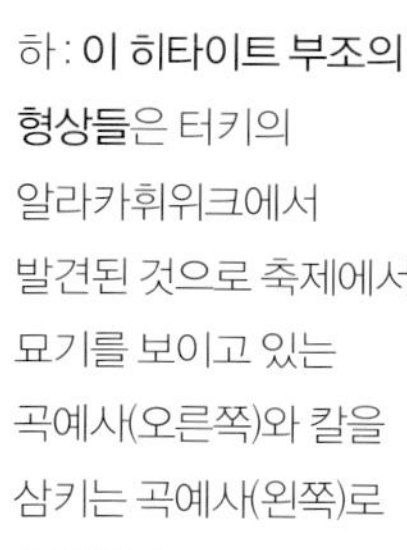

하 : **이 히타이트 부조의 형상들**은 터키의 알라카휘위크에서 발견된 것으로 축제에서 묘기를 보이고 있는 곡예사(오른쪽)와 칼을 삼키는 곡예사(왼쪽)로 추정된다.

수필룰리우마 1세의 공적

수필룰리우마 1세는 "수필룰리우마 1세의 공적"으로 잘 알려져 있다. 이 문서는 적어도 일곱 개의 점토판으로 구성되어 있으며, 그의 아들과 그다음 후계자인 무르실리 2세 치세에 기록되었다. 수필룰리우마 1세의 큰아들인 아르누완다 1세가 즉위하기 얼마 전에 기록된 또 다른 문헌의 파편에도 수필룰리우마 1세의 업적이 묘사되어 있으나, "수필룰리우마 1세의 공적"이 훨씬 더 이해하기 쉽고 자세하게 기록되어 있다.

"수필룰리우마 1세의 공적"을 보면 형제인 투드할리야 3세(재위 1345-1344년경)를 제거한 뒤 아나톨리아에서 히타이트의 세력을 다시 세우고 왕국을 근동의 여느 다른 나라들과 마찬가지로 강력하게 만들었다. 더 나아가 미탄니 왕국과 누하슈셰, 아무루, 우가리트 등의 다른 시리아 왕국들을 굴복시켰다. 정복된 이들 왕국은 히타이트 왕국과 오래도록 지속될 협정에 서명을 해야 했다.

수필룰리우마 1세와 근동 확장

수필룰리우마 1세는 미탄니 왕국의 해체에 큰 역할을 담당했다. 군사적 개입으로 그들을 약화시켰을 뿐만이 아니라 왕실의 반목을 조장하여 내부의 약화를 초래하였다. 아카드어로 작성된 협정 문서는 하티로 도망친 미탄니의 샤티와자 왕자가 어떻게 히타이트의 부추김을 받아 본국으로 돌아가게 되었는지를 말해 준다. 사실 샤티와자는 수필

좌 : **야즐르카야의 히타이트 성소**는 하투사 부근에 있는데 낫을 들고 있는 히타이트 12신의 행렬을 묘사한 부조가 특징이다. 이 벽의 맞은편에는 이와 비슷한 여신들의 행렬이 새겨져 있다.

률리우마의 딸과 혼인하여 히타이트 왕국과 긴밀하게 연결되어 있었다. 그러나 협정에는 히타이트의 왕이 우위를 차지하며 미탄니 왕자는 히타이트 왕의 요구에 응해야 한다는 것이 명확하게 적혀 있다.

무르실리 2세의 "역병에 관한 기도서"를 보면 수필률리우마 1세가 BCE 1325년경 시리아로 원정을 가서 카르케미시를 빼앗고 이집트의 지배를 받던 남부의 암카를 약탈했다고 나온다. 흥미롭게도 이름이 알려지지 않은 이집트의 한 왕비가 남편이 죽었으니(투탕카멘으로 추정) 히타이트 왕의 아들 중 한 명과 결혼할 수 있게 해달라는 편지를 보냈다. 수필률리우마는 당연히 의심했지만 왕비의 요청에 따라 아들 자난자를 보냈다. 하지만 자난자가 여행 중 살해당하자 히타이트와 이집트 사이에는 심각한 균열이 생겼다. 수필률리우마는 세자인 아르누완다 2세를 시리아-팔레스타인으로 보내 군사적으로 보복했다. 그러나 "역병에 관한 기도서"에 의하면 포로들이 하티에 전염병을 가져와 수필률리우마 본인과 그의 첫 후계자인 아르누완다 2세(재위 BCE 1322-1321년경)를 비롯한 수많은 사람들이 죽었다.

무르실리 2세

연대기에 의하면 그다음 히타이트 왕인 무르실리 2세(재위 1321-1295년경)는 어려서 왕위에 올랐기 때문에 다른 왕국들의 존경을 받지 못했다. 충성스러운 형제가 카르케미시에서 지배를 하고 있었기 때문에 동쪽 국경은 비교적 안전했으나, 무르실리는 히타이트의 도망자들을 숨겨 준 북동쪽의 카스카 민족과 심한 갈등을 겪었다.

수필률리우마 1세와 우가리트의 니크마두 왕

시리아의 도시인 우가리트가 히타이트에게 항복하고 나서 맺어진 하티의 수필률리우마 1세와 우가리트의 니크마두 왕이 한 협정 문서는 특히 흥미롭다. 협정은 역사적인 내용의 서문으로 시작하며, 우가리트의 왕인 니크마두는 이웃 나라의 왕들이 유혹한다 할지라도 히타이트에 대한 어떠한 적대적 행동도 취하지 않을 것을 다짐하고 있다. 니크마두 왕에게는 히타이트의 왕뿐만이 아니라 그의 왕비, 세자 및 고위 장교들에게마저 공물을 바칠 것이 요구되었다. 우가리트의 왕은 히타이트의 신들이 보는 가운데 공개적으로 히타이트의 왕 앞에 무릎을 꿇어야 했다. 우가리트와 히타이트의 신들이 두 나라의 관계가 앞으로도 변하지 않을 것을 보장한다는 구절이 덧붙여져 있다.

우 : **니크마두 왕의 상형문자 비문**이 새겨진 그릇의 조각이 우가리트에서 발견되었다. 니크마두 왕과 수필률리우마 1세의 협정은 여러 장의 점토판에 기록되었고 주로 우가리트가 히타이트의 속국이 되는 내용이다.

"역병에 관한 기도서"에 의하면 무르실리 2세는 역병이 휩쓸고 간 왕국을 정리하는 데 10여 년이 걸렸다고 한다. 그다음 그는 초자연적인 이유 때문에 역병이 발생하였을 것이라고 보고 염려하였는데, 신탁에서는 투드할리야 1세를 살해한 것(BCE 1400년경), 이집트와의 협정을 깨고 시리아를 점령한 것, 제물을 바치는 데 소홀한 것 때문에 신들이 히타이트인들에게 화가 난 것이라고 하였다. 무르실리는 그의 죄를 인정함으로써 신들을 진정시키고 왕국이 용서받기를 원했다.

하 : **람세스 2세**가 적(아마도 카데시 전투에서 "패배한" 히타이트인들)을 진압하는 장면이 이집트 아부심벨의 대신전(BCE 1275–1213년경)에 영웅적으로 묘사되어 있다.

무와탈리 2세

무르실리 2세의 아들, 무와탈리 2세(재위 BCE 1295–1272년경)는 강대한 히타이트 왕국을 이어받았다. 그는 이집트 종속 왕국인 카데시와 아무루를 강탈하였는데, 이집트에서 발견된 기록에는 람세스 2세(재위 BCE 1279–1213년경)가 다스리던 이집트와 히타이트가 BCE 1275년경에 카데시 근처에서 대대적인 전쟁을 치루었으나 승패를 가리지 못했다고 나와 있다. 두 나라의 적대적인 관계는 무와탈리의 아들인 우르히테슈브(재위 BCE 1272–1267년경)의 치세에까지 이어졌고, 우르히테슈브는 무르실리 2세의 아들이자 우르히테슈브의 삼촌 중의 한 명인, 하투실리 3세(재위 BCE 1267–1237년경)에 의해 왕위에서 쫓겨났다.

그러나 하투실리 3세가 왕위를 얻은 때인 람세스 2세 재위 21년에 두 왕국은 협정을 체결하였다. 이 협정은 하티(아카드어 기록)와 이집트의 두 곳에서 발견되었다. 협정서는 협조, 우애 및 상호 불가침에 대해 담고 있다. 더 나아가 이집트와 히타이트 사이에 외교적 혼인이 주선되었다. 히타이트가 빼앗은 이집트의 영토는 히타이트의 소유로 남았다.

하투실리 3세

하투실리 3세의 치세는 주로 매우 선전적이며 자기 변론적인 "사과문"으로 알려져 있다. 이 기록은 하투실리 3세가 조카로부터 황제의 자리를 빼앗은 것에 대한 변론으로 두 선왕의 치세를 극도의 편견을 가진 시각으로 묘사했다. "사과문"을 보면, 무와탈리 2세가 수도를 남쪽에 있는 타르훈타사로 옮길 때 하투실리 3세는 하투사를 지키기 위해 남아 있었다는 것을 알 수 있는데, 실제로 하투실리 3세는 북동쪽에 있는 하크피시의 왕으로 봉해졌다. 또한 그는 카데시 전투에 참가하였고, 그 후 키주와드나의 푸두헤파와 결혼했다. 푸두헤파는 히타이트 역사상 가장 영향력이 컸던 왕비였다. 하투실리 3세는 전왕 우르히테슈브가 질투심으로 자신을 형편없이 다루었다고 주장했다. 그러나 그는 상황이 걷잡을 수 없게 될 때까지(적어도 그의 의견으로)는 그의 조카를 제거하지 않았다고 했다. "사과문"에 의하면, 어찌 되었건 우르히테슈브는 후궁 태생에 불과했다는 것이다.

그러나 우르히테슈브는 죽임을 당하지 않았고 시리아의 누하슈세에 유배되어 하투실리에게는 눈엣가시로 남았다. 그가 카시트의 바빌로니아 및 아시리아와 공모하여 하티의 왕좌를 도로 빼앗으려 했기 때문이다. 격분한 하투실리는 우르히테슈브에게 더 먼 곳으로 망명할 것을 요구했으나 그러기는커녕 이집트로 도망가 람세스 2세의 보호를 받았다. 더욱 좌절한 하투실리는 카시트의 왕 카다슈만엔릴 2세에게 서신을 보내어 이집트의 왕이 반란자(확실한 이름은 적혀 있지 않았지만 우르히테슈브라고 추정할 수 있음)를 넘겨 주지 않는다며 불평을 했다. 이로 인해 이집트와 하티의 관계가 긴장되었으리라 짐작은 되지만 이를 뒷받침할 수 있는 문서는 아직 발견되지 않았다.

좌 : 이 테라코타 명판은 BCE 1300년경의 것으로 앉아 있는 신 또는 여신을 묘사하고 있는데, 히타이트 신왕국의 속국인 시리아의 에마르에서 발견되었다.

하투실리 3세와 국제 서신 왕래

어쨌든, 하투실리와 아시리아, 이집트, 바빌로니아 및 다른 종속 왕국들과의 사이에서 많은 서신들이 오갔다. 그중 특히 흥미로운 것은 서쪽에 있던 강력한 왕국 아히야와와 주고받은 서신이다. 한 서신 조각은 이름이 밝혀지지 않은 아히야와 왕에게 히타이트의 어떤 왕이(일반적으로 하투실리 3세로 여겨진다) 보낸 것으로, 피야마라두라는 사람의 귀환을 요구하면서 그의 죄에 대해서 약간의 설명을 곁들이고 있다. 서신에 "나의 형제"라는 칭호가 사용된 것으로 보아 아히야와는 히타이트와 우호적인 관계를 가진 동등한 상대로 인정되었음을 추정할 수 있다.

히타이트 왕이 아나톨리아 서쪽의 속국 밀라와타(에게 해안에 있는 이오니아의 도시인 밀레투스로 확인되었다) 왕에게 보낸 서신에서 위에 등장한 피야마라두가 과거형으로 다시 언급되었다. 피야마라두는 윌루사의 다루기 힘든 왕이었다고 묘사되어 있다. 윌루사는 유명한 호메로스의 트로이(고대 일리오스)라고 잠정적으로 확인되었다. 또한 하투실리 3세는 람세스 2세로부터 그의 여형제가 출산한 것에 대한 안부를 묻는 서신을 받기도 했다.

푸두헤파의 역할

하투실리의 아내인 푸두헤파는 람세스 2세와 단독으로 글을 주고받았다고 여겨진다. 하투실리가 사망한 후 람세스는 그녀에게 고인이 된 남편과 같은 칭호를 사용하기까지 했다. 편지의 서두가 없어진 경우도 있지만, 모두 약 15개의 주고받은 서신이 발견되었다.

푸두헤파는 일반적으로 왕의 특권인 자신만의 옥새를 사용하였고 히타이트 제국의 사법권에도 관여하였다. 또한 히타이트와 아무루의 왕실 결혼을 주선했고 카시트 공주를 자신의 아들 투드할리야 4세(재위 BCE 1237–1209년경)와 혼인시켰다.

이런 일들의 대부분은 아마도 하투실리의 사후 푸두헤파가 왕대비였을 때 행해졌을 것이다. 일반적으로 히타이트의 왕대비는 강한 영향력을 행사하였으므로 푸두헤파의 외교 생활과 영향력이 특별한 것은 아닐 수도 있을지 모른다. 투드할리야 4세는 아나톨리아와 지중해를 가로질러 불안이 널리 퍼진 새로운 세기가 도래하기 전의 마지막 위대한 왕이었다.

좌 : 투드할리야 4세가 신의 손에 잡혀 있는 모습은 야즐르카야의 히타이트 신전에 있는 거대한 부조(BCE 1225년경)의 일부이다.

하투사

벽의 재건축

예전에 탑이 있던 하투사의 벽은 거의 남아 있지 않다. 그러나 2005년부터 흙벽돌로 65미터가 재건되어 원래의 요새 모습을 어느 정도 짐작할 수 있게 되었다.

히타이트의 수도인 하투사는 터키의 중앙 아나톨리아 북동부에 있는 오늘날의 보아즈쾨이 마을(또는 보아즈칼레)에 위치했다. 원주민인 하티인에 의해 BCE 1000년대 초에 세워졌고, BCE 1970-1780년경에는 아시리아 상인들의 거류지로서 호황을 누렸다. 히타이트의 왕인 쿠샤라(아나톨리아 남동부 어디인가에 위치)의 아니타가 이 도시를 파괴하고 저주를 내렸다고 한다(BCE 1750년경). 이는 당시 파괴되었던 흔적이 발굴되어 고고학적으로 증명되었다. 그 후 BCE 1650년경 하투실리 1세에 의해 다시 재건되어 이후 350년 동안 히타이트에서 가장 영향력이 큰 도시가 되었다.

고대 근동의 다른 도시들과 비교하면 작은 편인 하투사는 상부 도시, 하부 도시 및 성채의 주요 구역으로 나뉘어 있었다. 아마도 한틸리 2세(BCE 1475-1450년경)의 치세였던 그 다음 세기에 8미터 넓이의 담을 둘러 요새화한 아크로폴리스가 가장 높은 건물이었을 것이다. 하투사의 역사는 BCE 1400년경 북부에서 카스카인들이 침략하여 약탈당했을 때 일단락 지어졌다. 그 후 수필률리우마 1세(재위 BCE 1344-1322년경) 때에 재건 사업이 시작되었다고 여겨진다. 수필률리우마는 하투사에서 이전의 흔적을 모두 지웠다. 후기 히타이트 시대에 화려하게 재단장된 하투사는 히타이트 신왕국의 마지막 위대한 왕인 투드할리야 4세(재위 BCE 1237-1209년경)의 시대까지 계속 확장되었다.

도시는 남동부에 있는 왕의 아크로폴리스와 나머지 하부 도시의 두 지역

성벽 도시

하투사의 상부와 하부 도시 주위로는 성곽이 이중으로 세워져 있고 칸이 나뉘어져 있어서 그 안을 막사와 저장고로 사용할 수 있었으며, 이 공간은 벽을 더욱 두껍게 하기 위하여 때로는 다시 채워지기도 했다. 벽에는 약 20미터의 간격으로 출입문들을 포함한 탑이 세워졌고, 왕의 문, 사자의 문, 스핑크스의 문 등 대부분의 문에는 거대한 부조가 새겨졌다. 이 문들은 모두 남쪽을 향하고 있다. 남서쪽의 출입문은 두 쌍의 돌사자가 지키고 있어 사자의 문(사진)이라 불리게 되었다. 남동쪽의 문은 2미터 높이의 군 장비를 갖춘 남자가 문의 왼쪽에 앉아 있어 왕의 문이라 불린다. 이 두 문 사이에는 한 쌍의 여자 스핑크스가 지키는 문이 있다. 하투사의 요새는 둘레가 5킬로미터에 달했다.

으로 분리되었다. 아크로폴리스의 서쪽으로 하투사에서 가장 큰 폭풍의 신의 신전이 있는데, 넓고 장대한 복합적인 석조 건물로 넓이가 2만 제곱미터가 넘어 이집트 테베에서 발견된 신전들에 못지않을 정도이다. 최종 단계의 도시는 전체가 약 8–10미터 높이의 칸막이 성벽으로 둘러싸여 있었다(사진 설명 참조).

두 개의 성문이 하부 도시로 통해 있고 30개 이상의 신전들이 상부 도시에서 발굴되어 이 구역의 성스러운 성격을 보여 준다. 함께 모여 있는 25개의 신전들의 대부분은 정사각형이거나 직사각형 모양이었다. 모든 신전에는 문서 보관소가 있어 많은 문서들을 저장하고 있었다. 그중에는 후르리어와 히타이트어로 쓰여진 문헌들, 아카드어로 된 길가메시의 깨어진 조각들, 주문, 신탁 및 기증 등이 있다. 남쪽 성문으로 들어오는 모든 통행자들은 신전 구역을 통과하여 하부 도시에 갈 수 있었다. 한 학자는 도시의 설계가 궁전(인간 세계), 신전 구역(신성 세계), 제례 구역(두 세계의 접점)으로 구성되어 히타이트의 세계관을 나타내고 있다고 주장했다.

도시의 규모를 고려할 때, 1만 명에서 4만 명의 인구가 있었으리라 추정된다. 발굴된 수많은 개인 주택은 신전 종사자들의 것일 확률이 높고, 일반인들은 성벽 외곽에 거주했으리라 여겨진다. 하투사를 건설한 것은 궁극적인 기술의 성취로, 히타이트인들은 이 강력한 요새 도시를 창조하기 위하여 바위투성이의 산악 지대와 거대한 협곡을 건너야 했다.

하투사의 하부 도시
하투사의 하부 도시 발굴 장면을 찍은 항공 사진의 왼쪽에 폭풍 신의 신전으로 알려진 대신전과 신전에 부속된 저장고들이 나타난다.

신전 물품의 저장
폭풍의 신의 신전 구역에 있는 저장고에서 커다란 항아리들이 발견되었다. 이 항아리들은 막대한 양의 곡식을 저장하기 위한 것으로 마치 도시가 정기적으로 일어나는 심각한 농성에 대비해 준비하고 있었던 것처럼 보인다.

지중해의 국가들

후기 청동기 시대(BCE 1550–1200년경) 지중해 동부 지방의 정치적 배경은 다양했다. 주요 강대국들(이집트, 하티, 미탄니, 아시리아 및 바빌로니아)과 마찬가지로 다수의 왕국과 종속 국가들이 존재했다.

후기 청동기 시대의 작은 왕국들은 거의 대부분 역사가들에게 잘 알려지지 않고 있다.

아히야와

하티의 서쪽 어딘가에 아히야와 왕국이 있었다. 히타이트 신왕국 시대(BCE 1400–1190년경)의 히타이트 기록에도 자주 언급된 강력한 나라였던 아히야와는 서부 아나톨리아의 히타이트와 관련된 일들에서 눈에 띄는 존재였다. 기록상으로 아히야와와 히타이트는 외교적으로 동등한 위치를 가졌던 것으로 여겨지고 있었다. 1세기가 넘도록 "아히야와"는 호메로스가 그리스를 가리키던 "아케아"가 히타이트식으로 변형된 것이라는 설이 주장되었다. 비록 논의는 계속되고 있으나, 대부분의 학자들은 아히야와가 실제로 마케도니아의 일부나 전체를 칭하는 것이라 주장한다.

근래의 고고학적 조사에서 마케도니아가 서부 아나톨리아와 관련되어 있었다는 증거가 발견되었다. 히타이트의 기록에 밀라와타라는 땅이 나오는데 이는 잘 알려진, 아나톨리아의 서부 해안에 있던 고대 그리스의 도시 밀레투스로 확인되었다. 거기서는 마케도니아의 영향만 발견된 것이 아니다. BCE 13세기에 아히야와 왕국은 밀라와타를 종속시켰다.

히타이트의 기록은 아히야와를 군사 개입이나 지역 종속 봉신들을 통해 서부 아나톨리아의 정책에 참여하는 왕국으로 설명하고 있다. 아히야와의 왕들이 직접 아나톨리아 본토를 다스렸는지는 알 수 없으나 그리스 선형문자 B의 기록은 아나톨리아에서 모집된 노동자들에 대해 언급하고 있다. 두 나라 모두 서부 아나톨리아를 세력권으로 했기 때문에 아히야와 히타이트와의 관계는 주로 적대적이었다.

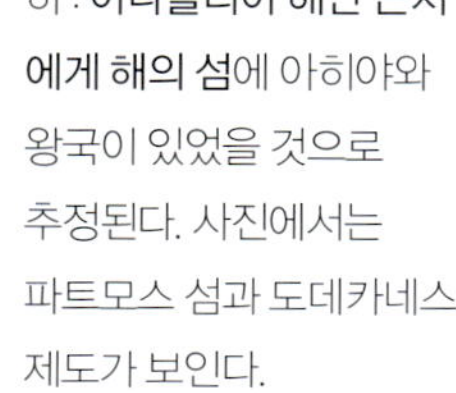

하: **아나톨리아 해안 근처 에게 해의 섬**에 아히야와 왕국이 있었을 것으로 추정된다. 사진에서는 파트모스 섬과 도데카네스 제도가 보인다.

루위

서부 아나톨리아에는 루위로 알려진 인도유럽어계의 민족이 살고 있었다. 이들의 언어는 히타이트어와 유사하다. 루위어는 히타이트 신왕국이 무너진 후(BCE 1190년경) 아나톨리아 대부분의 신히타이트 도시국가들 사이에서 지배적으로 사용되었다. 초기 히타이트의 문헌에서는 서부 아나톨리아를 루위야로 칭했으나 히타이트 신왕국은 예전에 히타이트 종속국들이 연합한 아르자와 왕국을 암시하는 "아르자와의 땅"이라는 명칭을 사용하였다.

비록 이 지방이 후기 청동기 시대에 정치적으로 통일된 적은 없어 보이지만 히타이트의 기록은 아르자와의 왕이 주도한 연맹에 의해 히타이트 주변국들이 엄청난 피해를 입은 것에 대해 많이 언급하였다. 이집트의 아멘호텝 3세(재위 BCE 1390–1352년경)는 아르자와의 왕 타르훈다라두에게 직접 서신을 보내 그와 혼인 동맹을 맺고자 했다. 이것에는 히타이트의 영향에서 벗어난 외교 관계를 세우려는 의도도 깔려 있었다.

다른 루위 왕국으로는 키주와드나(고전 시대에는 실리

좌 : 이 점토판은 에마르에서 발견되었다. BCE 1300–1200년 무렵의 것으로 어린이 매매 계약이 기록되어 있다. 에마르에서는 1000개 이상의 설형문자 점토판이 발견되었다.

시아로 알려졌다)가 있는데, 아나톨리아 남동부에 있는 중요한 나라였다. 키주와드나는 텔레피누(BCE 16세기 후기)의 기록에서 처음 언급되었으며, 이때 이 지역은 히타이트로부터 독립을 선언하였다. 타르수스에서 발견된 인장 자국에는 "이스푸타슈, 파리야와트리의 아들"이라는 이름이 찍혀 있다. 이스푸타슈는 키주와드나의 왕으로 히타이트 왕과 동맹을 맺었다. 그러나 키주와드나는 전략적 위치로 인해 얼마 지나지 않아 이드리미의 재위 기간에 동쪽의 시리아에 있는 강대국 미탄니, 북부의 시리아 해안에 있던 알랄라크와도 동맹을 맺게 되었다.

히타이트 왕 아르누완다 1세(재위 BCE 1380년경)는 키주와드나를 제압하여 다시 히타이트에 종속시켰다. 투드할리야 3세(재위 BCE 1345–1344년경)는 키주와드나의 수나수라와 대대적인 협정을 맺었다. 아마도 이 지역을 미탄니를 견제할 우호적인 완충국으로 유지하고 시리아로의 안전한 군사 이동 경로를 얻기 위해서였던 것 같다. 비록 여러 차례 반란이 일어났지만 키주와드나는 히타이트 신왕국 시대에 히타이트의 세력권에 머물렀고 히타이트와 이집트 사이의 카데시 전투(BCE 1275년경)를 위해 시리아 연안에 지원군을 보내기까지 했다. 히타이트 신왕국이 붕괴(BCE 1190년경)하자 서쪽의 루카처럼 서부 지방에서 많은 신히타이트 도시국가들이 생겨났다.

카르케미시와 알레포

이 시대에는 시리아–팔레스타인에도 소왕국들이 난무했다. 유프라테스 강변에 있는 키주와드나의 동쪽은 카르케미시로 비록 BCE 15세기에는 미탄니에 종속되어 있었으나 히타이트 고왕국에서는 자치를 유지했던 것으로 보인다. BCE 14세기 중엽 히타이트 왕 수필률리우마 1세는 시리아 북부에 두 개의 완충국을 세웠는데, 그 하나가 시리아 북쪽의 카르케미시였고 다른 하나는 카르케미시 서쪽의 알레포였다. 수필률리우마 1세는 이 두 나라에 자신의 아들들을 왕으로 보냈고, 두 도시는 BCE 1190년경 히타이트 왕국이 멸망할 때까지 히타이트 왕실이 직접 지배했다. 카르케미시는 그 후로도 BCE 700년경까지 약 500년 동안 신히타이트 도시국가 연합의 중심지로 남았다.

카르케미시와 알레포는 BCE 2000년대부터 이미 확실히 존재했고 특히 알레포는 BCE 1000년대 초 바빌론과 경합을 벌일 정도로 강력한 도시국가였다. 후기 청동기 시대에 도시를 구성하던 민족에 대해서는 확실하지 않지만 서부 셈족들이 이 지역에 계속 거주해 왔던 것으로 보인다. 이 시대 카르케미시의 왕들은 초기에는 후르리 계통의 이름을 가지고 있었고, 후기에는 히타이트 계통의 이름을 썼다.

하 : 이 신히타이트 시대의 비석은 유프라테스 강의 카르케미시 근처 남쪽에 있는 텔아마르에서 발견되었다. BCE 900–800년 무렵의 것으로 날씨의 신 테슈브가 번개의 삼지창을 들고 있는 모습을 보여 준다.

시리아와 키프로스

유프라테스 강의 보다 남쪽에는 BCE 2000년대에 번성했던 에메르가 있었다. 에메르는 히타이트의 보호국이 된 소왕국 아슈타타의 수도였는데, 이후 무르실리 2세에 의해 BCE 14세기 말에 재건되어 카르케미시의 직할령이 되었다. 아카드어로 쓰인 수천 개의 기록에는 에마르가 경제적인 면에서는 히타이트의 직접적인 개입 없이 번영을 누렸으나 사법면에서는 히타이트가 직접 개입했다고 나와 있다.

하 : 뿔이 달린 신의 청동상은 키프로스 섬의 엔코미에서 발견되었으며 BCE 1250년 무렵의 것이다.

키프로스 섬(고대 알라시야) 역시 후기 청동기 시대 초기에는 독립된 나라였다. 수필률리우마 1세 시대의 기록에서는 선왕 투드할리야 3세가 BCE 14세기 중반에 알라시야를 정복하여 조공을 바치도록 했다고 나온다. 이곳은 목재와 구리가 풍부하여 히타이트 왕들에게는 전략적인 지역으로 여겨졌다. 아마르나 서신에서는 파라오가 알라시야의 왕을 "나의 형제"라고 불러 지중해 동부 지역에서 알라시야가 갖고 있던 중요성을 짐작할 수 있게 한다.

오론테스 강의 알레포정 서쪽에는 알랄라크가 있었다. 알랄라크는 소왕국 무키시의 수도였는데 이드리미의 자전적인 기록 덕분에 알려지게 되었다. 이드리미는 BCE 15세기 미탄니에 종속되었던 알랄라크의 시조로 추정된다. 그는 키주와드나의 왕 필리야와 협정을 맺을 정도로 힘이 있었다. 당시 키주와드나 역시 미탄니에 조공을 바치는 나라였다. 알랄라크의 남쪽 지중해 연안에는 우가리트가 있었고, 이 왕국은 BCE 1400–1200년대의 알파벳 설형문자로 된 기록 수천 개가 발견되어 유명해졌다. 크지는 않았지만 우가리트는 번창했고 목재를 생산하는 다민족 국가였다. 우가리트의 왕들은 이집트와 하티의 초강대국 사이에 끼어 있었고, 두 나라는 이 작은 나라의 환심을 사려 애썼다. 예를 들어 우가리트의 니크마두는 수필률리우마 1세로부터 지원을 제안하는 자세한 서신을 받았다. 이를 받아들이자 수필률리우마 1세는 무키시 왕국에서 영토를 떼어 내어 우가리트에게 주었다.

무키시와 우가리트의 서쪽에 있는 누하슈셰는 특히 강력한 소왕국 중의 하나로 오론테스 강과 유프라테스 강 사이에 위치했다. BCE 1000년대 초부터 마리와 알랄라크의 기록에 이름이 나오기는 했지만 누하슈셰가 국가로 정립된 것은 히타이트 신왕국 시대에 들어서였다. 그러나 한 기록에 의하면 수필률리우마 1세가 누하슈셰의 왕을 패배시키고 그와 그의 가족을 하투사로 데리고 갔다고 한다.

아무루

시리아–팔레스타인의 남쪽 부분은 이집트가 지배했다. 누하슈셰 영토의 남쪽은 확실한 형태가 없는 아무루 왕국으로 이집트와 미탄니 세력권 사이의 작은 국경 도시들이 모여 이루어졌다. 이 나라는 아마르나의 서신과 히타이트의 기록에 뚜렷이 나타나는데 이집트의 영향권에 있으나, 주변 종속국들에게는 항상 골칫거리였다. 아마르나의 서신에는 두 명의 아무루 왕, 압디아시르타와 그의 아들 바지루가 언급되어 있다. 둘 다 아피루로 알려져 있던 방랑인 무리를 고용했다. 이집트는 세 곳의 요새(수무르, 투닙, 울라자)와 콰트나, 시돈, 카데시에 있는 도시들을 아무루에 빼앗겼다.

아마도 북쪽에서 히타이트가 개입하리라는 위협 때문인지 이집트의 왕 아크나톤은 아지루에게 이집트 궁정에 참석할 것을 요구했다. 아마르나의 서신 중에는 시리아 해안에 있던 구블라(비블로스)의 왕 립아다가 보낸 것이 많은데, 립아다는 아무루가 그의 영토를 잠식해 들어오는 것에 대해 이집트의 왕에게 불평했다. BCE 2000년대부터 아무루는 이집트의 전략적인 교역 협력 국가가 되었다.

그 이외의 남부 가나안 국가들

더욱 남쪽으로 내려가면 가나안 소공국들이 많이 있었는데, 이들은 모두 이집트의 주권을 인정했다. 샤크무(성서의 세겜)는 라바유가 세운 나라의 수도로, 아무루의 왕들처럼 아피루의 용병들을 고용하여 게제르, 메기도, 예루살렘 등의 이집트가 지배하는 주변 국가들을 공포에 떨게 만들었다. 그러나 세 통의 아마르나 서신에서 라바유는 자신이 아크나톤의 충성스러운 신하라며 항의하고 있다. 그

룩카란 어떤 종족인가?

히타이트에서는 루위어를 사용하는 다른 민족으로 룩카인(또는 리키아인)이 알려져 있었다. 이들은 아나톨리아 남서부에 살았으나 문헌에 한 국가로서 언급되어 있지는 않다. 또한 히타이트는 이들과 어떠한 협정도 맺지 않았고 왕에 대한 언급도 없다. 그러나 히타이트 왕국에서 일하는 룩카인들은 많이 있었다. 이집트의 아마르나 서신에서는 룩카인들이 알라시야(키프로스)와 이집트의 연안을 정기적으로 침략한 것으로 나타나 있다. 이들은 훗날 호메로스의 『일리아드』에서 트로이의 동맹인 리키아인으로 잘 알려지게 되었다.

우 : **리키아의 묘지**는 터키의 케코바 섬에 있는데, BCE 600–400년 무렵의 것이다.

렘에도 불구하고 주변 국가들의 연맹은 이집트의 지원을 받아 라바유를 체포했다. 라바유는 뇌물을 주고 탈출했으나 후에 암살당했다. 라바유에 대해 불평을 한 왕들 중의 하나인 예루살렘의 압디헤파(훗날 범법자로 낙인찍혔다)는 그 이후로도 약탈자들인 아피루들을 추격하기 위한 지원을 요청했다.

비록 이집트인들은 종속국 왕을 독립된 왕이라기보다는 이집트의 관료("시장"으로 불렸다)로 대했으나 신왕국 초기 시대에 이들 나라에 대한 이집트의 역할은 상대적으로 보잘 것 없었다. 그러나 아마르나 이후 히타이트와의 사이에 문제가 발생하기 시작하자 압제적인 지배와 군대 주둔이 적용되었다.

하 : **이스라엘의 텔메기도**에 있는 가나안의 유적은 80년 전에 발견된 이후로 고고학자들의 호기심을 유발하고 있다.

아마르나 서신

아마르나 서신은 상이집트의 중심부인 아케타톤 유적(오늘날 텔엘아마르나)에서 발견된 국제 교신 문서 유물들을 일컫는다. 1887년 발견된 이래 380개가 넘는 점토판이 발굴되었다.

상: 사진의 거대한 아크나톤 상은 카르나크의 아텐 신전에 있다. 현재 남아 있는 아마르나 서신의 대부분은 그의 시대(BCE 1352–1336년경)의 것이다.

아케타톤은 BCE 14세기 중엽 제18왕조의 한 세대 동안 이집트의 수도였다. 이곳에서 BCE 1360–1332년경의 것인 380개가 넘는 점토판이 불법적으로 발굴되었다. 이 시기는 적어도 4명의 이집트 왕, 즉 13년간 왕위에 있었던 아멘호텝 3세부터 아크나톤, 스멘크카레를 거쳐 재위 기간이 1년밖에 안 되는 투탕카멘이 다스리던 시기까지를 포함한다. 서신들은 이집트 왕과 시리아–팔레스타인의 다양한 종속 국가들, 그리고 하티, 미탄니, 아시리아, 바빌로니아 등의 동등한 세력을 가진 국가들과의 관계에 대한 내용을 담고 있다. 대부분의 서신들은 19세기 말에 발견되었고 각 서신마다 "EA(즉, 엘아마르나)"라는 약어와 함께 숫자를 붙여 구분하였다.

아마르나 서신에 기록된 언어

서신들은 점토판 위에 설형문자로 기록되었고, 기록 체제는 서부 아시아(메소포타미아, 시리아– 팔레스타인, 아나톨리아 및 이란)에서 사용되던 것이었지만, 이 서신들이 발견되기 이전에는 이 체제가 이집트에서는 사용되지 않았다고 여겨지고 있었다. 대부분의 점토판에는 아카드어가 사용되었다. 아카드어는 BCE 2000년대에 국제 교신과 외교에 사용되던 공용어였다. 메소포타미아에서 이집트로 보내온 서신들은 아카드어의 바빌로니아식 방언으로 기록되었다. 그러나 시리아–팔레스타인처럼 메소포타미아 이외의 지역에서 이집트로 보내진 서신들에는 일명 "외곽" 아카드어로 쓰여 있어 발신자의 태생(이집트, 서부 셈족, 히타이트 등)에 대한 특징이 나타나 있었다. 학자들은 아케타톤에 서기를 위한 설형문자 학교가 있어서, 그곳에서 이집트의 서기들이 아카드어와 설형문자를 배울 수 있었다고 믿고 있다. 게다가 소수의 서신들은 시리아 왕국인 미탄니와 히타이트의 주 언어로 사용되었고 아나톨리아의 구어였던 후르리어로 기록되어 있다.

380개의 점토판 중 90퍼센트 이상은 나라와 나라 사이에 주고받은 편지거나 편지의 일부였던 목록이다. 그 밖에 30여 개의 문헌은 서기 전통의 증거를 보여 주는데, 그 중에는 메소포타미아 신화와 서사시, 음절 문자 체계(문

구블라(비블로스)의 립아다

구블라(오늘날 레바논 연안에 있는 비블로스)의 왕인 립아다는 이집트 왕에게 여러 차례 서신을 보내 시리아의 왕국 아무루와 그들의 왕 압디아시르타(훗날 아들 아지루가 그의 뒤를 잇는다)에 대해 불평했다. 립아다는 그의 왕국이 위협을 받고 있다고 강조하며 이집트의 원조를 요청했으나 원조는 제때에 도착하지 못했던 것으로 보인다. 결국 립아다는 궁전의 쿠데타로 폐위되어 베이루트로 유배당했고, 그의 형제가 왕위에 올랐다. 그의 최후에 대해서는 알려지지 않았다. 그가 보낸 서신들은 당시의 불안정한 정치 상황을 나타내며 여기에는 예루살렘, 샤크무(세겜), 라키시, 메기도 같은 레반트 도시들과의 관계가 묘사되어 있다.

우 : **레바논 연안의 구블라(비블로스)**는 바다로부터의 공격에 특히 취약했다.

자가 없는 언어를 위한 음성 기호 목록), 어휘(각 언어 간의 단어 번역)집, 신들의 목록까지 있었다. 거의 모든 점토판들이 왕실 기록 보관소이리라고 짐작되는 아케타톤에 있는 한 건물의 내부와 그 근처에서 발견되었다. 대부분의 서신들은 왕에게 온 것들이었으며 열두 개 정도는 발송 준비가 되었거나 발송된 서신의 복사본이었다.

이집트와 "대왕"들

서신 중 약 40통의 서신이 "대왕"들 사이에 오간 서신이었다. "대왕"이란 파라오와 동급의 왕을 의미한다. 이들은 서로를 동등한 지위를 나타내는 "형제"로 칭했다. 서신의 내용은 보통 동맹을 맺거나 유지하기 위한 것으로 대부분 외교적인 혼인으로 결론지어졌다. 그러나 혼인을 주선하는 측은 거의 일방적이었다. 이집트 왕들이 동격의 왕들의 딸을 아내로 들인 것이다. 이집트의 왕들은 공주를 외국의 왕에게 보내는 것에는 흥미를 보이지 않았다. 소위 "국가 정책(협정 교섭이나 군사 동맹)"에 초점을 맞추는 대신, 이 왕들은 선물 교환에 더욱 주의를 기울였고, 오고간 선물의 양과 질에 대해 열심히 논했다.

이집트와 종속 국가들

그 나머지 서신들은 이집트와 그의 종속 국가들의 관계를 반영하는 내용을 담고 있다. 종속국의 왕들 또한 이집트 왕에게 선물을 바쳤다. 그러나 그들의 관계는 "형제"로 호칭되는 왕들과는 달랐고, 그들이 보내 온 물건은 선물이라기보다는 공물로 여겨졌다. 게다가 그들은 이집트 왕에게 "각하"와 같이 다양한 존경 표현을 사용했다. 종속국의 왕들은 왕이었음에도 불구하고 자신들에게는 "종"을 의미하는 명칭을 사용하였다. 이집트에 속한 시리아-가나안의 작은 나라 왕들은 자주 "시장"이라는 직급으로 지칭되었다. 시리아-가나안 지역은 두세 개의 지방으로 나뉘어 각 주는 이집트 행정관에 의해 감독되었다.

종속국과의 서신에서 이집트 왕들은 물품과 인력을 요구하거나 군대 물자 보급, 복종 상태를 확인하였다. 반면, 종속국 왕들은 그들이 처한 상황에 따라 매우 다양한 요청을 보내었다. 이들의 서신은 "대왕"들 사이에 오고간 서신들과는 달리 정치적 현실을 반영하고 있었다. 북부 지방에서 온 서신은 이집트의 영토를 잠식하기 시작한 두 세력에 대해 표현하고 있다. 시리아에서 다시 세력을 잡기 시작한 히타이트와, 북부의 다른 이집트 종속 국가들을 위협하는 새로운 국가 아무루에 대한 것이었다.

하 : **이 아마르나 서신**은 바빌론의 카시트인 왕 부르나부리아시 2세(재위 BCE 1359-1333년경)가 쓴 것으로 아크나톤에게 바빌론으로 후한 금을 선물로 보내 달라고 요청하고 있다.

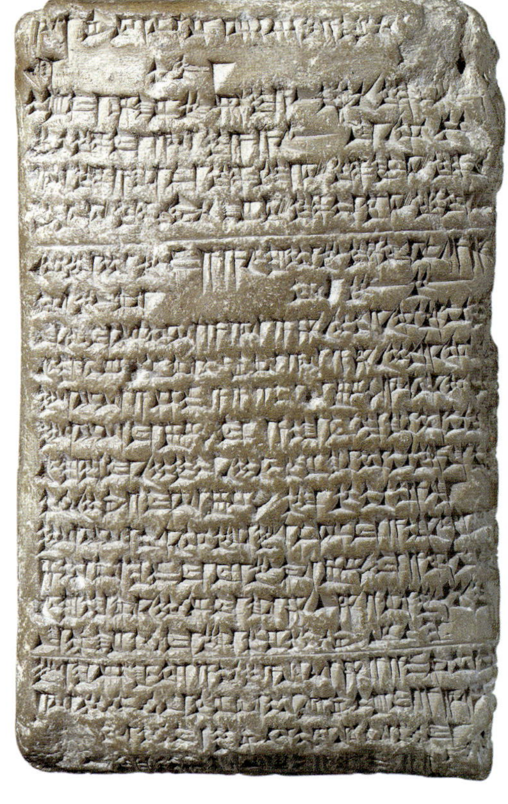

카데시로 향하는 길

이집트의 람세스 2세는 재위 4년(BCE 1275년경)에 대군을 이끌고 북부 시리아에 있는 히타이트의 진출을 막기 위한 원정에 나섰다. 이 원정은 오론테스 강가에 있는 카데시 근처에서 벌어진 대전투로 막을 내렸다.

상: 이 카데시 전투의 **부조**는 카르나크의 아몬 신전에 있는 것이다. 람세스 2세가 히타이트의 적들을 무찌르고 있다. 이집트는 카데시 전투에서 이집트가 "승리"한 것처럼 묘사하고 있다.

카데시(오늘날 텔네비멘드)는 남북과 동서를 가로지르는 십자로에 위치해 있으며 홈스 호 남쪽 오론테스 강의 가장 편리한 여울을 지배하는 데 대단히 중요한 전략적 요충지이다.

전쟁 전의 카데시

람세스의 원정이 있기 전 약 2세기 동안 카데시는 시리아에서 이집트의 국제 정책에 중요한 역할을 맡았다. 예를 들어 카데시는 투트모세 3세에 대항하여 반란을 일으킨 300여 도시들의 선봉 역할을 했는데, 이 반란은 메기도에서의 패배(BCE 1457년경)로 끝났다. 이 도시는 아멘호텝 2세(재위 BCE 1425-1400년경)의 시대에도 적대적인 태도를 유지하여 아멘호텝에게 충성 서약을 강요당했다. 투트모세 4세(재위 1400-1390년경) 무렵에는 이집트가 시리아의 북부를 지배하던 미탄니와 동맹을 맺었다. 그러나 카데시는 여전히 이집트가 단단히 쥐고 있었다.

북부 시리아가 미탄니를 정복한 히타이트의 왕 수필룰리우마 1세(재위 BCE 1344-1322년경)에 의해 지배되게 되자 이러한 상황은 더 이상 지속되지 못했다. 아크나톤(재위 BCE 1352-1336년경) 시대에 이집트는 두 차례 이 지역에서 히타이트를 몰아내려는 시도를 하였지만 성공하지 못했다. 이 이집트와 히타이트 간의 "냉전"은 다음 세대로 이어졌다. 카데시가 두 강대국 사이의 주요 관심사였음은 쉽게 집작할 수 있다. 이 시기 동안 카데시 역시 여러 번 동맹국을 바꾸었다. 이집트의 세티 1세(재위 BCE 1290−1279년경)는 카데시를 파괴했다고 주장하였지만 이는 명백히 과장된 것으로 얼마 후 이 도시는 히타이트의 손에 넘어갔다. 람세스 2세 재위 초기(BCE 1279년경)에는 카데시만 히타이트의 세력권에 들어간 것이 아니라 그 이웃인 아무루도 히타이트의 위성 국가가 되어 이 지역에서 이집트의 위상이 위험에 처하게 되었다. 그러므로 BCE 1275년경에 일어난 전쟁의 목적은, 적어도 이집트의 입장에서는 카데시를 탈환하고 그들의 세력을 다시 강화하는 것이었다.

좌: **테베에 있는 람세스 2세의 장제전에 새겨진 부조**에서는 카데시 전투에서 "패배"한 히타이트인들이 오론테스 강에 빠져 죽는 모습이 묘사되어 있다.

전투

히타이트 전쟁은 이집트에 거대한 충격을 안겨 주었다. 이집트는 이 전쟁에 대해 산문과 시로 된 적어도 두 개의 기록을 남겨 설명을 곁들인 입체적인 표현을 만들어 냈다. 이 두 기록에 대해서는 무수한 복사본이 발견되었는데, 총 15개의 사본이 아비도스, 룩소르, 카르나크, 남쪽의 아부심벨 등 이집트 전역의 다양한 신전에서 발견되었다. 이들을 분석한 결과 이집트의 입장에서 본 전투를 그려 낼 수 있게 되었다.

람세스는 4개의 사단을 이끌고 카데시로 향했다. 왕이 아문 사단과 함께 카데시 근처에 있었을 때, 두 명의 히타이트 탈영병(실제로는 첩자)이 왕에게 히타이트군이 160킬로미터 북쪽의 알레포 근처에 있다고 거짓 정보를 제공했다. 따라서 이집트 왕은 카데시를 지나쳐 북쪽으로 이동하여 높은 지대에 자리 잡고 히타이트의 주력 부대를 기다렸다. 그 후, 다시 히타이트 병사 두 명을 체포하여 고문한 끝에 히타이트군의 정확한 위치를 알아냈다. 히타이트군은 이미 오론테스 강 북부에 도달해 있었다. 불행히도 이집트군은 측면에서 공격당했고, 람세스가 이끌던 사단은 바로 히타이트 전차 부대에게 포위되었다. 게다가 가장 가까이 오고 있던 이집트의 사단은 히타이트 전차 부대의 기습 공격으로 흩어져 버렸고 나머지 두 개의 사단은 여전히 남쪽으로 멀리 떨어진 곳에 있었다.

기록은 이 시점에서 바뀐다. 아마도 파라오를 신격화하는 이집트의 사상 때문에 왕이 패배했다는 것을 받아들이지 못했을 것이다. 람세스는 한 손으로 히타이트군을 베어 길을 열었다. 이집트군은 바로 다시 정렬하여 히타이트군을 무찔렀고 히타이트의 왕인 무와탈리 2세가 화해를 청하는 서신을 보내오게 되었다. 이집트의 관점에서는 이집트가 당했다고 여길 수도 있겠으나, 결집하여 무승부를 이끌어 낼 수 있었기에 협상의 무대를 마련할 수 있었던 것으로 보인다.

협정

약 15−20년 후, 양측은 협정을 체결하였다. 이 협정은 이집트어로 된 두 개의 사본과 히타이트의 수도인 하투사에서 발견된 히타이트어 사본으로 남아 있다. 두 곳에서 발견된 협정은 놀라울 정도로 내용이 비슷하다. 양측은 상호 비폭력과 방어 동맹을 유지하고 도망자들을 인도하며 양국의 상속권을 보호한다는 내용이다. 이와 더불어 람세스는 20년에 걸쳐 두 명의 히타이트 공주와 혼인을 하였고 카데시는 적어도 명목상으로는 히타이트의 지배를 받는 것으로 남았다. 이후 히타이트가 해체될 때까지(BCE 1200년경) 이집트와 히타이트는 비교적 평화로운 관계를 유지했다. 얼마 후 카데시는 파괴되었는데, 아마도 바다의 백성들에 의한 것이라 여겨진다.

하: **카데시 협정**은 이집트와 히타이트 사이에 맺어진 것으로, 전해지는 바에 따르면 최초의 평화 협정이다. 이 파편은 BCE 1255년경의 것이다.

아시리아의 발흥

샴시아다드 1세와 그의 아들들의 지배가 끝난 후 거의 400년 동안 아시리아는 바빌로니아와 미탄니에 종속되어 있었다. 그러나 아슈루발리트 1세(재위 BCE 1363–1328년경) 시대에 아시리아인들은 미탄니의 멍에를 벗어 던지고 스스로 정치 무대에 오를 수 있는 힘을 가지게 되었다.

BCE 18세기 중반부터 BCE 16세기 중반의 아시리아에 대한 정보는 매우 제한적이다. 유일한 정보는 선전적이지만 대략 BCE 1750년부터 BCE 1550년까지 이어진 후기 아시리아 왕명록과 아수르 지배자들에 대해 빈약한 정보를 주는 단편적인 비문뿐이다. 후기 바빌로니아 연대기에 의하면 이때 아시리아인들은 바빌로니아와 경계 협정을 맺었고, 이집트에 선물을 보냈다. 종합하면 BCE 16세기 무렵 아시리아는 여전히 정치적으로 독립된 왕국이었으나 시리아에 있는 후르리인들의 강력한 미탄니 왕국이 확장하며 이라크의 북부를 장악했다.

하 : 아수르(오늘날 칼라트 샤르카트)의 유적은 이라크 모술의 남쪽으로 110킬로미터 떨어진 티그리스 강변에 있다.

미탄니 지배하의 아시리아

그러나 당시 미탄니와 아시리아의 관계가 어땠는지는 불확실하다. 거의 BCE 15세기가 끝날 때까지 아시리아 왕의 기록이 존재하지 않기 때문이다. 그러므로 아시리아 왕명록에 나온 이들은 왕이라기보다는 미탄니에 종속된 "지사"들이었을 가능성이 있다. BCE 15세기 중반, 미탄니의 왕 샤우스타타르가 시리아 내륙에 있는 수도 와슈칸니의 궁전을 위해 아수르에서 은과 금을 약탈했다고 한다. 또한 몇몇 아시리아 관료들이 미탄니 왕을 주군으로 받아들여서 아수르에서 나온 법 문서에는 후르리식 이름을 가진 관료들이 나온다. 이라크 북부의 작은 마을 누지에서 발견된 수천 개의 사무 기록에도 후르리어에서 파생된 이름들이 많아 후르리 문화의 강한 영향력을 드러낸다. 누지의 기록들에 의하면 아시리아는 미탄니의 지배하에서 여러 개의 종속 왕국으로 분해되었다.

아시리아의 부활과 아슈루발리트 1세

BCE 1420년경, 아시리아 왕의 비문이 다시 나타나고 아수르의 성벽이 재건되었다. 이집트의 텔엘아마르나 후기 문서에 아시리아 왕 아슈르나딘아헤 2세(재위 1400–1391년경)가 이집트와 선물을 교환했다고 나와 있다. 당시 미탄니–히타이트 협정에 후르리 왕국으로부터 독립을 선언한 이름 없는 아시리아 왕(에리바아다드, 재위 BCE 1390–1364년경으로 추정)이 나온다. 아슈루발리트 1세(재위 BCE 1363–1328년경)가 즉위했을 때는 아시리아가 정치적으로 독립한 것이 확실하다. 텔엘아마르나의 서신들이 왕국의 부활을 보여 준다. 예를 들어, 바빌로니아의 카시트 왕 부르나부리아시 2세(재위 BCE 1359–1333년경)는 카시트에 종속된(적어도 바빌로니아 왕의 시각에

좌 : **아수르의 벽**은 엄중한 외벽과 내벽 및 문으로 구성되어 있다. 도시는 중기 아시리아 시대에 대대적으로 복구되었다.

서는) 아시리아의 왕이 이집트의 왕과 동등한 취급을 받는 것에 대해 불평했다. 어느 유명한 서신에서 아슈루발리트는 이집트와 관계를 맺으려 함으로써 아시리아의 주권을 강조했다. 그는 이를 위해 사절과 선물(수레, 말 두 마리, 보석들)을 보냈다. 그러나 아시리아 왕은 두 번째 편지에서 이집트의 왕이 준 선물이 후하지 않다고 불평했다. 특히 아시리아의 왕이 미탄니의 왕과 동등하게 되었는데도 이집트가 미탄니 왕에게 더 많은 금을 보냈다는 것이다. 어쨌든 이 서신에서 아시리아가 의존국이 아닌 독립국으로 간주되기를 원한 것은 확실했고 이집트는 이에 응했다.

아시리아의 중요성에 대한 다른 예로는 아슈루발리트가 딸을 바빌로니아의 왕 부르나부리아시와 혼인시킨 점이다. 이 결혼에서 태어난 카라하르다시가 바빌로니아의 왕좌에 올랐으나 그는 궁전 반란에 의해 암살되었으리라 추정된다. 이로 인해 아슈루발리트는 손자의 죽음에 대한 복수를 빌미로 바빌론을 침략하여 강탈자 대신 쿠리갈주 2세(BCE 1327년경)를 왕위에 앉혔다. 아슈루발리트는 또한 아수르의 이슈타르 신전과 같은 주요 종교 건물들을 재건했다. 그의 통치가 끝날 무렵, 아시리아는 근동에서 중요한 국가들 중의 하나가 되었다.

아슈루발리트의 후계자들

아슈루발리트의 군사 행적에 대한 자세한 기록은 없지만 후대 아시리아 왕들의 기록에서 그의 군사 능력에 대한 암시를 얻을 수 있다. 이에 따르면 아슈루발리트는 메소포타미아에서 전통적으로 북부 사람들을 의미하는 수바리아인들을 물리쳤다고 한다. 또한 아슈루발리트의 뒤를 이은 엔릴니라리 1세(재위 BCE 1327–1318년경)가 에르빌 근처에서 카시트인들과 싸워 이겼다고 한다. 아리크덴일리(재위 BCE 1317–1306년경) 무렵 아시리아 왕들은 스스로를 "힘센 왕, 아시리아의 왕"으로 칭하며 다시 한 번 정치 무대에서 아시리아의 중요성을 과시했다. 그러나 이후 아시리아 연대기에 의하면 아리크덴일리는 이름이 알려지지 않은 적에 의해 니네베 북부를 침략당했다고 한다. 그는 북부 산악 민족(자그로스 산맥 서부로 추정)인 구티를 공격하여 이에 대응했다.

아다드니라리 1세의 군사적 확장

아리크덴일리의 아들인 아다드니라리 1세(재위 1305–1274년경)의 시대는 자료가 풍부하다. 아다드니라리 1세는 아시리아의 군사력을 새로운 차원으로 이끌었다. 그는

하 : **니네베의 복원된 네르갈 문**은 아시리아 건축의 규모를 보여 준다.

샬마네세르와 님루드

군사적 확장과 더불어 샬마네세르 1세는 아시리아의 심장부, 특히 니네베에서의 건설에 주의를 기울였다. 그는 고대 아시리아의 중심이자 훗날에는 마지막 수도가 될 니네베에 왕궁을 세웠다. 또한 아수르의 이슈타르 대신전을 복구했으며 칼라(오늘날 님루드)를 세웠다. 칼라는 수세기 후에 아시리아의 수도가 된다. 또한, 니네베의 동쪽에 있는 텔엘리마를 비롯한 지방 도시에서 당시의 경제에 대해 알 수 있는 많은 점토판들이 출토되었다. 이는 당시에 교역이 번성했다는 증거였다. 아나톨리아에서 교역이 활발히 이루어졌던 것은 히타이트의 대(對)아시리아 정책이 항상 성공적이지는 못했음을 의미한다. 그러나 이들 교역망은 아람인들이 도처에서 빈번하게 가로막아 어려움을 겪기도 했다.

좌 : **님루드의 유적**은 고고학자들이 샬마네세르 요새로 부르는 언덕 위에 건설된 거대한 중 아시리아 궁전을 포함한다.

하니갈바트(시리아의 미탄니 제국이 작아진 나라)에 대항하기 위해 많은 노력을 기울였고, 자신의 군사 작전에 대해 여러 비문에 기록하였다. 이 비문들은 자세한 아시리아 군사 작전에 대해 오늘날 남아 있는 가장 오래된 기록이다. 아다드니라리는 비문에 지리적 전경을 묘사하고 전투에 대해 서술했다. 이들 문헌에 의하면 아다드니라리의 첫 서부 군사 작전은 하니갈바트의 왕 샤투아라가 아시리아 왕에게 범한 적대적인 행동에 대해 응징한 것이었다. 히타이트의 자료에서도 어떻게 샤투아라가 강제로 아수르에 끌려가 아시리아의 신하가 되도록 강요받았는지를 묘사하고 있다. 아시리아는 후르리 계승자와의 형세를 역전시켜 확실하게 우위를 차지했다.

이 두드러진 승리에도 불구하고 아다드니라리는 샤투아라의 아들 와사샤타가 히타이트에게 도움을 청하자 시리아를 재침략했다. 그러나 아나톨리아에서 말썽이 생긴 히타이트는 하니갈바트 왕에게 지원군을 보내지 못했다. 이 두 번째 원정에서 아다드니라리는 구 미탄니의 수도 와슈칸니를 정복하고 히타이트 왕국과의 국경에 자리한 카르케미시까지 진출하였다. 이렇게 하여 하니갈바트는 정복당하고 와사샤타와 그의 일가는 포로로 잡혔다. 아시리아에 대항하던 하니갈바트는 중심을 잃게 되었다.

이제 강대국이 된 아시리아는 히타이트에게 형제애를 표방하며 접근했으나 이름이 알려지지 않은 히타이트 왕은 아시리아 왕의 요청을 서신으로 거부했거나 적어도 아다드니라리를 동등하게 취급하기를 거부했다. 히타이트 왕 하투실리 3세가 아시리아에게 철과 무기를 요청하기 위해 보냈던 다른 편지가 증명하듯 아시리아는 이제 북부 교역로를 통제하게 되었다. 비록 서신의 앞부분은 없어졌지만 대부분의 역사가들은 이 서신이 동등한 위치에서 동맹을 맺어 서로를 "형제"로 부르던 하투실리 3세와 아다드니라리 사이에 오고 간 것이라 여긴다.

아다드니라리 1세는 또한 남쪽의 카시트 바빌로니아에도 승리하였다. 그는 바빌로니아와의 국경인 디얄라 강과 자르고스 산맥에서 치안을 유지했다. 이때 그가 바빌로니아와의 전쟁에서 승리한 것을 경축하기 위해 지어진 서사시 조각이 아직도 남아 있다. 그러나 아시리아 왕들은 아카드어의 아시리아식 방언 대신 바빌로니아 표준어를 문어로 사용하여 바빌로니아를 모방하기 시작했다. 또한 바빌로니아의 최고신인 엔릴의 영향이 대단히 커졌다. 아시리아의 왕들은 "엔릴 신의 지배자"를 주된 칭호 중의 하나로 사용하였다. 이와 같이 아시리아는 여러 면에서 남부의 바빌로니아에 문화적으로 의존하였고 이는 그들이 바빌로니아를 정치적으로 통제하던 시기에도 마찬가지였다.

샬마네세르 1세

아다드니라리 1세의 아들인 샬마네세르 1세(재위 BCE

1273–1244년경)는 아수르에서 발견된 그의 연대기가 말해 주듯, 바빌로니아와의 문화적 교류와 군사적 확장 정책을 계속 이어 갔다. 그는 이전 기록에서는 언급되지 않았던 북부의 민족인 우라르투인들과의 문제에 특히 신경을 썼다. 우라르투인들은 반 호수와 코카서스 산맥 주위에 살고 있었는데, 우라르투는 BCE 1000년대 초 아시리아의 비문에 아시리아 제국과 경쟁하던 강력한 왕국으로 나와 있다. 그러나 샬마네세르의 시대에는 우라르투가 민족을 의미할 뿐 통합된 왕국을 말하는 것은 아니었다.

샬마네세르는 정복한 곳의 사람들을 조직적으로 이주시키기 시작한 것으로 보인다. 이들은 보통 아시리아 심장부의 노동력을 보충하기 위해 이용되었다. 특히 많은 우라르투인들이 왕에게 봉사하게 되었다. 또한 샬마네세르는 1만 4000명 이상의 하니갈바트인들을 시리아에서 이주시켰으며 이들은 아마도 천연자원 채굴 현장이나 건설 현장 등에서 "체인 갱(사슬로 함께 묶인 죄수들)"으로 이용되었던 듯하다. 아시리아인들만으로는 필요한 노동력을 충족시킬 수 없었을 것이다.

그의 선조들처럼 샬마네세르는 종속 왕국인 하니갈바트와 서부 국경에서 갈등을 겪었다. 그러나 이번에는 단순히 반란을 일으킨 종속 왕(공교롭게도 또 다시 샤투아라) 때문이 아니라 알라무라는 새로운 민족 때문이었다. 확실하지는 않지만 알라무족은 아시리아의 후기 자료에 나오는 셈어를 사용하는 아람인들의 선조로 추정된다. 두 강대국 사이에 끼인 하니갈바트의 왕은 히타이트의 왕에게 아시리아와의 전쟁을 위해 도움을 요청할 수밖에 없었다. 히타이트는 이를 군사적으로 지원하고 히타이트의 속국들에게 아시리아와 교역을 전면적으로 중단하도록 시켰다. 이는 히타이트의 왕 투드할리야 4세(재위 BCE 1237–1209년경)가 아무루(시리아 해안의 작은 왕국)의 왕 샤우스가무와와 맺은 조약에 포함된 조건이었다. 이와 같이 히타이트는 아시리아 제국에 대한 통상 금지령을 조장하였다.

상 : **우라르투 요새의 유적**은 이란의 테페바스탐 근처의 언덕에 남아 있다. 아시리아의 지속적인 압력으로 인하여 결국 흩어져 있던 우라르투의 왕국들이 통합하여 저항하게 되었다.

비록 이 문헌은 샬마네세르 1세 치세로부터 몇 년 후에 적혀진 것으로 여겨지기는 하나, 샬마네세르가 재위했을 때 이미 실행되던 히타이트의 정책을 표현한 것이었다. 그러나 그 후 샬마네세르는 히타이트의 카르케미시와 아나톨리아 남동부에 있는 카파도키아의 일부마저 장악했다. 하니갈바트의 패배는 아시리아에 비옥한 농지와 부유한 도시들, 군대를 위한 많은 인구를 제공하였다.

샬마네세르 1세와 바빌로니아

샬마네세르 1세와 바빌로니아의 관계는 완전히 확실하게 밝혀지지 않았다. 그러나 히타이트 왕 하투실리 3세(재위 BCE 1267–1237년경)로부터 바빌로니아의 왕 카다슈만엔릴 2세(재위 BCE 1263–1255년경)에게 보내진 서신에는 하티와 바빌로니아 사이의 외교적 교류가 끊긴 것에 대한 염려가 나타나 있다. 외교 단절의 원인 중 일부는 아시리아의 세력이 급상승했고, 바빌로니아의 외교 사절이 아시리아에 억류되었기 때문이었다. 그러나 샬마네세르의 아들이자 후계자인 투쿨티니누르타 1세(재위 BCE 1244–1208년) 때에 이르러 바빌로니아와 아시리아의 관계는 훨씬 더 악화되었다.

좌 : **이슈타르 여신.** 현대 화가인 에블린 폴의 상상에 의한 그림(1995년)으로, 사랑과 풍요의 여신이면서, 동시에 전쟁과 사냥의 여신이기도 한 것이 표현되어 있다.

투쿨티니누르타 1세

아시리아의 투쿨티니누르타 1세(재위 BCE 1244–1208년경)는 고대 근동 지역에서 특히 흥미롭고 불가사의한 인물 중의 하나이다. 어떤 이들은 이 아시리아 왕에 관련된 전설이 성서에 나오는 니므롯 왕과 그리스의 니노(니누스)에 대한 묘사에 영감을 주었을지도 모른다고 보기도 한다.

36년에 걸친 재위 기간 동안 투쿨티니누르타 1세는 부친인 샬마네세르 1세에게 물려받은 영토에 대한 지배를 굳혔고 아시리아의 지배를 아나톨리아까지 확장시켰다. 또한 바빌론을 패배시키고 약탈했으며 새로운 수도를 세웠다. 카시트의 바빌로니아와 카슈틸리아시 4세(재위 BCE 1242–1235년경)에게도 빛나는 승리를 거두어 투쿨티니누르타의 서사시가 지어졌다. 이 서사시는 설형 문학에서 가장 흥미로운 사료적, 선전적 작품이다.

투쿨티니누르타 1세의 업적

투쿨티니누르타는 북쪽에 있는 유프라테스 강을 건너 아나톨리아 남동부의 나이리를 공격했다. 나이리는 우라르투의 시조로 여겨지며 BCE 1000년대 초기 아시리아와 어깨를 나란히 할 정도로 강력한 나라였다. 그는 또한 카부르와 발리크 강 분지를 건너 시리아까지 갔다. 히타이트인 2만 명을 아시리아로 강제 이주시켰다고 했으나 이는 분명 과장일 것이다. 하투사에서 발견된 점토판 조각은 투쿨티니누르타로 여겨지는 아시리아 왕이 히타이트의 투드할리야 4세(BCE 1237–1209년경)에게 보낸 것이다. 히타이트 왕에게는 대단히 경악스럽게도, 아시리아가 아나톨리아의 국경을 급습한 것이 서술되어 있다. 그러나 투쿨티니누르타는 그 일에 대해 부정하며 그의 군사들은 히타이트의 땅에서 아무것도 강탈하지 않았다고 주장했다. 비록 적대 감정이 어느 정도 있기는 했지만 두 왕은 서로에 대해 동등한 지위를 나타내는 "형제"라고 칭했다.

카시트 왕 카슈틸리아시 4세를 물리친 것은 투쿨티니누르타의 가장 큰 업적이었다. 카슈틸리아시는 전투에서 패배하고 그의 영토에서 사슬에 묶여 끌려왔다. 투쿨티니누르타는 바빌론의 성벽을 무너뜨리고 많은 주민들을 죽였으며 도시를 약탈했다. 또한 많은 카시트인들과 바빌로니아인들을 아시리아로 끌고 왔다. 그리하여 처음으로 아시리아의 행정가들이 바빌론을 직접 통치하게 되었다. 그리고 마르두크 신상을 바빌론에서 아시리아로 옮겨 와 한 세기 동안 아시리아에 머무르게 만들었다. 바빌론의 아키투(새해) 축제를 아수르에서 열었는데, 이것이 아시리아의 종교 지도자들과 갈등을 빚게 했을 것이다. 약탈품에는 바빌로니아 문학 작품이 많았는데, 원래의 자리에서 떼어 아시리아로 가져왔다. 바빌론은 메소포타미아의 문화적, 종교적 중심지로 간주되었으므로, 이러한 행위는 아시리아에서도 신성 모독으로 여겨졌을 것이다. 아마도 그래서 투쿨티니누르타가 대단히 선전적인 서사시로써 자신의 행동을 정당화하려 한 듯하다.

제국의 규모와 영향력을 크게 늘린 투쿨티니누르타는 여러 가지 건축 사업에 착수한다. 아수르에 있는 부친의 궁전을 복구하고 다른 궁전도 지었으며 아수르에서 티그

하: **투쿨티니누르타 1세의 제단**에는 깃발을 들고 있는 두 신들 사이에서 기도하는 왕의 모습이 새겨져 있다.

리스 강 건너에 신수도 카르투쿨티니누르타(투쿨티니누르타의 요새라는 뜻)를 창설하였다. 신수도는 아시리아의 전통적인 수도에서 겨우 3킬로미터 떨어진 곳에 세워졌지만 아시리아의 왕은 이 새로운 수도가 처녀지에 세워졌다는 것에 주목했다. 아수르의 고위층과 마찰을 겪었을 수도 있는데 그가 어째서 새로운 수도를 짓기로 마음먹었는지는 확실하지 않다. 어쨌든 이 건설 계획에 착수하기 위해서는 토로스 산맥 동쪽의 숲을 개척할 필요가 있었고 이는 이 지역 아시리아 속국들에게 무거운 짐이 되었다. 이것이 바로 그를 몰락으로 이끌 쿠데타의 기폭제였을 수 있다.

상: 전설적인 여왕 세미라미스. 아드리안 판 니욀란트(1587–1658년)의 그림 맨 앞에 있는 사람이 그녀이다. 투쿨티니누르타 1세로 여겨지는 니누스 왕의 왕비라고 전해진다.

투쿨티니누르타 서사시

비록 산산조각나기는 했지만 투쿨티니누르타 서사시는 그의 적 카슈틸리아시에 대한 승리를 기록하였다. 카시트 왕의 침략(전투의 원인)과 전쟁, 아시리아 왕의 바빌론 약탈을 시적으로 능숙하게 묘사하였다.

이 선전적인 서사시에서 아시리아 왕은 메소포타미아의 태양과 정의의 신 샤마시와 카슈틸리아시에게 카시트 왕이 두 나라 사이에 대대로 내려오는 조약을 깼다고 항의한다. 짐작할 수 있는 바와 같이, 카시트 왕은 용기 있는 왕으로서 행동하는 것이 아니라 자신이 지은 죄와 투쿨티니누르타의 신에 대한 충성 때문에 겁에 질려 벌벌 떠는 왕으로 묘사되었다. 다른 고대인들처럼(헤로도토스의 이야기에 나오는 크세르크세스처럼) 카시트 왕은 자신의 사망을 예언하는, 신이 내린 불길한 전조를 알아보았다.

아시리아 왕의 용감한 천성에 대한 또 다른 증거는 카슈틸리아시에 대한 도전이었다. 카슈틸리아시는 매복을 준비하여 비겁한 면모를 보였고, 신들의 가호를 받는 투쿨티니누르타는 막강한 힘으로 이를 격퇴할 수 있었다. 즉 이 서사시는 도덕적으로 타락한 카시트 왕에 비해 아시리아 왕과 그의 신들이 "명백하게" 도덕적으로 우월하다는 것을 보여 준다. 그러나 이러한 선전적인 이념 없이도 아시리아가 문화적, 정치적으로 탁월한 성취를 이루어 낸 것은 분명하게 알 수 있다.

투쿨티니누르타의 종말

투쿨티니누르타의 유명한 승리에도 불구하고, 그의 치세를 특징짓는 단어는 "대성공"이 아니었다. 그가 바빌론을 지배한 것은 겨우 7년 정도에 불과했고, 그 후 반란이 일어나 카슈틸리아시의 아들인 아다드슈마우수르(재위 BCE 1126–1197년경)가 왕위에 올랐다. 이를 이어서 아시리아 내부에서도 반란이 일어났다. 후의 바빌로니아 기록에 의하면 카르투쿨티니누르타의 궁전에서 왕의 아들인 아슈르나시르팔과 아수르의 귀족들이 주도하는 음모가 일어났다. 이로 인해 아시리아 왕은 감옥에 갇혔다가 죽임을 당했다. 그의 사후 혼란이 있었던 것이 틀림없었다. 막상 왕위에 오른 것은 다른 아들인 아슈르나딘아플리였고 BCE 1208년경부터 1205년경까지 통치했다.

아시리아는 투쿨티니누르타가 죽은 후 암흑에 빠져들었다. 또한 문헌 자료도 BCE 1115–1077년경 지배한 티글라트필레세르 1세 때까지 거의 한 세기 분량이 빠져 있다. 투쿨티니누르타의 암살 후, 한 세대 이내라는 짧은 기간 동안 아시리아는 바빌로니아에 지배를 당하게 될 만큼 완전히 추락하였다.

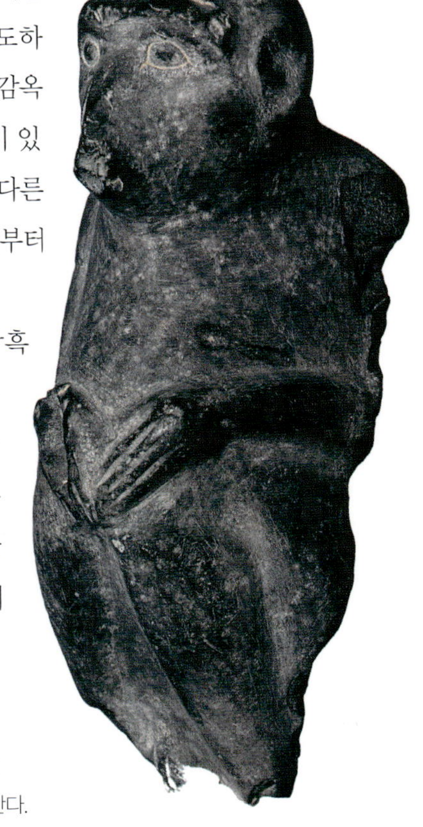

우: 이 원숭이상은 투쿨티니누르타 1세의 수도인 카르투쿨티니누르타에서 발견되었다. 원숭이는 이국적인 동물이기는 하였으나 메소포타미아 예술에서 자주 등장한다.

티글라트필레세르 1세

비록 아시리아는 거의 한 세기 동안 위축되어 있었던 것으로 보이나, 티글라트필레세르 1세(재위 BCE 1115–1077년경)가 군대를 재조직하고 다시 한 번 주변으로 아시리아의 군사 확장을 성공시켰다.

티글라트필레세르 1세의 치세에 대한 핵심적인 자료 중의 하나는 그의 연대기이다. 그는 아시리아 왕으로서는 처음으로 진짜 연대기를 남겼으며, 비록 아직 날짜나 기간은 붙여지지 않았으나 군사적 사건들이 일어난 순서대로 서술되었다.

군사 행적

선프리기아인들의 무리로 추정되는 무슈키가 북쪽으로부터 티그리스 강을 건너와 니네베를 위협했다. 아시리아 왕은 그들을 전멸시키고, 분열된 신히타이트 도시국가 연합이 있던 아나톨리아 깊숙이까지 원정을 떠나 반 호수에 도착하여 바위 기념비를 세웠다. "나이리 땅의 왕 60명"을 무찌르고 수많은 이국적인 동물들을 전리품으로 받았다고 했다. 그 후 시리아 연안에 있는 페니키아인들의 나라 구블라(비블로스)와 시돈을 진압하기 위해 서쪽으로 방향을 틀어 지중해에 도착했다. 그는 지중해에서 나히루 또는 "해마"를 잡는 것에 특히 흥미를 보였다.

사실, 이 아시리아 왕은 사냥에 많은 흥미를 보여 미탄니(시리아 내륙)에서는 야생 황소 4마리, 하란과 카부르 강 지방에서는 수코끼리 10마리를 죽였으며, 걸어서는 120마리, 전차를 타고는 800마리 이상의 사자를 죽였다고 한다. 비록 이것이 크게 과장되었다 할지라도 그가 사냥을 얼마나 좋아했는지를 보여 준다.

티글라트필레세르 1세와 아람인들

여러 원정 중에 티글라트필레세르는 아람 부족들과 대치하였다. 아람인들은 셈어를 사용하고 시리아의 유프라테스 강 유역에 살고 있었다. 그들은 독립적인 반유목 부족들로 인종보다는 지리적인 조건에 의해 느슨하게 결합되어 있었다. 이 부족들은 아시리아 군대를 피해 지방 마을을 습격하며 농경지를 파괴하였다. 비록 아시리아 왕이 이들을 완전히 제압하지는 못했지만, 그들을 치기 위해 유프라테스 강을 28번이나 건넜다고 한다. 어쨌든 티글라트필레세르는 아람인들이 유프라테스 강 서쪽 편에서 더 이상 나오지 못하게 했던 것 같다.

하 : **티글라트필레세르 1세는 사냥 애호가**였다. 왕이 사자를 사냥하고 있는 모습을 보여 주는 신아시리아 제국의 부조(BCE 668–627년경)는 아슈르바니팔의 왕궁에 있다.

바빌론의 티글라트필레세르 1세

티글라트필레세르 1세는 또한 아시리아 남쪽의 이웃인 바빌론에도 원정을 갔다. 바빌로니아의 왕 네부카드네자르 1세(재위 BCE 1124–1103년경)는 전에 아시리아의 영토에 침입한 적이 있었다. 마르두크나딘아헤(재위 BCE 1099–1082년경)가 바빌론을 다스렸을 때, 아수르에서 멀지 않

"하렘 칙령"

중기 아시리아 제국의 법령과 같이, 중기 아시리아 왕실 법령(또는 "하렘 칙령")이 아수르를 발굴하는 중에 출토되었다. 발굴된 당시의 상태로 보아, 이 기록은 3세기에 걸친 규정의 조합으로 지켜야 할 법률이라기보다는 참고 사항에 더 가까워 보인다. 아슈루발리트 1세(재위 BCE 1363–1328년경)로부터 티글라트필레세르 1세까지 9대의 왕들이 20조항 이상의 칙령에 언급되어 있다. 여기에는 궁중 관료(주로 여성 및 그들과 소통하는 사람)들의 품행과 활동에 대한 규정이 모여 있다. 왕들은 특히 "내부 구역", 또는 왕실 하렘의 신성함을 지키는 것과 그곳에서 벌어지는 일들을 중시하였다. 한편 이와 비슷한 보다 오래된 BCE 14세기 중반의 칙령이 누지에서 발견되었다.

우 : **아수르**에서는 중기 아시리아의 대단히 귀중한 문서들이 발굴되었다. "하렘 칙령"은 1950년대에 처음으로 번역되었다.

은 곳에 있는 에칼라툼이 포획되었다. 티글라트필레세르 1세는 이를 막으며 바빌로니아 깊숙이 침투하여 바빌론을 포함한 많은 도시를 약탈하였다. "관계사"(BCE 2000년대 말의 아시리아 왕과 바빌로니아 왕들의 관계를 서술한 문헌)에 쓰여 있는 대로, 그는 이 지역 자체를 지배하려 하지 않았고 스스로를 왕으로 선언하지도 않았다. 비록 연대기에는 티글라트필레세르 1세의 말년에 대한 기록이 없지만, 다른 점토판 조각에서 아람인들의 공격과 아시리아 중심 지역의 기근에 대한 기록이 나왔다. 이 기록에 의하면 니네베마저 포획당했다고 한다.

티글라트필레세르 1세는 단지 군대의 수장직만이 아니라 문화에도 관심을 보였다. 그의 치세 동안, 중기 아시리아의 법과 하렘 칙령(왕실 법령)이 편찬되었고 아수르에는 거대한 도서관이 지어졌다. 그는 또한 지치지 않는 건설가로 수많은 기념물과 신전(아수르의 아다드 신전을 복원하기도 했다) 및 공원이나 정원 등을 지었다.

중기 아시리아 법

중기 아시리아의 법은 아마도 티글라트필레세르 1세의 왕실 도서관이나 개인적인 필사본 도서관들을 위하여 필사되고 수집된 것으로 보인다. 대부분은 적어도 300년 전에 기록된 것들을 베껴 놓은 것들이다. 중기 아시리아의 법은 하나의 틀에 박힌 구성 대신에 다양한 법적 예측을 담은 15개의 점토판으로 되어 있다. 예를 들면 여성에 관련된 법(피해자나 주요 가해자로서), 신성 모독, 폭행, 성범죄, 살인, 상속, 상, 마술, 낙태, 농사, 관개, 저당, 담보, 절도, 해운, 무고 등에 대한 내용이 있다. 함무라비 법전과 같은 이전의 수메르-아카드의 법과는 달리, 중기 아시리아의 법은 자유인과 남녀 노예, 두 종류의 사람들을 대상으로 한다. "중기 아시리아 법 A"라고 불리는 한 점토판에서는 여성들을 다시 아내, 과부, 카딜투 계급(일종의 여사제)으로 구별한다.

암살일지도 모르는 티글라트필레세르 1세의 사망은 아시리아 왕조에 커다란 혼란을 가져온 것으로 보인다. 그의 뒤를 이은 자는 왕위를 찬탈한 사갈아팔에쿠르로 BCE 1077–1074년 무렵 재위하였다. 이유가 무엇이었던, 이러한 불안정은 아시리아를 한 세기가 넘도록 혼란에 빠뜨렸다.

하 : **이 아시리아 점토 원통**(BCE 1100년경)에는 티글라트필레세르 1세의 건설 계획과 군사 작전들이 기록되어 있다.

바다의 백성들

"바다의 백성들"이라는 명칭은 BCE 13세기에서 12세기 중반에 걸쳐 지중해에서 동쪽으로 이주해 온 다양한 민족들을 말한다. 이들은 에게 해, 이집트, 시리아-팔레스타인, 키프로스 및 아나톨리아를 파괴하였다.

상: **이스라엘의 지중해 항구인 도르**는 BCE 12세기에 바다의 백성들에게 침략당한 최초의 도시들 중 하나이다.

바다의 백성들의 초기 모습에 대한 기록은 드물지만 람세스 2세(재위 BCE 1279-1213년경) 시대의 비문에 나와 있다. 그러나 이들은 특히 메르넵타(재위 BCE 1213-1203년경)와 람세스 3세(재위 BCE 1184-1153년경)의 후기 이집트 신왕국의 자료로 더 잘 알려지게 되었다. 히타이트의 수도 하투사와 시리아의 우가리트에서 나온 BCE 13세기의 기록에는 대대적인 파괴에 대해 언급되어 있는데, 아마도 바다의 백성들에 의한 것이었다고 여겨진다. 더 나아가 이 시기에 파괴된 흔적들이 지중해 동부 해안의 다양한 지역에서 고고학적으로 발견되고 있고 이들 파괴의 대부분이 바다의 백성들에 의한 것으로 추정되고 있다.

바다의 백성들이란?

비록 이들의 근원은 확실치 않으나 주로 에게 해와 아나톨리아 출신들이라고 믿어진다. 이 시기에 그리스 본토의 많은 미케네 도시들에서 버려졌던 흔적이 발견되었고, 이는 전통적으로 이집트의 문헌에 나오는 바다의 백성들의 이동으로 인한 것이라고 여겨진다.

이집트의 기록에는 데니엔, 에케시, 룩카, 펠레세트, 셰르덴, 셰켈레시, 테레시, 체케르, 웨셰시 등 바다의 백성들과 연관된 다수의 이름들이 나열되어 있다. 이들 중 대부분의 이름과 비슷한 지명들이 히타이트와 그리스의 자료에서도 발견되었다. 예를 들어 데니엔은 그리스 본토의 다누나(또는 다나오이), 에케시(또는 아카와샤)는 히타이트의 기록에서 언급되었던 아히야와 사람들일 가능성이 있는데, 이들은 그리스 본토의 아하이아인으로 여겨진다. 셰르덴(혹은 샤르다나)은 사르데냐 섬과 연관시킬 수 있고, 셰켈레시는 시실리로 생각된다. 룩카는 이집트와 히타이트의 자료에서 언급된 민족으로 아나톨리아 남서부, 주로 고전 자료에서 리키아라고 부르던 지역에 살았다. 테레시는 특정하기 어려우나, 어떤 이들은 그들을 에트루리아인의 조상인 티레니아인과 연결시킨다. 체케르와 웨셰시에 대해서는 어떠한 가설도 없다. 마지막으로 펠레세트는 성서에 나오는 필리시테인으로 보는 것이 좀 더 설득력 있다. 이들의 경우, 정확한 출원지에 대해서는 확신할 수 없으나 팔레스타인 남동부에 정착한 것은 확실히 판명되었다.

이집트의 자료에 의하면 바다의 백성들 중 몇몇 무리가 이주 이전에 이미 알려져 있었다. 예를 들어 룩카는 아마르나 서신에서 BCE 14세기 중반의 아멘호텝 2세 때에 침입한 자들이라고 언급되어 있다. 더욱이 텔엘아마르나에서 나온 파피루스 그림에는 그리스 본토(미케네)에서 묘사된 것과 비슷하게 보이는 적군들이 보인다. 셰르덴의 병사들은 카데시 전투(BCE 1275년)에서 람세스 2세의 군대에 속했다.

대대적인 이주

바다의 백성들이 대대적으로 이주하게 된 원인에 대한 가설은 많지만, 그 무엇도 확신할 수는 없다. 그나마 그중에서는 기아와 갑작스러운 기후의 변화가 가장 설득력이 있다. 메르넵타 재위 5년(BCE 1208년경)과 람세스 3세 재위 8년(BCE 1176년경)에 침략의 물결이 밀려 들어온 것은 잘 알려져 있다. 메르넵타의 문헌은 리비아인들과 합심하여 이집트를 공격한 에케시, 셰르덴, 테레시, 셰켈레시, 룩카로 이루어진 무리를 언급하고 있다. 이 공격에서 살아남은 이들은 이집트 군대에 편입되었다. 비록 람세스 3세의 기록에는 리키아인들의 위협이 언급되지 않았지만 라키아인들은 이집트를 공격한 바다의 백성들과 동맹을 맺었으며, 이전에는 히타이트의 아나톨리아와 시리아 해안을 공격했던 것 같다.

이 침략은 메디나트 하부에 있는 람세스 3세의 장제전 벽에 자세히 묘사되어 있다(우측 상단의 사진 참조). 이때의 침입자들 중에는 체케르, 셰켈레시, 웨셰시, 데니엔 및 펠레세트가 있다. 이 경우, 침입자들이 그의 가족들과 함께 그려져 있어 단순한 습격이나 약탈보다는 정착하기 위해 새로운 땅을 찾고 있었다는 것을 알 수 있다. 또한 펠레세트는 팔레스타인 남부에, 체케르와 셰르덴은 이집트 북부의 바닷가에 다시 정착한 것으로 적혀 있다.

물론 이집트인들은 이들 침략자들에게 승리했다고 주장했고, 특히 셰르덴인들은 남은 람세스 시대(BCE 1070년경까지)에 이집트 사회로 편입되었다는 언급이 있다. 람세스 후기의 문학적 문헌인 웨나문 이야기에는 체케르인들이 욕심 많고 해적질을 일삼는 이들로 묘사되어 있다. 많은 학자들은 바다의 백성들이 이집트 신왕조의 몰락과 분해에 기여했다고 추정하고 있으나 그것이 어느 정도까지인지에 대해서는 합의하지 못하고 있다.

상 : **왼쪽의 람세스 3세**가 바다의 백성들을 무찌르고 있다. 이 부조는 BCE 1150년경의 것으로 이집트 테베의 메디네트 하부에 있는 람세스 3세의 장제전에 있다.

이집트 외부의 바다의 백성들

당시 바다의 백성들에 대한 이집트 이외의 자료는 명확하지 않다. BCE 1200년 무렵, 시리아 연안 우가리트의 마지막 왕인 암무라피가 알라시아(키프로스)의 왕에게 적이 다가오고 있다는 내용의 서신을 보냈다. 또한 그는 북쪽의 카르케미시의 왕에게 도움을 요청했으나 거절당했다. 이 서신들에 나오는 이름 없는 적들은 바다의 백성들이라고 믿어지고 있다. 이들은 아나톨리아의 정치적, 사회적 혼란의 원인이었고, 히타이트 왕국의 멸망을 초래했다. BCE 12세기에 더 서쪽에 있는 많은 마케도니아 도시들이 파괴당했다는 사실도 이들의 대규모 이주와 관련이 있다고 여겨진다. 고전의 기록에서는 당시 도리아인들이 그리스 남부로 이주했다고 나오지만, 이들과 바다의 백성들을 관련짓는 것에는 아직 문제가 있다.

우 : **미케네 문명**은 BCE 12세기의 지중해 동부를 휩쓸었던 혼란의 희생자였다. 사진은 미케네 용사들이 그려져 있는 꽃병(BCE 1150년경)의 일부이다.

울루부룬 난파선

터키 카스 근처의 해안
울루부룬 난파선이 발견된 지역에는 바위섬들이 많이 있다. 일부 역사가들은 강한 바람에 밀린 배가 바위에 부딪쳐 난파되었을 것이라고 설명한다.

터키 남부의 지중해안인 카스 해안에서 고대의 난파선이 발견된 것은 1980년대 초이다. 해저 발굴가들이 10여 년 동안(1984–1994년) 작업하여 놀라운 결과를 얻어 내었다. 배의 일부는 수심 50미터에 있는 바위 능선에서 발견되었다. 난파선에서 나왔으리라 추정되는 유물들은 그보다 최소 10미터 더 아래에서 발견되었다.

배의 길이는 약 10미터 정도였고 심하게 손상된 선체는 삼나무로 만들어졌다. 노의 일부가 발견되었고, 발견된 20개 이상의 닻 중에는 무게가 200킬로그램이 넘는 것도 있다. 학자들은 배가 총 20톤의 하물을 운반할 수 있었으리라 추정한다.

배의 출처나 목적지에 대해서는 확신을 할 수 없으나 여러가지 설이 있다. 배의 모습은 근처의 상선들과 비슷한 점을 보인다. 예를 들어 닻은 우가리트, 비블로스와 시리아–팔레스타인의 텔아부하왐 및 키프로스의 키티온에서 발견된 것과 같다. 선체는 후에 페니키아에서 발견된 배들과 비슷한 형태이다. 그러므로 이 배는 키프로스나 시리아–팔레스타인의 것으로 여겨진다. 후기 청동기 시대(BCE 1550–1200년경)와 잘 맞아떨어지는데, 보다 정확한 연대측정법인 삼나무의 나이테 분석에 따르면 BCE 14세기에 제작되었다고 한다.

배에 실렸던 화물은 천연자원과 제품들로, 총 1만 8000개 이상이 목록화되었다. 470

여 개의 다양한 모양의 키프로스산 구리 덩어리와 40개의 주석 덩어리가 발견되었는데 총 무게가 약 10톤에 달한다. 대략 175개의 다양한 모습과 색상(예를 들어 암청색, 청록색, 보라색)을 띤 유리 덩어리도 발견되었는데, 이집트의 텔엘아마르나의 서신과 시리아 해안의 우가리트에서 이와 비슷한 물건에 대한 언급이 나온다. 어떤 학자들은 여기서 발견된 150개의 가나안식 항아리에 대해 향료를 운반하기 위한 것이라고 주장한다. 다른 천연자원으로는 이집트산 흑단 나무, 가공된 거북이 등껍질, 소수의 하마 이빨, 코끼리 상아, 타조알 껍질, 바다 달팽이 껍질 등이 있다. 제작된 물건으로는 도기, 금속 제품, 무기, 낚시 장비 등이 있다. 또한 나무로 된 기록판 두 개가 발견되었는데, 이는 이전에 발견된 것들보다 몇 세기나 이전의 것이다.

대부분의 물건들은 시리아-팔레스타인에서 온 것들이지만 그리스의 마케도니아식 인장, 칼, 구슬, 창끝, 면도칼, 끌과 다양한 도기 들도 발견되었다. 청동 핀, 창촉 및 청동기 시대 루마니아와 비슷한 형식의 의식용 돌 지팡이 머리가 발견되었다. 구리 덩어리를 화학적으로 검사한 결과 키프로스 섬에서 나온 것으로 밝혀져 배가 이 섬에서 출발했다는 것을 알게 되었다.

그러나 거대한 화물과 상류층을 위한 특별한 물건들을 보았을 때, 이 배는 상류 계급이나 아니면 왕을 위한 교역선이었을 것으로 추측된다. 아나톨리아 해안에서 난파되었다는 것은, 이 배가 아르자와(아나톨리아 서부)나 미케네로 가고 있었을 가능성을 암시한다.

도자기 암포라
울루부룬 및 고대 난파선에서 발굴된 도자기 유물들이 터키의 보드룸에 있는 수중 고고학 박물관에 전시되어 있다.

왕에게 어울리는 제품

고고학자들은 울루부룬 난파선에서 도기들과 석류가 들어 있는 커다란 저장용 항아리 등 키프로스 도자기를 포함하여 수천 개의 제품들을 발견하였다. 이들 중에는 도자기로 된 컵, 청동 또는 구리 가마솥과 사발 들도 있었다. 가나안식의 팔찌와 금 펜던트, 이집트산 금 세공품, 호박색의 금은 합금, 은 및 이집트의 네페르티티 여왕의 카르투슈가 찍혀 있는 풍뎅이와 같은 돌들처럼 작은 물건들도 수없이 많이 발견되었다.

수천 개의 구슬, 금과 은 조각들 및 상아, 주석, 뼈로 된 다양한 물건들, 청동으로 만들어진 여러 도구(톱, 송곳, 드릴, 도끼, 자귀)와 무기(창날, 화살촉, 단검, 칼) 들도 있었다. 그물추 및 낚싯줄 납, 그물 짜는 바늘, 작살, 낚싯바늘, 청동 삼지창 등 낚시 장비들도 포함되었다. 하마 이빨로 만들어진 숫양의 뿔처럼 생긴 작은 나팔이 눈에 띈다. 마지막으로는 부분적으로 금박이 입혀진 청동 여성상이 있다.

히타이트의 멸망

BCE 12세기 초, 히타이트를 결정적인 몰락으로 몰고 간 것이 어떤 사건인지에 대해서는 역사가들 사이에서도 많은 논란이 있다. 그 원인이 무엇이었던, 히타이트의 파괴는 근동 대부분의 지역이 겪은 "암흑의 시대"(BCE 1200–900년경)와 일치한다.

상 : 야즐르카야에 있는 히타이트 성소는 투드할리야 4세를 기리기 위하여 수필률리우마 2세(재위 1207 –1190년경)가 세웠다. 내부에는 신격화된 투드할리야의 사원이 있다.

히타이트 왕조의 마지막에 일어난 일들은 신비에 싸여 있다. 왕국이 악화되기 시작한 것은 투드할리야 4세(재위 BCE 1237–1209년경)의 시대였다. 투드할리야는 아시리아의 투쿨티니누르타 1세(재위 BCE 1244–1208년경)와 서신을 주고받았고 특히 아시리아가 히타이트의 영토를 침입하는 것에 주의를 기울였다. 사실 투드할리야는 자신의 속국 아무루가 아시리아와 교역하는 것을 금지했고 이것으로 말미암아 아시리아와 히타이트가 싸우게 되었다. 결국 히타이트는 쇠약해지게 되었다. 투드할리야가 왕위에 오른 지 10년이 채 안 되어 그의 사촌 쿠룬타가 하투사를 포획하여 불태우고 잠정적으로 왕위에 올랐다(재위 BCE 1208–1207년경). 투드할리야는 왕위를 탈환하고 하투사를 확대 복구하였으며 서쪽 에게 해의 세력인 아히야와와 외교 관계를 맺었다.

수필률리우마 2세 : 히타이트의 마지막 왕

수필률리우마 2세의 마지막에 대한 문헌 자료는 매우 불명확하고 혼란스럽다. 투드할리야가 사망한 후, 그의 아들 아르누완다 3세(재위 BCE 1209–1207년경)가 잠시 동안 통치했으나 곧 신왕국의 마지막 왕인 수필률리우마 2세가 계승하여 대략 BCE 1207–1190년경까지 지배하였다. 히타이트의 고위 인사들이 수필률리우마에게 충성을 맹세하는 것이 묘사된 문헌은 두 개이다. 그중 하나는 아르누완다 3세 때 일어난 내부 반란을 담았다. 수필률리우마는 건설 계획에 관여하여 하투사 근처의 야질카야에 부친 투드할리야 4세를 위한 장제전을 지었다. 또한 아나톨리아 남서쪽의 땅(리키아와 그 주변)을 정복하여 충성의 서약을 받아냈다고 스스로 주장하였다.

그의 재위 기간 동안 벌어진 전쟁 중 알려진 것은 키프로스 해안의 해상 전투이다. 이는 아마도 아나톨리아 해안의 실리시아와 시리아 해안의 항구도시인 우가리트 간의 종자 운반을 보호하기 위해서였던 것 같다. 이 전투의 적은 밝혀지지 않았는데, 이들은 키프로스에서 왔으나 이들이 키프로스 태생인지 바다의 백성들처럼 섬에 살고 있던 외국인들인지 확실하지 않다. 어쨌든, 이 지역에서 종자를 잃는다면 히타이트로서는 엄청난 타격을 받아 외부에서 들여오는 식량에 더욱 의존하게 될 터였다. 히타이트의 왕이 우가리트에 보낸 서신은 이 전략적 위치에 있는 속국에서 반항과 반란이 일어났음을 암시한다. 다른 서신에서는 히타이트가 우가리트에 배 한 척 분량의 종자를 보내달라고 급하게 요청하고 있다. BCE 1212-1204년경의 메르넵타 시대 이집트 문헌에도 종자를 실은 배 한 척이 하티를 위해 보내졌다고 쓰여 있다.

히타이트의 멸망

뜻밖에도 히타이트에게 최후의 일격을 날린 것은 떠오르던 아시리아가 아니었다. 아시리아는 당시 내부적으로 혼란을 겪고 있었다. 사실 무슨 일이 일어났는지는 추측만 가능할 뿐이다. 비록 이전부터 지진이나 지중해 동부 지방의 긴 가뭄과 같이 자연적인 재난에 의해 히타이트 왕국이 붕괴했다는 불확실한 가설이 전해져 왔지만, 이집트인들이 "바다의 백성들"이라 부르던 서쪽에서 온 이주민들에게도 일부의 책임이 있을 수 있다. 북쪽에서 카스카의 공격을 받은 것도 또 하나의 원인이 될 수 있다. 카스카는 흑해 해안(오늘날 폰투스)에 살던 북부 아나톨리아의 유목 민족이다. 이들이 하투사를 약탈한 흔적이 남아 있다.

누구의 책임이었건 BCE 12세기 초, 히타이트의 수도가 불에 타고 버려진 고고학적인 증거가 남아 있다. 또한 우가리트의 마지막 왕 암무라피가 이름 없는 적에 대항하기 위해 알라시야와 카르케미시에 도움을 요청하였으나 아나톨리아 지방 총독에게 공허한 격려만 받고 무시당했다는 항소가 남아 있다. 한 이집트의 자료는 하티, 키주와드나, 아르자와, 카르케미시 및 키프로스가 모두 진압되었다고 기록하고 있다. 또한 그리스 본토에 있는 많은 미케네 도시들의 이 시대에 해당하는 지층에서 파괴된 흔적이 나왔고 이는 더 동쪽에서 일어난 일들과 연관이 있으리라 여겨진다. 어쨌든 BCE 12세기가 시작될 무렵에는 아나톨리아의 모든 주요 국가들이 증발해 버렸다. 하투사에서 발견된 역사 기록이 히타이트 마지막 왕대에 돌연 끊긴 것은 이를 증명해 준다.

그러나 그 뒤를 잇는 시대는 문헌상 애매모호하다. 비록 하투사와 우가리트가 파괴된 것은 확실하지만 다른 곳이 파괴되었다는 것은 그리 명백하지 않다. 다른 히타이트 유적들은 대부분 파괴된 것이 아니라 버려진 것으로 보인다. 대부분의 히타이트 학자들은 아나톨리아와 다른 지역에서 대규모의 이동이 일어났다고 확신한다. 암흑의 시대가 끝날 때(BCE 900년경)까지는 아무 것도 확실하지 않으나, 아마도 히타이트 왕국이 붕괴(BCE 1150년경)한 후 새로운 나라들이 생겨났으리라 여겨진다.

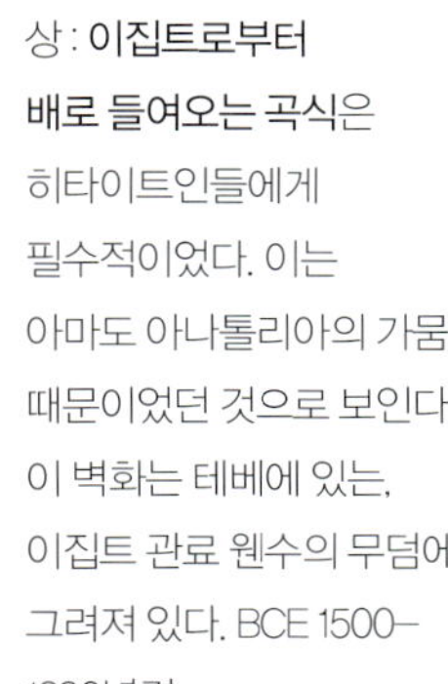

상 : **이집트로부터 배로 들여오는 곡식은** 히타이트인들에게 필수적이었다. 이는 아마도 아나톨리아의 가뭄 때문이었던 것으로 보인다. 이 벽화는 테베에 있는, 이집트 관료 웬수의 무덤에 그려져 있다. BCE 1500-1390년경.

신히타이트 도시국가들

역사가들이 부르는 것처럼 "신히타이트" 도시국가들은 아나톨리아의 중앙과 남동부 및 시리아 북부에 있었던 작은 정치적 단위로서 알려진 바가 거의 없다. 이들 독립 국가들 중에서 가장 큰 나라는 유프라테스 강 상류에 있는 카르케미시를 수도로 하며 카르케미시의 마지막 히타이트 왕실 총독인 쿠지테슈브의 후손들에 의해 지배되었다. 이들은 하투사가 함락된 이후 500년에 가깝도록 절단된 왕국을 다스렸다. 신히타이트 도시국가들은 BCE 8세기 후반에 아시리아가 시리아와 아나톨리아 동부를 정복할 때까지 살아남았다. 히타이트어와 루위어(히타이트어와 같은 어족인 아나톨리아계의 언어)의 지명과 신들의 이름은 BCE 1000년대까지 사용되었다.

우 : **신히타이트 왕족의 모습**은 BCE 1000년에서 700년 사이에 조각된 것으로 카르케미시의 신히타이트 도시에서 발견되었다.

암흑의 시대

히타이트와 카시트의 왕국이 붕괴한 후(아마도 바다의 백성들의 침략에 의하여), “암흑의 시대”(BCE 1200–900년경)로 알려진 시기가 왔다. 암흑이라는 명칭이 사용된 가장 큰 이유는 이 시대 설형문자 자료의 결핍 때문이다.

하 : **사진의 바빌로니아의 경계석**은 BCE 1125–1104년경의 것으로 네부카드네자르 1세의 한 장교가 엘람과 싸우는 장면을 보여 주고 있다.

이 암흑의 시대에는 아시리아와 이집트가 정치적으로 쇠약했으며 히타이트 왕국이 분해되었다. 바빌로니아의 카시트 왕조가 권력의 빈자리에서 무엇인가를 창조하려 했고 이는 새로운 일련의 정치 세력들을 전면에 내세우게 만들었다.

바빌론 : 이신의 제2왕조

카시트 왕조가 사라지자(BCE 1155년경), 대신 지방 출신 왕조가 바빌론을 차지하는 데 성공한다. 이 새로운 왕국의 시조는 마르두크카비트아헤슈(재위 BCE 1157–1140년경)로 고대 도시인 이신에서 왔다. 그리하여 이 왕조는 역사가들에 의해 이신 제2왕조라고 불려지게 되었다. 이신 제2왕조는 BCE 1026년경까지 지속되었다. 처음 3명의 왕(이티마르두크발라투, 재위 BCE 1139–1132년경, 니누르타나딘슈미, 재위 BCE 1131–1126년경)에 대해서는 알려진 바가 거의 없다. 그러나 네 번째 왕, 네부카드네자르 1세(재위 BCE 1124–1103년경)는 지역에서 중요하고 유명했던 왕으로 제법 많은 자료를 남겼다.

네부카드네자르 1세

그는 아시리아를 상대로 한 군사적 승리에 대한 기록도 남겼으나, 네부카드네자르 1세의 치세에 대한 증거의 대부분은 남동쪽 이란의 왕국 엘람과의 전쟁에서 나왔다. 수차례에 걸친 전쟁으로 타격을 주어 카시트 왕조의 멸망에 일조한 엘람인들은 이에 만족하지 않고 바빌로니아의 주신인 마르두크의 신상을 포함하여 수많은 종교적 신상들을 포획해 갔다.

네부카드네자르 1세는 시티마르두크라는 이의 도움을 받아 남서부 이란을 습격하여 엘람 왕 훌텔루디시를 패배시켰을 뿐만 아니라 마루두크의 신상을 되찾아 바빌론의 원래 자리에 되돌려 놓았다. 시티마르두크는 그 보상으로 여러 특권을 부여받았다. 그러나 네부카드네자르는 엘람에서 그의 승리에 대한 기념비를 세우지 않아 이 지역에서 그에 대한 흔적은 남아 있지 않다. 하지만 전쟁의 승리와 신상의 귀환은 문학 작품으로 기념되었다.

바빌론의 쇠퇴

이러한 승리들에도 불구하고 바빌론은 네부카드네자르의 후계자들 때에 들어 침체되었다. 그 뒤를 이은 3명의 왕(엔릴나딘아플리, 재위 BCE 1103–1100년경, 마르두크나딘아헤, 재위 BCE 1099–1082년경, 마르두크샤피크제리, 재위 BCE 1081–1069년경)들은 북부에 있는 아시리아의 왕 티글라트필레세르 1세(재위 BCE 1115–1077년)에 의해 완전히 가려졌다. 아시리아의 왕은 마르두크나딘아헤를 전투에서 패배시키고 바빌론에 있는 그의 궁전을 불태웠다. 비록 티글라트필레세르 1세의 죽음과 함께 아시리아의 세력이 약해지기 시작했으나 바빌론의 이신 제2왕조는 그보다 더 나빠졌다. 그 후 아람 부족인 수투가 BCE 11세기 중반, 시파르에 있는 샤마시 신전을 약탈했다. 이 비극적인 사건이 아마도 위대한 문학 작품인 에라 서사시에 자극을 준 것 같다.

이신 제2왕조의 멸망은 남부 메소포타미아에 더 큰 혼란을 가져왔다. 47년 동안(BCE 1025–978년경), 바빌론에는 세 개의 다른 왕조가 세워졌다. 이들은 모두 엘람, 아람, 카시트의 큰 영향을 받았다. 그 다음의 왕, 나부무킨아플리(재위 BCE 977–942년경)는 바빌론 제 7왕조를 세웠고, 이 왕조는 200년간 지속되었다. 나부무킨아플리의 시대도 혼란으로 가득 차 있었다. 그는 아람인들의 지속적인 공격으로 고통받았는데 아람인들은 바빌론을 왕국의 나머지 부분에서 고립시켰다. 지방에서 세금을 징수하기가 어렵다는 기록이 많은 것은 아람인들의 침입 때문이었으리라 여겨진다.

좌 : 아람인들은 "암흑의 시대"에 메소포타미아를 가로질러 아나톨리아 남동부에까지 그 세력이 확산되었다. 사진의 아람 조각과 비문은 남부 아나톨리아의 진지르리에서 발견되었다.

아시리아인들과 아람인들

북부 메소포타미아(아시리아)는 티글라트필레세르 1세의 사망 후(BCE 1077년경), 비슷한 일을 겪은 남부의 왕국보다는 조금 나은 편이었다. 바빌론 왕국을 쇠약하게 만든 아람인들은 북부에서도 마찬가지로 파괴적이었다. 아시리아 왕위를 물려받은 두 번째 왕 아슈르벨칼라(재위 BCE 1074–1057년경)는 바빌로니아인들과 함께 아람인들의 위협에 대항해 싸웠고, 아다드아플라이디나(재위 BCE 1068–1047년경)를 왕위에 앉혀서 두 나라의 일이 서로 얽히게 되었다. 그러나 이후 10여 년간 왕실의 음모가 아시리아를 괴롭혔다. 이 시기의 아시리아 왕국에 대한 문헌 자료는 아슈르단 2세(재위 BCE 934–912년경) 때까지 거의 없다.

이 "암흑의 시대"에 셈어족인 아람인들은 시리아 해안에서 남부 메소포타미아까지 세력을 확장하였다. 일단 시리아와 메소포타미아에 확실히 정착하자 아람인들은 많은 "집" 또는 작은 왕국들을 세웠다. 이 나라들에 대한 정보는 대부분 BCE 10세기 후기부터 아시리아와 바빌로니아의 설형문자 문헌에서 발견된다. 시리아에서는 BCE 9세기의 아람식 알파벳으로 새겨진 왕의 비문들이 조금 발견되기도 했다. 성서에는 사울, 다윗, 솔로몬의 시대에(BCE 1020–920년경) 연합 이스라엘 왕국의 정치에 참여한 아람 왕국들이 자주 나온다.

비록 아람–다마스쿠스가 아람 왕국들 중에서 가장 큰 영향력을 가졌던 것 같지만 시리아의 보다 큰 도시들을 수도로 하는 나라들도 많았다. 아람인들은 대단한 적응력으로 메소포타미아에 스며들어 BCE 1000년경 이후에는 인종, 문화, 심지어 언어면에서 지배적인 세력이 되었다. 아람식 알파벳 문자는 그보다 번거로운 메소포타미아의 설형문자와 경쟁을 하게 되었다. 아람 왕국들 또한 신히타이트 도시국가들 및 시리아 해안의 페니키아 왕국들과 경쟁했다. 그럼에도 불구하고 페니키아 왕국들은 지중해를 둘러싼 교역 거점 확장을 계속하였다.

하 : 가장 오래된 페니키아 알파벳의 예는 BCE 1000년경의 비블로스에서 발견된 아히람 왕의 관 뚜껑에 새겨져 있다.

역사와 성서

비록 모두 정확한 사실이라고 할 수는 없을지 모르나, 고대 근동의 풍요로운 문헌적, 고고학적 정보는 구약 성서의 여러 부분을 확인시켜 준다.

부족장(이스라엘 부족의 연장자들) 시대, 이스라엘인들이 이집트에 속박되었다가 탈출하는 시대, 선지자 시대가 모두 BCE 1000년대에 있었다는 것은 잘 알려져 있다. 그러나 현재로서는 이스라엘, 히브리 또는 성서에 나오는 특정적인 사건들을 명백히 밝혀 주는 외부의 자료가 빈약하다. 그러므로 고대 근동의 자료들이 구약 성서에 나오는 문화적 관행들을 어떻게 비추고 있는지를 규명하는 것이 더욱 유익할 것이다.

더 나아가 문학적, 고고학적 자료는 성서 전통의 역사적 신빙성을 판단하고 다른 고대 근동의 전통과 비교하는 데에 유용할 것이다. 물론 역사적인 유사성이 역사적인 정확성을 의미하는 것은 아니지만, 학자들을 성서 기록의 역사적 신빙성으로 안내해 줄 수는 있을 것이다. 다른 맥락에서, 성서 자료들은 몇 세기에 걸쳐 수차례 편집 개정이 된 것으로 보인다. 만약 그렇다 할지라도 성서의 전통은 일화, 법 자료, 전설, 이야기들을 포함하고 있으며 그 당시 근동의 전반적인 문화 현상에 대한 사례로 쓸 수 있다.

아피루와 다윗 왕

시리아와 북부 이라크의 많은 중기 및 후기 청동기 시대 유적들은 성서에 등장하는 아브라함의 전통(BCE 2000-1600년경)에 대해 약간의 실마리를 던져 준다. 유프라테스 강의 중류에 있는 마리(아브라함의 고향으로 유명함)는 BCE 2000년 무렵부터 BCE 1750년까지 아모리인들의 중심지 역할을 하였다. 아카드어의 서부 셈어계 방언으로 기록된 수천 개의 마리 문헌은 인명과 부족의 조직(예를 들어, 베네이아미나 또는 베냐민), 의례, 예언적 문헌 및 다른 다양한 이스라엘의 관습 등에서 구약 성서와 많은 유사점을 보인다. 성서의 히브리와 비슷한 아피루라는 이름은 아나톨리아 남동부의 알랄라크(BCE 1200년경까지 번성했음)의 유적에서도 발견되었다. 이곳에서는 아피루를 중요한 용병 계층으로 보았다. 그러나 이 명칭이 어떻게 성서의 내용과 연관되는지는(만약 연관이 있다면) 확실하지 않다.

한편 알랄라크에서 발견된 이드리미의 자전적인 비문(BCE 16세기경)은 다윗의 전기를 예견한 것처럼 보인다. 다윗처럼 이드리미도 적군 앞에서 도망쳐야 했고 왕의 혈통이 아님에도 불구하고 신의 도움으로 조국의 왕좌를 차지할 수 있었다.

문화적 유사점

북부 이라크의 누지(번성기 BCE 1600-1350년경) 유적에서 발견된 6000개 이상의 설형문자 점토판은 족장 이야기에 나오는 문화적 풍습(혼인 계약서, 임종 축복, 유사 입양, 집의 수호신, 축산 계약)과 유사한 예를 보여 준다. 해안 도시인 우가리트(전성기 BCE 1400-1200년경)는 아마도 근동의 다른 유적들보다 구약 성서 문화와의 관련성을 더욱 제공해 줄 것이다. 예를 들어 많은 학자들은 시편의 많은 구절과 다양한 우가리트 시가 밀접한 관계가 있다고 주장한다. 신화와 서사시에 표현된 우가리트 종교의 많은 면모(희생 제물)들은 성서의 희생제 전통과 놀라울 정도로 유사하다. 게다가 우가리트 언어는 성서의 히브리어와 너무도 유사한 특징을 보여, 많은 사람들은 이를 단순히 가나안식 방언이 알파벳식 설형문자로 기록된 것이라 보았다.

우 : **알랄라크의 왕 이드리미의 조각상**에는 성서의 다윗 왕과 흡사한 이드리미 왕의 일생이 기록되어 있다. BCE 16세기의 것이다.

마리의 북쪽에 있었으며 BCE 2000–1190년경에 번성했던 에마르와 성서의 관계 연구는 종교권에서 가장 활발하게 이루어지고 있다. 종교적인 제의와 마찬가지로 기름부음의 개념이 에마르에서도 발견되었고, 레위기에 언급된 율법과 비교될 수 있는 다양한 필요 조건을 가지고 있었던 것으로 보인다. 에마르의 선지자 직분, 충성 맹세, 상속 문헌, 심지어는 주검을 다루는 법까지도 성서의 이스라엘과 유사한 점을 보이고 있다.

출애굽

비록 출애굽은 동시대 이집트의 어떤 자료에서도 언급되지 않았지만, 성서 저자들은 출애굽을 이집트의 적당한 상황(BCE 1400–1200년경) 속에 설정하였다. 이집트의 중왕국 시대와 제2중간기(BCE 2000–1550년경)의 기록에는 전쟁 포로, 용병 또는 이집트에 외교 선물로 보내진 자들로서 "동양인"(팔레스타인 지역에 살던 사람들)에 대한 많은 증거가 나와 있다. 또한 힉소스 왕조(동양 왕조)와 같은 시대에 델타 북동부 지역에 셈족이 정착했다는 고고학적 증거가 있다.

출애굽기 1:8에서 "요셉을 알지 못하는 새 왕"이라 언급된 새로운 이집트의 왕은 이집트에서 왕조의 교체가 일어났음을 의미할 수 있고, BCE 1550년경 동양계 힉소스 왕조를 축출한 아흐모세 1세의 즉위로 제18왕조가 시작되었음을 의미했을 가능성이 있다. 새로운 왕들은 예상 외로 요셉의 부족과 같은 동양계들을 선호했다. 셈족들은 신왕국 시대(BCE 1550–1070년경)에 받아들여져 처음에는 하찮은 일을 맡았다가, 제18왕조가 전개되며 점점 신분이 상

상 : **이집트의 시나이 산**은 전통적으로 모세가 십계명을 받은 곳으로 생각되고 있다. 그러나 일부 학자들은 모세와 유대인들이 이집트에서 탈출한 경로는 보다 북쪽에 있다고 주장한다.

좌 : **이집트의 노동자들.** 테베의 귀족들의 계곡에 있는 고관 레크미레의 무덤(BCE 1425–1400년경)에 그려져 있는 노동자들 중에는 동양계 노예와 전쟁 포로들이 많이 포함되었을 수 있다.

상 : 은박이 입혀진 청동 수송아지상(BCE 1500년경)은 이스라엘 아슈켈론에서 최근에 이루어진 발굴 중에 출토되었다. 가나안 종교의 흥미로운 요소 중의 하나이다.

승했다. BCE 15세기 중반부터 벽돌을 만드는 노동자들이 무덤에서 보이고, 이들 중 일부는 가나안에서 전쟁 포로로 끌려왔다. 이는 투트모세 3세(재위 BCE 1479-1425년경) 시대와 그 이후 아시아인들의 일반적인 관행이었다. 제19 왕조의 왕들 역시 서아시아에 원정을 나갔고 이는 이집트 동쪽 국경 지역에서 이집트의 왕에 대한 새로운 반항이 일어나기 시작한 람세스 2세(재위 BCE 1279-1213년경)의 말기부터는 더욱 빈번해졌다. 그러므로 델타 지역에는 수천 명의 동양인들이 있었을 것이고, 아마도 그들 중 다수가 건설 현장과 신전에서 일했을 것이다. 출애굽에 대한 구체적인 증거는 없지만 메르넵타 비석(BCE 1206년경)은 팔레스타인에서 이스라엘 민족의 출현을 상징하는 것으로 여겨지므로 만약 출애굽이 일어났다면 이 시기 이전이었으리라 생각된다.

금송아지와 메소포타미아 법률의 유사점

성서에서는 모세가 야훼(신)를 만나러 간 동안 이스라엘인들에 의해 금송아지가 만들어졌으나, 우상 숭배가 금기였기 때문에 이스라엘인들이 벌을 받았다는 내용이 나온다. 여기서의 송아지는 아마도 가나안의 폭풍의 신 바알의 상징인 수송아지였을 것이다. 아론이 송아지를 신의 상징으로 삼으려 한 것이 아니라 사자나 황소를 딛고 서 있는 신들을 표현한 예술 작품들이 많이 있는 것처럼, 야훼의 받침대로 사용하려 했다는 의견도 있다. 모세가 금송아지 사건 후에 십계명이 적힌 돌판을 깬 것은 아카드의 법률 용어를 연상시킨다. 아카드에서 "점토판을 깨다"는 계약을 무효로 한다는 의미이다. 우가리트의 신화에서는 모트신이 아나트 여신에 의해 가루가 되어 흩어지게 된 것처럼 출애굽기 32:20에서도 모세가 금송아지를 태워 부수고 그 잔해를 흩어 버렸다.

아마도 출애굽에 대한 기록에서 고대 근동과의 유사점 중 가장 흥미로운 것은 법률 분야일 것이다. 출애굽기와 신명기에 나오는 법률은 BCE 2100년경의 수메르-아카드어로 기록된 메소포타미아의 법률과 놀라울 정도로 닮았다. 둘 다 비슷한 전반적인 구성(머리말, 법에 대한 본문, 맺음말)에 비슷한 문장 구조(각 법률은 "만약-그러면"이라는 가정법으로 표현되어 있다), 비슷한 내용(받는 소에 관련된 법, "눈에는 눈, 이에는 이, 목숨에는 목숨"과 같이 상해에 대한 동등한 보상)을 가지고 있다. 메소포타미아의 법률은 왕에 의해 만들어지고 신들에게 바쳐진(아마도 신의 승인을 받기 위해서) 반면, 이스라엘인들의 계명은 그 반대로 만들어졌다. 신이 만들고 인간에게 내려진 것이다.

아카드 사르곤 왕의 전설

출애굽기 2권에 나오는 모세의 출생에 대한 이야기는 아카드의 강력한 왕 사르곤(재위 BCE 2371-2316년경)의 전설과 오랫동안 비교되어 왔다. 그러나 사르곤 왕에 대한 현존하는 문헌은 후기 아시리아와 바빌로니아 시대(BCE 700-550년경)의 것이며 사르곤의 출생에 대한 역사적 진실을 반영하고 있는지는 알 수 없다. 문헌에 의하면 사르곤은 한 여사제의 사생아로 태어났다. 사르곤은 알려지지 않은 이유로 아기 적에 갈대 바구니에 넣어져 유프라테스 강에 버려졌다. 아기는 업둥이(메소포타미아에서 흔했던, 버려진 아이들을 다른 사람이 키우는 합법적인 개념)가 되어 자라서 훗날 수메르와 아카드의 왕이 되었다.

판관 시대

판관 시대(BCE 1200–1000년경)를 이해하기 위해서는 역사적 이야기를 주변 지역에서 나온 기록들처럼 다른 자료들과 함께 다루어야 한다. 그러나 팔레스타인에서 발견된 이 시기의 비문은 얼마 없다. 대부분의 비문은 청동 화살촉에 매우 이른 시기의 알파벳식 문자로 기록되어 있고 소유자의 이름과 그의 부친이나 주인의 이름이 적혀 있는 정도이다. 또한 아주 작은 질그릇 조각 위에 남겨진 기록들(몇몇 글자, 인장, 이름)이 제법 많이 있다.

유물들은 후기 청동기 시대(BCE 1550–1200년경)의 가나안 문화에서 철기 제1시대(BCE 1200–1000년경)의 이스라엘식 정착 문화로 점차 교체되었다. 가나안 북부와 남부의 고원 지역 및 요르단을 가로질러 새로운 유적들이 많이 발견되고 있다. 이 유적들의 대부분은 예루살렘 북쪽의 언덕 지역에 위치하고 있으며 성서에 의하면 에브라임, 베냐민, 므낫세 지파의 땅이었다. 대부분 전 시대에 비해 작은 유적으로 요새화되지 않았고 농사와 유목을 겸하는 공동체들이 살았던 것으로 보인다. 많은 유적들은 BCE 11세기 말 무렵 버려졌다. 연합 왕국 시대(사울, 다윗과 솔로몬이 지배하던 시대, 대략 BCE 1020–920년경)에 일부는 다시 거주하기도 하여 정착 패턴에 극적인 변화가 일어났음을 보여 준다.

선지자 시대(대략 BCE 1200–1150년경) 초기에 이집트의 지배를 받았던 흔적이 여전히 남아 있다. 가나안 문화가 지속되었고 많은 이집트인들이 있었음을 벳스안, 메기도, 라키시 및 텔 엘파라와 같은 유적으로 알 수 있다. 그러나 BCE 12세기 중반 무렵에는 많은 유적이 파괴되었는데, 아마도 바다의 백성들이나 이스라엘 선주민들의 손에 의한 것이라고 여겨진다. 이는 가나안에서의 이집트 지배가 무너진 것과 일치한다. 메기도, 벳스안, 라키시는 모두 파괴 직후 재건되었고 건축 재료는 가나안적인 특징과 함께 뚜렷한 이집트적인 특징도 담고 있다. 판관기는 메기도, 게세르, 벳스안을 침입자들에 의해 점령되지 않은 땅이라고 적었다.

건축은 당시 4개의 방으로 구성된 집이 일반적이었고, 한쪽 끝에 있는 방을 둘러싸고 두 줄의 기둥으로 나누어진 안뜰이 있었다. 이러한 형식의 집들은 필리시테와 요르단에서도 발견되었다. 상부 갈릴리 지역의 하르아디르에서 발견된 것뿐만 아니라, 이 시기에 지어진 요새들도 몇몇 발견되었다. 또한 세겜(샤크무), 브누엘 및 테베즈의 탑들이 판관기에 언급되어 있다.

좌: 성서의 율법은 초기 메소포타미아의 것과 많은 유사함을 보인다. 사진의 점토판은 니푸르에서 발견된 수메르 법 문헌으로 BCE 2112–2095년 무렵의 것이다.

하: 이스라엘 텔게제르는 성서에 나오는 게제르가 있는 곳으로 BCE 10세기에 이집트와 이스라엘 왕국의 국경을 이루고 있었다.

알려진 세계의 주인들 : 제국의 시대

서론

후기 청동기 시대를 마감하는 대규모 이주와 함께, 고대 근동의 거의 모든 나라들이 기울거나 붕괴된 것은 오늘날 "제국의 시대"로 알려진 새로운 세계 질서의 도래를 알린다.

정치 지형의 변화란 아시리아 왕국이 많은 영토를 잃은 것을 의미하지만, 아시리아의 중앙 행정은 세력을 유지하였고 아수르는 여전히 종교와 이념의 중심이었다. BCE 10세기 중반에서 9세기 중반 사이 아시리아는 잃었던 영토를 회복하기는 했으나, 아시리아의 권위에 대한 도전이 계속되었다. 아나톨리아 동부의 넓은 지역을 지배하던 우라르투는 아시리아가 시리아 북부와 이란 서부의 보다 작은 나라들을 지배하는 것을 반대했다. 오늘날 수단에 수도를 둔 쿠시 왕국은 스스로를 이집트 신왕조 파라오의 후계자라 여기고 이집트와 레반트 해안의 구 이집트 영토를 지배하려 했다.

아시리아 제국

BCE 8세기 후반부의 아시리아의 확장과 이집트에서의 전쟁, 그리고 BCE 7세기 이란에서의 전쟁은 이러한 위협들에 대한 반동으로 볼 수 있다. 그 결과 아시리아는 고대 근동의 첫 제국이 되었고 넓은 도로망을 건설하고 균일화된 민족을 만들기 위해 많은 인구를 재배치시켰다. 이 두 개의 정책은 메소포타미아, 시리아 및 레반트를 성공적으로 결합시켜 문화적 공동체를 이루었고 이는 아시리아 제국 자체보다 더욱 오래 살아남게 되었다.

신바빌로니아 제국

BCE 1000년대 초기의 대부분의 기간 동안 남부 메소포타미아는 정치적으로 조각나 있었고 바빌로니아 왕국은 주로 바빌로니아 왕의 계보를 유지시키려는 이들(바빌론의 마르두크 신전 사제들)의 마음에만 살아 있었다. 다른 왕들은 이를 남부 메소포타미아를 지배할 좋은 방법으로 보았다. 니푸르, 우루크 및 우르와 같은 고대 도시들은 도시국가로 기능했고 종종 이 지역의 비트야킨, 비트아무카니, 비트닥쿠리 등의 아람 왕국들과 제휴했다.

통일된 바빌로니아가 강대국으로 새롭게 떠오른 것은 BCE 8세기 중반부터 아시리아가 이 지역에 개입한 직접적인 결과였다. BCE 7세기 말, 아시리아의 세력이 쇠약해지자 바빌로니아는 제국으로부터 떨어져 나왔고, 메데아군과 연합하여 아시리아의 중심부를 침략하고 방어하던 군대를 무찌를 수 있었다. 바빌로니아는 이전 아시리아 제국 대부분의 영토를 물려받았고 바빌론은 고대 근동 최고의 중심지로 부상했다. 특히 인구 재배치 정책 같은 아시리아 제국의 정책이 계속 유지되었다.

아시리아처럼, 바빌로니아에게는 세 개의 경쟁국이 있었다. 사이스 왕조하에 재통합된 이집트, 아나톨리아의 리디아, 이란에서 부상하고 있는 페르시아였다. 바로 이 페르시아가 고작 70년 후에 신바빌로니아 제국을 파괴하였다. BCE 539년 페르시아의 키루스 대왕이 바빌론에 침입한 것이다.

아케메네스 제국

페르시아의 정복으로 메소포타미아의 독립과 오랜 근동 지배는 막을 내린다. 아케메네스 제국은 이전의 어느 제국보다도 더욱 넓었다. 키루스는 메데아, 리디아 및 바빌로니아를 정복했고 BCE 525년 무렵 그의 아들이자 후계자인 캄비세스는 이집트를 장악하여 모든 경쟁국들을 성공적으로 흡수했다. 페르시아는 최초의 초강대국이 되어 최절정기에는 이집트에서 그리스 및 아프가니스탄까지 세 개의 대륙에 걸쳐 지배했다. 아케메네스 왕들은 이전 왕들의 정책 중 일부를 계승했는데, 특히 왕도를 확대하였다. 그러나 균일화된 사회를 만드는 것은 아케메네스 왕들이 추구하는 바가 아니어서 재정착 정책은 재개되지 않았다. 페르시아인들은 자신들을 한 나라의 국민으로 여겼고, 왕의 역할은 백성들을 다스리는 것이었다.

다리우스 대왕(재위 BCE 522–486년)과 그의 아들 크세르크세스 1세(재위 BCE 486–465년) 때에 일어난 페르시아군과 그리스군의 전쟁은 "동"과 "서" – "전제주의"와 "민주주의"의 격돌을 상징하는 것으로 여겨져 아직도 많은 이들의 상상력을 사로잡고 있다. 그러나 이러한 대략적인 해석으로는 양측에 대해 정당한 평가를 내릴 수가 없다. 고대에는 아케메네스를 찬양하고 모방하는 이들이 많았다. 그 중 가장 유명한 이가 바로 알렉산드로스 대왕(재위 BCE 336–323년)이다. 그는 이란에서 페르시아의 왕좌를 빼앗기는 했으나, 페르시아 제국의 대부분을 정복한 것은 아니었다. 곧이어 파르티아와 페르시아의 사산 왕조가 일어나 아케메네스의 왕들을 본보기로 삼았다.

상: **바빌로니아의 주신 마르두크**가 꽃다발을 든 채 서기 이븐이슈타르를 맞이하고 있다. 우루크의 석회암 쿠두루, 또는 기증서에서 묘사된 모습이다.

하: **이 19세기 석판화**는 제임스 퍼거슨이 그린 것으로 티그리스 강가에 있는 님루드의 아시리아 궁전을 상상한 장면이다.

페니키아와 신히타이트

BCE 12세기의 대이동은 고대 근동 지역의 인구 구조를 변화시켰고 아람인, 필리시테인, 프리기아인과 같은 새로운 민족들이 역사에 등장했음을 증명한다.

해안 지역의 대부분이 이러한 인구의 변화를 겪는 동안 레바논의 해안으로 알려져 있는 지역은 놀라운 지속성을 유지하고 있었다. 서쪽의 지중해와 동쪽의 레바논 산맥 사이에 놓인 좁은 땅에는 당시 티레, 시돈, 비블로스, 아르와드와 같이 지중해 동부에서 가장 중요한 항구도시들이 있었다. 가나안 청동기 문화는 이들 도시국가에서 계속 번성했다. 이들은 정치적으로 각기 독립적이었고 각자 자신들의 상업적 이익을 추구했으나 공통적인 언어를 사용하였고 문화적으로도 동일했다.

그리스에서는 이들을 한 민족으로 보고 페니키아인이라 불렀다. 원래는 아마도 레바논어에서 파생된 차용어로, 소라고둥과 소라고둥이 분비하는 점액으로 만드는 적자색을 동시에 의미하는 같은 그리스 단어와 관련된 것이라고 생각된다. 페니키아인들은 적자색 염료의 추출법을 비밀로 굳게 지켰고, 이 염료로 물들인 옷감은 대단히 귀하게 여겨졌으며 페니키아 상선에 의해 교역되던 귀중품들 중의 하나였다. 그리하여 레바논 해안의 민족들은 간단하게 "적자색 염료 민족"으로 불렸다.

레바논의 삼목

소라고둥만이 레바논 해안을 뛰어난 산업 및 교역의 장으로 만든 천연자원은 아니었다. 오늘날과는 달리, 옛날의 레바논 산맥은 아주 넓은 삼나무 숲으로 덮여 있었다. 높이 40미터까지 곧게 자라는 삼나무의 목재는 고대 근동 전역에서 건축 재료로 사용되었다. 레바논의 삼나무로 된 지붕보가 없었다면, 메소포타미아의 궁전이나 신전에 있는 거대한 홀이 지어질 수 없었을 것이다. 레바논의 해안에서는 레바논에서 난 삼나무가 전 지중해와 때로는 대서양이나 (홍해를 거쳐) 인도양까지 항해할 수 있는 선박을 만드는 데 사용되었다.

하 : **페니키아의 군함 모습**이 센나케리브 시대의 부조에 묘사되어 있다. 이러한 선박들은 레바논의 숲에 자라는 삼나무로 만들어졌다.

적어도 BCE 9세기 이후부터는 페니키아 본토의 도시들이 레바논 해안 지역을 벗어나 영구적인 식민지를 건설하기 시작했다. 첫 번째가 키프로스였고 이어서 북아프리카(가장 유명한 곳은 카르타고), 시칠리아, 사르데냐 및 스페인에 정착했다. 이렇게 서쪽으로 확장하는 것을 최초로 추진한 곳은 아시리아와 밀접한 연맹을 맺었지만 항상 독립을 지켰던 티레였다. 두 나라 사이의 협정은 티레가 아시리아의 지배하에 있는 모든 항구에 들어갈 수 있는 특권을 주었고 다른 경쟁국들의 우위에 설 수 있도록 해 주었다. 이 교역망이 티레를 부유하게 해 주었을 뿐만이 아니라 최초의 동서 문화 교류도 가능하게 했다. 가장 중요한 결과로는 페니키아의 알파벳이 지중해 전역에 퍼지게 되었다는 점을 들 수 있다.

히타이트의 후손들

비록 히타이트 제국은 BCE 12세기에 붕괴했으나 언어와 문화는 살아남았다. 시리아 북부와 터키 남동부에 있는 여러 소왕국들은 하티 대왕을 떠오르게 하는 직접적인 전승 속에서 자신들의 정체성을 찾았다. 이런 이유로 고전 시대에 콤마게네로 알려졌던 쿰무후의 왕들은 수필률리우마, 무와탈리, 하투실리 등 히타이트 제국 시대에 가장 유명했던 왕들의 이름을 사용하였다. 쿠에, 아르파드, 하마트와 같은 이 지역의 다른 왕국들처럼 가장 흔하게 사용되던 히타이트 언어인 전통적인 루위어와 기록 체제가 계속 사용되었다. 설형문자처럼 루위 문자는 음절과 단어를 나타내는 기호들을 조합하여 사용했다. 이는 오늘날 이집트와 아무런 관련이 없음에도 불구하고 곧잘 상형문자라고 일컬어지고는 하는데, 그림문자라고 하는 것이 더욱 적합할 것이다.

메소포타미아의 설형문자, 이집트의 상형문자 및 루위의 그림문자는 각각 수백 개의 다른 기호를 사용하고 종종 여러 가지 음으로 읽힌다. 페니키아 알파벳은 고작 24개 정도의 기호로 되어 있고 각 기호는 오직 한 음(음소)만을 상징한다. 알파벳이라는 이름은 맨 앞에 있는 '소'를 의미하는 알레프와 '집'을 의미하는 베이트의 두 기호에서 파생되었다. 이 이름들은 또한 글자의 모양에도 반영되어 있어 각 글자는 이름의 첫 자가 해당 글자의 음과 같은 물건들의 모습에서 파생되었다. 이는 누구나 빨리 배울 수 있을 만큼 단순하여 다른 기록 체계처럼 다년간의 훈련을 거치지 않아도 되었다. 그리하여 글을 읽고 쓸 수 있는 능력은 더 이상 전통적인 문자가 계속 사용되는 궁전이나 신전 사람들의 전유물이 아니게 되었다. 그리고 아무 언어나 쉽게 기록할 수 있는 알파벳 문자는 상인들의 요구에 부합하여 아람어, 히브리어, 그리스어, 프리기아어, 리디아어, 에트루리아어, 라틴어 등 다른 언어에서도 받아들여지게 되었다.

상: **모압의 왕 메샤의 비석**에는 BCE 9세기의 것으로, 메샤가 이스라엘의 아합에 반기를 들고 성공적으로 모압 북부를 정복한 것이 기록되어 있다.

공동 정체성

히타이트 멸망 후 군소적으로 발생한 이 "신히타이트" 왕국들의 주민들이 오로지 루위인들로만 이루어졌다는 생각은 금물이다. 알파벳과 아람어 또한 이들 나라의 대부분이 사용하였으며 이는 아람의 영향력이 컸음을 말해 준다. 히타이트의 전통을 이어가려는 노력은 이 나라들의 주민들에게 공동의 정체성을 만들어 주었고 경계를 초월한 통일체를 제공했다. 이는 공동의 적, 확장되고 있는 아시리아 제국에 대한 문화적 방어로 사용되었다.

좌: **이 BCE 8세기의 도기는** 티레에서 발견된 것이다. 헤로도토스에 의하면 티레는 BCE 2750년에 세워진 지중해의 중요한 항구였다.

이스라엘과 유다 왕국

BCE 10세기 무렵, 이스라엘은 하나의 부족으로 출발하여 레반트의 중요한 왕국으로 부상했다. BCE 587년에 무너질 때까지 초강대국들인 아시리아, 이집트, 바빌로니아의 공격에도 불구하고 4세기에 걸쳐 살아남았다.

"이스라엘"이라는 명칭이 처음 나온 것은 이스라엘을 파괴했다는 이집트 파라오 메르넵타의 비문(BCE 1210년경)에서였다. 이집트의 기록은 장소보다는 민족을 말하기 때문에, 이 BCE 13세기의 명칭이 어떤 의미였는지는 알 수 없다. 이 이름은 BCE 10세기 중반에 왕가들이 하나의 이스라엘 왕실을 형성했을 때에도 살아남았다. 그 사이 250년간 유일한 언급은 성서(판관기)와 고고학적 유적뿐이다. 이들 자료는 일관적이지 않다. 어떻게 이 부족민들이 도시와 신전을 건설하게 되었는지, 전쟁과 평화의 시기에 국제 무대에서 어떻게 행동했는지, 어떻게 구약 성서라는 유일한 문서에 종교적 역사를 기록했는지는 의견이 분분하다.

하 : **메르넵타의 승전비**에는 패배한 민족들의 목록이 기록되어 있다. 이 비석은 BCE 1213–1204년 무렵 테베에 있는 메르넵타의 장제전에 세워졌다.

성서 이야기는 이스라엘 민족이 이집트에서 탈출하여 가나안에 도착한 것, 부족들이 구릉 지대에 정착한 것, 이웃의 가나안인이나 필리시테인들과 다툰 것, 정치적 지도자로서 제사장들이 종교 의례를 성문화하려고 노력한 것, 그리고 정치 체제를 통일시킨 것에 대해 말하고 있다. 이 역사의 진위는 자주 의문이 제기되지만 몇몇 증거에 의해 부분적으로 입증되었다. 고고학은 겨우 100여 개의 마을이 BCE 950년 무렵 약 10만 명의 인구로 급속히 확장된 것을 드러냈다.

통일 왕국, BCE 10세기

후기 철기 시대의 자료에서 나온 증거가 사무엘기와 열왕기 상권에서 말하는 이야기들을 완전히 증명하지는 않는다. 특히 필리시테와의 가속화되는 전쟁은 땅과 종교적 장소를 보호하기 위해 더 많은 이스라엘 부족들이 연합하도록 만들었다. 선지자 사울이 필리시테의 전진을 막기 위한 전쟁 지도자로서 이스라엘 최초의 왕이 되었다. 그러나 사울은 사무엘 같은 다른 족장들, 제사장들, 사제들과 상의하여 군사적 결정을 내려야 했다. 이야기는 또한 야훼 의식과 함께 마술이나 점 또한 사용되었음을 알려 준다. 그 후 다윗과 솔로몬(BCE 1000–930년경)의 지도력 아래 단계적으로 왕국 전체에 "이스라엘"이라 불리는 단일한 왕권이 발달되었다. 왕을 세우기 전까지 종교적인 수도였던 실로 대신 예루살렘이 왕의 수도로 정해졌다.

예루살렘에서는 이집트, 티레, 아라비아와의 교역을 통해 쏟아지는 부로 왕가의 영광을 드높였다. 구약 성서에 따르면 솔로몬이 제1성전을 건설(열왕기상 6)했을 때 왕국의 영화가 최정상에 올랐다고 하나 이에 대한 고고학적 증거는 거의 없다. 이스라엘의 주권을 지키기 위한 몸부림은 여러 왕들의 예루살렘 성전 약탈(대부분 내부 세력)이 BCE 586년 바빌론의 파괴를 포함해서 성서에 아홉 차례나 기술되는 것으로 반영되었다. 도시들이 벽과 성문으로 요새화되고 지사들이 임명되었으며 단일화된 조세 체제를 갖추었다는 것은 이스라엘의 국력을 나타낸다. 또한 이러한 힘을 통해 이스라엘이 동쪽 국경에서 모압과 에돔을 포함한 여러 적대 국가들을 막는 데 성공한 것으로 이해된다. 그러나 국내 부족들의 분열은 계속되었고 많은 지역이 종교 구역(일명 "높은 곳")으로 남아 독립을 유지했다. 솔

로몬이 사망하자, 이스라엘 통합 왕국은 북이스라엘과 남유다로 분열되고 말았다.

동맹국과 적국으로서의 레반트 이웃들, BCE 931–800년경

BCE 931년경부터 아시리아에게 정복당할 때까지 이스라엘은 8개의 왕가가 세 도시에서 지배했다. 이 2세기 사이에 19명의 왕이 짧으면 7일부터 길면 41년 동안 재위하였다. 그 중 8명의 왕은 선왕이 암살되어 왕위를 물려받았다. 한편 유다 왕국은 BCE 586년까지 345년간 보다 안정적으로 왕권을 유지하였다. 대가 끊어지지 않는 20명의 왕과 1명의 여왕이 예루살렘에서 통치했다. 이스라엘과 유다는 공식적으로는 60년간 전쟁 상태였으나 그 둘은 12개의 나라와 부족 연맹 중 일부일 뿐이었다. 그들은 간헐적으로 서로 다투거나 교역하였다. 정치적, 문화적 단합은 일시적이며 이례적이었다.

BCE 925년경 이집트가 기회를 틈타 침략한 후 이스라엘은 재빨리 외교의 기술을 익혔다. 오므리와 아합의 시대(BCE 885–852년)에는 티레의 왕가와 정치적 동맹을 맺었고 새로운 수도 사마리아부터 모압까지 지배 영역을 넓혔다. 이는 오므리의 아들에 대항하여 반란을 일으킨 모압 왕 메샤의 비문에 반영되어 있다(BCE 850년경). BCE 853년 이스라엘은 강력한 다마스쿠스와 연합하여 아시리아의 확장에 대항하는 다국적 전쟁에 전차와 군대를 지원함으로써 지역적 교착 상태를 초래하였으며, 이 교착 상태는 1세기 동안 지속되었다. 유명한 이스라엘 왕 예후는 BCE 841년 이후 오벨리스크에 아시리아 왕 샬마네세르 3세 앞에 무릎을 꿇고 있는 모습으로 새겨졌다. 반아시리아 연합군의 붕괴는 격렬한 국지전으로 전락하였다. 유다는 이스라엘의 다마스쿠스에 대한 적개심을 공유하였고 두 나라는 왕가의 혼인으로 협정을 맺었다(BCE 841년). 그러나 왕이 외부와의 연맹에 의지하는 것에 대해 신에게 묻자 왕가가 몰락할 것이라는 예언이 내려졌다.

상: **예루살렘에 있는 성전의 서쪽 벽.** 솔로몬의 제1성전이 있던 장소로, 성서에 의하면 BCE 10세기에 세워졌다고 한다.

좌: **이스라엘의 왕 예후**가 샬마네세르 3세 앞에 무릎을 꿇고 조공을 바치고 있다. 예후는 이스라엘 역사상 가장 오래 지속된 왕조를 세웠다.

상 : 정복당한 라키시에서 **도망치는 사람들의 모습**은 니네베의 센나케리브 궁전의 부조(BCE 701년)의 일부이다.

아시리아와 이집트 사이의 유다

아시리아의 압력으로 이스라엘은 분열되었다. BCE 750년대 말, 므나헴은 이스라엘의 왕 샬룸을 암살할 때 아시리아에 공물을 바쳐 도움을 얻고 왕위에 올랐다. 또 다른 찬탈자인 베가는 BCE 736년 므나헴의 아들을 암살하기 위해 다마스쿠스에 도움을 청했다. 이스라엘과 다마스쿠스는 유다의 반대편에 섰고 유다의 왕 아하스는 이들을 견제하기 위해 아시리아에 호소했다. 티글라트필레세르 3세는 BCE 732년 다마스쿠스를 정복하여 그를 도운 한편 이스라엘의 영토도 챙겼다. 이스라엘의 왕 호세아가 은밀히 이집트와 서신을 주고받다가 아시리아에게 발각되어 이스라엘은 점령되고 주민들은 강제 이주를 당했으며 왕조는 끊겼다(BCE 721년).

이제 유다는 아시리아에 대항하여 홀로 남았고 서쪽 국경에는 이집트가 있었다. 아하스의 아들 히스기야는 아시리아에 공물 바치기를 거부하고 이집트의 왕 타하르카 및 바빌로니아 반란 지도자 므로닥발라단과 연락했다. 아시리아 왕 센나케리브는 BCE 701년 팔레스타인을 침략하여 라키시를 파괴하고 히스기야에게 항복하라는 사신을 보냈다. 성서와 아시리아의 기록은 이 사건에 대한 세부적인 면에서 비슷하다. 그러나 열왕기하에서는 아시리아의 군대가 천사에 의해 격파된 것으로 나오는데 아시리아의 연대기에는 히스기야가 항복하여 공물을 바치고 다시 속국이 되었다고 건조하게 기록되어 있다.

왕과 종교 : 압박받는 정치

구약 성서는 정치 군사적 사건을 단순한 역사가 아닌 신학적인 인과 관계로 해석한다. 야훼는 신명기의 율법을 지키면 이스라엘에 축복을 내렸지만, 우상 숭배와 제례의 실수에 대해 벌하는 일이 더 잦았다. 이스라엘의 공식 종교는 일신교(한 신만 숭배하며 다른 신들의 존재를 부정하는 것)보다는 일신 숭배(한 신만 숭배하지만 다른 신들의 존재를 인정하는 것)가 목적이었던 것으로 보인다. 제1성전을 지은 솔로몬도 다른 신들을 위한 신전을 지었다고 전한다. 또한 구약 성서는 초기의 야훼 신앙이 이스라엘 전역의 많은 "높은 곳"에서 행해졌으며 여러 신들의 숭배와 왕국 전역의 숭배 장소들이 예루살렘 성전보다 오래되었다고 기록하였다. 유다의 왕들은 주기적으로 신앙을 일원화

우 : 이 **17세기 판화**는 마테우스 메리안의 것으로 요시야의 종교 개혁으로 불린다.

하기 위해 예루살렘 성전 이외의 장소에서 제물 바치는 것을 금하고 가나안 등의 다른 숭배 장소들을 비방했다.

이와 동시에, 국제 정치에 참여하기 위해서는 원칙적으로 외국의 신을 받아들여야만 했다. 그러므로 종교적, 정치적으로 보다 순수주의자들이었던 하위 가계는 자신들이야말로 예언자의 전통을 지킨다고 생각하여 왕권과 우상 숭배에 도전하였다. 예언서들은 우상 숭배를 묵인하고 외국의 신들과 거래하거나 자신의 야망을 위해 예루살렘 성전에서 보물을 떼어 내는 많은 왕들에 대해 매우 비판적인 기록을 담고 있다. 이스라엘의 성서 이야기는 이러한 긴장 상태가 예루살렘에서 먼 국가들의 전쟁터까지 미쳤음을 알려 준다.

붕괴와 유산

BCE 721년 이후, 이스라엘 피난민들은 유다로 쏟아져 들어왔고 예루살렘의 규모는 엄청나게 커졌다. 그러나 히스기야가 센나케리브에게 항복함으로써 이 성장은 종지부를 찍었고 왕의 종교 개혁은 붕괴되었다. 아시리아가 붕괴의 길로 들어서고 이집트와 바빌론은 아직 아시리아의 지배에서 회복되지 못하여 요시야(BCE 640–609년)의 치세는 유다 왕국에게 마지막 독립의 경험을 주었다. 예루살렘의 성전에서 잃어버렸던 율법서가 다시 발견되면서 신명기를 따르는 중앙 집권적 개혁의 발판이 제공되었고 요시야는 구 이스라엘 왕국 영토의 일부를 되찾기까지 했다.

그러나 개혁은 오래가지 않았다. 요시야는 시리아의 마지막 아시리아 주둔군을 돕기 위해 온 이집트의 네코 2세를 바빌론에 앞서 메기도에서 잠시 저지하다가 결국 전투에서 살해당했다. 동요한 유다 왕국은 이집트와 바빌로니아를 막기 위해 분투하였으나, BCE 605년 바빌로니아가 카르케미시에서 결정적으로 이집트를 패배시키고 이 지역의 지배권을 얻어 내었다. 네부카드네자르 2세는 BCE 597년 유다의 왕 여호야긴을 폐위시켰으며, BCE 586년에는 반항적이었던 시드기야를 폐위시켰다. 예루살렘과 그곳의 성전은 완전히 파괴되었고 왕과 대부분의 주민들은 거의 50년간 바빌론에서 포로 생활을 하게 되었다. 도시와 성전은 재건될 수 있었으나 유대인의 독립 왕국은 바빌로니아, 페르시아, 셀레우코스 제국이 멸망할 때까지 다시 나타나지 못했다.

성서는 역사인가?

구약 성서를 이스라엘의 진실한 역사로 믿는 독자들은 구약 성서가 중기 청동기 시대까지 거슬러 올라간다고 본다. 이는 대단히 오래 전부터 구전이나 기록으로 전해져 내려온 것을 모아 훗날에 기록했다는 주장이다. 반면, 성서에 대해 최소주의적인 시각을 가진 독자들은 대부분의 내용이 심하게 편집되었거나 실제 일어난 수세기 후에 지어진 것으로 본다. 청동기나 철기 시대에 일어난 일들은 대부분 민화나 지어진 이야기로 예루살렘에 성전이 지어질 때까지의 이스라엘 역사가 대단히 오래된 느낌을 주기 위한 것이며 후에 일어난 일들의 많은 부분은 정치적인 변명이 그런대로 받아들여질 수 있게 재구성된 것이라는 입장이다.

상 : **13세기 고딕 시대의 시편에 나오는 그림**에는 네부카드네자르 앞에 사슬로 묶여 있는 이스라엘인들과, 이들이 바빌론의 벽 앞에 있는 모습을 표현하고 있다.

신아시리아 제국

현대 학자들은 아시리아 역사에서 마지막 3세기를 신아시리아 제국으로 본다. BCE 9세기로부터 BCE 7세기 말까지 아시리아는 고대 근동을 정치적, 경제적으로 지배하였다.

상 : 발라와트의 문은 샬마네세르 3세의 나무문으로도 알려져 있다. 카자주를 공격하는 아시리아 군사들이 자세하게 묘사된 청동의 띠로 장식되어 있다.

BCE 10세기에 아시리아 왕국은 자브 강 하류를 남쪽 국경으로 하는 현대의 이라크 북부에 국한되어 있을 따름이었다. 그러나 이로부터 100년도 지나지 않아서, 티글라트필레세르 1세가 왕위에 올라 치세 때 국경을 다시 회복하였다. 샬마네세르 3세의 치세(BCE 858-824년)에는 아시리아의 영토가 서쪽으로는 유프라테스 강으로부터 북쪽으로는 토로스 산맥의 주능선까지 확장되었다. 티글라트필레세르 3세의 치세(BCE 744-727년)로부터 그 이후에는 국경이 서쪽으로는 지중해까지, 동쪽으로는 자그로스 산맥 깊숙이까지, 북서쪽으로는 아나톨리아까지 이르게 되었다. 바빌로니아는 더 이상 독립된 나라가 아니라 아시리아의 종속국이 되었다. 당시 아시리아의 영향력은 국경을 초월하여 이란과 아나톨리아의 고원, 아라비아 사막, 이집트와 누비아(쿠시)의 나일 강 하류, 지중해의 키프로스 섬, 페르시아 만의 바레인까지 미쳤다.

BCE 10세기 무렵 아시리아의 새로운 확장이 얼마나 빨랐는지는 확실하게 알 수 없지만, 여러 아람의 지배자들이 소유했던 서쪽의 왕국들이 명실상부하게 아시리아의 땅이 되었다는 관념은 분명히 중요한 역할을 하였다. 그러나 정복하는 것과 지배자의 자리를 지키는 것은 별개의 일이다. 아시리아 제국은 어떻게 했을까?

아수르와 행정 주들

아시리아는 행정 구역상 주 단위로 나뉘어졌으며 각 주는 지사에 의해 지배되었다. BCE 7세기 초 무렵 아시리아는 약 70개의 주로 구성되어 있었다. 왕이 직접 모든 지사들을 임명했고, 이들은 오직 왕의 명령만을 직접 받았다. 일반적으로 지사의 자리는 세습되지 않았다. 공직은 아버지에게서 아들로 전달될 수 없었고 왕좌에 대한 야망을 사전에 예방하기 위해 왕은 지사를 임명할 때 자식을 가질 수 없는 환관을 선호했다. 왕은 신의 선택을 받았고 신의 가호로 지배한다고 생각되었다. 왕의 명령이 곧 법이었고 제국의 모든 일에 직접 개입할 수 있었다. 그럼에도 불구하고 아시리아의 행정은 대단히 분산되어 있었고 지사들은 자신의 지역에서 왕을 대신하여 자주적으로 행동하도록 허가받았다. 모든 일상적인 업무는 자신의 재량으로 처리할 수 있었다.

행정 수도가 어디였든 간에 아시리아의 심장은 고대의 종교 도시인 아수르였다. BCE 9세기에 아수르나시르팔 2세가 정치와 행정의 중심지를 아수르에서 칼라로 옮겼고 사르곤 2세는 BCE 8세기 말 두르샤루킨으로 다시 옮겼다. 마지막으로 센나케리브가 BCE 7세기 초 니네베로 옮겼다. 이 모든 이동들에도 불구하고 아수르는 아시리아의 이념적인 중심지로서의 핵심적인 지위를 잃어버린 적이 없었다. 그 이유는 오직 하나뿐인 아슈르 신의 신전이 있었기 때문이다. 아슈르 신은 아시리아의 구심점이었고, 아시리아인들에게는 세계 전체의 구심점이었다. 아시리

하 : 아슈르 신은 보통 날개 달린 원반 속에 나타난다. 왼손에는 활을 쥐고, 오른손으로는 축복을 내리고 있다.

아 왕의 모든 백성은 아슈르 신의 종이었고, 그러므로 신전에 제물을 바쳐야 했다. 이는 아시리아의 주뿐만이 아니라 아시리아의 왕에게 공물을 바치는 모든 속국들에게도 해당되는 일이었다.

아수르와 같은 종교 중심지, 다양한 행정 수도 및 주 등은 광대한 도로망으로 연결되어 있었다. 어떤 도로는 "왕도"라 알려졌는데, 이 길은 왕과 지사들 간의 서신 연락 및 다른 모든 공적인 일을 위해 사용되었다. 공적인 일에는 군대나 외교 사절단의 이동 등도 포함되었다. 이 특별한 도로들이 얼마나 잘 유지되었는지는 확실히 말할 수 없다. 현대 학자들도 제각기 매우 다른 수준을 제시하고 있다. 분명한 것은 도로망의 개발과 보존은 국가 행정에서 최고로 우선시하는 일들 중의 하나였다는 것이다.

왕, 아슈르 신의 대리인

주 차원에서는 지사들이 왕의 대리인이었듯이, 세상에서는 왕 혼자만이 아슈르 신의 대리인이었다. 왕의 무소부재와 편재함에 대한 개념이 확립되었고 이것은 언제나 아시리아의 모든 만물에게 나라의 전능한 이가 오직 왕뿐임을 반드시 인식하게끔 만들었다. 이를 위해 왕은 제국 전체에 거처를 만들고 규칙적으로 방문했다. 왕실에 관계하는 모든 이들이 행정 담당, 보급 및 유지 담당, 음악가와 가수들과 같은 연예 담당들과 함께 각 궁전에 살았다. 대다수 아시리아 도시의 주민들은 언제 왕이 그곳의 궁전에 있는지를 언제나 알지는 못했지만, 커다란 건물 자체는 언제나 그 자리에 있어 왕이 주장하는 권력을 매일 증거하였다. 더구나 왕의 조각상이나 비문은 모든 주요 신전에서 신의 옆자리에 세워졌다. 조각상이나 비문은 성문처럼 다른 중요한 위치에도 건립되었다. 그러나 아마도 모든 아시리아의 주민들 하나하나가 왕에게 묶이게 만든 가장 핵심적인 행위는 충성의 맹세였을 것이다. 맹세는 영적인 진수로 여겨졌다. 맹세의 의식은 "내적인" 계약에 대한 어떠한 위반이라도 예방할 수 있는 물을 마시는 절차를 필요로 하였다.

지방으로 분산된 행정과, 백성과 왕 사이의 개인적이고 밀접한 관계가 조합되어 아시리아의 국가적 근간을 이루었다. 이는 BCE 14세기로부터 BCE 17세기가 끝날 때까지 계속 변화하던 근동의 정치적 지리에서 정치적인 닻 역할을 하였다. 놀랍게도 하나의 씨족이 이 시대의 아시리아를 줄곧 통치했으며 그보다 훨씬 이전에는 아수르라는 고대 도시를 지배했다. 아시리아 왕조는 BCE 2000년대까지 거슬러 올라갈 수 있어 세계사에서 가장 오래 이어진 가계 중의 하나로 여겨진다. 아시리아의 왕은 이념적인 차원에서 보통 인간과는 완전히 별개인 우월한 창조물로 받아들여졌다.

메소포타미아의 서사시인『길가메시 서사시』는 이렇게 말한다.

> 에아(지혜의 신)가 입을 열어 벨레트일리(창조의 여신)에게 말했다. "너는 위대한 신들의 자매, 벨레트일리이다. 인간을 창조한 것은 너이다. 이제 인간의 군주, 왕을 만들라! 그

상 : **상두르샤루킨(코르사바드)의 궁전에 있는 사르곤 2세의 부조.** 사르곤 2세가 자신의 군사 원정에 대해 아슈르 신에게 보내는 서신이 발견되었다.

우 : 왕실 호위병의 모습이 니네베의 센나케리브 궁전 부조에서 보인다.

의 온 모습을 기분 좋도록 둘러싸고 그의 얼굴은 완벽하고 몸은 모양이 좋도록 만들라!" 그러자 벨레트일리는 인간의 군주, 왕을 빚었다.

위에서 표현된 바와 같이 왕가는 아시리아 사회에서 특별한 지위를 누렸고 이는 왕조의 장수에 대한 이해를 도와준다.

왕가의 혈통

왕의 직위는 오직 이 한 가계의 남자들에게만 이어졌다. 그 이외에는 승계 규칙이 유동적이어서 가계의 적출에 해당하는 왕의 아들, 형제, 조카 및 그보다 더 먼 친척들도 이론적으로는 왕좌에 오를 기회를 가질 수 있었다. 결정적으로 이에는 왕의 유일한 공식 아내인 왕비(아시리아어에서는 "궁전의 여인")가 아닌 다른 배우자의 후손들도 포함되었다.

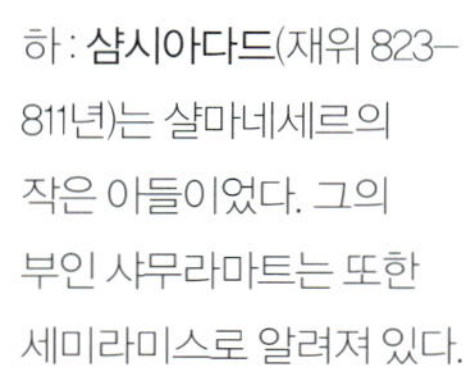

하 : 샴시아다드(재위 823–811년)는 샬마네세르의 작은 아들이었다. 그의 부인 샤무라마트는 또한 세미라미스로 알려져 있다.

이러한 제도로 인해 잠정적인 왕의 후계자들은 언제나 많이 있게 되었고, 왕가의 혈통이 끊어질 염려가 없어 왕실에 안정이 유지될 수 있었다. 바로 이것이 왕권이 그토록 굳게 한 가계에 머무를 수 있었고 다른 가족들은 절대 왕좌에 접근할 수 없었을 뿐 아니라 왕권과 경쟁조차 못했던 핵심적인 이유였다.

그러나 왕가에 속한다는 것을 넘어 더욱 필수적인 조건이 하나 더 있었다. 왕이 되기 위해서는 육체적, 정신적으로 완벽한 상태여야 했다. 이 조건을 이용하여 실제로 다른 후보자를 계승 경쟁에서 탈락시키려고 의도적으로 불구로 만든 사례가 있는지에 대해서는 확실한 증거가 남아 있지 않지만 그랬을 가능성이 매우 높다. 이란의 후기 사산조 페르시아에서, 왕들에게 환영받지 못했던 왕위 계승 후보자들의 귀나 코를 베어 내는 경우가 있었음은 잘 알려져 있는 사실이다.

합법적으로 계승 가능한 이들이 많았던 것은 내부의 권력 다툼을 발생시켰다. 이를 막기 위해 재위 중인 왕은 생전에 공식적으로 후계자를 지명했다. 남아 있는 주요 자료들에 따르면 이러한 선택은 신들에 의해 허가를 받아야만 했으나 절대적인 구속력이 있는 것은 아니었고, 왕이 자주적으로 태자를 지명할 수 있었다.

이 일이 탈락한 후보자를 수치스럽게 하지 않는 일반적인 일이었는지, 아니면 분노를 유발하는 이례적인 일이었는지는 명백하지 않다. 만약 아시리아의 국가 체제가 왕의 즉위와 동시에 태자를 지명할 것을 요구했다면 일반적인 일로 여겨졌을 것이다.

다만 센나케리브가 태자로 정해졌던 아르다물리시를 파직시키고 에사르하돈을 지명했을 때처럼 정해진 후계에 변화가 생기는 경우에는 결국 상속 전쟁으로 이어지기도 하였다. BCE 681년 센나케리브는 살해당했고 이어서 상속 전쟁이 발생하였다.

일반적인 경우, 태자로 지명되면 미래의 왕으로서 경험을 쌓고 자신의 권력 기반을 다졌다. 보통, 태자는 현 왕이 자연사한 다음 왕좌에 오를 것을 기대했고 대부분 받아들여졌다. 그럼에도 불구하고 논란과 왕위 다툼이 되풀이되었지만, 그 어떤 경우에도 다툼의 주인공들은 왕가의 일원들이었다.

아시리아 군대

아시리아의 확장은 군대에 달려 있었다. 궁전의 장식은 군사들의 힘과 규율을 기념하는 것이었다. 적군을 죽이는 장면은 어디에나 있었지만 아시리아의 사상자들은 그려지지 않았다. 현대의 관찰자들은 농성하는 도시의 요새를 파괴하는 데 사용되는, 사람이 올라탄 포성 장비에 대해 흥미를 보인다. 그러나 그것보다는 병사, 말과 장비들을 모두 포함한 군대가 양가죽을 부양 장치 삼아 강을 건너는 것을 보았을 때 더욱 놀란다. 중기 아시리아 시대에는 납세자들 중에서 군사를 소집했으나, BCE 9세기 무렵의 아시리아 군대에는 직업적인 군사가 대부분이었다. 신아시리아 제국의 군대는 아시리아 출신이거나 외국 출신인 직업 군인들로 구성된 파견대에 의지했다. 신아시리아 제국의 군대는 당시 세계에서 가장 큰 군대였으며 장비를 대단히 잘 갖췄지만 이웃 나라들의 군대들과 기술적으로는 별반 큰 차이가 없었다. 그러나 개혁에 열려 있었고 외국으로부터 쉼 없이 효과적인 전략과 방법을 받아들였다. 그 예로는 센나케리브(재위 BCE 704–681년)가 설치한 무릿매 부대가 있는데, 이것은 유다에서 따온 것으로 단순하지만 대단히 효과적인 전투 기술이었다.

상 : 니네베에 있는 센나케리브 궁전의 부조(BCE 701년)에서 라키시를 포위하고 있는 무릿매 부대의 모습을 볼 수 있다.

아슈르나시르팔 2세

아슈르나시르팔 2세(재위 BCE 883-959년)는 아수르에서 칼라(오늘날 님루드)로 아시리아인의 궁정을 옮기고 행정 중심지로 삼았으며 이곳을 아시리아의 새로워진 힘을 상징하는 화려한 기념비적인 도시로 만든 것으로 알려져 있다.

아슈르단 2세(재위 BCE 934-912년)의 치세 때부터 아시리아의 군대는 BCE 11세기에 잃어버린 아시리아의 영토를 되찾으려는 야심찬 목적을 가지게 되었다. 아시리아의 옛 영토는 여러 개의 작은 아람 왕국들로 나뉘어져 있었고 각 왕국은 비트바히아니, 비트아구시, 비트자마니 등 시조의 이름 앞에 "집"이란 뜻을 가진 "비트"라는 접두사를 붙여 나라의 이름으로 삼았다.

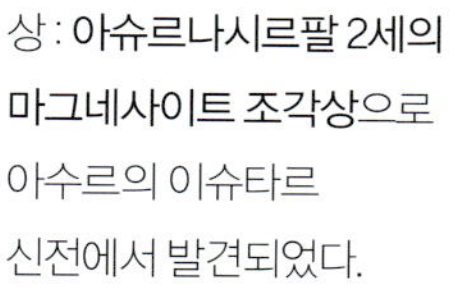

상: 아슈르나시르팔 2세의 마그네사이트 조각상으로 아수르의 이슈타르 신전에서 발견되었다.

잃었던 영토의 회복

한 세기만에 아시리아는 이들 왕국을 합병시켰으며 아슈르나시르팔 2세와 그의 아들이자 후계자인 샬마네세르 3세(재위 BCE 858-824년)의 시대에 강화되었다. 아시리아는 이제 유프라테스 강의 모든 동부 지역과 강 서쪽의 더욱 중요한 교두보들을 통제하게 되었다.

오늘날 시리아의 북동부에 있는 구자나(텔할라프)를 수도로 하는 비트바히아니 왕가의 경우처럼, 현지의 왕들은 아시리아의 지배를 받아들일 경우 제자리를 지킬 수 있었다. 해당 지역에서는 샤마슈누리와 그의 아들 하다드이스이가 왕으로 기록되었으나, 아시리아 왕에게 그들은 단지 주지사들로만 여겨질 뿐이었다. 1979년 텔페케리예에서 발견된 하다드이스이의 실제 크기 조각상에는 두 개의 언어가 새겨져 있었다. 아시리아의 설형문자로는 그를 지사라고 기록하고 있으나 아람어로는 왕이라고 기록하고 있다. 경우에 따라 현지의 고위 인사들은 왕이 파견하는 아시리아 관료들을 대신하였다. 아시리아의 왕이 아람 왕 대신에 파견하는 관료들 중 대부분은 세습되는 왕가를 세우지 못하는 환관들이었다.

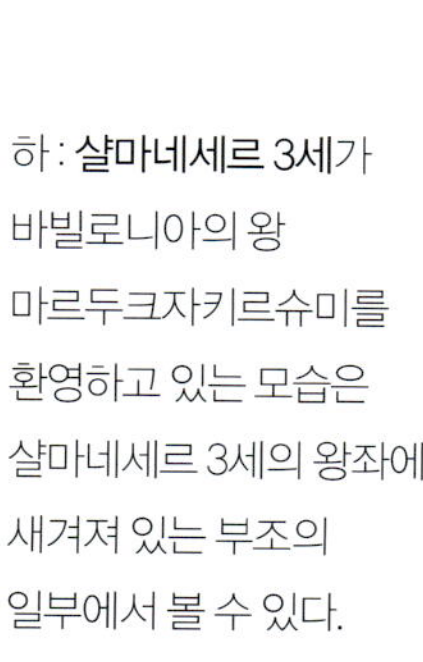

하: 샬마네세르 3세가 바빌로니아의 왕 마르두크자키르슈미를 환영하고 있는 모습은 샬마네세르 3세의 왕좌에 새겨져 있는 부조의 일부에서 볼 수 있다.

칼라, 새로운 왕의 거처

칼라는 아수르에서 북쪽으로 약 70킬로미터 떨어진 티그리스의 동쪽 강변에 있다. 아수르는 아시리아의 종교적, 이념적인 중심지로서 왕의 전통적인 주 거처였다. 그러나 아슈르나시르팔은 오래된 도시 칼라를 완전히 개조한 후 왕실 궁정 전체를 옮겼다. 칼라의 옛 거주지 언덕은 5000년 동안 매우 높아져 왕궁과 아시리아에서 가장 중요한 신들(나누르타, 나부, 이슈타르)의 신전만이 들어서 있는 성채로 바뀌었다. 그러나 이곳에는 아슈르의 신전이 없었다. 그의 유일한 성역은 아수르에 남아 있었다. 아슈르나시르팔의 칼라는 규모가 360헥타르로 아수르의 두 배였고 총 길이가 7.5킬로미터에 달하는 요새화된 성벽으로 둘러싸여 있었다.

칼라에서 가장 큰 건물은 아슈르나르시팔의 왕궁으로 오늘날에는 북서 궁전으로 알려져 있다. 길이 200미터, 너비 130미터로 주위를 압도하는 궁전은 3개의 안뜰 주위에 왕실 거처, 행정동, 개인 숙소, 왕실 여성들의 거처 등이 있다. 이곳에서는 1989년 여러 지하 무덤이 발견되었는데, 그중의 하나는 아슈르나시르팔의 왕비, 물리수무칸니샤트니누아의 것이다. 그녀는 궁중에서 가장 중요한 직책 중의 하나인 왕의 잔을 받드는 시종관의 딸이었다. 그녀의 화려한 부장품들은 왕과 그 주변인들이 누렸던 사치를 생생하게 느낄 수 있도록 해 준다. 이는 왕의 거처, 특히 공식 알현실의 장식에서도 뚜렷하다. 거대한 설화석고판으로 된 벽에는 왕의 업적을 기념하는 조각들과 아슈르나시르팔의 기록이 새겨져 있다.

상 : **칼라흐에 있는 아슈르나시르팔 2세의 궁전**에서는 신 아시리아 조각의 가장 아름다운 예들을 볼 수 있다. 사진에서는 설화석고로 만들어진 날개 달린 황소가 궁전의 출입문을 지키고 있다.

어째서 수도를 옮겼을까?

아슈르나시르팔이 천도한 이유는 알 수 없다. 아수르가 왕실 궁정으로는 너무 작아진 것일까? 농경 내륙 지역이 궁정을 부양하기에는 충분치 않게 되었던 것일까? 아슈르나시르팔이 아수르의 오래된 귀족 가문들과 거리를 두려고 했던 것일까? 아슈르 신보다는 왕을 나라의 중추로 만들기 위해서였던 것일까? 아니면 신도시 건설을 통해 아시리아의 부를 세계에 과시하기 위해서였을까?

칼라는 사르곤 2세(재위 BCE 721–705년)가 두르샤루킨에 새로운 도시를 건설하여 수도를 옮길 때까지 아시리아의 행정 중심지이자 왕의 주 거처였다. 그러나 그 후로도 칼라는 아시리아에서 가장 중요한 도시 중의 하나로 남았다.

수천 명이 참여한 연회

칼라의 아슈르나시르팔 궁전 안뜰에 세워진 일명 "연회 비석"에 의하면 총 6만 9574명이 신수도를 여는 기념 연회에 참가했다고 한다. 현지 사람들 이외에도 아시리아 전역 및 5000명의 이웃 나라 고관들이 참석했다. 이들 중에는 신히타이트 왕국들과 페니키아의 티레 및 시돈에서 온 고관들도 있었다.

아슈르나시르팔의 손님으로서 이 모든 사람들이 거대한 연회에서 열흘 동안 먹고 마셨다. 비석에 따르면 연회에서는 1만 7000마리의 양와 소, 그 두 배 이상의 조류(오리, 거위, 비둘기) 들이 도살되었다고 한다. 모든 참석자들이 각자 새 반쪽과 매우 큰 조각의 양이나 소고기를 먹은 셈이다. 이 주 요리에 사슴고기, 생선, 설치류, 엄청난 양의 채소, 과일, 향료 및 산더미 같은 일일 생산물들이 첨가되었고, 1만 통의 맥주와 가죽 주머니에 채워진 포도주 1만 자루가 제공되었다.

신아시리아의 조각 예술

길가메시의 조각상

전설적인 우루크의 왕 길가메시(BCE 2700년경)의 행적과 모험은 세계 최초의 서사시의 주제였다. 이 조각상은 사르곤 2세의 궁전에서 발견되었다.

아시리아의 왕들은 자신의 웅장한 궁전에 자신들을 주인공으로 하여, 각종 병기를 사용하는 모습과 다양한 보호 주술의 문양들을 부조로 새겨 놓았다.

BCE 883-612년에 수도였던 아수르, 칼라, 두르샤루킨, 니네베에는 열두 곳 이상의 궁전들이 세워져 궁전 장식 전통을 발달시켰다. 한때의 풍요로움은 금도금, 보석, 빛나는 색칠, 인도와 같이 멀리서 들여온 이국적인 목재들로 꾸며졌다. 이 모든 것들 중에서 현재까지 남아 발굴자들에 의해 발견된 것은 수천 개의 회색 "모술 대리석"으로 된 얕은 돋을새김판과 같은 석조 유물들이다. 아슈르나시르팔 2세(재위 BCE 883-859년)의 칼라 궁전은 이러한 조각 전통의 초기 단계를 보여 준다. 지금은 전 세계의 박물관에 흩어진 이곳의 부조는 현대인들에게 가장 친숙하게 알려져 있다.

아슈르나시르팔의 궁전은 안뜰에 있는 공물을 바치는 사람들의 모습과 공식 알현실에서 발견된 전쟁 시 왕의 모습, 그 이외의 장소에 있는 수백의 수호령들과 함께 완고하게 신비를 지키고 있는 "성스러운 나무" 문양 등을 특징으로 한다. 문들은 무게가 40톤 이상 나가는, 사람 머리를 한 날개 달린 황소(라마수) 조각상 수십 개로 지켜지고 있다. 문헌에는 청동, 구리 및 금으로 만들어진 다른 거대한 상들이 묘사되어 있다. 신아시리아의 장인들은 왕의 모습을 사방에서 볼 수 있도록, 단독 조각상이나 제국의 국경을 표시하는 절벽의 부조처럼 다른 모양의 돌로 된 조각상들을 계속 제작하였다. 이들은 오늘날에도 많이 남아

아시리아의 잔인성

아시리아 병사들의 뒤로 처형된 사람들이 묘사된 사진의 님루드 부조와 같이, 아시리아의 부조는 아시리아인들의 잔인함에 대한 성서의 내용을 증명하는 것으로 보인다. 사진에서 보이는 왕의 접견실 벽의 부조는 봉신들과 동맹국들에게 불충할 시에는 어떠한 처벌이 내려질 것인지를 냉혹하게 상기시키고 있다. 조각과 문헌은 몸에 말뚝 박기, 살가죽 벗기기, 화형, 목 베기, 신체 모독 등의 처벌에 대해 묘사하고 있다. BCE 883년에서 612년 사이에 300만 명 이상이 강제 이주를 당했다. 이는 여러 사실과 관련지을 수 있다. 우선, 제국의 백성들은 아시리아의 평화 아래에서, 고통을 받기보다는 빈번했던 국지전이 사라졌다는 이익을 얻었다. 두 번째로 가장 잔인한 처벌은 "제국의 절정기"(BCE 705-650년)에 나타났고, 협정을 파기한 소수의 적들에게만 적용되었다. 세 번째로는 이러한 처벌들은 군사들을 폭력에 적응시키고 충성심을 고취하기 위해 의도적으로 과시되었다.

왕의 사냥터에서 죽어 가는 암사자

고통스러워하는 암사자에서 느껴지는 비애는 일반적으로 알려진 아시리아의 무자비함과는 일치하지 않는 것처럼 보인다. 이는 잔인한 표현들이 고통에 무관심했기 때문이 아니라 보는 이들에게 충격을 주기 위한 것이었음을 알게 한다.

있다.

BCE 8세기 중반 무렵에는 궁전들이 더욱 커졌고 아시리아의 군사적 업적을 표현한 장면들이 주를 이루게 되었다. 원근법과 세부 묘사 및 기술이 세련되어져 비할 데 없는 벽 예술 형식을 만들어 내었다. 초기의 뻣뻣하고 고립된 형상들은 전쟁터의 혼란, 포위당한 도시들, 다른 나라들을 약탈하는 넓은 장면으로 대체되었다. 부조는 자연주의, 비율, 운동감을 포착하여 보다 더 기록적인 성격을 띠게 되었으며, 강을 헤엄쳐 건너는 모습, 말을 타고 숲을 지나가는 이들, 죽음의 고통에 몰린 사자들을 묘사해 내었다. 세부적인 묘사를 중시하게 되면서, 강 속에 있는 게, 목을 길게 빼고 달리는 말, 치열한 전투에서 도시를 탈출하는 여자들과 아이들 등이 나타나게 되었다.

전쟁, 항복, 적들의 섬뜩한 형벌에 대한 묘사는 아시리아의 전통인 전쟁 연대기에 해당하는 시각적 표현을 제공해 준다. 현대 학자들에게는 불만스럽게도 부조들이 문헌과의 연관성을 보여 주는 경우는 드물다. 예를 들어 아시리아가 라키시를 포위(열왕기하 18)한 주제로 니네베에 있는 센나케리브(재위 BCE 704–681년) 궁전의 방 하나가 가득 차 있으나 몇몇의 추악한 세부적인 모습은 그의 연대기에 언급되어 있지 않다. 같은 사건이 예루살렘에 세밀하게 기록되어 있는데, 아시리아 궁전의 부조에는 그러한 묘사들이 없다. 그러므로 왕들이 궁전 벽에 새겨 놓은 이야기들을 읽기 위하여 부조들을 순서대로 다시 재구성하는 것이 중요한 예술 프로젝트가 되었다.

성스러운 나무 문양

님루드의 부조(BCE 875–860년경)에서 정화의 양동이와 원추형 물건을 든 날개 달린 영혼의 보호자가 성스러운 나무에 신주를 뿌리고 있다. 이 양식화된 나무는 이 시대에 처음으로 종교적인 상징으로 나타났으며 그 의미에 대해서는 오늘날까지도 논쟁이 이어지고 있다.

왕의 연대기

아시리아에는 역사적 사건들을 기록하는 오랜 전통이 있었으나 이들은 오로지 얼마 되지 않는 파편들이나 매우 침식된 상태로만 남았다. 왕의 가장 중요한 행적들에 대한 연대순의 기록은 자주 건축 비문에 길게 쓰여 살아남았다.

우: 이 유약을 입힌 테라코타 타일은 한 아시리아의 왕과 그의 수행원들을 묘사하고 있다. 님루드에서 발견되었으며 이를 통해 궁전에 사용되었던 색상을 짐작할 수 있다.

하: 이 설형문자가 새겨진 팔각 점토 기둥은 사르곤 2세 시대(재위 BCE 721–705년)에 제작되었다.

오늘날 왕의 연대기로 알려져 있는 이들 기록은 궁전, 신전, 요새의 벽 등의 토대 밑 깊숙한 곳에 묻혀 있었거나 건물 외벽의 돌 위에 새겨져 있었다. 이들은 읽을 수 있도록 눈에 보이기도 했고 시야에서 가려져 있기도 했다. 아시리아 궁전의 벽을 장식한 석부조의 그림들은 이들과 함께 새겨져 있는 설형문자의 문장들과 항상 일치하지는 않는다. 루브르나 대영 박물관의 아시리아관을 방문하는 사람들 중에서 그들이 보고 있는 석판 뒷면에 기록이 새겨져 있다는 사실을 추측할 수 있는 이들은 얼마 없을 것이다. 눈에 띄거나 아니면 감추어져 있는 기록들은 문지방, 문지기 형상 등에서도 발견할 수 있다. 이 기록들을 읽을 수 있는가보다 중요한 것은 건물을 세운 왕의 이름이 구조 자체에 쓰여 있어 건축물과 이를 지은 사람 사이에 끊을 수 없는 연관성을 주는가이다.

토대 밑에 숨어 있는 기록들은 바로 이를 위한 것이지만 또 다른 기능도 가지고 있다. 바로 과거, 현재, 미래의 왕들을 연결시키는 것이다. 티글라트필레세르 1세로부터 아시리아의 왕들은 이러한 기록을 위해 점토로 된 특별한 유물을 사용하였다. 속이 빈 육각 또는 팔각기둥으로 각 면에는 설형문자가 작게 새겨져 있어 수백 줄에 이르는 문헌을 제공해 준다. 보다 짧은 기록들은 점토로 된 원통형의 물건 또는 돌이나 귀금속판에 새겨져 있다. 이들은 돌로 된 상자에 넣어져 새로운 건물의 기반층에 놓였다. 궁전이나 신전이 보수될 때마다 이 상자들을 다시 파내어 현재 왕을 기념하기 위한 기록을 덧붙인 후 다시 묻었다. 이는 아시리아에만 국한된 것이 아니라 BCE 3000년까지 거슬러 올라가는 메소포타미아의 오랜 전통이었다. 그러나 매우 길게 기록할 수 있는 각기둥은 아시리아의 특징이며 이처럼 세밀한 왕의 기록은 다른 곳에서는 찾아볼 수가 없다.

편향된 자료

아시리아의 건물 기록은 고대 근동의 정치사를 재구성하는 데 가장 중요한 자료들 중의 하나이다. 이들은 아시리아 왕의 관점에서 재위 기간 동안의 핵심적인 사건들을 들려준다. 그 주제는 관습에 의해 정해졌다. 아시리아 국경 안에서 일어난 일은 일반적으로 무시되었고, 아시리아의 왕이 다른 나라 백성들에게 "아슈르 신의 멍에를 씌우는" 외부와의 상호작용에 초점이 굳게 고정되었다. 실질적으로는 주변 국가들이 아시리아의 주권을 받아들여 왕에게 규칙적으로 공물을 바치는 것을 의미하며 이념적인 차원에서는 아슈르의 "나의 영토를 넓히라"는 명령을 실행하는, 신을 대표하는 대리인이라는 왕의 역할을 강조한다. 그러므로 왕의 연대기는 주관적일 뿐만 아니라 왕을 아슈르의 책임감이 강하고 헌신적인 종으로 그린 편향된 자료이다. 이 자료에서 왕은 오직 성공할 뿐 실패의 여지는 없으며, 아시리아와 주변 나라들의 전쟁에 대해 많은 것을 배울 수는 있지만 아시리아의 교역 협정이나 평화 교섭 등 외국 정책의 다른 면모는 알 수 없다.

연대기가 건설 사업에 연관되었다는 사실은 이것이 왕의 치세 전체에 대한 기록은 아니라는 것을 뜻한다. 즉, 건설이 시작된 그 이전의 일들만이 기록될 수 있었다. 그렇기 때문에 한 왕의 재위 말기에 대해서는 알려진 바가 거의 없다. 샬마네세르 5세(재위 BCE 726–722년)와 같은 몇몇 왕들은 중요한 건설을 시작하기 전에 죽어 버려 기록을 남기지 못했다.

왕의 비석과 바위 부조

아시리아 왕들의 기록은 또한 "왕의 상"이라 부르던 기념비 위에도 새겨졌다. 이 기념비는 보통 거대한 하나의 석판으로 위쪽이 둥글게 되어 있다. 이 비석은 신전 안이나 강의 원천, 해변 또는 산 위(이 경우에는 주로 바위 부조의 형식)와 같은 중요한 자연적 지형지물에 놓여졌다. 이 야외 장소들은 신전이 그러한 것처럼 신의 세계와 직접 연결되어 있다고 여겨졌다. 기념비들은 아시리아 제국 내에도 건설되었지만 국경 바깥쪽에도 많이 세워졌다. 그러므로 "왕의 상"이 특정한 장소에 세워졌다고 해서 반드시 그곳이 행정이나 정치적 의미에서 아시리아의 영토였다는 증거가 될 수는 없다. 대신 기념비는 아시리아인들이 그곳에 대해 알게 되었다는 것을 의미하고, 그러한 상징적인 업적을 오래도록 남게 해 놓은 것이라고 할 수 있다. 이념적인 차원에서, 왕의 기념비를 세우고 보호하는 것은 그 장소를 "공식적으로 존재하는 세계"에 포함시키게 된 것을 나타낸다.

"왕의 상"은 왕이 그곳에 있음을 대신하는 역할을 한다. 여기에는 항상 왕이 경배하는 모습으로 나타나 있으며, 함께 새겨진 기록에서는 일반적으로 그를 상징하는 신들을 기록하고 있다. 비문은 왕과 그의 가장 유명한 행적에 대해 소개하고 다음 대의 왕들에게 이 기념비를 존중하고 보호할 경우 축복이 내려질 것이며 그렇지 않을 경우 저주를 받게 될 것이라고 경고하는 문구로 끝을 맺는다.

하: **실물보다 큰 이 돌 부조**에는 궁수들이 조각되어 있다. 현재 바그다드 박물관에 소장되어 있다.

티글라트필레세르 3세

티글라트필레세르 3세(재위 BCE 744–727년)의 치하에서 아시리아의 영토는 유프라테스 강 동쪽의 땅과 자그로스 산맥 주능선 동쪽의 땅을 합병하여 대단히 넓어지게 되었다. BCE 729년에는 바빌론의 왕관도 쓰게 되었다.

우 : 이 티글라트필레세르 3세의 모습은 니네베의 중앙 궁전에 있는 석판에 새겨진 것이다. 그는 군사와 행정에서 가장 성공한 아시리아 왕이었다.

오늘날 영어권에서 많이 사용되는 이름들처럼, 아시리아의 이름들은 사용하는 이들에 대해 바로 알 수 있게 한다. 대부분은 완전한 문장으로, 흔히 그 이름의 주인이나 그와 가까운 사람들을 위한 기도나 축복을 의미한다. 예를 들면 아다드세지반니는 "오 아다드(폭풍의 신)여, 구해 주소서!", 나부라임케티는 "나부(서기들의 신)는 진실을 사랑한다."라는 뜻이다.

어떤 이름들은 오직 왕들만 사용할 수 있었다. 아슈르바니팔(재위 BCE 668–627년) 시대의 판결문에서처럼 이를 어기면 벌을 받을 수 있었다. 여러 왕들이 즉위 시에 원래의 이름을 바꾸었고, 아시리아 왕들이 왕좌의 이름을 사용했던 것은 확실하다. 이들 중에는 반복되어 사용된 것들이 있는데, 예를 들어 아슈르니라리(아슈르는 나의 도움이라는 의미)는 적어도 5명의 왕이 사용하였다.

티글라트필레세르와 다른 아시리아 왕명들

왕명은 아시리아 왕권에 대한 이념과 밀접하게 관련되어 있고 왕과 그 왕을 보호하는 신의 긴밀한 관계를 경축하는 경우가 많다. 투쿨티니누르타는 "나의 믿음은 니누르타(용사의 신이자 아슈르의 아들이며 후계자)의 것이다."라는 의미이다. 이는 티글라트필레세르(정확하게는 투쿨티아필에사라)와 같은 이름으로 "나의 믿음은 에사라 신전(니누르타의 아버지인 아슈르의 신전)의 아들의 것이다."라는 뜻이다. 이 이름들은 성서에 나오는 대로 왜곡되어 전해지다가 그 의미가 흐려지게 된 것이다. 이 현상은 아시리아 왕이 성서에 언급되었을 때마다 일어났다. 결국은 이것이 바로 설형문자가 더 이상 사용되지 않음에도 불구하고 이 왕들의 기억이 살아남게 된 이유였다.

다른 아시리아 왕의 이름이 성서화된 예를 말하자면, "살마누(왕과 밀접하게 연관된 신)가 최고이다."라는 의미의 살마누아사레드가 샬마네세르로, "왕은 진실이다."라는 의미의 사르루켄이 사르곤으로, "신(달의 신)이 형제들을 대신한다."의 신아헤에리바가 센나케리브로 바뀐 것을 들 수 있다. 그러나 센나케리브라는 이름은 왕명이 아니었다. 센나케리브는 BCE 704년 즉위할 때 이름을 바꾸지 않았다. 센나케리브라는 이름은 다른 아시리아인들도 많이 사용하는 것이었는데, 이는 부모가 새로 태어난 아이를 어릴 때 죽은 형의 대신으로 여긴다는 의미였다. 부친 사르곤 2세(재위 BCE 721–705년)의 생시에 중요한 영향권을 행사했던 센나케리브는 부친이 전사한 것에 충격을 받아, 스스로 왕임을 강조하는 것은 현명하지 못하다고 생각한 듯하다. 아마도 그는 태자로서 성공적으로 활동했기 때문에 그 시기에 사용하던 이름을 계속 씀으로써 안정과 지속성을 나타내려 한 듯하다.

티글라트필레세르의 태생

센나케리브의 조부, 티글라트필레세르 3세는 아시리아의 왕좌에 오르며 새로운 왕명을 택했다. 그의 이름은 커다란 업적을 남긴 BCE 11세기의 위대한 아시리아 왕 티글라트필레세르 1세를 바로 연상시키며 이는 의도적이었으리라 생각된다.

티글라트필레세르 3세는 왕위에 오르기 전의 기록이 없기 때문에 즉위 전에 사용하던 이름도, 그가 태자였는지도 알 수 없다. 왕의 정통성을 주장하기 위해 기록에 선친을 내세우는 것이 일반적이었으나 그가 남긴 기록에는 부친에 대한 언급이 전혀 없다. 아시리아 왕의 목록에 의하면 그는 아슈르니라리(재위 BCE 754–745년)의 아들이자 후계자였다. 그러므로 현대 학자들은 일반적으로 티글라트필레세르 3세가 왕의 혈통이었음에도 불구하고 무능한 아버지에 대해 쿠데타를 일으킨 왕위 찬탈자라 추정한다.

상 : 티글라트필레세르 3세의 군대 부조에 묘사된 궁수들. 티글라트필레세르의 정복을 기록한 많은 부조 중의 일부이다.

BCE 8세기 초의 아시리아

BCE 8세기 초반, 아시리아는 위태로운 상황에 놓여 있었다. 동부 아나톨리아에서 우라르투 왕국이 일어남으로써 더 이상 시리아와 아나톨리아의 소왕국들과 같은 서방 이웃에게 아시리아의 패권이 자동적으로 받아들여지지 않게 되었다. 우라르투에게 충성을 맹세할 선택의 여지가 남아 있는 한, 이들을 아시리아에 종속시키고 공물 헌납을 보장시켰던 협정들은 약해지게 되었다. 당시 우라르투의 군대는 분명 아시리아와 대등했고, BCE 754년 아슈르니라리 5세가 아시리아의 왕위에 오른 직후에는 우라르투의 왕 사르두리 2세가 북부 시리아에 있던 아시리아의 속국 아르파드에서 아시리아의 군을 패배시켰다. 이 눈부신 업적은 사르두리의 비문에서 경축되었고, 아시리아에게는 분명히 엄청난 재앙이었다. 이후 몇 년 동안 군대는 아시리아의 국경을 떠나지 않았고, BCE 749년에 들어서야 새로운 원정이 시작되었다. 이 원정은 우라르투에 대응하기 위해서가 아니라 바빌로니아와의 국경에서 아시리아의 영역을 지키기 위한 것이었다.

BCE 746년 수도 칼라에서 모반이 일어났다. 아수르와 칼라의 지사들을 한편으로 삼은 티글라트필레세르 3세가

좌 : 티글라트필레세르 3세의 관료가 신의 상징에게 기도를 올리고 있다. 니네베 근처의 텔아브타에서 발견된 석회암 부조이다.

티글라트필레세르 3세의 왕비 야바

1988년, 티글라트필레세르 3세의 왕비인 야바의 무덤이 칼라에 있는 북서궁의 전용 구역 아래에서 발견되었다. 그녀는 사망 당시 30-35세였으며 정교한 부장품들과 함께 매장되었다. 무덤을 침입하는 자들은 누구라도 영원히 갈증과 쉼 없는 고통을 받게 되리라는 저주가 새겨져 있었다. 이는 절대로 다른 이들이 묻힐 수 없다는 의미도 있었으나 이후 그녀의 관에는 다른 여성의 시신도 안치되었다. 더욱 당황스럽게도, 부장품들을 통해 한 명이 아니라 두 명의 왕비가 더 확인되었다. 샬마네세르 5세(재위 BCE 724-722년)의 왕비인 바니투와 사르곤 2세(재위 BCE 721-705년)의 왕비인 아탈리아가 그 주인공인데, 야바와 바니투는 둘 다 "아름다운 사람"이라는 의미를 가지고 있어 동일인이라는 주장이 나오고 있다.

우 : **이 금 목걸이**는 무덤에서 발견된 금 발찌와 장례용 왕관 및 다른 정교한 장신구들과 함께 묻혔던 6개의 목걸이 중의 하나이다.

아슈르니라리 5세에 대한 반란을 획책한 것이다. 아수르와 칼라의 지사는 BCE 745년 티글라트필레세르 3세가 쿠데타 후 왕위에 올랐을 때 지위를 유지한 얼마 안 되는 고관들 중에 속했다. 내란 사태는 몇몇 최고 관료의 지지를 받아 아시리아의 한가운데에서 시작되었다. 아슈르니라리 5세에 충성하는 이들에게서 티글라트필레세르의 파벌이 승리하자 많은 다른 지사나 고위 인물들은 교체되었고 아마도 처형되었으리라 여겨진다.

티글라트필레세르 3세 치세 초기

티글라트필레세르는 스스로 왕위에 오른 뒤, 우선 군대를 이끌고 남쪽으로 가서 바빌로니아와의 국경 문제를 해결했다. 오늘날 실크로드로 알려진 중요한 교역로에 새로 두 개의 주를 설치했다. BCE 744년 디얄라 강 상류에는 비트 함반이, 더욱 동쪽의 자그로스 산맥에는 파르수아가 창설되었다.

동맹국들을 속속 빼앗아 가는 아시리아의 움직임 때문에, 여전히 유명한 사르두리가 지휘하던 우라르투 군대는 유프라테스 강의 국경으로 이동했다. BCE 743년, 아시리아와 우라르투는 아르파드에서 다시 한 번 격전을 펼쳤다. 이번에는 아시리아가 승리하였고 우라르투의 군대를 그들의 수도인 투슈파까지 추격했다.

시리아와 바빌로니아에서 대부분의 영토를 빼앗기고 수십 년간 우라르투에 가려 무력하게 위협받았던 경험은 아시리아의 티글라트필레세르와 그 군대로 하여금 서부에서 전쟁을 일으키게 했다. 이는 아시리아의 영역이 지중해 연안, 아나톨리아와 자그로스 산맥 깊숙이 및 페르시아만까지 이르게 되었음을 나타낸다. 티글라트필레세르 치세의 아시리아는 이전의 국경을 넘어 오늘날 우리가 아시리아 제국이라 부르는 거대한 나라로 탈바꿈하였다.

시리아 정복

아르파드에서 우라르투군을 격파한 티글라트필레세르는 우라르투에게 시리아 및 아시리아로의 통로를 제공해 주었던 이 지역을 징계하기로 작정한다. 그의 군대는 시리아에 있는 모든 이웃 국가들의 지원을 받고 있던 아르파드와 3년 동안 전쟁을 계속했고 BCE 740년 무렵 모든 저항을 진압하는 데 성공한다. 결국 아르파드가 완전히 패배하자 아시리아군은 전과 달리 이곳을 떠나지 않았다. 대신 아르파드는 아시리아의 영구적인 영토가 되었고 아시리아의 주가 설치되었다.

아르파드의 결사적인 항전은 아시리아가 새로 얻은 지역을 지켜야만 하는 상황에서는 전쟁이 끝날 수 없다는 것을 의미하였다. 비록 아시리아에 대항하는 연맹은 해산되었지만 아르파드는 여전히 막강한 상대였다. 다음 상대는 아르파드와 밀접한 동맹국이자 서쪽의 이웃인, 오론테스 강변에 있던 하마트 왕국이었다. 하마트의 군대는 BCE 738년 처음으로 패배하였으며 지중해에 닿던 북서부의 영토가 아시리아의 주에 편입되었다. 이 원정에서 지중해 연안에 있는 하마트의 북쪽 이웃인 신히타이트의 운키 왕국 역시 정복되어 아시리아에 편입되었다. 그러나 하마트는 붕괴되지 않고 동맹국인 다마스쿠스와 이스라엘의 지원을 받아 독립 투쟁을 계속했다. 이 전쟁은 6년 후인 BCE 732년, 하마트와 다마스쿠스의 군대가 패배하며 아시리아의 승리로 끝났다. 두 나라는 점령당하여 영구적으로 합병되었다. 같은 시기에 이스라엘도 예속되어 왕국의 북반부가 아시리아의 메기도 주로 통합되었다.

티글라트필레세르 치세 후기

티글라트필레세르 3세가 지배하는 동안, 아시리아의 군대는 전문화된 병사들로 이루어진 직업적인 군대로 바뀌었다. 이는 농사 인력들을 한가한 여름철에 징집하던 예전의 방식을 대부분 교체하였다. 아르파트, 운키, 하마트, 다마스쿠스, 이스라엘 등 패전국들의 병사들은 아시리아의 병력을 증대시켰고 여기에 아나톨리아, 자그로스 산맥, 바빌로니아에서 온 용병들이 더해졌다.

티글라트필레세르의 정복으로 얻어지는 수입은 대부분 아시리아의 직업 군대 설립과 신설 주의 유지에 사용된 것으로 보인다. 그가 아시리아 중앙에서 자금을 사용하지 않은 것은 확실하다. 티글라트필레세르가 본토에 건설한 것은 칼라의 궁전(일명 "중앙 궁전")뿐이다. 궁전 벽의 밑 부분을 덮은 장식 석판은 티글라트필레세르의 정복에 대한 기록을 제공해 주고 있다. 재위 초기부터 이 아시리아 왕은 바빌로니아에서 활발하게 활동했다. 그는 무킨제리의 숙적이 되었다. 무킨제리는 비트아무카니의 족장으로 정치적으로 분해되어 있던 지역을 통합하려 했고, BCE 731년에는 바빌론의 왕이 되었다.

티글라트필레세르는 이를 이 지역의 아시리아 패권에 도전하는 도발로 받아들였다. 아시리아군은 반복하여 무킨제리를 공격하여 결국 굴복시켰다. 티글라트필레세르는 BCE 729년 바빌론의 왕좌를 차지하여 그후로는 아시리아의 왕이자 바빌론의 왕으로서 통치했다.

상 : **이 장면은 티글라트필레세르 3세의 군대를 보여 준다.** 궁수들로 이루어진 팔랑크스의 지원을 받으며 파성퇴로 농성 중인 도시를 공격하고 있다.

좌 : **이 많은 석판들은** 티글라트필레세르 3세의 군대가 페니키아나 시리아의 도시들을 공격하는 모습을 보여 주며 당시 군대가 어떻게 움직였는지를 자세히 알려 준다.

우라르투로부터의 위협

BCE 9세기 중엽부터 아시리아에게는 강력한 경쟁국이 있었다. 바로 아시리아식 이름을 사용한 우라르투 왕국이다. 우라르투 왕국은 오늘날의 터키와 아르메니아, 이란의 북서부를 지배했다.

우 : **사진에서 보이는 우라르투 도시 벽의 일부** (BCE 8세기 후반)는 우라르투의 토프라크칼레(고대 루사히닐리)에서 발견되었다. 도시 요새의 건축을 자세히 보여 준다.

하 : **터키 동부의 아라라트 산**은 터키에서 가장 높은 산으로 성서에서 홍수가 끝나고 노아의 방주가 도착한 곳으로 여겨지고 있다.

우라르투라는 이름은 노아의 방주가 정박했다는 아라라트에 살아남아 있다. 우라르투는 한 장소를 가리키는 이름이 아니라, 메소포타미아에서 BCE 1000년대부터 전통적으로 아나톨리아 내륙에 있는 산맥을 지칭하는 것이었다. 오늘날 "우라르투인"이라 부르는 사람들은 스스로와 자신들의 나라를 비안일리로 불렀다. 이 이름은 오늘날 "반"으로 살아남아 터키 동부의 호수 및 그 동쪽 호숫가에서 제일 큰 도시를 지칭하게 되었다.

반의 전신은 투슈파로, 아시리아 왕 샬마네세르 3세(재위 BCE 858-824년)와 동시대에 살았던 사르두리 1세 때부터 우라르투의 수도였다. BCE 8세기 중엽, 우라르투는 반, 우르미아(오늘날 이란에 있음) 및 세반(오늘날 아르메니아에 있음)의 세 개의 호수 사이에 있는 지역에서부터 무라트수 계곡이 유프라테스 강 본류와 만나는 곳까지 지배했다.

칼디 신과 무사시르

사르두리 1세는 우라르투의 최고신을 칼디 신으로 선포했고 그와 그의 후계자들은 칼디의 이름으로 많은 신전을 건설했다. 그러나 최초이자 가장 중요한 칼디 신의 신전은

우라르투가 아닌 고대 도시 무사시르에 있었다. 무사시르는 오늘날 이라크 북동부의 시디칸에 있던 작은 왕국의 수도였다. 아시리아인들에 의해 무사시르라 불리던 이 도시는 후르리어로 "도시"라는 의미인 아르디니로도 알려졌으며 BCE 1000년대 초부터 중요한 도시였다. 사르두리가 왜 칼디 신을 우라르투의 최고신으로 삼았는지는 확실치 않으나 아마도 자르고스 산맥 너머의 구(舊)수도, 아르자시쿤이 무사시르에 가까웠기 때문이라 생각된다. 우라르투에서 칼디 신이 중요했던 만큼 우라르투의 역사에서 무사시르가 차지하는 위치는 중요했다. 왕의 즉위식은 무사시르에 있는 칼디 신전에서 거행되었고, 왕들은 예식을 위해 정기적으로 이 신전을 방문했다. 그러나 무사시르는 독립을 지켜 자신들의 왕을 가지고 있었다.

BCE 9세기말부터 비안일리가 부상하며 무사시르는 아시리아와 우라르투 사이에서 완충 역할을 하게 되었다. 두 나라 모두 무사시르의 주권은 존중하였으나 BCE 714년 사르곤 2세가 도시와 신전을 약탈하였다. 이는 두르샤루킨(코르사바드)의 사르곤 궁전에 있는 석부조에 새겨져 기념되었다. 이 부조에는 무사시르 포획과 신전의 약탈이 매우 자세하게 묘사되어 있다. 유일한 지붕과 외벽을 방패와 창, 조각상들로 장식한 칼디 신전의 모습은 오늘날 아시리아에서 가장 유명한 건축 예술이다.

아시리아와 우라르투

아시리아와 우라르투가 처음 격돌한 후, 두 나라는 지중해와 서부 아나톨리아로의 통로가 되는 시리아 북부의 왕국들에 대한 정치적, 경제적 통제권을 두고 싸우게 되었다. 아시리아와 우라르투는 자르고스의 원대한 산맥과 토로스의 주능선을 사이에 두고 있었다. 우라르투의 영향력은 꾸준히 성장하여 사르두리 2세(재위 BCE 756–730년경) 때 절정에 이른다. 그는 BCE 754년 시리아 북부의 전투에서 아시리아군을 패배시켜 아시리아를 유프라테스 서쪽의 땅에서 몰아내고 혼란에 빠트렸다. 고작 12년 후인 BCE 743년, 티글라트필레세르 3세(재위 BCE 744–727년)가 왕위에 오른 직후 아시리아는 시리아 북부에서 우라르투의 군대를 격파하고 투슈파로 추격했다. 아시리아 군대로서는 처음으로 우라르투의 수도에 도달한 것이었다. 이는 아시리아의 성장과 경쟁 세력에 대한 궁극적인 승리를 예고하는 것이었다.

우라르투의 포도주

우라르투는 포도주를 생산하고 소비하던 나라였다. 메누아 왕(재위 BCE 810–785년경)을 위시하여 여러 우라르투 왕이 경작지, 과수원 및 매우 넓은 포도밭을 위하여 우라르투 전역에 관개 시스템을 건설했다. 아시리아의 사르곤 2세(재위 BCE 721–705년)는 우라르투의 도시들에 대단히 넓은 포도주 저장고가 있어 포도주를 마치 물처럼 마실 수 있다고 했으며, 우라르투의 요새들에서 용량이 거의 1000리터에 달하는 거대한 항아리 속에 저장된 포도주가 대량 발굴되었다. 테이세바이니(오늘날 아르메니아의 수도 예레반 근처에 있는 카르미르블루르) 요새의 70개 지하 저장고 중의 7개가 포도주 저장소로 360개의 거대한 항아리가 발견되었으며, 이는 총 35만 리터나 되는 엄청난 양의 포도주가 저장되어 있었음을 의미한다. 오늘날의 아르메니아 또한 포도주로 유명하며, 특히 윈스턴 처칠이 가장 즐기던 술은 아르메니아산 브랜디였다.

좌 : 날개 달린 신, 아후라마즈다가 우라르투 궁전의 돌 부조에서 신주를 권하고 있다.

팔레스타인 정복

대대로 이어지던 정책에 따라 티글라트필레세르 3세(재위 BCE 744–727년)의 치하에서 유프라테스 강 서쪽의 왕국들은 차례로 아시리아에 합병되었다. 지중해 해안선이 서쪽의 새로운 국경이 되었다.

상 : 이스라엘의 이즈레엘 계곡에 있는 텔메기도는 여러 교역로의 교차로에 있었다. 신약 성서(요한계시록 16:16)에서 예언된 것처럼 아마겟돈(세상의 종말)이 일어날 곳으로 믿어지고 있다.

아시리아가 지중해로 확장되며 희생된 나라들 중의 하나가 이스라엘 왕국이다. 아시리아의 정복에 대해서는 구약 성서에 잘 나와 있다. 아시리아 왕의 기록 또한 행정 기록 자료들과 함께 정보를 제공해 준다.

BCE 732년과 BCE 722년, 패배한 이스라엘은 아시리아의 메기도와 사마리아 주로 나뉘게 되었다. 성서에 의하면(열왕기하 15:29) 이스라엘의 북부는 이스라엘 왕 베가의 군대를 격파한 티글라트필레세르 3세에 의해 점령되었다. 성서는 다마스쿠스와 동맹을 맺은 에돔 왕국에게 홍해의 에일라트 항구를 빼앗기자 티글라트필레세르의 신하였던 유다 왕 아하스가 아시리아의 군대를 요청했다고 한다. 열왕기하 16:7–9에는 다음과 같이 적혀 있다.

> 아하스는 아시리아 임금 티글라트필레세르에게 사신들을 보내어 이렇게 말했다. "저는 임금님의 종이며 아들입니다. 올라오시어, 저를 공격하고 있는 아람 임금과 이스라엘 임금의 손아귀에서 저를 구해 주십시오." 아하스는 주님의 집과 왕궁의 창고에 있는 은과 금을 거둬, 아시리아 임금에게 선물로 보냈다. 아시리아 임금은 그의 말을 들어주었다….

티글라트필레세르의 기록에는 다마스쿠스와 하마드 왕국이 정복되어 아시리아의 영토가 된 BCE 732년에 대한 언급은 없다. 이스라엘의 도시였던 메기도(아시리아에 있는 같은 이름의 주의 수도)는 사르곤 2세(재위 BCE 721–705년) 이후로 여러 문헌에서 언급되었다.

북부 지방은 잃어버렸으나 이스라엘의 남부는 그 후로도 10여 년간 독립을 지켰다. 하지만 BCE 722년 남부 역시 티글라트필레세르의 아들이자 후계자인 살마네세르 5세(재위 BCE 726–722년)가 수도 사마리아를 정복하자 아시리아에게 점령당하게 되었다. 사마리아라는 이름으로 아시리아에 새로운 주가 생겼다. 아시리아의 팔레스타인 정복은 계속 이어졌다.

아슈도드는 BCE 711년 패배당하였고 이 필리시테의 도시는 지중해에 있는 아시리아 최남단 주의 수도가 되었다. 그러나 유다 왕국은 독립된 나라로 남았다.

BCE 701년의 예루살렘 포위

아시리아와의 관계는 주로 원만했으나, 유다 왕국은 사르곤 2세의 급작스러운 사망 후 제국의 남서부에서 패권을 강화시키려는 아시리아의 원정 중에 결국 점령당한다. 유다의 왕 히스기야는 아시리아의 숙적인 바빌론의 무로닥 발라단(마르두크아플라이디나) 2세 및 이집트와 누비아의 왕 타하르카와 동맹을 맺었다. 이로 인해 사르곤의 아들이자 후계자인 센나케리브의 군대가 예루살렘으로 쳐들어가게 되었다. 성서(열왕기하 18:31–32)에 항복을 거부하는 히스기야 왕을 배반하도록 예루살렘 백성들에게 권고하는 센나케리브의 전언이 나와 있다.

> "히스기야의 말을 곧이듣지 마라." 아시리아 임금님께서 이렇게 말씀하신다. "너희는 나와 화친하고 나에게로 나와라. 그러면 너희는 저마다 제 포도나무와 무화과나무에서 열매를 따 먹고, 제 저수 동굴에서 물을 마시게 될 것이다. 때가 되면 내가 와서 너희를 너희 땅과 다름없는 땅으로, 곧 곡식과 새 포도주의 땅, 빵과 포도밭의 땅, 새 올리브기름과 꿀이 나는 땅으로 너희를 데려가겠다. 그러면 너희는 죽지 않고 살 것이다."

이는 센나케리브가 예루살렘의 백성들을 유혹하여 아시리아 제국 다른 곳에 정착시켜 주겠다고 한 말이다. 사실 강제 이주는 특혜로 보일 수도 있었다. 백성들은 혼자가 아니라 가족들과 함께 옮겨졌고, 그렇게 이주하는 이들은 신중하게 선별된 자들이었다. 이는 보통 전쟁으로 살던 집이 파괴되었을 때 적용되었다. 기록을 보면 이주한 사람들은 도시의 고위층, 장인, 전문가, 학자들이었음을 발견할 수 있다. 주민 이동은 아시리아와 그 뒤를 잇는 국가들의 근간을 이루는 핵심 정책이었다. 이주된 모든 주민들은 아시리아 제국의 다른 곳에서 온 사람들과 함께 정착하였다. 이 정책은 BCE 10세기 중엽 고대 근동의 특징이었던 높은 문화적 균질성과 경제적 평형성을 이룰 수 있게 했다.

상 : **예루살렘의 구시가에 있는 서쪽 벽**(통곡의 벽)은 유대인들에게 가장 신성한 유적이다.

이스라엘의 사라진 지파들

예루살렘은 아시리아 군대에 항복하지 않았고 유다 왕국은 BCE 701년 아시리아와 협정을 다시 맺었기 때문에 주민들은 강제 이주 정책으로부터 자유로울 수 있었다. 그러나 BCE 732년과 BCE 722년에는 이스라엘의 백성들이 강제 이주에 크게 영향을 받았다. "이스라엘의 사라진 지파들"은 아시리아 제국 어딘가로 강제 이주당한 이들을 가리키는 말이다. 성서(열왕기하 17:6)에서는 오직 BCE 722년에 이주된 이스라엘인들이 정착한 곳만을 밝히고 있다.

> 아시리아 임금은 사마리아를 함락하고, 이스라엘 사람들을 아시리아로 끌고 가서 할라(북부 이라크의 모술 근처)와 하부르 강 연안의 고잔(오늘날 시리아 북서부의 텔할라프)과 메데아의 성읍들(자그로스 산맥)에 이주시켰다.

고대로부터 다른 이스라엘 사람들이 어디로 보내졌는지에 대해 추측되어 왔다. 이는 오늘날까지도 DNA 분석의 도움을 받아 계속 추적되고 있다.

좌 : **살마네세르 4세가 사마리아의 호세아를 공격**하여 전차를 타고 포로들을 끌어가고 있다(BCE 725년경). 사진은 프랑스 화가 장 푸케(1420–1481년)의 그림이다.

사르곤 2세

사르곤 2세(재위 BCE 721–705년)는 전국적으로 반란이 일어나고 있을 때 왕위에 올랐으며, 후에 "사르곤의 요새"로 알려진 장엄한 신도시를 오늘날의 두르샤루킨(코르사바드)에 건설하였다. 그러나 도시의 건설이 마무리된 지 1년 만에 전쟁터에서 사망했다.

상 : **두르샤루킨의 호화스러운 생활**에 대한 19세기의 상상을 그린 판화이다.

상우 : **사진의 점토판 조각**은 BCE 721년 사르곤 2세가 왕위에 오르게 된 상황을 자세히 기록하고 있다.

사르곤 2세는 티글라트필레세르 3세(재위 BCE 744–727년)의 아들이자 샬마네세르 5세(재위 726–722년)의 형제였다. 그가 샬마네세르 5세의 뒤를 이은 사정은 분명치 않다. 칼라의 자료에서 그의 군사적이나 행정적으로 뛰어난 업적에 대한 기록을 찾을 수 있으리라 기대했지만, 그가 왕이 되기 전인 티글라트필레세르의 시대로부터 사용하던 이름이 무엇이었는지 밝혀지지 않아 아직 확인하지 못하고 있다. 사르곤이 왕위에 올랐을 때는 적어도 40세였고 곧바로 그의 아들인 센나케리브가 태자로서 정사에 중요한 역할을 맡았다.

티글라트필레세르는 사르곤의 형제인 울룰라유를 태자로 선택하였다. 칼라의 왕실 문서 보관소에는 그가 부왕에게 보낸 여러 개의 서신이 보관되어 있었다. 이 서신들은 티글라트필레세르의 자연사 후 왕위를 물려받기 전에 울룰라유가 한 일들을 기록한 것이었다. 그는 즉위하며 왕명을 샬마네세르 5세로 택하였다. 이를 통해 그는 BCE 13세기의 샬마네세르 1세와 샬마네세르 3세(재위 BCE 858–824년)의 위대한 행적을 기념하였다. 이 두 왕들은 선대의 왕들이 아시리아에 합병시킨 새로운 영토에 대한 지배를 성공적으로 강화시킨 자들이었다. 새로운 왕은 선친의 서역 정복을 계속 이어갔다. 그의 짧은 치세 동안 터키 남동부 지방과 이스라엘 왕국의 남반부인 사마리아가 아시리아의 새로운 주가 되었다. 샬마네세르는 또한 바빌론의 왕이기도 했다.

사르곤 즉위

사르곤은 BCE 721년 왕위에 올랐다. 그의 형제 샬마네세르 5세의 운명은 알려지지 않았으나 왕위 승계가 원만치

않았다는 증거들이 있다. 사르곤은 샬마네세르 5세가 신을 모시지 않고 아수르의 전통적인 특권을 도둑질했다고 비난하였을 뿐, 이 이외에는 다른 어떤 공식적인 기록에도 선왕을 언급하지 않았다. 사르곤이라는 왕명은 "왕은 정당하다."라는 의미로 그의 비문에 다음과 같이 설명되어 있다. "나의 이름은 법과 정의를 옹호하고, 힘없는 자들이 이길 수 있도록 도우며, 약한 자들을 보호하도록 위대하신 신들이 내게 내려 주신 것이다."

사르곤은 스스로에 대해 질서를 복원하는 자로 여겼다. 그가 샬마네세르 5세 아래에서 무법천지였던 나라를 구한 것일까? 혹은 그가 일으킨 쿠데타가 혼란을 초래한 것일까? 현재 있는 기록은 이에 대한 대답을 주지는 않지만, 새로운 왕이 엄청난 반대에 부딪혔던 것은 확실하다. 사르곤은 6300명의 "죄가 있는 아시리아인"들을 용서하고 이들을 하마에 이주시켰다. 하마는 아시리아 제국 서부의 폭넓은 지지를 얻었던 이아우비디를 지도자로 한 반란의 중심 도시였다.

이전의 하마, 아르파드, 다마스쿠스, 이스라엘 왕국들은 사르곤이 왕위에 오르자 모두 반란을 일으켰다. 반란은 BCE 720년 진압되었고 하마는 다시 파괴되었다. 예전에 영광을 누렸지만 이제는 폐허가 된 이 도시에 이주된 아시리아인들은 제국의 권력 중심지에서 유배당한 것이었고, 목숨을 살려 준 왕에게 감사를 표시하기 위해 하마를 다시 건설해야 했다.

바빌론의 왕관을 잃다

아시리아 중앙과 서부에서 새로운 왕에 대한 반란이 일어나자 남쪽에 있던 아시리아의 적들은 다시 일어설 기회를 얻었다. 비트야킨 부족의 수장이자 바빌로니아에서 항아시리아 운동의 선봉 역할을 하던 무로닥발라단은 아시리아의 주권이 끝났음을 알리고 바빌론의 왕좌를 자기 것이라고 주장했다.

이 소식을 듣고 사르곤은 남쪽으로 향했다. 이에 대한 반응으로 무로닥발라단은 아시리아의 오랜 경쟁 상대인 엘람의 왕과 힘을 합쳤다. 이들은 거대한 군대를 모아 사르곤의 군대에 맞섰다. 양측은 BCE 720년 바빌론 동쪽의 평원에 있는 데르에서 전투를 벌였다. 이곳은 거의 200년 후인 BCE 539년 바빌론의 마지막 왕인 나보니두스가 보낸 군대가 다리우스 대왕에게 패배당한 장소였다. 무로닥발라단의 군대가 너무 늦게 도착했음에도 불구하고 아시리아의 군대는 엘람군에 의해 밀려나고, 무로닥발라단은 바빌론의 왕좌에 머무를 수 있게 되었다.

카르케미시와 무사시르 포획

시작이 매우 불안정했고 바빌론의 왕관을 상실했지만, 사르곤은 아시리아에서 자신의 지배를 강화시킬 수 있었다. 그는 BCE 717년 카르케미시를 정복하는 데 성공하였고, 즉위한 이래 늘 지기만 하느라 전쟁에 쏟아부은 자금을 회수하게 되었다. 웅장한 요새로 둘러싸인 부유한 도시인 카르케미시는 유프라테스 강의 도하 지점을 통제하고, 지중해 연안 및 아나톨리아, 아시리아의 교차로에 위치하여 국제 교역의 요충지로서 많은 수익을 얻고 있었다. 더군다나 카르케미시는 시리아에 마지막 남은 신히타이트 왕국으로 BCE 1000년대에 초강대국이었던 아나톨리아 히타이

좌: **신히타이트의 병사**가 오늘날 터키와 시리아의 국경에 있는 카르케미시에서 발견된 부조에 조각되어 있다.

트 제국의 후계자였다. 카르케미시의 왕은 신히타이트 왕국들의 지도자 역할을 맡고 있기도 했다.

사르곤이 카르케미시를 공격한 것은 이 오래된 아시리아 동맹국과의 협정을 위반한 것이었다. 사르곤은 카르케미시의 왕 피시리가 아시리아의 적들에게 정보를 제공했다고 주장함으로써 자신의 행위를 변호했다. 카르케미시에서 얻은 것은 그곳의 보물들로 330kg의 순금과 63톤의 은, 엄청난 양의 청동, 주석, 철과 상아였다. 은의 대량 유입으로 아시리아의 경제는 청동에서 은을 기본으로 하는 화폐제로 바뀌었다. 사르곤은 3년 후에 성스러운 도시인 무사시르를 점령하면서 그 왕의 배신 때문이라기보다는 그곳의 부유함 때문이라고 자신의 행동을 정당화시켰다.

칼디 신전은 우라르투 제신전의 우두머리로서 1000년 이상 공물과 기부를 받아 왔다. BCE 714년, 사르곤이 사원과 왕궁을 약탈했을 때는 1톤 이상의 순금과 약 10톤의 은, 그리고 다른 많은 보물들을 전리품으로 챙겼다.

하 : 두르샤루킨에 있는 사르곤 2세의 궁전 부조에서는 궁전이 어떻게 건설되었는지가 자세히 묘사되어 있다.

"사르곤의 요새" 건설

막대한 전리품을 챙긴 사르곤은 BCE 713년에 두르샤루킨, 즉 "사르곤의 요새"의 건설을 시작했다. 칼라나 니네베와는 달리 완전히 새로운 도시로, 칼라에서 제법 가까운 곳의 처녀지에 건설되었다. 사르곤은 이곳을 아시리아 제국의 수도로 삼기에 완벽한 장소라고 하였다. 이 거대한 건설 계획은 왕의 최고 업적을 위한 것이었다. 토대의 기록에서 사르곤은 자신이 잠자고 있던 마을 마가누바에서 새로운 수도가 될 가능성을 알아보았다며 자랑한다. 그는 소유주들에게서 땅을 사들이고 대대적인 관개 수로 건설에 착수했다. 관개 수로는 아시리아에서 가장 거대한 도시(넓이 3제곱킬로미터)에 살게 될 사람들을 먹여 살릴 농산물 생산을 위한 것이었다.

두르샤루킨의 지층 평면도는 칼라를 따랐으나, 이미 존재하던 도시 위에 발달한 칼라와는 달리 지형을 신경 쓸 필요가 없었기 때문에 사르곤의 신수도는 완벽한 대칭형이었다. 일곱 개의 거대한 성문은 요새의 벽에 규칙적인 간격으로 세워졌다. 기존의 도로망에 따를 필요가 없었기 때문이었다. 왕궁과 신전 및 무기고를 짓기 위한 두 개의 거대한 단이 빈 땅에 새로 세워졌다.

사르곤의 새 왕궁은 그 규모와 질에서 이전의 왕궁들과는 비교할 수가 없을 정도로 대단했다. 왕궁의 벽을 장식하는 부조에는 그의 정복만이 아니라 건설에 드는 비용을 충당할 수 있게 해 준 무사시르의 약탈도 묘사되어 있었다. BCE 706년, 건설이 시작된 지 겨우 8년 만에 궁정이 두르샤루킨으로 옮겨졌다.

사르곤의 업적과 죽음

사르곤은 계속해서 티글라트필레세르 3세와 샬마네세르 5세의 치세가 갖는 특징을 결정짓는 정복과 합병의 정책을 펼쳤으나 아시리아 본토에서 너무도 멀리 떨어진 곳에 있는 지역을 통제하려고 하는 그의 노력은 제국에 무거운 짐이 되기 시작했다. BCE 716년에는 자그로스 산맥에 두 개의 새로운 주가 생겼고 다년간 싸운 끝에야 치안을 유지할 수 있게 되었다.

아수르로 이주되어 온 많은 메데아 주민들이 BCE 614년 아수르를 함락시키는 데에 한 몫을 했다. BCE 713년 중앙 아나톨리아에 타발 주를 설치하려던 시도는 이듬해

좌 : **공물을 바치는 사람이 말을 끌고 있는 모습**이 사르곤 2세의 궁전 부조에서 보인다. 두르샤루킨에 있는 사르곤 2세의 궁전은 1843년 폴-에밀 보타에 의해 발견되었다.

의 반란으로 실패했다.

BCE 711년 필리시테의 아시도드 합병 및 같은 해 신히타이트의 구르굼 왕국 정복과 통합은 보다 성공적이었다. 칼라에서 정사를 보던 사르곤은 그 후 3년 동안 바빌론으로 자리를 옮겨서 그곳에 머물며 키프로스와 바레인처럼 먼 곳에서 온 왕들에게서 충성 서약과 선물들을 받았고, 두르샤루킨으로의 천도가 시작될 때에야 칼라로 돌아왔다.

BCE 705년, 사르곤은 아시리아의 주로 되돌리기 위해 타발로 진격했다. 그러나 그곳에서 격렬한 저항을 만나 사르곤은 전쟁터에서 사망하고 사체는 적군에게 빼앗기고 말았다.

이 비극적인 사건으로 인하여 두르샤루킨은 더 이상 왕의 주 거처로 사용하지 않게 되었고 그의 뒤를 이은 후계자들에게도 불운을 초래했다고 여겨졌다. 센나케리브는 암살되었고 에사르하돈의 치세에는 음모와 병환이 떠나지 않았다.

"날개 달린 황소"

일명 "날개 달린 황소"의 조각상은 아시리아의 도시나 궁전 및 신전의 출입구를 양쪽에서 지키는 수호상이다. 조각상의 머리는 수염이 달린 남성의 모습을 하고 있으며 독수리의 날개와 황소나 사자의 몸을 가지고 있다. 때로는 비늘과 지느러미가 달린 물고기의 몸체를 가지고 있기도 한다. 이들은 일종의 천사로서, 인간계와 천계의 중개자 역할을 하며 성서에 나오는 케루빔에 해당된다. 19세기 중반 이후로 아시리아의 수도들이 발굴되면서 날개 달린 황소들은 선편으로 런던, 파리, 시카고 등지에 보내졌으나 모두가 무사히 도착하지는 못했다. 1855년, 두르샤루킨에서 파리로 향하던 한 쌍의 날개 달린 황소는 배가 티그리스 강에서 난파되는 바람에 실종되고 말았다. 사르곤의 서신에 의하면, 이러한 사고는 두르샤루킨이 건설되던 당시에도 일어났었다. 채석장에서 두르샤루킨으로 운반되던 중 티그리스 강에서 잃어버린 무거운 조각상을 아수르의 지사가 다시 찾아내었다.

우 : **인간의 얼굴을 한 날개 달린 황소상**은 사르곤 2세의 궁전에서 날개 달린 황소의 홀에 있다.

니네베

BCE 7세기, 니네베는 아시리아의 수도이자 세계에서 가장 큰 도시로 간주되었다. 구약 성서에 따르면 12만 명이 살았고, 가로지르는 데만도 3일이 걸릴 정도로 넓었다 한다.

티그리스 강의 동쪽 강둑에 자리 잡은 니네베는 티그리스 강과 그 지류인 코스르 강이 만나는 곳에 있어 원거리 교역망에서 최고의 위치였다. 오늘날 모술은 이라크에서 두 번째로 큰 도시이지만, 고대 아시리아 당시에 비하면 면적이 절반밖에 안 된다. 1000년 전, 센나케리브(재위 BCE 704-681년)가 궁정을 니네베로 옮겨 수도로 만들었을 때 그곳은 이미 북부 메소포타미아에서 가장 중요한 마을 중의 하나였다.

오늘날의 고고학적 조사 작업은 BCE 7세기의 인상적인 건축에 초점을 맞추고 있기 때문에, 니네베의 초기에 대해 알려진 바는 별로 없다. 니네베는 늦어도 대략 BCE 6000년경 이전에 건설되었고 적어도 BCE 2000년대 중엽에는 지역의 중심지가 되었다. 이는 니네베의 토기 다섯 개가 북부 메소포타미아와 시리아 북부에서 발견된 것을 통해 추측한 것이다. 니네베는 수메르에서는 이난나, 아시리아와 바빌론에서는 이슈타르, 후르리와 히타이트에서는 샤우슈카라고 불리던 여신의 도시였다. 이 여신은 고대 근동의 여러 도시에서 숭배되었으나 니네베의 이슈타르 여신은 특히 대단한 힘을 가졌다고 여겨져서, BCE 14세기에는 이집트의 파라오 아멘호텝 3세가 당시 동맹국이자 니네베를 지배하던 미탄니의 왕에게 이슈타르 여신상을 이집트로 보내어 자신을 축복하게 해 달라는 요청을 할 정도였다.

하 : **이 에나멜을 입힌 테라코타 타일**에는 두 남자가 걷고 있는 모습이 그려져 있다. 니네베에서 발굴되었다.

센나케리브의 새로운 거주 도시

BCE 14세기 중엽 중아시리아 왕국이 생겨났을 때부터 니네베는 항상 이 지역의 중심지였으며 아시리아에서 가장 중요한 도시 중의 하나였으나 센나케리브의 치세가 되어서야 거대한 도시로 성장하였다. 니네베는 칭송을 받는 동시에 구약 성서에서는 비난을 받기도 했다. 원래의 도시는 오직 쿠윤지크 언덕과 그에 인접한 코스르 강의 북쪽 구역만을 포함하고 있었다.

여기에 센나케리브가 코스르 강의 남쪽 강둑에 있는 별개의 도시였던 누루굼(오늘날 네비유누스)의 땅을 합쳤다. 그리고 750헥타르나 되는 넓은 지역의 주위에 12킬로미터의 요새화된 성곽을 건설했다. 도시로 통하는 15개의 거대한 문들은 날개 달린 황소의 커다란 문지기상으로 장식되고 보호되었다. 이들 문은 그 자체가 하나의 요새로 내부와 외부에 각각 문이 달려 있었으며 그 위에 있는 2층의 방에는 수비대가 있었다. 19세기 중엽부터 니네베에서 진행된 발굴의 결과, 센나케리브가 쿠윤지크 위에 궁전을 지어 사치스럽게 꾸몄다는 것을 알게 되었다. 센나케리브의 건물 기록에도 궁전의 건설에 대해 매우 자세하게 설명되어 있었다.

센나케리브는 편리한 곳에 위치한 새로운 채석장에서 나온 돌을 사용했다는 사실과 왕궁을 에워싼 정원에 이전의 왕들은 얻지 못했던 희귀한 식물들(목화가 두드러지게 언급되었다)을 심었다는 사실에 대해 특별히 기뻐했던 것으로 보인다.

관개 시스템

새로운 도시는 기막히게 멋진 왕의 정원에 물을 대고 특히 농경지로 사용할 수 있는 지역을 늘리기 위해서 엄청난 양의 물을 필요로 했다. 더 많은 밭, 채소밭, 과수원들이 도시 확장과 함께 크게 늘어난 니네베 주민들에게 식량을 공급하기 위해 요구되었다.

센나케리브는 그의 비문에서 니네베의 모든 주민에게 정원 터를 배당해 주었다고 자랑했다. 거대한 양의 용수를

좌 : **수호 여신이 단검을 들고 있는 모습.** 이것은 니네베 궁전 부조의 일부이다.

공급하기 위해 왕은 니네베 북쪽에 있는 산의 원천에서 직접 물을 끌어오는 기획에 뛰어들었다. 이는 아시리아 제국 시대에 착수된 건축 사업 중에서 가장 야심찬 기획이었다. 당대 최고의 기술로 송수로, 지하수로, 댐, 저수지가 지어졌으며 이 건축물들은 대부분 부조와 비문들로 화려하게 장식되었다. 15년 동안(BCE 702–688년) 센나케리브의 기술자들은 150킬로미터에 달하는 수로를 건설하였다.

모든 관개 시설이 그렇듯이 이들 급수 시설도 지속적인 유지와 보수 작업을 필요로 했다. 이렇게 공들인 시설들은 BCE 612년, 니네베가 메데아 군대에 의해 포위당하였을 때 파괴되었다. 제국이 멸망하고 난 후, 궁핍해진 시민들은 수로를 수리할 경제적 여력이 없었다. 이러한 이유로 인해서 니네베는 순식간에 버려지게 되었다. 인공 관개 시설이 없는 니네베에서는 그 많은 주민들이 살 수가 없었던 것이다. 니네베는 곧 유령의 도시가 되었다.

센나케리브에 의해 지어진 니네베의 궁전은 19세기 중엽까지 발견되지 않았다.

예언자 요나

성서에 의하면 하나님이 나사렛 출신의 요나에게 신을 믿지 않는 니네베에 가서 파멸이 임박했음을 알리라고 명령하였다고 한다. 그러나 요나는 우선 니네베에서 멀리 떨어진 스페인으로 가는 배를 타고 자신의 운명에서 도망치려 했다. 그러나 폭풍이 몰아쳤고, 선원들은 요나를 바다에 던져 버렸다. 요나는 고래의 뱃속에 들어가 겨우 살아남아서 결국 자신에게 주어진 임무를 받아들이게 되었다. 육지에 도착한 요나는 니네베에 가서 "40일 후에 도시가 파괴될 것이다." 라고 외치며 다녔다. 니네베의 주민들이 요나의 말을 믿고 참회하자 하나님이 일단 이들을 용서하였다. 요나는 니네베에서 사망하여 네비유누스 언덕("예언자 요나"의 아랍어)에 묻혔다고 전해진다.

하 : **니네베 궁전을 재구성한 그림.** 19세기 프랑스의 예술가 펠릭스 토마스의 판화이다.

아슈르바니팔

아슈르바니팔(재위 BCE 668-627년)은 오늘날 아시리아 최후의 위대한 왕으로 여겨진다. 그는 BCE 672년 태자로 책봉되어 아무런 반대 없이 왕위에 올랐다. 점점 혼란스러워지던 시대였으나 그의 치세는 40년 가까이 지속되었다.

하 : **원정 사냥**이 세밀하게 묘사된 BCE 645년 무렵의 부조. 니네베에서 발견된 많은 부조들은 당시의 생활에 대해 많은 것을 알 수 있도록 해 준다.

아슈르바니팔의 부친이자 선왕인 에사르하돈(재위 BCE 680-669년)은 성공적으로 아시리아와 바빌론을 다스렸다. BCE 673년에 사랑하던 부인 에사르라하마트를 잃었다는 사실이 이미 허약했던 그의 건강을 더욱 악화시켰던 것 같다. 적어도 18명의 자식을 둔 그의 죽음이 임박하자, 왕좌를 주장하는 이들이 많았다. 한때는 아들 신나딘아플리가 다음 왕으로 제기되기도 하였으나 결국 그의 동생인 아슈르바니팔이 BCE 672년 아시리아의 태자로 책봉되었다.

비록 에사르하돈은 아시리아와 바빌로니아를 함께 다스렸으나, 후대에는 통치 방식을 바꾸기로 했다. 그래서 다른 아들인 샤마시슈무우킨을 동시에 바빌론의 태자로 책봉하여 두 나라를 분리시킬 준비를 하였다.

두 태자는 모두 정치적, 종교적으로 깊이 관여하고 있었고 이렇게 분리된 세력이 이미 병든 왕의 상태를 악화시킨 것으로 보인다. BCE 669년, 에사르하돈은 반란이 일어난 이집트에 원정을 떠났으나 알려진 바에 의하면 나일 강으로 가는 길에 자연사를 했다. 그가 계획했던 것처럼 아슈르바니팔은 아시리아의 왕좌에, 샤마시슈무우킨은 바빌론의 왕좌에 올랐다.

바빌론을 위한 다툼

에사르하돈은 아슈르바니팔과 샤마시슈무우킨이 공동의 관심사와 혈통으로 연결되어 독립적이면서 동등하게 자신들의 나라를 다스릴 것이라 생각했다. 그러나 아슈르바니팔은 그의 형제를 아시리아의 신하로 여겼고, 바빌로니아에서 종교적, 공식적으로 가장 중요한 역할을 맡았다. BCE 674년 아시리아와 이란의 강력한 왕국인 엘람 간에, 에사르하돈 때의 평화 협정에 의해서 맺어진 우호적인 관계가 깨지면서 바빌로니아에서 반아시리아 감정이 더욱 부추겨졌다. 엘람은 서쪽의 바빌로니아와 긴 국경을 공유하고 있었고 두 나라는 경제적, 정치적으로 긴밀한 관계를 맺고 있었다. 엘람과 아시리아 간에 긴장이 고조되면서 바빌로니아의 친엘람 성향이 반아시리아의 음모로 이어지게 되었다. BCE 658년 아시리아의 군대가 엘람을 침략하여 고대의 수도 수사를 약탈했다. 아슈르바니팔은 이제 엘람을

좌 : **신아시리아의 날개 달린 사자**가 유약이 칠해진 벽돌 위에 그려져 있다. 수사에 있는 다리우스 1세 궁전에 있는 한 쌍 중의 하나이다.

자신의 속국으로 여겼지만, 아시리아의 통제는 제한적이었고 샤마시슈무우킨은 엘람과 다른 아시리아 적국들의 지지를 얻어내자 아시리아와 의절하였다.

BCE 652년, 바빌론의 왕은 아시리아에 대한 우위를 주장하면서 아슈르바니팔은 바빌론의 니네베 주지사에 불과할 뿐이라고 선언하였다. 이에 아시리아군이 바빌론을 공격하면서 4년간의 격렬한 전쟁이 벌어지게 되었다. 이로 인해 바빌론 주민들은 막대한 피해를 입었으며 결국 BCE 648년 바빌론이 점령되었다. 바빌론이 함락되면서 왕궁은 불에 타고 샤마시슈무우킨은 화재 속에서 죽었다고 전해진다.

그 후로 아슈르바니팔은 스스로를 바빌론의 구원자이자 복원자로 묘사했지만 자신을 바빌론의 왕으로 선포하지는 않았다. 칸달라누라는 허수아비 왕을 세워 비록 분리되기는 했지만 확실히 아시리아에게 종속된 나라로 만들었다. 칸달라누에 대해서는 너무도 막연한 점이 많아 현대의 학자들 사이에서는 아슈르바니팔과 칸달라누가 동일한 인물이라 여기는 사람들이 계속 나오고 있다.

아슈르바니팔 : 군인이 아닌 학자

바빌로니아와 이집트에서 커다란 비용이 드는 전쟁을 치르고, 엘람에 대한 지배권을 잃어버린 것을 보자면, 아슈르바니팔의 치세를 성공적이라고 하는 것은 쉽지 않다. 그러나 그는 40년이 넘도록 왕위를 지켰고 이는 선대의 왕들에게서도 드문 일이었다. 그의 조부인 센나케리브는 아들에 의해 살해당했고, 부친의 치세 초기에는 음모가 만연했다. 아슈르바니팔이 왕위에 오르는 것에 대해서는 반대가 없었던 것으로 보인다. 리발리샤라트 왕비와 혼인한 아슈르바니팔은 BCE 668년부터 적어도 BCE 630년까지 통치했다. 그러나 그의 말년에 대한 기록이 거의 없어 언제 그의 아들 아슈르에트일릴라니에게 왕위를 물려주었는지는 확실하지 않다.

병약했던 선친을 포함하여 이전의 아시리아 왕들과는 달리, 아슈르바니팔의 군사 활동은 드물었다. 그는 원정에도 참가하지 않았다. 그의 조부인 사르곤이 전쟁터에서 사망한 것을 상기할 때, 그의 선택은 비록 수명을 확실히 연장시켜 주기는 했지만, 아시리아의 왕에게 기대되었던 행동과는 확연히 다른 것이었다. BCE 658년 아시리아 군대가 엘람에 쳐들어갔을 때도 아슈르바니팔은 니네베에 남아 승리를 기원했다. 그러나 군대가 승리하여 돌아오자 전투의 재연과 행진, 중요한 포로들의 공개 고문 등의 승전 행사에서는 선봉장의 역할을 맡았다.

이러한 연기와는 별도로, 그는 니네베에서 호위병의 보호와 화려한 새 왕궁의 두꺼운 벽에 둘러싸여 백성들로부터 고립된 생활을 했던 것으로 보인다. 이곳에서 그는 당시 세계에서 가장 큰 도서관을 만들었다.

오늘날 아슈르바니팔은 아시리아의 왕좌에 앉았던 학자로서 기억되고 있다.

하 : **향연을 즐기고 있는 아슈르바니팔 왕의 모습**이 니네베에 있는 아슈르바니팔 궁전의 석고 부조에서 나타난다.

고대의 도서관

아슈르바니팔(재위 BCE 668–627년)은 니네베 왕궁에 이미 있던 도서관을 인간의 모든 지식을 담은 도서관으로 변신시키려는 전례 없이 야심찬 계획을 가지고 있었다. 이는 왕의 개인적인 흥미에 의한 것이었다.

우 : 이 동의어 사전은 간기(끝맺음 압인)가 달려 있는데, 구워진 점토판으로 되어 있으며 아슈르바니팔 왕의 도서관에서 나왔다.

아슈르바니팔은 고등 교육을 받은 진정한 학자였다. 오늘날 아슈르바니팔 도서관으로 알려진 방대한 설형문자 기록의 수집을 도왔던 서기들에 따르면 "에아와 아살루히의 기술(의례 행사), 슘마 이즈부(비정상적인 탄생을 해석하는 법)와 슘마 알루(자연현상을 해석하는 법) 등의 점술, 귀신을 몰아내는 법, 애가와 찬가 및 다른 모든 서기들의 학문을 배웠다."라고 하였다. 자신의 공식 비문에서 아슈르바니팔은 다음과 같이 선언했다.

> 나는 알려지지 않은 복잡한 역수와 계산을 풀어낼 수 있다. 나는 수메르어와 잊혀진 아카드어로 쓰인 어려운 글을 명확히 읽어 내었다. 대홍수 이전의 기록들을 연구하였다.

아슈르바니팔의 여러 형제들은 아시리아와 바빌로니아의 신전에서 고위직에 있었다. 그의 부친, 에사르하돈 역시 학자들의 연구 및 종교나 의례의 세부적인 면에 깊은 관심을 가지고 있었고, 스스로도 종교직에 몸담기 위한 교육을 받았으리라 생각된다. 센나케리브가 BCE 679년에 아르다물리시를 내치고 에사르하돈을 태자로 정하기 전에는 어린 아슈르바니팔도 사제가 되도록 교육받았을 것이다. 앞으로 제국을 운영할 아시리아의 모든 고위층들처럼 아시리아 왕들도 글을 읽고 쓸 줄 알았음에는 의심의 여지가 없으나, 그들이 아슈르바니팔과 같이 난해하고 신비로운 지식에 대해 매혹되었거나, 높은 수준의 학식을 이루지는 못했을 것이다.

종합 도서관의 설립

아슈르바니팔이 아시리아의 왕실 도서관을 처음으로 설립한 왕은 아니었다. 왕실 도서관의 역사는 적어도 BCE 13세기로 거슬러 올라갈 수 있다. 그러나 아슈르바니팔은 물려받은 책들을 체계적으로 증가시켰다. 이를 위하여 그는 당시의 중동 세계에서 아시리아가 차지하는 위치를 십분 이용하였다. 그의 동기가 지식에 대한 갈증과 이 지식을 지배하고 싶은 마음에 있었는지, 아니면 수집가의 탐욕에 있었는지는 알 수 없으나 아슈르바니팔이 창조해 낸 도서관은 그가 이룩한 성과들 중 가장 오래도록 남아 있는 기념물이다. 그는 종합 도서관을 건설하겠다는 의욕이 넘쳐서, 바빌로니아와 이집트에서의 군사적 성공을 이용하

서판

설형문자는 점토판 이외에 서판에도 빈번히 기록되었다. 탄성을 주기 위해 파라핀을 섞은 밀랍으로 만든 얇은 판을 나무틀이나 상아틀에 고정시키고 밀랍 위로 나무나 금속으로 된 첨필을 눌러서 기록했다. 한 장으로 된 것도 있고, 두 장이나 그 이상을 경첩으로 이어 놓아 닫으면 밀랍으로 된 면이 보호되게 만든 것도 있었다. 여러 장의 밀랍판을 아코디언처럼 접을 수 있도록 만든 서판은 수천 개의 항목이 있는 징조 모음집처럼 길게 기록할 수 있어 인기가 있었다. 이들은 하나의 문헌을 쓸 때도 여러 장이 필요한 점토판보다 더욱 쉽고 편리했다.

우 : **사진의 점토판 조각**(BCE 680–669년경)에서 어휘가 기록되어 있는 것을 뚜렷이 볼 수 있다. 왼쪽은 수메르어의 그림문자이고 오른쪽은 아시리아의 설형문자이다.

여 필요시에는 물리적 방법을 사용해서라도 찾을 수 있는 모든 문서들을 모아 니네베의 도서관으로 가져오도록 했다. BCE 647년의 보유 도서 목록에는 바빌로니아에서의 전쟁 후 그곳에서 빼앗아 온 학문적 연구들이 많이 포함되어 있었다. 아슈르바니팔은 희귀한 연구 문헌들을 파악하기 위하여 바빌로니아에 특별 조사단을 보낼 정도로 조직적인 노력을 기울였다.

한편 그는 기존의 문헌들을 수집했을 뿐만 아니라 그의 주변에 있는 학자들과 현지의 서기들에게 도서관에 있는 모든 책들을 베끼도록 하였다. 예를 들어 아슈르바니팔은 바빌로니아의 신전들에 명하여 소장하고 있는 모든 학술적인 문헌을 베껴 그에게 보내도록 했다. 포로로 잡힌 서기들은 중요한 인력이었고, 동시대의 기록은 글을 쓸 줄 아는 바빌로니아인들이 아슈르바니팔의 도서관을 위해 어떻게 필사에 동원되었는지 알려 준다. 이들 중에는 바빌로니아의 도시인 니푸르 전 지사의 아들이 있었는데, 그가 열심히 글을 베끼지 않을 때마다 족쇄가 채워졌다고 한다. 이러한 사실이 포로가 된 서기들의 일반적인 상황을 반영하는 것인지 높은 지위를 잃어버린 사람들에게만 해당되었던 것인지는 안타깝게도 불명확하다.

점토판, 기록판, 가죽 두루마리, 파피루스의 도서관

아슈르바니팔 도서관의 점토판들은 BCE 612년에 벌어진 니네베의 파괴에서 대부분 산산조각이 나고 말았지만, 그중 일부는 살아남아 지금까지 전해지고 있다. 이 점토판들은 19세기 중엽 영국 고고학자들의 탐사를 통해 발견되어 대영 박물관으로 보내졌다. 이후로 고대 근동 전문가들이 점토판의 풍부한 내용들을 분류하고 판독하는 작업을 진행 중이지만 끝나려면 아직 멀었다. 불행히도 다른 모든 자료들은 화재로 소멸해 버렸다. 아슈르바니팔의 도서관에는 밀랍을 입힌 서판과 가죽으로 된 두루마리 및 아시리아에서 활동하는 이집트의 서기와 학자들이 사용한 파피루스 두루마리들이 있었다. 이 중에서 약 2만 8000개의 설형문자 점토판이 살아남았으나 이는 원래 도서관에 있던 문서들의 극히 일부분에 지나지 않는다. 그나마 이들 점토판마저 없었다면, 고전 시대의 유명한 왕실 도서관이었던 알렉산드리아 도서관의 경우처럼 오늘날에는 아무것도 전해지고 있지 않았을 것이다.

하 : **접는 서판과 두루마리를 들고 있는 서기들**이 전쟁이 끝난 뒤에 적들의 머릿수를 세고 있다. 센나케리브 궁전 부조의 일부이다.

아시리아의 종말

BCE 7세기가 끝날 무렵, 아시리아는 최전성기에 갑자기 붕괴한 것으로 여겨진다. 바빌로니아와 메데아 군대의 침략만이 강대한 제국이 멸망하게 된 원인이었을까?

우 : 아슈르바니팔의 병사들이 한 도시를 급습하고 있다. 니네베의 궁전 부조의 일부이다. BCE 645년경.

BCE 674년, 에사르하돈(재위 BCE 680–669년)은 아시리아의 오랜 적국인 엘람과 평화 협정을 체결하여 동쪽 국경을 안정시켰다. 이로써 아시리아는 권력이 비어 있던 이집트에서 처음으로 기회를 잡을 수 있게 되었다. 당시 이집트는 델타 지방에서 지역의 왕조들이 보다 작은 곳을 지배하는 사실상 독립된 왕국들로 이루어져 정치적으로 분산되어 있었다. 이들은 오늘날의 수단에 권력의 기반을 둔 누비아 왕의 지배를 마지못해 받아들이고 있었다.

BCE 8세기 말 이후로 아시리아와 누비아는 필리시테의 가자와 아슈도드를 두고 충돌했다. 이 두 도시는 이집트와 아시리아가 지중해의 상선 및 아랍의 낙타 상단과 만나는 육지의 교차로에 있었다. 아시리아 군대와 이집트–누비아의 군대는 여러 번의 전투를 치렀지만 어느 쪽도 완전한 승리를 거두지 못했다. BCE 671년, 에사르하돈의 군대는 아랍 낙타 부대의 도움을 받아 사막을 통해 몰래 다가가서 이집트를 공격하는 데에 성공한다. 델타의 왕들은 아시리아의 왕을 군주로 받아들여야 했으나 BCE 669년과 BCE 664년, 이집트 왕 타하르카와 누비아 군대의 지원을 받아 반란을 일으켰다. 아시리아는 결국 누비아인들을 이집트에서 축출하고 델타 지방에 있는 사이스의 왕 네코와 그의 아들 프삼티크에게 아시리아 치하의 이집트를 맡겼다. 아시리아는 이집트에 사이스 왕조를 세웠고 이 왕조는 페르시아에 의해 정복당할 때까지 이집트를 지배했다.

하 : 또 다른 니네베의 궁전 부조에서 아슈르바니팔의 병사들이 낙타를 몰고 있는 엘람인들을 추격하고 있다.

10년에 이르는 아시리아 군대의 점령 기간 동안 평화를 되찾은 이집트는 아시리아의 충실한 속국이 되었고 상업이 꽃을 피웠다. 10년이 조금 넘게 지난 후, 아시리아 궁중에 볼모로 잡혀 있던 프삼티크는 아슈르바니팔에게서 탈출하여 아시리아로부터 완전한 독립을 얻었다. 다시 엘람과의 관계가 적대적이 되고 바빌로니아에서의 갈등이 전쟁으로 확대되면서 아슈르바니팔의 이목을 집중시키고 있을 때였다. 비록 아슈르바니팔의 비문은 이집트의 간계에 대해 강한 어조로 비난하였으나 군사 행동은 취해지지 않았다. BCE 650년대에 이르러 아시리아의 군대가 모든 국경에서 활동하던 시대는 끝나게 되었다.

권력의 이동 : 왕가의 여인들과 조신들의 지배

BCE 7세기에는 왕의 가까운 사람들에게 권력이 집중되었다. 이전까지 아시리아 왕실의 여성들이 형식적인 역할을 맡았던 것과는 대조적으로 왕의 여성 인척들이 큰 영향력을 행사하였다. 이는 특히 에사르하돈 시대에 왕의 모친인 나키아, 왕비 에샤라하마트, 왕의 장녀 세루아에티라트가 공개적으로 정책 결정에 개입하며 뚜렷해졌고 이런 경향은 아슈르바니팔 시대에도 이어졌다.

아슈르바니팔의 주변인들, 집사장, 가인들의 우두머리, 요리사 등에게도 전통적으로 나라의 최고 관료들에게 주어지던 중요한 책임이 주어졌다. 아슈르바니팔이 더 이상 군대를 직접 이끌지 않았던 것은 전통적으로 전쟁에 동행하여 전장에서 유대감을 형성하던 주지사나 중요 인사들을 왕에게서 멀어지게 했다. 에사르하돈과 아슈르바니팔은 음모에 대한 공포로 문관과 무관을 수차례에 걸쳐 대량 처형했다. BCE 614년 아수르가 적들에게 넘어간 것은 내부의 분열로 인해 아시리아가 취약해져서 제대로 지켜지지 않았기 때문이었다.

아슈르바니팔 이후

BCE 627년 아슈르바니팔이 사망한 후, 그의 아들 아슈르에트일릴라니가 상속 전쟁 끝에 왕위에 올랐다. 당시 미성년이었던 아슈르에트일릴라니는 그가 보호자라 부르던 대환관 신슈무리시르에 의해 보좌되었다. 신슈무리시르는 어린 왕의 이름으로 군대를 지휘하여 승리로 이끌었으나, 아슈르에트일릴라니의 치세는 오래가지 않고 BCE 624년, 알려지지 않은 이유로 끝났다. 군대 지휘관들은 무상 토지 불하와 세금 면제로 후하게 보상받았으나 아슈르에트일릴라니의 적군이 누구였는지는 알 수 없다.

새로운 왕 신사루이시쿤은 아슈르바니팔의 아들이라 주장했으나 이에는 의심의 여지가 있다. 그의 이름은 "달의 신이 왕을 세웠다."라는 의미이고, 자신을 아시리아의 왕이 아닌 왕에게 봉사하는 사람이라고 했다. 그가 원래는 왕실 관료였던 것이 틀림없지만 어떤 직무를 담당했었는지는 알 수 없다. 다만 리슐리외 추기경과 같이 숨은 실력자였던 신슈무리시르가 이 모든 것을 조정했다고 추측할 수 있을 뿐이다.

바빌로니아의 독립

나보폴라사르의 출현은 아시리아에서 일어나던 일련의 사건들과 밀접하게 연결되어 있었다. 그는 BCE 626년 스스로를 바빌론의 왕으로 선언하고 아시리아의 바빌론에 대한 패권을 빼앗았다. 10여 년 후에는 그의 군대가 니네베와 아수르로 진격하였다. 당시에 지어진 서사시는 나보폴라사르가 왕좌에 오른 것을 경축하며 아시리아의 대환관 신슈무리시르를 나보폴라사르에 의해 폐위된 폭군으로 묘사하고 있다. 동시대의 법 문헌은 신슈무리시르가 BCE 624년에 실제로 바빌로니아에서 왕권을 쥐고 있었음을 증명해 주지만, 그가 아시리아에서도 공식적으로 권력을 행사하려 했는지는 확실하지 않다. 훨씬 뒤인 BCE 3세기 말, 그리스의 역사가 베로수스의 기록은 나보폴라사르를 사라코스(신사루이시쿤)의 반란을 진압하기 위해 바

하: **금박을 입힌 청동으로 도배된 벽**에서 에사르하돈 왕과 그의 모친인 나키아 왕비가 기도하고 있는 모습이 나타난다.

상 : **아수르의 지구라트**는 고대 아시리아의 종교 중심지로 1만 6000개 이상의 설형문자 기록이 발견되었으며 UN의 세계 문화유산으로 지정되어 있다.

빌로니아로 보낸 아시리아의 장군이라고 설명하고 있다. 만약 이것이 믿을 수 있는 사실이라면 소년 왕 아슈르에트일릴라니가 죽고 나서 신사루이시쿤이 아시리아의 왕위에 오른 일련의 사건들을 재구성할 수 있다. 그의 후원자인 대환관 신슈무리시르가 아시리아에서 세력을 잃자 남쪽으로 가서 자신을 바빌론의 왕으로 선포하였고, 이에 새로운 아시리아의 왕이 왕위 찬탈자를 처리하기 위해 나보폴라세르 장군을 보냈지만, 일단 임무를 완수한 후 나보폴라세르가 스스로 바빌로니아의 왕이 된 것이다.

바빌로니아와 메데아인들의 아시리아 침입

바빌로니아는 나보폴라사르에 의해 아시리아에서 독립했고, 신사루이시쿤은 아시리아 왕으로서 순조롭게 출발하지 못했다. 그의 14년간의 치세(BCE 623–612년)에 대해서는 알려진 바가 거의 없다. BCE 616년 나보폴라사르는 바빌론의 군대를 유프라테스 강을 거슬러 올라가 아시리아의 영토로 끌고 갔다. 이렇게 시작된 전쟁은 아시리아 멸망의 직접적인 원인이 되었다.

이듬해 메데아의 왕 키악사레스의 군대가 아시리아의 동쪽에서 침입해 들어왔다. 그의 개입이 바빌로니아인들과 약속한 것인지 스스로 기회를 틈타 공격한 것인지는 분명치 않으나 BCE 614년 메데아의 군대가 아수르를 정복한 후, 나보폴라사르와 키악사레스는 아수르에서 협정을 맺었다.

아수르가 점령되어 아슈르 신전이 더럽혀지고 약탈당한 것은 아시리아의 종말을 상징하는 것이었다. 제국을 지탱하던 국가 조직은 몇 년 내에 사라져 버렸다. 아시리아 제국은 바빌로니아와 메데아, 또한 BCE 616년 전쟁에 아시리아 편으로 참가한 이집트에 의해 나누어졌다. BCE 612년에는 정치적인 수도 니네베가 바빌로니아와 메데아 군대에 의해 포위되었다. 신사루이시쿤은 도시 주변에서 치러진 격전 중에 사망했다. 니네베의 여러 성문 근처에서는 무덤에 묻히지 못하고 버려진, 니네베를 지키던 사람들의 소름끼치는 해골 더미들이 발굴되었다.

신사루이시쿤의 후계자이자 아시리아의 마지막 왕은 아슈루발리트 2세로 BCE 612년에 하란에 있는 신(달의 신)의 신전에서 즉위했다. 전통적으로 아시리아의 왕들은 아수르에 있는 아슈르 신전에서 왕위에 올랐으나 아수

하 : **니네베의 성벽**과 아다드 문의 유적은 1960년대에 복구가 시도되었다.

르는 적의 손에 넘어갔고 더 이상 그곳에서의 대관식은 불가능해졌기 때문이었다. 아슈루발리트 2세가 아수르에서 정식으로 즉위할 수 있는 기회는 BCE 609년, 하란에서 아시리아와 이집트의 연합군이 패배하고 유프라테스 강을 도로 건너오게 되자 사라지고 말았다. 그 이듬해에 하란에서 일어난 또 다른 전투에 대한 기록이 있지만 아시리아 군대는 하란을 재탈환하지 못했다. 이것은 아슈루발리트 2세가 아시리아 제국을 살리려 한 마지막 시도였고 그 이후로 그의 운명은 알려지지 않고 있다.

아시리아 제국의 분해

메데아는 자그로스 산맥 서쪽의 땅을 지배하는 것에는 관심이 없었던 것으로 보인다. 그리하여 이곳은 바빌로니아가 차지했다. 그러나 자신이 아시리아 제국의 계승자라고 생각하는 이들이 있었다. 이집트는 유프라테스 강 서쪽의 모든 옛 아시리아 영토를 주장했고, 유다 왕 요시아는 예전에는 이스라엘 왕국이었던 메기도와 사마리아 주를 되찾으려 했다. 유다 왕의 야심은 BCE 609년 메기도에서 네코 2세가 이끄는 이집트 군에게 패배하며 꺾이게 되었다. 이 운명적인 전투에서 "아마겟돈"이라는 용어가 생겼다. 이집트의 유프라테스 강 서부 지역을 얻으려는 시도는 BCE 605년 카르케미시(유프라테스 강)와 하마(오론테스 강)에서의 전투에서 바빌로니아가 승리하며 끝이 났다. 시리아의 두르카틀림무에서 나온 사적인 비문은, BCE 602년 무렵 바빌로니아가 옛 아시리아의 땅을 지배하게 되었고 BCE 601년 시나이 북부의 엘아리시 전투에서 이집트 군이 패배하여 바빌로니아가 아시리아 제국의 유일한 계승자가 되었음을 보여 준다.

아시리아 계승 전쟁

아시리아의 왕족이 왕위를 주장하는 것에는 논의의 여지가 없었다. 상속 다툼은 오직 이 한 가족 안에 속한 파벌 간에만, 선택받지 못한 쪽이 경쟁자의 임명에 대한 반발로 왕을 죽였을 때 일어났다. 가장 유명한 예로는 센나케리브(재위 BCE 704–681년)의 살해로, 그는 원래의 태자 아르다물리시 대신 에사르하돈을 선택하여 다른 아들 두 명에게 죽임을 당했다. 선택받았던 에사르하돈은 형제들 및 그의 지지자들과의 피비린내 나는 전쟁 끝에 왕이 되었다. 아슈르바니팔과 그의 형제인 샤마시슈무우킨이 바빌로니아의 지배를 두고 BCE 652년에서 BCE 648년까지 전쟁을 한 것은 왕가 안에서 진행되던 파벌 경쟁의 또 다른 획기적인 사건이다. 아슈르바니팔의 동생 아슈르에트일릴라니가 BCE 626년 왕위에 오른 것도 상속 전쟁을 거친 후였다. BCE 7세기 말경에는 궁중 경쟁 파벌들의 야망으로 인한 극심한 갈등 때문에 나라가 약해졌다.

하 : **아슈르바니팔 왕**이 전차를 몰고 있는 모습이 니네베의 아슈르바니팔 궁전 석회암 부조에서 보인다.

메데아 왕국

BCE 614년, 메데아 군대는 키악사레스의 지휘 아래 아수르를 정복했다. 그 이듬해, 메데아는 나보폴라사르의 바빌로니아와 힘을 합쳐 아시리아 제국의 멸망을 초래하였다.

상 : **메디아의 고위 관리들 모습**이 페르세폴리스의 트리필리온에 있는 페르시아 부조(BCE 500–450년경)에서 보인다. 당시 메디아 왕국은 페르시아 제국에 흡수되어 있었다.

메데아인들은 BCE 9세기 이후 아시리아의 자료에 잘 나와 있다. 메데아는 자그로스 산맥에 살고 있는 다른 민족들과는 단연히 구별되었다. 그러나 무엇이 메데아인들을 메데아인들로 만들었는지는 분명하지 않다. 언어와 종교일까, 아니면 완전히 다른 어떤 것이었을까?

메데아인들에 대한 아시리아의 시각

아시리아의 관점에서 자그로스 산맥의 계곡에 사는 다양한 민족들은 사회적, 경제적 및 정치적으로 많은 특징들을 나누어 가지고 있었다. 모두 소와 말을 길렀고 "도시 군주", 즉 요새화된 도시를 수도로 하는 특정 지역의 세습되는 정치적 지도자에 의해 지배되었다. 도시 군주들은 사회 깊숙이 뿌리를 내려, 이 지방에 아시리아의 주가 설치되었을 때에도 사라지지 않았다. 아시리아가 보기에 메데아는 제국은 고사하고 하나의 국가조차 아니었으며 공동체 의식이 없고 작은 여러 독립 국가들로 이루어져 있다. 모든 메데아의 국가들이 각자의 상업적 이익을 추구하였기에 이렇게 보였던 것일 수 있다. 그러나 아시리아인들은 이들을 한 집단으로 보고 만나이인이나 신기부티인 등, 자그로스 지방에 사는 다른 민족들과는 구별하였다. 언어나 종교가 메데아인들의 정체성을 구성했던 것일까? 불행히도 아시리아의 자료에는 이에 대해 나오지 않는다.

메데아의 요새들은 메소포타미아와 이란의 중앙을 잇는 가장 중요한 육지 교역망, 후에 쿠라산 대로로 불리는 길을 따라 자리 잡았다. 메데아인들은 이 길을 통하는 교역자들을 보호해 주고 세금을 거두었다. 아나톨리아에 우라르투인들의 국가가 형성되면서 아시리아 군대가 절박하게 필요로 하는 말을 보급하는 지방과의 연결이 끊기자, 아시리아는 BCE 9세기 후반부터 자그로스 산맥에 지속적으로 개입하기 시작하였다. 그리하여 이란 서부 지역은 아시리아에 가장 중요한 말 보급지가 되었다. 말은 10여 개의 메데아 도시국가들을 포함한 자그로스 산맥 주민들에게서 거두는 공물의 큰 부분을 차지했다. BCE 744년 이 지역에 두 개의 아시리아 주가 설치되고 다시 BCE 716년 두 개의 주가 추가되자 접촉은 더욱 잦아지게 되었다. 그 결과 아수르에 메데아 출신 주민들이 생기게 되었고, 메데아인들은 아시리아 왕가의 근위병으로도 채용되었다.

BCE 7세기에는 자그로스에 있는 주에서 아시리아의 지배가 점점 약해진 것으로 보인다. 메데아인들은 먼 곳에 있는 스키타이인이나 킴메르인들처럼, 아시리아 이웃나라의 정치적 책략에는 위험할 정도로 무관심해 보였다. BCE 7세기 후반 자그로스 지방의 정치적 상황에 대한 자료가 없어서, BCE 615년 무렵에 키악사레스가 "메데아의 왕"이 된 경위는 여전히 불분명하다.

메데아에 대한 헤로도토스의 기록

그리스의 역사가인 헤로도토스가 BCE 420년경에 쓴 글에 의하면, BCE 6세기에 페르시아 제국을 세운 키루스 대왕은 메데아의 마지막 왕 아스티아게스의 손자였다. 키루스의 탄생에 대한 기록은 민담 같은 요소들로 이루어진 비극적인 이야기를 담고 있다. 아스티아게스는 키루스를 죽이라고 명령했지만, 아이는 살아남아 장성하였고, 결국 조부에게 반란을 일으켰다. 이 이야기의 신뢰성에 대해서 장담할 수는 없지만, 키루스가 메데아를 몰아내고 페르시아 왕국을 위해 독립을 얻어낸 것은 바빌로니아에서 동시대의 기록에 의해 증명된 틀림없는 사실이다.

그러면 메데아 초기 역사에 대한 헤로도토스의 기록을 어떻게 활용해야 할까? 그는 데이오세스라는 사람이 메데아의 여섯 부족을 통일하여 나라를 만들고 엑바타나(오늘날 하마단)를 수도로 정하자 메데아인들이 그를 왕으로 추대하였다고 하였다. 그리고 메데아는 데이오세스의 후계자 프라오테스, 키악사레스, 마지막으로 아스티아게스에 의해 지배되었다고 한다. 헤로도토스에 따르면 메데아 왕국은 서쪽으로 할리스 강(오늘날 크즐을막 강)까지 뻗어 있어 리디아와 국경을 접하고 있었다.

강대국인가, 아니면 역사 속의 유령인가?

BCE 7세기 말과 6세기의 바빌로니아 자료들은 메데아의 왕인 키악사레스(재위 BCE 625–585년경)와 아스티아게스(재위 BCE 585–550년경)의 활동을 증명하지만, BCE 9세기에서 7세기 중엽까지의 아시리아 자료들은 헤로도토스의 증언과 일치시키기가 쉽지 않다. 오늘날 대부분의 학자들은 아시리아의 문헌이 헤로도토스의 초기 메데아 역사와 모순된다는 것에 동의한다. 헤로도토스의 메데아에 대한 기록은 아케메네스 왕조의 페르시아 제국에 토대가 된 왕국의 탄생과 성장 과정을 밝히고자 한 것이었지만, 아시리아의 자료는 메데아를 매우 다른 관점에서 보고 있다.

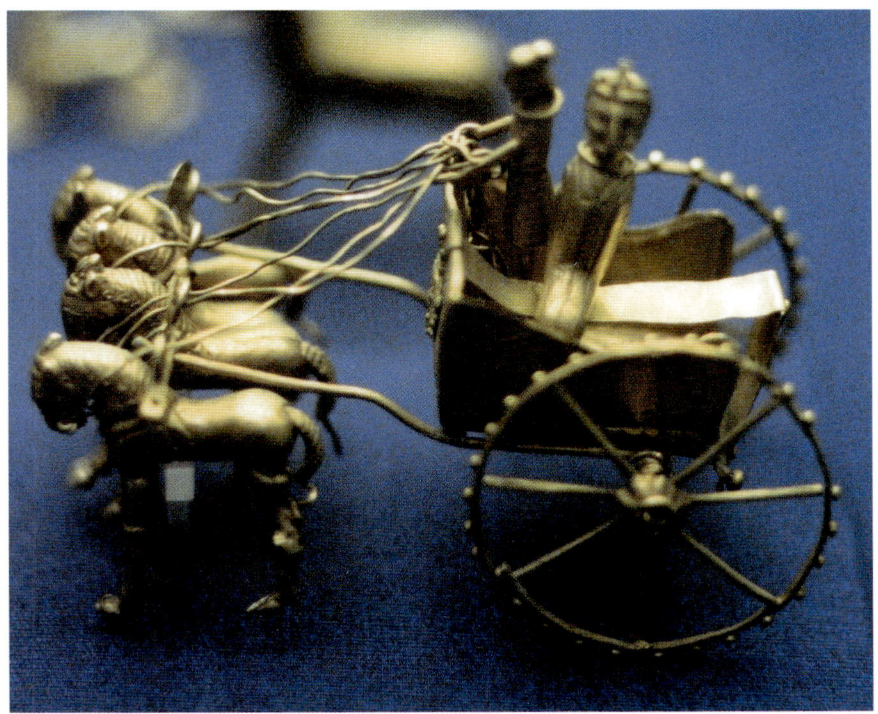

상: 전차 위에 있는 인물들은 복장으로 보아 메데아인들이다. 이 전차는 아케메네스 시대에 비축된 옥수스 유물(BCE 450–350년경)의 일부이다.

게다가 누시이잔과 고딘테페와 같은 이란의 주요 유적지를 발굴한 결과는 아시리아 자료에서 명확히 드러나는 가설을 지지해 주는 것으로 보인다. 요새를 중심으로 한 작고 독립적인 메데아 국가들이 해당 지역과 교역로를 지배했다는 것이다. 이란으로부터 아나톨리아 내부에 이르는 거대한 메데아 왕국에 대한 고고학적 증거는 의심스럽게도 어떠한 발굴에서도 나타나지 않았다.

그러므로 다음과 같은 의문이 제기될 수 있을 것이다. "메데아 제국은 역사상에 실제로 존재했는가?" 어쨌든 간에 헤로도토스의 기록이 없었다면 메데아 왕국이 존재했는지에 대해 의문조차 가지지 않았을 것이 확실하다.

하: 메데아인들은 뛰어난 말 사육사들로 아시리아에 50년 이상 전투용 말을 공급하였다. 사진의 후기 페르시아의 부조(BCE 500–480년경)는 페르세폴리스의 다리우스 1세 궁전에서 나왔다.

칼데아인들

칼데아인들은 유목민들로 BCE 1100년대부터 하부 메소포타미아로 이주해 들어왔다. 훗날 성서와 고전에서는 그들이 바빌로니아의 도시 문화에 동화되었으며 천문학자, 수학자 그리고 왕으로서 오래도록 유명하게 되었다고 한다.

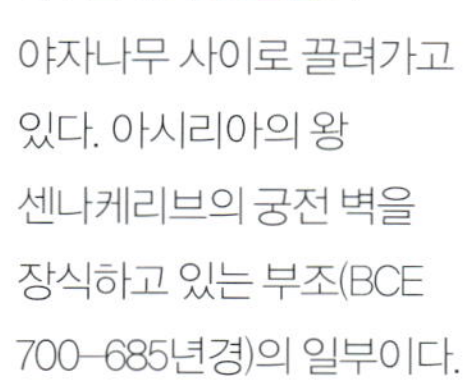

칼데아인들은 BCE 878년 아시리아와 바빌로니아의 기록에서 처음 나타났고 오늘날 이라크 남부에 거주하던 정착민들을 나타낸다. 칼데아인들은 시리아 사막에서 서쪽으로 이주했음을 보여 주는 서셈어계의 말을 했지만, BCE 11세기부터 나라를 어지럽히던 바빌로니아의 아람인들과는 달랐다. 칼데아인들은 대가족으로 농업, 교역, 축산업 등에 종사했다. 칼데아인들은 가족이나 부족의 연장자 이름을 따서 자신의 이름으로 삼았다.

칼데아인들과 바빌로니아

바빌로니아에서 가장 비옥한 농경지 중 일부는 세 세력이 지배하고 있었다. 유프라테스 강의 하류를 따라 분포한 마을들(몇몇은 요새화되었음)이 이에 속했다. 북에서 남으로, 보르시파 근처의 16개 마을은 비트닥쿠리 세력에, 우루크 내륙의 39개 마을이 비트아무카니에, 우르의 외부와 페르시아 만의 습지에 있는 11개 마을은 비트야킨에 속했다. 바빌로니아 남부 전체에서는 더 작은 100여 개 칼데아 세력들이 "비트"가 붙은 이름을 사용하였다. BCE 703년, 아시리아의 왕 센나케리브는 바빌로니아 원정 시 적어도 성벽에 둘러싸인 도시 88곳과 850개의 마을에서 칼데아인들의 저항에 맞닥뜨렸다고 한다.

비록 지방의 부족이었으나 칼데아인들은 바빌로니아식 이름과 신들을 받아들이며 그 문화에 급격히 적응하였다. BCE 700년대에는 바빌로니아의 도시들에서 부동산 소유자, 사업가 및 신전의 고위 계급 등 완벽히 동화된 시민으로 살고 있었다. 아시리아의 오랜 외부인 강제 이주 정책이 효과를 보여, 도시 사회에 동화되면서 "칼데아인"이라는 독립 집단은 사라졌다. 이것이 후에 "칼데아인"과 "바빌로니아인"을 혼동하게 된 이유였다.

하 : **칼데아 포로들**이 야자나무 사이로 끌려가고 있다. 아시리아의 왕 센나케리브의 궁전 벽을 장식하고 있는 부조(BCE 700–685년경)의 일부이다.

정치적 이해관계

칼데아인들은 기록에 나타난 지 한 세대만에 정치적 세력이 되었다. 아시리아 왕 샬마네세르 3세는 빠르게는 BCE 850년부터 왕이라 불리던 "닥쿠리인, 압딜일"로부터 공물을 받았다. 부족장들은 스스로를 다만 "족장"이나 그들 땅의 "아들"로 불렀으나 도시의 왕들처럼 궁전을 세웠고 점차 자신들을 "지사"로, 부족의 땅은 "주"로 부르기 시작했다. 칼데아인으로서 처음으로 바빌론의 왕이 된 자는 야킨의 족장인 에리바마르두크로 BCE 760

학문인가 마술인가?

칼데아어로 "지혜"가 학문이나 마술을 둘 다 의미하는 것처럼, 그리스-로마의 어법에서도 "칼데아인들"과 페르시아어의 "마기"가 혼동되었다. "칼데아의"라는 단어는 점점 이국적이고 미신적인 동방을 연상시키게 되었다. 성서 또한 칼데아의 점성학, 우상 숭배와 점을 터무니없고 공허한 불경(예를 들어, 다니엘 2:10, 에스겔 16:29)이라 강조하며 이에 동조했다. BCE 586년에 예루살렘을 파괴한 극악한 바빌론의 칼데아인 왕 네부카드네자르 2세는 칼데아인이 잔인하다는 기존의 인식(예를 들어, 역대하 36:17-20)을 한층 강화시켰다. 그러나 한편으로는 어떤 천재적인 칼데아인이, 별들의 징조를 읽어 내는 마술적 지식이 특징인 고전 시대의 개념을 만들어 낼 수 있었는지 감탄을 사기도 하였다.

년대에 아시리아 왕으로부터 왕좌를 빼앗았다. 그의 신전 건설과 토지 개혁은 그의 뒤를 이은 한 닥쿠리 출신 사람에 의해 혼란에 빠졌다. 어떤 주지사는 칼데아인, 아람인과 도시 시민들이 "오랫동안 칼을 갈고… 서로를 죽였다."라고 기록했다. 이 혼란은 새로운 왕 나보나사르(재위 BCE 747-734년경)에 의해 결국 안정되었다. 이는 처음으로 일식 현상을 계산한 이집트의 천문학자 프톨레마이오스에 의해 확인되었다. 나보나사르가 칼데아인이었는지는 확실하지 않지만 후에 바빌로니아의 왕을 칼데아인과 연결시키게 된 것은 그 시대부터였다.

다음 세기에는 칼데아의 수장들이 바빌로니아의 왕권을 잡고 아시리아의 침략에 대항해 군사를 이끌었다. 가장 유명한 것은 마르두크아플라이디나 2세(성서의 열왕기하와 이사야서에는 "무로닥발라단"으로 나온다)였다. 그는 바빌론을 두 번 지배했고, 재위 기간 동안 아시리아에서는 왕이 네 번 교체되었다. 또한 바빌로니아, 아람, 엘람인들의 연합군을 결성했고, 유다 왕국에 가서 동시에 두 곳에서 아시리아와 전쟁을 치렀다. 그리고 23년간 싸웠으나 BCE 700년 센나케리브에게 패했다. 그러나 그의 저항 정신은 나보폴라사르의 즉위(BCE 626년)를 정점으로 하는 칼데아인의 독립 전쟁 의지를 고취했다.

칼데아의 유산

나보폴라사르(BCE 626-539년)의 신바빌로니아 왕조는 후대에 "칼데아"라는 딱지가 완전히 붙어 버려서 이제는 이 관습에 반대하는 것이 의미없게 되어 버렸다. 그리스인들은 헤로도토스(BCE 5세기) 때부터 "칼데아"라는 용어를 자신들이 모방하고 발전시켰던 바빌로니아의 학문을 특징짓기 위해 사용하였다. 그리스의 철학자들과 과학자들은 바빌로니아에서 "칼데아"의 기록을 연구했다. 스트라보, 디오도로스 시쿨루스와 히파르코스는 바빌로니아의 학자인 베로수스와 스토아 학파의 디오게네스, 천문학자인 키디누와 안티파트로스를 함께 연구하였다.

그리스의 천문학은 BCE 1000년대 초부터 수집된 바빌로니아의 관측 기록들을 기반으로 한다. 클라우디우스 프톨레마이오스는 칼데아인들의 기록을 신용하여 그들의 태양 역법 체계를 재현하였고 히파르코스는 일식과 월식 예측에 대한 연구를 계승하였으며 고전 시대의 역법은 바빌로니아의 태양력과 삭망월을 통합하여 사용하였다. 우루크와 바빌론의 학자들은 BCE 1세기까지 연구를 발표하였으며, 이집트, 시리아, 아테네, 로마의 학자들은 설형문자로 된 그 기록의 번역본을 읽었다. 또한 "칼데아"는 유명한 아시리아 왕비 세미라미스의 낭만적인 이야기와 아히카르의 지혜 등, 그리스인들을 열광시킨 여러 문학 작품들을 통칭하는 것이기도 하였다.

좌 : **사진의 바빌론에서 발견된 벽돌**(BCE 580년경)에는 나보폴라사르와 그의 아들 네부카드네자르 2세의 이름이 새겨져 있다.

하 : **그리스의 천문학자 프톨레마이오스**(사진은 요스 반 헨트가 1475년에 그린 프톨레마이오스의 초상화이다)는 칼데아인들의 기록을 500년 후 자신의 천문학 계산에 이용하였다.

신바빌로니아 왕조

바빌론은 BCE 6세기의 전성기에 가장 부유하고 가장 큰 도시가 되었다. 재위 기간이 짧았던 왕들의 지배하에서 바빌론이라는 이름은 부유함, 대형 금융, 과학 지식을 떠올리게 되었다.

상 : 신바빌로니아 인장이 새겨진 청회색 점토 조각에는 지혜의 신 나부와 마르두크의 상징 앞에서 한 사제가 기도하고 있다(BCE 550년경의 것으로 추정).

신바빌로니아 왕조(BCE 626–539년)는 비교적 평화롭고 번영한 제국을 지배했으나 오래가지 못했고 이전의 신아시리아(BCE 934–612년)와 이후의 아케메네스(BCE 550–330년) 제국보다 지리적으로 작았다. 이 시대의 문화적 업적과 부는 훗날 성서와 고전시대 저자들의 상상력과 분노를 동시에 불러 일으켰다. 이들은 바빌로니아인들을 그 지역에서 가장 명성이 높은 부족의 이름을 따서 "칼데아인"이라 불렀다.

나보폴라사르와 왕조의 기원

신바빌로니아 왕조가 부족 출신이었는지는 확실하지 않다. 왕조의 시조인 나보폴라사르(재위 BCE 626–605년)는 1세기가 넘도록 아시리아에게 점령당한 끝에 스스로를 왕으로 선언하였다. 아시리아 점령기 동안 칼데아의 지도자들이 여러 번 바빌로니아의 저항을 이끌었으나 후의 그리스 자료에서는 나보폴라사르를 "시랜드의 왕(칼데아의 족장)"이나 아시리아에 의해 임명된 왕으로 보는 것에 동의하지 않는다. 확실한 것은 아시리아의 섭정관인 칸달라누가 사망한 후인 BCE 627년 바빌론에서는 1년간의 무정부상태와 전쟁 끝에 나보폴라사르가 분열된 아시리아의 왕가를 제치고 이 지역의 승자로 나타났다는 것이다.

그 다음으로 나보폴라사르는 니푸르와 우루크 같은 바빌로니아의 도시들에서 정치적 지배를 강화시켰다. 그 후, BCE 614년 메데아가 점령한 아수르를 차지하고 BCE 612년에는 니네베를 파괴, BCE 609년에는 하란에서 아시리아의 마지막 주둔군을 격파하며 아시리아 제국을 조직적으로 축소시켰다. BCE 605년 카르케미시에서 이집트군에게 결정적으로 승리하여 바빌론의 패권을 확실하게 했다. 500년 동안 안정적인 왕조가 없었던 바빌론은 이제 시리아, 레반트, 페니키아의 도시들을 포함하여 얼마 전까지도 아시리아가 지배하던 대부분의 영토를 통치하게 되었다.

정부와 제국

나보폴라사르의 태자인 네부카드네자르 2세(재위 BCE 605–562년)는 BCE 605년 이집트 군대를 다시 유프라테스 강 건너로 퇴각시킨 후 왕위에 올랐다. 왕은 자신이 임명한 도시의 지사들과 부족장들의 망을 통해 바빌로니아의 심장부와 신전에 속한 땅을 다스렸다. 이 복잡한 방식은 부유한 고대 신전 도시들과 이들을 부양하는 경지, 반유목민인 아람인들, 칼데아 부족들의 준자치 정착 마을 등 다양한 정치 상황의 산물이었다. 한편 일부 기록들에는 제국의 다른 부분인 건축이나 일상에 대해 언급되어 있다.

근본적으로 바빌로니아인들은 지역 토착 세력을 통한 지배, 강제 이주, 핵심 도시에 허수아비 왕이나 지사를 세

하 : 태양의 신이 보위에 앉아 있는 모습이 표현된 부조(BCE 9세기)는 나보폴라사르 왕이 시푸르의 샤마시 신전을 보수하던 중에 발견하였다.

상: 이 바벨탑의 그림은 16세기 예술가의 상상화로, 바빌론의 에사길라 신전이나 그 근처의 에테메난키 지구라트를 모델로 한 것이라 여겨진다.

우는 것과 같은 대부분의 아시리아 정책을 유지하였다. 그러나 바빌론은 매우 다른 세계를 지배하고 있었다. 아시리아의 통치를 유지하기 위해 오래 지속되던 전쟁은 급격하게 축소되었고 바빌로니아 왕의 비문은 거의 신전 건물에 집중적으로 세워졌다. 게다가 이전에 아시리아가 엘람과 우라르투를 파괴하여 생긴 권력의 빈자리는 이웃의 메데아, 페르시아, 리디아가 차지했다. 기록에 의하면 BCE 595년에 일어난 바빌론 내의 반란을 제외하고는 실리시아와 아랍의 몇몇 오아시스 마을들 등 단지 부차적인 외부 세력만이 바빌로니아의 군사 활동 대상이었다.

그러나 전쟁이 여전히 제국 정치의 도구였음을 보여 주는 몇몇의 예외가 있었다. 이집트 세력권과 가까운 많은 레반트의 나라들처럼 유다 왕국도 되풀이하여 반란을 일으켜서 바빌로니아의 공격을 받고 강제 이주(BCE 579, 587, 582년)를 당하였으며 허수아비 왕이 세워졌다. 이에 대해서는 구약 성서의 여러 책에 언급되어 있다. 티레를 13년간 포위하여 마침내 함락시킨 사실은 네부카드네자르의 시리아 점령을 위한 노력을 보여 준다.

바빌론의 도시

얼마 되지 않는 전쟁들보다도 우리의 이목을 끄는 것은 원거리 교역에서 바빌론이 차지하던 중요한 역할이다. 이 도시는 여행자 쉼터(교역로를 따라 있는 상인들의 숙소)와 멀리는 페르시아 만의 메디나 및 이집트 국경의 항구들까지 직접 통제했다. 이국적인 물건들이 멀리 아프리카, 남아시아, 그리스, 심지어는 발트 해에서 도착했다. 바빌론은 상인, 용병 및 이집트, 카리아, 유다, 아라비아에서 이주해 오는 사람들을 맞이했다. 세계 무역 및 금융 중심지로서의 중요성은 바빌론을 화려함의 극치에 오르게 한 네부카드네자르의 건설 사업에 반영되어 있다.

바빌론은 7.7제곱킬로미터라는 놀라울 정도로 커다란 면적을 가지고 있다. 성곽 안의 중앙에는 유프라테스 강이 흐르고 있다. 이 중앙 구역에는 보루와 여러 신전, 세 개의 왕궁 중 한 곳, 바빌론의 주신 마르두크의 복합 신전인 에사길라 신전 등이 있다. 에사길라 신전에는 훗날 "바벨탑"의 모델이 된 신전 탑이 있다. 중앙 구역으로 들어가는 정문인 이슈타르의 문과 그 안으로 나 있는 행렬도의 벽은 아름답게 유약을 바른 벽돌로 쌓여 있으며 이슈타르의 상징인 사자와 마르두크의 상징인 용이 묘사되어 있다.

신바빌로니아의 왕들은 바빌로니아의 모든 주요 도시들에 있는 신전을 개축했다. 이들 신전의 신들은 매해 신년 축제 때마다 마르두크를 기리는 공개 의식을 위해 바빌론으로 여행했다. 왕은 축제 기간 동안 신에게 복종함을 강조하는 예식에 참가하여 그가 마르두크에게서 임명된 자임을 확실하게 했다.

사회와 경제

평범한 바빌로니아인들의 생활은 학자들이 가늠하기 어렵다. 바빌론 시민들은 제국의 수혜자였으나 일반적으로 상류층에 대해서만이 문헌에 기록되어 있다. 그러나 상당한 규모의 자주적인 도시 생산자 계급이 존재했고 바빌론의 노동자 계급이 자유로운 임금 소득자들로 되어 있었음을 시사하는 간접적인 증거들이 존재한다. 다른 도시인들은 신전이나 궁전에 속하여 비옥한 땅을 소유하거나 의무봉사로 수입을 얻었다.

이들 중에서 가장 위신이 있는 직업은 현대의 "사제(prebend)"와 비슷한 종신직으로, 근친 결혼과 사업으로 긴밀한 유대를 맺고 있는 바빌로니아의 상류층 가족들에게만 주어졌다. 이들이 하는 일로는 신전이나 궁전을 위해 양털이나 씨앗과 같은 재원을 관리하는 일에서부터 토지 투자, 신용 대부, 수출입 자금 공급, 채무불이행 부동산 매입 등의 대단히 복잡한 동업 및 법인까지 들 수 있었다. 이 시대의 경제는 토지 보유권을 기초로 한 현물 지불로부터 같은 가치에 해당하는 귀금속 지불과 상품 거래 시장으로 바뀌었다.

이 사유화 경향은 도시 특면권(키딘누투)의 추세와 결부되었다. 바빌로니아의 도시 주민들은 어느 정도 세금 납부와 노역을 면제받았다. 당시의 자료에 의하면 개인의 권리는 일반적으로 향상되었으나 우선적으로 사업 이익 보호에 맞추어졌다. 예를 들어 법적으로 여성이 지닌 권리는 두 가족 사이에서 사업 거래의 중요한 측면인 지참금을 보호하기 위해 대체로 제한되었다. 또한 바빌로니아의 법은 노예 제도를 인정하여 노예의 자식은 노예 소유주의 재산으로 간주되었다.

나보니두스와 왕의 신학

나보니두스(일부 이해하기 힘든 기록에서는 네부카드네자르로도 나와 있음)는 사후에도 오랫동안 그리스, 페르시아, 히브리, 아람 등 여러 지역의 전설에서 광기와 질병에 빠져든 것으로 유명했다. 의심할 여지없이 이런 부정적인 내용들은 모두 그가 시리아 태생의 모친이 섬기던 달의 신인 신을 제국 최고의 신으로 내세우려 한 것에서 유래한다. 결국은 실패로 돌아간 그의 대담한 시도는 마르두크가 최고의 신이었고, 바빌론이 제국의 중심이었던 당시에는 무모한 도전이었다. 훗날의 기록들은 정치적인 이해관계의 영향을 크게 받았기 때문에 나보니두스의 신학이 실제로 어느 정도의 분열을 초래하였는지를 가늠하는 것은 어렵다. 아시리아와 바빌로니아의 왕들은 나보니두스 이전에도 수 세기동안 다양한 종교 이론의 개혁을 시도하였다.

상: **이 탑과 아치**는 터키의 하란에 있는 신의 신전에 남아 있는 것이다. 이곳에는 나보니두스가 신의 뜻에 의해 바빌로니아의 왕이 되었다는 기록이 남겨져 있다.

지식의 중심지

바빌로니아의 개인이나 신전이 소유한 도서관은 그들이 쓰고 보관한 문학적, 과학적 문헌들로 유명했다. 네부카드네자르의 시대에 바빌론은 이미 1500년의 역사를 가진 도시였고 우루크는 그보다도 1200년이나 더 오래되었다. 이 수천 년이라는 시간에 걸쳐 서기 훈련의 일부분으로 필사된 문장들은 바빌로니아의 모든 도시에서 수집되었다. 길가메시나 창세 서사시와 같은 걸작을 소장한 서기들은 또한 고대 수메르 철자 교본을 가지고 있었고 함무라비 법전을 번역했다. 의례나 신학이 기록된 점토판이 의학, 수학, 마술이나 종교 문헌들 옆에 놓였다. 오래된(어떤 경우는 2000년이나 된) 기록들은 잘 이해할 수 없더라도 보관되었고 필사되었다.

바빌로니아의 학자들은 특히 천문학 분야에서 유명했다. 이는 밤하늘을 관측하여 행성과 항성의 움직임에서 징조를 읽는 오랜 역사를 통해 이루어졌다. 바빌로니아인들의 천문학은 항상 점술과 연결되는 경향이 있었지만, 그들의 기술적 정확성과 정교함에는 의심할 여지가 없다. 이 시대에 들어 월식을 예측할 수 있게 되었고 이는 훗날 그리스 천문학자들에 의해 사용되기도 하였다. 또한 대단히 정확한 달력이 만들어졌다. 천문일지에는 하늘에서 일어난 일, 역사적 사건이 담긴 생산 주기, 시장 가격, 유프라테스 강의 수위 등 지역에서 일어난 일들이 일상적으로 기록되었다.

이러한 시간과 사건에 대한 관심은 바빌로니아 자신들의 역사에까지 확대되었다. 그들이 딛고 서 있는 역사와 전통의 깊이를 인식하여 네부카드네자르와 다른 왕들은 여러 도시의 신전 구역에서 역사적 정보를 캐내었다. 이는 주로 고대의 토대 위에 신전을 개축하여 자신의 이름을 전설적인 왕들의 이름과 연결시키려는 의도였다. 이 과정에서 나람신, 우르남무, 부르나부리아시 2세의 비문과 조각상(순서대로 BCE 2250년경, 2100년경, 1350년경)이 발굴되어 궁전에 안치되었다.

궁중의 혼란

이러한 75년 동안의 "바빌로니아 르네상스"가 지나자, 왕조는 6년 동안 분쟁으로 휘청거리게 되었고 마지막 왕의 혼란스러운 17년이 그 뒤를 이었다. 아멜마르두크(재위 BCE 561–560년, 성서에서는 "에윌므로닥"으로 나와 있다)는 부친의 뒤를 이어 왕위에 올랐으나, 곧 부유한 사업가로 혼인을 통해 왕가에 편입된 네리글리사르(재위 BCE 559–556년)에 의해 암살되었다. 네리글리사르가 자연사한 후, 그의 어린 아들인 라바시마르두크가 BCE 556년 왕위에 올랐으나 바로 살해되었다. 궁중 관료이자 공동 음모자인 나보니두스(재위 556–539년)는 바빌로니아 사람이 아닌데도 불구하고 왕이 되었다. 그의 부친은 아람 족장이고 모친은 시리아인이었다.

나보니두스가 왕이 된 것은 부귀를 노린 것이기도 했지만 궁극적으로는 그의 아들 벨샤자르를 왕이 되게 하기 위함이었다. 그는 알 수 없는 이유로 9년간(BCE 553–544년) 아랍의 대상 마을인 타이마(테마)로 원정을 떠났고 그의 아들은 반박의 여지가 없는 섭정으로서 바빌론에 남았다. 그 부친의 신학적인 자세(맞은편의 글상자 참조)가 바빌론의 전통적인 권력 집단과 마찰을 일으켰던 것으로 보인다.

궁정의 음모와 사제들의 분노가 팽배한 분위기 속에서 바빌론은 키루스 대왕의 페르시아 군대에 의해 BCE 539년 돌연 함락되었다. 그러나 제국의 붕괴가 바빌로니아 사회에 끼친 영향은 오래가지 않았다. 바빌론은 이후로도 수 세기 동안 상류 문화의 역동적인 중심지로 남았다.

좌: **바빌론에서 발견된 BCE 500년경의 점토판**에는 토성의 천문력이 기록되어 있다.

하: **학자들은 사진의 현무암 비석**(BCE 556–539년경)이 바빌론에서 만들어진 나보니두스 왕의 모습이라 추정한다. 비석의 인물은 전통적인 바빌로니아 왕의 복장을 하고 있다.

네부카드네자르 2세

네부카드네자르 2세(재위 BCE 605–562년)는 지역 세력에 불과하던 바빌로니아를 세계적인 제국으로 바꾸었다. 후세의 저자들은 성스러운 도시 예루살렘을 파괴했다는 이유로 그를 비난하는 한편, 바빌론을 화려하게 재건한 것에 대해 경탄한다.

하 : **네부카드네자르 2세는 성서에서 매우 혹평을 받는 인물이다.** 사진의 12세기 기독교 작품에서 네부카드네자르 2세가 히브리의 현자 세 명에게 사형을 선고하고 있다.

네부카드네자르 2세의 치세 때 이루어진 통치 내용은 대개 비메소포타미아 자료들에 (비록 정확한 경우는 드물지만) 기록되어 있다. 하지만 그의 어린 시절에 대해서는 알려진 바가 거의 없다. 네부카드네자르는 아시리아의 마지막 위대한 왕이었던 아슈르바니팔(재위 BCE 668–627년)의 사후 BCE 626년 바빌론의 왕이 되었던 그의 부친 나보폴라사르의 "독립 운동" 시기에 성년이 되었다. 10년 동안 나보폴라사르는 아시리아 군을 바빌로니아에서 몰아내기 위해 투쟁했고, 한 지역의 독립을 목적으로 시작한 전쟁은 점점 아시리아 제국 전체를 무너뜨리기 위한 것으로 확대되었다. 네부카드네자르의 이름(나부 신이 후계자를 지켜 주신다)은 고대 바빌론의 왕 네부카드네자르 1세를 따른 것이다. 네부카드네자르 1세는 BCE 1124–1103년 엘람의 위협에서 바빌로니아를 지키고 빼앗겼던 마르두크의 신상을 바빌론으로 되찾아왔다.

전쟁터에서 왕좌로

그가 태어난 날은 확실하지 않으나, 네부카드네자르가 적어도 그의 부친 대신 전쟁을 이끌었던 BCE 607년 무렵에는 성년이었던 것이 확실하다. 바빌로니아 학자 베로수스는 BCE 278년에 네부카드네자르가 메데아의 공주와 혼인을 한 것이 BCE 614년이라고 기록했다. BCE 605년, 아직 태자였던 그는 카르케미시에서 아시리아 오합지졸들의 마지막 요새를 지원하기 위해 파견되어 오고 있던 이집트의 군대와 맞부딪쳤다. 네부카드네자르는 아시리아군을 몰아내고 이집트군을 격파한 후, 200킬로미터 떨어진 하마트까지 추격했다. 바빌로니아의 한 연대기에 따르면 그가 "크게 패배시켜서 적군은 단 한 명도 살아남아 고향으로 돌아가지 못했다." 그러나 이 역사적인 승리는 달콤하고도 씁쓸한 것이었다. 아들이 시리아를 평정하는 동안 나보폴라사르가 바빌론에서 사망한 것이다. 네부카드네자르는 조금의 시간도 낭비하지 않고, 22일 만에 약 1000킬로미터를 여행하여 바빌론에서 왕위에 올랐다.

사방을 지배하다

네부카드네자르의 치세는 바빌론의 전성기였다. 고작 10여 년 전에는 아시리아 제국이 이집트 남부에서 이란의 남서부까지 영역을 확장하고 있었고, 반면 바빌론은 내란에 빠져 있었다. 아시리아가 쇠퇴하고 이집트가 격퇴되자, 젊은 네부카드네자르는 갑작스럽게 이 방대한 제국을 다스리게 되었다. 제국이 예전의 분리된 나라들로 되돌아가

좌: **왼쪽의 네부카드네자르 궁전 유적은 거의 남지 않았다.** 1980년대 이라크의 사담 후세인이 이 이 자리에 새로운 궁전을 지었기 때문이다.

는 것을 막기 위해서는 네부카드네자르가 재빨리 그의 지배를 강화시켜야만 했다.

바빌론의 세력은 시리아, 아시리아 및 유다, 티레, 시돈 등 레반트의 나라들에게까지 퍼졌으나 강력한 통치로 결합시켜야 했다. 아시리아 왕의 비문과는 달리 신바빌로니아의 왕들은 오로지 건물에만 기록을 남긴 경우가 많아 그들의 전쟁에 대해서는 정보가 없다. 다행스럽게도 그 후의 바빌로니아 연대기들이 네부카드네자르의 통치 초기에 대해 설명해 준다. 그는 자신의 힘을 보이기 위해 서쪽으로 진군을 했던 것으로 보인다. BCE 604년, 필리시테의 마지막 독립 도시인 아슈켈론을 정복하여 "잔해의 수북한 무더기"로 만들었다. BCE 599년에는 아랍의 영토를 약탈했고 그 이듬해에는 예루살렘을 포위하여 오랜 공략 끝에 허수아비 왕 시드기야를 세웠다(이는 열왕기하 24:8–20과 예레미야 52:28–30에 나와 있다).

그러나 이집트, 아나톨리아, 이란 고원과 파악하기 어려운 메데아 부족 연맹들은 네부카드네자르의 손에 잡히지 않았다. BCE 601년의 이집트 침략은 바빌로니아의 완전한 실패로 끝났고 BCE 596년에는 엘람의 군대가 바빌론의 코앞인 티그리스 강변에서 패배당했다. 그 다음해에는 바빌론에 더욱 가까운 곳에서 쿠데타가 일어났고, 네부카드네자르는 이를 거칠게 진압했다. 연대기에 따르면 "그는 자신의 군사들을 칼로 베었다." 그는 제국에 대해 값비싼 대가를 치루며 배웠던 것이다.

제국에 어울리는 도시

약 1000년 동안 바빌론은 바빌로니아의 수도였고 주신인 마르두크는 "신들의 왕"이라는 치밀하게 구상된 정치적 교리를 통해 찬양되었다. 그러나 두 명의 네부카드네자르를 가르는 500여 년의 세월 동안 바빌론이 우주의 중심이라는 개념은 불안정한 왕조와 약한 왕들로 인해 약화되었다. 게다가 BCE 689년과 BCE 648년 아시리아의 포위는 도시 전체를 파괴시켰고, 그 후 오직 제한적으로만 재건되었다.

그러나 네부카드네자르 2세가 왕위에 오르며 제국 전체의 부가 이 고대 수도로 집중되었고 대대적인 건설이 시작되었다. 바빌론의 넓이는 약 8제곱킬로미터로, 네부카드네자르는 18킬로미터 둘레의 새로운 성곽을 쌓았다. 중앙에는 세 겹의 담으로 둘러싸인 왕궁 및 신전 구역이 설치되었다. 이 주위에 수로를 파고 유프라테스 강이 해자의 역할을 하도록 했다. 그러나 베로

하: **재건된 거대한 이슈타르의 문**에서는 이슈타르 여신과 다른 신들의 상징인 황소와 용의 문양이 뚜렷하게 보인다.

우 : **신성한 황소**는 이슈타르의 문에도 있는 것처럼 이슈타르 여신의 상징이다.

수스가 언급한 전설적인 "공중 정원"의 흔적은 찾을 수 없다. 일부 학자들은 그리스 학자들이 신아시리아의 왕 센나케리브(재위 BCE 704–681년)에 의해 지어진 니네베의 정원들과 혼동한 것이라 여긴다.

이 눈부신 공식 구역의 북쪽 입구는 이슈타르의 문으로, 여기에는 탑이 있으며 호화롭고 푸른 유약을 입힌 구운 벽돌로 지어졌다. 벽 위에는 이슈타르와 마르두크를 상징하는 사자와 용이 그려져 있다. 문과 문에 붙은 두 개의 성을 지나면 행렬도가 놓여 있는데, 이 통로는 길이가 1킬로미터이며 거대한 지구라트와 에사길라 신전 지구로 이어진다. 이 안에는 귀중한 보석과 금, 이국적인 목재들로 장식된 다른 18개의 신전들과 문들이 배치되어 있다. 넓은 도로들은 신년 축제(글상자 참조)와 같은 공공 행사를 치루기 위한 것이다.

왕조의 멸망

불행하게도 BCE 594년 이후의 연대기들이 갑자기 중단되어, 현대에는 정보들이 전해지지 않고 몇몇 전쟁의 막연한 기록만 남았다. BCE 568년경의 이집트 원정과, 네부카드네자르가 에돔과 모압을 합병시켰다는 설형문자 기록이 부분적으로 남아 있다. CE 10세기의 아랍 문서에서는 아랍에 대한 공격을 언급하고 있다. 이 원정들 중에서도 다음 두 원정이 그에게 불후의 명성을 안겨 주었다. 하나는 요새화된 섬 도시 티레를 13년간 포위한 것이었다. 이 포위는 협정으로 끝을 맺었는데 이는 알렉산드로스 대왕 외에는 재현하지 못했다. 두 번째는 예루살렘 원정이었다. 이로 인한 악명은 서양 역사에서 네부카드네자르의 이름 뒤에 끈질기게 따라다녔다.

BCE 562년, 네부카드네자르가 사망한 뒤 그의 혈통은 오래가지 못했으나 아들 여섯과 딸 하나의 이름이 알려져 있다. 태자 아멜마르두크(성서에 나오는 "에윌므로닥")가 BCE 561년 뒤를 이었으나 매형 네리글리사르에 의해 2년 만에 암살당했다. 네리글리사르는 고작 3년간 왕위에 머물렀고, 혈연관계가 없는 도전자 나보니두스는 쿠데타로써 독립 왕국 바빌론의 마지막 왕(재위 BCE 555–539년)이 되었다.

근동에서 기억되는 네부카드네자르

네부카드네자르는 두 가지의 방식으로 그려진다. 하나는 시드기야가 변절하여 이집트와 동맹을 맺으려 하자 두 번째로 예루살렘을 포위

신년 의식과 관례

네부카드네자르 시대의 바빌론 신년 축제는 다른 바빌로니아 도시들의 신이 자신의 신전을 떠나 바빌론의 마르두크를 만나러 오는 때였다. 이때 만물이 새로워짐을 발표하는 데 바빌론의 왕인 네부카드네자르가 중요한 역할을 맡았을 것이다. 왕은 에사길라 신전에 있는 마르두크를 알현하기 위해 모든 왕권의 상징물들을 벗고 지난 한 해 동안 죄를 짓지 않고 금기를 어기지 않았다는 "부정의 고해"를 낭독한다. 마르두크의 대사제는 남은 죄를 지우기 위해 왕의 얼굴을 손바닥으로 소리 나게 때렸다. 이렇게 해서 원기를 되찾은 왕은 백성들이 지켜 보는 데서 마르두크를 호위하며 시가지를 행진하고 남은 축제 기간 동안 관례와 제물 바치기를 주도했다. 네부카드네자르의 오랜 통치 기간은 바빌로니아 백성들에게 신년 축제가 효력이 있다는 증거로 보였을 것이다.

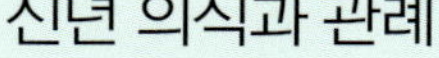

좌 : **바빌로니아 최고의 신인 마르두크**는 사진에서 그를 상징하는 용으로 나타나 있다. 사진은 카시트 바빌로니아의 부조를 베낀 그림이다.

(BCE 587–586년)하여 얻게 된 부정적인 명성이다. 이는 수 세기 후 요세푸스의 『유대 고대사』(CE 94년)에 묘사되었다. 예루살렘은 18개월 동안 궁핍과 질병에 시달리다가 항복하였다. 성서는 시드기야와 그의 군대가 도주했다가 붙잡혀 고문당한 것, "위대한 사람"들의 집이 불에 탄 것을 묘사했다. 예루살렘의 벽은 무너지고, 신전은 약탈당하고 파괴되었으며 이스라엘 왕가는 멸망했다.

비록 "그 땅의 비천한 자"는 남겨졌으나 너무도 많은 사람들이 바빌론으로 이주당하여 열왕기하 25:21에서는 다음과 같이 어두운 결론을 지었다. "이와 같이 유다가 사로잡혀 본토에서 떠났더라." 신기하게도, 바빌론에서 발굴된 설형문자 기록도 강제 이주가 진짜였음을 확인해 주었다. 문헌에는 식량 배급, 유배된 이스라엘인들이 운영한 사업에 대해 기록되어 있다. BCE 539년, 페르시아가 이스라엘인들이 유다 왕국으로 귀환하는 것을 허락하자 일부는 재산을 소유하고 사회적 지위를 갖게 된 바빌론에 남는 것을 택했지만 귀국한 이들은 본국에서 떠나지 않았던 사람들과 갈등을 겪어야 했다.

네부카드네자르의 강제 이동 정책이 이들의 분열에 끼친 영향에 대해서는 훗날 근동의 문학에서 몇 가지 다른 방식으로 기록되었다. 구약 성서와 그밖의 출처가 불분명한 기록에서는 네부카드네자르를 탐욕스러운 정복자인 동시에 약해지고 퇴보하는 유다 왕국에 대한 하나님의 심판 도구라고 묘사하였다. 아람 민화에서는 나보니두스에 대한 비판적인 이야기가 섞여, 점점 두 왕이 혼동되었고 네부카드네자르는 미쳐서 7년간 야수들과 같이 살았다고 전해지게 되었다. 이는 다니엘서에 인용되었다. 아랍의 역사가들은 이들과는 정반대로 이라크 고대 왕들의 명예로운 혈통을 복원하기 위해 열심히 노력했다.

유럽에서 기억하는 네부카드네자르

한편 더할 나위 없이 화려한 바빌론을 건설한 네부카드네자르에 대한 오리엔탈리즘적 환상이 고전 시대에 생겨났다. 헤로도토스, 디오도루스 시쿨루스, 스트라보 등 그리스의 저자들은 바빌론의 거대한 규모와 "공중 정원"(네부카드네자르가 산악 지대의 고향을 몹시 그리워하는 메데아 출신 왕비 아미티스를 위하여 화려하게 건설한 정원), 10톤이 넘는 마르두크의 황금 신상, 가로지르는 데만 꼬박 사흘이 걸리는 성벽 도시 등의 경이에 대해 묘사했다. 이 저자들은 종종 고대 바빌로니아의 낭만적인 이야기에 나오는 세미라미스나 이름 없는 시리아의 왕들과 같은 전설의 인물들이 건설한 것으로 잘못 설명했다.

비록 허황된 이야기들이 반복된 경우가 많기는 하나, 역사가들은 이들을 건설한 것이 네부카드네자르 왕이었다는 것을 밝혀 내는 데 성공했다. 유명한 바빌로니아 학자 베로수스는 네부카드네자르가 바빌론의 요새를 고작 15일 만에 지었다고 했고, BCE 4세기의 메가스테네스는 왕이 스페인까지 정복했다고 믿었다. 그리스인들의 환상에서 네부카드네자르의 이름은 바빌론과 함께 존경받았다. 이 두 이름은 동양적 전제 군주의 표본, 적나라한 무력 정치의 유혹적인 가면, 감각적인 쾌락과 부도덕적인 사치의 전설적인 표상이 되었다. 네부카드네자르에 대한 기억은 구약 성서의 비판적인 인식에, 동경과 혐오가 반반씩 섞인 고전 시대의 의견이 섞여서 중세와 근대 시대의 유럽에서 모순과 중복 속에 고이 간직되었다.

하:『카스티야의 이사벨라의 성무일도서』에 나오는 삽화 (1497년 무렵에 그려진 무명의 플랑드르 화가의 작품)에서 네부카드네자르가 예루살렘을 약탈하며 성스러운 책들을 불에 태우고 있다.

바빌론의 공중 정원

테라스의 정원
공중 정원이 말 그대로 공중에 떠 있었던 것은 아니었겠지만, 사진의 그림(페르디난트 크납, "바빌론의 공중 정원", 1886)처럼 언덕의 테라스 위에 있었을 가능성은 있다.

바빌론의 공중 정원은 일반적으로 고층 건물의 계단식 테라스에, 만개한 꽃들 사이로 튀어나온 발코니, 꽃들로 이루어진 폭포 등을 포함하여 대단히 낭만적으로 묘사되고 있다. 그러나 이런 모습들이 공중 정원을 고대의 가장 뛰어난 건축으로 만든 것은 아니다. 그보다는 뛰어난 건축술과 조경 기술, 정교한 용수 공급 시설 등이 고전 시대의 작가들로 하여금 공중 정원을 전설적인 건축물로 여기게 만들었다.

공중 정원은 고대의 7대 불가사의에 속한다. 이는 어디에 있었으며 어떤 장관이었을까? 오늘날 이라크에 있는 바빌론에서는 어떠한 고고학적 증거도 찾아내지 못했고, 바빌론의 당시 기록에서도 언급된 바가 없다. 그러나 디오도루스 시쿨루스(BCE 1세기), 스트라보(CE 1세기), 요세푸스(CE 1세기) 등 보다 후대의 고대 기록에서는 수많은 자세한 기록이 나왔다.

정원에 대한 다양한 기록에는 많은 공통점들이 있다. 기록에는 돌로 된 아치와 두꺼운 벽이 야자나무 골조의 들보들을 번갈아 떠받치며 계단식 테라스들을 지탱하고, 그 위에 정원들이 만들어진 것으로 묘사되어 있다. 수많은 기록들이 들보를 지탱하는 돌로 된 아치에 대해 묘사하고 있다. 이 들보들 위로 정원의 기반이 놓였다. 디오도루스 시쿨루스는 돌로 된 들보들 위에 역청을 두껍게 입힌 갈대를 깔은 층과 누수를 막기 위해 납으로 만든 층을 여러

바빌론인가 니네베인가?

옥스퍼드 동방 연구소의 스테파니 달리 박사는 유명한 공중 정원에 대하여 센나케리브 왕이 니네베에 건설한 정원일 것이라는 일리 있는 주장을 내어 놓았다. BCE 1000년대 니네베에는 많은 정원이 있었고, 니네베의 궁전들 벽에 정원들의 자세한 모습이 새겨져 있었다. 현재 대영 박물관에 있는 사진에서 보이는 부조는 고대의 저자들이 묘사한 공중 정원의 모습과 거의 정확하게 일치한다. 이 부조는 니네베에 있는 아슈르바니팔 왕의 북궁을 장식하던 것으로 아슈르바니팔의 조부 센나케리브의 정원을 묘사했다. 센나케리브가 서술한 것에 따르면 아르키메데스의 나사와 다르지 않은 물 운반 기계가 정원에 물을 공급했다고 여겨진다.

겹으로 쌓았다고 묘사했다. 이 위로 정원의 토대가 될 흙을 덮었다. 이렇게 만들어진 테라스 아래는 서늘한 동굴이 되어 사람들이 산책할 수 있었다.

정원을 종횡하는 수로를 통해 물이 흐르고 있었다. 테라스에 물을 대는 것은 식물들에 대단히 중요하여 매우 발달된 기계 수단이 이용되었다. 스트라보는 계단을 통해 강물을 끌어올려 정원에 물을 공급시켰다고 기록했다.

요세푸스는 정원을 나무로 뒤덮인 산처럼 만들려 했다고 묘사했다. BCE 1000년 무렵부터 전통적으로 메소포타미아의 정원에는 나무를 주로 심었으며, 당시 정원에 심었던 식물들이 어떤 것이었는지에 대해서도 오늘날 잘 알려져 있다. 정원에 심어졌던 나무들로는 버드나무, 대추야자, 석류, 올리브, 무화과, 포도, 일종의 노간주나무 및 다른 다양한 과실수가 있었다.

고대 기록들마다 이 정원을 건설한 사람에 대해서는 혼동이 있는데, 일반적으로는 네부카드네자르 2세(재위 BCE 605–562년)를 지목한다. 이에 대해 많은 전문가들 사이에서 논란이 일어나고 있다. 어떤

정원에 물 대기
아르키메데스의 나사는 돌거나 감기며 물을 밑에서 위로 끌어올렸다. 사진에 나오는 작가 미상의 그림은 그 원리를 보여 주고 있다.

이들은 신아시리아의 센나케리브(재위 BCE 704–681년)가 니네베(글상자 참조)에 건설한 정원이라고 생각한다. 그러나 이 정원을 지은 것이 바빌론의 네부카드네자르였건 니네베의 센나케리브였건 간에, 공학과 관개 기술의 뛰어난 위업이었음에는 틀림없다. 돌로 된 높은 테라스는 로마 제국 대저택의 정원으로 이어졌고 그 뒤로는 이슬람과 유럽의 전통적인 정원에 영향을 미쳤다.

예루살렘 약탈

네부카드네자르 2세가 예루살렘과 성전을 파괴하고 그곳에 살던 사람들을 바빌론으로 강제 이주시킴으로써, 유대의 독립 왕가가 종식되었다. 그러나 시간이 지나자 바빌론 유수는 유대 종교와 문화의 끈질긴 면모를 상징하는 것이 되었다.

상 : "네부카드네자르의 예루살렘 포위"라는 제목의 그림은 94년에 쓰인 요세푸스의 『유대의 유물들』을 1470년대에 번역한 책에서 인용한 것이다.

BCE 587년, 네부카드네자르 2세는 이미 수 세기 동안 이집트와 메소포타미아의 지배를 겪었던 이스라엘을 포위하였다. 겨우 10여 년 전 네부카드네자르는 이스라엘의 왕족과 수천 명의 주요 인사들, 병사들을 강제 이주시켰으나, 그 피해는 오래가지 않았다. BCE 587년에는 아무도 이 포위가 반역한 허수아비 왕 시드기야를 갈아치우는 이상의 결과를 초래하리라고 예상하지 못했다.

포위(BCE 587–586년)

이스라엘인들의 저항은 대단히 격렬했다. 구약 성서의 예레미아 39장과 열왕기하 25장에서는 포위 기간이 18개월이었다고 했다. 시드기야와 함께 잡힌 아들이 그의 앞에서 처형되고, 시드기야의 눈은 도려내어졌다. 비록 성벽과 집들이 파괴된 뒤에도 수많은 백성들이 살아남았으나 바빌로니아인들의 행동이 이스라엘의 재앙으로 여겨지게 된 것은 바로 솔로몬 성전(제1성전)의 보물들을 약탈하고 태웠기 때문이었다. 이스라엘인들에게 솔로몬 성전에서 지내는 제사는 야훼와의 소통을 보장하는 것으로 이 소통이 단절된 것은 국민 서약, 군주제, 백성들의 사회적 단결이 중단되었음을 의미했다.

예루살렘 약탈은 외세의 핍박을 상징하였으나 폭발 직전의 오래된 내부 갈등이 터지게 하기도 했다. 수백 년간 지속된 속국의 경험과 피비린내 나는 쿠데타로 인해 왕국은 엉망이 되었고, 오랫동안 선지자들은 성전에서의 제사를 야훼의 계율보다 덜 중요하다고 설교했으며, 바빌로니아인들은 오랜 빈부 격차를 교묘하게 이용하였다.

바빌론 유수(BCE 586–539년)

포위 이후 이스라엘인들은 바빌론으로 끌려가고 남은 낮은 신분의 백성들은 파견된 지사가 지배하였다. 끌려간 이들이 소유했던 과수원과 가축 떼들은 남은 이들에게 주어졌다. 얼마나 많은 사람들이 바빌론에 끌려갔는지는 확실치 않다. 예레미아와 열왕기하에서는 BCE 597년 총 3만 5000명이, BCE 586년과 582년에는 아마 유다 왕국 전 주민의 6분의 1이 끌려갔을 것으로 보았다.

바빌론의 포로들이 외국의 억류 생활에서 시를 지음으로써, 바빌론 유수는 유대인들의 문화적 원형이 되었다. 시편 137편의 "바빌론 강기슭, 거기에 앉아 시온을 생각하며 우네."라는 노랫말은 시인에 대해 알려 준다. 유배된 자들은 재산을 보유하였고, 자신들의 종교를 가질 수 있었으며 장사를 할 수 있었으므로 이러한 "속박"의 고난은 대개 심하게 과장된 것이었다. 이스라엘 성과 이름, 지명이 당시 바빌로니아의 설형문자로 된 혼인 문서, 토지 증서, 은

좌: "감옥에서 풀려 나오는 요아힘"이라는 F. H. 반 호브(연대 미상)의 판화는 바빌론에 잡혀 있던 여호야긴 왕의 석방을 묘사하고 있다.

행 장부 등에서 나왔다. 이스라엘인들이 바빌론의 문화에 동화되었다는 예는 BCE 561년, 여호야긴 왕이 석방된 것에서 볼 수 있다. 여호야긴 왕은 37년 전, BCE 598년에 예루살렘이 포위당했을 때 붙잡혀 왔다.

바빌론 유수는 경제적, 정치적인 것보다는 종교적인 고난의 의미가 더 컸다. 선지자들이 오래 전부터 증오하던 우상 숭배는 바빌로니아의 신앙에서 당연한 것이었다. 신전을 가지지 못한 이스라엘의 포로들은 대신 금식과 참회 의식, 율법 공부를 할 수밖에 없었다. 이렇게 사색적인 삶은 학자들이 히브리의 성서(구약 성서)가 될 모세 5경, 역사서, 예언서들을 다시 읽고 수정하여 글을 조화롭게 다듬으며, 성전 대신 성서에 의지하도록 하여 유대인들이 새로운 중심을 가질 수 있도록 노력하게 되었다.

귀환(BCE 539년 이후)

바빌론이 BCE 539년 페르시아의 키루스 2세에게 무너지자 유대교의 두 번째 시대가 열렸다. 키루스의 원통 비문에는 붙잡혀 있던 신의 형상들도 그의 추종자들과 함께 자신의 신전으로 돌아갈 수 있다고 명시되어 있다. 이는 막연하게 들리지만, 바빌로니아에 유배된 자들이나 붙잡힌 자들에게 귀국할 권리가 보장되었음을 의미한다. 에스라서와 느헤미야서는 예전의 유다 왕국으로 돌아간 이스라엘인들의 수에 대해 각기 다른 의견을 제시한다. 에스라서에서는 2058명, 느헤미야서에서는 4만 2360명이라고 했다. 재산을 보유한 유대인의 가족들 중에는 바빌론에 계속 남은 경우도 있다.

귀환한 이들이 제일 먼저 시작한 것은 성전의 재건이었다. 유다에 남았던 사람들과 바빌론에 유배되었던 사람들이 다투자 성전의 재건에 차질이 생겼다. 에스라 4장에서는 "땅의 백성들"인 사마리아인들이 귀환한 이들에 대해 "반항적이고 사악한 도시를 다시 짓고 있다."라고 페르시아의 왕에게 고소하여 방해하려 했다고 썼다. 그러나 페르시아는 유대인들의 충성심을 믿었고 다리우스 1세는 BCE 521년 무렵 성전 재건을 전적으로 허가하였다.

이 제2성전은 외부(페르시아, 프톨레마이오스, 셀레우코스, 로마)의 국가와 하스몬가의 지배를 받는 동안 계속해서 유대인들의 중심이 되었고, BCE 20년 재건되었다가 CE 70년 로마에 대항했을 때 파괴되었다. 예루살렘은 훗날 로마(CE 135년)와 사산조 페르시아(CE 614년), 그리고 유럽 십자군 원정(CE 1099년)에 의해 파괴되었고 아바스, 맘루크, 오스만의 왕들에 의해 재건되었다. 그러나 예루살렘은 유대의 성전을 중심으로 하지 않았다. 랍비와 탈무드를 통한 가르침이 유대 문화의 지속성을 의미하는 전형적인 예가 되었다.

하: 이 모형은 제2성전의 모습이다. 성전은 BCE 520년에 세워졌으며 CE 1세기의 역사가인 요세푸스의 기록을 근거로 복원하였다.

아케메네스 제국

다리우스 대왕의 시대에 영토가 최대로 확장되었던 아케메네스의 페르시아 제국은 인더스 계곡으로부터 유럽의 남동 지역까지, 아랄 해 지방으로부터 아프리카 북부까지 퍼져 있었다.

우 : **아케메네스 궁중 시종의 모습.** 아케메네스 제국의 수도 중의 하나였던 페르세폴리스에 있는 100개의 기둥의 방에 있는 부조(BCE 486-424년경)의 일부이다.

고대 근동과 중앙아시아 남부의 오랜 역사의 마지막을 장식하는 아케메네스 제국은 조상들에게 힘을 입은 바가 많으나, 동시에 지배 영역과 세력의 지속성 면에서 새로운 면모를 보여 주었다. 페르시아 제국은 절정기 때에, 현대의 지도에서 파키스탄부터 그리스, 카자흐스탄에서 리비아와 수단에 해당하는 영토를 차지하였고, 다리우스 대왕이 BCE 550년에 세운 후 BCE 330년 알렉산드로스 대왕이 다리우스 3세를 물리칠 때까지 200년이 넘도록 단 하나의 중앙 권력에 의해 지배되었다. 아케메네스 제국은 고고학자들과 역사가들이 발견한 국가 중에서 가장 거대한 고대 제국이었다.

제국에 대한 자료

제국의 이름은 다리우스 대왕(다리우스 1세)에 의해 건국 시조로 선전되었던 아케메네스의 이름을 딴 것이었다. 그러나 다리우스 대왕의 증언 이외에는 아케메네스가 존재했다는 증거가 없고, 다리우스의 호언장담에는 의심의 여지가 많다. 키루스 대왕(키루스 1세)은 자신의 계보에 아케메네스라는 이름을 언급하지 않았기에 현대 학자들의 대부분은 키루스와 함께 아케메네스의 혈통을 공유하고 있다는 다리우스의 주장을 부인한다. 즉 "아케메네스 제국"이라는 용어는 특히 다리우스 대왕 이전의 페르시아 제국 초기를 가리키기에 부적절하다. 그러나 이 명칭은 이미 기록 속에 확고하게 자리를 잡았고 편리해서 계속 사용되고 있다.

하 : **페르시아 왕의 비문**은 자주 세 가지 언어로 기록되었다. 고대 페르시아어, 바빌로니아어와 엘람어로 쓰였으며 다리우스 1세(BCE 522-486년)의 제국의 경계가 기록되어 있다.

19세기 말까지 제국에 대한 지식은 거의 모두가 그리스와 성서의 기록을 기반으로 했고 아직도 대부분의 정보는 그리스의 기록에 의존하고 있다. 페르시아 제국은 초기의 그리스 역사가들에게 뚜렷한 인상을 남겼고 이는 로마와 그 후손들에게 계승되었다. 20세기의 학문은 고전을 바탕으로 기하급수적으로 진전했다. 제국의 크기에 대해 여러 언어로 된 기록이 남아 있지만, 훨씬 더 많은 자료들이 사라졌거나 발견되기를 기다리고 있다. 아케메네스 왕조는 왕의 비문들을 남겼고 이들은 주로 고대 페르시아어(인도이란어의 일종), 엘람어(어느 언어에 속하는지는 확실하지 않음), 바빌로니아식 아카드어(동셈어의 일종)의 세 개 언어로 되어 있으며 설형문자로 기록되었다.

많은 국가, 한 명의 왕

고대로부터 전해지는 바에 의하면, 니네베가 무너지고 아시리아 제국이 멸망한 후(BCE 612년) 대략 50년 동안 고대 근동을 지배하던 세 개의 세력이 있었다. 바빌로니아인(아시리아 제국에 가장 가까운 후손), 아나톨리아 서부의 리디아인 및 북부 이란의 메데아인들이었다. BCE 530년 키루스 대왕의 치세가 끝날 무렵, 출신이 불분명한 페르시아인들이 일어나 이 세 개의 강대국들과 다른 지역들을 정복했고 캄비세스 2세와 다리우스 대왕 때에는 더욱 커졌다. 페르시아 제국은 아시리아와 바빌로니아인들로부터 수메르와 아카드의 초기 도시국가들로 거슬러 올라가는 거의 3000년에 이르는 메소포타미아의 전통을 이어받았다. 이 전통에 이란의 고대 엘람 문명과 자신들 고유의 면모를 융합시켰다. 친척 관계의 메데아인들처럼 페르시아인들은 유목민이었던 적이 있었다. 그러나 그들의 궁극적인 기원이나 이란으로의 이동, 마르브다슈트 평야(오늘날 파르스 주)에 정착하여 커다란 도시들을 세운 경위에 대해서는 여전히 논란이 진행 중이다. 페르시아어는 인도-이란계의 언어이므로 많은 학자들이 그들의 기원을 BCE 1000년대의 중앙아시아 깊숙이에서 찾고 있다.

페르시아인들은 새로운 도시인 파사르가다에 및 페르세폴리스와 함께 메소포타미아의 바빌론, 메데아의 엑바타나, 엘람의 수사를 부가적인 수도로 정했다. 왕들은 매년 수도를 옮겼다. 왕궁에서나 수행원들과 함께 있는 "King"(그리스 자료를 영역한 경우 종종 대문자로 쓴다)의 모습은 타의 추종을 불허하는 장관이었다. 그리스 저자

아케메네스 왕들의 통치 기간

키루스 2세 대왕, BCE 558–530년
캄비세스 2세, BCE 530–522년
다리우스 1세 대왕, BCE 522–486년
크세르크세스 1세, BCE 486–465년
아르타크세르크세스 1세, BCE 465–424년
크세르크세스 2세, BCE 424–423년
다리우스 2세, BCE 423–404년
아르타크세르크세스 2세, BCE 404–359년
아르타크세르크세스 3세, BCE 359–338년
아르타크세르크세스 4세(아르세스), BCE 338–336년
다리우스 3세, BCE 336–330년

하 : **제국 전역에서 온 공물을 바치는 자들**이 아케메네스 왕에게 선물을 가져오고 있다. 사진은 페르세폴리스에 있는 다리우스 1세의 궁전(BCE 480년경) 계단을 장식하는 거대한 부조들의 일부이다.

우 : **페르세폴리스 100열주의 홀(BCE 486–424년)의 부조**에서 왕이 아후라마즈다 신의 날개 달린 원반 속에 포함되어 신권을 가지고 있음을 나타내고 있다.

들에게 페르시아 제국은 이질적이고 경외심을 불러일으키는 세계였으므로 많은 저자들은 페르시아의 왕들에 대해 이름을 붙이지 않은 채, 단지 "the King"으로 나타냈다. 비교할 수 있는 왕들이 없었기 때문이다.

그러나 이와 동시에 그리스인들에게 빈번했던 비하적인 시각이 백성(흔히 노예라고 오역되기도 했다)들을 압제하는 동양적인 폭군이라는 끈질긴 고정관념을 발생시켰다. 이것이 페르시아 왕들 자신의 선전과 많이 다른 것은 놀라운 일이 아니다. 페르세폴리스의 아파다나(접견실)에 새겨진 부조는 제국의 모든 백성들이 세심하게 구분된 열로 나란히 서서 각자의 출신 전통 의복을 입고 왕에게 바칠 선물을 들고 있는 모습을 보여 준다. 이는 예속이 아닌 협력을 묘사하는 것이다. 이와 같은 사람들이 떠받치고 있는 왕좌나 연단에 올라 있는 왕의 모습은 페르세폴리스, 나크시에루스탐(페르세폴리스 근교)의 왕실 무덤과 이집트에 있는 다리우스 대왕의 원형 조각상 등에 나타나 있다.

신앙과 생활 양식

다리우스 대왕에 의해 장려된 종교적 신앙 체계(현대 학자들은 마즈다교라고 부름)는 몇 세기 후에 사산조의 조로아스터교로 발전하였다. 조로아스터교의 경전인 아베스타의 많은 요소들은 인도의 힌두교와 대단히 유사하다. 이는 인도–이란계의 유산을 공유하고 있기 때문이다. 아르타크세르크세스 2세 때까지는 오직 창조신인 아후라마즈다만이 페르시아 왕의 비문(부조에는 날개 달린 원반으로 표현되어 있다)에 계속 암시되어 오다가 그 후에야 아나히타 신과 미트라 신이 언급되었다. 왕의 비문에는 아후라마즈다 신이 언급되어 있으나 알려진 대부분이 절망적일 정도로 그리스 자료와 융합되어 버려 아케메네스 신앙 체계를 파악하기가 어렵다. 아케메네스 왕들은 자신들의 신앙을 백성들에게 강요하지 않은 것이 확실해 보인다. 다양한 지역적 종교 체계가 있었던 증거가 발견되었고, 그중에서 일부는 마즈다교와 함께 페르시아의 심장부에서 번성하기까지 했다.

아케메네스 왕조의 문화와 생활 양식에 대해서 알려진 대부분은 후에 전해지는 바와 외부의 자료들(특히 그리스의 기록들)에서 얻어진 것이다. 그리스는 제국의 서쪽 국경에서 멀리 떨어져 있었으나 페르시아의 편재하는 힘을 항상 의식하고 있었다. 역사가 헤로도토스는 BCE 5세기 중엽에서 말까지 쓴 기록에서 크세르크세스가 그리스를 침략한 것(BCE 480–479년)에 대해 중요한 자료를 제공해 준다. 그와 다른 이들의 기록도 가치가 있지만, 그리스의 문학적, 문화적 주제를 담고 있으므로 조심할 필요가 있다. 게다가 그리스의 관점과 균형을 이룰 만한 페르시아의 자료가 없기 때문에 훌륭한 역사가나 학자들은 이들 문헌에서 일어났던 일들에 대한 부분적인 이해만을 얻을 수 있다.

헤로도토스는 그의 첫 번째 책에서 페르시아의 관습과 문화를 많이 다루었다. 이들 중에는 이상하고 우스꽝스러운 내용도 있다. 그의 주장에 따르면, 페르시아인들이 중요한 사안에 대해 협의할 때에는 술을 마시며 토론한 뒤 그다음 날 술이 깨었을 때 같은 문제를 다시 재고하여 두 결과가 같을 경우 받아들였다고 한다. 페르시아의 젊은이들이 받는 주된 교육이 활쏘기, 말타기와 정직함이라는 헤로도토스의 주장은 다리우스 1세의 무덤에 있는 비문과 일치한다. 비문에서는 다리우스 1세의 활과 승마 솜씨를 뚜렷이 강조하고 있다. 다리우스는 또한 그의 비문(특히 베히스툰에 있는 비문)에서 가짜인 것들(고대 페르시아어로 드라우가)에 대한 완강한 적의를 드러내었다. 드라우가는 흔히 "거짓"으로 번역된다. 이러한 입장은 아케메네

좌 : **아르타크세르크세스 1세 시대**(BCE 465–424년)에 제작된 은상으로 바지와 망토의 여행자 복장을 하고 있는 페르시아의 고위 관료의 모습을 보여 준다.

스 왕의 비문마다 일관되게 나온다. 왕은 아후라마즈다와의 특별한 관계를 통하여 "거짓"에 대항하는 보증인을 자처했다. 후에 그리스와 로마의 많은 작가들은 서술의 역사적 정확성 대신, 문학적으로 페르시아의 사치와 퇴폐를 강조하는 방향을 택했다. 플라톤과 크세노폰 모두 페르시아 교육 체계의 타락이 후대의 아르케메데스 왕들과 제국에 손상을 입혔다고 하면서, 키루스 대왕의 아들이 타락하게 된 경위를 예시로 들었다. 이에 따르면 그는 호화로운 양육 환경 때문에 퇴폐적이고 쇠약한 성품이 되었다. 그리스의 의사이자 역사가인 크니도스의 크테시아스(BCE 400년의 글)는 페르시아의 왕비와 환관들의 음모(유명한 하렘)에 초점을 맞추고 페르시아 왕들이 점점 여성화되었다고 묘사했다. 그는 이것이 제국의 쇠락을 암시한다고 보았다. 크테시아스에 의하면 아케메네스의 왕비들과 공주들은 자식들(결국에는 그녀 자신들)을 높은 지위에 앉히기 위해 물불을 가리지 않았다. 크테시아스의 이야기 중 전해지는 부분에는 도처에 배반과 고문이 만연하고 정의와 미덕을 완전히 무시하는 모습이 그려져 있다.

그리스의 자료들은 아케메네스 제국의 문화적, 사회적 역사를 이해할 만한 잠재적인 가능성이 있는 단편적인 기록들을 제공한다. 하지만 그토록 틀에 박힌 서술에서 믿을 만한 역사적 가치가 있는 요소들을 가려내는 것은 매우 어렵다. 구약 성서의 묘사를 통해 아하스에로스(크세르크세스 1세) 및 다른 아케메네스의 인물들에 대해 이해하려 할 때도 이와 비슷한 어려움을 겪게 된다. 종종 일그러진 관점으로 서술되었던 그리스의 기록들을 반박하는 자료가 바로 페르세폴리스 요새의 벽 안에서 발견된 행정 문서들인 페르세폴리스 요새 문서(글상자 참조)이다. 이 점토판 문서들은 왕의 가족까지 올라가는 행정 서열과 사회 최하층 일원들에게까지 내려가는 필수품 분배에 대해 들여다볼 수 있는 기회를 제공한다. 또한 페르시아 제국의 농업, 경제 및 군대의 운영 방식과 체계를 이해할 수 있으리라는 희망을 준다. 중앙과의 거리와 상황에 따라 달라지는 노동자들과 관리들에 대한 식량 배급은 제국 중앙 정부의 조직력과 범위를 증언해 준다. 이 글을 쓰는 현재, 50년 이상 연구되어 오고 있음에도 불구하고 페르세폴리스 요새 문서의 분석은 여러 면에서 아직 초기 단계를 벗어나지 못했다.

페르세폴리스 요새 문서

페르세폴리스 요새 문서를 조사한 책임자에 의하면 총 2만–2만 5000개의 점토판 중에 1만 5000–1만 8000개가 BCE 509년에서 494년 사이에 만들어졌다고 한다. 왕실 금고에서 발견된 훨씬 작은 수의 비슷한 점토판은 114개의 문서로 BCE 492년에서 458년 사이에 만들어졌으며, 마찬가지로 아케메네스 제국의 행정에 대해 중요한 정보를 포함하고 있다. 대략 70퍼센트가 엘람어로 기록되어 있으며 나머지는 기록이 되어 있지 않거나 아람어와 같이 다른 언어로 되어 있다. 예외적으로 바빌로니아식 아카드어, 그리스어, 고대 페르시아어들로 기록된 점토판도 발견되었다. 아케메네스 제국에 대한 지식을 넓히는 데에 있어 이들 점토판의 중요성은 아무리 강조해도 지나치지 않을 것이다.

우 : **엘람어로 기록된 이 아케메네스 점토판**(BCE 500년경)은 페르시아 행정 업무를 서술하고 있는 300개의 점토판 중의 하나이다.

키루스 대왕

키루스 2세 대왕(재위 BCE 558–530년)은 의심할 여지없이 페르시아 역사에서 가장 중요하고 영향력 있는 인물이다. 그가 없었다면 페르시아는 제국이 될 수도, 세계적인 강대국이 될 수도 없었을 것이다.

상 : **이란의 남부에 있는 파사르가다에**는 키루스 대왕의 수도였다. 사진은 궁전 접견실의 유적이다.

키루스 대왕(고대 페르시아어로는 쿠루시)은 캄비세스 1세의 아들이며 BCE 600년경 페르시아(그리스어로는 페르시스)라 알려졌던 이란 남서부의 작은 왕국에서 태어났다. 현재는 파르스 주에 해당한다.

키루스와 초기 페르시아 왕들

키루스가 태어난 페르시아 왕가는 BCE 650년경 테이스페스에 의해 시작되었다. 테이스페스는 자신을 "안샨의 왕"이라 칭했다. 안샨은 엘람 북부 고원의 남서부 지역에 있던 도시의 명칭으로, 강력하고 세련된 엘람인들에게 한때 지배되었다. 테이스페스의 후예들은 이 명칭을 계속 사용했다. 이는 초기 페르시아 왕들이 자신들을 엘람 땅의 지배자이자 엘람 문화의 정당한 상속인이라고 여겼고, 엘람의 언어, 관료 및 궁정 조직이 아케메네스조 페르시아에 매우 강한 영향을 미쳤음을 나타낸다.

이 외에 초기 페르시아의 역사에 대한 정보는 거의 없

우 : **키루스 대왕**을 묘사한 작자 미상의 현대의 판화이다. 키루스 대왕을 대단히 존경한 알렉산드로스 대왕은 결국 그가 창조한 제국을 정복하였다.

다. 파르스 초기(BCE 1150-650년경)에는 거주 인구가 지속적으로 줄었으나, 이 페르시아 초기 왕들의 시대에는 대규모의 재정착 증거(BCE 650-559년경)가 발굴 결과 발견되었다. 이는 이 지역이 안정되었음을 짐작하게 하지만, 달리 확실한 증거는 거의 없다.

BCE 558년 키루스가 페르시아의 왕좌에 올랐을 때 근동에는 이집트, 바빌로니아, 리디아 및 메데아까지 네 개의 강대국이 있었다. 키루스 대왕은 이들 모두에 강한 영향을 주었다. 헤로도토스에 의하면 페르시아는 이란의 부족 중 하나로 이들은 모두 메데아의 속국이었다. 강력한 메데아 왕국은 북부 이란에 머무르기에 세력이 너무 커져서 바빌로니아의 부유한 지역에 대해 공격을 감행했다. BCE 550-549년, 재위 8년이 된 키루스와 남부 이란 부족들이 연합하여 메데아 왕 아스티아게스를 치려고 북진한 덕분에 바빌론은 공격에서 벗어났다. 그리스의 헤로도토스와 크니두스의 크테시아스는 키루스의 행동을 메데아의 멍에에서 벗어나려는 시도로 묘사했고 키루스가 아스티아게스에게 승리한 것은 키루스의 젊음 및 강인함 덕분이라고 했다.

좌 : 사진의 금으로 만들어진 사자(BCE 5세기 무렵, 현재 아테네의 카넬로폴로우스 박물관 소장)는 키루스 대왕이 세운 제국의 부를 보여 주는 페르시아의 유물들 중의 하나다.

키루스의 탄생 : 전설인가 사실인가?

키루스 대왕의 전설은 물론 고대 이란의 풍부한 설화 전통에서는 흔한 것이다. 아케메네스 시대에도 사람들은 탄생, 통치 및 제국을 세운 왕의 위대함에 대한 이야기를 했을 것이다. 헤로도토스는 키루스의 탄생과 교육에 대해 적어도 세 개의 전설을 알고 있으나 그중의 하나만 선택하여 처음부터 끝까지 썼다고 기록했다. 이 전설에서 키루스의 부친인 캄비세스 1세는 아스티아게스의 딸 만다네와 혼인했다. 혼인에 이어 아스티아게스는 악몽을 꾸었는데, 미래의 손자가 왕의 자리를 빼앗는 꿈이었다.

만다네가 예언된 대로 아들을 낳자 아스티아게스는 아기를 죽이라는 명령을 내렸다. 그러나 아기는 메데아의 장군 하르파구스에게 몰래 시골로 빼돌려져서 가축을 모는 목동의 손에 자랐다. 어렸을 때부터 뛰어났던 키루스는 왕으로서 갖추어야 할 모든 장점들을 보이는 청년으로 자랐다. 왕의 자질을 보이는 사람이 나타났다는 소식을 듣고, 아스티아게스는 키루스를 궁전으로 초대했다. 아스티아게스는 청년을 보는 순간 자신의 손자임을 깨닫고 페르시아의 귀족인 부모의 품으로 돌아갈 것을 허락했다. 이후 키루스는 왕위를 빼앗을 생각을 갖게 되었고 많은 페르시아 부족들을 자기의 편으로 만들어 아스티아게스와 메데아의 지배에서 독립을 얻어 내었다.

다른 버전의 키루스는 어린 시절 야생에서 들개에 의해 길러졌다. 또 다른 전설에서 키루스는 아스티아게스의 핏줄이 아니었다. 그 밖에 키루스의 아버지가 아트라다테스라는 도둑이고 어머니 아르고스테가 염소지기였다는 전설도 있다. 이것들은 키루스 대왕 전설의 일부이며 위대한 지도자의 미천한 출생을 설명하는 훨씬 더 오래된 근동의 설화들을 따랐다. 아카드의 사르곤 왕과 성서의 모세도 키루스같이 발견된 아이라는 전설이 있고, 민간 설화나 정치 선전의 다른 형식에서 영감을 받았다.

아스티아게스와 키루스의 갈등은 낭만적 허구이거나 아케메네스 역사에서 처음 문서로 기록된 사실일 수도 있다. 둘의 전쟁은 그리스의 기록과 몇몇 근동 자료에서도 찾을 수 있다. 동시대의 바빌로니아 왕 나보니두스는 이를 짧게 기록했다. BCE 550-549년경 그의 연대기는 아스티아게스의 군대가 "그에게 반란을 일으키고, 그를 붙잡아 키루스에게 넘겼다."라고 썼다. 그 결과 키루스는 엑바타나의 왕궁을 약탈하고, 모든 "은, 금, 물건들, 그리고 가치 있는 것들"을 안샨으로 가져갔다.

키루스의 정복

메데아를 이기고 엑바타나를 약탈한 후, 키루스는 반 호수 연안의 우라루트 왕국 등 메데아의 북부로 주의를 돌렸다. 이 시대의 연대표는 모호하지만 키루스가 엘람을 점령하고 수사를 장악했을 가능성이 있다. 크테시아스는 키루스가 박트리아에도 원정을 갔다고 했지만, 헤로도토스는 박

상 : 바빌론에서 발견된 키루스 실린더(BCE 538–535년경)는 키루스 대왕이 바빌론을 정복한 직후 놓아둔 것이다.

트리아 전쟁을 하찮은 소규모 접전처럼 취급하였다.

더 유명한 것은 부유하고 강력한 리디아 왕국으로의 원정이다. 리디아의 왕 크로이소스는 이오니아의 도시들을 지배하였으며, 그의 수도 사르디스는 메소포타미아와의 넓은 교역으로 많은 이익을 얻었다. 그리스의 자료들은 리디아의 몰락만을 기록하였으나 리디아를 약탈했다는 것은 키루스가 이오니아 해안을 따라 다른 중요한 도시들을 장악했다는 것을 의미한다. 이 도시들은 페르시아의 지사와 행정관들의 지배하에 놓였다.

BCE 540년, 키루스는 바빌론으로 진격할 준비가 되어 있었고 그의 군대를 메소포타미아로 옮겨 우선 오피스에 들렀다가 시파르로 갔다. 그는 BCE 539년 10월 29일 바빌론에 입성했고, 이미 바빌론의 왕 나보니두스를 포로로 잡은 상태였다. 군대의 저항을 받지 않은 것으로 보이며, 키루스는 비록 아들 캄비세스 2세를 바빌론의 섭정으로 앉혔지만 바빌로니아의 관료들이 정부와 종교의 업무를 계속하도록 하여 현상을 유지했다. 그리고 우그바루(고브리아스)라는 바빌로니아인을 바빌론의 지사로 임명했다.

바빌로니아를 정복한 이듬해부터 몇 년간(BCE 538–530년), 키루스는 진정 세계적인 제국을 만들게 되었다. 동쪽의 아리아, 파르티아, 소그디아나 및 마르기아나, 자카르테스 강(시르다이랴 강) 근처에서는 그리스인들이 키로폴리스라고 부르던 도시를 얻었다. 서쪽의 실리시아, 시리아와 팔레스타인도 차지했다. 비록 이집트는 장악하지 못했지만, 훗날 정복할 대상으로 확실히 지목해 놓았다. BCE 530년, 키루스는 마사게타이와의 전쟁 중에 전사했다. 그의 유산은 아무리 강조해도 지나치지 않을 정도였다. 그는 빠르게 문화적 다양성을 지닌 세계적 제국을 세웠다. 바빌로니아의 사제들은 그를 마르두크의 지상 대리인으로 여겼고, 유대인들은 그를 신에게 선택 받은 자로 보았다. 그리스인들은 그를 최고의 정치인이자 자비로운 지배자로 여겼다. 현대의 이란인들에게도 키루스는 숭상의 대상이며 그의 무덤은 여전히 수백만의 사람들이 숭배를 올리는 장소이다.

키루스 원통 비문 : 인권에 대한 최초의 법안?

키루스 원통 비문은 점토로 된 술통 모양이며 아카드어로 되어 있다. 바빌론 발굴 시 1879년 마르두크 신전 근처에서 발견되었고 키루스의 명령으로 만들어졌다고 추정된다. 문서 전체는 전통적인 바빌로니아의 어휘와 시각으로 기록되었으나 아마 아시리아의 왕 아슈르바니팔(재위 BCE 668–627년)의 비문에서 착안했을 것이다. 이 비문은 제국을 선전하는 사례로, 키루스의 바빌론 정복을 정당화하였다. 비문은 바빌로니아인들이 나보니두스의 허황된 건설 사업을 위해 힘든 노동을 강요당하는 동안, 그의 사악함이 어떻게 신들을 도시에서 떠나게 했는지 강조하고 있다. 지상을 보던 마르두크는 키루스 안에서 투사를 찾아 그를 바빌론의 구원자로 보냈다.

키루스는 바빌론의 질서를 되찾고 주민들을 노역에서 해방시켰으며 유배된 이들의 귀향을 허락하였다. 그는 신을 경건하고 올바르게 숭배했고, 원통 비문에서는 "마르두크, 위대하신 주께서 나의 행적을 기뻐하시고 키루스, 나 자신과, 신을 숭배하는 왕 캄비세스, 나의 아들과, 나의 모든 병사들에게 친히 축복을 내리셨으니 우리는 모두 위대하신 신께 기도한다."라고 하였다. 이와 함께 키루스는 "세계의 왕, 위대한 왕, 정당한 왕, 바빌론의 왕, 수메르와 아카드의 왕, 지구의 네 가장자리의 왕… 테이스페스의 후손… 언제나 왕권을 발휘한 가문, 그의 지배(신의)… 사랑."이라고 서명했다.

유배된 이들의 해방을 썼다는 이유로 키루스의 원통 비문은 인권에 대한 선언문으로 여겨진다. 현대 이란인들은 키루스가 인도주의자였다는 주장에 자부심을 느낀다. 이 인상은 유대인들이 그들을 바빌론에서 해방하여 귀향하도록 허락해 준 키루스에 대해 찬양(이사야 45:1)하면서 더욱 강해졌다. 이와 같이 키루스는 비유대인으로서 유일하게 "메시아(주에게 선택받은 자)"라는 영예로운 칭호를 받았다. 그러나 "인권"이라는 개념은 키루스나 당시 사람

파사르가다에 : 키루스 대왕의 천국

현대의 파르스 주에 있는 파사르가다에(고대 페르시아어로는 파트라가다)는 키루스 대왕이 자신의 궁전을 세우기 위해 직접 선택한 곳이다. 키루스 왕궁은 두 개의 작은 석조 건물로 구성되었으며 리디아의 석공들에 의해 건설되었다. 주거 구역과 아파다나(기둥이 있는 왕의 접견실)가 있다. 궁전의 벽은 이전의 아시리아 부조를 따라 채색된 부조로 장식되었다. 사진에 보이는 잘 보존된 반신격화된 남성의 모습에는 엘람의 복장, 아시리아의 날개, 이집트의 왕관 등 제국 전역의 문양이 조합되어 있다. 파사르가다에에는 격식 있는 정원이 마련되었고, 궁전 주위로는 수많은 관개 수로가 놓여 정원에 항시 물이 공급되었다. 그 결과는 마치 사막의 파라다이스를 연상케 했는데, 이 파라다이스라는 현대의 단어는 정원을 의미하는 페르시아어-파이리다에자(그리스어로는 파라데이소스)에서 파생되었다. 키루스 대왕은 궁전에서 가까운 정원 모퉁이에 자신의 소박한 무덤을 세웠다. 리디아의 추모비에서 영감을 얻은 그의 무덤은 단순한 단 위에 박공이 있는 건물이다.

우 : **파사르가다에의 날개 달린 영혼**은 유적에서 가장 잘 보존되어 있는 조상이었으나 근래에 얼마간 피해를 입었다. 고고학자들은 날씨로부터 보호하기 위해 옮길 것을 고려하고 있다.

들에게 생경했을 것이다. 유대인들의 귀향이 허락된 것은 사실이지만 키루스 치하의 다른 이들도 관대한 취급을 받은 것은 아니었다. 예를 들어, 오피스의 시민들은 학살당했고, 리디아의 함락 후 그 백성들은 바빌로니아의 니푸르로 강제 이주를 당했다. 이는 니푸르의 리디아인 공동체로 증명되었다.

키루스는 분명 실용주의적인 지배자였다. 이는 현지 신의 숭배를 허용한 것에서도 알 수 있다. 원통에는 키루스가 이란의 신 아후라마즈다를 믿는다는 것이 언급되어 있지 않다. 그는 아카드어의 문헌에는 마르두크의 도구라고 되어 있고 구약성서에는 이스라엘 신의 종으로 소개되었다.

하 : **키루스 대왕의 무덤** (BCE 530–514년경)은 여전히 파사르가다에에 서 있다.

캄비세스 2세와 다리우스 1세

BCE 530년 키루스 대왕이 죽고 나서 그의 아들 캄비세스 2세는 이집트를 정복했다. 그 후 궁전에서 일어난 쿠데타는 페르시아를 혼란에 빠지기 일보 직전까지 몰고 갔다. 그러나 다리우스 1세(대왕)의 결단력과 선견지명 및 정치력이 거대한 제국을 꽃피게 하였다.

부왕에 의해 왕위를 잇기 위한 교육을 받은 캄비세스 2세(재위 BCE 530-522년)는 바빌론의 지사로 임명받고, 키루스가 사망하자 평화롭게 왕위에 올랐다. BCE 530년 8월 31일에 쓰인 바빌로니아의 문헌에서는 캄비세스를 "바빌론의 왕, 땅의 왕"이라 칭했다. 캄비세스는 즉위하며 그의 동생 바르디야(그리스 문헌에서는 스메르디스, 타니옥사레스, 타니옥사르케스 등으로 다양하게 알려져 있음)를 메데아(북부 이란) 혹은 박트리아(아프가니스탄)의 지사로 임명하였다고 하는데, 그리스의 자료들은 이 부분에서 모순된다.

캄비세스 2세 : 미친 왕?

캄비세스의 최고 업적은 BCE 525년 이집트를 정복한 것이다. 파라오 아흐모세(아마시스, 재위 BCE 570-526년경)의 사후 그의 후계자 프삼티크 3세가 펠루시움의 전투에서 패했다. 캄비세스는 오래된 전통에 따라 멤피스에서 파라오가 되었고 왕명을 메수티레로 정했다. 이집트 정복에 이어 그 이웃인 리비아와 키레네가 페르시아에 굴복했다. 캄비세스는 나일 강을 따라 남쪽으로 향하여 아스완 근처의 엘레판티네 섬에 있는 유대군의 주둔지에 머물렀다가 진군하여 누비아의 일부를 정복했다.

그리스의 자료들, 특히 헤로도토스는 캄비세스를 미친 폭군으로 그려 백성들을 핍박하고 죽이며, 비정상적인 성행위를 하고 정복한 나라의 종교적인 전통을 불경스럽게 모독했다고 기록했다. 기록에는 그가 이집트의 신전들을 파괴하고 프타 신의 화신인 신성한 아피스 황소를 칼로 베기까지 했다고 하였다. 이러한 비방들은 대부분 캄비세스가 자신들의 권력과 부를 축소시키려는 것을 반대하던 이집트의 사제들로부터 나온 것이었다. 그러나 이집트에서 발견된 고고학적 증거들은 캄비세스가 종교적 관용을 택하였음을 암시한다. 멤피스의 세라피스 신전 비문(BCE 524년)은 캄비세스가 신성한 황소의 죽음에 대해 정해진 의식에 따라 경의를 표했다고 기록했다. 키루스가 바빌론에서 했던 것처럼, 캄비세스는 자신의 왕권을 유지하기 위

하 : 캄비세스 2세가 자신이 **술에 취하지 않았음을 증명**하기 위해 소년에게 화살을 쏘아 보이고 있다. 이 작자미상의 1754년에 제작된 판화는 헤로도토스의 이야기를 묘사한 것이다.

좌: 다리우스 1세 대왕이 왕좌에 앉아 있다. BCE 485년 무렵의 부조로 페르세폴리스의 접견실에 있다.

해 이집트 귀족들의 지지를 끌어들였다. 한 문헌에서는 캄비세스가 네이트 신에게 절하는 것을 다음과 같이 기념하였다. "네이트의 신전에… 캄비세스께서 오셨다. 모든 왕들이 그러했던 것처럼 그는 위대한 그녀의 앞에서 땅을 짚었고 거대한 향연을 마련하셨다." 다른 비슷한 문헌들도 캄비세스 2세가 이집트의 종교와 문화 전통에 민감했음을 나타내므로, 캄비세스가 미친 전제 군주였다는 헤로도토스의 생각은 부당한 것으로 보인다.

다리우스의 궁정 쿠데타

캄비세스는 BCE 522년 여름 이집트에서 사망했다. 그의 죽음은 신비에 둘러싸여 있다. 자연사였을 수도 있고, 부상으로 인한 죽음이었을 수도 있으며 자살이었을 수도 있다. 다리우스가 베히스툰 비문에 기록한 바에 의하면 캄비세스가 동생 바르디야를 몰래 죽였는데, 가우마타라는 마구스(메데아의 사제)가 스스로를 바르디야 왕자라고 하며 왕위를 찬탈하였다고 한다. 다리우스는 캄비세스가 자살했다고 기록했다. 가우마타는 6개월 동안 바르디야로서 페르시아를 지배했고 그 누구도 그에게 도전할 준비가 되어 있지 않았다. 1세기 후에 쓰인 헤로도토스의 기록에 의하면 다리우스는 의심을 갖고 가우마타에게 본인이 바르디야라는 것을 증명하라고 요구했다. 우스운 점은 하렘의 부인들조차 가우마타와 살해된 바르디야 왕자를 구분하지 못했다는 것이다.

캄비세스의 후손이 아니라 파르티아의 지사 히스타프세스의 아들이었던 다리우스는 다른 6인의 페르시아 귀족들과 함께, 가우마타를 몰아내려는 모의를 꾸몄다. BCE 522년 9월 25일, 궁전에서 쿠데타를 일으켜 사기꾼을 베고 다리우스 1세 대왕(재위 BCE 522–486년)이 페르시아의 왕위에 올랐다.

보통 이 이야기는 다리우스가 키루스의 정당한 후계자를 살해한 사실을 덮기 위해 순전히 지어낸 것이라고 이해된다. 다리우스는 자신의 정당성을 주장하기 위해 키루스와 자신의 공통 선조를 창조했다. 왕조를 세운 아케메네스가 자신들의 조상이라는 것이다. 다리우스는 키루스의 딸 아토사와 아르티스토네 및 바르디야의 딸 파르미스와 혼인하여 입지를 굳혔다. 그는 자신을 도와준 여섯 귀족 가문의 딸과 혼인을 하거나 자신의 여자 친척을 부인으로 주어 관계를 돈독히 했다. 이 여섯 귀족들에게는 자신이 부인들과 있지 않을 시에는 언제나 개인 접견을 할 수 있도록 약속했다. 다리우스는 페르시아의 귀족 가문과 혼인을 맺어서 그가 세운 새로운 "아케메네스" 혈통을 확대시켰다.

모두가 다리우스의 지배를 쉽게 받아들인 것은 아니었다. 바빌론, 메데아, 아르메니아, 스키타이 및 페르시아 자체에서도 반란이 일어났다. 페르시아의 반란은 자신이 바르디야라고 주장하는 도전자에 의해 주도되었다. 다리

하: "다리우스의 꽃병"(BCE 340–320년경). "다리우스 화가"로 불리는 남부 이탈리아 화가에 의해 그려진 그림으로 다리우스 대왕이 중앙에 앉아 있다.

우 : **다리크라 불리는 금화**는 다리우스 1세가 도입한 것으로 페르시아 제국 서쪽에 있는 리디아의 광산에서 제조되었다. 사진의 금화는 BCE 480–400년경의 것이다.

우스가 가차 없이 반역자들을 제거하는 데는 1년도 채 걸리지 않았다. 다리우스는 반란자들을 처형한 후 두번 다시 왕위에 대한 위협을 받지 않았다.

행정가 왕

BCE 518년, 제국의 위치를 확립한 후, 다리우스는 국경을 인도의 신드(아마도 펀자브 지방)까지 넓혔다. BCE 513년에는 흑해 북쪽의 스키타이 정복도 시도했다. 다리우스의 치세에 제국은 리비아에서 박트리아까지 확장되었다. 제국 행정을 위하여 사트라피라고 불리는 20개의 태수령으로 나누고, 각 주는 보통 왕가에서 선택된 사트라프(태수)들이 지배하였다. 각 사트라피에는 각기 평가된 재산에 따라 중앙 정부에 매년 공물을 바치는 형식으로 세금이 부과되었다. 또한 제국에 동전을 도입한 것도 다리우스였다. 소통과 세금의 빠른 지불을 위하여 다리우스는 수사에서 아나톨리아 서부의 사르디스에 이르는 왕도를 건설하고 도로를 따라 수많은 왕령을 고대 페르시아어를 포함한 다양한 언어로 새겨 놓았다. 고대 페르시아어는 다리우스의 명령에 의해 만들어진 페르시아어의 문어체이다.

다리우스는 또한 건축에도 관심을 보였다. 이집트의 나일 강과 홍해를 연결하는 운하를 만들고, 히비스에 이집트 신의 신전을 지었다. 신전의 벽에는 다리우스가 파라오의 모든 상징물들을 갖춘 모습이 묘사되었다. 이란 중앙의 수사, 엑바타나 및 파사르가다에 등이 확장되고 미화되었으며 페르세폴리스에서는 야심찬 건설 사업에 착수했다.

재위 말기에는 그리스와 접촉을 시작했다. 그는 그리스를 페르시아에 합병시킬 야망을 가지고 페르시아의 일에 끼어든 아테네를 벌하려 했다. 헤로도토스는 그리스–페르시아의 갈등 때문에 그리스의 저항에 대해 페르시아가 과장된 반응을 보였을 것이라고 했다. 대규모 그리스 원정에 나서기 전인 BCE 486년 겨울, 다리우스가 사망하여 페르세폴리스 근처의 나크시에루스탐에 묻혔다. 그리스를 공격하는 과제는 그의 아들 크세르크세스 1세에게 넘겼다.

하 : **다리우스 대왕의 무덤**(BCE 486년경)은 이란 나크시에 루스탐의 바위 벽면 높이 파여 있다.

베히스툰 비문 : 과거의 재발명

엑바타나 근처의 왕도 위로 높이 서 있는 베히스툰 산(고대 페르시아어로는 바가스타나, "신들의 자리") 바위 면에는 다리우스 대왕을 기리는 비문이 새겨져 있다. 거기에는 그가 왕위에 오르게 된 경위와 즉위 직후 일어난 일들이 새겨져 있다. 약 66미터 아래의 산비탈에는 다리우스와 여섯 귀족이 가우마타를 살해한 메데아 요새 시카유바티시의 잔해가 있다.

수사 건설

수사의 도시 건설 기록에는 다리우스 대왕이 어떻게 제국 전역에서 일꾼들을 불러 모아 수사의 궁전을 짓고 장식했는지에 대해서 적혀 있다. 이 문헌은 다리우스 대왕이 동원할 수 있는 방대한 자원과 인력을 자랑하는 내용을 담고 있다.

> 삼나무 목재는 레바논이라는 이름의 산에서 가져왔으며 이것은 아시리아인들이 바빌론으로 운반하였다. 바빌론에서부터는 카리아인들과 그리스인들이 수사로 운반해 왔다. 금은 리디아와 박트리아에서 만들어져서 수사까지 옮겨졌다. 귀중한 돌인 청금석과 홍옥수는 소그디아에서 가져왔으며 귀중한 터키옥은 코라스미아(호라즘)로부터 가져온 것이었다. 은과 흑단은 이집트에서 왔다. 벽을 꾸민 장식물들은 그리스에서 가져왔다. 상아는 누비아와 인도에서 들여왔다. 목재를 가져온 이들은 리디아인들과 이집트인들이었고, 구운 벽돌을 만든 이들은 바빌로니아인들이었으며 벽을 치장한 사람들은 메디아인들과 이집트인들이었다. 다리우스 왕이 말하기를, 수사에서 매우 뛰어난 일이 명령되었고, 매우 뛰어난 일이 완성되었다 하였다.

상 : **베히스툰 비문**은 사진의 부조 바로 아래에 새겨져 있다. 1835–1839년에 바위 면 비문의 본을 뜬 영국인 헨리 롤린슨이 처음으로 번역하였다.

비문에는 다리우스의 극적인 즉위가 적혀 있다. 규칙적인 문단으로 엘람어, 바빌로니아어, 고대 페르시아어의 세 가지 설형문자가 바위 면에 새겨져 있다. 채색되었으리라 여겨지는 거대한 부조가 바위 면을 압도하고 있다. 화려하게 치장하고 왕관을 쓴 다리우스가 줄을 지은 반역 왕들의 맨 앞에 서 있다. 반역 왕들은 두 손을 등 뒤로 돌린 채 밧줄로 줄을 지어 묶여 있으며 맨 마지막에는 스키타이의 반란자 스쿤카의 모습(알아보기 쉽게 뾰족한 모자를 쓰고 있다)이 훗날 덧붙여졌다. 다리우스는 다른 인물들보다 크게 묘사되어 있고 그의 왼쪽 발은 엎드려서 두 팔로 애원하는 가우마타를 밟고 있다. 왼손에는 군사적 권위의 상징인 활을 쥐고 있고 이는 뒤쪽에 서 있는 두 명의 무장한 호위병과 조화를 이룬다. 중앙의 날개 달린 원을 향해 경배를 드리기 위해 오른손을 들고 있다. 날개 달린 원은 페르시아의 최고신인 아후라마즈다일 것이며, 다리우스에게 왕권의 상징인 반지를 주고 있다.

비문 전체를 통하여 다리우스는 "현명한 주" 아후라마즈다에 대한 헌신을 확실히 하고 성공을 신의 덕으로 돌렸다. "아후라마즈다는 내게 왕국을 하사하셨다. 아후라마즈다는 내가 이 왕국을 단결시킬 때까지 도와주셨다. 아후라마즈다의 은혜로 내가 왕권를 얻었다." 다리우스는 또한 그의 가계를 언급하고 키루스 대왕과 같은 선조를 가졌다고 하며 자신의 권리를 강조했다. 키루스와 자신이 아케메네스의 후손이라는 것이다. 그러나 베히스툰 비문에 있는 대개의 기록처럼 이는 선전일 뿐이다. 다리우스는 키루스와 그 가문의 일원이 아니었다.

다리우스와 수사

엘람의 도시인 수사는 다리우스의 건설로 재도약의 기회를 얻었다. 다리우스는 수사를 행정 수도로 세우고 아파다나 구역에 거대한 궁전을 지었다. 아파다나에는 정렬한 호위병들이 채유 벽돌로 부각되었다. 유적에서는 실물보다 큰 다리우스의 상도 발견되었는데, 아마 이집트에서 만들어 수사로 가져온 것이라 생각된다.

페르세폴리스

이란 마르브다슈트 평원의 모래 위로 솟아난 페르세폴리스의 성채는 고대의 위대한 유적이며 고대 근동에서 가장 잘 보존된 왕궁들 중의 하나이다.

상 : **페르세폴리스의 고고학적 유적**에는 궁전이 서 있던 거대한 석조 기단이 있다. 길이 450미터, 너비 300미터에 달한다.

다리우스 대왕은 페르세폴리스의 궁전과 신전 건설을 BCE 515년 무렵에 시작했고 크세르크세스 1세, 아르타크세르크세스 1세 및 뒤를 이은 아케메네스의 왕들에 의해 크게 보수되었다. BCE 330년 마케도니아의 알렉산드로스 대왕이 완전히 태워 버릴 때까지도 건설 중이었다. 알렉산드로스 대왕은 이를 BCE 480년, 크세르크세스가 아테네를 약탈한 것에 대한 보복이라 주장했다.

궁전

페르세폴리스의 건물들은 비록 제국 전체에서 불려온 장인들이 만든 것이지만 근방에서 채집된 돌로 지어졌다. 2만~2만 5000개의 점토판(일명 페르세폴리스 요새 및 재무 문서)에 따르면 이를 위해 제국의 다양한 민족들이 일했으며 식량으로 보상을 받았다. 이 모든 내용은 궁전의 서기들에 의해 꼼꼼하게 기록되었다.

페르세폴리스는 무엇 때문에 세워졌을까? 1931년 에른스트 헤르츠펠트와 시카고 동방 연구소에 의해 처음 발굴된 페르세폴리스는 군사 구역과 금고 및 저장고, 주거 구역, 넓은 연회장, 거대한 접견실, 근처의 절벽을 깎아 만든 왕실 무덤들로 구성되어 있는 거대한 복합 도시였다. 그러나 페르세폴리스에 왕과 그의 관리들이 항상 머무르지는 않았다. 궁정은 수사, 바빌론 및 엑바타나를 연례적으로 오갔고, 3월 21일 춘분에 거행되는 축제인 노로즈를 위하여 페르세폴리스에 왔다.

다리우스는 제국을 선전하기 위해 페르세폴리스를 계획했던 것으로 보인다. 에티오피아로부터 엘람까지 페르시아와 관련된 모든 나라의 대사들이 매년 페르세폴리스로 와서 왕에게 공물을 바쳤다. 이곳에서 일하던 조각가들은 궁전 계단의 벽에 선물을 받는 황제의 모습을 자세하게 새겼다. 공물을 바치러 온 사절단은 각자 "전통 의상"을 입고 귀금속, 옷감, 도자기, 가축들을 궁전에 가져왔다. 커다란 방들로 구성된 왕실 금고에는 다리우스 때부터 공물로 바쳐진 금과 은, 그 밖의 값나가는 물건들이 보관되기 시작했다.

궁전 지구 : 공적 영역과 사적 영역

궁전은 공적 영역과 사적 영역으로 나누어졌다. 대사, 귀족, 조신들은 대체로 아파다나(접견실이나 황좌가 있는 공식 알현실)나 100개의 기둥의 방 같은 외궁에 출입할 수 있었다. 아파다나는 높이가 20미터에 이르는 기둥들이 늘어서 있는 거대한 홀로, 왕이 접견하고 조정의 인사를 받는 곳이며 100개의 기둥의 방은 크세르크세스가 지은 거대한 옥내 연회장이다. 수천의 관료와 호위병들이 왕을 알현하기 위해 대기하는 장소인 엄청난 크기의 중정에는 거대한 계단과 우뚝 솟은 입구가 붙어 있다.

왕과 밀접하게 연관된 조신, 시종들 및 왕실의 일원들은 내궁을 형성하여 뒤쪽에 있는 생활 공간을 차지했다. 소연회장들, 회의장, 테라스들이 페르세폴리스에서 파악되었고, 왕의 개인 거처의 위치도 확인 가능하다. 내궁 왕실 거처의 끝은 커다란 L자 형의 건물로 아마도 왕의 부인들과 그 자녀들 및 왕의 형제자매들의 거처가 있던 왕의 하렘 지역으로 여겨진다.

궁전의 담 너머

그 규모에도 불구하고 모든 궁중의 일원들이 페르세폴리스 성채 안에 살 수는 없었던 것이 확실하다. 왕의 직계 가족들의 명령에 즉시 따라야 하는 시종들만으로도 그 수가 엄청났으며 전해지는 바에 의하면 왕에게는 적어도 360명의 첩이 있었다 한다. 그녀들에게도 각자 편의가 제공되었다. 요새 문서에는 BCE 467년 왕실 금고에만 1348명이 채용되었다고 기록되어 있다. 그렇다면 궁중 사람들의 대부분은 어디에 거처했던 것일까?

고고학적으로는 주 궁전 주위에 있는 여러 개의 소궁전에서 수백 명이 살았던 흔적이 발견되었다. 그러나 대부분은 페르세폴리스 주위로 넓은 지역에 흩어져 천막을 치고 살았다. 페르시아의 궁중은 본디 이동해 다녔고, 거대한 천막에서 사는 일이 빈번했다. 이는 어째서 그 거대한 페르시아 궁정이 남긴 고고학적 흔적이 거의 없는지를 설명해 준다.

상 : **만국의 문**은 크세르크세스 1세에 의해 페르세폴리스에 세워졌다(BCE 480년경). 거대한 인면 황소가 서 있는 문으로, 이를 통해 왕이 손님들을 맞아들였다.

사자와 황소

머리로 받고 있는 황소 뒷다리에 사자가 달라붙어 물어뜯는 장면은 페르세폴리스에서 흔히 볼 수 있다. 아파다나로 올라가는 계단과 같이 눈에 잘 띄는 곳에 있으며, 의심할 여지없이 아케메네스 예술에서 가장 강렬하고 마음을 사로잡는 광경이다. 그러나 이는 무엇을 의미하고자 하는 것일까? 강한 황소도 동물의 왕인 사자의 힘에는 당할 수 없음을 묘사하는 이 부조는 다시 말해 제국 내의 어떠한 나라들도 아케메네스 왕의 패권에 도전해 봐야 소용없음을 의미한다고 볼 수 있을 것이다. 한편, 일부 학자들은 황소좌가 사자좌에 자리를 양보하는 즉, 신년 축제를 위하여 왕과 그 일행이 페르세폴리스로 오는 춘분과 노로즈의 축하를 표시하는 천문학적 상징으로 해석하기도 한다.

우 : **사자와 황소**의 부조는 페르세폴리스에서 트리필론이나 회의장으로 향하는 계단에 나타난다.

아케메네스 예술

날개 달린 사자와 신들
거대한 신화적 동물들이 수사(이란, BCE 5세기경)의 유약을 바른 벽돌 위에 묘사되어 있다. 아후라마즈다를 상징하는 날개 달린 원반이 그 위를 맴돌고 있다.

아케메네스 예술은 주로 제국의 여러 지역에서 따온 형식과 문양이 혼합된 것이지만 명백히 페르시아의 예술임을 알아볼 수 있는 독특하고 조화로운 모습으로 융합되어 있다. 이집트와 아시리아의 문양(박공벽의 장식이나 인물 조상의 각반 장식에도 보이는 날개 달린 원반이나 게니이)들이 자주 섞여 있어 아케메네스 예술은 전반적으로 제국의 다양성과 통일성을 구성하는 요소를 상태를 반영한다고 할 수 있다.

아케메네스 제국의 예술은 두 가지 핵심적인 목적을 가지고 있다. 첫째, 제국의 일체성에 대한 왕의 이념을 확실히 하고 둘째, 왕의 이미지를 홍보하는 것이다. 어떤 면에서 모든 아케메네스 예술은 왕의 예술이어서, 왕을 찬양하기 위해 만들어진 문양들이 거의 모든 페르시아 유물들에서 누차 발견되고 있다. 그 범위는 베히스툰 절벽이나 나크시에루스탐의 왕묘 또는 페르세폴리스같이 거대한 바위 면을 깎아낸 부조부터 보석 위의 미세한 세공에까지 이른다.

중심점은 주로 왕이었다. 왕은 활이나 창을 손에 든 용사의 모습, 적을 딛고 서 있는 모습, 또는 길가메시와 같은 일종의 전설적인 위대한 영웅처럼 괴물 같은 짐승들을 칼이나 단검으로 베고 있는 모습으로 나타났다. 아니면 배화단에서 페르시아의 최고신인 아후라마즈다를 경건히 숭배하는 모습으로 묘사되었다. 아후라마즈다는 인간의 형상을 하고 제단 위의 날개 달린 원반 속에 자리 잡고 있다. 또한 화려하게 치장된 예복을 입고 양산과 파리채를 든 시종들과 함께 궁전을 거닐고 있는 모습으로 묘사되거나, 높은 등받이가 달린 왕좌에 앉아 조신들을 알현하고 있는 모습으로 표현된다.

그중에서도 특히 주목을 끄는 것은 제국 전체에서 모인 이들이 왕좌 비슷한 연단에 앉아 있는 다리우

왕의 식탁에 올리는 사자
사진의 BCE 5세기나 4세기의 금제 뿔잔은 왕을 위한 것으로 여겨지며 가장자리가 연꽃과 봉오리로 장식된 대단히 정교한 날개 달린 사자의 모양을 하고 있다.

스 대왕을 높이 받들고 있는 모습이다(글상자 참조). 각 인물들은 전통 민족 의상으로 알아볼 수 있으며 제국의 다양한 지방을 상징한다. 나크시에루스탐에 있는 묘비에서 다리우스 대왕은 비문을 읽는 이들이 그의 제국의 광대함을 이해할 수 있도록 묘비의 부조를 함께 볼 것을 다음과 같이 권한다. "만약 그대가 지금 '다리우스 왕이 거느린 나라들이 얼마나 될까?'에 대해 궁금하다면 왕좌를 받치고 있는 조각들을 볼지어다. 그러면 그대들은 알 것이다. 그러면 그것이 그대들에게 이해될 것이다. 한 페르시아 남자의 창이 멀리 던져졌으니 그대들은 한 페르시아 남자가 페르시아로부터 정말 멀리 떨어진 곳에서 전투를 했다는 것을 깨닫게 될 것이다."

왕을 지탱하는 제국
다리우스 1세의 무덤(나크시에루스탐, 이란)에서 제국 전체의 다양한 민족들이 왕이 서 있는 단을 받들고 있다.

이 주제는 1972년 수사에서 발견된 다리우스의 입체 조각상에서도 보인다. 장방형 받침대 위에 페르시아 궁중 예복을 입고 서 있는 다리우스를 무릎을 꿇은 사람들이 두 팔을 들고 지탱하고 있는 모습이 이집트 형식으로 조각되어 있다. 무덤의 부조에는 전통 의상을 입고 있는 각 인물들에 이름이 적혀 있다. 사실 이 조각은 제국의 목록으로 왕에게 속한 나라들을 열거한 것이었다.

아케메네스 예술의 민족성

아케메네스 왕들이 가진 제국의 민족 구성에 대한 관심은 페르세폴리스의 아파다나로 올라가는 계단에도 나타난다. 왕에게 공물을 바치는 사람들의 상세가 새겨져 있는데 곱슬머리와 검은 피부의 누비아인들은 코끼리 상아를 들고 끈으로 묶은 오카피를 끌었으며, 터번을 두른 이오니아인들은 은제 식기들과 장식된 팔 장식을 들었다. 사진의 리디아인들은 그릇을 들고 엘람의 귀족들은 우리에 가둔 암사자를 데리고 있다. 조신이나 병사 등 모든 사람이 각각 자세히 묘사되어 압도적으로 보인다. 박트리아 낙타의 머리조차 뚜렷한 특징을 보이며 고대 예술가들의 기술을 증명한다.

제국 정부

아케메네스 제국에서 왕권은 비록 절대적이었으나, 왕은 관료 체제와 개인적인 인맥으로 이루어진 복잡한 관계망의 한가운데에서 제국을 지배했고, 보다 작은 주, 또는 사트라피들로 나누어 관리했다.

우 : **시종과 관료들**은 제국 조직에 없어서는 안 될 존재들이었다. 사진에 보이는 크세르크세스 1세와 시종들의 다색 석판화는 페르세폴리스의 부조를 본뜬 것이다.

아케메네스의 왕들에게 제국에서 가장 중요한 관료는 "왕국의 보호자"인 사트라프들로 전형적인 페르시아 귀족이다. "사트라피"라는 명칭은 태수령을 의미하므로 사트라프는 태수와 마찬가지라고 볼 수 있다. 사트라프는 왕에게 직접 보고를 했다.

사트라피의 위치

아케메네스의 사트라피를 구획한 것은 다리우스 대왕이라 한다. 그러나 키루스와 캄비세스 때부터 이미 있던 구조를 받아들여 적응시킨 제도였다는 것이 점점 확실해지고 있다. 이렇게 생겨난 행정 단위는 정치적 상황에 따라 변경되는 경우도 있었으나 아케메네스 시대를 통틀어 거의 변함없이 유지되었다.

사트라피의 결정적인 목록을 재구성하고 경계를 확실히 밝혀 내는 것은 결코 쉬운 일이 아니다. 주요 강줄기 등 자연적인 경계와 일치하는 경우가 아니면 발견된 자료들을 읽고 알아내기가 어렵기 때문이다. 사트라피의 경계가 겹치는 경우 자주 알력이 발생했다. 현대의 지도로는 각 사트라피의 영토가 어디에서 끝나는지에 대해서 근사치 이상의 답은 얻기 힘들다. 더욱이 아케메네스 정부와 사트라프 체계에 대한 다양한 자료들은 서로 연결하기가 쉽지 않다. 이를 위해서는 다리우스와 크세르크세스의 비문에 나오는 민족이나 땅(고대 페르시아어로는 다히야바이나 정확한 의미에 대해서는 아직도 논쟁이 되고 있다)의 목록을 헤로도토스와 알렉산드로스 대왕 당시 역사가들의 기록과 맞춰 볼 필요가 있다. 왕의 비문에 나오는 다히야바의 수는 각기 다르지만 보통 20개 이상이다. 대다수는 아케메네스 제국이 합병한 이전 제국에 있던 주의 영토를 바탕으로 추적할 수 있다. 고전 시대의 자료는 아케메네스 제국의 정치 서열을 기록할 때 비문과 다른 단어들을 사용하여 각 관료의 정확한 역할을 파악하는 데 혼란을 준다.

사트라피들은 일반적으로 이전의 왕이나 지배자가 사트라프로 교체되며 생긴 것으로 비쳐진다. 사트라프들이 이들 영토의 통치권을 가졌으며 이전의 지사(아니면 동급에 해당하는 이들)들은 사트라프의 수하가 되었다. 사트라피 내부의 보다 작은 행정 단위는 경계를 유지할 수 있었으나, 상황이 따라 변할 수도 있었다. 극도로 단순화시키자면 아케메네스 왕은 행정상으로도 대단히 광범위한 수준에서 제국의 구심점 역할을 하였다고 볼 수 있다.

사트라프와 그들의 왕조

자신의 영토에 관한 일상 업무에서 비교적 자주적이었음에도 불구하고 사트라프는 궁극적으로는 왕의 수하였다. 사트라프는 오직 자신의 영토의 안전(확대하면 제국의 안전)에만 책임이 있는 것이 아니라 세금과 공물을 징수하고 중앙 정부 즉 왕에게 보내는 책임도 지고 있었다. 사트라프들은 왕이 중요한 군사 작전에 군사력을 필요로 할 때 자신의 영토에서 필요한 병력을 징집할 의무가 있었다.

BCE 4세기 초부터 중반까지 아나톨리아의 남서부에 있던 카리아의 사트라프인 마우솔루스의 경우처럼 사트라프들은 가능하다면 언제든지 자신의 지위를 일종의 왕조로 만들기 위해 노력했다. 한편 사트라프의 직위는 아나톨리아 북서부에 있었던 프리기아의 아르타바주스가 그랬듯이 페르시아의 귀족 가문에 주어지기도 하였으며 이는 후에 왕조가 되었다. 아르타바주스와 그의 아들 파나바주스, 그리고 손자 파나케스는 BCE 479년부터 BCE 4세기에 이르기까지 계속해서 사트라프의 자리를 세습하였다.

아르타바주스는 왕가의 사촌이었으므로 확대된 의미로 아케메네스 왕조의 일원이라 볼 수 있고, 이런 인척 관계는 페르시아 귀족들 사이에서 자주 이해관계의 기저를 이루었다. 아케메네스 왕가와 혼인을 하는 것은 대단한 영광이었다. 그러므로 귀족들과 그 가족의 지위는 제국의 안위와 왕의 호의에 달려 있었다. 하지만 자신의 가족들과 함께 반란을 일으켜 제국을 불안정하게 만들려는 사트라프들도 분명 있었을 것이다.

제국의 행정

왕의 직속 비서들과 군사들은 사트라프 행정에서 빠져서는 안 되는 요소였다. 이들과 이들의 수행원들은 왕과 일관성 있고 안정적인 의사소통을 유지하는 데 도움이 되었다. 또한 제국에 반감을 가진 관리들을 걸러내는 전략적인 목적으로도 이용되었다. 예를 들어 헤로도토스는 왕의 사신이 특별히 반항적이었던 사트라프인 오로에테스를 몰락시킨 것에 대해 언급하였다. 오로에테스는 키루스가 사르디스(리디아)의 사트라프로 임명한 자였으나 페르시아의 사트라프라는 직분에 맞지 않고 불명예스럽게 행동했다. 더욱이 다리우스 1세가 왕위에 오르기 직전의 위기에 냉담한 자세를 취하여 다리우스를 돕지 않았다.

다리우스는 오로에테스의 사트라피에 있는 페르시아 병사들의 충성심을 시험하기 위해 왕의 인장이 붙은 서신들을 보냈다. 각 서신에는 명령이 하나씩 적혀 있었다. 만약 호위병들이 명령을 따르면, 사신인 바게우스에게 다음 서신을 읽도록 하였다. 바게우스는 오로에테스의 호위병들이 다리우스에게 충성한다는 것을 확인하고 마지막 서신을 열었다. 마지막 서신에는 호위병들에게 오로에테스를 베라고 하라는 명령이 적혀 있었다. 이 명령도 즉시 처리되었다. 이는 왕이 사트라피를 통제하는 방식과, 반역 행위에 대한 결과를 암시한다.

좌: **마우솔루스(BCE 377–353년)와 같은 사트라프들**은 제국에서 핵심적인 지방 지도자였다. 마우솔로스가 죽자 그의 아내인 아르테미시아는 그를 위해 웅장한 무덤을 세워 오늘날 "마우솔레움"이라는 단어가 생기게 되었다.

하: **군대에 관련된 이들**도 제국에서 빼놓을 수 없는 중요한 존재였다. 상비군은 주로 페르시아인(이란인)과 메데아인들로 구성되었다. 사진의 병사들은 페르세폴리스의 트리필론에 있는 부조(BCE 500–450년경)의 일부이다.

페르시아 왕도

페르시아 왕도는 기본적으로 페르시아 제국의 서부 지역과 핵심 지역 간의 연락과 운송을 위한 것이었다. 이 길은 아나톨리아 서부의 사르디스에서 엘람의 수사까지 연결하였다.

상: 터키 카파도키아의 산에서 바위 사이로 한 가족이 길을 걷고 있다. 페르시아 왕의 도로는 카파도키아를 통과하였으나 그 정확한 위치는 알려져 있지 않다.

그리스의 역사가 헤로도토스의 자료는 페르시아 왕도에 대한 주요 출처이다. 그의 계산에 따르면 왕도의 총 길이는 대략 2415킬로미터였으며, 시간으로 치면 90일이 소요되었다. 왕도는 리디아 사트라피(아나톨리아 서부)의 수도인 사르디스로부터 아나톨리아 남동부의 카파도키아와 실리시아를 거쳐 그보다 남쪽의 아르벨라(오늘날 아르빌)를 지나고, 니네베의 동남쪽에 있는 티그리스 강을 따라 엘람의 수사(오늘날 이란의 슈시)로 향한다. 서부 아나톨리아의 이오니아 해안에 있는 중요한 그리스 도시인 에페수스부터 사르디스까지의 추가 구간은 헤로도토스의 계산에 의하면 3일이 걸리는 거리였다.

헤로도토스의 계산은 일반적인 여행자가 하루 만에 갈 수 있는 거리를 기준으로 한 것이므로 페르시아 왕의 사신은 훨씬 빨리 여행을 할 수 있었을 것이다. 헤로도토스는 전 구간에 왕실 역참과 숙소가 있었고, 그곳에서 사신들마다 각자 받은 허가로 식량을 배급받고 말을 갈아탈 수 있었다고 기록했다(맞은편의 글상자 참조).

도로와 다리 연결망

페르세폴리스 요새 문서에는 왕도를 지나는 사신들에 대한 왕실의 허가서가 기록되어 있다. 또한 이 문서들은 수사와 페르세폴리스 사이에 있는 도로들에 대한 정보를 제공해 준다. 그리스의 기록으로 보충된 일부의 문서에는 이 도로들을 건설하는 데 많은 인력이 개입되었음이 나타나 있다. BCE 480−479년, 크세르크세스의 그리스 원정에 대한 헤로도토스의 기록에는 길을 놓는 작업이 묘사되어 있어 이동하는 병사들이 건설을 책임졌음을 알 수 있다.

그토록 넓게 퍼진 도로를 유지하기 위해서는 거대한 관료 조직이 요구되었고, 사트라프들은 자신들의 영토에 있는 도로를 유지하고 치안을 보장할 책임을 지고 있었다. 헤로도토스는 대조적인 예로서 다리우스의 군대가 유럽 남동부의 스키타이 원정에서 만난 어려움에 대해 이야기하였다. 정확하게는 군대가 따라갈 수 있도록 놓인 길이 없었기에 생긴 어려움이었다.

최초의 도로는 중앙과 변두리의 빠르고 효과적인 소통

눈이나 비 또는 더위나 어두움도 …

뉴욕의 8번가와 33번로에 있는 우체국 건물에 "눈이나 비가 내려도, 더위나 침울한 밤이 다가와도, 전령들이 지정된 지역을 빠짐없이 신속하게 순회하는 임무를 막지는 못한다."라는 표현이 새겨져 있다. 비록 많은 사람들이 이를 미국 우체국의 공식 좌우명으로 잘못 알고 있으나, 이 문장은 원래 왕의 도로를 따라 설립된 페르시아의 전령 체계를 묘사한 헤로도토스의 유명한 문구를 번역한 것에 불과하다.

> 이 세상의 어떤 자도 이 전령들보다 빠르지는 못하다… 전 여정에 걸리는 날들만큼 말과 사람들이 배분되어 매일 한 명의 전령과 한 마리의 말이 마련되었다. 눈이나 비 또는 더위나 어두움도 그들이 가야 할 거리를 가능한 빨리 완주하는 것을 방해하지는 못했다. 첫 번째의 전령이 맡은 거리를 달려 두 번째 전령에게 메시지를 전달하면 두 번째 전령도 이와 같이 세 번째에게 전했다. 이렇게 메시지는 차례로 신속하게 전달되어 갔다.

상: **이 부교는** 2004년 이라크 사마와의 유프라테스 강에 설치되었다. 왕의 도로를 따라 강을 건너던 페르시아인들이 사용하던 원리대로 건설되었다.

과 군대의 이동에 편리를 도모하기 위한 것이었다. 그 결과, 마차나 수레(둘 다 군사 물자 수송의 목적)가 지나갈 수 있을 정도로 넓은 도로가 건설되었다. 왕도는 여러 곳의 강을 건넜다. 이들 중에는 영구적인 다리가 놓인 곳도 있었다. 헤로도토스는 아나톨리아의 할리스 강(오늘날 크즐을막 강)에 놓인, 보루를 세워 지키던 다리에 대해 기록했다. 메소포타미아의 유프라테스와 티그리스 강에 놓인 다리에도 보루가 설치되었다.

다른 강들, 티그리스와 유프라테스 강의 북부 및 그 지류를 건널 때에는 부교가 이용되었다. 부교는 페르시아 군대가 유럽으로 진군할 때에도 사용되었다. 다리우스 1세는 BCE 513년, 스키타이에 원정을 갈 때 부교로 보스포루스 강을 건넜고 크세르크세스는 BCE 480년 그리스에 원정을 갔을 때 헬레스폰트 해협을 건너며 사용하였다.

다른 자료들에 나온 페르시아 왕도

그리스의 의사이자 역사가인 크니도스의 크테시아스는 BCE 400년의 기록에서 메소포타미아와 페르시아에서 중앙아시아로 뻗어 있는 주도로에 대해 암시하고 있으나 기록의 자세한 부분은 유실되어 전해지지 않는다. 이란 고원을 지나는 도로는 박트리아와 인더스 계곡에서 끝난다. 고대에 대한 근대의 연구에서는 이란 북부를 가로질러 박트리아로 가는 주도로를 쿠라산 대로라고 불렀다. 하지만 후대에는 더 익숙한 이름인 "실크로드"로 불리게 되었다. 알렉산드로스 대왕의 군사 정복과 그 후계자들 간의 전쟁을 기록한 그리스의 저자들은 사르디스에서 수사, 수사에서 바빌론과 엑바타나(오늘날 하마단) 사이의 도로 등 다른 여러 도로들에 대해 언급하고 있다.

한 아람의 문서에는 북부 메소포타미아로부터 다마스쿠스와 이집트까지의 여로가 중간 기착지의 이름들과 함께 기록되어 있다. 쿠라산 대로와 같이 메소포타미아를 가로지르는 이 도로들은 수세기에 걸쳐 사용되어 왔으며 페르시아 제국에게 (유지할 책임과 함께) 유산으로 남겨졌다. 페르시아의 도로망은 어마어마했고, 제국의 성공적인 지배에 연락망의 기반을 형성하였다.

하: **왕의 도로 서쪽 끝에 있는 사르디스**는 사금이 풍부했으며 페르시아인들에게는 서부 아나톨리아의 중요한 행정 중심지였다.

이오니아 반란

키루스 대왕이 기원전 545년 리디아의 왕 크로이소스를 정복하자 아나톨리아 서부의 이오니아 도시국가들은 키루스 대왕에게 합병되었다. 이오니아의 반란(BCE 499–494년)은 페르시아의 지배로부터 독립하려는 첫 시도였다.

상 : 이오니아의 코로스(젊은 남성) 대리석상은 BCE 6세기의 것으로 여러 중요한 이오니아 도시국가들이 있던 에게 해의 사모스 섬에서 발견되었다.

이용이나 해석은 어렵지만, 그리스 역사가인 헤로도토스는 이오니아의 반란에 대해서도 기록하였다. 그는 이에 대한 아테네의 개입과 약 20년 후 크세르크세스의 그리스 침공을 직접적으로 분명히 연결시켰다.

그리스의 말썽꾼 : 아리스타고라스와 히스티아에우스

헤로도토스에 의하면 이오니아의 반란은 단 한 사람, 아리스타고라스 때문이었다. 아리스타고라스는 마찬가지로 밀레투스의 군주였던 히스티아에우스의 조카였다. 10여 년 전, 히스티아에우스는 페르시아가 스키타이를 정벌하러 갈 때 보스포루스 해협의 부교를 보호하여 다리우스 1세에 대한 충성을 증명했다. 다리우스는 보상으로 그의 영토를 넓혀 주었다. 히스티아에우스는 에게 해 북부 연안에서 페르시아인들이 주목할 만큼 자신의 세력을 강화시켰다. 다리우스는 이 위협을 없애기 위해 히스티아에우스에게 왕실 식사 동반자라는 명예로운 지위를 주어 가까이서 감시할 수 있게 했다.

BCE 500년 밀레투스를 지배하고 있던 아리스타고라스는 사르디스의 사트라프이자 다리우스의 형제인 아르타페르네스에게 접근하였다. 에게 해의 낙소스 섬을 정복하여 그리스 침략의 발판으로 삼자는 것이었다. 다리우스의 허락을 받아 아리스타고라스와 페르시아군이 파견되었으나 원정은 실패했다. 아리스타고라스는 어이없는 실패에 분노하고 자신의 위치에 위협을 느꼈다. 이때 히스티아에우스의 충복이 반란을 부추기는 내용의 서신을 가져왔다. 히스티아에우스는 종의 머리에 전언을 문신으로 새기고 머리카락이 자랄 때까지 기다렸다가 아리스타고라스에게 보냈다. 헤로도토스는 이 점을 강조했는데, 이는 왕도를 따라 배치되어 있는 왕의 많은 첩자들에게 발각되지 않기 위함이었다. 그만큼 페르시아 왕의 힘이 멀리 퍼져 있었다는 의미이다.

연합군 창설

아리스타고라스는 밀레투스의 전제 군주 지위를 버리고 지지자들의 도움을 받아 다른 이오니아의 도시에서 군주들을 몰아냈다. 이를 통해 왕에 대한 반란에 많은 도시들을 설득하여 끌어들였고 그리스 본토의 지원으로 페르시아 제국 전체를 전복시키려 했다. 헤로도토스는 아리스타고라스가 스파르타로부터 군사 지원을 확보하려고 했으나 실패했다고 묘사했다. 스파르타의 왕 클레오메네스는 아리스타고라스가 가지고 있던 페르시아 왕도의 지도를 보고 이오니아에서 페르시아 왕궁까지 3개월이 걸린다는 사실을 깨닫자 바로 모든 지원을 거절하고 아리스타고라스에게 스파르타를 떠나라고 명했다.

그러나 아테네에서는 이오니아인들을 친척으로 여겼기 때문에 아리스타고라스가 환대를 받았다. 이들은 이오니아를 위해 20척의 배를 지원하기로 했다. 에우보이아 섬

우 : 그리스의 군함은 사진의 BCE 550년경 그리스 화병에서 그 형태를 알 수 있다. 마지막 결전이었던 라데 해전에서 페르시아의 함대에 수적으로 압도당했다.

(아테네의 이웃)의 에레트리아인들도 배 5척을 약속했다. 헤로도토스는 아테네의 배가 그리스와 "야만인들" 양측에 악몽의 시작이었다고 강조했다. "야만인들"이란 그리스인들이 비그리스어 사용자들을 지칭하는 말이었다. 헤로도토스는 이 그리스 본토의 원조가 페르시아 전쟁의 도화선이었다고 주장했다.

페르시아의 승리

먼저 아리스타고라스의 군대는 무방비했던 사트라피의 수도 사르디스를 성공적으로 기습했다. 이 기습으로 사르디스 시내는 아나톨리아 풍요의 여신 키벨레의 신전까지 모두 불타 버렸다. 그러나 이후 집결한 페르시아군이 아리스타고라스의 반란군을 해안의 에페수스까지 추격하여 패배시켰다. 이후 아테네군은 귀국했지만 키프로스 섬 대부분과 카리아(아나톨리아 남서쪽 내륙) 지역의 이오니아인들은 반란을 계속했다.

몇 번 실패를 겪은 뒤, BCE 497년부터 페르시아군은 반란 도시 및 지역을 철저하게 재정복했다. 아리스타고라스는 반란 지원군을 구하던 중 트라키아 전투에서 죽었다. 히스티아에우스는 다리우스 1세의 허락을 받고 이오니아로 돌아갔지만, 결국 그가 반란에 책임이 있음을 알아차린 아르타페르네스에게 끌려가 처형되었다. 밀레투스는 포위되었고 반란군은 BCE 494년 밀레투스 연안의 라데에서 최후의 승부수를 던졌다. 해전이 시작되자, 저항은 분열되어 많은 지원군들이 떠나 버렸다. 페르시아군은 하루 만에 반란을 완전히 진압하였다.

얼마 후, 밀레투스는 항복하여 노예 신세로 전락하였다. 페르시아군은 이오니아 도처에 남아 있던 얼마 되지 않은 저항군에게 승리했다. 이오니아인들은 페르시아의 병력과 응집력에 상대가 되지 못했다. 페르시아 덕분에 왕위에 오를 수 있었던 많은 이오니아의 왕들이 페르시아를 도왔고, 이로 인해 반란군이 분열되어 실패한 것이다. 이오니아는 키루스 대왕 때처럼 속국으로 강등되었다.

반란 후, 사트라프 아르타페르네스는 서부 국경에서 페르시아의 지배를 강화하기 위한 조치를 취했다. 그동안 다리우스는 더 서쪽으로 눈을 돌려 유럽 남동부의 트라키아를 주목했다. BCE 492년, 다리우스의 사위인 마르도니우스가 트라키아로 원정을 떠났다. 그 결과 트라키아와 마케도니아가 페르시아 제국에 속하게 되었다. 이 원정은 바로 뒤에 일어날 그리스 본토 원정의 토대가 되었다. 이오니아를 지지한 아테네와 에레트리아는 페르시아의 보복을 받아야 했고, 이는 곧 다가올 운명이었다.

상: 밀레투스는 아나톨리아 본토의 이오니아 도시들 중에서 가장 강력했다. 오늘날 이 도시의 유적은 멘데레스 강의 매몰로 더 이상 해안에 위치하지 않게 되었다.

크세르크세스 1세

고전 시대의 자료에서는 악명을 떨쳤지만, 크세르크세스 1세(재위 BCE 486–465년)는 반란을 여러 번 진압하고 페르시아의 단결을 지켜 내었다. 그러나 그는 아들들 사이에서 일어난 다툼으로 인해 암살당하고 말았다.

우 : 크세르크세스 1세가 100개의 기둥의 방 입구에 서 있다. 두 명의 수행원이 뒤에서 양산과 파리채를 들고 있다.

크세르크세스 1세는 다리우스 1세와 키루스 대왕의 딸인 아토사의 아들이었다. 그는 장자가 아니었지만 다리우스에 의해 태자로 책봉되었다. 페르시아에서는 장자가 자동적으로 왕위를 물려받지 않았다. 크세르크세스는 페르세폴리스의 비문에 다음과 같이 기록했다. "다리우스에게는 다른 아들들도 있었다. (그러나) 이는 아후라마즈다가 원하는 바였다. 나의 아버지 다리우스는 나를 당신 다음으로 가장 중요한 사람으로 삼았다."

어째서 크세르크세스가 선택받았을까?

다리우스는 즉위 전에 이미 하렘을 소유하고 있었다. 장자인 아르타바자네스는 고브리야스의 딸이 다리우스에게 낳아 준 세 아들 중 첫째였다. 이런 이유로 고브리야스는 페르시아를 주도하는 귀족 대열에 서게 되었다. 다리우스가 아르타바자네스를 즉위시키면 고브리야스의 혈통이 더욱 강해질 터였다. 그러나 아토사의 아들이며 키루스 대왕의 손자인 크세르크세스는 다리우스의 선전을 구체화할 수 있는 이상적인 혈통을 가졌다. 베히스툰 비문에서처럼, 자신의 혈통을 키루스의 아케메네스 혈통과 연결할 수 있게 된 것이다. 또 크세르크세스는 다리우스의 즉위 후에 태어났는데 이것이 아마 왕권에 대한 정당성을 만들어 주었을 것이다. 그러나 헤로도토스는 크세르크세스가 왕위에 오른 이유가 단순히 아토사가 모든 권력을 장악했고 그녀가 다른 경쟁자들을 물리쳤기 때문이라고 보았다.

크세르크세스의 치세에 대한 자료

크세르크세스는 BCE 486년 즉위했고, 가장 중요한 점은

성서 속의 크세르크세스

구약 성서의 에스더서는 수사의 궁정을 무대로 유대 처녀 에스더의 업적을 다루고 있다. 에스더는 아하수에로 왕(크세르크세스)의 하렘에 들어가 왕비가 되었다. 그녀는 자신의 위치를 이용하여 유대인들을 몰살시키려는 조신 하만의 계획에서 유대인들을 안전하게 보호했다. 궁정의 음모를 배경으로 페르시아의 궁중 생활, 궁중 의례, 법, 문화가 자세히 서술되어 있다. 그러므로 에스더서는 아케메네스 페르시아의 문화와 매우 친숙한 저자에 의해 지어졌다고 생각된다. 문장 형식으로 볼 때, 약 BCE 400년경에 기록되었고, 이는 크세르크세스의 치세로부터 겨우 수십 년 후였다. 그리스의 단어가 전혀 사용되지 않은 것은 헬레니즘 시대 이전에 지어진 것을 뚜렷이 증명한다.

좌 : 프랑수와 라그르네의 "에스더와 아하수에로", 1775–1780년경. 에스더와 아하수에로(크세르크세스) 왕의 성서 이야기를 묘사하고 있다.

다리우스의 정책을 유지했다는 것이다. 그러나 그리스의 자료에 나온, 크세르크세스의 영토에 대한 정보는 대부분 제국의 서부 지역에 한정되었다. 또한 크세르크세스의 치세 말에 일어난 사건들은 증거가 거의 남아 있지 않다. 그리스에 대한 공격적인 정책 때문에 고전 시대의 자료들은 크세르크세스를 오만한 과대망상증 환자로 묘사했지만 이는 아마도 사실과 많이 다를 것이다.

그의 가족은 알려진 바가 별로 없다. 아마스트리스라는 귀족 출신 왕비가 있었으나 남편처럼 그녀도 그리스 역사가들에 의해 악명을 떨치게 되었다. 그녀의 부친인 오타네스는 다리우스를 도왔던 귀족들 중 하나였다. 아마스트리스는 적어도 아르타크세르크세스, 다리우스, 아케메네스 등 세 명의 자식을 두었다.

혼란한 제국

크세르크세스의 첫 임무는 다리우스가 사망하기 직전에 시작된 이집트의 반란에 대처하는 것이었다. 반란 제압 후, 형제인 아케메네스를 이집트의 사트라프로 임명했다. 그리고 BCE 481년 바빌로니아가 반란을 일으키자 그는 다시 가까운 친척의 도움을 받았다. 반란은 크세르크세스의 사촌이자 사위인 메가비주스가 진압했다. 크세르크세스는 바빌로니아 사트라피를 유프라테스 강 동쪽의 모든 지역인 "바빌로니아"와 팔레스타인과 터키 사이의 유프라테스 강 서쪽 지역인 "강 너머"로 나눴다.

크세르크세스의 중요한 목표에는 그리스 본토에 페르시아의 힘을 인정시키는 것도 있었다. 그리스를 페르시아에 합병시키는 것이 얼마나 중요했는지, 크세르크세스가 직접 원정을 이끌었다. BCE 480년 그리스를 향할 때, 바빌로니아에서 두 번째 반란이 일어났다. 이 새로운 혼란이 크세르크세스가 급히 그리스를 떠났던 이유를 설명한다. 그의 신속한 개입은 성공했고, 이후 바빌로니아에서는 더 이상 반란이 일어나지 않았다.

그리스 후기의 역사가 아리안이 BCE 2세기에 쓴 바에 의하면 크세르크세스는 바빌론을 벌하기 위해 마르두크의 신전을 부수고 신상을 옮겼다. 이 이야기가 사실일까? 크세르크세스의 치세에 대한 바빌로니아의 기록은 매우 드물다. 몇몇 문헌은 바빌론이 강등당했다고 하지만, 크세르크세스가 신전을 파괴했다는 고고학적 증거가 없다. 바빌론의 신전과 신앙이 눈에 띄게 위축되지는 않았고, 마르두크의 신년 축제도 계속되었다.

크세르크세스의 사망

BCE 465년 8월, 크세르크세스와 태자 다리우스는 반란으로 살해되었다. 분명치 않으나 몇몇 유력한 환관들과 함께 크세르크세스의 다른 아들인 아르타크세르크세스가 음모를 꾸민 것 같다. 그는 즉위하자(아르타크세르크세스 1세, 재위 BCE 465–424년) 암살 용의자들을 공개 처형하여 선친과 형제의 원수를 갚았다고 자처했다.

하: 왕좌에 앉아 있는 다리우스 1세의 뒤로 크세르크세스가 서 있다. 페르세폴리스의 부조에 나타난 모습으로, 맨 위에는 아후라마즈다 신의 날개 달린 원반이 보인다.

그리스와의 전쟁

크세르크세스의 그리스 침략(BCE 480–479년)은 서방 세계의 역사를 바꾸어 놓았다. 그리스의 승리는 그리스의 자주적인 발전과 문화적 중흥기를 초래하였고 아테네가 힘과 위신의 길로 들어서도록 했다.

그리스의 관점이 반영된 명칭인 "페르시아 전쟁"은 크세르크세스의 침략을 의미하며 마라톤 전투(BCE 490년)가 그 서곡에 해당한다고 여겨진다. 헤로도토스의 기록에 주로 의존하지만, 다른 많은 고전 시대 작가들도 그리스 역사를 형성한 이 사건에 대해 기록하거나 암시했다. 페르시아에는 당시의 기록이 없어서 헤로도토스와 고전 시대의 기록에 의지할 수밖에 없다. 그러므로 페르시아를 보는 시각에 주의를 기울이고, 제국의 다른 곳에서 발견되는 자료들을 기반으로 추정해야 한다. 헤로도토스는 BCE 420년에 기록했으므로 전쟁의 목격자들을 만날 수 있었을 것이다.

전쟁의 서곡

이오니아의 반란(BCE 499–494년)은 페르시아의 지배에 반항했던 이오니아 국가들의 패배로 끝났다. 그러나 헤로도토스는 이것이 아테네가 이후 중요한 역할을 맡게 됨을 암시한다고 보았다. 헤로도토스는 이오니아 반란 초기에 반란군이 사르디스를 불태운 후, 다리우스 1세가 보인 반응에 대해 다양한 일화들을 적었다. 다리우스는 이오니아인들에 대해서는 대단치 않게 보았으나 그들을 도운 아테네인들에 대해서는 궁금해했고, 대답을 듣자 하늘을 향해 활을 쏘며 감히 끼어든 아테네인들을 벌할 수 있기를 기원했다. 다리우스는 또한 시종에게 식사 때마다 "아테네인들을 기억하라."라고 세 번씩 반복하게 했다.

BCE 492년 다리우스의 사위인 마르도니우스가 트라키아로 원정을 떠났다. 마르도니우스는 훗날 크세르크세스의 그리스 원정에서 중요한 역할을 하게 될 인물이었다. 비록 마르도니우스는 아토스 산 근처에서 폭풍을 만나 함대를 잃었으나, 이 원정을 통해 마케도니아를 굴복시키는 데 성공했다. 이듬해, 다리우스의 전령들이 그리스 도시국가들에게 페르시아에 항복할 것을 권유하러 다녔다. 많은 나라들이 이를 따랐으나 아테네는 거부했고 범법자들을 묻는 구덩이에 전령들을 묻어 버리기까지 했다. 또한 스파르타도 전통에 따라 페르시아의 사절을 우물에 던져 버렸다.

마라톤 전투

페르시아군은 이오니아 반란을 원조한 아테네와 에레트리아(에우보이아 섬에 있는 도시국가)로 원정을 떠났다. 함대는 BCE 490년 에게 해를 건너 낙소스와 다른 섬들을 항복시켰다. 반항하는 도시들은 초토화시켰고, 이오니아 반란 시 사르디스의 신전을 불태운 것에 대한 보복으로 에레트리아를 약탈하고 신전을 불태웠다. 그리고 아테네로 시선을 돌려, 아티카 반도의 북동쪽에 있는 마라톤에 상륙했다.

하: **사모스 섬**은 "페르시아 전쟁"의 시초인 이오니아 반란에 참가했다. 사진에서 보이는 헤라 신전은 이 지역의 종교 중심지였다.

좌 : 그리스의 마라톤에 있는 이 무덤은 마라톤 전쟁 후에 전사한 그리스 병사들의 재를 묻은 곳이다. 지금은 봉인되어 그 위로 봉분이 쌓였다.

헤로도토스는 페르시아군을 무찌르고 공격할 기회를 잘 잡았던 아테네인들의 용기와 독창성을 찬양했다. 아테네인들의 재빠른 행동은 페르시아군이 후퇴하게 만들었다. 페르시아 함대는 아티카 반도의 주위를 항해하며 아테네의 항구 팔레론에 들어갈 기회를 노렸으나 아테네인들은 발빠른 자를 뽑아 아테네로 보내서 페르시아 함대가 오고 있음을 알렸다. 이로 인해 항구는 닫히고 페르시아 함대는 떠나갔다. 이 아테네인의 "달리기(그리고 거리)"는 현대 마라톤의 근거가 되어 처음 승리한 곳의 이름을 가지게 되었다.

크세르크세스의 침략

다리우스가 BCE 486년 사망하고 크세르크세스 1세가 뒤를 이었다. 급한 문제들(이집트와 바빌로니아의 반란)을 매듭짓고서 크세르크세스는 대대적인 그리스 원정을 준비했다. 헤로도토스는 이 엄청난 원정을 위해 4년이라는 준비 기간이 소요되었다고 썼다. 크세르크세스가 직접 군대를 지휘했다.

헤로도토스는 테살리아의 테르모필레에 도착하기 전 원정대의 규모를 1207척의 전투함에 27만 7610명의 병사, 3000척의 수송선에 24만 명의 병사, 170만 명의 보병 및 10만 명의 기마병과 전차병, 유럽의 속국에서 징병한 30만 명이 있었다고 썼다. 이를 모두 합치면 총 261만 7610명이었다. 그는 군대를 따라온 다른 사람들에 대해서는 생략했다. 정확한 사실은 알 수 없지만, 오늘날의 학자들은 병사 5만–20만 명, 함선 500–1000척으로 추정한다.

그리스와 크세르크세스의 전투들은 끝난 직후부터 서양사에서 전설로 추앙되었다. 테르모필레에서 일어난 레오니다스 왕과 스파르타인들의 최후의 저항, 살라미스 해전에서 그리스의 승리를 초래한 테미스토클레스의 기지는 이후로 수없이 회자되었다. 플라타이아이와 미칼레 해전을 비롯한 그리스의 승리는 그리스의 자유를 지키고, 고전 시대(BCE 500–323년경)에 뚜렷한 흔적을 남겼다. 그러나 페르시아인들에게 이 패배는 유럽에서 철수하고 이오니아 너머 서방의 영토를 정복하려는 시도를 포기하게 했을 뿐 별다른 영향은 미치지 않았다. 이는 크세르크세스의 시대로부터 제국이 타락하고 퇴화하여 결국 BCE 331년 멸망했다고 보는 그리스의 관점을 반박한다. 페르시아 제국이 멸망한 것은 그리스 원정에서 150년이나 뒤

좌 : 페르시아 병사(좌)와 그리스 병사의 결투가 그려진 그리스의 화병으로 BCE 5세기 중반에 제작되었다.

상 : **그리스의 군선 모습.** BCE 480년의 살라미스 해전에 사용되었던 종류가 그려져 있는 연대 미상의 조각으로 현재 대영 박물관에 있다.

의 일이다. 즉 그리스의 관점은 역사적 사실을 공정하게 다루었다고 할 수 없다.

그리스의 역공

이후 48년 동안(BCE 479–431년경)에 대한 자료는 산발적이며, 페르시아와 그리스의 정치적, 군사적 관계에 대한 이해를 도와줄 수 있는 유적이나 유물이 빈약하다. 그러나 그리스 고전 시대 전성기의 문학, 건축, 문화 등에 페르시아가 영향을 미쳤음을 보여 주는 중요한 증거들이 있다.

BCE 479년의 승리로 기세를 얻어, 여러 도시국가들은 아테네의 지휘 아래 페르시아를 유럽에서 몰아내고 이오니아를 해방시키려 했다. 아테네가 에게 해와 이오니아 해에서 승리한 것은 아나톨리아 서부의 사트라프들에게 방어 태세를 취하게 하였다. 아테네가 BCE 460년 이집트와 키프로스의 반란을 지원하여 세력을 넓히려던 시도는 실패로 돌아갔고, 결국 에게 해 연안의 국경에는 평화가 찾아왔다. 연구자들은 근대의 학자들이 "칼리아스 화약"이라 부르는 정식 조약이 실제로 BCE 5세기 중엽 아테네와 페르시아 사이에서 체결이 되었는지, 만약 그렇다면 어떤 내용이었을지에 대하여 논쟁 중이다. 어쨌든 페르시아의 왕과 사트라프들은 이오니아를 포기한 적이 없었고, 만약의 경우 싸워서라도 이 지역을 지키려 했다는 점은 상당히 명백하다.

아테네와 스파르타 사이에 펠로폰네소스 전쟁(BCE 431–404년)이 발발하자, 페르시아 제국에 대한 자료들은 다시 풍부해졌다. 이번에는 전쟁의 양측에게 잠재적인 지원국으로 나타난다. 서부의 사트라프들은 여전히 이오니아에서 페르시아의 이해관계를 보호했고 왕(BCE 424년까지는 아르타크세르크세스 1세, BCE 423년부터는 다리우스 2세)과 거래하기를 원하는 그리스인들을 중개했다. 처음에 페르시아가 스파르타 원조를 거절한 것은 결정적인 것이 아니었고, 사트라프들은 에게 해 지역에서 아테네 세력을 약화시키고 이간질할 기회를 노렸다.

소(小) 키루스의 반란

펠로폰네소스 전쟁의 마지막 10여 년간, 페르시아는 스파르타와 협정을 맺었다. 페르시아가 재정과 군수를 지원하는 대신 스파르타는 이오니아에 대한 어떠한 권리도 주장하지 않는다는 것이다. 다리우스 2세의 둘째 아들인 (어린) 키루스는 스파르타의 승리를 보장하고 아테네의 이오

헬레스폰트 해협의 크세르크세스

페르시아 군대가 아시아에서 그리스로 넘어갈 때 썼던 크세르크세스의 헬레스폰트 부교는 고전 시대의 자료에서 페르시아 왕들의 오만하고 포악한 태도를 보여 주는 전형적인 예였다. 헤로도토스는 길이가 1.2킬로미터에 달하는 부교의 믿을 수 없는 기술적 위업을 묘사하면서도 크세르크세스의 전형적인 폭군 모습에 초점을 맞추었다. 첫 번째 교량이 폭풍으로 파괴되자 크세르크세스는 책임 기술자들을 참수하고 바다마저 벌했다. 한 쌍의 족쇄를 물에 던지고 병사들이 바다를 채찍질하는 가운데, 크세르크세스는 저주를 내렸다. "오 가증스러운 물이여, 네게 아무런 잘못도 저지르지 않은 너의 주인이 벌을 내리노라. 네가 원하든 원치 않든 나 크세르크세스 왕은 너를 건널 것이다. 한 사람도 네게 희생양으로 바치지 않을 것이다. 괘씸하고 가증스러운 흐름이여."

좌 : **장 아드리엥 기네의 "헬레스폰트의 크세르크세스"** (1845년경)는 해협에 도착한 크세르크세스의 모습을 보여 준다.

상 : **알렉산드로스의 석관**에 알렉산드로스 대왕이 페르시아의 기마대와 싸우는 장면이 조각 되어 있다. BCE 4년에 제작되었다.

니아 개입을 끝내고자 서쪽으로 향했다. 페르시아가 스파르타의 함선과 선원들에게 자금을 지원한 결과 포위당한 아테네는 BCE 404년 항복했다. 이오니아에서 페르시아의 입지는 잠시 동안 다시 보장되었다.

적어도 그리스의 관점에서는, 소 키루스가 전쟁의 종결을 서두른 것은 BCE 401년 그의 형 아르타크세르크세스 2세(재위 BCE 404–359년)를 전복시키는 데 그리스의 용병들이 필요했기 때문임이 분명했다. 키루스의 원정과 패배한 그리스 군대가 서부로 돌아온 경위는 그리스의 역사가 크테시아스의 『페르시카』, 아테네의 군인이었던 크세노폰의 『아나바시스』, 훨씬 후대인 플루타르코스의 『아르타크세르크세스의 일생』을 통해 역사에 기록되었다. 반란은 소 키루스가 바빌론 북쪽의 쿠낙사 전투에서 아르타크세르크세스의 군대에 의해 살해되면서 허무하게 끝났다.

BCE 390년대 중엽, 스파르타의 왕 아게실라오스의 예고 없는 공격으로 이오니아에서 다시 문제가 터졌다. 이 원정으로 페르시아는 이오니아에 대한 그리스의 의도가 바뀐 것이 아니라, 이제는 스파르타가 아테네 대신 이오니아의 그리스 도시들을 해방시키려 함을 알게 되었다. 페르시아는 다시 그리스의 한쪽 편을 들어 이간질하는 정책을 택했다. 이번에는 아테네가 페르시아의 자금을 받아 조성한 함대로 스파르타를 BCE 394년 이오니아에서 격파한다. 이는 아테네의 해군이 마찬가지 이유로 패배한 지 9년 만의 일이었다. 그리스 본토에서 계속된 다툼으로 아르타크세르크세스 2세는 소위 "왕의 평화"를 그리스에 강요할 수 있었고(BCE 387년), 이오니아의 그리스 도시들은 다시 페르시아에게 넘어갔다.

다시 일어선 아테네는 이따금 페르시아의 이오니아 지배에 저항했다. 이오니아와 에게 해를 사이에 둔 페르시아와 그리스의 다툼은 마케도니아 왕국이 일어나 그리스와 페르시아 양국 모두에게 서방의 이익에 대한 거대한 위협이 될 때까지 BCE 4세기 내내 이어졌다. 마케도니아의 왕 알렉산드로스(대왕)의 정복은 BCE 330년 아케메네스 페르시아 제국의 멸망을 초래한다. 페르시아와 같이 거대한 제국은 CE 1세기 로마 제국 전까지는 다시 나타나지 않았고, 그 이후로도 대단히 드물었다.

최후의 아케메네스

정체기와는 거리가 멀었던 아케메네스 후기(BCE 404–330년)에는 군사 활동과 반항적인 영토들의 재정복이 다시 빈번해졌다. 그러나 마케도니아의 공격적인 확장은 아케메네스 제국에게 나쁜 징조였다.

BCE 404년 다리우스 2세로부터 그의 장자인 아르세스로의 승계는 비교적 무난했던 것으로 보인다. 아르세스의 왕명은 아르타크세르크세스 2세로 아케메네스 제국을 45년 동안(BCE 404–359년) 지배했다.

아르타크세르크세스 2세

재위 초기, 아르타크세르크세스의 아우인 키루스는 리디아와 소프리기아의 사트라프였다. 키루스는 모친인 파리사티스가 부추겨 왕위를 꿈꾸게 되었다. 그는 페르시아와 사트라피의 병력 및 그리스 용병들을 모았다. 이 중에는 훗날 키루스의 불운한 반란에 대한 책 『아나바시스』를 쓴 아테네의 군인 크세노폰도 있었다. 반란군은 바빌로니아의 쿠낙사에서 BCE 401년 아르타크세르크세스군과 부딪쳤고, 키루스는 살해당했다. 반란은 페르시아의 귀족들의 충분한 지지를 얻지 못했고, 아르타크세르크사스의 권력은 확고했다.

하 : 사진은 페르시아 왕의 모습으로 옥수스의 유보(BCE 450–350년경)라 불리는 금은제 유물 중의 하나이다. 아케메네스 왕가의 마지막 왕들 중 한 명의 모습으로 여겨진다.

아르타크세르크세스의 첫 국제적 위기는 이집트가 페르시아에게서 독립하려 할 때였다. BCE 401–399년, 페르시아는 이집트에서 쫓겨났다. 이는 왕에게 큰 타격을 주었고, 이후 56년간 아케메네스 제국에서는 이집트의 탈환 시도가 계속 행해졌다.

그러는 동안, 아르타크세르크세스는 시리아–팔레스타인과 아나톨리아에서의 지배를 확고히 하는 것에 관심을 기울였다. BCE 387년, 그리스에 "왕의 평화"라는 협정을 강요하였고, 그리스는 이오니아의 도시들이 페르시아에 속하는 것을 수용해야 했다.

아르타크사르크세스 2세는 아케메네스의 왕들 중 가장 오래 재위했으나 안타깝게도 알려진 바가 거의 없다. 그리스의 역사가이자 윤리학자인 플루타르코스는 동정 어린 어조로 『아르타크세르크세스의 일생』을 썼다. 그는 아르타크세르크세스를 관대한 지배자로서 백성들과 소통하는 데 신경 썼고, 자애롭고 충실한 남편이었으며, 병사들과 고난을 나눌 준비가 된 용감한 투사였다고 묘사했다.

아르타크세르크세스 3세와 이집트 재정복

재위 기간이 길면 후계에 문제가 생기는 경우가 많다. 여러 왕자들이 경험을 쌓은 성인이 되어 왕위를 노리기 때문이다. 태자 다리우스를 비롯한 아르타크세르크세스의 아들 세 명이 변사하고 다른 아들인 오쿠스가 아르타크세르크세스 3세(재위 BCE 359–338년)로서 대를 이었는데, 그가 형제들의 암살을 꾸몄다고 여겨진다.

아르타크세르크세스 3세의 주요 업적은 BCE 343년 이집트의 재정복이다. 그 전에는 시돈의 왕 텐네스가 주도한 페니키아의 반란을 진압했다. 아르타크세르크세스의 처벌은 신속했다. 텐네스를 처형하고, 도시 일부를 파괴했으며 주민 일부를 강제 이주시켰다. 한 바빌로니아의 연대기는 다음과 같이 설명한다. "아르타크세르크세스로 불리는 우마수 14[년](BCE 345년), 티시리의 달에 시돈[에서] 왕이 포로들을 바빌론과 수사로 [데려갔다]. 같은 달 13일 이들 중 일부가 바빌론으로 들어왔다. 16일 … 시돈에서 온 여자 포로들을 왕이 바빌론으로 보냈다. 같은 날 그녀들은 왕궁으로 들어갔다."

난폭하고 잔인하다는 아르타크사르크세스의 명성은 이집트의 탈환으로 확인되었다. 왕의 인장은 그가 적들을 짓밟고 포로들을 사슬로 묶어 끌고 가는 모습을 담았다.

짧은 쿠데타와 제국의 몰락

아르타크사스크세스 3세와 그의 가족들 대부분은 말 그대

좌: **이소스 전투에서 전차를 타고 싸우는 다리우스 3세의 모습**으로 알렉산드로스 모자이크(파우누스의 저택, 폼페이, 이탈리아, CE 75년경)에 묘사된 것이다. 그의 뒤로 마케도니아 병사들이 창(사리사)으로 진을 형성하고 있다.

로 피바다 속에서 죽었다(BCE 338년). 암살은 환관 바고아스가 지휘한 것으로, 그는 유일한 생존자인 아르타크세르크세스의 어린 아들 아르세스를 왕위에 앉혔다. 아르세스 역시 아르타크세르크세스라는 왕명을 선택하여 아르타크세르크세스 4세로서 BCE 338년부터 지배했다. 그러나 단 2년 만에 바고아스가 아케메네스의 분가에 속한 아르타샤타를 지지하게 되면서 살해당한다. 뛰어난 용맹으로 유명했던 아르타샤타는 다리우스 3세라는 왕명으로 즉위 후, 바고아스를 처형했다.

다리우스 3세(재위 BCE 336–330년)의 명성은 무참히 짓밟혔다. 마케도니아의 알렉산드로스 대왕과 대적할 운명을 타고났기 때문이다. 알렉산드로스 대왕의 뛰어난 군사적 승리는 키루스 대왕에 필적했고, 아케메네스의 멸망을 불러왔다. 다리우스는 맥을 못 추는 비겁자로 역사에 남았다. 사실 그는 용감한 전사로 영광을 꿈꾸던 알렉산드로스에게 심각한 위협이었다. 다리우스 3세는 BCE 333년 이소스 전투에서 알렉산드로스를 만났으나 도주했고, 알렉산드로스는 하렘을 점령했다. BCE 331년 가우가멜라 전투에서 다시 만났을 때도 다리우스가 패했다. 그는 엑바타나로 도주하여 새로 병력을 모으다가 페르시아 왕을 사로잡으려는 알렉산드로스에게 쫓겨났다. 박트리아로 도주한 그는 알렉산드로스에게 죽임을 당한 것이 아니라, BCE 330년 박트리아의 사트라프인 베수스에게 살해당했다. 알렉산드로스는 다리우스 3세의 장례를 성대하게 치렀고, 페르시아의 왕위에 오르는 것을 정당화하려고 다리우스의 딸 스타테이라와 혼인했다.

아케메네스 왕실의 여인들

아케메네스 제국에서 왕실의 여인들은 정치적으로 중요한 역할을 했다. 비록 직접 다스릴 수는 없었지만 모친, 부인, 딸, 여형제, 첩 등의 입장에서 왕과의 친밀한 관계를 통해 권력을 행사할 수 있었다. 그리스의 문헌에 의하면 대비는 외부나 내부의 위협에서 적극적으로 왕가를 지키는 일이 빈번했다 한다. 그러나 그녀들이 한 자식을 편애했을 경우에는 비참한 결과를 초래할 수도 있었다. 예를 들어 다리우스 2세의 왕비인 파리사티스는 애지중지하던 작은 아들 키루스가 형 아르타크세르크세스 2세에게 반란을 일으키도록 부추겼다. 확실히 지배욕과 야망이 강했던 그녀는 여러 귀족들을 처형하거나 독살했고 권력욕이 강했던 며느리인 아르타크세르크세스 2세의 왕비 스타테이라마저 독살시켰다고 전해진다.

우: **"탄원하는 다리우스의 가족"**은 알렉산드로스 대왕에게 잡힌 다리우스 3세의 가족을 묘사했다. 필리포 탈리올리니(18세기)가 조각했다.

점령하에서 : 헬레니즘과 로마 시대의 정복자들

서론

BCE 4세기 말 무렵, 중동에서 그리스의 군사적, 정치적 헤게모니가 자리 잡았다는 것은 이전의 규범에서 완전히 벗어났다는 것을 가리키며, 오늘날까지지도 그 영향이 미치고 있다.

마케도니아의 알렉산드로스 3세가 BCE 334년 소아시아에 진군했을 때, 그의 군대가 인도까지 가서 전례 없는 대제국을 세우게 될 것이라고 짐작할 수 있었던 사람은 없었을 것이다. 또한 이들이 이룩한 정치적, 문화적 발달이 훗날 로마 제국이 지중해 동부를 지배할 수 있도록 길을 열고 기독교와 이슬람교가 발생할 수 있는 토대를 만들게 될 것이라고는 더욱 상상하기 어려웠을 것이다. 그리스와 로마가 지배한 1000년 동안의 중동 역사(BCE 330–CE 640년경)는 흥미진진하면서도 복합적이다. 이 시대는 그리스와 로마의 비교적 새로운 문화에 바빌로니아와 아시리아, 레반트 해안 민족들의 이미 오래된 문화가 혼합된 싱크리티즘이 특징이다. BCE 323년 알렉산드로스 대왕이 사망하고 나서 독립을 위한 피비린내 나는 다툼이 여러 곳에서 일어났다. 승자들은 알렉산드로스가 남긴 거대한 제국을 셋으로 나누고 각자 왕이 되었다. 그들은 셀레우코스(소아시아, 시리아, 메소포타미아, 이란), 프톨레마이오스(이집트), 안티고노스(그리스와 마케도니아)이다. 알렉산드로스 대왕의 호위병이었던 셀레우코스는 셀레우코스 제국(가장 넓음)을 지배했다. 셀레우코스 왕조는 그리스(헬레니즘)의 왕으로서 BCE 65년경까지 250년 동안 지배했다. 훗날 제국의 서부는 로마 제국에, 동부는 파르티아 왕국에 흡수되었다. 파르티아 왕국은 대략 알렉산드로스 대왕에게 패배당한 아케메네스조 페르시아 제국의 이란 지역에 근거를 두었던 나라이다. 로마와

좌 : **폼페이의 알렉산드로스 모자이크**(CE 75년경) 중 일부로 이소스 전투에서의 알렉산드로스 대왕을 묘사하였다. BCE 333년 다리우스 3세와의 이소스 전투는 아시아의 패권을 둔 세 차례의 대전 중 두 번째였다.

파르티아는 둘 다 그리스 문화의 영향을 받아 근동의 예전 셀레우코스 제국 영토에서 정치 및 군사 행정에서 계속 그리스어를 사용하였다. 두 제국은 지역적으로 셈 문화의 영향을 점차적으로 강하게 받게 되었고, 이는 로마의 경우 종교에서 가장 뚜렷하게 나타났다.

로마의 세력 확장

로마와 파르티아는 CE 223년 사산조 페르시아가 파르티아를 전복시킬 때까지 중동에서 3세기 동안 서로 싸웠다. 로마와 파르티아는 아르메니아, 시리아 및 북부 메소포타미아에서 전쟁을 했다. CE 2세기에는 세 번에 걸쳐 로마의 황제(트라야누스, 재위 CE 114–117년; 루키우스 베루스, 재위 CE 162–165년; 셉티미우스 세베루스, 재위 CE 194–198년)들이 파르티아 제국을 침범했다. 그 결과 중동에서 로마의 세력은 동부로 더 확장되어서, 오늘날의 시리아를 넘어 북부 메소포타미아까지 미쳤다. 아르메니아, 시리아 및 북부 메소포타미아는 로마와 사산조 페르시아 사이에서도 계속 분쟁 지역으로 남았고 로마의 황제들은 동쪽의 이웃을 주기적으로 침략하는 전통을 고수했다.

사산조 페르시아의 지배하에서 조로아스터교는 황제의 지지를 받았고, CE 3세기 말에는 "국가 종교"에 준하는 종교가 되었다. 로마 제국의 콘스탄티누스 대제가 CE 312년 기독교를 받아들임에 따라 중동의 지배권을 놓고 싸우던 두 제국의 황제들은 이제 나라의 안정과 번영에 연결시킨 일신교를 공공연하게 지지하게 되었다. 이후로 수세기 동안 기독교는 로마 제국과 사산조 페르시아의 전쟁에서 점점 더 중요한 역할을 하게 되었다.

비잔틴과 이슬람 세력의 경쟁

CE 5세기경 로마가 서쪽의 영토를 잃게 되자 중동은 더욱 중요하게 되었다. 당시 로마 제국에는 서쪽과 동쪽에 각 한 명씩 황제가 있었다. 그러나 서로마 제국은 CE 476년, 황제가 퇴위하면서 공식적으로 정치적 종결을 맞았다. 콘스탄티노플을 수도로 하는 동로마 제국은 로마 제국으로서의 기능을 유지했으며, 오늘날의 학자들은 이 제국을 비잔티움이라 부르고 있다. 비잔틴 제국은 발칸 반도, 소아시아(터키) 및 중동(시리아, 레바논, 이스라엘/팔레스타인, 요르단과 이집트)에 중심을 두었고, 정치와 문화에서는 기독교가 가장 중요한 요소였다. 비잔티움과 사산조 페르시아 사이의 전쟁은 CE 7세기 초, 사산조 페르시아의 왕 중 왕 호스로 2세가 비잔틴의 영토인 시리아, 아라비아, 이집트를 침략할 때까지 계속되었다. 이들 영토는 호스로 2세에게 정복당했으나 CE 628년 엄청난 대가를 치룬 오랜 전쟁 끝에 헤라클리우스가 되찾았다. 이슬람교가 탄생하여 아라비아 반도 전체를 매료시킨 사건은 중동의 역사를 규정하는 분기점이 되었다. 몇 년 사이에 이러한 정치적, 종교적 운동은 비잔틴 제국이 중동에서의 모든 영토를 잃게 만들었으며, 사산조 페르시아 제국이 와해되는 결과를 초래하였다. 이슬람교를 창시한 예언자 무함마드는 정치적, 군사적 활동을 단합하자고 광범위하고 강력하게 호소하였고, 이를 통해 이슬람교는 실질적인 국교가 되었다. 비잔티움이 중동에서 정치적, 군사적인 면에서는 쇠퇴하고 말았지만, 사회적인 면에서까지 잊혀 버린 것은 아니었다. 실제로 그리스와 로마의 오랜 지배가 중동에 남긴 영향은 오늘날까지도 다방면에 계속 남아 있다.

상 : **사진은 CE 4세기 초반의 석관**이다. 콘스탄티누스 대제가 기독교의 상징을 들고 왕좌에 앉아 있다. 크로아티아의 스팔라토 고고학 박물관에 소장되어 있다.

마케도니아의 부상

마케도니아의 알렉산드로스 3세(대왕)의 치세(재위 BCE 336–323년)는 고대사 연구에서 가장 잘 알려진 시기 중의 하나이다. 알렉산드로스의 군사적 압승은 그의 군대를 동쪽의 인도까지 도달하게 하였고, 그 영향은 아직도 현저하다.

알렉산드로스 대왕의 정복 이야기는 BCE 334년 봄 동방 원정을 시작하기 전에 마케도니아 왕국에서 일어난 일들을 가려 버리는 경우가 많다. 알렉산드로스 대왕은 부친인 필리포스 2세에게 힘입은 바가 많다. 필리포스 2세는 BCE 359년 마케도니아 왕국의 상황이 매우 어려웠을 때 왕위에 올랐다.

상 : **필리포스 2세.** BCE 354년 펠라의 광산에서 제작된 드라크마 은화 위의 모습이다. 필리포스 2세는 군사 작전가였으며 개혁가, 외교가 및 실질적인 실력자였다.

마케도니아를 변신시킨 필리포스 2세

가장 유명한 왕으로는 필리포스와 알렉산드로스를 들 수 있는 마케도니아 왕조는 BCE 5세기 초반 알렉산드로스 1세(BCE 454년 사망)에 의해 세워졌다. 한 세기 후, 필리포스 2세가 왕위에 오를 당시 왕국은 일리리아에 패배한 결과 심각한 어려움에 처해 있었다. 일리리아인들은 왕국의 북서쪽 산지에 살고 있었으며 마케도니아와는 앙숙 사이였다. 필리포스 2세는 통일을 이루어 마케도니아를 확장시키며 자신이 최고의 권력자임을 강조하려 했다. 필리포스 2세는 BCE 358년 일리리아인들에게 승리한 것을 재빨리 이용하여 왕국을 불안정하게 하던 상부 마케도니아의 다양한 공국들을 통일하기 시작했다. 또한 마케도니아의 힘과 영향력을 에피루스와 몰로시아를 비롯한 이웃 발칸 반도의 왕국들에까지 확장하였다.

필리포스 2세는 비협조적인 마케도니아 귀족들을 자신의 수하로 더욱 가까이 묶어 두고 발칸 왕국들과의 동맹을 결성하기 위해 여러 명의 부인을 두었다. 몰로시아의 올림피아스(알렉산드로스 대왕의 모친)와는 BCE 357년 혼인했다. 그는 황제의 근위대를 확대시키고 외부로부터 많은 사람들을 고문이나 왕실 수행원으로 불러들였다. 필리포스 2세가 가장 신임하는 조언자들은 위험스러울 정도로 분열된 마케도니아의 귀족이 아니라, 필리포스 2세에 의해서만 권력을 가질 수 있는 사람들로 구성되어 갔다. 아마도 이들 중에서 가장 유명한 사람이 철학자인 아리스토텔레스일 것이다. 아리스토텔레스는 BCE 342년 필리포스 2세의 아들인 알렉산드로스의 개인 교사로서 수도 펠라에 있는 마케도니아의 궁중에 들어갔다. 마케도니아 귀족들의 조직적이고 지속적인 반대를 막기 위해 필리포스 2세는 시동제를 내세웠다. 시동들은 귀족의 아들들로 펠라의 궁중에 보내어져 교육받고 필리포스의 측근을 형성하는 이들을 말했다. 결국 필리포스 2세는 스스로를 마케도니아의 전제 군주로 만들고 발칸 지역과 그리스 전체에서 점점 주요 실세가 되어 갔다.

필리포스 2세는 왕권을 강화시켰을 뿐 아니라 왕국 전체에서 은과 금의 채굴을 증가시켜 황실 재정 상태를 개선시켰다. 왕국에서 가장 중요한 광산은 팡가이오스 산에 있었으며 이미 BCE 356년에는 많은 양의 은과 금을 공급하

우 : **몰로시아의 올림피아스.** 러시아의 파블로프스크 황궁의 18세기 대리석 부조에 묘사된 것이다. 그녀는 알렉산드로스 대왕의 아들이 왕위를 지킬 수 있도록 노력했으나 결국 실패했다.

고 있었다. 광물 자원의 계속적인 공급은 필리포스 2세가 전제 군주 국가를 성장시킬 수 있게 뒷받침했고 제국 확장에 가장 중요한 자산인 군대를 확대할 수 있게 했다.

필리포스 2세가 마케도니아 군대를 재정비하고 확대시킨 것이 왕국의 변신에서 가장 중요한 부분이었다. 그는 상부 마케도니아의 인구가 많고 비옥한 농업 지역에서 상당한 보병들을 모았는데, BCE 336년 그가 사망할 당시 군대에는 대략 3만 명의 병사가 있었다. 필리포스 2세는 기병대도 설립하였는데, 훈련이 잘된 이 기병대의 규모는 3000명 정도였으리라 생각된다. 직업 군인들로 이루어진 필리포스 2세의 군대는 당시 전 지중해 지역에서 가장 강력했다. 필리포스 치세의 마케도니아 군대는 경장 기병과, 이와 유기적으로 연결된 장갑 보병, 밀집 장창 보병대인 팔랑크스 등 다양한 편제로 구성되어 있었다. 모두 고도의 훈련을 받았으며, 노련한 군사 기술자들을 보유하여 고대에서 가장 강력했던 군대 중의 하나가 되었다. 필리포스 2세의 군대와 광산 자원으로 충당된 마케도니아의 재정은 상당한 세력과 영향력을 지역 전체로 확장할 수 있게 했다. 필리포스 2세는 몰로시아와 에피루스같이 중요한 발칸 왕국들을 마케도니아에 종속시켰고 트라키아와 테살리아에도 상당한 영향력을 행사하게 되었다. BCE 340년에 마케도니아는 강대국이 되어 남쪽의 그리스와 보스포루스 해협 동쪽의 방대한 영토에 파문을 던지게 되었다.

상 : **펠라의 왕궁에 있는 사자의 모자이크**(BCE 350년경)의 일부이다. 필리포스 2세 시대에 펠라는 규모가 커지고 화려해졌으며 예술의 후원이 유행하였다.

필리포스 2세와 그리스의 도시국가들

그리스 도시국가들의 전성기는 일반적으로 BCE 6세기에서 5세기 사이였을 것으로 여겨지며, "황금시대"라고 알려져 있다. 마케도니아 필리포스 2세의 시대인 BCE 350년대와 BCE 340년대에는 중요한 지방 세력이 두각을 나타내게 되어 그리스의 도시국가들은 더 이상 예전의 풍요로움을 누리지 못하게 되었다. 그러나 이들은 여전히 진정한 그리스의 정당한 보호자로 자처하고 있었다. 이로 인해 그리스의 국가들이 확장 중이던 마케도니아 왕국과 충돌하게 되었고, 필리포스 2세의 치세 말기와 알렉산드로스 대왕의 초기, 그리스에 중요한 결과를 초래하였다.

아르고스, 아테네, 코린토스, 스파르타 및 테베는 당시 가장 중요한 그리스의 도시국가들이었고 필리포스 2세는 그들의 정치 문제에 연루되어 있었다. 필리포스 2세가 왕위에 오를 당시 특히 아테네는 마케도니아의 일에 간섭하였고, 이는 필리포스 2세가 지배하는 내내 이어졌다. BCE 340년 말, 필리포스 2세가 아테네로 향하던 종자를 실은 선박들을 포획하여 아테네의 생계를 위협하게 되면서 갈등이 정점에 달하게 되었다. BCE 339년, 테베는 중요한 동맹국인 로크리스를 위협하는 필리포스 2세와 전쟁을 하게 되었다. 아테네와 테베는 위협을 느끼고 서로 동맹을 맺었으며 마케도니아를 치기 위한 군대를 결성하였다. BCE 338년 여름이 끝날 무렵, 이들의 군대는 카이로네아에서 마케도니아 팔랑크스의 위력에 맞섰으나 패배

상 : **이 그리스 장갑 보병이 묘사된 부조**는 바티칸 박물관에 소장되어 있는 석관(BCE 300년경)에 새겨진 것으로 방패와 창의 사용법을 볼 수 있다. 장갑 보병이란 팔랑크스 진을 형성하는 보병을 뜻한다.

했다. 아테네는 대략 3000명의 장갑 보병을 잃었다. 1000명은 전사했고 2000명은 노예로 끌려간 것이다. 테베 역시 막대한 손실을 입었는데, 그중에는 유명한 신성대가 있었다. 신성대는 40년 전에 테베에서 구성된 정예 부대였다. 이제 필리포스 2세는 그리스 전역에서 가장 강력한 세력이 되었고, 아테네와 테베는 마케도니아와 제휴를 할 수밖에 없었다. 실제로 그리스의 모든 중요한 나라들은 필리포스 2세의 권한을 승인하게 되었고 이 권한은 BCE 337년 코린토스 동맹이 결성됨으로써 절정에 다달았다. 코린토스 동맹은 그리스의 모든 나라들의 자유를 보장하기는 하지만 필리포스 2세에 의해 주도되었으며 마케도니아를 절대 권력으로 인정했다.

그리스와 페르시아의 전쟁

당시 코린토스 동맹이 내린 가장 중요한 결정은 페르시아에 전쟁을 선포한 것으로 이는 3년 후 알렉산드로스 대왕이 원정을 떠난 직접적인 배경이 되었다. 그러나 페르시아와 그리스 사이의 적의는 수 세기 전에 시작된 것이었다. BCE 490년과 10여 년 후인 BCE 480–479년, 다리우스 1세와 크세르크세스 1세가 이끄는 페르시아 군대가 그리스 본토에 공격을 개시했다. 페르시아는 그 후 150년 동안 다방면에서 그리스를 위협했다. 당시 전쟁의 주요 원인은 페르시아의 지배하에 있는 소아시아 연안의 그리스 식민지였다. 그리스 식민지는 BCE 10세기에 세워져 BCE 6세기까지 이어져 왔다. 페르시아가 이들을 탄압하는 것이 당시로부터 알렉산드로스 대왕의 시대까지 그리스의 관심사였다. 그리스는 BCE 5세기 초에 겪은 페르시아의 공격에 대해 복수할 수 있기를 오랫동안 기다려 왔다. 그러나 필리포스 2세가 주도하게 되고 나서야 필리포스 2세의 군대와 마케도니아 왕국의 확장 덕분에 복수가 가능할 것이라고 여겨지게 되었다. 마케도니아가 그리스 연방의 일원으로 받아들여진 것을 과시하고 싶은 필리포스 2세의 욕

망도 그 전쟁을 선포한 이유 중의 하나였다. 마케도니아는 진짜 그리스가 아니라는 조롱이 그를 불쾌하게 만들고 있었다. 150년 전에 페르시아가 그리스를 공격한 것에 대한 복수와 소아시아에서 그리스를 해방시키는 것이야말로 그런 비난을 잠재울 것으로 여겨졌다.

필리포스 2세는 또한 페르시아 왕실이 오랫동안 어려운 시기에 놓여 있었다는 점을 이용했다. 아케메네스 왕조는 코린토스 동맹이 선전 포고하기 몇 년 전부터 이집트와 바빌론의 반란을 비롯하여 거대한 제국을 휩쓰는 대변동에 직면해 있었다. 이러한 대변동은 BCE 336년 아르타크세르크세스 4세가 암살당하는 것으로 이어졌다. 그의 뒤를 이어 아케메네스 왕가의 일원인 아르타샤타가 다리우스 3세의 이름으로 왕위에 올랐다. 다리우스 3세는 강력한 적수였으나 세 차례에 걸쳐 알렉산드로스 대왕에게 패배당했다. 비록 그 패배에는 이유가 있었으나 어쨌든, 그가 아케메네스조 페르시아의 마지막 왕이 되었다.

사리사 – 강력한 신무기

필리포스 2세가 주도한 중요한 군대 개혁에 대해 논한다면, 이후 수세기 동안의 전쟁에 혁명을 가져온 신무기를 개발한 점을 빼놓을 수 없다. 사리사로 알려진 이 신무기는 약 5.5미터 길이의 무거운 창이다. 사리사는 팔랑크스로 알려진 정교한 진에 사용되었으며 효과적이기 위해서는 고도의 훈련과 유기적인 연결이 필요했다. 이후 계속해서 지중해 동부 지역을 공포에 몰아넣게 될 기술이었다.

상 : **규칙적인 훈련으로 만들어진 놀라울 정도로 조정하기 쉬운 밀집된 타격 부대**는 기마대가 측면을 효과적으로 보호하는 한 천하무적임이 증명되었다.

알렉산드로스 3세가 권력을 잡다

BCE 336년은 마케도니아와 그리스에게도 중요한 시기였다. 그해 10월, 필리포스 2세가 암살당하고 19세의 아들 알렉산드로스가 왕좌에 올랐다. 비록 필리포스 2세가 마케도니아를 그리스와 발칸 지역에서 지배적인 위치에 올려놓은 상태이기는 하나 젊은 알렉산드로스에게 당시 궁중의 상황은 매우 위험한 것이었다. 어려움에 처해 있는 재정 상태는 알렉산드로스 3세의 지위를 더욱 위태롭게 만들었다. BCE 335년, 알렉산드로스 3세는 테베의 반란에 직면하여 도시를 파괴하며 가차 없이 진압했다. 마케도니아 궁중 내의 음모와 모의가 더욱 심해지고 왕국의 어려운 재정 상태를 개선해야 하는 상황에 처한 알렉산드로스 3세는 BCE 337년에 선친이 페르시아에 전쟁을 선포한 것이 아직 유효한 것을 계기로 하여 페르시아와의 전쟁을 실행하기로 마음먹었다. BCE 334년 봄, 알렉산드로스 3세는 대략 4만 명의 군사들을 이끌고 페르시아를 정복하러 나섰다. BCE 336년부터 필리포스 2세의 명령으로 소아시아에서 작전을 실행하고 있던 장군 파르메니온이 지휘하는 전진 부대가 가세하자 군대는 약 5만 명이 되었다. 21세의 알렉산드로스 3세를 총사령관으로 하는 이 군대의 놀라운 승리는 중동의 정치적, 사회적, 문화적 발달의 시초가 되었고 이는 오늘날까지도 전해지고 있다.

우 : **비블로스의 4세기에 만들어진 모자이크**는 마케도니아 알렉산드로스 대왕의 탄생을 묘사하고 있다. 아기가 태어날 날을 알려주는 여러 징조가 일어났고, 알렉산드로스는 필리포스 2세의 자녀들 중에서 처음으로 어린 나이에 죽지 않고 성년에 이를 수 있었다.

서방 정복

알렉산드로스 3세의 페르시아 침공은 그가 4만 명의 군대를 이끌고 헬레스폰트 해협을 건너며 시작되었다. 이 해협은 유럽과 아시아를 갈라놓는 경계였다. 알렉산드로스 3세는 그의 군대와 그가 정복하려는 민족들 모두에게 해협 횡단이 큰 의미가 있다고 평가했다.

하 : **헬레스폰트 또는 다르다넬스 해협**은 마르마라 해와 에게 해를 연결하며 길이는 61킬로미터이고 폭은 6킬로미터이다.

필리포스 2세가 가장 신임하던 장군 파르메니온이 지휘하는 전진 부대가 알렉산드로스 3세의 군대에 합류하자 총 5만 명의 보병과 기마병으로 군대의 규모가 확장되었다. 마케도니아와 페르시아의 대규모 전쟁은 피할 수가 없게 되었다. 다리우스 3세 역시 대군을 동원했기 때문이다. 마케도니아군은 보병이 강한 반면, 페르시아의 기마병은 마케도니아보다 우월했다. 이는 앞으로도 이어질 유럽과 동방 군대의 차이였다. 그리스와 로마, 중세 유럽의 군대는 보병이 우세했으며 페르시아, 파르티아, 이슬람 군대는 기병과 궁수병이 뛰어났다.

이 전쟁에서 알렉산드로스 3세와 다리우스 3세 사이에 나타난 또 다른 중요한 차이는 페르시아 군대가 보병을 보강하기 위해 그리스의 용병들을 채용했다는 것이다. 즉 페르시아 군대는 방대하고 다양한 문화를 가진 제국의 전역에서 징집된 페르시아 병사들과, 그리스 용병이 섞인, 수준이 제각각인 집단이었다. 이로 인해 페르시아 군대는 많은 어려움을 겪었다. 고위 지휘관들 사이에서는 의견이 일치되지 않았고, 전쟁 중에는 서로 훈련 정도와 능력이 다른 보병들로 인하여 문제가 발생했다.

알렉산드로스 대왕의 성스러운 포부

알렉산드로스 대왕에게 헬레스폰트 해협을 건너는 것은 상징적인 일이었다. 그는 가장 먼저 해협을 건너 해변에 창을 던지며 아시아가 자기 것이라고 선포했다고 한다. 이러한 행동은 그가 선조라고 주장하던 헤라클레스를 의도적으로 모방한 것이다. 원정 동안 알렉산드로스는 특히 헤라클레스나 아킬레우스같이 그리스에서 아시아와 관련된 가장 유명한 영웅들에 자신을 비유했다. 사실 알렉산드로스가 신성한 영웅이 되려 한 것은 페르시아에서 업적을 쌓은 헤라클레스를 능가하기 위해서였다.

알렉산드로스 대왕은 그리스의 전설적인 장소인 고대의 트로이에 해당하는 일리움에 들려 아테네 여신에게 제물을 바치고 동료들과 함께 아킬레우스를 기리는 나체 경주에 참여했다. 알렉산드로스는 몰로시아의 왕족인 모친 올림피아스를 통해 트로이 전쟁의 주요 인물이었던 아킬레우스의 후손이라 주장했다.

우 : **아킬레우스로 묘사된 알렉산드로스 대왕**의 유리 세공(BCE 1세기)은 현재 나폴리의 고고학 박물관에 소장되어 있다.

상 : 이제는 늪지로 변해 버린 에페수스에 있는 아르테미스 신전은 알렉산드로스 대왕이 태어난 날 밤 헤로스트라투스에 의해 불에 타 버렸다. 이 신전은 고대의 7대 불가사의 중의 하나였다.

그라니코스 강의 전투

양국의 군대는 결국 그라니코스 강(오늘날 터키 코카바스 부근)에서 BCE 334년 5-6월 전투를 치렀다. 그라니코스 강은 작지만, 매우 경사진 둑이 있는데 페르시아의 기마대가 그 둑을 미리 차지하여 마케도니아 군대를 기다리고 있었다. 알렉산드로스 3세의 군대는 저녁 일찍 도착했으나 강을 건너 공격하는 것은 다음 날 아침까지 기다리는 전술을 택했다. 마케도니아 군대의 왼쪽 진영은 오른쪽 진영과 중앙에 앞서 페르시아 기마대의 합동 공격을 받아낼 능력이 있었다. 알렉산드로스 3세가 직접 이끄는 중앙 부대는 보병의 수에서 페르시아를 압도하였다. 치명적인 것으로 유명한 사리사를 갖춘 팔랑크스는 이 승리에 매우 중대한 공헌을 하였다. 마케도니아의 승리는 압도적이었고, 다리우스 군대의 그리스 용병들은 크게 피해를 입었다. 다리우스는 처절한 패배로 혼란에 빠진 남은 병사들을 이끌고 바빌론으로 피신했다.

알렉산드로스 3세가 소아시아 연안으로 남하하다

이 전투의 승리는 마케도니아 군대에게 부유한 소아시아의 연안으로 가는 길을 열어 주었다. 중요 도시에 있던 페르시아 주둔 부대들의 저항은 미약했다. 그리스 용병대를 지휘했던 멤논은 그라니코스 전투에서 살아남았고, 남은 보병들을 이끌고 알렉산드로스 군대를 지연시키라는 다리우스의 명령을 받았다. 소아시아에서 그리스 도시들을 해방시키는 것은 페르시아 원정의 목적 중 하나였고 이것의 성취가 목전에 다가왔다. 승리의 기세를 몰아 알렉산드로스 3세는 페르시아의 거대한 보고가 있는 사르디스로 진군했다. 다음은 그곳에서 100킬로미터 떨어져 있는 해안 도시인 에페수스였다. 에페수스는 소아시아 연안에서 가장 중요한 도시였으나 알렉산드로스 3세의 접근에 페르시아 주둔군은 이를 포기했다. 소아시아의 많은 도시들은 얼마 전부터 정치 파벌들이 지배하고 있었다. 이들은 민주주의를 옹호하는 그리스 편과 과두제를 옹호하는 페르시아 편으로 나뉘어 있었다. 알렉산드로스 3세는 에페수스를 정복하고 예전에 망명했던 민주주의 지도자들을 복귀시켰다. 소아시아의 다른 많은 도시에서도 마찬가지였다. 에페수스는 알렉산드로스 3세에게 특별한 의미가 있었다. 그가 태어난 날 밤, 에페수스의 아르테미스 신전이 불타 버렸기 때문이다. 알렉산드로스 3세는 전쟁으로 얻은 수입을 나누어 신전 재건과 기부금으로 쓰게 했다.

알렉산드로스 3세 군대의 지상 활동에 초점을 맞추기는 쉽다. 그러나 그에게는 그라니코스 전투로 해결되지 않은 문제가 남아 있었다. 그것은 에게 해에 있는 거대한 페르시아 함대였다. 페르시아 함대는 에페수스를 점령하고 밀레투스로 향하고 있는 알렉산드로스 3세를 따라잡았다. 마케도니아 함대는 400척의 함선을 보유하고 있던 페르시아 함대의 겨우 절반에 불과했다. 알렉산드로스 3세로서는 운이 좋게도, 마케도니아 함대가 페르시아보다 먼저 밀레투스에 도착했다. 그 결과, 페르시아 함선들은 정박할 수가 없었고, 육지에서 일어나는 일을 멀리서 지켜볼 수밖에 없었다. 알렉산드로스 3세는 밀레투스를 성공적으로 점령하고 이때부터 페르시아 함대가 육지에 상륙하지 못하게 하여 무력화시키는 전략을 유지했다.

다음으로 소아시아에 남은 페르시아의 병력과 싸운 것은 할리카르나소스에서였다. 멤논은 할리카르나소스에 진을 치고 있었고, 소아시아 연안에서 도망쳐 온 그리스 용병들과 페르시아 병사들이 여기에 합세했다. 멤논은 완강한 방어를 펼쳐 두 개의 성채를 지켜 냈지만 알렉산드로스 3세가 도시의 나머지를 점령하면서 도시를 사수하려는 멤논의 노력은 결국 실패로 돌아가고 말았다. 그러나 알렉산드로스 3세의 진영에서도 많은 사상자가 나왔고, 해안과 내륙에서의 진전이 늦어지게 되었다.

알렉산드로스 3세는 내륙의 프리기아와 카파도키아를 거쳐 그곳에서 남쪽에 있는 팜필리아와 실리시아로 향했다. 그는 페르시아 군대가 모이는 것을 막기 위해 대단히 빠른 속도로 군대를 움직였다. 페르시아 함대와 멤논이 에게 해의 북쪽에서 활발하게 활동하며 그리스를 위협하는

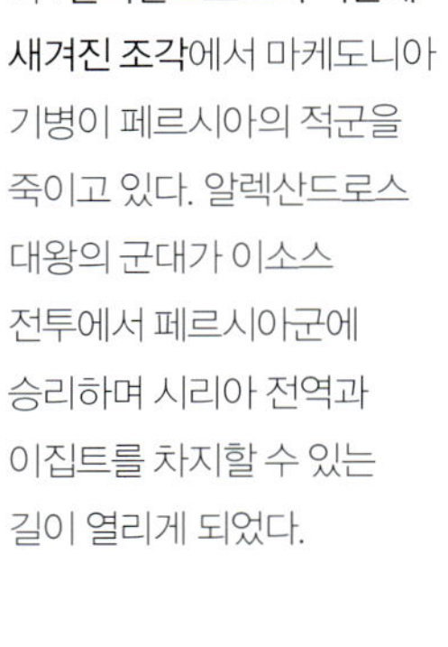

하 : **알렉산드로스의 석관에 새겨진 조각**에서 마케도니아 기병이 페르시아의 적군을 죽이고 있다. 알렉산드로스 대왕의 군대가 이소스 전투에서 페르시아군에 승리하며 시리아 전역과 이집트를 차지할 수 있는 길이 열리게 되었다.

티레

알렉산드로스 대왕은 시리아의 다른 도시들과 달리 고대 페니키아 도시인 티레를 함락시키는 데 어려움을 겪었다. 티레는 수세기 동안 중요한 위치를 누려 오던 도시로, 지중해를 건너 무역 식민지를 세우는 데 앞장서 왔으며 전략적인 해안 기지였다. 오늘날 레바논 해안에서 대단히 가까운 곳에 있는 섬으로 13년 동안 지속된 바빌로니아의 포위(BCE 585–572년)에도 끄떡없이 견뎌 낸 적이 있었다. 격렬한 전투 끝에 티레는 마케도니아에게 항복하는 것을 거부했다. 알렉산드로스 대왕은 본토의 폐허가 된 도시에서 돌을 가져다 둑을 쌓아 결국 티레를 장악하는 데 성공한다. 위의 사진은 본토에 가까운 동쪽의 전경으로 티레와 본토를 잇는 알렉산드로스 대왕의 방파제를 볼 수 있다.

상 : **알렉산드로스 대왕이 티레의 요새를 파괴하는 데에는 7개월이 걸렸다.** 티레는 티리언 퍼플로 알려진 값비싼 염료로 유명했다.

상황에서 이는 매우 위험한 전략이었다. 이 시기에 고르디움, 안키라, 테르메수스, 페르가, 아스펜두스, 시데 등 수많은 주요 도시들이 알렉산드로스 3세의 손에 들어갔다. 고르디움에서 일어난 유명한 사건은 알렉산드로스의 전설에 한몫을 하게 되었다. 프리기아의 왕들은 고르디움을 근거지로 삼았다. 이곳에서 전설상의 시조가 전차에 장대를 세우고 매듭을 묶어 놓았는데 이 매듭은 어찌나 복잡하게 얽혀 있었는지 아무도 풀지 못했으며 매듭을 푸는 자는 아시아의 군주가 될 것이라는 이야기가 있었다. 알렉산드로스 대왕도 시도를 했으나 성공하지 못했다. 그러자 그는 칼을 빼어 들고 매듭을 반으로 잘라 버렸다. 이는 알렉산드로스 대왕이 어려운 문제를 해결하는 방법을 보여 주는 상징이 되었다.

이소스에서의 제2차 격돌

원정대가 그라니코스에서 실리시아까지 도달하는 과정은 18개월 동안의 힘겨운 전투와 중요한 승리들로 이루어졌다. 그러나 이들은 너무도 짧은 순간에 정복당해서, 알렉산드로스 대왕이 다스리는 내내 상당한 저항을 받게 되었다. 그라니코스 전투에서 패배한 다리우스 3세는 살아남은 그리스 용병들과 소아시아의 페르시아 주둔군들에게 알렉산드로스 3세를 가능한 지연시키라는 지시를 내리고 바빌론으로 퇴각했다. 다리우스 3세는 바빌론에서 제국 전역의 병사들을 모아 거대한 군대를 만들고 약 3만 명의 그리스 용병을 채용하여 다음 전투에 대비했다. 그의 전략은 마케도니아 군대가 시리아에 들어가기 전에 막아 내는 것이었다. 두 군대는 BCE 333년 11월, 이소스(오늘날 터키의 이스켄데룬 부근)에서 충돌했고, 페르시아군은 궤멸했다. 마케도니아군은 페르시아를 위해 싸우는 그리스 용병들을 특히 혹독하게 다루었다. 다리우스는 자신의 생명을 위해 처자식마저 두고 도망갔다. 다리우스의 왕비와 가족들은 알렉산드로스 대왕에게 잡혔으나 좋은 대우를 받았다. 다리우스 3세의 군대는 완전히 전멸당했고, 페르시아의 왕은 자신의 제국에서 도망자 신세가 되었다. 알렉산드로스 대왕은 원정을 계속하여 BCE 332년 시리아의 지중해 해안으로 내려갔다. 소아시아에서와 달리 시리아의 도시들은 쉽게 항복했고 우호적인 태도를 보였으나 예외적인 곳이 티레였다.

하 : **알렉산드로스 대왕**이 카르나크의 조각상에서 파라오의 복장과 자세를 취하고 있다. 알렉산드로스 대왕은 왕을 살아 있는 신이라고 보는 생각에 관심을 가졌다.

알렉산드로스 대왕의 이집트 정복

알렉산드로스 대왕은 이집트로 향하는 도중에 가자에서 저항을 받았다. BCE 332년 말, 이집트를 보호하는 가장 중요한 요새인 펠루시움에 도착했다. 이집트를 정복하기 위해 힘든 전쟁을 각오했던 마케도니아의 군대는 요새에 도착하자 이집트인들에게 해방자로서 환호를 받았다. 페르시아 제국을 마음속 깊이 증오하던 이집트인들은 알렉산드로스가 가는 곳마다 환영했다. 알렉산드로스의 군대와 함대는 나일 강을 거슬러 올라 고대 수도인 멤피스에 도착했다. 이곳에서 페르시아의 사트라프인 마자케스는 알렉산드로스와 싸우지 않고 도시와 금고를 내놓았다.

좌 : **암포라에 그려진 알렉산드로스 대왕의 모습**(BCE 330–320년경). 투구와 갑옷을 착용하고 다리우스 3세와의 전투를 벌이고 있다. 다리우스 3세는 강력한 적수였으나 알렉산드로스 대왕은 그라니쿠스, 이소스 및 가우가멜라의 전투에서 모두 승리했다.

마침 그곳에 도착한 때가 BCE 332년 말이기도 했고 환대를 받았으므로, 이집트는 알렉산드로스 3세와 그 군대가 겨울을 보내기 좋았다. 종교적, 역사적으로 놀라운 파라오의 이집트는 알렉산드로스에게 큰 영향을 준 것으로 보이며, 이는 그가 앞으로 개척할 거대한 제국을 지배하는 방식에 반영되었다. 알렉산드로스가 이집트의 왕관을 썼을 가능성도 있지만 자료에는 이에 대한 언급이 없다. 그가 도착했을 때 이집트에서는 거의 4000년간 왕을 살아 있는 신으로 모셨고, 이는 알렉산드로스가 자신의 왕권을 점점 신성하게 여기게 된 것과 깊은 관련이 있었다.

시와의 아멘 신탁

알렉산드로스 대왕은 나일 강 서쪽의 혹독한 사막에 있는 오아시스, 시와를 방문했다. 유명한 아멘의 신탁이 있는 곳으로 알렉산드로스 대왕은 제우스와 아멘에 대해 특별히 관심을 기울이고 있었다. 아멘은 그리스 신화의 제우스같이 신들의 아버지이다. 다른 문화권과의 소통을 편리하게 하기 위해 이집트와 고대 근동 지역의 신을 그리스의 신과 동일시하는 것은 일반적이었다. 알렉산드로스 대왕이 시와에 도착했을 때 이집트인들은 그를 아멘의 아들로서 환영했고, 이는 후에 알렉산드로스 대왕이 자신을 제우스의 아들이라고 주장하게 했다. 고대의 자료에는 알렉산드로스 대왕이 개인적으로 신탁을 구했다고 했으므로 그가 정확히 어떤 질문을 했는지는 알 수 없다. 약 2년 전 고르디우스의 매듭을 잘랐으므로 신탁은 현명하게 알렉산드로스가 원하던 대답을 들려주었을 것이다. 알렉산드로스 대왕은 시와에서 지중해 연안을 거쳐 돌아오며 알렉산드리아의 설계를 직접 감독했다고 한다. 알렉산드리아는 훗날 근동에서 가장 중요한 도시로 부각되었다. 이집트에서 6개월간 머문 후 알렉산드로스와 그 군대는 BCE 331년 4월 출발했다. 다리우스 3세의 완전한 파멸과 페르시아 왕의 수도 점령이 마케도니아 왕의 목전에 있었다.

가우가멜라에서의 마지막 결전

이집트를 떠난 후, 알렉산드로스 대왕은 시리아를 빠른 속도로 가로질렀다. 아마 고대 탑사쿠스에서 유프라테스 강을 건넜을 것이다. 우선 목적은 메소포타미아 북부에서 다리우스 3세 및 그의 남은 군대에게 항복을 받는 것이었다.

우 : **시와의 오아시스**는 리비아 국경에서 동쪽으로 48킬로미터 떨어진 서부 사막에 있다. 알렉산드로스의 신성을 선언한 신탁은 그가 아시아 전역을 지배하려는 야망을 가지게 된 것에 큰 영향을 주었다.

고대 메소포타미아의 북부 지역은 현재의 이라크, 시리아 북동부, 터키의 남동부에 해당한다. 알렉산드로스 대왕과 다리우스 3세의 마지막 결전은 북부 이라크의 아르벨라(오늘날 아르빌) 근처에 있는 가우가멜라에서 BCE 331년 10월 1일 벌어졌다. 다리우스 3세는 그라니코스와 이소스에서 심각하게 손실을 입은 그리스 용병들에게 더 이상 의지할 수가 없었다. 이전에는 그리스 용병들이 포함된 보병대를 주력으로 했던 것에 반하여, 이번에는 기마대와 전차부대를 주력으로 삼았다. 가공할 무기 사리사로 무장한 마케도니아의 팔랑크스와 대적하기 위하여 전차의 바퀴에 날카로운 낫을 장착했다. 알렉산드로스는 가우가멜라 전투에서 그라니코스나 이소스 전투보다 더욱 세심하게 작전을 준비했다. 그는 4만 명의 보병과 7000명의 기마대에게 공격을 지시하기 전에 4일간 기다렸다. 마케도니아 군대의 군기는 통제하기 힘든 페르시아 군대보다 더 잘 잡혀 있었고, 다리우스 3세는 마케도니아의 공격에 올바르게 대처하지 못했다. 페르시아군은 패배하였으나 다리우스 3세는 도망쳤다.

바빌론을 향하여

마케도니아 승전군은 이제 페르시아 제국의 문턱에 섰다. 남부 메소포타미아의 바빌론과 수사는 쉽게 함락되었고 BCE 331년 말, 수도인 페르세폴리스도 마찬가지였다. 페르세폴리스의 엄청난 보물들은 알렉산드로스 대왕이 그 후 7년간 동쪽으로 계속 진군할 만한 자금을 충당해 주었다. 고작 3년 만에 알렉산드로스 대왕과 마케도니아 군대는 거대한 영토를 점령하였고, 그 영향은 그 후로 수 세기 동안 지속될 정도로 커다란 것이었다.

상 : **페르세폴리스는 BCE 6세기에 멸망하였다.** 알렉산드로스 대왕은 보물 창고를 약탈하고, 일부의 자료에 의하면, 궁전에 불을 질렀다. 사진에서 페르세폴리스의 잔해를 볼 수 있다.

바빌론 진입

다리우스 3세는 BCE 333년 11월, 이소스에서 알렉산드로스 대왕에게 패한 후 바빌론으로 도망쳤다. 그 후 BCE 331년, 가우가멜라에서 또 다시 압승을 거둔 젊은 정복자의 눈앞에 메소포타미아가 펼쳐졌다.

바빌론의 기원은 BCE 3000년경으로 거슬러 올라간다. 이 고대 도시는 오늘날의 바그다드로부터 약 80킬로미터 떨어진 곳에 있다. 바빌론은 페르시아 제국에서 특히 중요한 도시들 중의 하나이고 위대한 유물의 도시이다. 네부카드네자르 2세(재위 BCE 605–562년) 때 어마어마한 시간과 재원을 들여 확장을 시켜서, 신바빌로니아 제국의 수도로서 최고의 위치에 올랐다. 당시 도시의 인구는 20만 명에 달했던 것으로 생각되며, 네부카드네자르가 고대의 7대 불가사의 중의 하나인 바빌론의 공중 정원을 세웠다고 전해진다.

영웅의 환영

바빌론으로 향한 알렉산드로스 대왕은 바빌론의 페르시아 지사인 마제우스를 만났다. 마제우스는 가우가멜라 전투에서 다리우스 3세와 함께 싸웠다가 페르시아가 패하자 바빌론으로 퇴각했다. 마제우스는 자신과 가족만 투항한 것이 아니라 바빌론도 알렉산드로스 대왕에게 내어 주었고, 마케도니아 왕은 이들을 잘 대해 주었다.

대부분의 시민들은 알렉산드로스 대왕과 그의 군대가 도착한 것을 환영했다. 실제로, 알렉산드로스 대왕과 그의 병사들이 바빌론에 다가오자 성벽에 둘러선 군중들이 환호했고, 성안으로 들어가는 길에는 꽃이 뿌려졌다. 은으로 된 제단들을 거리에 놓고 신에게 알렉산드로스 대왕의 도착을 감사하는 제물을 바쳤으며, 성채의 사령관은 대왕과 그의 병사들에게 선물을 증정하였다. 명망 높은 칼데아 점성가들과 마기들은 음악가들의 반주로 알렉산드로스 대왕에게 바치는 찬가를 불렀다.

바빌론은 수비가 잘된 도시였으므로 포위 공격이 오래 지속되어 병력을 잃을 수도 있었기 때문에 알렉산드로스 대왕에게 바빌론인들의 완전한 투항은 매우 다행스러운 일이었다. 그는 이러한 환대가 함정일지도 모른다는 생각에 호위병들을 주위에 배치하며 조심했다. 몰려 있던 군중들을 자신보다 먼저 도시 안으로 들어가게 했고 자신은 도

하 : **바빌론의 프리즈 장식에서 사자(BCE 600년경)가 걷고 있다.** 한때 이슈타르 문에서 마르두크 신전에 이르는 길을 장식했던 이 타일 벽은 현재 베를린으로 옮겨져 있다.

시 중앙에 있는 다리우스 3세의 궁전까지 전차를 탄 채 들어갔다. 눈앞에 펼쳐진 호사스러움과 고대의 가장 위대한 도시에서 대왕과 그의 병사들이 받은 환대는 겨우 몇 년 전에 멀리 떨어진 마케도니아에서 불확실한 모험을 떠나온 후로 그들이 어떤 업적을 이루어 내었는지를 상징하는 것임에 틀림없었다.

좌: **바빌론 공중 정원에 대한 묘사들**은 기록마다 각기 다르지만 분명 인상적으로 눈에 잘 띄었으며 관개 기술이 발달했음은 의심할 바 없다. 사진은 17세기 말의 독일에서 제작된 동판화이다.

바빌론의 재물

알렉산드로스 대왕은 바빌론이 얼마나 부유한지에 대해 거리와 벽들을 얼마 동안 거닐고 나서야 실감하였다. 바빌론의 벽은 약 10미터의 두께로 벽 위로는 전차 두 대가 서로 마주보고 지날 수 있을 정도였다. 벽의 높이는 약 23미터였으며, 오래 전의 기록에서는 길이가 약 64킬로미터에 달하였다 했으나 이는 과장된 것이 분명하다. 당시 바빌론의 중요한 특색은 성곽 내에 경작지가 있는 것이었다. 이 경작지는 성이 포위당했을 경우에 식량을 조달하기 위한 비상책이었다. 게다가 유프라테스 강이 도시 안을 지나가 물 공급이 보장되었다. 강둑을 보강하여 범람에 대비했다. 강이 범람하는 것은 남부 메소포타미아의 충적 평야에 있는 모든 도시들의 중요한 문제였다.

공중 정원

바빌론에서 특히 중요한 특색은 성채로, 높이가 약 24미터인 인공 언덕 위에 건설되어 있었다. 고대의 기록자들에 의하면 성채는 기저의 길이가 3킬로미터이며 가장 높은 테라스들 중의 하나에 유명한 공중 정원이 있었다. 성채는 대대적인 건축 사업의 결과였고, 정원에는 높이가 15미터에 달하는 나무들이 심어져 있었다고 한다. 평야 지대에서 인공적으로 땅을 돋우어서 높인 장소에 만든 공중 정원은 바빌론 전체를 압도하고 있었다.

알렉산드로스 대왕은 바빌론에서 감명을 받은 나머지 BCE 323년 이곳에서 사망하기 전까지 바빌론을 거대한 알렉산드로스 제국의 수도로 삼은 것처럼 여겨졌다. 그는 병사들과 함께 5주 동안 바빌론에 머물렀다. 고대 작가들에 의하면 병사들은 그동안 바빌론이 제공하는 향락 속에 취하여 게을러져 버렸다. 마케도니아로부터 증원군이 도착하자, 알렉산드로스 대왕은 아가톤에게 병사 1000명을 데리고 도시를 다스리도록 임명하였다. 병사들에게는 특별 수당이 주어졌고, 알렉산드로스 대왕이 도착하기 전에 항복한 바빌론의 지사 마제우스는 바빌로니아 사트라피를 다시 통치하게 되었다. 마케도니아 군대는 BCE 331년 12월, 중앙아시아 및 인도로 출발하였다. 그들이 다시 이 도시로 돌아오는 것은 거의 7년 후의 일이었다.

좌: **코끼리가 끄는 전차를 타고 바빌론에 입성하는 알렉산드로스 대왕의 모습.** 샤를르 르 브렝이 그린 것이다(1665). 알렉산드로스 대왕이 처음 코끼리를 접한 것은 아마도 가우가멜라 전투에서였을 것이다.

동방 정복

BCE 331년 말, 알렉산드로스 대왕은 아케메네스의 또 다른 권력 중심지인 수사를 차지하기 위해 바빌론에서 출발했다. 바빌론과 마찬가지로 수사는 위대한 고대 도시이며 페르시아의 왕실 금고가 있는 곳이었다.

바빌론에서와 유사하게, 수사의 사트라프가 알렉산드로스 대왕의 도착 전에 찾아가 항복하였다. 알렉산드로스 대왕은 바빌론을 떠난 지 20일 만에 수사에 도착했다. 바빌론에서처럼 수사의 지배자가 대왕을 직접 환영했다. 수사에서는 5만 개의 은 탤런트와 왕의 개인 물건들이 무수히 발견되었다. 대왕은 수사에서, 160년 전 크세르크세스가 그리스 원정 시 아테네에서 가져온 조각상들을 발견했다. 이 조각상들은 아테네로 돌려보내 아크로폴리스에 안치시켰다. 이는 알렉산드로스의 정복 전쟁이 페르시아의 그리스 침공을 보복하는 정당한 전쟁이라는 주장을 강조하는 것이었다.

페르시스 함락

페르시스(오늘날 이란 남서부)의 영토와 주요 도시들이 대왕의 다음 목표였다. 페르시아의 아케메네스 왕조는 수세기 전, 페르시아 사트라피 또는 왕국에서 탄생했으므로, 페르시스는 아케메네스 왕조의 이념에서 대단히 중요했다. 당시 페르시아에서 가장 중요한 두 도시는 페르세폴리스와 파사르가다에였다. 알렉산드로스 대왕이 전통적으로 페르시스에 들어가는 주요 입구인 자그로스 산맥의 통로에 있는 페르시아의 문에서 4만의 보병과 700기의 기마대를 가진 페르시스의 사트라프 아리오바자네스와 맞닥뜨렸다. 알렉산드로스 대왕은 특유의 뛰어난 전술로 이를 극복하고 파사르가다에와 페르세폴리스로 진군했다. 아케메네스의 첫 위대한 지배자였던 키루스 대왕이 건설한 파사르가다에에서 알렉산드로스 대왕은 6000개의 탤런트를 발견하였다. 그곳에서 페르세폴리스로 이동한 알렉산드로스 대왕은 또 다른 방대한 왕실 국고를 발견했다. 이후 몇 개월 동안 알렉산드로스 대왕은 페르세폴리스를 페르시스 전역을 진압하는 거점으로 삼았다.

하: **힌두쿠시 산맥 서부의 황량한 산들.** 알렉산드로스 대왕과 그의 군대는 인도로 가기 위해 이 산들을 넘었다.

다리우스 3세의 죽음

지난 4년간의 승리에도 불구하고 알렉산드로스 대왕은 여전히 다리우스 3세를 잡지 못했다. 페르시아의 왕은 가우가멜라에서 패전한 후 메디아의 엑바타나로 도주했고 이제는 페르시스마저 빼앗겼다. BCE 330년 봄, 알렉산드로스 대왕은 이번에야말로 다리우스 3세를 잡겠다고 결심하고, 병사들이 기진맥진해질 정도로 맹렬하게 다리우스 3세를 추격했다. 결국 카스피 해의 남동 해안에 있는 헤카톰피로스에서 그를 잡을 뻔했으나, 페르시아의 왕은 이미 박트리아(오늘날 아프가니스탄)의 사트라프 베수스에게 살해당한 후였다. 알렉산드로스 대왕은 매우 화를 내며 다리우스 3세의 시신을 페르세폴리스에 묻게 하였다. 베수스는 자신을 페르시아의 전통적인 왕 칭호인 왕 중 왕으로 선포하고 박트리아와 중앙아시아에서 반란을 일으켰다. 이에 알렉산드로스 대왕은 박트리아를 공격했다. 현대에 아프가니스탄을 침범하려 한 자들이 증명했듯이 이곳은 험난한 지형과 극심한 일교차 때문에 침공이 대단히 어려웠다. 결국, 겨울의 혹독한 기상 조건 때문에 BCE 329년

상 : **타지키스탄에서 발견된 사진의 금판들**은 옥수스 유보(BCE 350년)의 일부이다. 옥수스 유보는 아케메네스 시대로부터 전해져 내려오는 가장 막대한 금은제 유물들이다.

3월에야 공격이 시작되었다. 베수스는 박트리아의 귀족들로부터 충분히 지지받지 못해 마케도니아인들을 상대할 군대를 일으키지 못했다. 알렉산드로스 대왕은 거의 싸우는 일 없이 박트리아를 장악했고 베수스는 옥수스 강을 건너 소그디아나(오늘날 우즈베키스탄)로 도주했으나 호위병에게 배신당해 대왕의 호위 대장이었고 훗날 이집트의 왕이 된 프톨레마이오스에게 잡혔다. 베수스는 메디아의 엑바타나에서 처형되었다.

마케도니아를 떠난 지 5년 만에 알렉산드로스 대왕은 페르시아의 왕 중 왕이 지배하던 모든 영토를 장악하였다. 이는 서쪽의 소아시아, 시리아 및 이집트, 동쪽으로는 메소포타미아, 페르시스, 메데아 및 박트리아를 포함한다. 그러나 알렉산드로스 대왕은 다리우스 3세를 몰락시킨 후에 대한 준비가 되어 있지 않았다. 제국이 너무나 방대해서 지배하기 어려웠기 때문이었다. 알렉산드로스 대왕은 자신이 정복한 지방들을 페르시아의 사트라프들이나 마케도니아의 주둔 사령관들이 지배하게 했다. 마케도니아의 병사들은 동쪽으로 갈수록 페르시아인들에게 중요한 역할이 맡겨지는 것을 걱정하였다. 또한 대왕이 점점 페르시아 왕의 외관을 닮아가는 것도 우려의 대상이었다. 알렉산드로스 대왕은 페르시아의 왕관, 장식띠, 하얀색 옷을 입고 점점 마지못해하며 길조차 없는 방대한 아시아 원

불타 버린 페르세폴리스의 왕궁

그리스식 명칭에서도 짐작할 수 있듯, 페르세폴리스는 실질적으로 페르시아의 수도였다. 알렉산드로스 대왕과 그의 군대에게 있어 페르세폴리스를 장악한 것의 의미는 대단히 컸다. 그러나 고대의 저자들에 의하면, 거나한 술잔치를 벌인 알렉산드로스 대왕이 페르세폴리스의 왕궁에 불을 지르고 병사들에게 불을 끄지 못하도록 시켰다고 한다. 대부분이 삼나무로 지어져 있었던 왕궁은 전소되고 말았다. 알렉산드로스 대왕은 궁전을 잿더미로 만든 것이 크세르크세스가 그리스의 도시들을 파괴한 것에 대한 복수였다고 변명했으나 타당한 이유 없이 궁전을 파괴한 그의 이 수치스러운 행동은 비난을 면치 못했다.

상 : **만국의 문의 서쪽 문설주**는 한 쌍의 라마수스(수염 달린 남자의 얼굴을 한 황소, BCE 470년경)가 지키고 있다.

정에 나섰다. 아마 그들은 머나먼 인도까지 3년 반(BCE 329–325년)을 더 가야 한다는 것을 몰랐을 것이다.

중앙아시아 원정

중앙아시아 원정은 BCE 329년 박트리아를 정복한 결과였다. 베수스가 잡힌 얼마 후 알렉산드로스 대왕에 대한 반란이 박트리아뿐만 아니라 이웃의 소그디아나에서도 일어났다. 소그디아나는 베수스의 주요 지지자였던 스피타메네스의 근거지였다. 박트리아의 반란은 신속하게 처리되었으나 소그디아나가 항복하는 데는 더 오랜 시간이 소요되었다. 이제 마케도니아 군대는 마라칸다(사마르칸트)와 부카라같이 훗날 중국에서 실크를 들여오는 데 중요한 역할을 하는 유명한 도시들에 다다랐다. 스피타메네스를 잡으려고 군대의 일부가 북쪽의 아랄 해까지 파견되었다. 스피타메네스는 그의 지지자들에 의해 살해되었으나 소그디아나의 저항군은 BCE 327년 봄이 끝날 무렵에야 항복했다.

인도에 도착하다

소그디아나를 정복한 후, 알렉산드로스 대왕은 박트리아로 돌아가 다음 목적인 인도 원정을 계획했다. 이제까지와 다른 어려운 지역에서 싸우게 될 것을 의식한 알렉산드로스 대왕은 인도 원정에 만반의 준비를 갖추도록 신경을 썼다. 많은 마케도니아 병사들을 은퇴시키고 페르시아 기마병을 추가하였다. 이는 훗날 인도에 동행하는 마케도니아와 그리스 병사들의 마음을 괴롭히게 되었다. 인도에서 가장 중요했던 전투는 강력한 파우라바의 왕 포루스를 상대로 한 것이었다. 이 전투는 알렉산드로스 대왕의 군대가

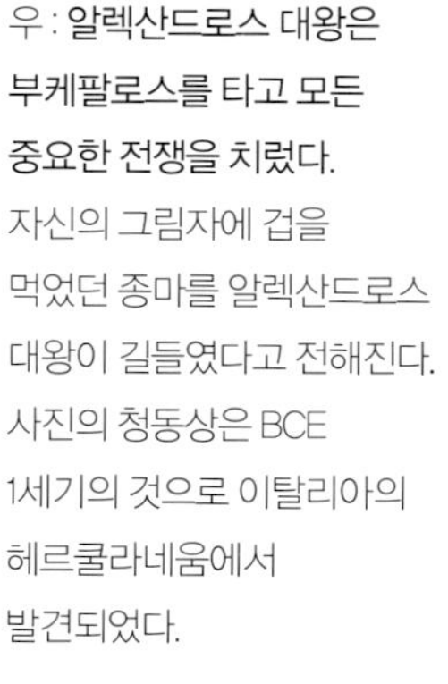

우 : **알렉산드로스 대왕은 부케팔로스를 타고 모든 중요한 전쟁을 치렀다.** 자신의 그림자에 겁을 먹었던 종마를 알렉산드로스 대왕이 길들였다고 전해진다. 사진의 청동상은 BCE 1세기의 것으로 이탈리아의 헤르쿨라네움에서 발견되었다.

인더스 강의 지류인 히다스페스 강을 건너려 할 때, 북부 인도의 오늘날 펀자브 지방으로 알려진 곳에서 벌어졌다. 고대의 작가들은 포루스에 대해 이국적이고 과장되게 묘사했다. 예를 들어, 그는 신장이 5큐빗(225센티미터)에 달했다고 한다.

포루스와 알렉산드로스 대왕의 군대 규모는 가설이 다양하여 결론을 내리기가 어렵다. 보수적인 학자들은 알렉산드로스 대왕의 군대가 보병과 기병을 합해 4만 5000명이었을 것으로 추측하고, 대부분의 자료에서는 인도의 군대가 3만 정도였다고 했다. 확실하게 결론을 지을 수는 없으나, 포루스는 알렉산드로스 대왕의 군대가 히다스페스 강을 건너는 것을 막지 못했다. 그러나 강을 건넌 마케도니아 병사들은 85마리의 전투 코끼리와 마주쳤다. 난생 처음으로 기병을 상대하기 위해 거대한 코끼리의 무리가 사용되는 것을 본 것이다. 마케도니아의 말들은 코끼리의 냄새만으로도 공포에 떨었다. 게다가 전투는 천둥 번개가 동반된 거센 폭풍우 속에서 벌어졌다. 마케도니아 군대가 익숙했던 조건과는 대조적이었다. 일부의 자료에 의하면 약 1만 2000명의 사망자가 나왔을 정도로 큰 피해를 입었으나 알렉산드로스 대왕 군대의 승리로 끝났다. 이는 우세한 기병대와 인도 전투 코끼리의 공격을 막아낸 사리사로 무장한 팔랑크스들 덕분이었다.

이 전투에서 알렉산드로스 대왕을 가장 슬프게 한 것은 아마도 애마 부케팔로스의 죽음이었을 것이다. 부케팔로스는 8년 전 소아시아를 건널 때부터 알렉산드로스 대왕과 함께했고, 그가 길들인 열 살 때부터 늘 신임하는 동반자였다. 알렉산드로스 대왕은 애마의 죽음을 기리기 위해 히다스페스 동쪽 강변에 말의 이름을 따서 부케팔라라는 도시를 세웠다. 비록 포루스의 군대와 싸워 이겼으나 크게 감탄한 알렉산드로스 대왕은 포루스 왕에게 사트라피가 된 이전의 영토를 계속 다스리도록 허락했다.

군대의 반란

이제 알렉산드로스 대왕은 동쪽으로 400킬로미터 떨어진 곳에 있는 갠지스 강을 건너고자 했다. 그러나 그의 군대는 인도 북부의 히파시스(베아스) 강에서 반란을 일으켰다. 분노에 찬 알렉산드로스 대왕은 자신의 천막에 틀어박혀 사흘간 침묵했다. 병사들은 더 이상의 진군을 단호하게 거부했고, 알렉산드로스 대왕은 페르시아로 돌아갈 준비를 할 수밖에 없었다. BCE 325년 6월, 군대는 히다스페스 강으로 돌아갔다. 그곳에는 이들을 오늘날 파키스탄의 카라치 근처에 있는 인더스 강 어귀까지 싣고 갈 약 2000척의 배가 준비되어 있었다. 거친 게드로시아 사막을 건너 돌아가는 데 60일이 걸렸다. 알렉산드로스 대왕은 사막의 어려움을 과소평가하여 지친 베테랑들이 불필요한 부상을 입게 만들었다. 일부 학자들은 알렉산드로스 대왕이 히파시스에서 반기를 든 병사들을 벌하기 위해 일부러 이 경로를 택했다고 믿는다.

BCE 324년 3월, 군대는 6년 전에 정복한 수사와 페르세폴리스로 돌아왔다. 80명의 동료 및 장군처럼 알렉산드로스 대왕도 페르시아 귀족 출신의 여성들과 혼인식을 올렸다. 일부 학자들은 이 혼인식이, 알렉산드로스 대왕이 거대한 제국을 어떻게 다스리려 했는지를 보여 준다고 여긴다. 제국을 지배하기 위해서는 페르시아 귀족들이 필요했던 것이다. BCE 324년 봄, 알렉산드로스 대왕은 수사를 떠나 배로 티그리스 강을 거슬러 올라가 바빌론으로 향했다. BCE 323년 초 바빌론에 도착하여 모든 알려진 세계에서 그의 성공을 축하하러 온 대사들을 만났다. 이제 알렉산드로스 대왕은 아라비아 반도를 정복하고자 했다. 아라비아 반도는 그의 군대가 아직 정복하지 않은 중동에서 가장 중요한 지역이었다.

상 : **궁수의 발을 보여 주는 세부 묘사.** 수사에 있는 다리우스 궁전의 채유 벽돌로 된 프리즈 장식이다(BCE 15세기경).

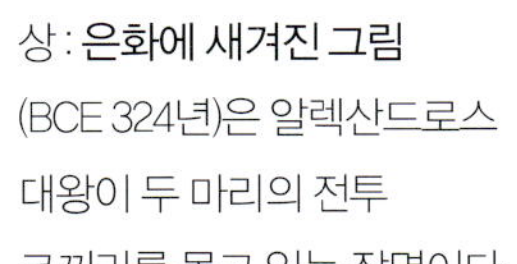

상 : **은화에 새겨진 그림** (BCE 324년)은 알렉산드로스 대왕이 두 마리의 전투 코끼리를 몰고 있는 장면이다.

아이하눔

키벨레의 판
키벨레는 대지모신이 신격화된 것으로 여겨져 왔다. 사진의 BCE 3세기 초의 은박이 입혀진 의례용 판은 아이하눔에서 발견되었다.

알렉산드로스 대왕의 일생에 대한 고대의 자료에 따르면, 대왕은 정복한 땅에서 70개의 도시를 세웠다고 한다. 가장 잘 알려진 예는 이집트의 알렉산드리아이다. 알렉산드리아는 헬레니즘과 로마 시대에 가장 중요한 도시였으며 오늘날에도 중요한 도시로 남아 있다. 알렉산드로스 대왕이 세웠다고 하는 대부분의 도시들은 그의 이름을 사용했다. 그러나 몇몇의 도시는 인더스 강에서 애마 부케팔로스를 기념하기 위해 세운 부케팔라와 같이 다른 이름을 가지고 있다. 이 도시들은 보통 마케도니아의 주둔지를 중심으로 원정 중에 정기적으로 은퇴시킨 마케도니아와 그리스의 병사들로 구성되었다. 알렉산드로스 대왕이 세운 도시들이 모두 번화한 대도시로 성장한 것은 아니었고, 많은 곳이 현대에 들어서 확인하기 어렵게 되었다.

한 대도시의 넓은 유적이 1950년대에 아프가니스탄 북동부에서 발견되어 아이하눔이라 명명되었다. 1960년대와 1970년대 발굴이 진행되자 그리스의 도시가 나타났다. 도시의 기원은 알렉산드로스 대왕의 박트리아 원정 당시거나 그가 사망한 직후로 추정되었다. 이 도시는 알렉산드로스 대왕과 그의 후계자들에 의해 세워진, 이제까지 발견된 도시들 중에서 가장 동쪽에 위치한다. 아이하눔의 유적과 유물은 고대 그리스 도시의 모든 특징을 가지고 있으며 발견된 이 도시는 아마도 중동, 메소포타미아 및 중앙아시아에서 알렉산드로스 대왕과 그의 후계자들에 의해 세워진 뛰어난 그리스 도시의 가장 생생한 예일 것이다.

서양과 동양의 만남
사진의 귀걸이는 아이하눔에서 발견되었다. 아이하눔에서는 인도나 중국 및 서부 지역과 교역했던 증거들이 발견되었다.

아이하눔은 옥수스 강의 알렉산드리아로 추측되고 있으나 아직까지도 발굴에서 고대 명칭이 발견되지 않았다. 아프가니스탄의 북단에 있는 옥수스 강과 코크차 강이 만나는 지점으로 오늘날 우즈베키스탄과의 국경에 가까운 곳에 위치하고 있다. 대부분의 유물들이 BCE 3세기와 BCE 2세기의 것인 점으로 보아 아이하눔은 초기 도시인 것이 분명해 보이며 아마도 알렉산

전쟁의 폐허에서
아이하눔의 유적과 유물은 1970년대 말과 1980년대에 소비에트 연방이 아프가니스탄을 침략하며 대부분 파괴되었다. 최근에 이들의 일부를 복원하려는 작업이 시작되었다.

드로스 대왕에 의해 세워졌을 것이다.

아이하눔은 그리스 도시로서의 모든 면모를 갖추고 있다. 든든한 방어벽의 길이는 약 3킬로미터에 이르고 중앙에 튼튼한 성채가 자리 잡고 있다. 약 5000명이 앉을 수 있는 극장과 거대한 경기장, 그리스 신전들 및 큰 개인 주택들이 있다. 코린트 양식의 기둥, 모자이크, 그리스 조각상 등의 일부 중요한 건축 및 예술적인 유물들이 발굴되었다. 이곳에는 발견된 BCE 3세기의 대다수 기록에는 이 도시가 세워진 당시, 수만 리 떨어진 그리스 본토에서 유행하던 문화가 강하게 반영되어 있다.

그리스-박트리아 문화

아이하눔에서 발견된 몇몇의 증거들은 지역 문화가 어떻게 영향을 미쳤고 또 그것이 어떻게 점점 짙어지게 되었는지를 보여 준다. 이렇게 발견된 것 중에는 페르시아 건축 양식에서 좀 더 영향을 받은 넓은 궁전과, 제우스에게 바쳐졌으나 메소포타미아의 종교 건축의 성격이 강한 요소들이 나타나 있는 신전이 있다. 박트리아가 BCE 3세기 후반에 셀레우코스 제국으로부터 떨어져 나오자 아이하눔이 이 새로운 그리스-박트리아 왕국의 지배자들에게 중요한 도시가 되었다는 것을 보여 주는 증거도 있다. 아이하눔에서 주조된 동전들은 아이하눔의 문화가 시간이 흐르며 점점 지역 환경에 융화되어 간 것을 보여 준다. 유크라티데스 왕(재위 BCE 170-145년)의 시대에는 그리스-박트리아 왕국들 가운데 한 나라의 수도였던 것으로 보이나 BCE 125년 무렵에는 완전히 버려졌음을 알 수 있는 흔적이 발견되었다. 박트리아 북부를 파괴하고 결국 다음 세기에 인도의 북부에 쿠샨 제국을 세운, 월지(月氏, 月支)라고 알려진 유목 민족의 침략이 그 원인인 것으로 여겨진다.

외국의 화폐
아이하눔에서는 여러 지방의 다양한 동전들이 발견되었다. 일부는 그리스-박트리아 지역의 것이고 다른 동전들 중에는 인도의 신이 새겨져 있는 것조차 있었다.

알렉산드로스 대왕의 죽음

BCE 323년, 알렉산드로스 대왕이 바빌론에 접근했을 때, 칼데아의 점성술사들로부터 바빌론에 들어갈 경우 생명이 위험해질 수 있다는 경고를 받았다고 전해진다.

일부 학자들은 바빌로니아의 사제들이 알렉산드로스 대왕의 바빌론 입성을 저지했다고 믿는다. 그럴 경우 신전에 들어오는 막대한 수입을 알렉산드로스 대왕이 자신의 목적을 위해 사용할 것이라고 염려했기 때문이다. 죽음에 대한 경고를 뚜렷이 인식하던 알렉산드로스 대왕은 서쪽 통로보다 훨씬 드물게 사용되던 동쪽의 경로를 택하여 바빌론으로 들어갔다. 그가 바빌론에 접근하며 많은 불길한 징조들이 일어났다. 갈까마귀들이 그의 발밑에 떨어져 죽었으며 그가 길들인 사자들 중의 한 마리가 당나귀의 발길질에 죽었다.

고대의 기록에서는 알렉산드로스 대왕이 이번에는 이상한 일들에 주의를 기울이고 가까운 귀족들에 의해 음모가 일어날지도 모른다고 여기게 되었다 한다. 예언가들과 사제들로 둘러싸여 예전보다 더욱 자주 신들에게 제물을 바치기 시작했으며 술을 과하게 마시기 시작했다. 그는 항상 술을 많이 마셔 왔지만, 바빌론에서는 이것이 더욱 눈에 띄게 되었다. 이 자료들은 알렉산드로스 대왕이 점점 죽음으로 돌진하고 있었다는 것을 과장한 것이겠지만, 그가 끝나버린 동방 원정에 대해 점점 더 불만을 느끼게 되었다는 점에는 일리가 있다. 바빌론에 머물며 아라비아 반도 원정을 계획했으나, 이 계획이 어느 정도 실현 가능한 것이었는지는 불확실하다.

하: 트라키아에서 발견된 금잔(BCE 200년경). 여성의 머리 모양을 한 이 금잔은 헬레니즘 금속 세공의 뛰어난 예이다.

알렉산드로스 대왕의 죽음에 대한 엇갈리는 가설들

알렉산드로스 대왕이 어떻게 죽었는지에 대해서는 많은 가설들이 있다. 로마 시대로부터 전해 오는 남아 있는 네 가지의 설명을 보면, 그중 셋은 병이 깊어졌기 때문이라고 했고 나머지 하나는 알렉산드로스 대왕이 술을 너무 마신 나머지 쓰러져 죽었다고 했다. 현대 학자들에게 더 설득력 있게 여겨지는 다른 설명은 다음과 같다. 알렉산드로스 대왕이 5월 말의 저녁 때, 함대 사령관인 네아르쿠스와 특히 심한 술 마시기 시합을 벌였다. 그날 저녁부터 그 다음날까지 계속해서 술을 마시던 대왕은 저녁이 되자 열이 나기 시작했다. 열은 점점 더 심해졌고 6월 2일 밤, 열을 식히기 위해 목욕을 하다 잠이 들었다. 그 후로도 열은 계속 올라갔고, 준비시켜 놓은 찬물이 들어 있는 욕조에 들어갔다. 6월 9일, 알렉산드로스 대왕은 도움을 받고서야 제물을 바칠 수 있을 정도로 상태가 좋지 않았고, 그의 동료들과 지휘관들은 궁전 밖에서 밤을 새워 가며 그의 안부를 기다렸다. 다음 날, 알렉산드로스 대왕은 유프라테스 강 반대편의 왕궁으로 옮겨졌고, 6월 11일 밤에는 말을 할 수 없을 정도로 악화되었다. 이 소식을 들은 지휘관들과 병사들은 그를 직접 보기를 요구하며 궁전 안으로 밀고 들어갔고, 죽기 일보 직전에 놓여 있는 왕을 목격하게 되었다. 이들은 아파서 꼼짝하지 않고 누워 있는 알렉산드로스 대왕을 줄지어 면회하였다. 이틀 후, BCE 323년 6월 13일 저녁 알렉산드로스 대왕은 사망했다. 이 이야기는 플루타르코스가 기록하였고, 그는 왕실 기록에서 말 그대로

상 : 시돈에서 발견된 알렉산드로스의 대리석 관(BCE 320–300년경, 현재는 이스탄불에 있다)은 마케도니아 병사와 페르시아의 병사들의 전투 장면으로 장식되어 있다.

좌 : 죽음을 눈앞에 둔 알렉산드로스 대왕을 둘러싸고 장군들이 비통해하고 있는 모습이다. 사진은 5세기 아르메니아의 필사본을 14세기에 복사한 것으로 현재 베니스에 있다.

옮긴 것이라 주장했다. 그러나 왕실 기록의 시대 착오적인 요소들은 현대의 일부 학자들이 진위 여부와 진실성을 의심하게 만들고 있다.

독살당한 것일까?

현대의 상상 속에는 더욱 인기 있는 세 번째의 설명이 존재한다. 알렉산드로스 대왕이 독살을 당했다는 것이다. 플루타르코스에 의하면 알렉산드로스 대왕의 독살설은 그가 사망한 지 5년 후에 알려졌으며, 그의 모친 올림피아스가 용의자들에게 가차 없는 보복을 했다고 한다. 알렉산드로스 대왕의 술 따르는 사람인 이올라스는 마케도니아에서 알렉산드로스 대왕 대신 통치하고 있는 안티파트로스의 아들이었다. 알렉산드로스 대왕과 안티파트로스의 사이가 대왕의 말년에 매우 긴장되었다. 결국, 안티파트로스가 아들 이올라스와 모의하여 대왕을 살해하기 위해 포도주에 독을 넣었다는 것이다. 음모, 독살, 모의에 대한 이야기는 언제나 매력적으로 들리지만 알렉산드로스 대왕이 그런 음모에 희생되었다는 증거는 없다. 2400킬로미터를 뛰어넘은 음모보다는 그의 과도한 음주나 남부 메소포타미아의 물과 음식으로 감염되는 병원균이야말로 그가 사망한 이유일 것으로 여겨진다.

그러나 알렉산드로스 대왕의 때 이른 사망은 후계자 지정을 하지 않았기 때문에 더욱 문제가 되었다. 4년 전 알렉산드로스 대왕과 혼인한 박트리아의 록사나는 당시 임신한 상태로 그 아이는 훗날 잠시 알렉산드로스 4세가 되었다. 대왕의 정신 장애가 있던 이복형제 필리포스 아리다이오스가 대왕의 어린 아들과 함께 지배했으나 치열한 전쟁과 속임수의 세계에서 살아남을 희망은 없었다.

디아도코이

알렉산드로스 대왕이 사망한 BCE 323년 이후의 수 년 동안 중동은 기만과 분쟁으로 얼룩졌다. 거대한 제국을 지배하려는 다툼이 치열했으며, 갓난아기에 불과한 알렉산드로스 대왕의 아들 혼자서는 제국을 통치할 수가 없었다. 알렉산드로스 대왕은 죽기 전날 누구를 후계자로 삼겠냐는 질문을 받았는데, 거기에 대한 그의 대답은 "가장 강한 자"였다고 전해진다. 이것은 정확한 예언이었음이 훗날 확인되었다.

하 : 리지마쿠스는 침략과 정치 공작으로 트라키아와 소아시아의 서부 지역을 지배하게 되었다. 사진의 대리석 흉상(BCE 300년경)은 이탈리아의 나폴리 고고학 박물관에 소장되어 있다.

알렉산드로스 대왕이 정복한 영토의 대부분은 왕이 된 그의 최고 사령관들이 다스렸다. 이들을 그리스어로 디아도코이라 부르며, 그 의미는 "계승자들"이다. 이들 간에 제국이 완전히 분해될 때까지 약 50년이 걸렸다. 알렉산드로스 대왕이 사망한 후, 그의 장군들 중의 한 명이었던 페르디카스가 다른 이들은 총독이나 사트라프이며 자신은 제국 전체의 섭정인 양 굴었다. 마케도니아 총독이었던 안티파트로스는 그대로 남았다. 최고 사령관인 안티고노스는 프리기아와 소아시아 서부의 사트라프, 대왕의 동료이자 호위대장인 프톨레마이오스는 이집트의 사트라프, 리시마쿠스는 트라키아의 사트라프가 되었다.

페르디카스에 대항하는 연맹의 구성에는 시간이 얼마 걸리지 않았고 그는 BCE 321년 살해되었다. 같은 해 시리아에 있는 트리파라데이소스에게 필리포스 3세 아리다이오스(알렉산드로스 대왕의 이복형제)와 알렉산드로스 4세(알렉산드로스 대왕과 록사나의 아들)가 공동으로 왕이 되고 이들을 돕기 위해 안티파트로스를 마케도니아의 섭정으로 한다는 협약이 당도했다. 안티고노스에게는 소아시아의 사령관직이, 히파스피스트(특수 보병 부대의 방패잡이들)의 사령관이었던 셀레우코스에게는 바빌론과 동방 지역이, 프톨레마이오스에게는 이집트가, 리시마쿠스에게는 트라키아가 주어졌다.

BCE 317년 마케도니아에서 안티파트로스가 사망했다. 같은 해, 알렉산드로스 대왕의 모친인 올림피아스가 군대를 일으켜 카산드로스를 공격했다. 그녀는 양아들인 필리포스 3세를 죽였으나, BCE 316년 카산드로스에게 패하여 처형되었다. 그동안 안티고노스는 셀레우코스를 바빌론에서 몰아냈지만 주요 실세들은 그가 복귀하기를 요구했다. 셀레우코스는 이집트의 프톨레마이오스에게로 도주하였고, 프톨레마이오스는 BCE 312년 셀레우코스가 바빌론을 되찾게 도와주었다. 셀레우코스는 몇 년 동안 왕의 칭호를 사용하지 않다가 BCE 312년 셀레우코스 제국과 왕조를 개창했고, 이는 근동의 헬레니즘-로마 시대에 가장 널리 사용되던 기원년이 되었다. 계속되던 분쟁 끝에 BCE 311년 협정이 체결되어 카산드로스는 그리스와 마케도니아를, 프톨레마이오스는 이집트를, 안티고노스는 소아시아와 시리아를, 셀레우코스는 동방 지역을, 리시마쿠스는 트라키아를 지배하게 되었다. 카산드로스는 BCE 310년 알렉산드로스 4세를 살해하였다. 새로운 질서가 형성되기 시작했으나 싸움은 수년간 계속되었다.

안티고노스의 패배

BCE 306년, 알렉산드로스 대왕의 계승자들이 가지고 있던 장기적인 목적을 보여 주는 중요한 사건이 일어났다. 안티고노스의 아들 데메트리오스는 키프로스의 해전에서 프톨레마이오스를 패배시켰다. 이로 인해 현지 주민들은

아들과 아버지 둘 다를 왕이라고 외치며 환호했다. 카산드로스, 프톨레마이오스, 리시마쿠스, 셀레우코스 모두가 그 후 바로 왕을 자칭하게 된 것은 놀라운 일이 아니었다. 안티고노스가 신중하게 계획했던 것으로 보이는 이 사건은 알렉산드로스 제국을 혼자서 지배할 수 있게 개혁하려던 야망을 보여 준다. 당시 안티고노스는 소아시아와 시리아를 통치하고 있었고 BCE 306년 이후 에게 해 지역의 대부분을 지배했다. 그는 이제 그리스와 마케도니아를 장악하려 했고, 10년 전에는 셀레우코스로부터 동방 영토를 빼앗으려 했다. 그러나 BCE 301년 프리기아의 입소스 전투에서 모든 계획은 물거품이 되었다. 안티고노스는 카산드로스, 리시마쿠스, 셀레우코스의 연합군에게 패배하여 향년 81세로 죽었다. 안티고노스의 영토 중 소아시아는 리시마쿠스, 시리아는 셀레우코스에게 점령되었고 프톨레마이오스는 팔레스타인과 소아시아 남동부를 가져갔다. 데메트리오스는 입소스 전투에서 살아남아 안티고노스의 영토 중 아나톨리아 남쪽 해안을 차지했다.

안티고노스 가문이 마케도니아에서 이기다

BCE 298년 카산드로스가 사망하자 데메트리오스는 이를 기회로 안티고노스가 지배하던 제국을 되찾기 시작했다. BCE 294년 그는 마케도니아의 왕이 되었고 이때부터 시리아를 회수하려 하였다. 그러나 그는 BCE 288년 셀레우코스에게 포로로 잡혀 선친의 제국을 복구하는 꿈을 이루지 못하게 되었다. BCE 321년부터 트라키아를 지배하던 리시마쿠스가 마케도니아와 소아시아 서부를 다스리게 되었다. 그러나 그는 BCE 281년 코르페디온 전투에서 셀레우코스에게 죽임을 당했다. 같은 해, 마케도니아의 왕위를 노리던 셀레우코스도 암살당했다. 결국은 BCE 277년에 데메트리오스의 아들이자 안티고노스의 손자인 안티고노스 2세 고나타스가 마케도니아를 장악하여 마케도니아와 그리스는 안티고노스 왕가가 지배하게 되었다. 이들의 지배는 BCE 167년 피드나 전투 이후 로마인들이 마케도니아와 그리스 북부를 장악할 때까지 이어졌다.

상 : **데메트리오스 폴리오르케테스**(BCE 337–288년). 테트라드라크마 은화에 새겨진 모습이다. BCE 306년의 살라미스 해전(키프로스)에서 프톨레마이오스의 함대를 무찔렀다.

좌 : **몰로시아의 올림피아스**는 알렉산드로스 대왕이 죽고 나서 손자 알렉산드로스 4세의 권리를 지키기 위해 투쟁했다. 사진의 금 메달리온(BCE 300년경)은 아부키르 유물의 일부이다.

셀레우코스 제국

셀레우코스 제국은 알렉산드로스 대왕이 사망한 BCE 323년 이후 치열한 충돌 속에서 생겨난 후계 왕국들 중에서 가장 큰 나라이다. 다른 후계 왕들처럼 셀레우코스 일가는 수 세기 동안 이어지는 왕가를 세웠으나, 알렉산드로스 대왕의 계승자들 사이에서 지속되는 다툼으로 인하여 제국 형성에는 시간이 걸렸다.

셀레우코스는 마케도니아의 귀족 출신으로, 알렉산드로스 대왕의 원정에서는 정예 보병 부대인 히파스피스트의 사령관이었다. 셀레우코스 왕가의 운명은 BCE 3세기 동안 변동을 거듭하였고 BCE 3세기 말에는 중요한 난관에 부딪쳤다. BCE 1세기 중반 지중해 동부에 로마인들이 당도하고 동부 이란에서 파르티아 왕국이 등장하면서, 셀레우코스 제국은 멸망하였다. 셀레우코스가 제국을 세울 당시, 그의 영토는 넓고 다양한 문화를 포함하고 있었고, 제국에서는 그리스, 레반트, 메소포타미아 문화의 많은 요소들이 융합된 것을 볼 수 있었다.

셀레우코스 1세가 세운 도시들

셀레우코스 1세는 거대한 제국을 잇는 그리스식의 도시망을 세우기 위해 많은 도시와 요새를 건설하였다. 바빌론 근처의 티그리스 강변에 있는 셀레우키아를 비롯하여 많은 도시들이 그의 이름을 땄다. 셀레우키아는 셀레우코스 제국의 동부에서 가장 중요한 도시였다. 셀레우코스 1세는 또한 부친인 안티오쿠스의 이름을 도시에 붙이기도 했는데, 시리아 북부(오늘날 터키) 오론테스 강변의 안티오크는 제국의 서부에서 가장 중요한 도시였다. 오론테스 계곡 중간에 있는 아파메아는 그의 페르시아 왕비의 이름을 딴 도시들 중 하나이다. 그 잔해는 오늘날 시리아 북부의 하마에서 볼 수 있다.

상 : **아파메아의 유적**으로 CE 150년경의 로마식 카르도 막시무스(중앙통)가 뻗어 있는 것을 볼 수 있다. 도시는 안티오크에서 내륙으로 향하는 중요 도로를 지키기 위해 건설되었다.

셀레우코스 제국의 설립

셀레우코스 제국이 정식으로 설립된 것은 셀레우코스 자신이 바빌론에서 이란의 대부분, 중앙아시아, 알렉산드로스 대왕이 정복했던 인도의 영토를 아우른 제국의 우두머리가 된 때였다. 셀레우코스는 비록 알렉산드로스 대왕의 다른 승계자들이 왕이라는 명칭을 사용하게 된 BCE 306년까지는 자신에게 왕이라는 명칭을 붙이지 않았지만, 그가 바빌론에서 제국을 설립한 BCE 312–311년부터 시작하는 새로운 연도 표기 기준을 세웠다. 셀레우코스의 연도 표기 방식은 훗날 헬레니즘 세계에서 널리 사용되었고, 이슬람 시대에 들어서도 많이 사용되었다.

BCE 304년, 셀레우코스는 자신의 제국을 강화시키기로 결심했다. 서쪽에 관심을 두고 인도의 영토를 마우리아의 왕 찬드라굽타에게 넘겼다. 찬드라굽타는 셀레우코스에게 500마리의 전투 코끼리를 그 대가로 지불했다. 제국을 서쪽으로 확장시키려는 셀레우코스에게 이 코끼리들은 기마대의 공격에 대한 중요한 방어 수단이었다. BCE 301년 입소스 전투에서 리시마쿠스와 연합하여 안티고노스를 패배시킨 후, 셀레우코스는 서쪽으로는 에게 해의 연안과 동쪽으로는 아프가니스탄에 이르는 거대한 영토를 지배하게 되었다. 제국을 더욱 서쪽으로 확장시키려는 그의 야망은 계속되었다. BCE 281년, 리시마쿠스와의 전투에서 승리하여 리시마쿠스의 소아시아 서부를 장악하고 트라키아와 그리스를 위협하게 되었다. 그러나 유럽을 장악하려는 야망은 그가 암살되며 꺾이고 만다.

셀레우코스의 왕비는 아파마로, BCE 324년 인도에서 돌아온 알렉산드로스 대왕이 장교들과 함께 수사에서 페르시아 출신의 부인들을 맞았을 때 혼인한 여성이었다. 알

렉산드로스 대왕이 죽자, 거의 모든 혼인이 무효화되었으나 셀레우코스와 아파마의 경우는 예외였다. 이집트에 세워진 프톨레마이오스 왕조와 같이, 셀레우코스 왕조는 페르시아의 혈통이 섞였음에도 불구하고 본질적인 모든 면에서 그리스를 따랐다. 그들의 뒤를 잇는 로마 제국과는 아주 다르게, 현지 지배 계층과 혼인하는 일은 없었다.

셀레우코스의 후계자들

왕조를 확실히 유지하기 위해 BCE 292년, 셀레우코스는 아들 안티오코스를 자신과 같이 지배하는 위치로 올렸다. 왕조 유지의 의지를 뚜렷이 보이기 위해 셀레우코스는 그가 죽기 직전인 BCE 281년, 새로 맞아들인 젊은 왕비 스트라토니케(아파마는 BCE 300년 사망했다)를 안티오코스에게 주었다. 안티오코스 1세(재위 BCE 281–261년)는 선친이 세운 제국을 유지하는 데에 어려움을 겪었다. 시리아 남부와 팔레스타인을 놓고 프톨레마이오스 2세와 두 차례의 전쟁을 치렀고, 그의 치세 말기에는 중앙아시아와 박트리아(아프가니스탄)의 상황 또한 어려워졌다. 안티오코스 2세(BCE 261–246년)의 치세가 끝날 무렵에는 중유럽의 켈트족이 침략해 들어왔고, 박트리아와 파르티아 사트라피가 제국 내에서 자치적으로 지배를 하겠다며 떨어져 나갔다가 결국은 현지 출신들을 왕으로 세우며 독립하였다. 셀레우코스 2세가 BCE 246년 왕위를 계승했을 때는 박트리아와 파르티아를 잃은 직후였으며, 페르가몬을

좌 : 발보라에 있는 디오스코리데스의 묘비(BCE 200년경)에 그려진 것과 같은 용병들은 셀레우코스 및 다른 디아도코이들이 내부 권력 다툼을 위하여 모집되었다.

하 : 터키의 니카이아에 있는 병사 메나스의 묘석으로, 그는 BCE 281년에 코르페디온에서 전사했다. 리시마쿠스는 셀레우코스와 코르페디온 전투에서 격돌하여 살해당했다.

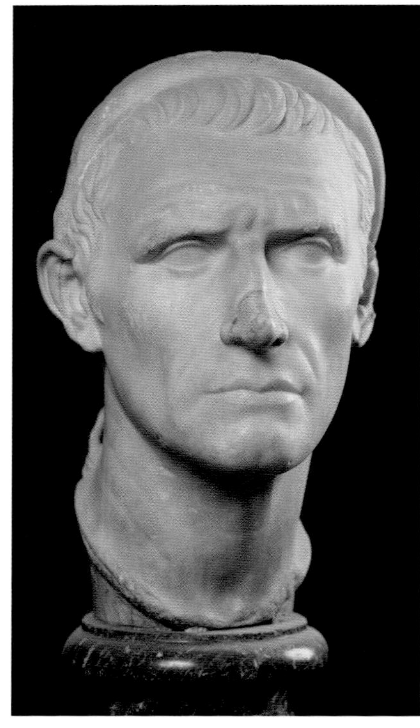

상 : **안티오코스 3세는 조각난 국가를 이어받았다.** 그는 동맹을 결성했으나 로마의 힘을 과소평가하는 치명적인 잘못을 저질렀다. 사진의 대리석 흉상(BCE 250년경) 복제품은 현재 루브르 박물관에 있다.

포함한 소아시아의 왕국들이 떨어져 나가려 하고 있었다. 중앙 아나톨리아의 고지에 자치주를 세운 갈리아인들과도 문제를 겪고 있었다. 이들은 나중에 갈라티아(갈리아의 땅)로 알려지게 되었다. 셀레우코스 2세는 제3차 시리아 전쟁(BCE 246-241년)에서 프톨레마이오스 3세에게 패했고, 아나톨리아를 장악한 그의 형제 안티오코스 히에락스와의 내란에 직면했다.

셀레우코스 3세(재위 BCE 245-223년) 때도 어려움은 계속되었고, 그가 암살되자 안티오코스 3세가 19살의 나이로 즉위했다. 그는 거의 40년 동안 왕위에 있었고, 초반에는 동쪽에서 잃은 영토를 회복했다. 그러나 BCE 217년 팔레스타인 남부 해안에서 벌어진 라피아 전투에서 프톨레마이오스 4세에게 예상치 못한 큰 패배를 당했다. 그러나 라피아 전투 후 10여 년 동안 안티오코스 3세는 동부의 박트리아와 파르티아의 반란을 막는 것에 부분적으로 성공한다. 그는 제국을 넓히기 위해 인도 원정까지 했다. BCE 205년, 서부로 귀환하며 시리아 남부에서 프톨레마이오스 제국에 대한 결정적인 공격을 시도했다. BCE 200년 파니움 전투에서 프톨레마이오스 군에게 완전히 승리하여 셀레우코스 제국은 시리아 남부와 해안 지역을 계속 지배하게 되었다. 이로 인해 그는 "메가스", 즉 대왕이라 불렸다.

우 : **테트라드라크마 위의 안티오코스 4세**(BCE 175년경, 예루살렘의 이스라엘 박물관). 안티오쿠스 4세는 로마 제국에 대항하기 위해 왕국의 동부 지역을 그리스화하려 했으나 유대의 자주 독립주의와 충돌했다.

로마와 셀레우코스 왕조

안티오코스는 두 국경에서 로마와 대립했고, 이는 셀레우코스 제국에 오랫동안 심각한 문제를 야기했다. BCE 202년, 스키피오 아프리카누스의 로마군이 한니발을 자마에서 패배시키자, 안티오코스는 한니발의 망명을 받아 주었다. 또한 안티오코스는 BCE 197년 마케도니아의 필리포스 4세가 로마에게 패배당한 것을 기회로 그리스를 침략했다. BCE 191년, 그는 그리스 테르모필레의 중요한 전투에서 로마에게 패하고, 이듬해 아나톨리아 서부의 마그네시아에서는 더욱 처절하게 졌다. BCE 188년, 안티오코스는 아파마 협정을 승인해야만 했다. 이 협정으로 인해 안티오코스는 로마에게 엄청난 피해 보상금을 지불하고 아들 한 명을 로마에 인질로 보내게 되었다. 안티오코스는 로마에 지불할 보상금을 감당하기 위해 백성들에게 무거운 세금을 부담시켰다. BCE 187년 6월, 안티오코스가 바빌론의 마르두크 신전에서 엄청난 양의 금을 압수하려 하다 죽었다는 것은 그의 재정 상황을 보여 준다. 그의 뒤를 이어 BCE 175년까지 왕위에 있었던 셀레우코스 4세는 재위 내내 주체할 수 없는 보상금을 갚으려 애써야 했다.

안티오코스 4세와 유대인들

안티오코스 4세는 BCE 164년 셀레우코스 4세가 사망하며 왕위에 올랐다. 그가 로마와 대립하고 예루살렘과 거래한 것은 커다란 의미가 있는 일이었다.

BCE 170-168년 셀레우코스 제국은 시리아 남부에 대해 프톨레마이오스 제국의 도전을 받았다. BCE 169년, 펠루시움에서 프톨레마이오스 6세를 물리친 후, 안티오코스 4세는 시리아로 돌아오며 예루살렘의 성전을 약탈했다. 대사제 야손의 미미한 반란을 진압하고 신성한 도시 예루살렘에 처음으로 그리스 주둔군을 설치하여 유대인들의 적개심을 키웠으며, 예루살렘의 성전 안에 이교도의 신을 위한 제단을 세웠다. 이 행위는 유대인들에게 "멸망의 가증한 것"으로 여겨졌다.

예루살렘의 모든 유대인들이 안티고노스 4세를 부정적으로 보지는 않았다. 일부는 유대 사회를 그리스 헬레니즘 세계에 통합시킬 더 나은 방법이라 여겼다. 그러나 한 집단은 그리스와의 타협에 일체 반대했다. BCE 167-166년, 일체의 셀레우코스 지배에 저항하는 반란이 터졌다. 유다 마카베오가 이끄는 이 반란이 점점 격렬해져서 안티오코스는 예루살렘의 종교 개혁 시도를 철회했다.

안티오누스 4세와 로마의 분쟁은 시리아 남부와 팔레스타인을 두고 프톨레마이오스 왕조와 싸운 결과였다. 로마의 세력은 점점 커져, BCE 170년에는 안티오누스 4세와 프톨레마이오스 6세가 시리아 남부와 팔레스타인의 지배권을 주장하러 로마에 대사를 보낼 정도였다. 당시 로마는 마케도니아에 중요한 원정을 보내려는 상황이었으므로 두 나라 사이에 개입하는 것을 거부했다. BCE 170년 10월, 안티오코스는 대담하게 이집트를 침략하여 당시 이집트를 방어하는 주 요새인 펠루시움을 장악하기까지 했다. 그는 로마가 그리스에 주의를 기울이고 있는 것을 이용하여 BCE 169년에는 프톨레마이오스 제국에 더 큰 손실을 입혔다. 이집트에서 로마에 도움을 요청하자 안티오코스는 BCE 168년 이집트를 다시 침략하였다. 그러나 그 해 여름 마케도니아에 승리를 거둔 로마는 이제 이집트를 지원할 수 있게 되었다.

상: 안티오코스 4세가 유대인들의 대표를 만나고 있는 모습. 성 바아스트 수도원에서 제작된 마카베오서의 11세기 라틴어 필사본이다. 이 필사본은 현재 프랑스의 아라스 시립 도서관에 있다.

제국의 몰락

BCE 164년 안티오코스 4세가 사망하자 셀레우코스 제국은 기울기 시작하여 다시는 회복되지 못했다. 로마의 도래와 파르티아의 세력 확장은 결국 셀레우코스 왕국의 몰락을 불러왔다. 연속적인 내란은 몰락을 상징했고, BCE 139년에는 데메트리오스 2세가 파르티아와의 전쟁에서 포로가 되었다. 이란과 메소포타미아 동부의 대부분은 파르티아에게 빼앗겼고, BCE 129년경 파르티아인들이 바빌론을 장악하여 제국은 바빌로니아마저 잃었다.

셀레우코스 제국은 서부에서도 크게 시련을 당했다. BCE 83년 아르메니아의 왕 티그라네스가 시리아를 침범했다. 로마 제국은 BCE 69년 티그라네스와 그의 장인이자 폰투스의 왕인 미트리다테스를 아나톨리아 북부의 해안에서 패배시키고, 안티오크와 그 근교의 작은 왕국을 셀레우코스 왕조의 안티오코스 13세에게 맡겼다. BCE 66년 폼페이군이 동진하여 BCE 63년 셀레우코스 왕국을 멸망시키고 로마의 시리아 주를 세웠다. 이는 그리스가 지배하는 땅보다는 셀레우코스 왕조가 다스리던 유프라테스강 서쪽 영토를 기반으로 했다.

프톨레마이오스 제국

알렉산드로스 대왕의 계승자들 사이의 전쟁이 끝난 후, 프톨레마이오스 1세는 이집트를 거의 3세기에 걸쳐 지배하게 될 왕조를 세웠다. 프톨레마이오스 왕조의 시대에는 이집트와 그리스의 혼합된 문화가 나타났다. 그러나 정부 조직은 그리스-마케도니아 출신의 상류 계급이 엄격하게 통제했다.

프톨레마이오스 왕조의 역사에 대해 평가할 때는 이집트 땅의 특성과 나일 강의 중요성에 대해 아는 것이 중요하다. 나일 강의 근원은 멀리 에티오피아의 산악지대 남쪽, 전설적인 푼트의 땅에 있으며, 북쪽의 지중해로 흐른다. 나일 강의 길이는 약 6500킬로미터로, 세계에서 손꼽히는 긴 강 중의 하나이다. 고대 멤피스 근교에서 수많은 지류로 나뉘어 나일 삼각주를 이룬다. 이곳은 이집트에서 가장 비옥한 지역으로 고대의 중요한 경작지였다. 나일 강 유역을 따라 관개가 이루어지고, 관개된 범람원은 왕국에서 농업 생산의 중심지가 되었다. 나일 강 서쪽 사막의 오아시스들은 많은 인구를 지탱했고, 북아프리카 서쪽과의 중요한 교역 루트를 제공했다.

상 : **프톨레마이오스 1세 소테르.** 테트라드라크마 은화의 부조. 그는 알렉산드로스 대왕이 가장 신임하던 장군이었다. 그의 야심은 이집트를 가지는 것이었고, 국경을 지키기 위하여 아시아에 완충국을 세우고자 하였다.

프톨레마이오스의 업적

프톨레마이오스 1세 소테르(구원자, 재위 BCE 232-285년)는 알렉산드로스 대왕이 죽은 후, 20여 년간의 치열한 계승 전쟁에서 주요 지배자로 두각을 보였으며, 남부 시리아를 차지하여 다음 세기에 셀레우코스 왕조와 지배권을 두고 싸우게 되었다. 다른 모든 계승자들처럼, 프톨레마이오스는 스스로를 알렉산드로스 대왕의 정당한 후계자로 여겼다. 이를 위해 그는 알렉산드로스 대왕과 같은 조상을 가졌다고 했으나 이는 사실이 아니다. 그는 마케도니아로 돌아가서 계획적으로 알렉산드로스 대왕의 관을 탈취하는 위험까지 무릅썼으며, 알렉산드로스 대왕의 시신을 알렉산드리아의 거대한 추모관에 안치하고 이를 알렉산드로스 대왕이 직접 자기에게 이집트의 왕권을 맡겼다는 주장의 증거로 삼았다.

프톨레마이오스는 세습 왕조를 세웠고, 그의 왕조는 거의 300년간 이어졌다. 그는 자신이 죽기 2년 전인 BCE 283년부터 아들인 프톨레마이오스 2세를 왕으로 세워 같이 통치할 정도로 조심했다. 프톨레마이오스 2세는 당시 누이 아르시노에와 혼인을 하였고, 이는 이집트 왕조에 대한 단호한 통제를 보여 준다. 프톨레마이오스 2세 필라델포스는 BCE 246년까지 왕위에 머물렀고, 그동안 이집트에서 왕권을 성공적으로 강화하고 부왕의 뜻을 이었다.

알렉산드리아

프톨레마이오스 왕조 치하의 이집트에서 알렉산드리아는 행정 중심지로서 특히 중요하게 여겨졌다. 알렉산드로스 대왕이 이집트를 정복하고 나서 BCE 332년에 세웠지만, 도시가 정말로 발달하게 된 것은 프톨레마이오스 왕조의 초기 시대였다. 프톨레마이오스 1세는 그리스 본토에서 상류 계층이 이주해 오도록 권장했고, 프톨레마이오스 2세 필라델포스(재위 BCE 285-246년)가 대대적으로 투자하여 그리스-로마 시대의 가장 중요한 도시 중의 하나가 되었다. 알렉산드리아가 이집트와 근동 전 지역에 끼친, 시간을 초월한 문화적인 영향은 부인할 수 없다.

여기서 짚고 넘어갈 것은, 프톨레마이오스 1세와 2세가 마케도니아인들과 이집트 신전 사제들 및 대부분의 영지를 실제로 다스리던 현지 지배자들 사이에 성공적인 관계를 수립했다는 사실이다. 많은 땅을 통제하던 신전들은 이집트 경제에서 대단히 높은 비중을 차지했다. 이들은 식량 생산에서만 중요한 것이 아니라 이들에게서 거두어들이는 막대한 세금도 이집트 왕들에게는 필수적인 것이었다.

좌 : **프톨레마이오스 2세와 그의 친누나인 아르시오네**는 혼인을 했으나 자식이 없었다. 사진의 카메오(BCE 278년경)는 오스트리아의 빈 미술사 박물관에 소장되어 있다.

셀레우코스 제국과의 분쟁

BCE 3세기, 프톨레마이오스 치하의 이집트에게 특히 중요한 사안 중의 하나는 시리아를 소유한 셀레우코스 제국과의 갈등이었다. 디아도코이들의 전쟁이 끝났을 때 프톨레마이오스 1세는 남부 레반트의 대부분과 에게 해의 많은 섬들을 장악했으며, 소아시아의 남동부에서도 활발하게 영향력을 행사했다. 프톨레마이오스 2세가 이를 더욱 확장시키려고 하자 셀레우코스 제국이 이집트에 전쟁을 일으켰는데, 이것이 제1차 시리아 전쟁(BCE 271–271년)이다. 이 전쟁의 결과는 무승부였지만 이로서 두 나라는 거의 1세기에 걸친 전쟁을 시작하게 되었다.

제2차 시리아 전쟁(BCE 261–253년) 역시 프톨레마이오스 왕조의 소아시아 영토에 대한 것으로, 전쟁이 끝난 후 체결된 평화 조약으로 더욱 잘 알려졌다. 프톨레마이오스 2세와 셀레우코스 제국의 안티오코스 2세가 맺은 협정의 내용은 프톨레마이오스 2세의 딸 베레니케를 안티오코스 2세와 혼인시킨다는 것이었다. 이 혼인 협정의 실패로 인해 제3차 시리아 전쟁이 일어났다. 프톨레마이오스 2세와 안티오코스 2세는 둘 다 BCE 246년 사망하였고, 프톨레마이오스 제국은 셀레우코스 제국에 일어난 심각한 상속 위기를 틈타서 시리아를 침범했다. 안티오코스 2

좌 : **나일 강**은 농업, 정치, 사회적으로 이집트의 모든 활동의 중심이며, 오늘날에도 이집트의 생명선으로 남아 있다.

세와 베레니케 사이에는 아들이 한 명 있었으나 두 사람은 이미 별거 중이었고, 안티오코스 2세는 다른 부인에게서 또 다른 아들을 얻어 그가 셀레우코스 2세로 왕위에 올랐다. 새로 왕위에 오른 프톨레마이오스 3세는 누이 베레니케를 구하고 그녀의 아들이자 자신의 조카를 왕위에 올리기 위해 셀레우코스 제국을 공격했다. 제3차 시리아 전쟁은 BCE 246년부터 241년까지 계속되었고, 프톨레마이오스 3세는 셀레우코스 제국의 심장부까지 침투하기도 했었다. 전설에 의하면 바빌론까지 들어갔다고 한다. 그러나 프톨레마이오스 3세는 누이와 조카를 구하지 못했고, 두 사람은 침략 시작 얼마 후에 살해당했다.

프톨레마이오스 4세(재위 BCE 221–205년)가 이 전쟁을 이어받고, 새로 군대를 조직해 BCE 217년 라피아 전투에서 유능했던 안티오코스 3세를 예기치 않게 이겼다. 프톨레마이오스 4세의 승리는 주로 이집트 출신 병사들의 뛰어난 기술 때문이었다. 이로써 이집트 병사들은 자신들의 중요성을 새롭게 깨달아 반란을 일으켰고, 이후 25년간 대부분의 상이집트 지역은 혁명의 혼란을 겪었다. 프톨레마이오스 5세 때(BCE 204–180년)는 이집트가 소아시아와 에게 해 영토를 잃었고, BCE 200년에 팔레스타인의 파니움 전투에서 패하여 시리아에 대한 야심에 종지부를 찍었다. BCE 2세기의 첫 10여 년간 지중해 동부에서는 로마 제국의 세력이 자라기 시작했다.

로마 제국과의 관계

로마 제국은 그리스 왕국들의 정치에 점점 개입하였고, 프톨레마이오스의 이집트에 최대의 위협이었던 셀레우코스와 마케도니아 제국의 야심을 축소시키는 데 중점을 두

하 : **프톨레마이오스 15세(카이사르의 아들, 카이사리온)**와 그의 뒤에 있는 모친 클레오파트라가 부조 오른쪽에 서서 하토르 여신에게 향을 바치고 있다. 프톨레마이오스 15세는 BCE 31년, 14세의 나이로 옥타비아누스에 의해 살해당했다.

었다. 제2차 포에니 전쟁 중 카르타고의 장군 한니발이 수도 로마를 위협했을 때, 셀레우코스와 마케도니아 제국은 카르타고를 지지했다. BCE 202년 한니발 장군이 패하자, 로마는 이집트를 보호한다는 명목으로 셀레우코스와 마케도니아 제국의 처리로 관심을 돌렸다.

모래 위에 그은 선

이집트를 사이에 둔 로마 제국과 셀레우코스 제국의 가장 유명한 대립은 BCE 170년, 셀레우코스 왕 안티오코스 4세가 이집트를 침략하여 프톨레마이오스 6세를 몰아내고 자기 동생을 프톨레마이오스 8세로 만들었을 때였다. 로마 제국은 가이우스 포필리우스 라에나스를 보내어 이 문제를 해결했다. 라에나스가 이집트에서 떠나라고 요구하자, 셀레우코스의 왕은 고려해 보겠다고 했다. 이에 라에나스는 칼로 안티오코스 주위의 모래 위에 원을 그리고 선 밖으로 나오기 전에 대답해야 할 것이라 경고했다. 안티오코스는 조심스럽게 철수했다.

로마 제국이 셀레우코스 제국에 대항하는 프톨레마이오스 왕조를 도왔다는 사실은 이집트 정치에 더욱 직접적으로 개입할 구실을 주었다. 안티오코스가 철수한 뒤 프톨레마이오스 6세와 프톨레마이오스 8세는 이집트를 함께 지배하기로 했다. 이는 문제를 야기했고, 로마 제국은 이를 이집트에서 세력을 키우는 데 이용하였다. 프톨레마이오스 6세는 BCE 145년 사망했고 그의 뒤를 이은 아들 프톨레마이오스 7세는 즉시 프톨레마이오스 8세에 의해 쫓겨났다. 프톨레마이오스 8세는 BCE 116년 사망할 때까지 로마의 주시를 받으며 압제자로서 이집트를 통치했다. 불안정과 분쟁으로 인한 대가로, 이후 60년 동안 이집트에는 오래 못 가는 어린 왕들이 이어졌다. 이는 로마 제국에 유리하게 작용했고 BCE 51년 프톨레마이오스 13세와 그의 누이 클레오파트라 7세가 공동으로 지배할 무렵, 로마는 이집트에서 강력한 세력을 형성했다.

상 : 악티움 해전(BCE 31년 9월 2일)이 이탈리아 폼페이의 베티 저택에 있는 벽에 그려져 있다. 마르쿠스 안토니우스는 악티움 해전에서 패하여 모든 권력을 포기하고 클레오파트라의 뒤를 따라 도망쳤다.

클레오파트라와 그녀의 로마 연인들

클레오파트라와 로마의 가장 강한 장군 두 명의 관계에 대한 이야기는 유명하다. BCE 48년 알렉산드리아에 도착한 율리우스 카이사르는 클레오파트라와 관계를 맺어 아들 카이사리온이 태어났다. BCE 45년, 클레오파트라와 카이사리온은 카이사르가 그들을 위해 지은 궁전에 살기 위해 로마로 갔다. 카이사르 사후, 옥타비아누스(카이사르의 양아들, 훗날의 아우구스투스)와 마르쿠스 안토니우스는 로마 제국을 둘로 나눴다. 동쪽 절반을 지배하게 된 안토니우스는 클레오파트라와 BCE 30년대 초부터 관계를 맺기 시작했는데, 이는 이집트 프톨레마이오스 왕조의 파멸을 몰고 왔다. 안토니우스와 옥타비아누스 사이에 내란이 일어났고, 안토니우스와 클레오파트라는 악티움 해전에서 패하여 자살했다. 옥타비아누스는 이집트를 자신의 소유로 삼았다. 어떠한 로마인도(원로원 의원도) 옥타비아누스의 허가 없이는 이집트에 들어갈 수 없었다.

금과 곡물 등 이집트의 부는 옥타비아누스의 로마 지배권을 강화하는 데 이용되어 제국의 시대가 시작되었다.

좌 : 악티움 해전에서 승리한 옥타비아누스는 로마에서 권력을 강화하고 후에 첫 로마 황제 아우구스투스가 된다. 사진의 대리석 흉상(CE 75년경)은 프랑스 아를르에 있는 로마식 원형 경기장에 있다.

헬레니즘 도시국가들

그리스의 도시국가들은 헬레니즘 시대 동안 독립을 유지했다고 여겨진다. 그러나 헬레니즘 세계의 강대국들 손에 놀아나는 노리개에 불과했던 경우가 대부분이었다. 이들은 마케도니아와 이집트의 프톨레마이오스 사이에서 잦은 다툼의 원인이 되었고, 때로는 두 세력을 이간질시키려 하기도 했다.

BCE 3-2세기에 마케도니아는 그리스의 도시국가 역사에서 중요한 존재였다. 안티파트로스는 알렉산드로스 대왕이 원정을 갔을 때 마케도니아를 지배했다. 안티파트로스의 사후에는 아들 카산드로스가 BCE 317-316년 마케도니아를 장악하고 BCE 298년 사망할 때까지 다스렸다. 내전과 암살의 시기 이후 결국 1세대 디아도코이들을 잠시 위협했던 안티고노스의 손자 안티고노스 2세 고나투스가 BCE 276년 패권을 쥐었다. 그의 왕조는 BCE 167년 로마 제국에 밀려날 때까지 마케도니아를 지배했다. 마케도니아의 세력에 대항하기 위해 그리스 도시국가들은 지역적으로 연합이나 동맹을 맺었다. BCE 3세기 말, 아카이아 동맹이 그리스의 남부와 중부에서 가장 중요한 세력으로 두각되었다. 아테네는 이 시기에도 그 상징으로서 특별한 지위를 유지했고, 그리스 "황금 시대"의 주역이었던 과거를 토대로 BCE 3-2세기의 치열한 다툼을 헤쳐 나갔다.

하 : BCE 306년, **키프로스의 살라미스 전투**에서 안티고누스의 아들인 데메트리우스가 프톨레마이오스의 함대에게 승리했다. 이때 주민들이 안티고누스와 데메트리우스를 왕이라 부르며 환호하자 다른 디아도코이들도 왕이라는 명칭을 사용하기 시작했다.

아테네의 어려움들

아테네와 다른 그리스 도시들은 마케도니아의 카산드로스가 민주주의 정부의 권력을 제한했을 때부터 곤경을 겪었다. 프톨레마이오스는 BCE 308년 자신의 위치를 강화하기 위해 그리스 도시국가들이 카산드로스에게 저항하는 데 개입했다. BCE 307년 또 다른 디아도코이인 안티고노스가 아들 데메트리오스 1세 폴리오르케테스를 보내 마케도니아 주둔군에게서 아테네를 "해방"시켰다. BCE 306년, 살라미스 전투에서 프톨레마이오스 1세에게 이긴 데메트리오스는 BCE 304년 카산드로스에게도 승리하여 칼키스, 코린토스, 시키온을 "해방"시켰다. 데메트리오스와 안티고노스는 아고라에 황금상이 건립되는 등 아테네인들로부터 환영받았지만, 그리스의 도시국가들은 한편으로 자신들의 정치에 번번이 개입하는 거물들이나 군주들에 대한 진정한 자유를 모색하고 있었다. 데메트리오스와 같은 실세에 의한 "해방"이 얼마나 불안정한 것인지는 BCE 301년 안티고노스와 데메트리오스가 입소스 전투에서 패하면서 드러났다. 카산드로스는 바로 아테네 지배를 복원했다. 그러나 BCE 297년, 그의 사후 데메트리오스는 아테네를 포위하고 마케도니아인들을 다시 축출했다.

그리스의 도시국가들은 BCE 3세기에 계속해서 어려움에 직면하게 되었다. BCE 287년 데메트리오스는 무대에서 사라졌고, 비록 프톨레마이오스의 이집트가 에게 해에서 전에 없이 강력한 해상력을 통하여 세력을 넓혔으나, 마케도니아가 여러 중요 도시에서 지배권을 되찾았다. 안티고노스 2세 고나투스가 BCE 276년 마케도니아의 권력을 장악하고 다른 그리스 도시들에서 세력을 강화했다. BCE 272년 무렵, 고나투스는 테살리아, 에우보이아, 피레에프스, 코린토스, 아르고스, 메가라에 주둔군을 두었다. 프톨레마이오스 2세의 지지를 받아 아테네와 많은 펠로폰네소스 반도의 도시들이 동맹을 맺고 BCE 267년 그리스 국가들을

상 : **그리스의 도시국가인 코린트**는 BCE 2세기에 아카이아 동맹국들의 수도가 되었으나 BCE 146년 로마의 침략을 받아 무참하게 약탈당했다.

해방시키기 위해 마케도니아와 전쟁을 시작했다. 전쟁은 실패로 돌아갔고, 아테네는 다시 마케도니아의 지배를 받게 되었다.

아이톨리아 및 아카이아 동맹

그리스 도시 연맹은 수백 년 동안 여러 가지 이유로 존재했으나, BCE 3세기에는 마케도니아에 맞설 수 있는 강력한 군대를 만들어 독립을 지키려는 목적에서 두 동맹이 탄생했다. 이들 동맹은 단지 마케도니아의 지배에 대항하기 위해서만이 아니라 서로의 세력을 제한하고자 하는 목적도 있었다. 이는 특히 스파르타의 의도였다. 아이톨리아 동맹은 그리스 중남부 아이톨리아 지방의 도시들을 포함했으나 에게 해의 동쪽에 있는 키오스와 같은 섬의 도시들도 합세하여 규모가 더욱 커졌다. 아카이아 동맹은 아카이아 지방의 도시들 대부분에 더해 BCE 251년 처음으로 아카이아가 아닌 시키온을 받아들였다. 시키온의 주도로 아카이아 동맹은 항마케도니아 입장을 취하게 되었다. 아카이아 동맹은 BCE 2세기 초, 코린토스의 지휘하에 대개의 펠로폰네소스 반도와 그리스 중부의 국가들이 합세하여 그리스에서 가장 중요한 세력이 되었다. 아테네는 BCE 229년, 이집트의 도움을 받아 마케도니아 주둔군을 쫓아냈다. 비록 공식적으로는 중립을 주장했으나, 이때부터 이집트를 열렬히 지지하게 되었다.

로마와 그리스 도시국가들

BCE 202년, 한니발에게 승리한 로마 제국은 지중해 동부까지 확장하고, 마케도니아와 그리스는 새로운 정치적, 군사적 현실에 직면했다. 마케도니아의 필리포스 5세는 한니발과 손잡았고, 한니발에게 이긴 로마 제국은 이들과 손잡은 그리스를 벌하려 움직였다. 아카이아 동맹은 원래 마케도니아와 대적하는 로마를 지원했으나 곧 로마에 대한 그리스의 주요 저항 세력이 되었다. BCE 146년 로마 군대가 아카이아 동맹군에게 승리하여 코린토스를 야만적으로 파괴하고 그리스의 예술품들을 대규모로 약탈했다. 이때부터 그리스는 공식적으로 로마의 지배를 받았다. 마케도니아는 이미 21년 전 피드나에서 페르세우스가 로마에게 패배한 후부터 로마의 속국이었다.

좌 : **마케도니아의 필리포스 5세**는 자국과 국외에서 존경받았다. 그는 동맹국들과 다양한 제휴를 맺었고, 로마 제국에 대항하여 한니발 장군과도 연합했다.

파르티아

BCE 2세기 중반까지 파르티아는 잘 알려지지 않았다. BCE 245년 사트라프인 안드라고라스가 셀레우코스 제국의 지배에서 파르티아를 독립시켰으나 얼마 후 BCE 238년 파르니의 족장인 아르사케스에 의해 전복되었다. 아르사케스는 이후 450년 동안 파르티아를 지배할 왕조를 세웠다고 여겨진다.

상 : 중국 쓰촨 성에 있는 무덤에 새겨진 파르티아의 궁수(BCE 200–CE 200년경)가 유명한 "파르티아 활쏘기"를 보이고 있다. 도망가는 것처럼 말을 돌려 달려가다 어깨 너머로 활을 쏘는 방법이다. 이를 위해서는 최상의 승마 기술이 필요하다.

파르티아 왕국은 이란, 메소포타미아, 박트리아 및 서쪽과 북쪽의 아르메니아, 조지아를 장악하였다. 파르티아 왕국이 확장된 만큼 셀레우코스 제국은 축소되었고, 로마 제국의 동부 진출 야심에 오랫동안 심각한 장애가 되었다. 왕국에서는 그리스의 문화와 언어가 중요한 역할을 했으나 시간이 지나며 이란의 문화적 영향이 더 커지게 되었다. 아르사케스 파르티아 왕조는 알렉산드로스 대왕보다는 아케메네스 제국과 더욱 유대적인 관계였고 BCE 1세기 무렵에는 스스로 아케메네스의 후손이라 주장했다. 파르티아 왕의 공식 명칭은 그리스와 이란의 요소들이 파르티아 문화에 혼합되어 있음을 잘 보여 준다. 그들은 왕을 아케메네스 제국에서처럼 왕 중 왕이라고 불렀다. 그러나 이에 덧붙여 그리스의 별칭인 필헬레노스(그리스의 벗)나 에피파노스(신의 현신)라고도 불렀다.

아르사케스 파르티아 왕조에 대해 알려진 사실 중 대부분은 남아 있는 그리스와 로마의 자료에서 나왔다. 파르티아인들에게는 기록이 별로 중요하지 않았던 것으로 보인다. 그리스와 로마는 단지 그들이 파르티아 왕국과 접촉했을 때만 파르티아에 대해 기록했다. 이는 주로 군사적 접촉이었다. 셀레우코스 제국의 왕 안티오코스 3세가 파르티아를 다시 속국으로 만들려고 BCE 209–208년 여러 번 군사 작전을 펼쳐 어느 정도 성공한 것이 한 예이다. BCE

208년, 파르티아는 셀레우코스 제국에 여러 번 패하였고 안티오코스 3세는 박트리아와 인도를 공격해 큰 승리를 거두었다. 그러나 점령한 지역을 유지하지 못했기 때문에, 로마에 압도적으로 패배하자 쇠약해진 제국에서 이들 동쪽 나라들은 다시 자유로워졌다.

파르티아 : 새로운 지역 세력

미트리다테스 1세의 치세(BCE 171–138년)에 파르티아는 중요한 지역 세력으로 부각되었다. BCE 160–155년 미트리다테스 1세는 그리스–박트리아 왕국 원정에 성공하였고, BCE 148년에는 메디아를 정복했다. 새로운 이란 제국을 세우는 첫 발걸음을 내딛은 것이다. BCE 141년, 파르티아는 셀레우코스 왕조로부터 바빌로니아를 빼앗고 미트리다테스 1세는 셀레우키아에서 왕이 되었다. BCE 139년, 셀레우코스 왕조가 메소포타미아를 되찾으려 했을 때, 미트리다테스 1세는 그들의 왕 데메트리오스 2세를 사로잡았다. 그는 34년 동안 재위하며 파르티아를 세계적인 강대국으로 만드는 데 성공한다.

프라아테스 2세(BCE 139–128년) 때에는 동부의 영토를 회수하려는 셀레우코스 왕조의 마지막 시도가 있었다. BCE 130년 안티오코스 7세가 바빌로니아와 메디아를 회수하고 데메트리오스 2세를 석방시켰다. 그러나 이는 안티오코스 7세가 전쟁에 패하고 죽는 바람에 오래가지 못했다.

상 : 미트리다테스 2세 (테트라드라크마 은화, BCE 1세기경)는 오랫동안 성공적으로 통치했다. 그는 동서로 확장하려는 야망을 가지고 있었고, 중국 및 로마와 협상을 했다.

파르티아 역시 아시아 중남부에서의 이주로 인해 북쪽 국경에서 곤경에 처했다. 훈족의 영향으로 아시아 내륙 주민들이 파르티아 쪽으로 이동하게 된 것이다. 그중 중국의 문헌에 나오는 월지(月支)가 가장 강력하여 그리스–박트리아 왕국을 정복하고 훗날 인도 북부와 박트리아에 쿠샨 제국을 세웠다. BCE 128년 프라아테스 2세와 그의 후계자인 아르타바누스 1세(재위 BCE 127–124년경)가 월지와의 전쟁에서 전사한다. 이와 동시에 페르시아 만에 있는 카라케네의 왕 히스파오시네스가 북쪽의 바빌로니아까지 진출하여 남부 메소포타미아를 장악했다.

미트리다테스 2세의 제국 확장

BCE 124–123년 미트리다테스 2세의 즉위는 파르티아의 역사상 가장 중요한 치세의 기점이었다. 그는 근 40년간(BCE 88–87년까지) 통치했고, 미트리다테스 1세가 이룬 업적을 굳히며 제국을 확장했다. 미트리다테스 2세는 BCE 122–121년에 카라케네의 히스파오시네스를 패배시키고, 곧 북부 메소포타미아의 아디아베네, 코르두에네, 오스로에네 왕국 들을 복속시켰다. 이때 아르메니아에 대한 장기적인 관심이 시작되었다. BCE 97년 미트리다테스 2세는 아르메니아의 왕을 폐위시키고 자신의 아들인 티그라네스를 즉위시켰다.

미트리다테스 2세 치세의 파르티아는 동서의 주요 강대국들과 관계를 맺었다. BCE 115년, 미트리다테스 2세는 중국 전한의 무제가 보낸 사신을 만났다. 일부 학자들은 이로써 멀리 떨어진 두 나라의 교역이 시작되고, 실크로드가 열렸다고 주장한다. BCE 96년에는 로마의 장군 술라가 유프라테스 강에서 파르티아의 사절을 만났다. 사절은 미트리다테스의 이름으로 우호 관계와 동맹을 제안했다.

좌 : 터키의 아나톨리아 남부에서 발견된 부조(BCE 70년경)에는 미트리다테스 1세가 헤라클레스와 함께 있다. 미트리다테스 1세는 파르티아의 힘을 강화시키고 영토를 넓힌 전략적이며 외교적인 지도자였다.

로마 제국의 확장

로마 제국이 헬레니즘 왕국들에 군사적, 정치적으로 개입하게 된 것은 카르타고의 한니발이 로마의 세력을 무찌르는 데 거의 성공할 뻔했던 제2차 포에니 전쟁(BCE 220–201년)의 결과였다. 마케도니아의 필리포스 5세는 이때 한니발과 연합하였고, 로마 제국은 카르타고를 영원히 제거하게 되자 필리포스 5세에게로 눈을 돌렸다.

로마 제국은 필리포스 5세와 대적할 핑계를 갖고 있었다. 이집트와 페르가몬, 로도스가 모두 필리포스 5세의 공격을 받고 로마에게 도움을 청했기 때문이다. 로마의 원로원이 BCE 200년 마케도니아에 선전 포고를 하고 몇몇 전투 뒤, BCE 197년 로마의 장군 플라미니누스가 키노스케팔라이 전투에서 필리포스 5세에게 승리했다. 30년 후 마케도니아의 마지막 왕 페르세우스와의 피드나 전투에서 승리한 로마 제국은 마케도니아를 장악하고 속주로 삼았다. 그리스 중남부는 BCE 146년 코린토스가 약탈당하는 등 아카이아 동맹의 반란이 진압되자 로마의 지배하에 들어갔다.

하 : 안티오쿠스 4세는 유대를 그리스화하고 이집트를 차지한 것으로 알려져 있다. 사진의 청동 흉상(BCE 184–175년경)은 이란의 테헤란 고고학 박물관에 소장되어 있다.

로마와 셀레우코스 제국

한니발과 마케도니아의 필리포스 5세는 셀레우코스 왕조에게도 골칫거리였다. 안티오코스 3세는 BCE 202년 필리포스 5세와 비밀 협정을 맺어 팔레스타인과 에게 해에 있는 이집트의 영토를 나누어 가지기로 했다. 이집트를 대신하여 개입한 로마는 필리포스 5세가 로마에게 패한 것을 기회로 BCE 196년 안티오코스 3세가 트라키아를 침범하자 직접 끼어들게 되었다. 로마의 불신이 더욱 가중된 것은 안티오코스 3세가 한니발에게 은신처를 제공하고 BCE 193년 그리스를 침공하면서였다. 이에 대해 로마는 전쟁을 선포했다. 셀레우코스 제국은 두 차례에 걸쳐 크나큰 패배를 겪었다. 첫 번째는 BCE 190년의 테르모필레 전투였고, 두 번째는 BCE 189년의 마그네시아 전투였다. BCE 188년의 아파메아 조약은 셀레우코스 제국에게는 감당할 수 없을 정도의 재정적 손실을 입히고 소아시아에 있는 대부분의 영토를 잃게 했다.

아파메아 조약은 일반적으로 셀레우코스 제국에게 몰락의 시작으로 여겨진다. 소아시아는 로마의 동맹국인 페르가몬과 로도스에 의해 분리 점령되었다. 이들 소왕국들을 지원하는 로마의 정책은 대단히 효과적이었다. 지중해 동부에서 작은 왕국들이 셀레우코스 제국에 의해 공격받을 때마다 개입하는 것을 정당화시켜 주었기 때문이다. 또한 안티오코스 3세는 막대한 보상금을 지불하고 아들 한 명을 로마에 볼모로 보내야 했다. 첫 번째 볼모였던 훗날의 안티오코스 4세는 로마의 전통적인 교육을 받아 로마와 좋은 관계를 형성하였다. BCE 175년 그의 형제인 셀레우코스 4세가 살해당하자 안티오코스 4세는 로마로부터 귀국하여 왕위를 이어받았다. 안티오코스 4세의 치세에 로마는 이집트를 대신하여 셀레우코스 제국을 견제했다. 이에 대한 가장 잘 알려진 예는 BCE 169–168년에 안티오코스 4세가 이집트를 장악하려 했을 때였다. 로마는 즉각 철수할 것을 요구했고 안티오코스 4세는 이를 악물며 명령에 따라야 했다. 유대에서 일어난 마카베오 반란 또한 로마가 셀레우코스 제국의 일에 끼어들 기회를 제공했다. 안티오코스 4세의 후계자인 데메트리오스 1세(재위 BCE 162–150년)의 치세 초기, 마카베오의 반란군이 로마에게 도움을 요청하여 로마는 다시 한 번 셀레우코스 제국의 세력을 꺾을 수 있었다.

좌 : **폼페이우스**는 국내와 국외에서 여러 번의 긴 전쟁을 통해 동방을 재조직했다. 그러나 그가 솜씨 좋게 이루어 낸 타협은 그가 죽은 후에는 오래가지 못했다.

로마와 근동

자국의 심각한 정치적 혼란에도 불구하고 로마의 세력은 BCE 2세기 중엽에서 BCE 1세기 중엽까지 지중해 동부에서 가차 없이 확장을 계속했다. 이 무렵 셀레우코스 제국은 로마와 파르티아의 확장 앞에 무너지기 시작했다. 아나톨리아 북부에서 지역 세력이 나타나기 시작한 것도 셀레우코스 제국의 몰락에 일조했다. 로마 제국은 결국 폰투스를 정복하였으나 아르메니아의 왕가는 파르티아 왕의 가까운 인척이었으므로 이들을 처리하기는 매우 어려웠다. 로마는 BCE 65년에 셀레우코스 왕조를 멸망시키고 안티오크를 수도로 시리아 주를 세웠다.

로마가 BCE 2세기 초부터 마케도니아와 셀레우코스 제국으로부터 보호하던 이집트에서도 이와 비슷한 일이 발생했다. 이집트가 결국 로마 제국의 확장에 의해 흡수된 사건은 아주 유명하다. 이집트의 마지막 군주인 클레오파트라 7세는 율리우스 카이사르와 마르쿠스 안토니우스와의 관계로 로마 정치에 직접 연루되었다. 그녀는 카이사르의 아들 카이사리온을 낳고 카이사르의 초청으로 아들과 함께 BCE 45년 로마의 팔라티네 언덕에 세워진 궁전에 자리 잡았다. 카이사르의 암살 이후 클레오파트라는 이집트로 도주했으나 얼마 지나지 않아 다시 로마의 정치에 말려

로마와 페르가몬

BCE 2세기에 지중해 동부에서 로마의 핵심적인 연맹국은 페르가몬이었다. 페르가몬은 BCE 3세기 초반에 셀레우코스 제국에서 독립하여 아탈로스 1세(재위 BCE 241–197년)의 치하에서 소아시아의 중요한 지역 세력이 되었다. 페르가몬은 로도스와 함께 안티오쿠스 3세에 대항하여 로마를 지지했고, 두 나라는 BCE 188년에 맺어진 아파메아 조약의 주요 수혜국이 되었다. 페르가몬의 마지막 왕인 아탈루스 3세는 놀랍게도 BCE 133년에 자신의 왕국을 로마 제국에게 유증했다.

좌 : **페르가몬**은 터키의 아나톨리아 북서부에 있다. 트라키아의 리지마쿠스가 죽은 후로 아탈리드 왕조에 의해 지배되었다.

상 : **팔미라는 인도, 페르시아 및 메소포타미아를 잇는 교역로에 위치**하여 결국 강대국들의 관심을 끌게 되었다. 사진은 경기장(CE 175년경)의 모습이다.

들게 되었다. 카이사르의 후계자인 옥타비아누스(훗날의 아우구스투스)와 두 연인의 장기간에 걸친 전쟁이 뒤를 따랐다. 이 전쟁은 BCE 31년의 악티움 해전에서 안토니우스와 클레오파트라의 패배로 끝났다. 안토니우스와 클레오파트라는 그다음 달에 자살했고 이집트는 로마 제국의 일부가 되었다.

로마 제국은 이제 이집트와 시리아를 공식적인 영토로 삼았고 이를 기반으로 그 후 3세기 동안 더 확장하게 되었다. 로마의 세력은 시리아의 많은 속국들을 합병시키며 더욱 확장되었다. CE 1세기 초반 로마 제국에서 속국들의 위치가 동요되었다. 카파도키아, 콤마게네 및 에메사 왕국은 모두 CE 1세기 초에 로마의 속국이 되었으나 그 후로 상황이 바뀌었다. 카파도키아와 콤마게네는 티베리우스의 치세(CE 14–37년) 초기에 로마의 주가 되었으나 클라우디우스의 치세(CE 41–54년)에는 속국으로 환원되었다. 로마는 또한 폼페이의 시대로부터 CE 6년까지 예속 군주들을 통해 유대를 지배했다. CE 6년부터 유대는 로마의 주가 되어 행정 장관이 지배하게 되었다. 콤마게네와 카파도키아처럼 유대 역시 클라우디우스 황제의 치세 초기에 속국으로 복귀되었다.

당시 시리아 남부에서의 상황은 더욱 복잡했다. BCE 63년 폼페이가 예루살렘을 공격한 것은 원래 유대와 시리아 남부에서 상당한 영향력을 행사하는 나바테아 왕국을 공격하려 했던 계획이 변경된 것이었다. 그러나 티베리우스 치세의 초기였던 CE 18년, 나바테아의 왕이 티베리우스의 조카인 게르마니쿠스를 성대하게 접대한 것은 로마 제국이 나바테아 왕국과 우호적인 관계를 가지고 있었음을 나타내는 것으로 보인다. 16년 후, 사도 바울이 다마스

쿠스를 방문했을 때, 다마스쿠스는 나바테아 왕국의 지배를 받고 있었고, 시리아 남부에서 로마의 세력은 일부 위협을 받고 있었다. 다시 70년이 지난 후에야 로마 제국은 나바테아 왕국을 완전히 처리할 수 있었다. 시리아 사막의 중간에 있는 도시국가 팔미라는 비록 BCE 42년에 마르쿠스 안토니우스의 공격을 겪었으나, CE 1세기 초기에는 로마와 우호적인 관계였다. CE 1세기 팔미라의 위치는 모호하다. 시리아 주에 속하지 않았던 것으로 보이며, 속국이었는지 아직 논의 중이다.

좌 : **클라우디우스는 본의 아니게 50세에 황제가 되었다.** 그는 로마의 속국들을 잘 관리했다. 사진의 흉상은 니코메디아에서 발견되어 현재 터키의 이스탄불 고고학 박물관에 소장되어 있다.

베스파시아누스 황제의 재편성

시리아와 근동에서 로마의 영토 편성에 변화를 불러일으킨 직접적인 원인은 오늘날 제1차 유대인 반란(CE 66-73년)으로 알려진 격렬한 폭동과 그에 따른 유대 재정복 전쟁이었다. 이 총력을 기울인 반란은 CE 66년에 시작되었고, 네로 황제는 반란을 진압시키기 위해 세 군단과 함께 훗날의 베스파시아누스 황제를 파견했다. 베스파시아누스가 네로의 사망 후 비게 된 왕좌를 차지하려 로마로 돌아간 사이, 그의 아들 티투스가 지휘를 맡았다. 그로부터 1년간 제국 전체에서 내란이 일어났다. 장기 포위로 인해 예루살렘은 CE 70년 8월 로마의 손에 함락되었으나, 유대인 반란자들은 CE 73년이 되어서야 완전히 제거되었다. 파르티아는 유대 전쟁을 기회로 삼아 로마 제국을 불안정하게 만들고자 콤마게네 및 카파도키아와 연합하였다. 베스파시아누스 황제는 유대인 반란을 계기로 중요한 영토 재편성을 시작했다. 속국이었던 콤마게네는 시리아 주의 일부가 되었고, 카파도키아는 새로운 주가 되었다. 에메사는 시리아 주에 합병되었다. 네 개의 로마 군단이 상부 메소포타미아에 집중되었다. 멜리테네에는 제12 풀미나타 군단, 사모사타에는 제6 페라타 군단, 제우그마에는 제4 스키티카 군단, 사탈라에는 제16 플라비아 피르마 군단이 주둔했다. 이는 수비와 공격을 동시에 위한 것이었다. 목적 중의 하나는 CE 64년부터 로마의 보호국이 된 파르티아와의 협정에 따라 아르메니아와의 국경에서 로마의 힘을 보태는 것이었다. 베스파시아누스 황제의 이러한 재편성은 파르티아로부터 시리아 북부를 가로지르는 중요 침략 통로를 막기 위한 것이었다.

나바테아 왕국의 합병

다음으로 근동에서 로마 제국의 중요한 확장은 나바테아 왕국을 합병한 것이다. 나바테아 왕국은 BCE 66년 예루살렘을 포위했다가 로마군에 의해 철수당했고, 3년 후에는 폼페이가 예루살렘을 치기 전에 이들을 공격하려 했던 적이 있었다. 이때부터 로마 제국과 나바테아 왕국의 관계에는 변동이 거듭되었다. 나바테아 왕국은 시리아 남부에 뚜렷하게 관심이 있었고, 바로 이곳에서 로마와 직접적인 충돌에 들어갔다. 시리아 남부에서 아마도 가장 중요한 도시일 다마스쿠스는 바오로 사도가 들렀던 CE 30년대 중반에는 확실하게 나바테아 왕국이 지배하고 있었다. 이것이 로마 제국의 마음에 들 리가 없었다. 나바테아 왕국이 로마의 지방으로 흡수된 이유는 불분명하지만 CE 106년, 트라야누스 황제가 나바테아를 합병하여 로마 제국의 아라비아 주로 바꾸었다. 아라비아 주의 수도는 보스라로 페트라보다 중앙에 더욱 가까운 곳으로 제3 키레나이카 군단이 주둔했다.

상 : **베스파시아누스 황제가 세운 플라비우스 왕조는** CE 69–96년 로마를 지배하였다. 1세기 말에 제작된 이 흉상은 로마에 있다.

페트라

페트라는 두 대륙판이 충돌하며 형성된 동아프리카 지구대의 북면에 위치해 있다. 이로써 페트라를 둘러싸고 있는 지리적 장관을 이해할 수 있다. 깎아지른 듯한 절벽이 굽어보고 있으며 고지와 특히 와디무사 같은 여러 와디(우기 외에는 물이 없는 수로)가 있다.

페트라에 대한 첫 역사적 언급은 BCE 312년의 것으로 디아도코이들의 전쟁과 관련이 있다. 당시 페트라에는 아라비아 북서부 출신이라 여겨지는 나바테아인들이 살고 있었다. 나바테아인들은 시리아 남부와 팔레스타인을 두고 수세기에 걸쳐 싸우던 셀레우코스 제국과 이집트 사이에서 정치적으로 독립을 지키고 있었다. 그러나 셀레우코스와 프톨레마이오스 제국의 문화적인 영향은 페트라에 깊은 영향을 주었고 나아가 나바테아 왕국 전체에서도 마찬가지였다.

BCE 65년 폼페이가 시리아 주를 설치한 것은 결국 페트라와 나바테아 왕국에 중요한 파문을 던졌다. 그들의 왕 아레타스 2세(재위 BCE 110-96년)와 아레타스 3세(재위 BCE 86-62년) 하에 나바테아인들은 유대와 시리아 남부에서 정치적으로 활발한 활동을 펼쳤고 BCE 63년, 폼페이는 이들을 처리하기 위해 원정을 떠났다. 그의 원정은 중간에 예루살렘으로 돌려지게 되어 나바테아 왕국에는 도착하지 못했으나 이때부터 나바테아 왕국은 로마에 대해 회유적인 자세를 취한 것으로 보인다.

알카즈네

보물 창고 또는 알카즈네는 사암 절벽을 파내어 만든 경이로운 무덤이다. 바위의 붉은 색조로 유명하다. 페트라의 유적은 19세기 초까지만 해도 유럽인들에게 알려지지 않고 있었다.

왕국은 교역 덕분에 BCE 100년부터 CE 100년까지 번성하였다. 그러나 정치적으로는 속국이나 마찬가지였고, 결국은 로마의 주로 흡수되어 버렸다. CE 106년 트라야누스 황제는 나바테아 왕국을 합병하고 아라비아 주로 만들었다. 두 나라 사이에 다툼이 있었는지에 대한 증거조차 없는 탓에, 어떠한 방식으로 합병되었는지는 아직도 불분명하다.

BCE 1세기 중엽부터 트라야누스 황제가 합병할 때까지, 페트라는 엄청난 고고학적 유적들을 갖추게 되었다. 이 시기에 대신전과 절벽을 깎아 만든 거대한 극장이 건설되었다. 알카즈네 또는 보물 창고의 외관은 아마도 CE 1세기 초반에 완성되었으리라 여겨지고, 페트라를 유명하게 한 절경인 바위산을 깎아 만든 무덤의 대부분은 로마에게 합병된 후에 만들어졌다.

페트라의 다른 중요한 요소는 정교한 수압 장치와 집수 시스템이다. 와디(도시의 주요 입구와 출구)의 돌발적인 범람과 가뭄에 대비하여, 나바테아인들은 물의 흐

나바테아 극장

원형 극장(BCE 50년경)은 분홍색 산비탈을 깎아서 만들어졌다. 나바테아 시민들이 그리스화되었음을 보여 주는 또 하나의 증거이다.

열주 대로와 왕가의 무덤
열주 대로(CE 100년경)는 도시의 중심을 가로지른다. 돌로 포장된 도로는 알카즈네를 거쳐 시크(페트라로 들어가는 좁은 출입구)로 내려가 북으로 암만과 시리아에 이어진다.

름을 관리하고 저장하는 수단을 크게 발달시켰다.

가끔은 페트라가 로마에 합병된 후 교역에서의 중요한 위치를 잃었다는 주장이 나오지만, CE 3세기까지는 교역이 계속해서 번성했던 것으로 보인다. 페트라는 초기 기독교 시대인 CE 313년 무렵에 주교 관할권의 중심이 되어 예전의 명성을 거의 되찾게 되었다. 아름다운 교회들이 여럿 발굴되었고 이들은 대부분 CE 500년대의 것이었다. 섬세한 돌 세공, 여러 가지 색채의 모자이크, 두루마리 문서들의 은닉처들은 최근에 발굴된 유물들의 겨우 일부에 지나지 않는다. 십자군 원정의 시대에도 전략상 중요한 곳으로 남았던 것은 당시에 지어진 소규모의 요새가 적어도 두 곳에서 발견되었다는 사실로 증명된다. 페트라는 오스만 제국 시대에 아라비아 북부에서 온 베두인들이 차지하며 몰락했다.

비잔틴 모자이크
페트라는 비잔틴 시대에 예술, 교역 및 종교의 모든 영역에서 번영을 누렸다. 사진에 보이는 CE 6세기 초의 모자이크는 여러 기독교 교회들 중의 한 곳에서 나왔다.

향

페트라가 BCE 2세기부터 도시로 발달할 수 있었던 중요한 요인은 아라비아 남부에서 나오는 향과 향신료를 그리스와 로마에 파는 교역상들의 유인 능력이었다. 유향과 몰약 같은 향은 지중해 전역에서 종교와 일상생활에 널리 사용되었고 계피와 카르다몸도 많이 사용되었다. 이들의 주요 원산지가 아라비아 남부였다. 나바테아 왕국은 또한 아일라(오늘날 아카바)에 항구를 세워 그리스가 BCE 1세기 중엽 인도양의 계절풍을 발견하여 발생하게 된 인도와의 해양 교역상들을 끌어들였다.

팔레스타인의 로마 제국

로마 제국이 처음으로 팔레스타인에 개입하게 된 것은 셀레우코스의 왕 데메트리오스 1세 시대에 일어난 마카베오 반란의 결과였다. 반란의 주도자들이 BCE 161년 로마에 지원을 요청했고, 로마는 이를 수락했다. 로마가 수락한 이유는 셀레우코스 왕국의 일에 개입할 구실을 얻기 위한 것이었지만, 이후로 수세기 동안 로마 제국은 이로 인해 어려움을 겪게 되었다.

BCE 63년 폼페이가 나바테아 원정에 착수했을 때, 그는 팔레스타인에서 일어난 문제로 인해 진로를 바꾸어 예루살렘의 내전에 개입할 수밖에 없었다. 폼페이는 요한 히르카누스를 행정장관으로 임명하여 유대를 로마의 실질적인 속국으로 만들었다. BCE 40년, 파르티아 왕국이 시리아를 침략하고 유대를 장악하여 히르카누스 대신 자신들의 예속 군주를 세웠다. 유대의 고관인 헤로데스는 이집트의 클레오파트라에게 도주하고 마르쿠스 안토니우스의 원조를 획득하여 왕으로서 유대에 귀환했다. 안토니우스는 옥타비아누스를 설득하여 헤로데스를 유대의 왕으로 승인하게 하였고, 그의 가장 뛰어난 장군인 벤티디우스 바수스를 보내 헤로데스와 함께 BCE 38년 파르티아인들을 시리아에서 몰아내도록 했다.

상 : 헤로데스 왕의 요새 궁전 마사다는 제1차 유대인 반란 때 열심당에 의해 장악되어 로마 기습 기지로 사용되었다.

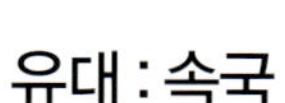

유대 : 속국

옥타비아누스와 마르쿠스 안토니우스 사이에 내란이 일어나자, 헤로데스와 근동 지역 속국의 왕들은 마르쿠스 안토니우스와 동맹을 맺었으나 옥타비아누스를 지지했다. BCE 31년 마르쿠스 안토니우스에게 승리한 옥타비아누스는 페니키아와 시리아 남부의 영토를 주어 헤로데스에게 보상했다. 로마에 의해 임명된 헤로데스는 많은 문제에 직면했다. 이는 주로 그가 대사제로서의 자격을 갖추지 못한 것과 유대 문화를 점차 헬레니즘화시켰던 것에 대한 일부의 원성에서 발생하였다. 헤로데스는 오랫동안 유대를 지배하면서 왕국을 로마가 파견한 지배 계층에 맞추기 위해 많은 건설 사업을 착수했다. 헤로데스는 예루살렘에 극장과 원형 경기장을 세웠고, BCE 22년에는 신전을 대대적으로 확장시켰다. 오늘날에는 헤로데스가 재건한 신전이 있던 커다란 석조 테라스의 서쪽 벽만이 남게 되었고, 이것이 통곡의 벽으로 알려졌다.

아우구스투스(이전의 옥타비아누스)는 헤로데스의 충성심에 계속 상을 내렸고, 헤로데스는 대개 유능한 지배자였다. 헤로데스는 모든 중요한 결정에 황제의 승인을 받아야 했는데, BCE 9년, 나바테아 왕국을 황제의 승인 없이 침략하는 커다란 잘못을 저질렀다. 이 일로 헤로데스의 지위는 약해졌고, BCE 4세기 그의 사후, 왕국은 그의 아들들에 의해 셋으로 분리되었다. 헤로데스의 후계자들은 서로를 약화시키려 애썼고, 상황이 너무 악화되자 아우구스투스는 왕국을 폐지하고 지방 행정관이 다스리는 로마의 주로 바꾸었다. CE 26–36년에 통치한 행정관인 폰티우스 필라투스는 이 지역을 다스리는 것이 얼마나 고된 일인지 알게 되었다. 클라우디우스 치세(CE 41–54년)의 로마는 유대를 다시 속국으로 만들고 헤로데스의 손자인 아그리파 1세에게 통치를 맡겼다. CE 44년 아그리파 1세가 사망하자 유대의 심장부는 다시 로마의 직속령이 되었고, 이는 훗날 로마 제국과 현지 주민들에게 대단히 심각한 결과를 초래하였다.

제1차 유대인 반란

팔레스타인에서 로마의 지배 형태가 계속 변동된 것은 로마의 지배에 반대하는 다양한 유대인 파벌들의 분노를 커지게 했다. 보다 전통적인 유대인들은 로마의 숭배 의식 참여 같은 그리스와 로마 문화의 종교 행위 강요로 항상

어려움을 겪었다. 이는 중요한 쟁점이 되었고, 다른 걱정거리들이 생기게 되자 로마의 지배에 대한 유대인들의 분노가 격앙되었다. 일련의 소란 후, CE 66년 팔레스타인 전역에서 반란이 일어났다. 이 반란을 이끈 이들은 젤로트(열심당) 또는 시카리로 불리는 반로마 혁명가들이었다. 이들은 팔레스타인에서 그리스와 로마의 종교적인 지배에 대한 저항의 역사를 갖고 있었다.

네로 황제는 BCE 67년, 유대 전쟁의 지휘권을 가장 유능한 장군 중의 하나인 베스파시아누스에게 맡겼다. 네로 황제가 사망하여 내란이 발생하자 베스파시아누스는 예루살렘 포위를 능력 있는 아들인 티투스에게 맡기고 로마로 돌아갔다. 이 전쟁의 중요성은 CE 70년에 예루살렘을 포위한 로마 군대의 규모가 4만 명이나 되었던 사실에 반영되어 있다. 같은 해 8월에 예루살렘은 함락되었다. 겨우 얼마 전에 새롭게 단장된 성전의 대부분을 포함하여 도시의 많은 곳이 파괴되었다. 플라비우스 실바가 지휘하는 로마 군단에 의해 포위된 지 3년 만인 CE 73년에 마사다 요새가 결국 함락되며 전쟁이 끝났다.

상 : **예루살렘의 구시가에 있는 서쪽의 벽**으로 헤로데스가 새로운 신전을 세운 거대한 석조 기단이다. 이 유적은 유대교와 이슬람교의 가장 성스러운 곳의 하나이다.

바르 코크바 반란

CE 66–73년의 반란에 이어 하드리아누스 황제 시대에 더욱 격렬한 반란(CE 132–135년)이 일어났다. 유대인 지도자인 시몬 바르 코크바는 하드리아누스 황제가 CE 130년에 예루살렘을 다시 로마의 식민지로 만들려는 것에 반대했다. 그 이유는 유피테르 신전 때문이었다. 하드리아누스 황제는 유대인들의 반대를 점점 우려하여 CE 132년 할례를 금지시켰다. 이 사건들은 반란을 초래하였고, 이는 바르 코크바의 지휘로 이후 3년간 지속되었다. 하드리아누스 황제는 CE 134년 약 3만의 군대를 출동시켰고, CE 135년에 들어서야 반란을 진압하였다. 황제는 모세의 율법을 가르치는 것을 금지시키는 등 유대인들의 종교 활동을 무자비하게 억압했다. 유대 지방은 시리아 팔레스티나로 개칭되었고 예루살렘은 아일리아카피톨리나로 알려지게 되었다.

좌 : **하드리아누스 황제**의 대리석 흉상은 CE 135년 무렵에 제작되었다. 하드리아누스 황제는 동방을 그리스화하는 데에 유대교가 위협이 된다고 여기고 외국의 영향을 받아들이기 쉽게 만들기 위해 종교를 개혁하려고 했다.

디아스포라

유대인들의 디아스포라가 시작된 때를 확실하게 밝혀내는 것은 어렵지만, 팔레스타인의 외부에서 유대인 공동체가 생겨나게 된 몇 가지 중심적인 원인이 있다. 그중의 하나가 BCE 586년 네부카드네자르 2세에 의해 예루살렘이 함락되었던 사건이다.

예루살렘이 함락되고 나서 네부카드네자르 2세는 수천 명의 유대인들을 바빌론에 강제로 데려갔다. 이것이 이 시기의 가장 상징적인 강제 이주였다. 한편으로, BCE 605년경부터 그보다 작은 규모로 유대인 귀족들의 이주가 실행되었다. 바빌로니아인들이 유대를 공격하던 이 시대에는 일부 유대인들이 이집트로 도주하였고, BCE 594년 나일 강의 엘레판티네 섬에서 유대인 병사들의 집단이 있었다는 증거가 확인되었다. 실제로 유배된 유대인들은 엘레판티네 섬에 신전을 건설하였으나 BCE 410년 파괴되었고, BCE 400년 이집트의 페르시아 사트라프에게 허가를 받아 재건하였다.

페르시아의 키루스 대왕은 신바빌로니아 제국에게 승리하고 나서 BCE 538년에 네부카드네자르 2세에게 끌려온 다양한 민족들에 대해 고국으로 돌아갈 수 있다고 선포하였다. 키루스 대왕의 선포에 따라 약 4만 명의 유대인들이 귀향하였으나 많은 이들이 바빌론에 남았다. 다니엘과 느헤미야같이 일부 유대인은 바빌로니아와 페르시아의 정부 조직에서 고위직에 오르기도 했다. 그 뒤를 이어 수세기 동안 바빌론에 남은 유대인들은 중요한 집단으로 부각되었고, 자신들의 탈무드를 편찬하기도 했다. 이들은 계속 활동적으로 성장하여 페르시아, 셀레우코스, 파르티아 및 사산조 페르시아 시대를 거쳐 이슬람 시대에도 계속 번성했다.

하 : 엘레판티네 섬은 페르시아 시대(BCE 500–350년경)에 유대인들의 집단을 받아들였다.

에티오피아와 홍해에서의 디아스포라 집단

에티오피아에 있는 유대인 집단의 기원에 대해서는 여러 가지 설이 있다. 어떤 이는 BCE 10세기에 사바의 여왕이 솔로몬 왕을 방문했을 때 에티오피아에 유대인의 왕국이 세워졌다고 한다. 다른 이들은 모세가 유대인들을 이끌고 이집트를 탈출했을 때 일부가 홍해를 건너 약속의 땅으로 가지 않고 중간에 이탈하여 남쪽으로 향한 것이라 한다. 이들의 가설을 기반으로, 에티오피아는 BCE 6세기에 바빌로니아인들의 공격을 피하는 유대인들의 피난처가 되었다. 비록 교역이 가장 타당한 동기였다고 보이기는 하나, 에티오피아에서 유대인 공동체가 나타나게 된 적절한 전후 사정은 아직 밝혀지지 않고 있다. 일부 역사가들은 이들이 BCE 5세기에 그곳으로 이주했다고 믿는다. 유대인 교역상들이 홍해 전체와 아라비아 반도 주변부터 예멘까지 활동했던 흔적이 있으므로 그들이 에티오피아에서 특정 공동체를 이루었을 가능성이 있다.

이집트, 에티오피아, 바빌론 및 소아시아의 디아스포라는 유대인들에게 헬레니즘 시대와 로마 시대에 발생한 문제들을 피할 수 있는 안식처를 제공해 주었다. 또한 유대인들은 교역이나 보다 나은 생활 조건을 위하여 자발적으로 떠나기도 했다. 이집트의 프톨레마이오스 왕조가 팔레스타인과 시리아 남부를 지배했을 때(BCE 301–198년), 많은 유대인들이 경제적인 기회와 예루살렘 정계를 지배하던 파벌주의를 피하기 위해 알렉산드리아로 이주했다. 셀레우코스의 왕 안티오코스 4세 시대(BCE 175–163년)

좌: **이 놀라울 정도로 잘 보존된 유대교 회당**에는 구약 성서 이야기가 그려져 있다. 이 회당은 유프라테스 강에 있는 두라-에우로포스의 참호 밑에 묻혀 있었다.

에 예루살렘과 유대 전체에서 겪게 되었던 어려움들도 일부 유대인들이 다른 나라에서 디아스포라를 형성하도록 만들었다.

로마 시대의 디아스포라

로마가 유대를 지배하게 되자 수많은 유대인들이 디아스포라의 일부가 되었다. 제1차 유대인 반란(CE 66–73년)으로 인하여 로마군이 예루살렘을 포위하고 함락(CE 70년)시킨 것이 많은 유대인들을 디아스포라가 되게 한 중요한 계기였다. 반란은 셀레우코스 시대에 일부의 유대인들이 점점 커지는 헬레니즘의 영향에 반대하며 시작되었다. 이는 로마 제국에게 심각한 문제가 되었고, 결국 예루살렘은 파괴되고 유대는 로마의 주가 되어 로마의 행정관이 통치하게 되었다. 그 결과 유대인들의 디아스포라 공동체는 확대되었고, 로마에도 생겨나게 되었다.

제1차 유대인 반란은 하드리아누스 황제의 치세인 CE 132–135년에 시몬 바르 코크바의 지휘 아래 더욱 거센 제2차 반란으로 이어졌다. 사막 초원 지대와 사해 서쪽에 기반을 둔 이 반란을 진압하는 것은 로마군에게 여간 어려운 일이 아니었다. 로마는 모든 유대 신앙의 상징을 지워 버리고 예루살렘을 로마의 아일리아 카피톨리나로 이름 짓고 재건하면서 거대한 유피테르의 신전을 세웠다. 유대인들은 이 로마의 신도시에 들어갈 수조차 없었다. 이로 인해 남아 있던 유대인들도 디아스포라로 도주하였고, 그중에는 새로운 디아스포라 공동체를 형성하게 되는 경우도 있었다.

시리아 동부의 유프라테스 강에 있는 두라-에우로포스의 유적에서 1920년대에 화려한 유대교 회당(시나고그)의 잔해가 발굴되었다. 이 유적은 보존 상태가 대단히 뛰어났기 때문에 사막의 폼페이라는 별명을 갖게 되었다. CE 220–240년경에 지어졌다고 추정되는 이 회당에는 색채가 화려하고 큰 벽화들이 많이 있었다. 이 벽화들은 구약 성서의 내용을 묘사한 것으로 1930년대에 다마스쿠스의 국립 박물관으로 옮겨졌다. 건물과 벽화는 제1, 2차 유대인 반란 후에 도망친 유대인 후손들의 작품일 것으로 추정된다.

상: **로마의 티투스 개선문**(CE 83년경)의 부분으로 예루살렘의 함락을 기념한다. 일곱 갈래의 촛대는 예루살렘 성전의 것이다.

기독교 확산

기독교는 로마 제국의 확장이라는 폭넓은 정치적 상황을 바탕으로 유대교의 한 분파로서 시작되었다. 예수는 항상 자신을 개혁하는 랍비로 칭하며 사제들이 반대하는 메시지를 설교했다. 그의 추종자들은 점점 많아졌고, CE 26년 수도에 개혁을 가져오면서 로마 정부가 개입하게 되었다.

CE 1세기의 유대는 치열한 종교 갈등이 벌어지는 온상지였고, 이를 바탕으로 예수의 설교가 전하는 메시지가 널리 유행하게 되었다. 신전의 권위에 대한 예수의 도전은 사제들에 의해 거부되었으나 소수의 집단에게 수용되었으며 결국 그가 십자가에 못 박힌 지 20여 년 만에 새로운 신앙으로서 전파가 이루어지게 되었다. 효과적인 전도사였던 사도들은 CE 1세기 중엽 곳곳의 많은 디아스포라 유대인들에게 부활의 메시지를 가져다주었는데, 이렇게 전파된 종교가 바로 기독교이다.

초기 기독교의 발달은 여러 면에서 헬레니즘 세계에서 수세기 동안 유대교가 맡았던 역할 중의 하나였다. 비록 로마 제국이 시리아와 팔레스타인에 거의 1세기 전부터 군사 및 행정 정부를 세워 통치하고 있었지만 헬레니즘 문화는 지배적인 이념으로 남았고, 로마 정부에 의해 사회적 응집력으로서 적극적으로 권장되었다. 기독교의 메시지는 원래 유대인들을 위한 것이었으나 BCE 2세기부터 팔레스타인에서 뚜렷해진 헬레니즘적인 성향과 다른 지역의 헬레니즘 세계에 있던 유대인 디아스포라로 인해서 점점 비유대인에 대한 전도의 중요성이 강조되었다. 이로써 기독교는 좁은 유대의 사상을 벗어나 전 세계에서 의미를 가질 수 있게 되었고, 이는 기독교 선교 활동의 특징이 되었다.

하 : **사도이자 후에는 선교사가 된 바울과 베드로의 모습.** 이탈리아의 캄파니아에서 나온 CE 5세기 상아 부조. 이들은 예수의 가르침을 브리튼 섬에서부터 아라비아까지 퍼트렸다.

선교의 중요성

기독교의 선교적인 본질은 누가복음 10:1에서 예수가 72명의 사람들에게 유대와 그 너머로 가서 기독교의 메시지를 전파하도록 시킨 대목에도 나타나 있다. 사도행전 2장에는 예수의 죽음 이후, 강림절에 예루살렘에서 사도들에게 방언의 은사가 내려져서 당시 예루살렘에 있던 모든 외국인들이 기독교의 메시지를 알아들을 수 있었다고 기록되어 있다. 또한 사방에서 사람들이 왔다는 대목은 기독교 교리의 보편적인 메시지를 강조하고 있다. 이는 기독교의 메시지가 유대인들만이 아니라 모든 나라의 사람들을 위한 것임을 의미한다.

선교 활동은 초기 교회의 특징이었다. 예수 사망 후 10여 년 동안 기독교는 천천히 팔레스타인, 시리아, 소아시아, 이집트 및 유프라테스 강을 넘어 메소포타미아에까지 퍼지기 시작했다. 비유대인에게 기독교를 전파한 중요한 인물로는 실리시아의 타르수스에서 온 바울이 있다. 헬레니즘에 동화된 유대인인 바울은 초기 기독교의 열성적인 박해자였으나 다마스쿠스로 가는 길에 갑자기 기독교에 귀의하였다. 또한 그는 초기 기독교 사상과 교회 조직의 발달에 가장 중요한 인물로 두각을 나타내었다. 바울은 아라비아와 다마스쿠스(CE 35–38년), 안티오크와 시리아 및 실리시아(CE 38–39년), 그리스와 소아시아(CE 52–57년)에서 선교를 했고 CE 62년 무렵에 로마인들에 의해 처형당하였다. 다른 중요한 선교사로는 안티오크, 그리스, 로마에서 전도한 베드로와 키프로스의 바나바가 있다. 도마도 메소포타미아와 멀리 인도에서 설교를 했다고 전해진다.

좌 : **이집트 카이로에 있는 성 바바라 교회의 14세기 콥트교 성화**는 성령이 12사도에게 강림하는 모습을 보여 준다.

상 : **네로 황제**는 초기 역사가들에 의해 기독교를 박해한 것으로 알려졌다. 베드로와 바울은 둘 다 네로 황제의 시대에 처형되었다.

확장 초기의 흔적

기독교의 전파에도 불구하고 신도들의 수는 얼마 많지 않았다. 그러나 황제를 신으로 받들어 제물을 바치는 것에 대해 거부하는 기독교는 로마 정부의 입장에서 볼 때 점점 문제가 되었다. 이는 지배자에 대한 반역죄나 최소한 악의에 해당하는 것으로 특히 공공연하게 행해질 경우 용인할 수 없는 일이었다. 황제들은 신에게 마땅히 경의를 표시하는 것이 나라의 안정을 보장하는 일이라 주장했다. 기독교인들이 이를 거부하는 것은 국가의 안정을 위협할 수 있다고 여겨지게 되었다.

고대 문헌에서 처음으로 비기독교인이 기독교에 대해 언급한 것은 로마의 역사가인 타키투스가 CE 64년에 로마에서 일어난 사건을 기록한 것이다. 기독교는 네로 황제의 주의를 끌게 되었고, 타키투스의 주장에 의하면, 네로 황제는 이 해에 로마에서 전례 없는 큰 화재가 일어난 것을 기독교인들의 탓으로 돌렸다 한다. 타키투스는 기독교인들에 대해 잘 알려져 있지 않은 무명의 종교 집단이라 묘사했다.

소(小) 플리니우스가 트라야누스 황제에게 보낸 편지는 초기 기독교 전파에 대한 중요한 증거 자료이다. 플리니우스는 트라야누스 황제에 의해 CE 111년 소아시아 북서쪽에 있는 비티니아 주에 행정관으로 파견되었다. 그는 그의 통치 중에 생긴 일들을 자세히 설명하며 황제의 조언을

페르시아 제국의 기독교

CE 4세기에 로마의 황제가 기독교를 지지한 것은 간접적으로 페르시아 제국 내에서 기독교를 성장시키게 되었다. 기독교는 페르시아 제국에서 사산 왕조에 의해 CE 270년대와 CE 330년대에 박해를 받았음에도 불구하고 CE 3세기와 CE 4세기에 걸쳐 성장하였다. CE 411년, 페르시아의 교회에서 36명의 주교들이 참석한 첫 회의가 열렸다.

구하는 편지를 많이 보냈다. 그가 겪은 기독교인들과의 문제는 그들이 황제 숭배 의식에 걸맞는 경의와 제물을 바치는 행위에 대해 거부한다는 것이었다. 플리니우스는 다양한 방법으로 이 문제를 해결하였고, 일부를 처형하기도 했다. 트라야누스 황제에게 보고하며 조언을 구하는 과정에서, 그는 관할 지방에 기독교인들이 너무 많아 이교의 신전은 한동안 버려졌다고 했다. 현대의 학자들은 황제가 화를 낼지도 모른다는 생각에 플리니우스가 자신을 보호하려 과장을 했던 것으로 여긴다. 트라야누스 황제는 플리니우스가 일을 옳게 처리했으며, 만약 기독교인들이 황제를 위한 제물 바치기를 공개적으로 거부한 것을 발견하게 되면 처벌을 내리되 남에게 보이지 않게 행동한다면 일부러 그들을 찾아낼 필요는 없다고 했다.

에데사와 기독교의 전파

이후 150년 이상, 기독교는 계속 전파되어 지중해 전 지역과 메소포타미아 및 파르티아 왕국의 도시나 마을에 기독교인들의 집단이 형성되어 있을 정도였다. 이들 집단의 규모는 상대적으로 작은 채로 유지되었다. 당시 기독교가 중동 전체에 퍼지는 것에 중요한 역할을 한 도시가 에데사였다. 에데사는 오늘날 우르파로 알려져 있으며 터키의 남동부에 있다. 기독교인들은 에데사가 기독교 운동 초기에 사도 도마에 의해 전도되었다고 여긴다. CE 4세기의 교회 역사가인 카이사레아의 에우세비우스는 예수가 직접 에데사의 왕 아브갈 5세와 서신을 교환하여 왕이 기독교인이 되었다고 주장했다. 대부분의 학자들은 이를 출처가 불분명한 이야기라고 생각하지만, CE 2세기와 3세기에 에데사는 기독교 사상의 발달과 선교 활동의 중요한 중심지가 되었다. 일부 학자들은 아브갈 5세가 아닌 아브갈 8세(재위 CE 179–214년)가 교인이 되었거나 아니면 적어도 기독교에 대해 많은 관심을 보였다고 믿는다. 교회 건설에 대한 최초의 언급 중 하나가 에데사 기록에서 나오는데, CE 201년에 그곳에 있던 교회가 홍수로 피해를 입었다고 기록되어 있다.

두라-에우로포스의 가정 교회

CE 3세기에 중동에서의 기독교 확산과 그 영향에 대한 고고학적 증거는 시리아 동부에 있는 유프라테스 강 유역의

황제의 기독교 개종

기독교의 전파에서 가장 중요한 사건은 CE 312년 콘스탄티누스 황제가 기독교 교회에 황제의 후원을 제공하기로 결정한 일일 것이다. 콘스탄티누스 황제는 대학살로 피해 입은 기독교의 교회를 다시 세우려 대단한 노력을 기울였고, 그의 치세에 기독교는 점차 정치적으로 개입되어 갔다. CE 4세기에 로마 황제가 기독교를 받아들여 지지하자 기독교 교회는 온 사방에 퍼지게 되었고, 종교에 대한 황제의 관심은 사회적으로나 정치적으로 기독교의 중요성을 높이게 되었다.

상 : **14세기의 프레스코 벽화.** 이탈리아 베로나에 있는 산제노 교회의 것으로, 콘스탄티누스 황제가 교황 실베스테르 1세에게서 세례를 받고 있다.

두라-에우로포스에서 담으로 둘러싸인 도시가 발굴되며 나왔다. 이 도시는 셀레우코스의 군대가 BCE 300년경 중요 교역로에 건설한 것이다. BCE 120년경 파르티아 왕국이 차지하였고, CE 165년 이후에는 로마의 주둔군이 머물렀다. 그리스와 셈족의 이교도 신전들이 많이 발굴되었는데, 유대교 회당과 미트리움(미트라 신의 추종자들이 예배를 보는 장소) 및 기독교 교회도 발견되었다. 두라는 CE 256/7년에 사산조에 의해 약탈되어 예전의 명성을 잃었다. 거의 모든 유물은 CE 256/7년과 그 이전의 것이다. 기독교 교회는 가정집을 교회로 개축한 것이었다. 유대교 회당이나 다른 신전들과 비교하면 작은 편에 속하고, 장식도 최소한으로 되어 있다. 이를 살펴본 결과 학자들은 CE 3세기에 두라에 있던 기독교 집단은 상대적으로 작았으며 다른 종교 단체들처럼 도시 생활에 큰 영향을 미치지는 못했던 것으로 결론지었다.

확장과 박해

기독교도들은 황제에게 더욱 골치 덩어리가 되어 갔고 그 결과 CE 3세기에 들어서 많은 박해가 이루어졌다. 가장 잔인한 박해는 CE 250년 데키우스 황제(재위 CE 249-251년)에 의해 이루어졌다. 데키우스는 황제의 안녕과 국가의 안정을 위해서 모든 백성들이 공적으로 제물을 바쳐야 한다고 요구했다. 그는 제물을 바친 증거로 확인서를 발급할 것이며 이에 따르지 않는 자들은 처형할 것이라고 명령하였다. 이 박해에 대한 증거는 이집트에서 발견되었고, 이것은 기독교가 성장한 것을 의미하는 사례로 자주 거론되고 있다. 사산조 페르시아의 왕 샤푸르 1세가 메소포타미아와 시리아, 그리고 소아시아에 있는 로마 제국의 영토를 침범했을 때, 수천 명의 포로들이 페르시아로 끌려갔다. 이들 중에는 그리스어를 사용하는 기독교인들이 있었고, 이들이 새로이 세운 교회는 훗날 네스토리우스 교파로 발전하였다. 이는 기독교가 페르시아까지 전파된 증거로 사용되고 있다.

CE 303년경, 디오클레티아누스 황제는 대박해로 알려지게 된 탄압을 시작했다. 이는 기독교의 모든 박해 중에서도 가장 심각한 것이었다. 가장 심했던 지역은 동부의 주들과 북아프리카였다. 교회 역사가인 카이사레아의 에우세비우스에 의하면 디오클레티아누스의 실질적인 수도인 니코메디아에는 교회가 황제의 궁전 정면에 있었다고 한다. 이는 동부의 도시들에서 기독교가 더욱 중요해졌음을 알려 주는 사례이다.

상: **데키우스 황제.** CE 3세기 금화 부조. 그는 과거의 영광을 되찾기 위하여 로마에 고대의 신들을 복원시키려 했다.

하: **두라-에우로포스의 보루**에서 보는 유프라테스 강이다. 이 유적은 로마군의 주둔지였음에도 불구하고 여러 종교가 비공식적으로 관용되었음을 보여 준다.

파르티아 전쟁

BCE 1세기 중엽, 셀레우코스 제국이 공식적으로 패망하자 중동에서는 비교적 새로운 두 개의 세력(로마와 파르티아)이 대치하게 되었다. 이후 300년 동안 이들은 빈번하게 싸웠고 이는 대부분의 경우 로마가 선동한 것이었다.

오늘날 터키와 시리아의 북부에 흐르는 유프라테스 강의 상류는 BCE 1세기, 로마와 파르티아의 영토를 나누는 실질적인 경계를 이루었다. 그러나 BCE 53년, 로마의 전 집정관이자 장군인 마르쿠스 리키니우스 크라수스는 3만 5000명의 병사를 이끌고 파르티아로부터 영토를 빼앗으러 유프라테스 강을 건넜다. 비록 로마 군대에 비해 수적으로는 열세였으나 파르티아군은 효과적인 경무장 기마대를 이용하여 터키 남부의 카레에서 로마군을 물리쳤다. 이는 역사상 로마군에게 가장 큰 피해를 입힌 전쟁 중의 하나였다. 로마 병사 2만 명이 전사했고 1만 명이 파르티아에 포로로 잡혔다. 크라수스와 그의 아들은 전쟁터에서 죽임을 당했다.

크라수스의 패배는 로마인들의 뇌리에 남았고 이후 10여 년간 파르티아의 보복이 이어졌으며 로마의 대규모 군사 작전은 잠시 중단되었다. 이때부터 아르메니아 왕국이 로마와 파르티아의 긴 분쟁에 원인이 되었다. 아르메니아는 두 제국에게 중요한 전략적 요충지였기 때문에 대개 자치권을 유지하였다. 아르메니아의 지배를 놓고 로마와 파르티아 간에 많은 협정이 오갔다. 아르메니아의 왕은 이들을 서로 싸우게 하려 했다.

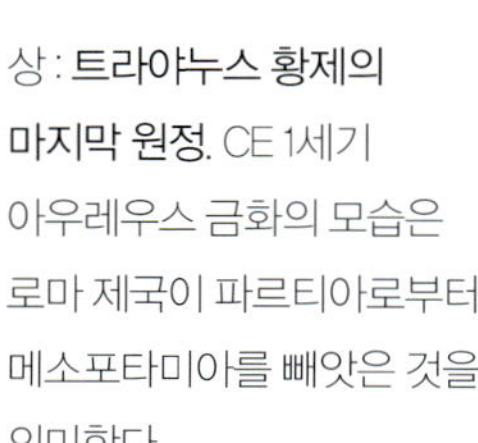
상: 트라야누스 황제의 마지막 원정. CE 1세기 아우레우스 금화의 모습은 로마 제국이 파르티아로부터 메소포타미아를 빼앗은 것을 의미한다.

파르티아의 시리아 침략

BCE 40년, 파르티아는 소아시아와 시리아 침략에 성공했으나, 로마의 마르쿠스 안토니우스가 푸블리우스 벤티디우스 바수스를 보내 이들을 몰아냈고, 결국 BCE 38년경 유프라테스 강을 도로 건너 철수해야 했다. BCE 20년, 로마의 아우구스투스와 파르티아의 왕 프라아테스 4세는 유프라테스 강의 중류와 상류를 두 나라 사이의 경계로 합의했다. 이에 따라 파르티아는 카레 전투와 BCE 40년 로마의 시리아 침공 당시 포로로 잡은 로마 병사들을 풀어주었다. 이 합의는 CE 1세기 중엽까지 로마와 파르티아에 상대적인 평화를 주었다.

네로 황제 때에 아르메니아를 두고 다시 분쟁이 일어나자 로마와 파르티아는 아르메니아 왕을 임명하는 것에 대해 타협하였다. 파르티아는 로마와 상의하여 후보를 지정하고 로마의 황제가 로마에서 아르메니아의 왕에게 왕관을 씌어 주기로 했다. CE 66년, 네로 황제는 로마에서 파르티아가 지명한 티리다테스의 대관식을 주관하였다. 이렇게 두 나라가 권력을 나누어 갖고 이후 수 년 동안 평화를 유지하였다.

트라야누스 황제의 침략

CE 2세기 로마와 파르티아 사이에 세 차례에 걸쳐 큰 충돌이 일어났다. CE 114년 파르티아는 로마와의 상의 없이 아르메니아에 새로운 왕을 앉혔다. 트라야누스 황제는 이에 군대를 보내 대응했다. 그가 파견한 군대는 단순히 아르메니아의 상황을 처리하기에는 너무 큰 규모였다. 이는 파르티아 제국 자체에 대한 대대적인 침범 의지가 뚜렷하게 드러난 것이었다. CE 116년, 트라야누스 황제의 지휘로 로마의 두 부대가 메소포타미아에 있는 파르티아의 영토를 공격했다. 한 부대는 북부 메소포타미아를 가로질러 티그리스 강을 따라 남하하였고, 트라야누스 황제가 지휘하는 다른 부대는 유프라테스 강을 따라 내려갔다. 트라야누스의 부대는 파르티아의 수도인 셀레우키아-크테시폰을 함락하고 페르시아 만까지 남하했다. 이 원정으로 북부 이라크의 메소포타미아 주, 중앙 이라크의 아시리아 주가 설치되었다. 티그리스 강 서쪽 초원의 오아시스에 있는 독립 왕국 하트라의 포위는 실패했다. 트라야누스가 얻은 영토는 오래 가지 못하고 CE 117년 그의 사후 대부분 잃었다. 그러나 트라야누스의 원정은 이후 로마 황제들에게 모범으로 여겨졌다.

좌 : 3인의 파르티아 포로들. 로마 광장에 있는 셉티미우스 세베루스 황제의 개선문에 조각되어 있다. 개선문은 로마가 파르티아에 승리한 것을 축하하기 위해 CE 203년에 세워졌다.

루키우스 베루스와 셉티미우스 세베루스

로마와 파르티아의 다음 충돌은 CE 163년, 마르쿠스 아우렐리우스와 루키우스 베루스가 공동으로 로마의 황제가 된 직후에 일어났다. 파르티아 제국은 새로운 황제들이 권력을 다지고 있는 중인 것을 기회로 아르메니아의 상황을 불안정하게 만들려 했다. 두 황제는 이에 시리아의 행정관인 아비디우스 카시우스를 지휘관으로 삼고 군대를 파견했다. 파르티아 제국은 다시 아르메니아에서 쫓겨났고, 다시 로마군의 대대적인 파르티아 침공이 시작되었다. 카시우스는 CE 164–165년 유프라테스 강이 안티오크에 가장 근접한 곳인 메소포타미아의 북서부에서 일련의 전투를 치른 후 유프라테스 강을 따라 남하했다. 셀레우키아–크테시폰은 다시 약탈당했고, 로마군은 계속해서 유프라테스 강을 따라 두라–에우로포스와 그 너머까지 진출했다. 또한 로마의 세력은 유프라테스 강을 건너 아나톨리아 산악 지대 바로 남쪽에 위치해 있는, 태고적부터 침략자들이 이용해 온 경로인 티그리스 강 사이의 저지에서 더욱 강해졌다.

세 번째 충돌은 셉티미우스 세베루스 때(CE 193–211년)에 발생했다. CE 197–199년 그는 파르티아를 공격했고, CE 197년 12월 셀레우키아–크테시폰을 함락시켰다. 이 시기에 하트라를 두 번 포위하였으나 성공하지 못했다. 세베루스 황제의 파르티아 원정에서 가장 중요한 실적은 이라크 북부와 터키 남동부 및 시리아 북동부에 공식적으로 로마의 메소포타미아 주를 세우게 된 것이다. 파르티아의 속국인 오스로에네는 둘로 나뉘어, 서부는 로마의 직접 지배에 들어갔고, 에데사 근처에 자리 잡은 동부의 속국은 로마에 공물을 바치게 되었다. 세베루스는 큰 주의 중심 도시들에 있는 군사력을 축소시키기 위하여 원래의 시리아 주를 나누어 두 개의 보다 작은 주인 시리아 포에니케와 시리아 코이레로 만들었다.

좌 : 파르티아의 용사들은 솜씨 좋은 기수이자 궁수들이었다. 사진의 CE 1세기 청동상은 이란의 샤미에서 발견되어 현재는 테헤란 고고학 박물관에 소장되어 있다.

비잔틴

때때로 비잔틴 시대는 CE 330년에 콘스탄티노플을 세운 콘스탄티누스 황제의 시대(CE 306–337년)와 함께 시작되었다고 간주된다. 콘스탄티노플을 세운 것은 이미 그 자리에 있던 비잔티움을 다시 건설한 것으로, 이러한 연유로 비잔틴이라는 말은 동로마 제국의 후기를 지칭하게 되었다.

그러나 비잔틴이라는 명칭은 현대의 것이며 CE 1453년 오스만 튀르크에 의해 콘스탄티노플이 마지막으로 함락될 때까지 비잔틴인들은 자신들을 로마인으로 불렀다. 콘스탄티누스 황제의 통치 기간을 비잔틴 제국의 시작 기점으로 삼는 것은 임의적인 것이지만, 그가 제국에 깊은 변화의 파문을 일으킨 점을 반영하고 있다. 일부에서는 유스티니아누스 황제의 치세(CE 527–565년)를 이교의 로마 세계가 결국 기독교 제국에게 무너진 기점이라고 여긴다.

비잔티움과 초기 사산 왕조

CE 3세기에 로마는 새로운 사산 왕들에게 동부의 국경 지역을 잃는 심각한 타격을 입었다. CE 3세기 말에는 디오클레티아누스 황제가 잃었던 모든 영토를 되찾고 동으로는 티그리스 강까지, 북으로는 캅카스 산맥에 있는 콜키스에 이르기까지 제국을 확장시켰다. CE 4세기 초반, 로마와 페르시아는 메소포타미아와 아르메니아에서 국지적인 전쟁을 시작하였는데 이것이 CE 359–360년에 확대되었다. 사산조 페르시아의 왕 샤푸르 2세는 시리아로 진군하여 안티오크와 같이 중요한 도시들을 함락시킬 마음으로 당시 메소포타미아에 있는 로마 제국의 영토를 공격했다. 샤푸르 2세의 공격은 실패했으나 메소포타미아의 로마 요새를 파괴시킬 수 있었다. 3년 후, 유스티니아누스 황제의 페르시아 침공이 처참하게 실패함으로써 로마 제국은 메소포타미아를 영영 잃어버리게 되었다. 아르메니아는 결국 CE 387년에 둘로 나누어져 로마와 페르시아에 각각 합

하 : **이스탄불(콘스탄티노플)의 하기아소피아는** CE 530년대 초에 완공되었다. 기독교에서 솔로몬의 성전에 해당하는, 즉 전 제국의 신앙적 중심지로 만들기 위해 지어졌다.

병되었고, 이후 150년 동안 두 제국의 충돌은 이전보다 약해지게 되었다.

유스티니아누스와 헤라클리우스 황제의 페르시아 전쟁

CE 530년부터 CE 540년까지, 유스티니아누스 황제의 치세 동안 페르시아의 왕 호스로 1세는 시리아를 향하여 원정을 떠나서 안티오크를 비롯한 중요한 도시들을 장악하였다. 결과적으로, 유스티니아누스 황제의 군대는 결국 페르시아인들을 몰아내는 데 성공하였으며 이를 계기로 동부의 방어 체계를 대대적으로 정비하였다. 이후 10여 년 동안 로마의 동쪽의 국경을 따라 중요한 요새들이 보강되었다. 에데사, 레사페, 아파메아, 팔미라, 안티오크 등의 많은 마을이나 도시들의 성벽과 방어 시설이 강화되었다.

CE 7세기 초반 비잔틴 제국은 가장 커다란 도전에 직면해야 했다. 호스로 2세의 지휘 하에 페르시아군이 다시 침략해 온 것이다. 페르시아의 군대는 CE 611년에 안티오크를 함락시키고, 이후 10여 년 동안 이집트, 시리아 및 소아시아의 많은 부분을 빼앗아 갔다. 비잔틴 제국의 헤라클리우스 황제는 원정대를 이끌고 CE 622년 출발하여 5년 만에 페르시아에게서 빼앗긴 영토를 모두 되찾아냈다. 그러나 헤라클리우스 황제가 이집트, 아라비아, 시리아를 되찾아온 지 고작 몇 년이 지난 후에 예언자 무함마드의 군대가 아라비아에서 일어나 이 지역을 장악해 버렸고, 비잔틴 제국은 영원히 이를 되찾지 못했다.

기독교와 십자군 전쟁

비잔틴 전체에서 기독교는 문화적, 정치적으로 핵심이 되는 체제 중의 하나였다. 이는 시리아, 아라비아, 이집트에 수백 개의 교회가 지어진 것으로 나타났고 이들 교회는 아바스 시대(CE 9세기)에도 활동을 계속했다. 기독교 교회의 입장에서 가장 중요한 세 도시는 알렉산드리아, 예루살렘 및 안티오크인데, 이들은 오늘날 모두 이슬람이 지배하고 있다. 그러나 기독교는 발전하는 이슬람 사회에서 문화적 발달에 지속적으로 영향을 미쳤다. 비잔틴 제국은 이슬람의 지배를 받는 지역의 기독교 종교 당국과의 관계를 통하여 옛날에 지배했던 영토에서 문화적 · 정치적 영향력을 여전히 행사하고 있었다. 콘스탄티노플은 기독교에서 동방의 가장 중요한 도시였고, 비잔틴 제국의 외부에 있는 기독교도들은 여전히 콘스탄티노플의 권위를 인정했다. 이슬람의 침략으로 인해 비잔틴 제국은 소아시아, 그리스, 일리리쿰 및 이탈리아의 일부로 축소되었다. CE 10세기에는 다시 점차 강해졌으나 CE 12세기, 오스만 튀르크의 맹렬한 공격에 결국 붕괴하였다. 콘스탄티노플 자체는 1453년 오스만 튀르크에 의해 함락되었으나 제국의 중요성은 이미 없어진지 오래였다. 그 사이에 가장 중요한 사건은 CE 11세기 말에 십자군 원정대가 서부 유럽에서 도착했다는 것이었다. 비잔틴 제국은 잃어버린 신성한 땅과 서부 시리아를 되찾을 능력 또는 의지가 없었으나 십자군은 에데사, 안티오크, 트리폴리와 예루살렘에 근거를 둔 왕국들을 세우는 데 성공했다. 이들은 또한 시리아 서부 전역과 남쪽으로는 페트라에까지 크고 작은 많은 요새들을 건설했다. 1099년의 제1차 십자군 전쟁이 상대적으로 성공을 거두었음에도 불구하고, 또한 이후 80년 동안 라틴 왕국을 세우고 요새를 지었음에도 불구하고, 결국 십자군은 그들이 획득한 것을 지켜 내지 못했다. 전쟁 자금을 모으기가 점점 어려워지자 제4차 전쟁에 재정을 지원한 베네치아는 1204년 십자군들에게 콘스탄티노플을 약탈하고 비잔틴 제국의 남은 영토를 분할하도록 시켰다. 비잔틴 제국의 잔해를 따라 그리스, 크레타 및 키프로스에서는 작지만 놀랍도록 오래 지속된 라틴 왕국들이 생겨났으며 이들은 변함없이 정교회에 충실했다.

좌 : 소피아 대성당을 지은 유스티니아누스 황제는 동로마 제국을 되살려 아프리카, 이탈리아 및 스페인 연안 일부를 다시 정복했다. 사진은 그의 얼굴이 새겨진 데나리우스 금화(CE 550년경)이다.

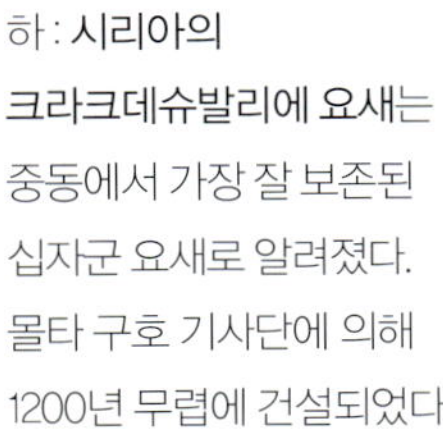

하 : 시리아의 크라크데슈발리에 요새는 중동에서 가장 잘 보존된 십자군 요새로 알려졌다. 몰타 구호 기사단에 의해 1200년 무렵에 건설되었다.

사산 제국

사산 왕조는 CE 3세기에 이란의 파르티아에 대항하여 파르스에서 발흥하였으며, CE 209년경 정권을 장악한 사산 왕 아르다시르 1세에 의해 성장하였다. 아르다시르 1세와 파르티아의 마지막 왕 아르타바누스 5세는 CE 223년의 전투에서 맞닥뜨렸으며 아르타바누스 5세가 패했다. 아르다시르 1세는 왕 중 왕(샤안샤)이 되었고 새로운 사산 제국이 탄생했다.

파르티아의 군대가 로마의 영토에 대해 기습 공격을 하면서 상당한 피해를 입히고 있을 무렵, 새롭게 등장한 사산 왕조는 위험한 적수라고 하기에는 아직 거리가 멀었다. 그러나 불과 수십 년 사이에 사산 왕조는 파르티아를 물리치고, 로마 제국의 동방 영토를 엄청나게 공격하기 시작했다. 또한 사산 왕조는 조로아스터교의 열렬한 후원자였다. 사산의 왕들은 조로아스터교의 대사제(모베드)에게 막강한 권력을 주고 조로아스터교를 국교로 지정하여 지배 정신의 일부로 삼았다.

샤푸르 1세의 로마 제국 침략

새롭게 등장한 사산 왕조는 얼마 후 로마가 획득한 지 얼마 되지 않은 영토, 특히 메소포타미아 주에 대한 공격을 시작하였다. 아르다시르 1세가 사망(CE 241–242년)한 뒤에는 그의 아들 샤푸르 1세가 즉위하였고, 그는 10여 년 후에 로마의 동방 영토를 잇달아 거세게 공격하였다. 메소포타미아, 시리아, 소아시아 및 카파도키아에 있는 수십 개의 도시들이 함락되었다. 시리아의 수도이자 로마 제국에서 세 번째로 인구가 많은 도시인 안티오크는 CE 252–253년에 사산조의 샤푸르에게 장악되었고, CE 260년 에데사 외곽에서 일어난 전투에서는 로마 황제 발레리아누스가 사로잡히기까지 했다.

하: 아르다시르 1세가 나크시에루스탐의 부조에서 말을 탄 채로 아후라마즈다 신으로부터 리본 장식이 달린 왕관을 받고 있다. 그는 제국을 중앙아시아와 코카서스 지방에까지 확장시켰다.

페르시아로 돌아오는 도중, 샤푸르는 나크시에루스탐에 거대한 비석을 세우고 세 가지 언어로 그의 원정에 대해 자세하게 기록해 놓았다. 샤푸르의 비문에는 70개가 넘는 도시들을 함락시켰고, 두 로마 군대를 격파(총 13만 명)했으며, 로마 황제를 포함하여 수천의 포로들을 잡았다고 되어 있다. 페르세폴리스의 근처에 있는 나크시에루스탐은 새 왕조의 힘을 과시하기 위해 지어진 거대한 건축물들의 종합체였다. 아르다시르 1세는 암벽에 그가 아르타바누스 5세에게 승리하는 장면을 새겼으며, 샤푸르 1세는 포로로 잡힌 발레리아누스 황제, 고르디아누스 3세 및 필리푸스 아라브스 황제와 함께 있는 장면을 새기도록 했다. 샤푸르가 페르시아로 잡아 온 포로들 중에는 장인, 공인이나 건축에 종사하는 기술자들이 많이 있었다. 이들이 이루어 낸 작품은 오늘날 이란에서 볼 수 있는데, 슈슈타르에 있는 로마 양식의 다리와 비샤푸르에 있는 샤푸르의 궁전 모자이크 등이 그 예이다.

사산 제국은 로마로부터 빼앗은 영토를 보유하지 않았다. 그들의 관심은 노획물과 포로들이었다. CE 272년 샤푸르 1세가 사망하자 왕조는 불안정해졌으며 중앙아시아의 동쪽 국경에서 문제가 일어났다. 이는 CE 290년대 중엽까지 사산 제국이 로마에게 더 이상 문제를 일으키지 않았음을 의미한다. 이 시기에 조로아스터교의 모베드(사제)인 카르티르의 권력이 사산조 페르시아에서 커지게 되었다. 카르티르의 요청에 따라 사산 제국의 지배자 바흐람 2세는 기독교도들을 탄압하기 시작했다. 이 탄압은 CE 4세기 샤푸르 2세에 의해 되풀이된다.

로마에 대한 사산 왕조의 도전

CE 298년, 로마 제국의 황제 디오클레티아누스와 갈레리우스는 메소포타미아에서 사산 제국을 패배시켰다. 로마 제국은 이제 티그리스 강 상류 동쪽의 영토와 아르메니아를 지배하게 되었다. 이 상황은 이후 60년 동안 계속 유지되었다. 로마인들은 메소포타미아에 수많은 요새를 지었고, 사산조 페르시아 군대는 CE 359-360년에 샤푸르 2세가 많은 포로를 잡아 갔음에도 불구하고 더 이상 전진할 수가 없었다. 그러나 CE 363년 율리아누스 황제가 페르시아로 원정을 떠났다가 도중에 사망하면서 로마 제국은 북부 메소포타미아 영토를 다시 빼앗길 수밖에 없었다. 이는 사산 제국에게는 대단히 커다란 승리였다. CE 387년, 페르시아와 로마는 아르메니아에 대해 협의하여 동부는 페르시아가, 서부는 로마가 나누어 가졌다.

상 : 왼쪽의 발레리아누스 황제가 샤푸르 1세에게 잡혀 있다. CE 4세기에 만들어진 사도닉스 카메오로 현재 프랑스 국립 도서관에 소장되어 있다.

호스로 2세와 로마의 대응

이후 200년 동안 사산 제국과 로마 제국의 싸움은 CE 3세기나 4세기 때보다 훨씬 작은 규모로 이루어졌다. 이 상황은 호스로 2세가 CE 610년 비잔틴의 동부에 전례 없는 전쟁을 걸면서 바뀌게 되었다. 페르시아군은 CE 611년 안티오크, CE 613년 다마스쿠스, CE 614년 예루살렘, CE 618년 이집트 전체를 비롯한 로마의 여러 도시와 지방을 정복하였다. CE 622년, 로마 제국의 황제 헤라클리우스는 호스로 2세가 빼앗아 간 영토를 되찾기 시작했다. 5년 동안의 집중적인 전쟁 끝에 헤라클리우스 황제는 니네베에서 페르시아에게 압승을 거두고 그다음 해에는 예전에 잃었던 모든 영토를 회수했다. 10년 이내에 사산 제국은 이슬람군에 의해 쉴 새 없이 공격을 받았고, 20년 이내에 사라져 버리게 되었다.

하 : 샤푸르 1세가 아들 호르미즈드를 포함한 9인을 이끌고 있는 모습이 나크시에루스탐에 새겨져 있다.

사산 왕조의 예술과 건축

조각으로 영원히 남게 된 샤푸르 1세의 승리
나크시에루스탐 바위 부조는 사산 제국 왕들의 승리를 기념하고 있다. 사진은 샤푸르 1세가 무릎을 꿇은 필리푸스 아라브스 황제와 사로잡힌 발레리아누스 황제 위에 군림하고 있다. 이 부조는 나크시에루스탐에 있는 일곱 개의 부조들 중의 하나이다.

사산조 시대의 예술과 건축은 시각적으로 장엄하며 조각과 금속 세공 형식으로 잘 알려져 있다. 사산 왕조의 은식기는 그 형식과 작업 기술이 특히 뛰어나 세계 곳곳의 중요한 박물관에 소장되어 있다. 또한 사산 왕조는 국내나 다른 나라의 적들에게 승리한 여러 사산 왕들을 세밀하게 묘사한 거대한 암벽의 부조로도 유명하다. 뿐만 아니라, 사산 왕들은 막대한 자금을 들여 궁전을 지었는데, 그 유적들은 오늘날 이란에서 볼 수 있다.

또 다른 유명한 예술 작품은 초기 사산의 샤안샤들이 다양한 적들에게 승리한 장면을 암벽에 새겨 놓은 것들이다. 오늘날 이란 페르세폴리스 근처의 나크시에루스탐 유적에는 사산의 첫 번째 샤안샤인 아르다시르 1세(재위 CE 224–241년)와 그의 아들 샤푸르 1세(재위 CE 242–272년)의 승전을 기념하는 암벽 부조가 있다. 나크시에루스탐은 수 세기 전에 아케메네스 페르시아 왕들의 중요한 도시였고, 사산 왕조 초기의 왕들은 이곳을 자신들의 중심 도시로 삼아 아케메네스 왕조와 사산 왕조를 연관시키려 했다. 부조의 일부에서는 아르다시르 1세가 파르티아의 마지막 왕 아르타바누스 5세를 말에서 떨어뜨리는 모습을 볼 수 있다. 다른 부분은 로마의 두 황제가 말에 올라탄 샤푸르 1세 앞에 겸손한 자세로 있는 모습을 표현하고 있다. 두 명의 황제 중에 필리푸스 아라브스(재위 CE 244–249년)는 샤푸르 1세에게 자비를 빌며 무릎을 꿇고 있으며, 발레리아누스 황제(재위 CE 253–260년)는 샤푸르 1세가 오른손으로 잡고 있다. 이는 CE 260년 에데사 근처의 전투에서 그가 샤안샤의 포로가 된 것을 보여 준다. 암벽 부조는 나크시에루스탐뿐만 아니라 샤푸르 1세가 거대한 궁전을 세운 서쪽의 비샤푸르에도 있다. 현재 비샤푸르의 남겨진 부조에는 말 위에 올라탄 샤푸르 1세의 뒤에 발레리아누스 황제가 있고, 필리푸스 황제는 앞에서 무릎을 꿇고 있으며, 고르디아누스

사산 시대의 은식기

사산 시대의 은으로 된 쟁반이나 사발 및 컵들은 CE 4세기에 처음 만들어지기 시작했다. 주로 왕이 사냥하는 장면이나 가끔 조로아스터교의 신들을 상징한다고 여겨지는 동물이 표현되어 있다. 일부 은식기에는 도금이 되어 있는데, 이들은 주로 금으로 되어 있다. 이러한 식기들은 CE 7세기에 사산 왕조가 멸망할 때까지 계속 제작되었고, 왕실 제작소에서 만들어져 유포된 것으로 보인다. 사진의 금으로 도금된 은접시(좌측 CE 200–600년경)에는 날개 달린 말이 떠받치고 있는 정자에서 왕이 두 마리의 아이벡스 사이에 앉아 있다.

황제(재위 CE 238–244년)는 말발굽에 짓밟혀 죽어 가는 모습이 표현되어 있다. 고르디아누스 황제는 CE 244년 샤푸르 1세와 전쟁 중에 전사했다.

사산 왕들은 또한 그들의 궁전으로 유명했다. 아르다시르 1세는 피루자바드에 웅장한 궁전을 지었고, 샤푸르 1세는 비샤푸르에 궁전을 세웠다. 이 밖에도 사산 제국 전역에서 수많은 궁전의 유적들이 발견되었다. 가장 유명한 곳은 호스로 1세(재위 CE 531–579년)의 궁전으로 사산 제국의 실질적인 수도였던 크테시폰에 있다. 훗날 아랍의 저술가들은 이 궁전을 세상에서 가장 아름답다고 극찬했다. 궁전 앞면의 일부가 아직 남아 있으며, 높이 35미터에 길이가 50미터에 달하는 거대한 반원통형 둥근 천장이 높이 솟아 있다. 궁전 외부의 막혀 있는 정면에는 기둥, 벽감 및 총안들이 붙어 있다. 이 부분은 원래 6층 높이로 지어져 있었다. 궁전 안쪽의 벽은 호스로 1세가 CE 540년 함락시킨 시리아의 안티오크에 있는 교회에서 뜯어 온 대리석으로 장식되었으며, 그의 안티오크 함락이 유리 모자이크로 묘사되어 있었다. 마룻바닥은 두꺼운 대리석으로 되어 있었으며 비단 양탄자로 덮여 있었다.

크테시폰의 거대한 영광
크테시폰은 700년 동안 셀레우코스, 파르티아, 사산조 페르시아 제국의 수도였다.

비샤푸르의 잔해
샤푸르 1세는 페르시스와 엘람 사이의 교역로에 비샤푸르를 건설한 것으로 유명하다. 포로로 잡힌 로마의 병사들과 장인들이 20년에 걸쳐 건설했다고 전해진다.

아랍의 정복

아랍이 CE 7세기에 비잔틴과 사산조 페르시아 제국을 정복한 것은 중동의 역사상 가장 중요한 사건 중의 하나였다. 단지 20년 만에 무함마드의 군대는 이 광활한 지역을 성공적으로 장악하였다.

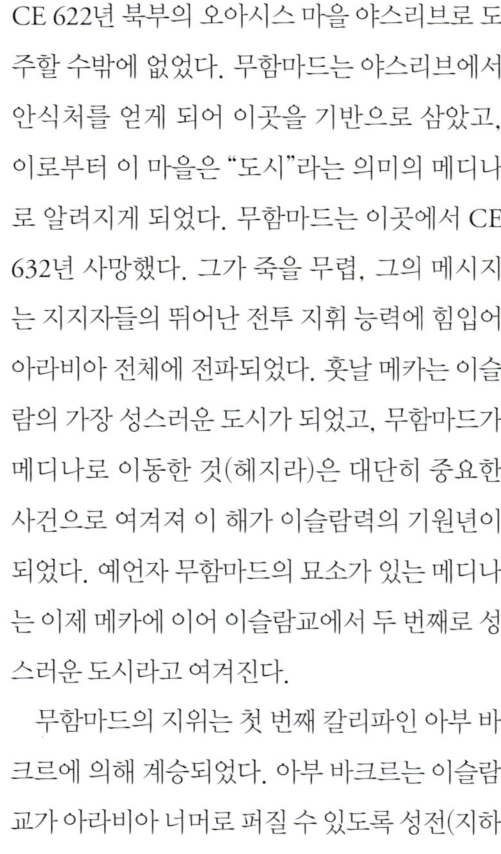

당시 이슬람 군대는 아라비아에서 일어났다. 중동의 강대국이었던 비잔틴과 사산조 페르시아는 20년 동안의 격렬한 전쟁을 치르고 난 직후였다. 호스로 2세(재위 CE 591–628년)의 지휘 아래 페르시아는 CE 619년 무렵 비잔틴 영토의 많은 부분을 장악했고, 호스로가 사망할 무렵 비잔틴 제국의 황제 헤라클리우스(재위 CE 610–641년)가 빼앗겼던 영토의 대부분을 되찾았다. 피비린내 나는 오랜 전쟁은 두 나라를 쇠약하고 가난하게 만들었고, 바로 이때 이슬람 세력이 아라비아에서 성장하고 있었다.

아라비아에서의 이슬람 출현

이슬람이 시작된 것은 예언자 무함마드가 CE 620년 무렵 자신이 받은 계시를 가르치기 시작한 때부터였다. 아라비아의 오아시스 교역 도시인 헤자즈는 CE 5세기와 6세기에 걸쳐 부와 세력을 축척해 왔고 무함마드는 가장 영향력 있는 상인 가족에서 태어났다. 무함마드가 처음으로 설교한 곳은 메카였으나 현지인들의 적개심 때문에 CE 622년 북부의 오아시스 마을 야스리브로 도주할 수밖에 없었다. 무함마드는 야스리브에서 안식처를 얻게 되어 이곳을 기반으로 삼았고, 이로부터 이 마을은 "도시"라는 의미의 메디나로 알려지게 되었다. 무함마드는 이곳에서 CE 632년 사망했다. 그가 죽을 무렵, 그의 메시지는 지지자들의 뛰어난 전투 지휘 능력에 힘입어 아라비아 전체에 전파되었다. 훗날 메카는 이슬람의 가장 성스러운 도시가 되었고, 무함마드가 메디나로 이동한 것(헤지라)은 대단히 중요한 사건으로 여겨져 이 해가 이슬람력의 기원년이 되었다. 예언자 무함마드의 묘소가 있는 메디나는 이제 메카에 이어 이슬람교에서 두 번째로 성스러운 도시라고 여겨진다.

무함마드의 지위는 첫 번째 칼리파인 아부 바크르에 의해 계승되었다. 아부 바크르는 이슬람교가 아라비아 너머로 퍼질 수 있도록 성전(지하드)을 설파했다. 그의 후계자인 칼리파 우마르는 처음으로 이를 실행에 옮겼다. 그의 군사 공격에는 중동의 비잔틴과 사산조 페르시아 제국을 피해 달아난 수많은 사람들이 참가했다. 비잔틴 제국의 일부인 시리아에서는 기독교의 단성론자들과 유대인들이 탄압을 받았고, 페르시아의 일부 군사들은 사산 제국의 왕들에게 실망을 느끼고 있었다. 이들은 아라비아의 이슬람교도들을 해방자로 여기기 시작했다.

사산조 페르시아에 대한 첫 공격

CE 633년, 사산조 페르시아 제국에 대한 이슬람의 첫 공격이 개시되었다. 이 공격은 히라(오늘날 사우디아라비아 북부의 도시)를 향한 것이었으나 그 이듬해에 이슬람군은 사산 제국의 장군 미르한에 의해 쫓겨났다. 이슬람군

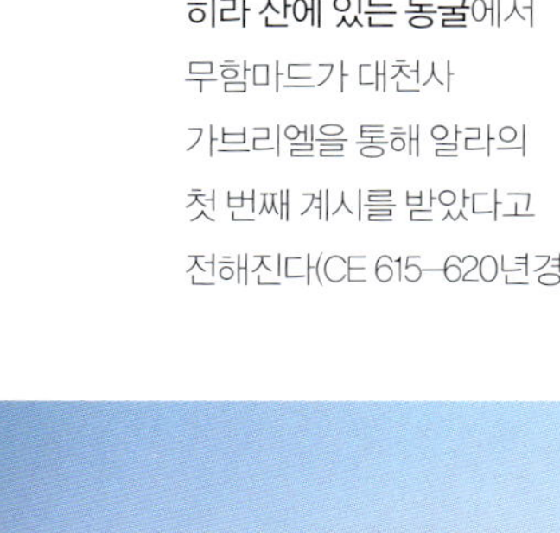

하 : 사우디아라비아의 히라 산에 있는 동굴에서 무함마드가 대천사 가브리엘을 통해 알라의 첫 번째 계시를 받았다고 전해진다(CE 615–620년경).

좌 : **메디나의 모스크**가 그려진 18세기의 채유판으로 터키의 이즈니크에서 발견되어 지금은 루브르 박물관에 소장되어 있다.

좌 : **동굴에 있는 예언자 무함마드**와 아부 바크르의 모습이 그려진 17세기 터키의 세밀화이다. 예언자가 사망하고 아부 바크르는 이슬람 군대를 승리로 이끌었다.

은 CE 635년 메소포타미아를 침공했으나 유프라테스 강 다리의 전투에서 다시 패배했다. 이는 사산조 페르시아에게 마지막 승리였다. CE 637년, 비잔틴 제국과의 전투에서 여러 차례 승리한 칼리파 우마르는 사산조 페르시아의 영토를 공격하는 군대에 더 많은 지원을 해 줄 수 있게 되었다. 수도인 크테시폰에서 파견된 사산조 페르시아의 군대는 사아드 이븐 아비 와카스가 지휘하는 이슬람 군대와 이라크 북부의 카디시야에서 전투를 벌였다. 4일간의 전투에서 약 4000명의 사산 정예 대원들이 아랍으로 탈영했고, 와카스는 사산 군대에게 승리했다. 이 전투 때문에 양측은 막대한 피해를 입었으나 사산의 병력이 훨씬 더 약해졌다. 전설에 의하면 전투의 마지막 날에 모래 폭풍이 일어 사산 군인들이 앞을 볼 수 없게 되었다고 한다. CE 638년, 와카스는 약 6만의 군사를 이끌고 사산 제국에서 가장 중요한 도시인 크테시폰으로 진군했다. 사산의 샤안샤 야즈데게르드 3세(재위 CE 632–651년)의 군대는 아랍의 포위를 견뎌 내지 못했고 결국 도시는 함락되었다. 이 승리로 이슬람 군대는 사산조 페르시아 제국에서 처음으로 호스로 2세의 왕권을 상징하는 보석을 포함하여 막대한 전리품을 가져갈 수 있었다.

그 다음 전투는 CE 639년 이라크의 남서부에 있는 얄룰라에서 일어났다. 치열한 전투 끝에 다시 야즈데게르드 3세가 패하였다. 이 전투에서 예전에 사산 군대에 있었던 병사, 장교 및 기마대 지휘관들이 아랍의 사령관 알하셈에게 커다란 도움을 주었다고 한다. 야즈데게르드 3세는 오늘날의 테헤란 근교로 피난했고, 이슬람 군대는 사산조 페르시아의 심장부인 파르스로 나아갔다. 파르스는 거의 20년 동안이나 침략자들에게 저항을 계속했다.

야즈데게르드 3세의 패배

CE 641년 사산 제국과 이슬람 군대의 마지막 큰 전쟁은

우 : 비잔틴 황제 헤라클리우스(재위 CE 610-641년)는 페르시아와 이슬람을 저지하려 분투했다.

이란의 북서부에 있는 니하반드에서 이루어졌다. 사산 제국은 이슬람 군대에게 이기기 위한 마지막 시도로 15만의 병사들을 결집시켰다고 한다. 아랍 군대의 규모는 약 10만으로 이 중에는 원래 사산 군대에 속했던 병사들과 얼마 전에 비잔틴 제국에게 승리하며 해방된 병력들이 속해 있었다. 이슬람 군대는 필요한 보급품을 조달하는 데에 큰 어려움을 겪었고, 사산 군대는 용감하게 버텨 냈다. 결국, 아랍 군대는 철수하는 것으로 가장하여 사산 군대가 추격하도록 만들어 보급 기지에서 떨어지게 하는 전략을 세웠다. 이 전략은 성공적이었고, 결과적으로 사산 군대는 패배했다. 그 후, 이슬람 군대는 이란으로 들어갔으나 북부에서 상당한 저항을 만나, 이들을 진압하는 데는 여러 세대의 시간을 들여야 했다. 사산 제국이 멸망한 뒤 왕실 가족과 이를 따르는 많은 귀족들은 동쪽으로 피신하여 중국에 속한 중앙아시아로 들어갔다.

비잔틴 제국에 대한 첫 공격

비잔틴 제국의 중동 지역은 대부분 시리아와 팔레스타인으로 이루어져 있었다. 호스로 2세와의 전쟁으로 국력의 소모가 막심했던 비잔틴 제국은 예언자 무함마드가 사망한 CE 632년 당시, 지배력을 겨우 다시 회복한 상태였다. 비잔틴 군대와 이슬람 군대의 첫 만남은 사산 제국의 경우와 마찬가지였다. CE 629년 무타에서 비잔틴 군대는 무함마드가 보낸 이슬람의 작은 군대와 소규모 접전을 벌여 이겼다. 무함마드는 패배했음에도 불구하고 추진력을 만들어 냈고, 그의 사후 결국 이슬람 군대는 시리아를 함락하였다. 무함마드의 후계자이며 그의 동료이자 조언자였던 첫 칼리파 아부 바크르는 예언자 무함마드가 사망한 직후 시리아에 군대를 보내었고, CE 640년경에는 비잔틴 제국의 모든 시리아 영토가 이슬람군에 의해 장악되었다.

이슬람 군대가 시리아에서 성공할 수 있었던 가장 큰 이유로 칼리드 이븐 알왈리드 장군의 공로가 자주 거론되지만 아부 아바이다의 역량도 중요했다. 왈리드는 아부 바크르의 시리아 포위를 도우라는 명령을 받고 634년 이라크에서 시리아로 진군했다. 아랍 문헌에 따르면 왈리드는 아랍 군사들을 단합했고, 시리아 정복을 성공시키기 위해 적절한 작전을 생각해 내었다고 한다. 왈리드는 싸우지 않고 중요한 교역 도시인 보스라에서 첫 대승리를 이루어 냈다. 헤라클리우스 황제를 총사령관으로 한 비잔틴군은 이슬람군이 전진하는 것을 막으려 했으나 아즈나다인 전투에서 패하고 다마스쿠스로 철수했다. 다마스쿠스는 포위당하고 결국 항복했다. 다마스쿠스의 주민들에게 돌아온 결과는 보스라의 경우와 마찬가지였다. 즉 주민들은 자신이 원하는 대로 할 수 있었고, 대신 칼리파에게 공물을 바쳐야 했다. 첫 칼리파인 아부 바크르가 메디나에서 사망하자 바로 칼리파 우마르가 뒤를 이었다. 칼리파 우마르가 왈리드의 의견에 심하게 반대하였기 때문에 왈리드는 메디나에서 오랫동안 우마르와 교섭한 끝에 시리아로 돌아가 비잔틴 공격을 재개하였다.

헤라클리우스 황제는 다마스쿠스가 함락된 후 안티오크로 후퇴하여 이슬람 침략자들을 상대로 최후의 대대적인 공격을 계획한다. 2만의 병사들을 데리고 남쪽으로 향하던 헤라클리우스 황제는 오늘날 시리아와 요르단의 경계에 해당하는 야르무크 계곡 근처에서 왈리드가 지휘하는 2만 4000명의 이슬람 군대와 만나게 되었다. 이는 비잔틴과 이슬람 군대의 가장 중요한 전투였다. CE 634년 여름 동안 여러 차례의 교전이 벌어졌으며 8월 말에 총력전이 일어났다. 왈리드의 혁신적인 기마대 전술로 심각한 피해를 입은 비잔틴군은 전쟁에 패했고, 시리아는 이슬람군의 손에 넘어가게 되었다. 홈스가 바로 장악되었고 다음으로 칼키스가 함락되었다. 왈리드는 후에 칼키스를 자신의 기지로 삼았다.

이슬람의 이집트 정복

이슬람이 이집트를 정복한 과정은 시리아나 메소포타미아의 경우와 비슷했다. CE 639년 12월에 칼리파 우마르는 4000명의 군사와 함께 아므르 이븐 알아스 장군을 보내어 이집트를 공격했다. 헤라클리우스 황제는 CE 629년 다시 정복한 이집트가 비잔틴 제국의 예수 단성론을 주장하는 기독교를 수용하지 않자 고립시켜 놓은 상태였다. 알아스 장군은 CE 640년에 5000명의 지원군을 얻어 헬리오폴리스에서 나머지 비잔틴 군대를 몰아내고 신속하게 칼리파 체제를 수립했다. 알렉산드리아는 CE 641년 11월에 평화적으로 항복하였다.

좌 : **헬리오폴리스(태양의 도시)**는 비잔틴과 이슬람 최후의 전투가 일어난 곳이다. 무슬림들이 승리하여 많은 전리품을 얻었다.

헤라클리우스 황제, 시리아를 포기하다

야르무크에서의 패배와 전진하는 이슬람 군대로 인해 헤라클리우스 황제는 시리아에 대해 완전히 체념한 것으로 보인다. 그는 안티오크로부터 에데사를 거쳐 콘스탄티노플로 돌아갔다. 비잔틴 제국에서 가장 중요한 도시 중의 하나인 안티오크는 전투를 치르지 않고 곧 이슬람군의 손에 들어갔으나, 시리아 연안과 팔레스타인의 도시들은 그리 쉽게 넘어가지 않았다. 가자, 카이사레아마리티마, 라오디케아(오늘날 라타키아) 등의 도시는 이슬람 군대에 완강히 저항했다. CE 638년 예루살렘의 항복은 이슬람 역사에서 대단히 중요한 일이었다. 칼리파 우마르가 직접 참여한 예루살렘 포위는 4개월 동안 이어졌고, 이슬람에게 예루살렘의 위치는 훗날 대단히 높아졌다.

CE 641년, 헤라클리우스 황제가 사망한 뒤, 상속 다툼이 벌어져 비잔틴 제국은 더욱 쇠약해졌다. 이슬람 군대는 유프라테스 강을 건너 에데사, 디야르바키르, 라카 등의 도시를 비롯한 북부 메소포타미아를 장악했다. 대부분의 소아시아 지역은 국경선이 불안정했지만 비잔틴 제국의 영토인 채로 남았다. 그러나 시리아와 팔레스타인은 확실하게 칼리파의 영토가 되었다. 시리아와 메소포타미아에서 처음으로 강력한 이슬람 국가 우마이야가 생겨났다. 우마이야 왕조는 다마스쿠스를 기반으로 했으며, CE 8세기에 대 모스크를 세웠다.

상 : **예루살렘의 성전 산에 위치한 바위 사원**은 무함마드가 승천한 곳으로서 이슬람의 성지이다. 이 바위 사원은 CE 691년에 건설되었다. 대표적인 우마이야 양식의 건축물 중 하나이다.

기원을 찾아서 : 중동의 재발견

서론

역사가들은 아마도 나폴레옹이 1798년 이집트를 정복한 목적에 대해서 논쟁을 벌이겠지만, 이로 인한 문화적인 충격은 가늠할 수 없을 정도로 컸다. 중동은 이제 우리가 고대의 세계를 이해하는 데 너무도 중요한 위치를 차지하고 있어서 서양에서 500년 동안 이 지역에 대해 무지했다는 사실을 잊기 쉽다.

오스만 제국의 지배를 받으며 많은 지역이 문화적인 벽지가 되었고, 엄청난 고대의 유산은 등한시되었다. 나폴레옹의 침략 이후 유럽은 다시 세계 최초의 문명이 발생한 동방으로 주의를 돌렸다. 그러나 유럽인들은 군사적 목적보다는 경제적 목적에서 메소포타미아의 문명에 대해 관심을 가지게 되었다. 동인도 회사의 클라우디우스 리치(1787–1820년)는 고대의 중동을 탐사하여 영국뿐만 아니라 독일과 프랑스의 주의도 끌었다. 또 다른 동인도 회사의 인물인 헨리 크레스위크 롤린슨(1810–1895년)은 설형문자를 판독하는 데 성공하여 고대 중동의 역사를 서양인들에게 인식시켰다.

우: 헨리 크레스위크 롤린슨 경(1882년)은 영국의 군인이자 동양학자로 설형문자를 최초로 해독한 사람이다.

고대 중동의 약탈

초기 "암호 해독가"들의 작업은 약탈이라고 묘사할 수밖에 없다. 모술의 프랑스 영사 폴 에밀 보타(1802–1870년)는 니네베와 코르사바드의 보물들을 루브르 박물관에 보냈다. 오스틴 헨리 레이어드(1817–1894년)는 아시리아의 부조, 문헌 및 조각들을 니네베에서 대영 박물관으로 보냈다. 독일은 아수르와 바빌론에서 거대한 발굴을 개시하여 유적의 건물들을 통째로 베를린으로 보냈다. 비록 오스만 제국이 이 지역을 명목상 지배하고는 있었으나, 외국 탐사가들이 상황에 따라 양보한 유물들만 얻어 갈 수 있었다.

종교적으로 보수적이었던 19세기의 미국이 성서가 진실이라는 것을 증명하기 위하여 중동 탐사에 참가한 것은 당연한 일이었다. 성지의 과감한 탐사가였던 에드워드 로빈슨(1794-1863년)은 1842년, 서양인으로서는 처음으로 이 지역에 대해 발표하였다. 얼마 지나지 않아 고대 수사에서 작업을 시작했던 마르셀 오귀스트 디왹라푸아(1844-1920년)가 잊힌 다른 문명, 즉 고대 페르시아의 유적을 보다 체계적으로 발굴해 내었다. 디왹라푸아는 프랑스의 첫 번째 탐사가였다.

첫 현대 고고학자들의 등장

유적의 위치를 찾는 지리학적인 관점에서 유적의 정보를 밝혀내는 고고학적인 관점으로의 전환은 윌리엄 매슈 플린더스 피트리(1853-1942년)의 작업으로 활성화되었다. 19세기 말에 피트리는 각 지층과 토기의 형태가 연관되어 있음을 주의 깊게 연구하여 상대적인 연대표를 작성하였다. 피트리는 체계적인 발굴 방식과 신속하고 통찰력 있는 결과 보고서를 남겼다. 그러나 피트리보다는 같은 나라 출신인 레너드 울리(1880-1960년)가 빼어난 유적인 우르를 발견해서 더욱 유명해졌다. 그는 금, 은, 홍옥수, 청금석으로 된 엄청난 유물들이 묻혀 있던 "우르의 왕실 무덤"을 발견하여 피트리처럼 기사 작위를 얻었다. 20세기의 시리아, 레바논, 이라크, 이란, 그리고 팔레스타인에서의 발굴을 통해 고대 에게 문명을 매개로 한 고대 중동과 유럽 문화의 연관성이 드러나기 시작하였다. 울리는 이러한 계통의 첫 연구자에 속하였는데, 초기에는 크레타의 크노소스 유적을 발굴한 아서 에번스 경(1851-1941년)과 함께 일했다. 종교적 배경을 가진 피트리와 울리는 성서 고고학의 토대를 놓았고, 성서 고고학은 팔레스타인과 요르단을 중심으로 발전되었다. 세계 대전 이후에는 미국의 학자들이 빠르게 명성을 얻게 되었는데, 이들의 중요한 발굴지로는 메기도와 벳스안의 유적이 있다. 이 새로운 학자들 중에서도 출중한 이로는 윌리엄 폭스웰 올브라이트(1891-1971년)를 들 수 있으며, 그는 성서 고고학 분야의 발달에 지배적인 역할을 하였다.

고대 근동에서 중동으로

제1차 세계 대전 후, 오스만 제국이 분해되면서 중동의 주민들은 뚜렷한 정치 변화를 체험하기 시작했다. 무관심하던 동방의 지배자들을 대신하여 서양의 간섭주의 관료들이 지역의 "근대화"를 진행하였다. 그 결과 불안정하고, 혼란하며 국가 정체성이 형성되는 시대가 왔다. 중동의 현지 아랍 주민들의 자부심이 강화되면서, 그들은 자신들의 고고학적 유산을 통제할 수 있는 조치를 취하게 되었다. 1933년, 새롭게 독립한 이라크는 외국인의 발굴에 대한 규제 조치를 취했고, 서양의 발굴가들은 다른 곳을 찾기 시작했다. 그리하여 시리아, 레바논, 팔레스타인과 이란에서 새로운 발견이 진행되어 유럽과 미국 학자들이 몰려들게 되었다. 다른 국가들이 이라크를 본받게 되기까지는 30년이 걸렸고, 1960년대 초부터는 현지 감독이 훨씬 더 엄중해졌으며, 외국 기관으로 반출되는 유물들의 수가 대폭 줄어들게 되었다. 외국 정부나 기관을 대표로 한 무차별적인 취득은 공식적으로 막을 내리게 되었다.

하: **"카이로의 반란군을 용서하는 보나파르트, 1798년 10월 23일"**은 피에르 나르시스 게랭의 그림으로 중동에 대한 유럽의 관심을 불러왔던 나폴레옹 보나파르트를 묘사하였다.

텔의 구조

이스라엘의 텔하조르
위의 사진에서는 이스라엘 이전의 수많은 왕국들을 주도하던 번성한 도시의 흔적이 보인다. BCE 2600년부터 BCE 200년까지 총 21개의 주거층이 발견되었다.

전 세계의 고대인들은 고의적이었건 우연에 의해서건 그들의 존재를 증명하는 언덕을 쌓았다. 영국의 중석기 시대 무덤들, 중앙아메리카의 초기 토루 신전 및 봉분들은 모두 자연환경 속에 인위적으로 만들어진 것이다. 두엄 더미와 쓰레기 더미, 혹은 유일하게 중동 고고학에서만 찾아볼 수 있는 텔은 모두 우연에 의해 만들어졌다.

"텔"이란 아랍어와 히브리어("tel")에서 "인위적인, 또는 인간이 만든 흙더미"를 의미한다. 텔은 사람이 만든 구조물이다. 대부분의 고고학 유적이 그렇듯이 잔존물들이 축적되었거나, 아니면 건기와 우기가 교차되며 건기인 여름에 세워진 흙벽돌의 건물이 우기인 겨울에 빗물로 녹아내린 결과이다. 원리는 오래된 층 위에 새로운 지층이 쌓이는 것으로 고고학 유적에서 일반적인데 텔에서 작업하는 고고학자들은 얼마 되지 않는 깊이에서 수천 년 동안 연이은 문화들을 발굴해 낼 수도 있다.

가상의 텔 유적의 발굴 작업에 대한 설명을 통해, 텔이 고고학자들에게 선사하는 독특한 과제를 이해해 보자. 이는 작업하는 사람들이 텔의 위에 줄로 작은 사각형을 표시하는 것에서부터 시작된다. 이렇게 지정된 범위 안에서 표면에 있는 모든 것들을 수집한다. 주로 질그릇 조각들로, 이 유물들은 오스만 시대로부터 철기 시대까지 여러 시대를 거슬러 올라간다. 표면의 토기가 반드시 무엇이 그 아래에 있는지를 정확하게 표시하는 것은 아니지만 가장 의미있는 유적이 있을 가능이 높은 곳에 대한 단서를 제공해 준다. 작업하는 사람들은 질그릇 조각이 가장 많고 다양하게 발견된 구역의 표면을 거두어 낸다. 표면에서 15센티미터

텔하라리(고대의 마리)
시리아의 유프라테스 서쪽 강변에 있는 이 유적은 1930년대에 우연히 발견되었다. 2만 개가 넘는 설형문자 점토판이 발견되어 고대 메소포타미아에서 일어난 일들을 정확하게 알 수 있도록 해 주었다.

아래까지에서 발견된 그릇은 19세기 오스만 시대의 것이다. 15-30센티미터까지에서 발견된 것은 비잔틴의 그릇이다. 비잔틴 층 밑에서 헬레니즘 시대의 석벽이 당시의 많은 그릇들과 함께 발견된다. 이 벽들은 작지만 정교한 건물의 일부로 보인다. 조각상들과 다른 의례용품들이 발견된 것은 이 건물이 신전임을 확인시켜 준다. 그 아래로 그 이전의 구조가 나타나고, 페르시아 제국 시대의 것으로 확인된다. 더 아래에서는 돌 기반 위에 흙벽돌로 지어진 집의 흔적이 발견되며 후기 청동기에서 후기 철기 시대로 추정된다. 텔의 다른 지층에서 발굴된 유물을 통해 고고학자들은 "거주의 순서"를 구성할 수 있다.

고고학자들은 텔이 일부러 층 위에 층을 쌓아 올려서 만든 것이 아님을 알고 있다. 그보다는 하나의 텔에서 시대별로 서로 다른 장소를 사용했을 가능성이 높다. 이쪽 구역에는 공백으로 남은 시대의 물건들이 다른 구역에서 발견되기도 한다. 대부분의 텔에서 거주의 규모는 그들이 어디에 위치하는가와 많은 관련이 있다. 수원, 비옥한 토양, 수비에 유리한 위치, 문화적 또는 종교적 연관성, 교역로 및 천연적 방벽 등이 모두 중요하다. 많은 유적들에서는 선사 시대의 지층이 발견되지 않는다. 그 이유는 텔이 농업 문화와 관련이 있고, 마을이나 도시로 인간들이 집합하며 생겨났기 때문이다. 또한, 두 시대의 거주 흔적 사이에 공백이 있는 것은 그 유적이 파괴된 적이 있었을 때 흔히 볼 수 있다. 그런 유적들은 한동안 버려져 있다가 예전에 사람들이 이곳을 선택했던 것과 같은 이유로, 버려졌던 경위를 알지 못하는 새로운 세대가 자리 잡은 것이다.

마리의 왕, 람기마리
사진의 조각상(BCE 2500-2400년경)은 마리의 이슈타르 신전에서 발견되었다. 마리는 이전에는 유목민들이었던 현지인들을 유프라테스 상류에서 내려온 도시 주민들과 함께 수용하기 위해 의도적으로 건설한 도시였다.

히브리 도편
텔아비브 북쪽에 있는 텔카실레에서 발견된 BCE 750년 무렵의 도편(도자기 조각)에는 다음과 같이 기록되어 있다. "오피르에서 베트호론으로 온 금, 30 세겔."

텔의 이해

텔이라 가정되는 장소에서는 아래와 같은 것들을 발견할 수 있을 것이다.

1. 후기 청동기 시대(BCE 1500년경)로부터 헬레니즘 중기(BCE 200년경)까지 이어지는 주거의 흔적
2. 700년간의 공백
3. 비잔틴 시대(CE 500-700년경)의 거주지
4. 오스만 시대(CE 1800년)까지의 또 다른 공백

신바빌로니아의 발굴

칼데아인으로도 알려져 있는 신바빌로니아인들이 고대 유물에 흥미를 가지고 메소포타미아의 옛 땅을 방문한 최초의 사람들은 아니었다. 아름답고 이국적인 물건들을 찾아 다음 세대를 위해 이들을 보존하는 것은 BCE 2000년대의 수메르 시대로 거슬러 올라가는 왕들의 관습이었다.

왕실 도서관을 위해 고대의 기록들을 수집하는 것은 아시리아의 왕 아슈르바니팔이 니네베에 엄청난 장서를 보관했을 때부터 시작된, 이미 1000년 이상이 된 관행이다. 뛰어난 서사 문학이나 종교 문헌을 모으는 것은 군주들에게 전쟁의 미덕만큼이나 그들이 개화되었음을 자랑할 수 있게 해 주었다. 신바빌로니아 제국의 새로운 칼데아 왕들도 예외는 아니었다.

바빌론이 진정한 바빌로니아인들에 의해 지배되기 시작하고 얼마간 시간이 지났을 때였다. 여기서 진정한 바빌로니아인들이란 메소포타미아의 심장부 출신인 셈어계의 바빌로니아어를 사용하는 사람들을 뜻한다. 1000년 동안 바빌론은 외국인 집단의 손에서 손으로 전해지는 포상과 같았다. 히타이트 고왕국의 왕 무르실리 1세는 BCE 1595년 무렵에 바빌론을 습격했다. 그의 중요한 동맹군이었던 카시트인들은 상부 메소포타미아의 계곡에 살고 있었으나, 무르실리가 철수한 후 바빌론에 머물렀다.

카시트 왕조는 이후 400년 동안 바빌론을 지배했다. 그 후 이란 고원의 엘람인들이 바빌론을 정복하고 이들은 다시 아시리아 제국에게 항복했다. 적어도 아시리아인들은 문화적, 언어적인 면에서 바빌론과 친밀한 관계를 가지고 있었다. 아시리아의 지배는 칼데아인 나보폴라사르의 반란으로 끝나게 되었다. 나보폴라사르는 위대한 신바빌로니아의 첫 번째 왕으로 그의 출신은 아시리아보다는 더 받아들일 만했다. 비록 아시리아인들이 북부의 티그리스 지역 출신인 것에 비해 칼데아인들은 남부의 유프라테스 계곡 출신이긴 하였지만 엄밀히 따지면 바빌로니아인들이라고는 할 수 없었다. 다른 대부분의 정복자들처럼 칼데아인들은 바빌론의 오래된 문명에 매료되었다. 신바빌로니아의 왕들과 바빌로니아 백성들 사이에는 거의 차이가 없었고 그들은 바빌론 문화의 전부를 존중했다.

네부카드네자르 2세 : 수집가이자 큐레이터

신바빌로니아의 왕들 중에서도 가장 위대한 네부카드네자르 2세의 이름은 바빌론을 약 400년 전에 다스렸던 왕조에서 가장 뛰어났던 왕에게서 따온 것이다. 네부카드네자르 1세의 가장 위대한 업적은 엘람인들을 바빌론에서 몰아내고 국경을 안정시켰으며, 아슈르바니팔과 같이 학문에 관심을 가지고 문서들을 모아 거대한 도서관을 만들었다는 것이다. 그에게 가장 중요한 점은 종교적인 헌신이었다. 천지창조와 뱀의 여신 티아마트가 마르두크에 의해 파괴되는 이야기인 『에누마 엘리시』는 네부카드네자르 1세 시대에 성문화된 것이 거의 확실하다. 마르두크는 바빌론의 최고신이 되었다.

네부카드네자르 2세 역시 마르두크를 숭배했다. 바빌론 전체를 새로 개축하며 마르두크 신전을 호화스럽게 재건했다. 마르두크는 그에게 신성을 부여하는 것으로 이미 보답했다.

아시리아인들은 왕국의 말기에 바빌

하 : 채유 벽돌 위의 날개 달린 사자는 네부카드네자르 2세가 완공한 바빌론 궁전에 있는 행렬 길을 장식하고 있었다.

좌: **"공중 정원에 있는 네부카드네자르"**는 어니스트 월커즌스(1883-1976년)의 『바빌로니아와 아시리아의 신화』에 나오는 삽화이다.

론을 거의 파괴하였고 그들이 무너트리지 않은 부분은 계속되는 반란으로 황폐해졌다. 네부카드네자르 2세는 선친의 발자취를 좇아서 바빌론을 다시 세우고, 궁전을 완성시켰다. 완성된 궁전은 그의 광적인 수집의 구심점이 되었고, 유명한 공중 정원은 제국 전체에서 가져온 식물들로 가득 찼으며 궁전 안에는 거대한 박물관이 세워져 거의 2000년 동안의 메소포타미아 역사가 전시되었다.

나보니두스

네부카드네자르 2세는 BCE 562년에 사망하였고, 그의 아들 아멜마르두크가 왕위를 이어받았다. 아멜마르두크는 구약 성서에서 에윌므로닥으로 알려져 있다. 그는 동정심이 많았던 왕으로 열왕기에 의하면 무엇보다도 먼저 유대의 왕 여호야킨을 사면하고 석방시켰고, 그 결과 무자비한 그의 처남 네리글리사르에게 곧 살해당했다.

유능한 장군인 네리글리사르(재위 BCE 559-556년)는 아나톨리아를 침략했고 실리시아에서 승리를 거두었으며 토로스 산맥을 넘기도 하였다. 그는 군사적 성공에도 불구하고 아들 라바시마르두크에게 왕위를 보장해 주지 못하였고, 결국 라바시마르두크는 죽었거나 폐위를 당하였다. 나보니두스는 어린 왕으로부터 쉽게 왕위를 빼앗았다.

어떤 기록에서는 네리글리사르가 부유한 일반인에 지나지 않았으며 나보니두스가 왕가의 혈통이었다고 하였다. 비록 전통적인 이야기에서는 그의 행동에 대해 강한 선입견이 있었음에 틀림없지만, 나보니두스는 재위 기간 동안 그리 편안한 시간을 보내지는 못했던 것 같다. 어째서 그가 바빌론을 떠나 오늘날 사우디아라비아에 있는 고립된 오아시스 타이마로 갔는지는 알 수 없으나, 심각한 병(주기적 광증이나 모습이 흉해지는 병)으로 인해 왕으로서 공식 행사에 나서지 못하였던 것이 아닐까 추측되고 있다. 공식 행사는 그의 아들 벨샤자르가 대행하였고, 구약 성서에 의하면 그는 쾌락을 즐기며 향연을 벌여 그의 파멸을 예견하는 "벽서"가 붙기도 했다고 한다(다니엘 5:1-31).

나보니두스는 그의 조상들이 섬기던 달의 신 신을 택하여 섬겼다. 국가의 최고신은 마르두크였으므로 나보니두스가 바빌론의 사제들에게 좋게 보일 수는 없었다. 나보니두스의 연대기도 이를 확인해 준다. 그는 마르두크의 최고 권위를 기념하는 신년 축제에 나타나지 못하고 사막에 머무르며 달의 신전을 다시 지었다고 한다.

나보니두스가 타이마에 은거하면서 건설 사업을 착수하지 않고 무엇을 하는지에 대한 추측이 난무했다. 어떤 이는 그가 메소포타미아와 이집트 사이에 있는 중요한 교역로에서 신바빌로니아의 주둔군을 강화시키려 한다고 했다. 그러나 그가

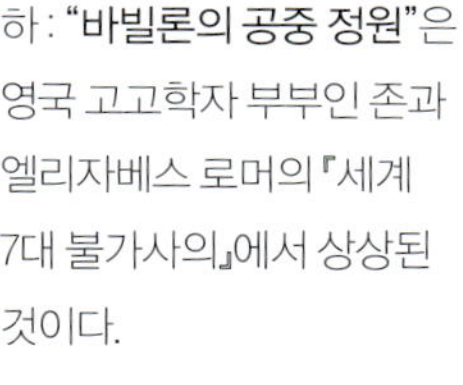

하: **"바빌론의 공중 정원"**은 영국 고고학자 부부인 존과 엘리자베스 로머의 『세계 7대 불가사의』에서 상상된 것이다.

상 : **아슈르바니팔과 그의 왕비가 향연을 즐기고 있는 모습**이 있는 니네베 북궁의 부조로, 아시리아 조각에서 여성이 나타나는 것은 흔치 않다.

타이마에 관심을 가진 것은 차라리 제국의 남쪽 국경을 든든히 하라는 신의 계시를 받은 것과 관계가 있었을 것이라고 생각된다.

그러나 비록 나보니두스가 달의 신을 숭배하기는 했지만, 다른 신들을 무시한 것은 아닐 것이다. 그는 전임자들의 신앙을 완성시키는 것에 특별한 관심을 보여서 시파르와 우루크에 있는 안나와 마르두크의 신전을 보수하였다. 자신에게 신바빌로니아 선대 왕들의 후계자 자격이 있다고 여겼던 것으로 보인다.

구약 성서와 마찬가지로, 페르시아와 그리스의 기록들도 오늘날의 나보니두스에 대한 부정적인 시각에 일조했으나, 이들을 권위 있거나 객관적인 것으로 여겨서는 안 될 것이다. 페르시아의 키루스 대왕이 바빌로니아 제국을 쉽게 빼앗았다는 것은 나보니두스의 무능력보다는 키루스의 허풍을 드러내는 것일 수도 있다. 신바빌로니아 제국의 마지막 날들에 대한 바빌로니아인들의 많은 문헌은 나보니두스가 사제들의 권위나 주민들의 뜻을 고의로 무시한 것이 아니라, 국경을 보호하려는 마음에 단지 약간의 전략적 실수를 범했던 것이라고 쓰고 있다.

나보니두스 왕의 발굴

이전의 신바빌로니아 왕들과는 달리, 고고학자들이 나보니두스에게 관심을 갖는 가장 큰 이유는 그의 정치나 종교적인 정책 때문이 아니라, 그가 세계 최초로 과거의 문화를 발굴했을 가능성이 있기 때문이다. 그도 메소포타미아의 오래된 수집 관행을 이어받아서, 전하는 바로는 왕국 전체에서 신앙에 관계되는 조각상들을 수집하였다고 한다. 아마도 외세의 공격으로부터 조각들을 보호하기 위해서였을 것으로 여겨진다. 이 조각들이 제자리로 돌아갔는

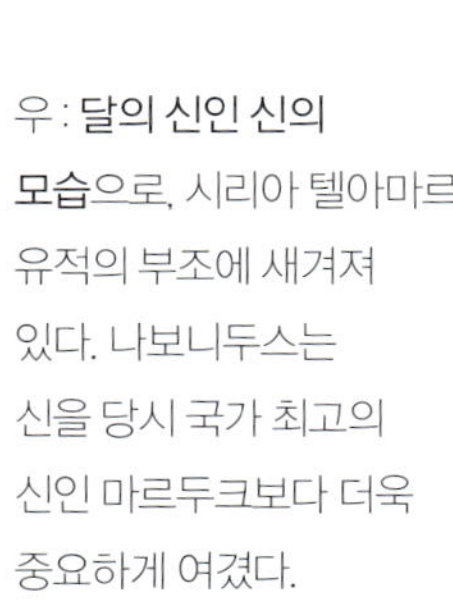

우 : **달의 신인 신의 모습**으로, 시리아 텔아마르 유적의 부조에 새겨져 있다. 나보니두스는 신을 당시 국가 최고의 신인 마르두크보다 더욱 중요하게 여겼다.

지는 알 수 없으나, 그의 이러한 행동이 미친 신성 모독자로 역사에 남게 된 이유들 중의 하나였을 것이다.

어쨌든 나보니두스의 한 문헌에 나타난 신의 신전 보수 기록을 보면, 최소한 그가 왕답지 않았을지는 몰라도 학자로서의 자질은 대단히 과소평가되었음을 알 수 있다. 그는 달의 신전을 다시 지으며 이전의 신전에서 정초(定礎) 매장물 또는 봉헌물들을 신중하게 찾았다. 그리하여 당시로부터 75년 된, 아시리아의 마지막 왕 아슈르바니팔과 연관된 비문을 발견했다. 나보니두스는 "거기에 기름을 바르고, 제물을 바쳤으며, 나의 기록과 함께 원래 있던 자리에 되돌려 놓았다."라고 기록을 남겼다.

그는 옛 신전의 잔해를 옮기며 다시 정초 매장물을 주의 깊게 살펴보다가 그로부터 약 1800년 전에 죽은 나람신의 기록이 새겨진 유물을 우연히 발견하게 되었다고 한다. 나람신(재위 BCE 2255–2219년)은 아카드 제국 사르곤 왕의 손자였고, 그의 시대에 아카드 제국이 절정에 올랐다. 나람신은 왕의 신성을 주장하고 자신을 "사계(四界)의 왕"이라 칭하는 메소포타미아 왕들의 전통을 세웠다. "사계의 왕"은 그 후로 오랫동안 많은 왕들이 사용하였다.

나보니두스는 자신이 발견한 유물에 대해 과장한 첫 고고학자일 수는 있어도 마지막은 아니었다. 그는 다음과 같이 기록했다.

> "3200년 동안 다른 어떤 왕들도 [그것을] 발견하지 못했다… 사르곤의 아들, 나람신의 이름으로 기록된 비문은 내가 발견했고 바꾸지 않았다. 거기에 기름을 바르고 제물을 바쳤으며 나 자신의 비문과 함께 원래 있던 자리에 되돌려 놓았다. 나는 옛 토대를 파내고, 조사하고, 점검했다… 나는 옛 토대를 정돈하고 옛 벽돌을 쌓았다."

그는 첫 번째 고고학적인 발굴가이기도 했지만 첫 사적 보존 운동가이기도 했다. 그는 또한 후세의 학자들에 대한 자신의 책임을 통렬하게 인식하고 있었다. 그는 발굴에 대한 기록의 마지막에 다음과 같이 적어 놓았다.

> "신이 왕으로 삼은… 당신이 누구이든 간에, 누구의 치세에 신전이 무너져 사라지고 누가 다시 세웠건, 나의 이름으로 기록된 비문을 발견하면 이를 변경시키지 말지어다."

나보니두스와 아시리아

나보니두스는 신바빌로니아의 왕들 중에서도 독특한 인물이었고 그의 배경 또한 확실하게 밝혀지지 않았다. 그의 치세에 대한 문헌은 그가 어느 정도 아시리아와 관련이 있었다는 의미로 해석되어 왔다. 그는 반복하여 아슈르바니팔을 언급했으며, 니네베가 함락된 후에 아시리아인들이 후퇴한 도시인 하란에 특별한 관심을 가지고 있었다. 구약 성서를 읽어 본 사람이라면 알아볼 수 있겠지만, 하란은 아브라함이 메소포타미아의 우르에서 나와 가나안으로 향할 때 처음으로 쉰 곳이었다. 또한 하란은 대단히 중요한 고대 도시로 메소포타미아의 남–북과 동–서의 교역로가 교차하는 곳이었다.

그곳에서의 발굴은 하란에 사람들이 거주한 것이 이미 BCE 3000년대로 거슬러 올라간다는 사실을 확인해 주었다. BCE 16세기부터 해와 달 숭배의 중심지였고, 이는 거의 신앙의 변화가 없었던 미탄니 왕국(BCE 15–13세기)과 아시리아 제국에서도 계속되었다.

하: 아카드의 왕 나람신(BCE 2255–2219년경)은 사르곤 1세의 손자로, 승전비에서 전쟁에 패한 적들을 짓밟고 있다.

고전 시대의 문헌

19세기 중엽 이전의 고대 근동에 대한 지식은 주로 고대 그리스의 기록에서 얻어졌다. 지역, 도시, 파라오 및 왕의 명칭은 모두 그리스의 저자들을 통하여 우리에게 전해 내려왔다.

그리스인들이 메소포타미아 또는 "두 강의 사이"라고 불렀던 아시리아와 바빌론의 땅은 고전 시대와 고전 시대 이후의 그리스 저자들에게 매우 매력적이었다. 이 두 문명에 대한 역사적 기록들은 탐구심이 넘치던 고대의 여행자들로부터 나왔다.

고고학적 증거는 이미 BCE 11세기부터 그리스인들이 서남아시아에 살고 있었음을 보여 준다. 트로이 전쟁의 이야기는, 그리스인들이 소아시아에 침투하여 마침내 동쪽으로 더욱 확산되고 식민지를 건설하였음을 반영한다. BCE 10세기 후반의 그리스 유물들이 근동 도처의 유적에서 발견되었다. BCE 9세기에는 그 수가 줄었으나 그리스에서 동방의 물건들이 발견된 것은 페니키아가 경제 세력으로 부상한 역사적 사실을 반영한다.

근동의 그리스인 거주지에 대해 1950년대에 발견된 중요한 증거는 그리스와 근동의 관계가 예전에 생각하던 것보다 오래되었음을 보여 준다. 이것은 카라테페 유적에서 발견된 두 개의 언어로 된 BCE 8세기의 비문이다. 로제타석이 이집트의 상형문자를 해독하는 열쇠가 되었던 것처럼 이 비문은 학자들이 히타이트어를 해독할 수 있게 해 주었다. 비문에는 아다나(터키 남부)의 왕이 "모프소스 집안"이었다고 나와 있다. 그리스 신화에 의하면 모프소스는 전설적인 그리스 용사로 트로이 전쟁 후 소아시아에 도시들을 세웠다.

하 : **그리스의 역사가 헤로도토스**(BCE 485–425년경)는 서양에서 "역사의 아버지"로 간주되고 있다. 그는 많은 곳을 여행하였으며, 전해 들은 것만을 기록했다고 주장한다.

고전 시대의 역사가들

그리스 고전 시대의 여행자들 중에서 할리카르나소스(소아시아의 해안 도시)의 헤로도토스는 처음으로 "바빌론과 아시리아 전체"를 전했다. 헤로도토스는 아시리아 제국이 사라지고 약 180년 후, 즉 신바빌로니아 제국이 아케메네스 페르시아 제국에게 쓰러진 지 90년 후에 바빌론으로 왔다. 그는 바빌론에 대해 다음과 같이 말한다.

> "그 크기와 장엄함을 따라올 도시는 없다. 우선 물이 가득 찬 깊고 넓은 해자로 둘러싸여 있고, 그 뒤로는 너비가 50로얄큐빗이고 높이가 200로얄큐빗인 벽이 솟아 있다…."

헤로도토스는 바빌론의 거대한 성곽을 길게 설명했다. 바빌론의 성곽에 감동한 그는 페르시아의 바빌론 정복에 대해 윤색하였다. 그는 키루스 대왕이 페르시아인들이 환영을 받았으므로 바빌론의 방어를 돌파할 필요가 없었다는 의심스러운 설명을 믿었다. 이는 숭배의 장소로서 지구라트가 어떻게 작용했는지에 대해 알려진 것 중 가장 좋은

헤로도토스와 여성들

바빌로니아의 종교 관례를 경험한 헤로도토스는 경외감을 느끼기보다는 충격을 받았다. 그는 "바빌로니아인들은 가장 수치스러운 풍습을 가졌다."라며 훈계조로 기록하였다. "그곳에서 태어난 모든 여성들은 일생에 적어도 한번은 베누스(이슈타르)의 신전에 가서 낯선 사람과 어울려야 한다." 이후 어떤 학자도 이 이야기에 신빙성을 부여하지 않았으나 헤로도토스가 여성에 관련된 풍습이나 이야기를 기록할 때 왜곡이 제일 심했다는 점은 많이 지적되었다. 예를 들어, 그는 BCE 9세기 아시리아 왕의 부인으로 여겨지는, 다소 전설적인 인물 세미라미스가 바빌론을 건설했다고 믿었다.

해석이다. 그는 이 신전에 대하여 다음과 같이 썼다.

> "길이와 폭이 1펄롱에 이르는 단단한 벽돌 탑 위로 두 번째의 탑이 솟아 있고, 그 위로 세 번째의 탑, 이렇게 여덟 개의 탑이 있다. 꼭대기로 올라가는 길은 외부에 있고, 탑 주위를 빙 돌아가도록 되어 있다. 중간쯤까지 올라가면 휴식처와 의자들을 발견할 수 있는데, 사람들은 정상으로 올라가는 도중에 여기에 때때로 앉았다 갔다. 최상층의 탑에는 넓은 신전이 있고 그 안에는 화려하게 장식된 거대한 긴 의자가 있으며, 그 옆으로는 황금 탁자가 놓여 있다."

아테네의 역사가인 크세노폰은 아나톨리아 원정에 참여한 그리스 용병의 일원으로 헤로도토스보다 약 30년 후에 아시아를 방문했다. 크세노폰과 그의 부대는 유프라테스 강을 따라 바그다드까지 내려 갔고 쿠낙사 전투 후 그리스로 돌아가는 길에는 티그리스 강을 따라 올라갔다. 메소포타미아에서 적대적인 페르시아, 아르메니아, 쿠르드인들과 싸우면서 흑해 연안에 도착한 뒤 배를 타고 그리스로 돌아갔다. 크세노폰이 원정의 전 여정을 기록한『아나바시스』는 알렉산드로스 대왕이 페르시아 원정 초기에 참조한 책이기도 했다.

고전 시대 이후의 자료들

마지막 그리스 여행자인 스트라보는 BCE 1세기의 지리학자이자 역사가였다. 그의 외가는 폰투스 출신으로, 아마 로마에 의해 무참하게 진 미트리다테스 왕과 관련이 있었던 것 같다. 그는 새로운 로마 지배자들의 환심을 사서 소아시아와 이집트를 여행하게 되었다. 그의 지형도는 특히 유용한 고대 자료 중 하나로 현대에도 고고학자들과 역사가들이 유적의 위치를 찾을 때 참조한다. 지형도만큼 중요한 정보들이 있을 그의 문헌은 발견되지 않았다.

상 : **"바빌론 전경"**은 아타나시우스 키르허(1602–1680)가 헤로도토스의 묘사를 기반으로 작성하여 1679년 네덜란드의 암스테르담에서 출판하였다.

하 : **아테네의 역사가인 크세노폰**이 신고전주의 소묘에서 소크라테스, 에우튀프론, 플라톤 및 알키비아데스와 함께 있다.

이슬람의 여행자들

성지를 순례할 의무가 있었고, 위대한 학문의 도시들이 있는 중심적인 위치로 볼 때, 초기 이슬람의 여행자들이 빈번하게 중동을 종횡한 것은 지극히 당연한 일이었다.

상: **메카의 대 모스크 중앙**에 있는 카바 신전. 모든 무슬림들은 이곳을 향해 기도를 드린다.

이슬람 저자들은 여행에 대해 언제나 긍정적으로 여겨 왔다. 이는 놀라운 일이 아니었으며 여행의 유익함은 이슬람 문화에서 극찬을 받았다. 특히 학생과 학자들에게 여행이 권장되었다. 단지 세상에 대한 지식을 넓히기 위해서만이 아니라 자신들의 종교 문화를 외부에 알리기 위해서였다. 중세 초기에는 "리흘라"로 알려진 아랍의 여행기 형식이 나타나 오랫동안 인기를 누렸다. 이는 이슬람의 영향이 절정을 이루었던 때로, 여행자들은 스페인에서 중국에 이르기까지 같은 종교인들의 환대를 받을 수 있었다. 신앙인들에게 평생에 적어도 한번은 해야 하는 것으로 여겨졌던 중요한 여행의 목적은, "대 하지" 즉 메카를 순례하는 것이었다.

초기 이슬람 여행자들 중에서 유명한 알야쿠비는『제국지(諸國志)』를 9세기에 완성하였다.『제국지』에는 지명, 인명 및 지배자들의 이름과 도시 간의 거리, 그들이 내던 세금, 지형, 수자원 등이 기록되어 있다. CE 10세기에는 이슬람 여행자들이 특별히 분주했던 것으로 보인다. 이때에 전설적인 이븐 파들란이 바그다드 칼리파의 명령으로 스칸디나비아와 러시아에 다녀왔다. 수십 년 후에는 예루

우: **예루살렘의 바위 사원**은 세계에서 가장 위대한 건축의 하나로 여겨진다. 하람에스샤리프(고귀한 성역)는 이슬람교, 유대교 및 기독교의 성지이다.

살렘 출신의 유명한 알무카다시가 알려진 모든 이슬람 세계를 방문했다. 그는 상인들이나 그의 뒤를 따를 지성인들을 위해 방문한 지역의 모든 것을 기록하려고 노력했다. 그의 저서는 초기 이슬람 시대 중동의 전통, 관행 및 도시들에 대한 비교할 수 없는 정보들을 제공해 준다.

11세기 및 12세기

11세기와 12세기의 중동에서는 정치적으로 급격한 변화가 일어났다. 비록 무슬림들의 정치적 구심점은 사라졌으나 종교로서의 이슬람 문화는 확산되었다. 서쪽에서는 유럽 십자군, 동쪽에서는 셀주크 튀르크의 공격을 받아 여행자들은 더 이상 안전을 느끼지 못하게 되었다. 결국 셀주크 튀르크는 제국으로 자리 잡고 이슬람을 받아들였고, 따라서 적어도 예전 이슬람의 동방 영토는 같은 이슬람교를 믿는 지역으로 남게 되었다. 11세기 페르시아의 탐구심이 강했던 시인 나시르 후스라우는 팔레스타인, 아라비아, 이집트, 예루살렘 및 메카를 여행하여 이들에 대해 자세하게 기록하였다. 그의 저서는 이전의 다른 저서들과 같이, 지나간 문명의 유적들에 대해서는 그리 자세하게 기록하지 않았다.

스페인의 아랍 여행자인 이븐 주바이르는 이전의 여행자들에 비해 고대 문명에 대한 흥미를 보였다. 12세기에 알렉산드리아로부터 여행을 시작한 그는 1400여 년 전에 세워져 고대의 7대 불가사의 중 하나가 된 등대에 대해 기록했다. 이 장려한 등대는 그로부터 고작 140년 후에 지진으로 말미암아 파괴되었다. 서양에서 태어나 이슬람 세력이 위축되는 것을 목격한 이븐 주바이르는 다마스쿠스를 보고 특히 기뻐했으나, 십자군이 장악한 도시들은 그를 대단히 우울하게 만들었다. 무슬림인 그의 눈에는 중세 기독교인들이 비위생적인 향락주의자들로 비쳤다. 주바이르는 한때 아름다웠던 팔레스타인의 도시 아크레가 추잡한 쓰레기 구덩이가 된 것을 기록했다. 주바이르의 두 번째 여행보다는 첫 번째 여행에 대해 알려진 바가 더 많지만, 두 번째 여행기에는 살라딘이 히틴에서 승리한 것을 축하하는 기념시가 남아 있다.

이븐 바투타

중세 시대의 이슬람 여행자로 가장 유명한 사람은 14세기의 박식가인 이븐 바투타이다. 탕헤르에서 태어나 젊은 시절에 메카로 성지 순례를 다녀왔다. 단신으로 모로코에서 출발하여 보편적인 경로를 따라서 북아프리카와 이집트를 통과한 뒤 홍해에 도착했다. 소규모 전쟁으로 인하여 홍해를 건너지 못하고 경로를 바꾸어 팔레스타인과 시리아로 향했다. 그곳으로부터 이라크, 이란을 방문한 후 메카로 돌아가서 2년 동안 머물렀다.

그는 스페인, 아프가니스탄, 인도 및 중국을 비롯하여 40개국 이상을 방문했다. 당시 겨우 십자군의 지배에서 벗어난 팔레스타인에 대한 기록은 특히 생생하다. 그가 방문한 다른 곳으로는 헤브론, 베들레헴과 예루살렘이 있으며 예루살렘은 당시 작은 도시였다. CE 698년 지어진 바위 사원은 그가 방문한 다른 장소들만큼 국제적이지는 않지만 탁월하게 여겨졌다. 그는 "이곳에서 한 번 기도하는 것이 메카의 하람 모스크와 메디나에 있는 예언자의 모스크[안나 바위]를 제외한 다른 모스크에서 500번 기도하는 것과 같다."라고 칭송하면서 바위 사원이 "…가장 경이로운 건물이자 가장 완벽한 건축물이다."라고 썼다.

좌: **살라딘으로 알려진 살라흐 앗딘 유스프 이븐 아이유브**는 쿠르드족의 후손으로 12세기에 이집트를 다스렸다. 십자군들에게 기사도에 대해 많은 것을 깨우쳐 주었다고도 전해진다.

선교사와 사절들

중동은 나폴레옹이 유럽을 침략하던 때부터, 어쩌면 그 이전부터 선교사와 외교관들을 끌어들였다. 매우 다른 이 두 직업은 어떤 지역에서는 함께 진행되기도 했고, 다른 곳에서는 날카로운 갈등을 불러일으키기도 했다.

위의 두 경우에서 오스만 제국이 19세기 초에 농업과 산업을 근대화시키려고 결심한 뒤, 19세기말 러시아 제국의 압력으로 서서히 쇠퇴하게 되면서 이것이 외국인들이 중동에 더욱 파고들 수 있는 기회를 제공했다. 외교관들은 크림 전쟁과 제1차 세계 대전 사이에, 중동의 서방에 대한 전략적 중요성 때문에 동맹을 추진했다. 선교사들은 동방 정교회인, 유대인, 무슬림 들을 빅토리아 시대의 새로운 개신교 교리로 개종시키려 했다. 이는 중세의 십자군이 백성들의 종교에 대해 거의 흥미를 보이지 않았던 것과 비교된다.

영국과 프랑스의 사절

클라우디우스 제임스 리치는 1807년 동인도 회사의 최고직에 임명되었다. 그의 임무는 새롭게 떠오르던 프랑스 나폴레옹 제국의 세력에 대항하여 동인도 회사의 경제적 이익을 촉진시키는 것이었다. 그는 메소포타미아에서 영국의 이익을 늘릴 수 있었고, 이와 동시에 그의 진정한 관심사였던 메소포타미아의 고대 기록에 대해 추구할 수 있었다. 고대 예술에 식견이 있던 다른 부유한 이들처럼 리치도 방대한 메소포타미아 유물들을 수집하여 1825년 대영박물관에 기부했다.

헨리 크레스위크 롤린슨은 그의 전임자인 리치를 능가하리라는 기대를 받으며 외교적, 문화적으로 영국의 이익을 강화시키라는 임무를 지고 메소포타미아로 갔다. 유럽, 특히 영국과 프랑스의 입장에서는 발견된 아시리아의 유물들이 메소포타미아에서의 "공헌"에 대한 당연한 보상으로 여겨졌다. 영국에는 동인도 회사가 단순한 무역 회사 이상이라는 것을 증명하려는 의도도 있었다.

1841년, 모술에 프랑스 영사관이 설치되면서 상황이 바뀌었다. 폴 에밀 보타는 줄 몰의 지지를 받고 모술의 영사

하 : 영국의 동인도 회사는 1600년에 엘리자베스 1세의 특허를 승인받았다. 아래의 사진은 18세기에 사무엘 웨일이 그린 런던 본부의 건물이다.

좌 : 폴 에밀 보타(1802–1870년)는 프랑스의 동양학자이자 고고학자로 아시리아 궁전을 처음 발굴한 사람으로 유명하다.

관에 부임하였다. 줄 몰은 외교관이자 중동의 고대 유물을 연구하는 것을 목적으로 하는 프랑스 동양 협회의 설립자였다. 보타는 모술 근처의 고대 유적을 열성적으로 답사했다. 그는 처음으로 1842년에 니네베를 발굴하였으나 그가 명성을 날리게 된 것은 코르사바드를 찾아내어 발굴했기 때문이다.

오스틴 헨리 레이어드가 리치와 보타의 뒤를 이었다. 그는 아시리아의 초기 탐사가들 중에서 가장 유명하다. 레이어드는 의욕에 가득 찬 학자이자 탐험가로서 1840년 첫발을 내딛은 뒤, 1845년에 이르러서야 고대 님루드의 유적을 발굴할 수 있었다. 그의 발견과 1849년의 발표는 영국에서 대성공을 거두었다.

선교사들

1840년대부터 영국과 프랑스의 여행자들에게 점점 안전과 이동의 자유가 허락되자 수많은 기독교 선교사들이 몰려들게 되었다. 그들은 제1차 세계 대전 전후로 새로운 개신교의 교리를 전파하는 일에 열중했다. 그들 중의 일부는 특히 성지에서 고대 문명의 유적을 탐사하고 싶어했으나 이는 2차적인 일에 지나지 않았다. 19세기의 성서 고고학 분야는 한손에는 성서를 들고 다른 한손에는 삽을 쥔 사람들이 지배적이었다. 현장 작업은 보다 과학적이 되었으나 일부 유적의 발굴은 성서에 나오는 내용이 사실임을 증명하기에만 급급한 사람들에게 맡겨졌다. 이는 아마도 중동에서 종교와 고고학의 융합이 미친 영향 중 가장 오래 지속되었을 것이다.

프레더릭 존스 블리스

프레더릭 존스 블리스는 유물 전문가이자 동시에 선교사였던 인물들의 가장 전형적인 예이다. W. M. 플린더스 피트리의 제자였던 그는 이집트의 메이둠과 팔레스타인의 텔엘헤시에서 발굴 작업을 하였다. 그는 팔레스타인 탐사 재단으로 더 잘 알려져 있다. 블리스는 피트리가 이집트로 돌아간 후에도 텔엘헤시에 남아 오랫동안 작업한 후, 1894년 예루살렘으로 관심을 돌렸다. 그는 4년 동안 아치볼드 디키와 함께 성전 산의 서벽, 예루살렘의 고대 벽들, 실로암 못, 여러 커다란 교회들을 탐사했다. 1898년, 그는 남쪽으로 돌아가서 R. A. S. 맥알리스터와 함께 오늘날 이스라엘에 있는 셰펠라 지방의 작은 텔들을 많이 발굴하였다. 미국의 고고학자이자 성서학자인 윌리엄 폭스웰 올브라이트는 비록 블리스가 자신과 같은 업적은 이루어 내지 못했지만, 블리스야말로 팔레스타인 고고학의 "아버지"라고 믿었다. 올브라이트와 블리스는 둘 다 신앙심이 깊은 가정에서 태어났다. 블리스의 아버지는 목사인 대니얼 블리스로 오늘날의 베이루트아메리칸대학교의 전신인 시리아프로테스탄트칼리지의 창립자였다. 예루살렘에서 유적을 발굴한 첫 미국인인 블리스는 중동에서 일반적인 고고학자와 종교적 고고학자의 많은 차이점들을 성공적으로 결합하였다. 영국을 위해 일하는 미국인이었던 블리스는 학문적 전통과 종교적 헌신을 모두 접할 수 있었다. 피트리에게서는 현장 작업 기술과 관리 기술을 배웠다. 신앙심 깊고 높은 교육 수준을 가진 부모에게서는 유창한 아랍어와 성서의 역사, 그리고 그가 작업한 오늘날 레반트가 갖고 있는 아랍으로서의 정체성에 대한 깊은 지식을 얻었다.

하 : 상아에 조각된 페니키아인의 머리는 님루드의 저장고에서 발견되었다. 형식과 소재는 이집트의 원본을 연상시킨다.

탐험가와 수집가

보르도에서 온 무명의 순례자가 4세기에 방문한 이후, 유럽의 여행자들은 중동 유적에 감탄하여 관찰한 바를 빠짐없이 기록하며 고대 유물들을 수집하였다.

상 : 마르코 폴로는 동방을 여행한 서양인 중에서 가장 유명하다. 위의 사진은 14세기에 발행된 『카탈란 지도집』의 삽화이다.

수많은 특이한 인물들이 종교나 경제적인 이유로 중동에 왔다. 12세기에는 투델라의 베냐민이 종교와 학문을 목적으로 왔다. 이는 더 유명한 마르코 폴로가 중국으로 가던 길에 들렸던 것보다 1세기가 빠른 것이었다. 랍비 베냐민은 그가 방문한 땅과 사람들에 대해 마르코 폴로보다 훨씬 폭넓게 기록하였으며 고대 문명에 대해 더 탐구심이 강했다. 르네상스 시대의 유럽인들도 이와 비슷한 목적으로 왔다. 피에트로 델라 발레는 생전에 성지에 다녀오겠다고 맹세를 하고 이집트, 다마스쿠스, 알레포, 바그다드와 페르시아를 일정에 추가했다. 그는 그 유명한 페르시아 고양이를 유럽에 들여온 사람이었다.

18세기와 19세기의 탐험가들

중동에 대한 호기심의 확산과 그들의 유물을 고향으로 가져오려는 열망은 계몽주의의 산물이었다. 18세기와 19세기는 가장 분주한 시대였다. 그랜드 투어는 유럽 관광객들에 미국인들이 가세하면서 얼마 지나지 않아 그리스와 이탈리아에서 지중해 동부 및 그 너머로 확대되었다. 유럽인들은 성지에 대한 관심으로 시작해서 나중에는 고대 유물에 끌리게 되었으며 새로운 경험을 위한 모험에 앞다투어 뛰어들었다. 대부분의 18세기 탐험가들은 성서의 유적을 찾는 데만 관심을 보였고 이집트 외의 다른 문명에는 거의 흥미를 느끼지 않았다. 여기에는 주목할 만한 예외가 있는

데, 프랑스의 프랑수아 볼네 백작이 1700년대 말 레반트를 방문한 것이다. 독일 태생인 카르슈텐 니부어는 덴마크 원정대의 일원으로서 알렉산드리아, 시나이 산, 제다, 예멘과 다른 곳 들을 방문했다.

성지를 찾는 여행자들 전부가 페르시아를 경유하지는 않았지만, 이를 택한 사람들은 놀랐거나 충분한 가치가 있었다고 느꼈다. 성서에 기초를 둔 환상을 품고 있던 방문자들은 페르시아의 유적을 번번이 오해하였다. 키루스 대왕의 무덤은 솔로몬의 모친이 묻힌 곳으로, 유명한 다리우스 1세의 고대 페르시아어, 바빌로니아어, 엘람어 기록이 있는 베히스툰의 암벽 부조는 이스라엘의 12지파나 예수와 12사도를 묘사한 것으로 여겨졌다.

이는 19세기 초에 독일의 고대 언어학자인 게오르그 프리드리히 그로테펜트가 페르세폴리스의 비문을 연구하기 시작해서 아케메네스 왕들의 기록인 것을 확인하며 바뀌게 되었다. 롤린슨은 나중에 베히스툰의 비문을 해독할 수 있었다. 그러나 그로테펜트와 롤린슨은 니부어의 자세하고 꼼꼼한 유적 그림의 도움을 받았다.

나폴레옹이 이집트를 정복한 지 얼마 안 되어 동방을 여행한 레이디 헤스터 스태너프는 완전히 다른 종류의 여행자였다. 자신의 운명이 레반트와 시리아에 놓여 있다고 믿은 그녀는 베두인의 복장을 한 채, 팔미라부터 시작해서 육로를 통하여 레바논을 지나 결국은 시돈 근처의 버려진 수도원에 자리 잡았다. 그녀는 현지 사회에 완전히 정착하여, 오스만의 지배자들과 계속 다투던 이집트의 장군 이브라힘 파샤가 정치적 결정을 위해 조언을 구할 정도였다. 또한 레이디 헤스터는 성지에서 첫 유럽인 발굴을 주도했고 아슈켈론에 묻힌 보물을 찾으러 원정을 떠났다. 레바논에서 사망할 때까지, 그녀는 현지인들에게서 "여왕 헤스터"로 불리며 존경받았다.

상 : **요한 루트비히 부르크하르트**는 셰이크 이브라힘 이븐 압달라흐로 변장하고 근대에 메디나에 도착한 첫 기독교인이 되었다.

요한 루트비히 부르크하르트는 19세기 초 중동에 도착했다. 스위스 태생으로 영국에서 시리아, 팔레스타인과 아라비아에 대해 공부했다. 영국에서 아랍어를 공부하는 동안 열심히 운동하고 악천후를 체험하며 다가올 시련에 대한 준비를 했다. 우선 알레포에서 아랍어를 숙련하고 이슬람의 율법에 대해 얼마간 지식을 쌓은 후, 레이디 헤스터처럼 무슬림(그의 경우는 족장)으로 변장하고 여행을 시작했다. 시리아를 근거지로 팔미라, 다마스쿠스, 레바논과 요르단을 다녀왔다. 요르단에서 굉장한 도시 유적 페트라를 발견하여 명성을 높이게 되었다. 이후 그의 이름과 페트라는 언제나 함께 거론되고 있다.

리처드 프랜시스 버턴 경(1821–1890년)은 스태너프와 부르크하르트의 발자취를 따랐다. 그는 단지 관찰하고 기록하는 것이 아니라 방문하는 사회에 깊숙이 뿌리를 내려 자신이 영국인임을 구별할 수 없게 되기를 원했다. 다행스럽게도 그는 언어 습득에 타고난 재능을 가져 그가 처하게 될 여러 상황에 요긴하게 사용할 수 있었다. 그는 이슬람 문화에 심취하여 대담하게도 아프가니스탄에서 온 순례자로 가장하고 메카에 다녀올 정도였다. 이는 만약 들키게 되면 죽음을 당할 수도 있는 일이었다. 그는 동방의 관능적인 문학에 더욱 매료되어 『카마수트라』와 『아라비안 나이트』를 번역했다. 그는 이국적인 중동을 영국인들에게 너무도 솜씨 좋게 소개하여 거의 우상이 되었다. 버턴은 수십 년 후에 T. E. 로렌스와 거트루드 벨에게 영감을 주게 되었다.

좌 : **레이디 헤스터 스태너프**가 베두인의 복장을 하고 있다. 그녀는 기독교 신비가가 되어, 오랫동안 잊혔던 원시 기독교의 영지주의 전통에 대해 탐사했다.

상 : **아파다나에 있는 동쪽 계단.** 이는 다리우스 1세가 세운 아케메네스 제국의 수도였던 페르세폴리스의 일부분이다. 왕에게 공물을 바치러 오는 사람들의 모습이 조각되어 있다.

거트루드 벨

아마도 초기 여성 탐험가로서 가장 유명한 인물일 거트루드 벨은 그녀의 노력을 내륙의 터키, 시리아, 메소포타미아와 페르시아에 집중했다. 그녀는 고고학에 커다란 흥미를 가지고 있었음에도 불구하고 일생동안 직접 발굴에 참여한 것은 몇 번 되지 않았다. 그러나 그녀는 많은 유적들을 방문하고 자세하게 기록했다. 다마스쿠스, 예루살렘, 베이루트, 안티오크와 알렉산드리아에 대해 대단히 생생하게 묘사된 그녀의 관찰은 유명한 여행기『사막과 씨앗(*The Desert and the Sown*)』으로 출판되었다. 그녀는 아라비아 사막을 영국 독자들의 응접실로 끌어들이는 것에서 T. E. 로렌스보다 더욱 크게 성공했다. 그녀는 고대 유물 관장직에 있으면서(1922–1926년) 바그다드 고고학 박물관을 설립하였고, 이는 고고학 연구에 그녀가 남긴 가장 큰 공로일 것이다.

수집가들의 등장

이집트와 메소포타미아를 여행 일정에 끼운 관광객들은 티그리스와 유프라테스 계곡의 위대한 도시들이 어째서 그렇게 얼마 안 되는 흔적만을 남겨 놓았는지에 대해 의아하게 생각할 것이다. 만약 이들이 페르세폴리스와 같이 인적이 드문 더욱 먼 곳으로 여행한다면 흙먼지 속에서 일어난 고대 도시의 장관을 마주하게 될 것이다. 그러나 많은 사람들은 우르나 니네베 또는 바빌론을 찾을 뿐이다.

메소포타미아의 주요 도시들은 찾기 어려운 곳에 있어 한동안 보호되었지만, 곧 국가의 지원을 받는 수집가들에 의해 이집트나 페르시아의 유물들처럼 약탈되어 버렸다. 대영 박물관이나 루브르 박물관의 고대 근동 소장품들은 나폴레옹의 덕분에 일찍 수집되기 시작했다. 나폴레옹에게 승리한 영국은 그가 약탈한 유물들 중 대부분을 런던으로 보냈다. 또한 대영 박물관은 1825년 클라우디우스 제임스 리치의 미망인으로부터 아시리아와 바빌로니아의 많은 유물들을 기증받았다. 수 세기에 걸친 여행가들의 설명은 유럽인들에게 그토록 짜릿하게 묘사된 예술과 공예품들을 갈망하도록 만들었다. 17세기로 거슬러 올라가면, 피에트로 델라 발레가 페르시아 고양이와 함께 약간의 유물들을 가지고 돌아갔다. 그가 메소포타미아와 페르세폴리스에서 가져온 기록이 새겨진 벽돌이나 돌은 얼마간 세간의 주의를 끌었다. 그러나 페르시아, 메소포타미아 및 팔레스타인의 유물들은 성유물이 아닌 이상 메디치가를 비롯한 귀족들과 같은 예술 수집가들의 흥미를 끌지 못했다. 18세기 말경 왕실의 개인 소장품들이 공공 박물관에 전시되면서, 대중들은 더 많은 유물을 수집하도록 거세게 요구하게 되었다.

1765년 메디치가의 마지막 후손이 피렌체 시에 재산을 기증하면서 우피치 궁은 공공 미술관이 되었다. 후에는 대영 박물관이 "차별 없이" 일반인들을 입장시키기 시작했고, 마지막으로 가장 중요한 루브르 박물관이 설립되었다. 프랑스의 새 공화국은 왕궁이었던 루브르를 공공 장소인 박물관으로 만들었다.

미국인들은 19세기까지는 실제적인 수집가의 순위에 들지 못했으나, 그들의 문화가 유럽과 직접적인 연관이 있는 관계로 고대 유물 수집에 대한 관심이 점점 커지기 시작하였다. 당시 거대한 부를 축적하게 된 개인들은 그 일부를 사용할 곳을 찾게 되었다.

박물관에 기부하는 것은 미국 금융계 인사들의 인기 있는 소일거리가 되었다. 단시간 내에, 대부분 기증자의 이름이 붙은 박물관들이 미국의 대도시마다 설립되었다. 스미스소니언, 프릭, 모건, 월터스, 휘트니 등에 이어 이들보다는 덜 눈에 띄게 기부를 받은 메트로폴리탄과 필라델피아 박물관 및 내셔널 갤러리가 생겨났다.

이들 박물관이 중동의 유물에 투자를 시작하기까지는 시간이 좀 걸렸다. 사실, 20세기 초 미국인들이 레반트, 시리아, 이집트와 메소포타미아의 고고학적 유적에서 발굴을 시작하고 난 뒤에야 이 최초 문명들의 예술품들이 미국의 박물관과 미술관에서 최고의 자리에 오르게 되었다. 19세기 동안, 미국인들은 유럽인들에 비해 중동에 흥미를 별로 보이지 않았다. 미국이라는 아직 젊은 나라의 시민들은 아무리 잘 쓴 작품이라고 하더라도 여행 문학에는 매혹되지 않았던 것이다.

미국인들은 먼지가 수북이 쌓인 유물들, 궁핍하지만 이국적인 땅에 대해 결코 낭만적인 시각으로 바라보지 않았다. 마크 트웨인의 『철부지의 해외 여행기(*Innocents Abroad*)』야말로 그나마 미국인들이 흥미로운 여행기라고 평가할 만한 한 예이다. 그러나 문명의 요람으로 모험을 떠났던 강인한 영혼들이 "바위투성이에 텅 비어 황량한" 경치와 "누더기에 비참하고 가난하며 먼지투성이"인 문화라는 트웨인의 평가에 동의했을지에 대해서는 의심의 여지가 있다.

상 : **파리의 루브르 박물관**은 막대한 중동의 고대 유물들을 소장하고 있는 유럽의 많은 박물관들 중의 하나이다.

팔레스타인 탐사 재단

1865년에 설립된 팔레스타인 탐사 재단(Palestine Exploration Fund)은 빅토리아 시대에 중동으로 온 대부분의 영국인들을 원조했으며, 오늘날에도 중동에서의 연구를 후원하고 있다. PEF는 "팔레스타인과 레반트 성지의 고고학, 지형학, 지질학, 지리학, 자연사, 풍습과 전통에 대한 정확하고 체계적인 조사"를 목적으로 한다. 오스만 제국의 영토인 팔레스타인, 요르단 및 시나이에 대한 재단의 발굴 프로젝트와 이에 연관하여 후원을 받은 찰스 윌슨, 찰스 워런, 클로드 레니에 콘더, H. H. 키치너 등은 이 지역 고고학사의 개요와도 같다. 플린더스 피트리의 팔레스타인 초기 작업, 블리스의 예루살렘 작업, 콘더의 팔레스타인 측량, 그리고 울리와 로렌스가 세계 대전 이전에 시나이 지역을 측량한 것도 모두 재단의 후원으로 이루어졌다.

좌 : **플린더스 피트리 경**이 팔레스타인 남부에서 직접 발굴한 가나안 토기를 살펴보고 있다.

설형문자 해독

17세기에 이미 중동에 관심이 있던 유럽의 여행자들은 전혀 알려지지 않은 문자로 보이는 고대의 기록들을 적기 시작했다. 일부 학자들은 이들이 진짜로 글을 써 놓은 것인지조차 의심했으나 소수는 상세히 연구할 만큼 호기심을 가졌다.

상 : **이 히타이트 설형문자 점토판**은 다마스쿠스 국립 박물관에서 소장 중인 것으로, 왕의 이혼 칙령에 대해 자세하게 기록되어 있다.

이러한 여행자들 중에는 독일의 고전 언어학자인 게오르그 프리드리히 그로테펜트가 있었다. 1777년, 같은 나라의 카르스텐 니부어가 베히스툰 설형문자 비문을 발표했다. 이 비문에는 같은 기록이 고대 페르시아어, 엘람어, 바빌로니아어의 세 개 언어로 기록되어 있었다. 이는 그로테펜트의 연구에 커다란 도움이 되었다.

그로테펜트의 친구인 덴마크의 올루프 티히센은 비문의 페르시아어 부분에서 몇 개의 문자를 이해했다고 생각했다. 페르세폴리스의 고대 페르시아어 비문에 관한 정보는 그로테펜트에게 설형문자를 해독할 열쇠를 제공해 주었다. 다리우스와 크세르크세스라는 유명한 페르시아 왕들의 이름이 감지되었다.

이로부터 설형문자 해독은 급속도로 진전하게 되었다. 유럽에서는 많은 학자들이 동시에 이를 연구하였고, 그중에는 성직자인 에드워드 힝크스도 있었다. 힝크스는 그가 연구한 자료들의 근원지에는 평생 가 보지 못했다. 그는 설형문자를 만들어 낸 문명이 아시리아나 바빌로니아 문명 이전의 것이라 믿었다. 훗날 줄 오페르는 이를 발전시켜 설형문자가 전혀 다른 문화의 문자임을 밝혀내고, 이를 수메르 문화라 명명했다.

이 모든 학자들이 메소포타미아와 페르시아에 대한 지식에 기여하여 빠른 시간 내에 발전을 이루게 되었고, 19세기 중엽 헨리 크레스위크 롤린슨이 초기 개척자들이 시작한 작업을 완성하게 되었다.

헨리 크레스위크 롤린슨

동인도 회사의 견습생이었던 롤린슨은 1833년 중동에 갔을 때부터 설형문자를 연구하기 시작했다. 그는 학자로서 상당한 평판을 얻었고, 인도의 총독인 엘렌버러 경이 네팔에서 고위직을 맡도록 설득했을 때에도 그는 바그다드에 남아 설형문자를 연구하는 것을 택했다. 바그다드에서 님루드 발굴로 유명한 오스틴 헨리 레이어드 경과 알게 되었다. 레이어드 경은『니네베 유적의 실례(*Illustrations of the Monuments of Nineveh*)』를 발표하려는 중이었다. 레이어드에게는 실망스럽게도 롤린슨은 초기 기록 이외의 고고학 자료에는 관심이 없었다. 롤린슨은 니네베의 현란한 부조와 조각들에 대해 "호기심"을 끌기는 하지만 "예술 작품으로서의 가치가 없다"고 여겼다. 레이어드가 롤린슨과의 관계에서 어떤 이득을 얻었는지는 파악하기 힘들지만, 롤린슨의 연구는 아시리아 제국의 화려하게 기록이 새겨진 기념비를 통해 언어학적인 정보를 얻었다.

프랑스의 역사가이자 언어학자인 장 프랑수아 샹폴리옹은 1822년 로제타석을 해독했다. 이로서 페르시아어가 베히스툰 비문에 쓰여 있는 다른 언어들을 해독하기 위한 단서를 제공한다는 것이 분명해졌다. 맨 위의 문장은 다른 부분보다 접근하기 어려웠고 롤린슨은 비문의 사본을 자신이 보관하기로 마음먹었다. 이는 그의 명성의 주요 원천이 되었고, 이 바빌로니아 문헌은 후세의 고고학자들이 아시리아와 바빌로니아의 문헌을 읽을 수 있게끔 번역의 기반을 이루었다.

정확한 번역 체계

힝크스와 롤린슨은 바빌로니아어를 읽어 냄으로서 연구에 많은 진전을 가져왔다. 다른 두 명의 기록 연구자들이 이들의 제한된 모임에 합류했다. 그 두 사람은 젊은 학자인 줄 오페르와, 영국의 재치 있는 발명가이자 사진가 및 문헌학자인 윌리엄 헨리 폭스 탤벗이었다. 네 명은 런던에서 만나 베히스툰 문헌 해독의 진전 사항을 비교하였다. 왕립 아시아 학회에서 지정한 심사위원들이 네 명 중에서 누가 가장 정확한 번역 체계를 이루어 냈는지 가려내기로 했다. 모두가 제출한 결과에서는 유사한 점이 눈에 띄었으나 특히 힝크스와 롤린슨의 작업이 막상막하로 두드러진 성과를 보였다. 심사위원들은 이들이 상당한 진전을 이룬 것에 만족했다. 롤린슨은 다른 이들에 비해 앞서 있었고, 산스크리트어의 문법을 이용하여 페르시아 문헌을 번역하였다. 그는 다른 두 언어에 주의를 기울여, 둘 중의 하나가 바빌로니아어일 것이라고 정확하게 추정하였다. 엘람어로 된 기록은 가장 해독하기가 어려웠다. 비록 엘람어가 페르시아 제국의 공식 언어였으나, 이는 제국 초기에 빨리 사라져 버렸다. 그로테펜트는 이 기록이 고대 페르시아어나 바빌로니아어와 매우 다른 구조를 가지고 있는 것으로 보아 수사의 언어와 연관이 있을 것이라고 처음으로 추측해 냈다.

좌: **윌리엄 헨리 폭스 탤벗**은 설형문자 해독에만 기여를 한 것이 아니라 최초로 사진의 음화/양화 방법인 캘러타이프도 발명했다.

롤린슨의 업적

설형문자의 융통성은 이미 논증되었다. 설형문자는 페르시아어, 바빌로니아어, 엘람어, 아카드어와 수메르어를 기록하는 데 사용되었다. 롤린슨이 해독에 성공한지 수십 년 후에 설형문자를 사용한 다른 언어가 발견되었다. 독일인들이 히타이트 하투사의 보아즈칼레를 발굴하며 설형문자로 기록되었으나 알려진 언어들과는 완전히 다른 언어로 된 수천 개의 점토판을 발견하였다. 히타이트어 또는 루위어는 설형문자 연구의 새로운 장을 열었다. 이 히타이트의 문헌들이 발견된 지 얼마 지나지 않아 프랑스인들에 의해 우가리트에서 또 다른 형태의 설형문자가 발굴되었다. 이는 메소포타미아의 설형문자와 유사했으나 뚜렷한 차이가 얼마간 있었다. 이 설형문자의 알파벳 순서는 이후에 발달한 페니키아어와 매우 흡사했다. 페니키아의 알파벳은 에게 지역에 널리 확산되었으며 그리스와 라틴어 알파벳의 기원으로 여겨지고 있다.

하: **페니키아 문자**가 비블로스의 왕 아히람의 관 뚜껑(BCE 1000년경)에 새겨져 있는 것을 뚜렷이 볼 수 있다. 1923년에 프랑스의 고고학자 피에르 몽테가 발견한 것이다.

최초의 발굴

크림 전쟁이 일어나기 전, 오스만 제국 말기는 혼란스러웠다. 이러한 무질서는 수도에서 멀리 떨어진 지방에서 일하던 유럽의 발굴자들에게, 멀리 떨어져 있는 제국 정부의 눈을 피해서 매우 부패한 지방 관리들을 쉽게 요리할 수 있도록 도움을 주었다.

상 : 1849년 님루드에서 날개 달린 황소의 상을 옮기는 모습으로 오스틴 헨리 레이어드 경이 쓴 『니네베와 바빌론의 유적 발견』(1853년)의 삽화로 들어간 판화이다.

바빌론, 니네베와 페르세폴리스의 흙더미는 19세기 초, 클라우디우스 제임스 리치에 의해 답사되었다. 그의 사후에 발표된 기록과 대영 박물관에 전시된 유물들은 메소포타미아의 문명을 유럽인들에게 접근시키려는 첫 노력이었다. 1820년 리치가 사망하고서 20여 년이 지난 후에 모술의 프랑스 영사였던 폴 에밀 보타가 니네베와 두르샤루킨(코르사바드)에서 작업했다. 비록 고대 아시리아에 대해 학문적으로 깊은 관심을 가졌으나, 보타의 작업은 리치의 경우와 마찬가지로 그다지 체계적이지 못했다. 또 다른 아마추어인 법률가이자 외교관 오스틴 헨리 레이어드가 수년 후에 니네베를 탐색했다.

이들의 작업으로 루브르와 대영 박물관에 방대한 유물들이 쌓이게 되었고 대중은 메소포타미아의 유적에 열광하게 되었다. 그러나 롤린슨과 그의 동료들이 1851년 고대 설형문자 해독을 상당히 진전시킬 때까지는 고대 근동이 이해되었다고 할 수 없다.

그렇기는 하지만, 레이어드의 삽화집 『니네베와 그 유물들(*Nineveh and its Remains*)』(1849년경 출판)은 영국과 프랑스에서 대단히 인기를 얻었다. 보타와 레이어드의 작업은 유적을 발견하기 위해 중동에 발 딛는 이들의 지침이 되었다.

메소포타미아와 페르시아

19세기 중엽, 유럽의 학자들은 보타나 레이어드와 같은 선구자들의 발자취를 따라 메소포타미아와 시리아에 도착했다. 윌리엄 케니트 로프터스와 예술가 윌리엄 바우처는 님루드에서 대영 박물관을 위하여 레이어드의 작업을 계속했고 우루크와 라르사에도 발굴하러 갔다. 프랑스의 빅토르 플라스는 코르사바드에서 레이어드의 작업을 마무리한 후에 니네베로 갔다. 문헌학자인 줄 오페르는 키시섬의 유적에서 일했다. 영국의 영사인 J. E. 테일러는 에리두와 우르를 발굴하여 이난나의 지구라트를 발견했다. 헨리 크레스위크 롤린슨은 문화적 유적을 발견하는 것보다는 비문에 더욱 관심이 많았으나, 그럼에도 불구하고 잠시 동안 보르시파에서 발굴 열기에 휘말리게 되었고, 소문에 의하면 우르와 님루드에서도 발굴했다고 한다.

페르시아에서는 18세기 말부터 유럽과 외교 관계를 맺어서, 페르세폴리스와 수사를 방문하는 서양인들이 점점 더 증가하였다. 고고학자들이 관심을 보이기 시작한 뒤, 외국인이 주도한 첫 번째 발굴은 타크이부스탄에서 영국의 관할하에 이루어졌다. 이곳은 실크로드에 있는 절벽 유적으로, 여기에는 사산조 페르시아 제국(CE 3–7세기)의 왕들이 자신들의 모습들을 새겨 놓았다. 파스칼 쿠스트, 유진 플랜든과 에드워드 드 사시가 프랑스 예술 아카데미를 위해 파사르가다에와 페르세폴리스 및 그 이외의 유적에서 자료를 수집하였다. 또한 롤린슨은 이란의 베히스툰을 윌리엄 케니트 로프터스는 수사를 각각 발굴하기 위해 방문하였다.

고대 근동 지역에서의 프랑스인들

프랑스와 이란의 오랜 관계가 본격적으로 시작된 것은

좌: **날개 달린 황소 설화 석고 조각상이 있는 사르곤 궁전의 사진.** 프랑스의 고고학자 빅토르 플라스가 1852년에 찍은 이 조각상들은 해체되어 대영 박물관으로 보내졌다.

1881년에 마르셀 오귀스트와 잔 디욀라푸아가 수사에서 로프터스를 이어서 발굴 작업을 시작하게 되면서였다. 디욀라푸아 부부는 프랑스의 교육부로부터 사산조 페르시아 시대의 유적 연구를 의뢰받아 다리우스 1세와 아르타크세르크세스 2세의 궁전들을 발굴하기 위해 수사에 체류했다. 그들은 방대한 양의 유물들을 모아서 루브르로 보냈다. 눈부신 유물들의 가치를 짐작한 프랑스인들은 페르시아의 고고학계에서 열심히 세력을 넓히려 했다. 프랑스의 전문가 자크 드 모르간은 페르시아에서 프랑스의 독점권을 얻을 결심을 하고 디욀라푸아 부부가 6년 전에 떠난 수사로 왔다. 그와 프랑스 대사는 이에 대해 얼마 동안 상의한 뒤 결국 페르시아의 샤를 설득하여 고대 페르시아 유적 발굴에 대한 프랑스의 독점권 협약에 동의하게 만들었다.

또한 프랑스는 19세기 레반트 발굴에서도 두드러졌다. 루이 펠리시앵 조세프 카이냐르 드 솔시는 바알베크를 발굴하고 예루살렘을 탐색했으나 그의 명성은 주로 비현실적인 주장에 의한 것이었다. 예를 들어, 그는 예루살렘에서 발견된 왕들의 무덤을 BCE 1000년 무렵에 살았던 유대 다윗왕의 것이라고 주장하였다. 그뿐만 아니라 레바논의 도시인 바알베크가 로마 제국 시대 이전에 건설되었다고 믿었

하: **이 사진은 아케메네스 왕들의 무덤**으로 각각 아르타크세르크세스 1세(왼쪽)와 크세르크세스 1세(중앙), 다리우스 1세(오른쪽)의 것이다. 이란 나크시에루스탐의 네크로폴리스에 있다.

상 : 사진은 1878년 이집트에 있는 오귀스트 마리에트로, 그는 루브르 박물관을 위해 고대 문서를 매입하러 중동에 파견되었다. 그는 이집트에 이집트 유물국을 설립하고 후에는 카이로의 이집트 박물관을 창설했다.

다. 이는 그가 바알베크를 성서에 나오는 철기 시대의 도시인 바알가드와 연결시키고 싶어했기 때문이었다.

성지 개척자들

이스라엘 남부의 텔엘헤시는 아마도 성지의 유적 중에서는 처음으로, 단순히 폭파시키고 조사한 것이 아니라 과학적으로 발굴 조사가 이루어진 곳일 것이다. 1890년 팔레스타인 탐사 재단과 일하던 플린더스 피트리와 그를 따라온 프레더릭 존스 블리스는 피트리가 새롭게 고안한 체계적인 기술을 사용했다. 이 방법은 이집트와 성지에서 처음으로 적용되기 시작하였는데, 발굴자들이 중동의 다른 곳에서보다 더욱 빨리 일을 진행시킬 수 있게 해 주었다. 청동기와 철기 시대의 지역과 시기를 세분화하는 것이 하나의 분야로 발달되었다. 얼마 지나지 않아 레반트에는 신학적, 성서적으로 훈련된 학자들이 주를 이루게 되었고, 그들 중에는 성서 시대에 주된 관심을 가진 고대 언어 전문가들도 있었다.

이집트의 오귀스트 마리에트

이집트 학자들은 성지에서 일하는 학자들과 긴밀한 관계를 유지하여 피트리와 같이 양쪽 모두에서 작업한 경우가 많았다. 그러나 피트리와 잠시 스친 적이 있는 오귀스트 마리에트는 이집트에 머무는 것을 택했다. 그가 지역과 상관없이 고고학 전체에 큰 영향을 미친 선구자라는 것은 확실하다. 다른 유럽 동료들과 달리 마리에트는 고대의 유물들은 원래 있던 나라의 것이라 믿었다. 아마도 이집트는 과거 오랫동안 유럽의 약탈에 시달려 왔기 때문에, 다른 이들보다 이 문제에 대해 좀 더 민감했던 일부 서양 학자들이 결국 부당한 처사에 대해 인식할 수 있게 되었던 것 같다. 1850년에 시작하여 1881년에 끝난 마리에트의 이집트에서의 경력은 미래에 대한 전조였다. 비록 당시 이집트의 독립적인 지배자였던 이스마일 파샤에게 고대 유물 반출을 금지해야 한다고 설득하는 것은 실패했으나, 마리에트는 어느 정도 손실을 막아 냈다.

호르무즈드 라삼

이집트에게 그들의 땅에서 나온 유물을 소유할 권리가 있다는 마리에트의 주장은 발굴된 유물들에 한정되어 있었으며, 발굴에 대한 허가권은 여전히 그가 지니고 있었다. 그 태도는 너무나 확고하여 단지 프랑스 유물 관장만이 고대 이집트 유적에서의 작업을 허락받게 되었다. 해당 지역의 독립된 정부가 없는 메소포타미아에서 작업하던 유럽인들은 예전에 하던 대로 계속 유물을 반출하여 서양의 박물관에 전시했다. 그러나 발굴 프로젝트의 부수적인 역할에는 현지 출신 학자들 또한 참가할 수 있었다. 이러한 현지 출신 학자들 중에서 가장 성공한 인물이 호르무즈드 라삼이었다. 모술에서 태어난 그는 그곳에서 중요한 기독교 소수 집단의 일원이었다. 주로 행정을 맡아 레이어드와 함께 작업했으나 곧 고고학자로서의 실력을 나타내기 시작했다.

레이어드는 라삼의 길잡이가 되어 그에게 옥스퍼드에서 공부할 기회를 마련해 주었다. 레이어드가 정치가 생활을 시작하자 라삼은 님루드에서 함께 시작했던 현장 작업을 이어받아서 고고학적으로 중요한 발견을 많이 했다. 그가 발견한 것 중 하나인 길가메시 서사시의 점토판은 나중에 롤린슨과 그의 동료들에 의해 해독되었다. 라삼의 평생 지기인 레이어드는 그에게 영국의 외교관이 될 것을 종용하였고 라삼은 아덴의 영사관에 발령받았다. 그러나 라삼이 에티오피아에 인질로 잡힌 영국 선교사들을 위한 협상에서 실패하자 외교관으로서의 경력은 갑자기 끝나게 되었고, 그는 다시 대영 박물관에서 주관하는 아시리아 고고

히타이트 발견

히타이트인들에 대해서는 성서에 자주 언급되었으나 19세기 중엽까지 이들의 고향이나 문화는 전혀 알려지지 않았다. 그들이 정말로 존재했을지도 모른다고 처음으로 눈치 챌 수 있게 된 것은 1894년 윌리엄 라이트에 의해 보아즈칼레(하투사의 고대 유적지)의 유적에서 출토된 문서가 시리아 북부의 알레포와 하마트에서 출토된 비문과 유사하다는 것을 알게 되었을 때였다. 1887년 이집트의 텔엘아마르나에서 파라오들과 "케타 왕국" 간의 서신이 발견되었다. "케타 왕국"은 메소포타미아에서 "하티의 땅"이라 부르던 곳과 일치했다. 당시에는 전혀 알려지지 않았던 히타이트의 언어(루위어)가 완전히 해독되는 것은 1960년까지 기다려야 했다. 그러나 1880년대 옥스퍼드의 언어학자인 아치볼드 헨리 세이스 목사는 아나톨리아에서 하티 또는 카티로 불리던 민족이 이집트의 문헌에서 언급된 "케타 왕국"과 같다고 생각했다. 이들 둘 다 성서에 나오는 히타이트와 동일하다는 것이었다. 20세기 초에 세이스의 견해는 널리 받아들여졌고, 이 신비스러운 고대 민족에 대해 자세히 알기 위해 루위어 문헌을 번역하는 일만 남게 되었다.

좌 : **사진에 보이는 히타이트 폭풍의 신 테슙의 조각**은 중앙 아나톨리아에 있는 히타이트의 수도 하투사의 관문에서 발견되었다. BCE 1300년 무렵에 제작되었다.

학 연구로 복귀하였다. 그는 고고학자로 일하며 수많은 획기적 발견을 이루어 내었다. 그중에는 페르시아의 신바빌로니아 제국 정복에 대해 자세히 기록되어 있는 키루스 대왕의 원통 비문도 있었다.

오스만 함디 베이

오스만 함디는 이스탄불의 오스만 지배층 가족에서 태어났다. 그의 부친은 술탄의 대(大) 와지르(재상)였다. 원래 그는 법률을 공부했으나 자신의 진정한 길은 예술이라 여기게 되었다. 파리에서 공부한 후 고향으로 돌아가서 그림을 그리며 동방 예술에 대해 공부했다. 비록 화가로서 성공했으나 고대 터키의 역사를 지키는 것에 도움이 되고자 했다. 오스만 황실 박물관의 최고 책임자로 임명받아 처음으로 박물관을 발전시키고 터키의 문화 자산을 보호하기 위해 고대 유물에 관련한 법을 새로 정했으며 박물관의 후원으로 고고학 발굴을 추진하기 시작했다.

1884년, 오스만 함디는 유물 해외 밀반출 금지 규정을 발의하여 터키에서 작업하는 유럽인들의 커다란 분노를 사게 되었다. 그 후, 그는 대부분의 동료 발굴자들보다 뛰어난 그의 예술사적 지식을 바탕으로 저명한 고고학자의 반열에 오르게 되었다. 그는 콤마게네 왕들의 무덤이 있는 넴루트다으, 라기나의 헤카테 신전, 레바논의 거대한 페니키아 도시에서 작업했다. 시돈에서 여러 개의 조각된 석관을 발견했는데, 그중에는 알렉산드로스 대왕의 일생이 묘사되어 있는 관이 있었다. 그는 스스로 발견한 막대한 유물들을 전시하기 위해 오늘날의 이스탄불 고고학 박물관과 고대 오리엔트 박물관을 건설했다.

좌 : **BCE 4세기 말에 만들어진 알렉산드로스의 석관**은 오스만 함디 베이가 시돈에서 발견했다. 알렉산드로스라는 명칭이 붙은 것은 석관 위에 그리스와 페르시아인들의 전투하는 모습과 사냥하는 장면이 조각되어 있기 때문이다.

수메르의 발견

세계 최초의 문명이 수메르라고 알려진 지는 여러 세대가 지났다. 비록 시리아와 이란에서 최근에 이루어진 발굴이 이러한 시각을 어느 정도 바꾸었으나, 실제 역사가 수메르에서 시작된 것은 대체로 사실이다.

그러므로 수메르 문명이 겨우 1세기 전에 다시 발견되었다는 것은 놀라운 일이다. 수메르는 이후의 문화 유적을 목적으로 한 발굴이 진행되며 우연하게 서서히 밝혀지게 되었다. 성서와 삽으로 무장하고 기록에 나오는 민족들을 찾던 고고학자들은 수메르의 존재나 수메르의 가장 큰 도시였던 우르가 사실 아브라함이 태어난 곳이라는 것은 생각지도 못했다.

기록의 기원

1842년, 폴 에밀 보타와 오스틴 헨리 레이어드는 니네베, 코르사바드 및 님루드에서 수천 개의 아카드 점토판을 발견하기 시작했다. 설형문자를 해독한 헨리 롤린슨은 처음에는 이 기록 방식이 오로지 아카드어에서만 사용되었다고 믿었다. 그러나 일부 점토판에서 아카드어가 아닌 비셈어 계통의 언어가 나타났다. 1850년 에드워드 힝크스가 그 이전의 문화에서 설형문자가 발명되었으리라고 올바른 가정을 제시하였다. 설형문자를 연구하던 줄 오페르는 아카드어가 아닌 언어를 기록에서 자주 나타나는 "수메르와 아카드의 왕"이라는 명칭을 근거로 "수메르어"라고 하는 것이 가장 알맞다고 판단했다.

중동에서의 발굴이 크림 전쟁에 의해 중단되자, 수메르인들의 위치에 대한 추측은 몇 년 동안 중단되었다. 1853년에서 1856년까지, 러시아 제국, 프랑스, 대영 제국, 사르데냐 왕국과 오스만 제국은 패권 다툼에 몰두하였다. 전쟁이 끝나고 오스만 제국이 중동에서의 지배권을 어느 정도 회복하게 되자 고고학적인 발굴 작업이 본격적으로 다시 시작되었다. 라가시와 니푸르는 수메르 유적 가운데에서 처음으로 발굴된 곳으로, 프랑스에 의해 발굴이 시작되었으며 미국이 뒤를 이었다. 레이어드의 동료이자 아시리아 정교회의 교인인 호르무즈드 라삼은 유럽의 발굴자들보다는 알려지지 않았으나 수메르의 재발견에 대해서 대단히 중요한 역할을 하였다. 1878년에서 1882년까지 라삼은 니네베, 님루드, 보르시파, 시파르를 비롯한 메소포타미아의 이곳저곳에서 수메르인들에 관한 대단히 중요하고 새로운 흔적들을 찾아내는 데 성공하였다.

전쟁 후의 수메르 고고학

라삼의 지휘로 프랑스인, 미국인과 그의 동료들은 제1차 세계 대전으로 갑작스럽게 중단될 때까지 발굴 작업을 계속했다. 전쟁이 끝나고 유럽이 터키 대신 지배권을 차지하게 되자 더 많은 외국의 고고학자들이 메소포타미아에 몰려들게 되었

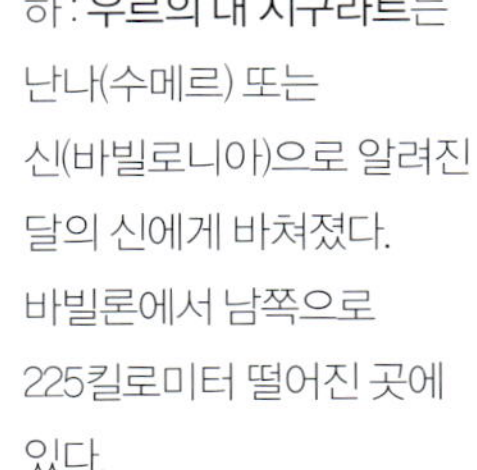

하 : **우르의 대 지구라트**는 난나(수메르) 또는 신(바빌로니아)으로 알려진 달의 신에게 바쳐졌다. 바빌론에서 남쪽으로 225킬로미터 떨어진 곳에 있다.

좌 : **우르의 푸아비 왕비의 무덤(BCE 2500년경)에서 발견된 많은 보물들** 중에는 사진에 보이는 수메르의 황금으로 된 황소 머리 모양의 하프 장식이 있었다.

다. 당시에는 박물관 전시를 위해 발굴하고 수집하던 시절에 비해 고고학이 많은 진전을 이루었다. 독일 고고학자들이 전쟁 전에 발달시켰던 방식과 영국의 의뢰를 받은 새로운 유물 관장인 유명한 거트루드 벨의 지속적인 영향이 합쳐져, 보다 체계적인 접근법이 발굴 작업에 적용되었다.

울리와 왕가의 무덤

이러한 새로운 경향의 발굴자들 중의 하나가 고대 수메르로 인해 잘 알려지게 된 레너드 울리였다. 그의 이름은 카르케미시, 알랄라크, 아마르나 등의 많은 유명한 유적과 관련되어 알려졌다. 그러나 그가 최고의 명성을 얻게 된 것은 우르에서 왕가의 무덤을 발견했기 때문이었다. 1927년 가을, 구바빌로니아와 우르 제3왕조의 지층을 발굴하는 동안 울리는 묘지를 발견하게 되었다. 그의 팀은 이들 중에 다른 묘소들보다 더욱 넓고 정교한 무덤이 있는 것을 발견하게 되었다.

다른 대부분의 무덤들은 훨씬 규모가 작은 단칸 구조였으나 정교한 무덤들에는 여러 개의 방이 있었다. 이 중에는 전혀 손댄 적이 없는, 믿기 어려울 정도로 화려한 부장품들이 들어 있는 무덤이 있었다. 오늘날 세계에 널리 알려진 이 화려한 부장품들 곁에는 많은 시신들이 있었다. 울리에 의하면 이들은 주인의 죽음에 동행하기 위한 시종들이었다.

울리는 왕가의 무덤을 발견한 것으로 영원히 기억에 남을 테지만, 그중에서도 대단히 부서지기 쉬운 유물들을 조심해서 보호하고 이들을 세심하게 발표하여 오늘날까지 이어질 수 있도록 한 점은 특히 갈채를 받아 마땅하다.

밝혀진 수메르의 영광

이라크가 독립하고 나서도 이라크와 외국의 학자들은 함께 작업을 계속했다. 그들은 중요한 수메르 도시인 우루크와 니푸르에 대한 정보를 밝혀내어 수메르의 신비스러운 문명을 세상에 알렸다. 그러나 수메르의 가장 오래된 도시인 에리두를 발견하고 그곳에서 재건되어 3000년이 넘도록 사용된 신전을 발굴해 낸 것은 이라크의 학자들이었다. 수메르의 가장 오래된 종교적 중심지인 에리두는 남부 메소포타미아에서 수메르가 최초의 위대한 문명이었음을 가장 확실하게 알려 준 유적이다.

그러나 수메르 발견의 역사에는 불행한 각주가 달려 있다. 최근에 일어난 대변동은 수메르의 유적에 지상과 지하에서 파괴적인 영향을 주었다. 많은 유적들이 굴착기를 사용하는 거대한 조직들에 의해 조직적으로 도굴되었다. 고고학자들이 거의 탐사하지 못한 움마는 순식간에 파괴되었다. 우루크, 에리두, 니푸르 및 라가시는 모두 위험에 처해 있으며 이라크 남부의 모든 유적에서는 가치 있는 유물들이 산산이 부서지거나 도난당했다.

골동품 시장은 점토판과 귀중한 유물들로 넘치고 있으며, 이 유물들의 출처나 배경은 영원히 망각에 묻혔다. 수천 년 동안 이어져 내려온 문명이 역사 앞에 밝혀진 지 얼마 안 된 지금, 순식간에 시야에서 사라져 버리고 있다.

하 : **라가시 왕 엔테마나의 은제 화병**은 텔로의 고대 유적에서 발견되었다. 도시국가인 라가시는 수메르에서 가장 오래된 국가들 중의 하나였다.

양 대전 사이의 발견들

제1차 세계 대전 이전에 메소포타미아를 관통하던 철로는 독일의 경우 베를린–바그다드 선이 잘 알려져 있었다. 프랑스에는 보르도–바그다드나 칼레–카이로 선이 있었고, 영국에는 런던–바그다드 선이 있었다. 전쟁이 끝난 후에 이들은 바그다드 철도로 알려지게 되었다.

상 : **바그다드 철도 공사**는 1888년에 시작되었다. 1914년에 완성되어 중동에서 세계 대전 중에 큰 영향을 끼치게 되었다.

베를린에서 바그다드로 연결된 철도는 유럽과 중동을 잇는 핵심 축이었고, 메소포타미아 작전에서 오스만 제국의 전쟁 보급에 필수적인 역할을 하였다. 어떤 면에서 이 노선은 유럽으로 가는 오래된 대상 교역로가 확대된 것이었으며, 동방의 부를 서양으로 가져가는 경로로서도 이름이 널리 알려졌다.

제1차 세계 대전을 통해서 유럽인과 미국인들은 근동의 중요성을 인식하게 되었으며, 그로 인하여 전쟁이 끝나자 여행자들에게 각광을 받게 되었다. 제1차 세계 대전과 제2차 세계 대전의 사이에는 성서와 문학에서 유명한 전설적인 동방을 보기 위해 세계 각국의 사람들이 중동으로 몰려들었다. 당연하게도 고대 근동은 이 여행자들의 높은 관심을 끌었다. 일반 여행자들은 세미라미스, 사르다노폴루스, 제노비아 등의 이름에 유혹되었고, 신앙심이 깊은 이들은 아브라함, 다윗 및 예수의 흔적을 좇았다.

양 대전 사이의 학자들

자신들을 "과학적"이라고 여겼던 당시 고대 근동을 연구하던 학자들은 이러한 대중들의 관심에 대해서 축복인 동시에 저주라고 여기고 있었다. 그들은 거의 매일 엄청난 발견을 했으며, 대중은 기자들에게서 이 발견을 둘러싼 무엇인가 환상적인 이야기를 듣게 되기를 원했다. 예를 들어, 1922년 하워드 카터가 예상치 못하게 발견하게 된 투탕카멘의 무덤과 그 안에 있던 전설적인 유물들은 대중에게 "미라의 저주"로 악명이 높았다.

유대 및 기독교와 관련된 성서 유적들도 대중의 상상력을 사로잡았다. 그러나 탐사 영역이 주변으로 확산되면서 획기적인 발견들이 나타나기 시작하였다. 비록 영국을 비롯한 유럽의 학자들이 중요한 것들을 계속해서 발견해 내고 있었으나, 양 대전 사이의 시기에는 미국이 주목을 받게 되었다.

미국에서는 저명한 고고학자들이 대중에 휩쓸리지 않으면서 동시에 그들을 매료시키는 것에 도전하여 아직 남아 있는 가장 중요한 유적들을 발견해 내는 데 성공하였다. 그야말로 신기원을 이룬 시대였다.

동방 연구에서의 미국인

시카고 대학의 동방 연구소를 설립한 제임스 헨리 브레스티드는 가장 중요한 고고학자들 중의 한 명이자 처음으로 양 대전 사이의 시기에 바그다드 철도를 이용한 고고학자였다. 브레스티드는 유명한 거트루드 벨에게서 받은 새로운 유적에 대한 정보를 근거로 발굴하기 위하여 1919년 메소포타미아에 도착했다. 브레스티드는 서양학자로서는 처음으로 시리아의 두라–에우로포스를 보게 되었고, 그는 그 방문에 대해 다음과 같이 낭만적으로 묘사하였다. "…세계 대전 후에 처음으로 백인이 사막 지역과 새로이 선포된 아랍 국가를 가로질러 돌진했다." 이듬해 코르사바드에 들린 브레스티드는 아직도 이 유적에서 할 일이 많

연안에서 로마 제국의 유적을 발굴하기 시작했다. 그는 미시건 대학을 위해 근동에서 다섯 차례에 걸쳐 유적들을 사전 답사하였다.

이 시기에, 윌리엄 폭스웰 올브라이트가 존스홉킨스 대학에서 근동 연구로 박사학위를 받고 브레스티드와 켈리가 방문한 1년 후에 기차를 타고 성지에 도착하였다. 올브라이트는 예루살렘에 매력을 느끼고 이 도시에서 자신의 명성을 얻고자 하였다. 그는 1921년 자신의 모친에게 다음과 같이 편지를 썼다. "세상 어느 곳이라도 예루살렘만큼 나에게 알맞은 곳은 없습니다."

올브라이트는 성지 고고학자들 중에서는 처음으로 성서와 성서 외 문헌의 연구를 과학적인 고고학과 조합시킨 것으로 알려지게 되었다.

좌 : **코논의 가족이 사제들과 함께 있는 모습이 그려진 벽화**는 시리아의 두라-에우로포스에 있는 팔미라의 신전에서 발견되었다. 이 유적은 제1차 세계 대전이 끝나고 처음으로 발굴되었다.

양 대전 사이의 유럽인들

독일의 발굴자들은 1920년대에 히타이트의 수도였던 하투사(오늘날 보아즈칼레)로 돌아가서 바로 뛰어난 유물들을 발굴해 내기 시작했다. 그들은 히타이트 왕들의 문서들도 발견하였는데, 그중에는 시리아 전쟁을 끝낸 람세스와 하투실리 3세의 협정이 포함되어 있었다.

같은 시기에, 프랑스 학자들은 이란으로 되돌아갔다. 이들 중 앙드레 고다르는 이란의 새 정부의 초청을 받았다. 그는 30년 동안 이란에 머물며 테헤란 대학에서 이란의 고고학자들을 양성시키는 중요한 역할을 했다. 고다르는 이란 최초의 고고학 박물관을 구상하고 첫 관장으로 임명되었다.

이 남아 있다는 적절한 지적을 했다. 물론 "그가" 스스로 설립한 동방 연구소의 학자들에게 그 일이 주어지기를 희망하였다. 얼마 후, 그들은 드디어 코르사바드의 발굴을 시작할 수 있었다. 아시리아의 정복자 사르곤 2세의 수도였던 코르사바드는 완성되기도 전에 사르곤의 후계자들에 의해 버려졌다. 지금까지도 고고학자들은 남아 있는 유적을 이해하려 애쓰고 있다.

미국의 고고학자들은 건축 계획을 복원해 냈고, 건설이 끝나지 않은 관계로 더욱 이해하기 쉬워진 건축 기술을 파악했으며, 복잡하고 손상되기 쉬운 장식들을 기록하는 등 많은 성과를 이루어 내었다.

미국 중서부 출신인 미시건 대학의 프랜시스 윌리 켈시는 브레스티드 및 그의 동방 연구소 팀들이 활동했던 때와 같은 시기에 등장했다. 켈시도 브레스티드와 같이 바그다드 철도를 이용하여 시리아의 도시인 알레포에 도착하여 시리아와 이집트, 튀니지의 지중해

하 : **사진에 보이는 신전 저장고**는 터키 중앙의 히타이트 수도 하투사(오늘날 보아즈칼레)에 있는 태양의 여신에게 봉헌된 신전에 있다.

성서 고고학

19세기 유럽과 미국의 기독교도들로 하여금 성서의 땅에 주의를 기울이게 한 것은 군인, 공무원 및 외교관들이었다. 나폴레옹이나 클라우디우스 리치, 헨리 롤린슨이 중동을 탐사하게 된 동기가 무엇이었는지는 몰라도, 종교는 그 원인 중에 들어 있지 않았다.

이는 그들이 초기에 발견한 것들이 성직자들에게 의미가 없었다는 뜻은 아니다. 사실 많은 성직자들은 메소포타미아와 이집트 문화에 대해 새로운 사실이 밝혀질 때마다 성서의 기록이 사실로 증명되는 것을 환영하였다. 그러나 보다 과감한 비종교권 학자들이 현장에 직접 가는 것을 택한 반면에, 성직자들의 대부분은 자신의 사무실에 머물며 사본을 해독하는 것에 그쳤다. 그러나 그중에서 눈에 띄는 예외가 미국의 신학자인 에드워드 로빈슨이다. 그는 "팔레스타인", "시나이 산", "아라비아 페트라에아"와 같은 성서 유적들을 발견하기 위해 중동으로 향했다. 당시 팔레스타인에서는 대부분의 탐사가들이 단순히 유적을 찾는 것만을 목적으로 했기에, 고고학보다는 지리학이 앞서 있었다.

하 : 사진의 아마르나 서신은 아크나톤(재위 BCE 1352–1336년)이 팔레스타인 종속국의 군주에게 보낸 것이다. 사용된 언어는 아카드어이며 설형문자로 기록되었다.

19세기 후반의 탐사가들

로빈슨과는 달리 빅토리아 시대의 영국 탐사가들은 종교와 국가의 요구에 따라 성지의 지도를 만들었다. 기독교도들과 무슬림의 갈등에 팔레스타인이 관련되어 있음을 시사했던 크림 전쟁 이후, 군인들이 팔레스타인을 탐사하러 왔다. 일부는 키치너나 고든과 같이 보다 보수적인 신앙인들이었고, 다른 이들은 리처드 버튼이나 T. E. 로렌스처럼 신앙심은 약해도 보다 호기심이 많았다. 1865년 시작된 팔레스타인 탐사 재단은 이들처럼 유명한 인물들을 후원하며 성지의 지도를 제작했다.

성서를 증명해 줄 수도 있을 고대 근동 기록들의 발견은 종교학자들의 관심을 끌었다. 결국 얼마 지나지 않아 성직자들이 책상을 버리고 수십 년 동안 듣기만 했던 성서 유적을 직접 찾아가기 시작했다. 당시 성서는 사실에 입각한 것도, 그 내용과 동시대의 것도 아니라는 "고등 비평"이 학자들 사이에서 점점 자리를 잡아가고 있었다. 많은 신앙인들은 성서가 타당하지 못한 것으로 전락해 버릴 위험에 처했다고 여기게 되었다. 성서에 나오는 오므리와 아합에 대해 기록되어 있는 메샤 석주를 발견한 독일의 F. A. 클라인 목사 같은 이들이 현장으로 뛰어들었다. 이처럼 적극적으로 참여한 이들 중에는 주로 고문서와 이집트 유적에 대해 연구한 아치볼드 헨리 세이스 목사와, BCE 8세기 초에 히스기야 왕이 물을 성안으로 들이기 위해 건설한 터널에 대한 내용이 새겨진 실로암 비문을 1880년에 연구한 개신교 선교사 콘래드 시크 등이 있었다.

성지의 과학적 조사

아랍인과 무슬림들을 보다 신중하게 대하고 훨씬 조직적으로 작업하는 신세대 고고학자들이 나타나게 되었다. 예를 들어 W. 플린더스 피트리의 경우, 기독교 근본주의 가정에서 태어났으며 신앙 때문에 중동 고고학에 관심을 갖게 되었다는 종교적인 배경에 대해 짐작하기가 힘들 정도였다. 레너드 울리는 비록 피트리보다는 온건한 기독교 가정의 출신이지만 그래도 목사의 아들이었다.

피트리는 이집트와 팔레스타인 유적에서의 작업을 통해 고고학 전체에 혁명을 일으켰다. 고고학적 연대를 자세히 설명하기 위해 토기 유형론을 확립했고 많은 아마르나 서신을 발견했다. 1896년에는 최초로 "이스라엘"이 언급된 메르넵타 석비를 발견했다. 이어서 출애굽기에 나오는 모세의 십계명과도 비교되는, 1901년의 함무라비 법전같이 다른 중요한 문서들도 발견되었다.

제1차 세계 대전이 끝난 뒤 성서 고고학계는 윌리엄 폭스웰 올브라이트에 의해 지배되었다. 미국인인 올브라이

트는 종교적인 배경에서 이전의 탐사가들과 외관상으로는 관계가 있는 것처럼 보였다. 그는 감리교 전도사의 아들로 신앙심이 깊었으나 다른 이들이 상상할 수 있는 것처럼 그의 신앙심이 고고학 연구에 많은 영향을 주지는 않았다. 실제로 그는 많은 동료들이 무책임하게 성서와 유적을 연관시키는 것에 대해 의문을 가졌다. 그는 베두인에 의해 유대의 사막에서 발견된 사해 문서를 진본이라고 감정한 사람으로 알려져 있다. 성서적인 발견으로서는 가장 오래된 것인 BCE 3세기 무렵의 사해 문서는 청동기 시대 부족장들의 증거를 찾는 사람들을 만족시키지는 못했으나 이제껏 알려졌던 어떠한 성서의 기록보다도 더욱 오래된 것이었다.

서양의 성서 고고학 연구 단체들

올브라이트가 1900년에 설립한 미국 동방 연구소는 성지에서의 고고학적 연구를 목적으로 하는 최초의 교육 기관이다. 유럽에서도 고고학 학교를 설립했다. 도미니크회에서 설립한 에콜비블리크(성서 학교)는 1920년에 현재의 명칭을 택했으며 일반적으로 프랑스 국립 고고학 대학으로 여겨지고 있다. 마리 에밀 보와스마르, 롤랑 드 보, 레이몽 자크 투르네와 피에르 브노와가 이 학교에서 수학하였다. 루터교도들에 의해 1877년에 설립된 독일의 팔레스타인 탐사 협회(Deutscher Palästina-Verein)는 고틀리프 슈마허의 메기도 발굴과 같은 수많은 프로젝트를 후원했다. 팔레스타인 탐사 재단은 다른 학문 분야와 제휴하는 연구를 계속 지원하고 있으며, 1919년에는 영국 고고학 대학이 설립되었다.

상: **쿰란의 제4 동굴**은 베두인들이 사해 문서를 찾아낸 곳으로, 윌리엄 폭스웰 올브라이트는 사해 문서가 진본임을 규명했다.

하: **초기 청동기 시대**에 해당하는 가나안 신전의 유적으로 이스라엘의 텔메기도에 있다.

현지 출신의 고고학자들

팔레스타인의 외국인 발굴가들은 자신들이 속한 학교나 외국 재단의 후원을 받았다. 그러므로 미국인과 유럽인 들이 대부분의 발굴을 이루어 낸 것은 놀라운 일이 아니다. 그동안 현지 출신 고고학자들의 공로는 그다지 인정되지 않았으나 그들은 미래의 자국 고고학 발전에 초석을 놓았다. 올브라이트의 친구였던 타우피크 가나안(1882–1964년), 디미트리 C. 바람키(1909–1984년), 스테판 한나 스테판과 같은 학자들의 연구는 팔레스타인에 대한 지식을 넓히는 데 상당한 역할을 하였다. 이들 중 가장 잘 알려진 이는 가나안으로, 페트라의 최초 발굴단과 동행했다. 바람키는 1948년에 팔레스타인을 떠나 레바논의 베이루트 아메리칸 대학에서 강단에 섰다. 그는 1950년대에 아메리칸 대학의 고고학 현장 수업을 시작하였다. 스테판은 독학으로 고고학자가 되었으며, 가나안이나 바람키처럼 민족지에 깊은 관심을 기울였다. 훗날 이스라엘 탐사 협회가 되는 유대 팔레스타인 탐사 협회는 함마트–티베리아스, 압살롬의 무덤, 예루살렘의 유대인 구역, 라마트라헬, 베이트셰아림과 베트예라에서의 발굴 프로젝트를 후원하였다. 예루살렘에 있는 히브리 대학교의 고고학과는 예루살렘 및 다른 지역에서 중요한 것들을 많이 발견해 낸 E. L. 수케니크를 학과장으로 하여 1934년 설립되었다. 이들은 순수한 이스라엘 고고학 재단들로 성서 연구를 위한 부속으로 여겨지는 경우가 많지만 본질적으로 종교적이라기보다는 민족주의적인 성향을 띄고 있다.

이스라엘 고고학의 부각

1950년대와 1960년대에는 이스라엘의 고고학이 성서 고고학을 근본적으로 변화시키게 되었다. 미국인들이 수십 년 동안 지켜 온 정상의 위치를 이스라엘에서 교육받은 학자들이 차지하기 시작한 것이다. 당시 가장 눈에 띄는 이스라엘 학자로는 E. L. 수케니크의 아들인 군인 학자 이갈 야딘이 있었다. 야딘이 발굴한 유적으로는 하솔, 베이트셰안, 메기도와 가장 유명한 마사다가 있다.

하: **압살롬의 무덤**은 예루살렘에 있다. 성서에 의하면 그는 이스라엘 다윗 왕의 셋째 아들이었다.

좌 : **유대 사막의 동쪽 끝에 있는 마사다 유적**은 헤롯 왕(BCE 37-4년)이 건설한 요새이다.

당시는 매우 활동적인 시기였고, 야딘은 아라드와 베르셰바, 라키시에서는 요하난 아하로니와 일하고, 예루살렘과 엔게디에서는 벤자민 마자르, 아라드에서는 루스 아미란, 단에서는 아브라함 비란, 베트예라에서는 데이비드 어시스킨, 아펙에서는 모셰 코카비, 예루살렘의 유대인 구역에서는 나흐만 아비가드과 일하는 등, 저명한 이스라엘 학자들과 함께 성서 유적지에서 일했다.

이 시기에는 국가 정체성이 성장했기 때문에 이스라엘, 팔레스타인, 요르단 사람들로 외국의 발굴에서 제외되지 않았다. 비록 관할 지역에 따라 요구되는 조건은 다양했으나 현지의 학자들과 함께 일하는 이상, 모든 외국의 학자들이 환영을 받았다. 이 시기에 캐슬린 케니언이 예리코와 다윗의 도시에서 일했으며, 제임스 프리처드는 기베온에서, 올브라이트가 후견하는 윌리엄 G. 데버와 G. 어니스트 라이트는 게제르에서 작업했다.

오늘날의 성서 고고학

오늘날, 성서 지역의 고고학은 여전히 성서와 깊이 관련되어 있다. 이는 대중과 언론이 다른 곳에서보다 근동에서의 성서적 발견에 더욱 흥미를 가지고 있기 때문이다. 비문, 파피루스, 두루마리 문서들은 비록 메소포타미아와 이집트에서 발견되는 기록들에 비하면 그 수가 적지만, 성지 고고학의 결과물 중 가장 환호받는 발견들이다. 최근에 가장 많이 보도된 것으로는 텔단에서 나온, "다윗의 가문"이 언급된 BCE 8세기의 아람어 비문과 케테프힌놈에서 나온 BCE 8세기의 부적이 있다. 케테프힌놈의 부적은 비록 파편에 불과하지만 유일하게 사해 문서에 앞서는 성서의 문헌이 기록되어 있는 유물이다.

성서적인 발견이 여전히 주목을 끌고 있으므로 이스라엘과 팔레스타인, 요르단에서 작업하는 고고학자들의 연구에 성서가 계속 연관되는 것은 자연스러운 일이다. 이와 동시에, 종교학자들 사이에서는 고대 성서 유적을 연구하는 것이 그 자체만으로도 가치가 있다는 생각을 점점 받아들이게 되었다. 유적과 유물들에 대한 설명이 주석으로 달려 있는 수많은 고고학적 성서들이 이미 발간되었다. 성서와 삽의 결합은 여전히 계속되겠지만, 언젠가는 결국 이 두 분야의 역할이 변할 날이 있을 것이다.

고고학적 조사와 성서

1세기 동안 성서 고고학적 연구는 성서의 내용을 증명하지 못하여 신앙심으로 탐구하는 일부 학자들을 당황시켰다. 기베온 연못, 예루살렘 지하에 있는 히스기야의 터널, 아시리아 황제 센나케리브가 건설한 라키시의 참호, 예루살렘에 아직도 서 있는 헤롯 왕 신전의 벽과 같은 유적들이 존재한다는 것은 고고학자들이 팔레스타인을 처음 발굴하기 이미 오래 전부터 알려져 있었다. 예리코, 하솔, 메기도, 게제르, 베델, 베르셰바 및 아라드의 발굴에서는 팔레스타인의 청동기와 철기 시대에 대한 많은 정보들이 나왔으나 성서에 나오는 일들과 어떤 관련이 있는지에 대해서는 혼란스럽기만 했다. 이는 많은 각론과 논쟁의 주제로 남았다.

상 : **포위된 라키시가 아시리아 왕 센나케리브에게 항복하는 장면**(BCE 701년)은 아시리아의 부조를 기초로 한 것이다.

고대 이란의 발굴

조지 커즌 후작은 1897년 프랑스 대사에 의해 페르시아에서의 모든 고고학 활동에 대한 통제권을 프랑스에 위임하는 협정이 체결될 때까지 고대 페르시아에 대한 감상을 책으로 펴낸 영국의 학자였다.

우 : 조지 너새니얼 커즌 (1859–1925년)은 제1대 케들스톤 커즌 후작이자 영국 보수당 정치가로 외무부 장관과 인도의 총독을 역임했다.

커즌은 유럽인으로서는 처음으로 파르스 주의 파사르가다에 유적을 키루스 대왕 및 아케메네스 제국과 연관 지은 사람이다. 그의 의견은 다른 학자들에게 받아들여지지 않았고, 커즌은 파사르가다에의 발굴이 더욱 진척되기를 열망했다. 이는 고고학자들이 페르시아 제국이 탄생한 곳으로서 파르스 주에 관심을 보이기 얼마 전의 일이었다. 고고학적 발굴은 프랑스인들 손에 있었고 이들은 수사의 발굴에 집중하고 있었다.

1884년부터 수사에서 작업하던 마르셀 디욀라푸아는 그곳에서 아케메네스 제국의 흔적을 다수 발견할 수 있었다. 그는 도시의 벽과 키루스 대왕이 건설한 거대한 접견실인 아파다나를 탐사했다. 그곳에서 유명한 키루스 대왕의 "왕실 사수들"이 새겨진 흙벽돌 프리즈를 발견했다. 프랑스의 학자이자 프랑스 고고학 사절의 총재인 자크 드 모르간이 디욀라푸아에 이어서 수사를 발굴했다. 그는 15년간 프랑스 사절의 우두머리로 있으며 이 유적을 충분히 이용할 수 있었다. 유명한 근동 제국들 사이의 연관성을 확립시킬 가능성을 느낀 드 모르간은 아시리아 학자들과 협동하기로 결심했다. 프랑스 도미니크파의 벵상 셰일 신부가 드 모르간을 도와 그의 가장 유명한 발견인 함무라비 법전을 수사에서 발굴해 내었다.

아케메네스 제국을 찾아

수사에서 진행된 드 모르간의 작업은 이 유적의 초기 지층에 대한 새로운 관심을 불러일으켰다. 그들은 페르시아 제국 이전에 그곳에 있던 나라의 흔적을 찾고 싶어했다. 그러나 주로 아케메네스 시대의 유물들이 계속해서 발견되었다. 이는 수사가 아케메네스 제국 초기의 도시라는 것을 의미했다. 페르시아 제국 유적들과의 연대적인 연관성은 페르세폴리스와 파사르가다에와 같은 다른 유적들이 조사될 때까지는 확실히 알 수가 없었다. 프랑스가 수사를 차지한 가운데, 1920년대에 독일 태생의 고고학자 에른스트 헤르츠펠트가 키루스 대왕의 수도인 페르세폴리스를 발굴하러 페르시아에 왔다. 그의 팀은 정문과 두 개의 궁전을 발굴하기 시작하면서, 페르세폴리스의 아케메네스 건축을 분석하기 위해 수준기표를 설정했다. 후에 헤르츠펠트는 시카고 동방 연구소의 발굴팀을 지휘하기 위해 페르세폴리스로 되돌아갔고, 아파다나의 유명한 북면 부조를 발견하였다. 이들은 또한 접견실 기반에 묻혀 있던 금과 은으로 된 정초 매장물과 페르세폴리스 요새 문서로 알려지게 될 엘람 설형문자 점토판들을 발견했다.

페르세폴리스에서 헤르츠펠트의 뒤를 이은 에른스트 슈미트는 왕실 금고와 옛 아파다나 외벽의 일부였던 부조 및 엘람어로 된 다른 점토판들과 청동, 유리 제품, 돌그릇 등 수많은 유물들을 발굴해 냈다. 슈미트는 또한 왕좌가

상 : **사진에 보이는 스핑크스 조각**은 페르세폴리스의 트리폴론(삼중의 문) 난간에 있다.

있는 공식 알현실과 "조로아스터의 탑"이라 불리는 BCE 5세기의 사각형 건물을 밝혀 냈다. 뿐만 아니라 슈미트는 당시 이 지역에서는 거의 알려지지 않았던 항공사진을 이용하여 처음으로 페르세폴리스 지역의 모든 유적을 완전히 기록했다. 1930년대에는 헤르츠펠트와 슈미트의 지휘 아래 페르세폴리스의 발굴이 이루어졌으나, 1940년대에는 이란 고고학 관리국이 발굴을 맡게 되었으며, 처음에는 앙드레 고다르가 지휘하였다가 나중에는 알리 사미로 바뀌게 되었다.

파사르가다에의 영국인들

헤르츠펠트는 1905년 파사르가다에에 와서 3년 후에 이 유적에 대한 논문을 발표했다. 1928년에는 파사르가다에의 첫 발굴을 지휘하기도 했다. 그는 파사르가다에가 키루스 대왕과 깊은 연관이 있을 것이라는 30년 전 커즌 경의 말을 믿었다. 헤르츠펠트의 작업을 이은 아우렐 스타인은 파사르가다에에 있는 여러 흙더미를 탐사했고, 슈미트는 처음으로 항공사진을 찍었다. 동방 연구소는 파사르가다에를 간헐적으로 연구했을 뿐이었고 결국 이란 문화재 관리국의 알리 사미가 1940년대에 이곳을 맡게 되었다. 그는 파사르가다에에서 두 궁전의 위치를 찾아내고 정확한 지층을 짚어 냈다.

1961년, 영국에서는 페르시아 연구소가 설립되었다. 그리고 커즌 경이 유적을 연구한 이후 처음으로 영국은 파사르가다에의 탐사에 착수했다. 그들은 데이비드 스트로나크의 지휘 아래 헤르츠펠트와 사미의 현장 작업을 이어받았다. 이들의 목적은 파사르다가에에서 궁전의 정원을 포함하여 주요 유적들을 일일이 다시 검토하고, 키루스 대왕이 완성하지 못한 채로 남겨 놓았던 언덕 서쪽의 석조 플랫폼이 있는 탈에타크트를 발굴하는 것이었다. 이곳은 아케메네스 시대의 감옥이었거나 키루스 대왕 모친의 묘였으리라 여겨지고 있었다. 정원 구역에서는 장신구와 귀중품들이 대량으로 발견되었다. 스트로나크는 겨우 두 계절 동안만 이곳에서 일할 수 있었고, 최근에 들어서 이란 고고학 관리국이 다시 발굴 작업을 시작했다.

수사로 다시 돌아간 프랑스인들

유명한 프랑스 발굴자인 장

하 : **조로아스터의 탑**은 아케메네스 왕가의 무덤이 있는 나크시에루스탐에 있으며 BCE 5세기 건물이다.

페로는 1968년, 이란에서 프랑스 고고학 사절의 총책임자가 되었다. 그는 우선 프랑스가 19세기부터 작업해 온 수사의 지층이 쌓인 순서를 정확하게 규명하려 했다. 페로의 지휘 아래 발굴단은 다리우스 대왕의 궁전에서 두 개의 대리석 정초 매장물을 찾아냈다. 그들은 또한 아르타크세르크세스 2세의 궁전을 발굴하고 이집트산 돌을 깎아 만든 키루스 대왕의 거대한 조각상을 발견했다. 고대 이란의 보물들이 발굴되면서 수사와 프랑스의 밀월 관계는 거의 100년 동안 지속되었다.

엘람과 안샨의 위치 추적

1901년 봄, 파리의 샹젤리제 거리에 있는 그랑팔레에서, 자크 드 모르간과 벵상 셰일이 수사에서 발굴해 낸 유물들의 전시회가 열렸다. 기록이 새겨진 벽돌, 부조, 설형문자로 뒤덮인 비석 및 다른 특이한 예술품들이 전시되었다. 셰일은 수사를 "엘람 왕국의 역사가 시작된 곳"이라고 인정했다. 수사에 있는 왕의 도시에서 깊숙한 곳까지 발굴하자, BCE 1000년대까지 거슬러 올라가는 엘람의 연속된 지층이 드러났다.

파르스 주의 자그로스 산맥에 있는 시라즈 유적 북쪽에서 엘람의 기원지인 안샨(오늘날 탈에말리얀)이 발견될 때까지 엘람에 대해서는 자세히 알 수 없었다. 1970년대에 펜실베이니아 대학이 후원하여 발굴이 진행되었다. 발굴단은 예비 탐사로서 연대 순서를 정하고 조직적으로 지형 및 지표면을 기록했으며 자기 탐지기를 이용하여 조사했다. 또한 도시에서 경제적, 사회적으로 구분된 구역을 파악했다. 탈에말리얀과 수사에서 나온 증거들은 신비스러운 채로 남아 있던 엘람에 대해 보다 구체적으로 알려 주었다. 엘람 문명은 메소포타미아 문명에 비견할 만하며, 세계에서 가장 오래된 고대 문명 중의 하나였음이 분명하다. 이 문명은 티그리스와 유프라테스 강의 동쪽에서 생겨난 것으로 추정된다. 처음에 엘람인들은 이란 고원으로 퍼져 나가, BCE 2000년대에 수사와 안샨의 도시들을 중심으로 엘람 왕국을 형성하였고 근 2000년 동안 대단히

하: **수사에 있는 다리우스 대왕의 궁전**에는 사진의 궁수대와 같이 뛰어난 채유 벽돌 프리즈들이 있다.

오늘날 이란의 외국 발굴자들

25년 이상 서양 학계를 멀리해 왔던 이란 정부는 최근에 이란 학자들과 함께 협력하여 작업하는 것을 조건으로 국제 고고학 발굴단을 받아들이기 시작했다. 이란 문화재 관광국이 후원을 자청하였으며, 그들의 요청에 따라 이란 정부가 하버드 대학, 시카고 대학, 펜실베이니아 대학 및 유럽 대학의 교수들을 초청하여 유적지를 돌아보고 새로운 발굴 작업을 시작하도록 했다. 지난 몇십 년간 고도로 훈련된 이란 학자들이 점점 더 많이 배출되어 오늘날에는 이란인 학자들과 외국인 참가자들이 비슷한 비율로 참가하여 함께 작업하는 것은 드문 일이 아니게 되었다. 현재 여러 가지 공동 프로젝트가 진행되고 있다. 이 공동 프로젝트를 통해서 독일 고고학회가 이스파한 근처의 BCE 4세기 구리 광산을 탐사하고 있으며, 일본의 고고학자들은 최근 전기 구석기 시대의 중요한 유적이 발견된 잘랄리예에서 측량작업을 진행하고 있다. 프랑스의 연구가들은 다시 파사르가다에에서 작업을 하고 있고, 오스트레일리아인들은 이란과 이라크 국경 근처의 초기 엘람 유적들을 조사하고 있다.

상 : **아카드의 사르곤 왕**은 키시의 수메르 왕의 대신이었다. 사진의 승전비는 BCE 2350년 무렵에 섬록암으로 만들어졌으며, 사르곤 왕의 수메르 정복에 대해 기록하고 있다.

중요한 세력을 유지한 것으로 보인다.

최초의 이란-지로프트

이란 출신 고고학자들이 최근에 발견해 낸 것들은 알리 사미가 아케메네스 유적들에서 발견한 것과 적어도 엇비슷한 정도의 성과를 이루었고, 티그리스와 유프라테스 계곡에서 시작된 문명에 대한 개념을 바꿀 수 있을지도 모른다. 요세프 마지드자데가 몇 년 전에 발견한 이란 사막 남동쪽의 지로프트 유적은 2년 동안의 발굴 작업 결과 고대 근동에서 초기 청동기 문화가 발생한 곳일 가능성을 보여 주었다. 마지드자데는 지로프트가 잊힌 아라타 왕국의 도시라고 추측한다. 아라타는 한 고대 국가의 이름으로 BCE 2500–2100년으로 거슬러 올라가는 문헌에 나타나 있다. 수메르의 전설, 특히 엔메르카르와 아라타 왕의 전설에서는 아라타 왕국을 우루크의 왕 엔메르카르와 다투던 전설적인 왕 엔수케시단나가 다스리던 산악 지방에 있는 왕국으로 묘사하고 있다. 지로프트가 아라타의 도시라는 가설은 이 유적이 메소포타미아의 자료에 나온 원엘람 유적인 도시국가 마르하시와 연관이 있다고 믿는 다른 고고학자들에 의해 반박되고 있다.

거대한 건축과 구별되는 독특한 기록 형식은 지로프트를 다른 초기 문명과 확실히 구별시켜 준다. 지로프트의 유명한 녹니석 조각 그릇은 시리아의 마리, 메소포타미아의 니푸르와 우르, 우즈베키스탄의 소크 및 바레인 북쪽의 타루트 섬과 같은 고대 유적들에서 폭넓게 나타났다. 이 그릇들이 제작된 장소는 얼마 동안 신비에 싸여 있었으나 지로프트에서 대량으로 발견된 것으로 미루어 볼 때, 지로프트에서 제작된 것으로 보는 것이 타당하다고 여겨진다. 4500년 전의 도시인 지로프트는 초기 메소포타미아와 이란 사이의 연관성에 관한 수많은 신비들을 밝혀 줄 것으로 생각된다.

좌 : **함무라비 법전비**는 검은색 현무암에 설형문자로 새겨져 있으며, 고대 바빌론에서 나온 가장 오래된 법령 중의 하나이다.

전리품

중동에서 일어난 모든 신생 제국들은 정복한 국가의 보물들을 새로운 수도로 옮겼다. 성서에서는 솔로몬 성전의 귀중품들이 아시리아의 수도인 니네베와 칼데아의 수도인 바빌론으로 보내졌다고 말한다.

상 : **나폴레옹이 옮기려다 실패**한 람세스 2세의 거대한 흉상(BCE 1250년경). 그러나 1815년, 카이로의 영국 총영사가 영국으로 보내는 데 성공하여 현재 대영 박물관에 소장되어 있다.

프랑스인들이 루브르 박물관에 전시하기 위해 가져간 유명한 함무라비 법전이 새겨진 비석은 3000년 전인 BCE 12세기에 엘람인이 고대 바빌론을 정복했을 당시 약탈해 갔기 때문에 수사에서 발견된 것이었다. 메소포타미아 초기 문화의 기록은 왕족과 귀족들이 정복지에서 마음에 드는 물건들을 가져가곤 했음을 보여 준다. 그러나 조직적인 전리품 탈취 체계는 로마의 지배하에서 생겼다.

로마의 약탈

로마인들은 영토 합병만큼이나 예술 도용에 대해서도 공격적이었다. BCE 396년 에트루리아의 웨이이를 약탈하는 등 공화국 초기부터 현지에서 귀중품들을 약탈해 갔다. 오늘날의 터키에 있는 폰투스도 로마인들에 의해 강탈당하였다. 폰투스의 왕 미트리다테스는 가족 모두를 죽이고 자살했다. 그 후, 로마인들은 왕의 거대한 금상과 그 외의 귀중품들을 가지고 돌아갔다. 이렇게 제도화된 탐욕이 아마도 로마 제국의 이후 행보에 영향을 미쳤던 것 같다.

물론, 약탈해 온 예술품들은 로마에서처럼 대중에게 전시됨으로써 정복자의 승리를 대표하였다. 로마 광장이나 훗날 콘스탄티노플의 전차 경기장에서처럼 눈에 잘 띄는 곳에 하는 전시는 일종의 박물관 전시처럼 전시품들의 뛰어난 모습을 잘 보여 줄 수 있게 하고자 하는 로마인들의 성향을 증명한다. 로마인들은 호평받던 유물들 중에서 정복당한 왕의 상, 승전비, 그리스의 니케 여신상, 파라오의 행적이 기록된 오벨리스크 등 정치적인 상징들을 선택하여 전시했다. 이들은 모두 결국은 로마인들이 우월하다는 것을 증명하기 위해 이용되었다.

베네치아 약탈자들

로마 제국이 멸망하고 나자 베네치아인들이 로마인들의 약탈에 대한 취향을 물려받았다. 기독교인들의 도시 콘스탄티노플에 대한 약탈은 십자군 원정 동안에 저질러진 수많은 충격적인 행동들 중에서도 가장 충격적이었는데, 이것은 베네치아인들의 머릿속에서 탄생한 것이었다. 베네치아 수호성인 교회의 외벽에는 콘스탄티노플에서 가져온 귀중한 유물들이 삽입되었다. 게다가 베니치아의 다른 교회들에는 보석으로 치장된 아름다운 카메오 컬렉션, 비잔틴 예술가가 창조한 보석이 박힌 금 가리개, 사도 교회의 금으로 된 성막들이 전시되고 있다. 그중에서도 가장 훌륭한 것은 네 마리의 말을 묘사한 금박 청동상으로, 오늘날 산마르코 대성당에 복제품이 안치되어 있다.

나폴레옹, 히틀러, 그리고 전리품

나폴레옹은 과거를 훔친 위대한 도둑으로서 역사적인 반열에 올랐다. 레반트와 시리아에는 이미 손쉽게 접근할 만한 유물들이 거의 없었지만, 이집트의 경우는 달랐다. 나폴레옹의 원정 덕분에 위대한 학술서인 『이집트 안내(*Description d'Egypte*)』가 나왔다는 이유로, 나폴레옹이 파라오의 땅에서 유적과 유물들을 약탈한 사실은 다른 유명한 약탈자들만큼 강조되지 않았으나, 그가 약탈한 전리품들은 거대한 루브르 박물관의 이집트관을 가득 채울 수 있었다. 프랑스가 영국에게 패하게 되자 이집트에서 훔쳐 온 많은 유물들은 대영 박물관으로 옮겨지게 되었다.

19세기 초에 적어도 영국인들 사이에서는 국제법이 오늘날 문화 재산으로 불리는 유물들의 대량 절도를 허용하는지에 대한 논쟁이 있었다. 그러나 서양의 시각에서 볼 때 나폴레옹의 죄목은 다른 유럽 국가로부터 예술품과 유물들을 공격적으로 탈취한 것이었다. 이집트나 메소포타미아에서 유물들을 훔치는 문제에 관련된 법은 거의 없었다. 이 지역을 다스리던 오스만 제국은 약탈하는 것에 거

의 관심을 보이지 않았고 다른 나라들의 약탈에 대해서도 별로 개의치 않았다. 그들은 영토를 위해서만 싸웠고, 필요한 경우에는 대금을 청구하는 것으로 그쳤다. 그러나 제3제국과 나치가 유럽의 국가들을 정복하고 예술품을 강탈하면서 유럽 국가들도 마찬가지의 상황에 처하게 되자 관점이 바뀌어 유물 약탈을 명백한 국제법 위반의 상황으로 보기 시작했다. 1939년경, 교전에 대한 국제법인 헤이그 조약이 문화재의 취득을 다루기 위해 개정되었다.

바그다드 박물관 약탈

2003년 4월에 이라크 국립 박물관이 약탈된 사건은 국제 사회에서 공분을 불러 일으켰다. 조각상, 비석, 프리즈 등이 박물관에서 없어졌고, 상자에 들어 있던 수천 개의 그릇, 사금파리 및 들고 갈 수 있을 만큼 작은 유물들이 저장실에서 사라졌다.

사람마다 추정량은 다르지만, 도난당한 유물들 중에서 1/4에서 1/2 정도를 되찾았다. 바그다드 박물관의 비극은 비록 명백하게 전쟁때문이었지만 정복 세력이 전리품을 가져간 것이라고는 말할 수 없다. 비록 약탈이 일어나게 된 과정에서 미국 병사들이 어떠한 역할을 했는지 대해서는 아직 논쟁의 여지가 있지만, 수사 결과 약탈자 중에 미국 병사는 없었던 것으로 밝혀졌다. 박물관은 무방비한 상태였고, 나라는 혼란 속에 놓여 있었다. 아마도 경제적으로 어려운 처지에 있던 사람들로서는 상당한 이익을 얻을 수 있는 기회를 놓치고 싶지 않았을 것이고, 그러한 이들에게 이 기회는 매우 솔깃한 것이었다.

상 : **사진은 나폴레옹이 옮겨 간 말 네 마리의 금박 청동상 원본**으로, 오늘날 산마르코 대성당 정면에는 복제품이 서 있다.

좌 : **파괴된 조각상의 머리 부분**이 2003년 4월 13일 약탈꾼들이 바그다드 박물관을 휩쓸고 간 후 파편들 사이에 놓여 있다.

님루드의 보물

이라크의 고대 도시인 님루드에서 1988년 엄청난 보석과 금이 발견되었다. 거의 3000년 전에 만들어진 정교한 유물들이 오늘날까지 전해져 내려오는 것은 대단히 드문 일이다.

메디아인들과 스키타이인들이 BCE 612년 님루드의 왕궁을 약탈하였으나 다행스럽게도 간발의 차이로 보물들을 발견하지 못했다. 애거서 크리스티와 갓 결혼한 영국의 고고학자 맥스 맬로원은 일반적인 고고학자들에 비해 미스터리를 파헤치는 것을 좋아했던 것으로 여겨진다. 그러나 보물이 숨겨진 방 층의 바로 아래를 발굴했음에도 불구하고 보물들을 발견하지는 못했다.

고대에는 몇몇 왕족과 신임 받는 하인들만이 이 엄청난 보물들이 숨겨진 곳에 대해 어렴풋이 알고 있었다. 이 비밀은 이들과 함께 사라졌다가 고고학자 무자힘 마흐무드가 궁궐 방의 바닥 타일이 과거에 재배치되었다는 것을 발견하면서 되살아났다. 이 타일들을 들추어 본 그는 아슈르바니팔의 왕비와 앞선 시기의 다른 두 왕비의 것을 포함해서 여러 개의 무덤을 발견했다. 고대의 무덤에 필수적인 저주 문구가 이 무덤의 봉인을 파괴한 자의 영혼은 영원한 갈증 속을 헤매게 될 것이라고 경고한다. 그러나 투탕카멘의 무덤에서처럼 발굴자들이 육체적인 해를 입었다는 보고는 오늘날까지 나오지 않았다.

상아 파편
이 페니키아 상아 조각은 님루드 궁전에서 발견된 많은 상아와 뼈 유물 중의 하나이다. 페니키아인들은 아름다운 조각으로 유명했다.

이 놀라운 발견은 1989년 바그다드에서 잠시 전시되었으나 안전상의 이유로 영구 전시는 이루어지지 않았다. 사담 후세인의 쿠웨이트 점령과 제1차 걸프전

유물 보호
2004년, 77세의 이라크 경비원 아베드 아티야 알셰마리가 순찰 중에 바그다드 박물관의 파손된 조각상 곁을 지나고 있다. 그는 2003년에 사담 후세인 정권이 무너지고 약탈꾼들이 박물관을 공격하자 도망칠 수밖에 없었다. 바그다드 박물관은 1926년에 거트루드 벨에 의해 설립되었다.

(1990–1991년) 당시 박물관에서는 님루드 유물 전용 보관실을 준비하고 있었다. 전쟁과 동시에 유물들은 이라크 중앙은행의 보관소에 안치되었다. 소문에 의하면 은행과 박물관의 책임자들이 도굴꾼들을 막기 위해 이 구역을 하수로 침수시켰다고 한다.

2003년 바그다드 전투 직전 사담 후세인의 막내아들인 카세이가 은행에서 엄청난 돈을 꺼냈을 때

금팔찌
사진의 금팔찌는 1988년에 님루드에서 발견되었다. 사자 머리에서 매우 정교한 작업을 볼 수 있다.

님루드 유물을 가지고 달아났다는 소문이 떠돌았으나 박물관 관계자들은 부정했다. 2003년 4월 바그다드 박물관을 약탈한 이들이 님루드의 유물을 가져갔다는 초기의 보고로 유물의 운명에 대한 의문이 다시 제기되었다. 박물관 약탈 수개월 후, 유물들이 안전하다는 증거로 바그다드 박물관에서 몇몇 장신구들이 엄선된 기자들과 고관들에게 보여졌다. 이 찰나의 전시는 14년 만에 처음이었고 이 유물들이 햇빛을 본 것은 약 3000년 만에 두 번째였다. 이는 아시리아 장인들의 놀라운 솜씨를 보여 주는 유일하게 알려진 소장품이다. 아시리아의 다른 모든 금속 제품 및 장신구들은 고대의 화염 속에서 사라져 버렸다. 1988년 이전까지 아시리아의 장신구들은 오직 돌 위에 새겨진 왕족의 가슴과 목 주위에서만 볼 수 있었다.

누가 유물들을 숨겼을까?

보물들을 숨기기 위한 전략에 대해 아는 이들은 극소수이고 아마도 사담 후세인마저도 알지 못했으리라 여겨진다. 비록 사담 후세인이 자국의 자원을 낭비한 것은 사실이나 그가 고대 예술과 유물들을 존중했음을 믿을 만한 증거는 많다. 특히 바빌론을 비롯한 이라크의 고대 도시들의 재건에 재정을 지원했으며 고대와 현대의 이라크를 비교하는 여러 행사를 진행시켜 그의 역사에 대한 인식을 과시하였다. 그는 스스로를 사르곤 2세와 같은 아시리아의 왕들보다는 신바빌로니아의 네부카드네자르와 비교했던 것으로 여겨진다. 네부카드네자르는 유다 왕국을 파괴하였고, 사르곤 2세는 이스라엘 왕국을 정복하고 열 지파를 몰아내었으므로 후세인은 두 경우 모두에 해당한다고 할 수 있다. 그들의 제국은 오늘날 쿠웨이트가 차지하고 있는 영토를 포함하고 있었다.

상감으로 장식된 금 커프스
왕실 보석 세공인의 뛰어난 솜씨를 보여 주는 사진의 금 커프스에는 보석 상감이 놓여 있다. 아시리아 왕비들의 무덤에서 출토되었다.

연대표

BCE 500년 이전의 역사적 날짜는 대략적임

구석기 시대

2.5 MYA	아프리카에서 사람속 출현
1.8 MYA	근동에서 사람속 출현
1.5 MYA	우베이디야(이스라엘) 후기 구석기 올도완
750000 YA	게셔베노트야코브(이스라엘) 후기 구석기 아슐리안 문화
300000 YA	네안데르탈 중기 구석기 무스티에 문화
160000 YA	현생 인류 출현
90000 YA	근동에 현생 인류 출현
50000 YA	마지막 네안데르탈인
30000 YA	레반트-오리냐크 문화
BCE 13000년	첫 정착 집단
	나투프 문화

신석기 시대

BCE 10000년	토기 없는 신석기 A 문화
BCE 9000년	첫 동물의 가축화
BCE 8000년	토기 없는 신석기 B 문화
BCE 6500년	토기 신석기 마을
	토기 제작 문화
	차탈휘위크 벽화
BCE 5000년	첫 도시
	금석 병용 마을
	구리 제련
	남부 메소포타미아의 우바이드 시대
	수메르인의 기원

청동기 시대

BCE 4000년	우루크, 우르, 키시, 라가시의 초기 청동기 도시
BCE 3500년	초기 수메르 기록
	수메르의 첫 신전 국가
	우루크 신전 국가 설립
BCE 3200년	이집트 통일
	최초의 이집트 상형문자
BCE 3000년	이란과 시리아에 첫 도시 국가
	우루크 제국의 붕괴
	젬데트나스르 문화
	수사의 첫 원엘람 문헌
	시리아와 레반트에 도시 문화 확산
BCE 2900년	수메르 초기 왕조 시대
BCE 2700년	이집트 고왕국과 피라미드 시대
BCE 2600년	우르의 왕실 무덤
	마리와 에블라 설립
	라가시의 왕 에안나툼과 우루카기나
	첫 수메르 법률
BCE 2375–2350년	움마의 루갈자게시가 수메르 통일

아카드 제국

BCE 2350년	아카드의 사르곤이 아카드 제국 설립
BCE 2250년	나람신 치세 아카드 제국 절정기
	마리와 에블라 파괴
BCE 2200년	아카드 제국의 멸망

우르 제3왕조

BCE 2110–2045년	우르남무와 슐기의 우르 제3왕조 설립
	우르의 난나 지구라트
	슐기의 법률
BCE 2000년	우르 제3왕조의 붕괴
	엘람의 슈쿨마흐 등장
	이신과 라르사가 수메르의 정상에 오름
BCE 1900년	이집트의 중왕조
	아나톨리아에서의 초기 아시리아 식민 시대
	북부 메소포타미아의 후르리인들

아시리아 초기 왕국

BCE 1814–1781년	아시리아의 샴시아다드 1세가 북부 메소포타미아 평정
BCE 1800년경	라르사의 림신(BCE 1822–1763년) 수메르 지배
BCE 1750년경	히타이트 아니타가 남동 아나톨리아의 쿠샤라 왕에 즉위
	시리아에 알레포와 콰트나 설립

바빌로니아 왕국

BCE 1792–1750년	함무라비 바빌론 설립
BCE 1763년	함무라비 마리 파괴
BCE 1755년	함무라비 메소포타미아 제패

서부 국가들

BCE 1650년	히타이트 고왕국 설립
BCE 1650–1625년	히타이트의 하투실리 1세가 하투사를 수도로 다시 세우고 키주와드나와 무키시(알라라크), 시리아 정복
BCE 1625–1595년	하투실리 1세의 손자 무르실리 1세가 알레포를 정복하고 바빌론을 습격
BCE 650–1540년	동방 출신 힉소스인이 북이집트 지배
	카시트 왕조 등장
BCE 1550년	전쟁에서 말과 컴파운드 보를 사용하게 됨

이집트 신왕국

BCE 1540년	이집트에서 힉소스인 추방
BCE 1540–1500년	이집트에 테베의 신왕국 등장
BCE 1500년	히타이트 고왕국 붕괴
	전쟁에서 말이 끄는 전차가 널리 사용되게 되었음
BCE 1500–1480년	샤우슈타타르가 미탄니의 왕이 됨
BCE 1400년	히타이트 신왕국 탄생
BCE 1363–1328년	아슈루발리트 치하에서 아시리아가 독립함

BCE 1369–1330년	투슈라타 치하에서 미탄니 쇠퇴
BCE 1300년경	수필률리우마 치하의 히타이트가 시리아를 정복
	아시리아가 바빌론 정복
	카시트 왕국의 쇠퇴
BCE 1290년	아시리아의 아다드니라리 1세 미탄니 정복
BCE 1275년	이집트와 히타이트의 카데시 전투
BCE 1220년	아람인들 첫 출현
BCE 1210년	팔레스타인에서 처음으로 이스라엘이 언급됨

바다의 백성들

BCE 1208년	파라오 메르넵타가 바다의 백성들의 첫 이주를 막아 냄
BCE 1190년	히타이트 제국 멸망
	시리아에서 신히타이트 독립 왕국들 출현
	바다의 백성들이 대대적으로 이주
	히타이트의 수도 우가리트 파괴
BCE 1176년	파라오 람세스 3세가 바다의 백성들을 이집트의 삼각주에서 격퇴함
	필리시테인들이 정착을 시작
BCE 1155년	카시트 왕국의 멸망
BCE 1130년	이집트 제국 멸망
BCE 1124–1103년	네부카드네자르 1세가 바빌론 재건
BCE 1115–1077년	티글라트필레세르 1세가 아시리아 재건
BCE 1090년	프리기아인들의 출현
BCE 1070년	이집트 신왕국 붕괴
BCE 1050년	아람 왕국들 출현
	아시리아 붕괴
	바빌론 쇠퇴
BCE 1020–1000년	사울이 이스라엘의 왕으로 즉위
BCE 1000년	페니키아 왕국들(티레와 시돈)이 두각을 나타냄
	알파벳 기록 사용
	시리아 북부에서 신히타이트 왕국들(카르케미시, 알레포, 하마) 출현
BCE 1000–960년	다윗이 이스라엘의 왕으로 즉위
BCE 950년	아람 왕국인 다마스쿠스 출현
BCE 960–920년	솔로몬의 치하에서 이스라엘 통합 왕국 설립
BCE 934–912년	아슈르단 2세가 아시리아 재건
BCE 900–852년	오므리 왕조가 이스라엘 통치

신아시리아 왕국과 제국

BCE 883–859년	아슈르바니팔 2세가 아시리아 왕국 재정비
BCE 856년	카르카르 전투에서 아시리아의 샬마네세르 3세(BCE 858–824년)가 하마/다마스쿠스/이스라엘 연합군에게 패배
BCE 852–838년	이스라엘 왕국 쇠퇴
BCE 810–785년	메누아가 우라르투 왕국 설립
BCE 800–750년	아시리아 쇠퇴
BCE 756–730년	사르두리 2세 치하의 우라르투가 시리아 북부로 확장
BCE 743년	티글라트필레세르 3세(BCE 744–727년)가 사르두리 2세를 무찌르고 시리아에서 우라르투를 몰아냄
BCE 740–729 년	티글라트필레세르 3세가 아르파드(BCE 740년), 하마와 운키(BCE 729년), 다마스쿠스(BCE 732년), 바빌론(BCE 729년)을 정복하고 신아시리아 제국을 건설
BCE 721–705년	사르곤 2세가 군사 확장 정책 유지
BCE 713–706년	신아시리아 제국의 수도 두르샤루킨(코르사바드) 건설
BCE 704–700년	아나톨리아와 이란 지방 상실
BCE 704년	센나케리브(BCE 704–681년)가 두르샤루킨(코르사바드)을 버리고 니네베로 천도
	유대인의 반란
BCE 702–688년	센나케리브 치하에서 니네베가 복원되고 신아시리아 제국이 재정비됨
BCE 680–669년	에사르하돈이 제국 확장을 재개
BCE 668–627년	아슈르바니팔이 아시리아 제국의 마지막 위대한 왕이 됨
BCE 640–609년	요시아가 유다 왕국 개혁
BCE 626–605년	나보폴라사르가 신바빌로니아 왕국 건설
BCE 625–585년	키악사레스가 메데아 왕국 건설
BCE 615년	바빌론과 메데아가 아시리아에 대항하여 동맹을 결성
BCE 614–605년	신아시리아 제국 붕괴

신바빌로니아 왕조

BCE 604년	바빌로니아의 왕 네부카드네자르 2세(BCE 605–562년)가 아슈켈론 정복
BCE 601년	신바빌로니아 군대가 이집트를 침략했으나 실패함
BCE 597–587년	BCE 597년과 BCE 587년의 유대인들이 반란을 일으켰으나 실패
BCE 586년	예루살렘 파괴 및 유다 왕국 폐지
BCE 553–552년	신 바빌로니아의 왕 나보니두스(BCE 556–539년)가 아라비아 북부(BCE 553년), 암몬, 모아브, 에돔(BCE 552년) 정복
BCE 550년경	메데아에서 키루스 대왕의 페르시아가 반란을 일으킴

아케메네스 페르시아 제국

BCE 539년	키루스 대왕이 신바빌로니아 왕조를 정복
BCE 539–530년	키루스 대왕의 동방 정복
BCE 525년	캄비세스 2세(BCE 530–522년) 이집트 정복
BCE 518년	다리우스 1세(대왕, BCE 522–486년) 펀자브 정복
BCE 515년	페르세폴리스 궁전 착공
BCE 513년	스키타이 전쟁
BCE 500년	최초의 화폐 주조
	페르시아 왕의 도로 건설, 지방 지배 체제 정비
	고대 페르시아 문자 개발
BCE 499–494년	이오니아 반란
BCE 490년	마라톤 전투에서 페르시아군이 그리스에 패배
BCE 482년	크세르크세스 1세(BCE 486–465년) 그리스 원정 개시
BCE 479년	살라미스, 플라타이아이, 미칼레 전투에서 페르시아군이 패배하여 그리스에서 철수
BCE 475년	델로스 동맹 결성
BCE 470년	아테네 발흥
BCE 460–450년	아테네가 주도하여 키프로스와 이집트에서 반란이 일어남
BCE 449년	페르시아와 아테네 사이에 칼리아스 화약 체결
BCE 387년	스파르타, 아테네와 페르시아 사이에서 왕의 평화 체결

마케도니아 제국

BCE 359–336년	필리포스 2세 치하에서 마케도니아 발흥
BCE 356년	알렉산드로스 대왕 탄생
BCE 337년	마케도니아가 주도하는 코린트 동맹이 페르시아에 전쟁 포고
BCE 336년	아르타크세르크세스 3세가 암살당함
	이집트와 바빌론이 반란을 일으킴
	필리포스 2세가 암살당함
BCE 334년	알렉산드로스 대왕 아시아 횡단

BCE 334–323년 알렉산드로스 대왕이 아나톨리아, 시리아, 이집트, 메소포타미아, 바빌론, 페르시아, 박트리아, 소그디아나, 펀자브 정복
BCE 330년 알렉산드로스 대왕이 바빌론에서 사망
BCE 323–277년 후계 전쟁

헬레니즘 왕국들

BCE 277년 이집트(프톨레마이오스 왕조), 아시아(셀레우코스 왕조), 마케도니아(안티고노스 왕조) 형성
BCE 274–271년 프톨레마이오스 왕조와 셀레우코스 왕조 사이에서 제1차 시리아 전쟁
BCE 261–253년 제2차 시리아 전쟁
BCE 240–220년 프톨레마이오스 제국의 절정기
BCE 198–189년 로마가 그리스에 개입
BCE 188년 아파메아 조약으로 셀레우코스 제국이 아나톨리아를 상실
BCE 188–133년 아나톨리아에서 페르가몬 왕국 설립
BCE 168년 로마 제국이 이집트에서 셀레우코스 왕조를 몰아냄
유대에서 마카베오 반란이 일어남
BCE 167년 마케도니아 왕국 해체

파르티아 왕국

BCE 171–138년 미트리다테스 1세 치하에서 파르티아 왕국 설립
BCE 160–148년 파르티아 왕국이 박트리아(BCE 155년)와 메데아(BCE 148년) 정복
BCE 146년 그리스가 로마 제국령이 됨
BCE 133년 페르가몬 왕국이 해체되고 아시아에 로마 제국령 설립
BCE 139–130년 오랜 투쟁 끝에 셀레우코스 제국이 파르티아에게 메소포타미아를 빼앗김
BCE 129년 유대인의 하스모니아 왕국 독립
BCE 128년 미트리다테스 2세(BCE 124–87년)가 훈족에게 박트리아를 빼앗김
BCE 124–120년 파르티아 왕국이 메소포타미아 전역을 정복
BCE 97년 파르티아 왕국이 아르메니아 서부를 장악
BCE 96년 술라가 로마 사절단을 주도하여 파르티아에 방문
BCE 90–70년 아르메니아와 폰투스 왕국 설립

로마 제국

BCE 66–63년 폼페이의 동방 원정
BCE 63년 셀레우코스 왕국이 해체되고 시리아에 로마 제국령 설치
BCE 53년 카레에서 크라수스가 파르티아에게 패배
BCE 47년 카이사르가 동방을 재조직하고 폰투스 왕국을 파괴
BCE 44년 카이사르가 암살당함
BCE 42–30년 안토니우스가 로마 제국의 동부를 지배
BCE 40–38년 안토니우스의 파르티아 전쟁
BCE 37–4년 헤로데스가 유대의 왕이 되다
BCE 31–30년 옥타비아누스가 악티움 해전(BCE 31년)에서 안토니우스를 패배시키고 이집트를 정복(BCE 30년)
BCE 20년 옥타비아누스가 파르티아와의 협정에 동의
CE 6년 유대 왕국 해체
CE 35–62년 사도 바울이 비유대인들을 선교
CE 66–73년 로마 제국에 대항하는 첫 유대인 반란
CE 106년 로마 제국이 나바테아 왕국 해체
CE 114년 파르티아 왕국이 아르메니아를 점령
CE 116–117년 트라야누스 황제가 메소포타미아를 정복(CE 116년)하고 하드리아누스 황제가 포기(CE 117년)
CE 120–130년 하드리아누스 황제가 동부 지방을 재조직하고 많은 속국들을 해체
CE 132–135년 제2차 유대인 반란
CE 164–165년 로마 제국과 파르티아 왕국의 전쟁
CE 165–168년 메소포타미아에 로마의 주 설치
CE 197–199년 셉티미우스 세베루스가 파르티아를 침략
로마의 메소포타미아 주 확장
CE 199–204년 동부 지방 재조직

사산조 페르시아 제국

CE 209–241년 아르다시르 1세 치하에서 사산조 페르시아 왕국 설립
CE 223년 파르티아 왕국의 붕괴
CE 244–260년 사산 왕 샤푸르 1세(CE 242–272년)가 로마 황제 고르디아누스 3세(CE 244년)와 필리푸스 아라브스(CE 248년)에게 승리하고 에데사 전투(CE 260년)에서 발레리아누스 황제를 사로잡음
CE 286년 디오클레티아누스에 의해 4분 통치제가 시작되고 로마 제국이 동과 서로 분리됨
CE 287–299년 사산조 페르시아와 로마 제국의 다툼
CE 301–304년 디오클레티아누스 황제가 동부 지방을 재조직
CE 303–305년 기독교 대박해

비잔틴 제국

CE 307–312년 콘스탄티누스가 서로마 제국의 황제가 되고(CE 307년) 로마를 정복(CE 312년)
CE 312년 기독교인에게 관용을 베푸는 칙령 선포
CE 324년 콘스탄티누스 황제가 동로마 제국 정복
CE 359–360년 사산 왕 샤푸르 2세가 로마에게서 메소포타미아를 탈환
CE 476년 서로마 제국 멸망
CE 527–565년 유스티니아누스 황제가 콘스탄티노플의 대부분을 복원
CE 530–540년 유스티니아누스 황제와 사산 왕조의 전쟁
CE 540년 사산 왕 호스로 1세가 안티오크를 정복
CE 545–550년 로마 제국의 영토 회복
CE 535–565년 유스티니아누스 황제의 서로마 제국 영토를 다시 정복하려는 시도가 크게 성공
CE 575–590년 동로마 제국이 탈진하여 쇠약해짐
CE 611–618년 사산 왕 호스로 2세(CE 591–628년)가 동로마 제국을 공격하여 안티오크(CE 611년), 다마스쿠스(CE 613년), 예루살렘(CE 614년)과 이집트(CE 618년)를 정복
CE 622–627년 헤라클리우스 황제(CE 610–641년)가 동로마 제국을 탈환
비잔틴 제국과 사산조 페르시아 제국이 모두 탈진

이슬람의 중동 정복

CE 624–634년 아라비아 반도 전역에서 이슬람이 일어남
이슬람 군대가 비잔틴과 사산 제국에 대항한 전쟁을 개시
CE 638년 헤라클리우스 황제가 비잔틴 제국의 모든 시리아 영토와 이집트를 이슬람군에게 포기
CE 641년 아랍인들이 사산조 페르시아 제국 전역을 정복
CE 660–700년 우마이야 왕조의 치하에서 이슬람 세력이 북부 아프리카와 중앙아시아로 확산
CE 750년 우마이야 왕조 붕괴

더 읽을거리

중동에 대하여

Burns, R. *Monuments of Syria: An Historical Guide*. I. B. Tauris: New York, 1992.
Butcher, K. *Roman Syria and the Near East*. British Museum Press: London, 2003.
Campbell, S. and Green, A. (eds.). *The Archaeology of Death in the Ancient Near East*. Oxbow, 2005.
Curtis, J.E. and Tallis, N. *Forgotten Empire: The World of Ancient Persia*. University of California Press: Berkeley, 2005.
Dalley, S. (ed.). *The Legacy of Mesopotamia*. Oxford University Press, 1998.
Gates, C. *Ancient Cities: the archaeology of urban life in the Ancient Near East and Egypt, Greece and Rome*. Routledge: London, 2003.
Harper, P.O. *In Search of a Cultural Identity: Monuments and Artifacts of the Sasanian Near East, 3rd to 7th century AD*. Bibliotheca Persica: New York, 2006.
Howard-Johnston, James. *East Rome, Sasanian Persia and the End of Antiquity Historiographical and Historical Studies*. Ashgate Publishing: Abingdon, 2006.
Kozlowski, S. K. and Aurenche, O. *Territories, Boundaries and Cultures in the Neolithic Near East*. Archaeopress/MOM: Oxford/Lyon, 2005.
Levy, T.E. (ed). *The Archaeology of Society in the Holy Land*. Leicester University: London, 1995.
MacDonald, B., Adams, R., and Bienkowski, P. (eds.). *The Archaeology of Jordan*. Sheffield Academic Press: Sheffield, 2001.
Moorey, P.R.S. *Ancient Mesopotamian Materials and Industries: The Archaeological Evidence*. Oxford, 1994.
Potts, T., Roaf, M., and Stein, E. (eds.). *Culture through objects: Ancient Near Eastern Studies in Honour of P. R.S. Moorey*. Griffith Institute: Oxford, 2003.
Richardson, Peter. *City and sanctuary: religion and architecture in the Roman Near East*. SCM Press: London, 2002.
Roaf, M. *Cultural Atlas of Mesopotamia and the Ancient Near East*. Facts on File, 1990.
Schwartz, Glenn M., and Nichols, John J. (eds.). *After Collapse: The Regeneration of Complex Societies*. The University of Arizona Press: Tucson, 2006.
Stager, L.E., Greene, J.A., and Coogan, M.D. (eds.). *The Archaeology Of Jordan And Beyond: Essays In Honor Of James A*. Sauer. Eisenbrauns: Winona Lake, 2000.
Stein, G. *Rethinking World-Systems: Diasporas, Colonies, and Interaction in Uruk Mesopotamia*. The University of Arizona Press: Tucson, 1999.
Van de Mieroop, M. *A History of the Ancient Near East ca. 3000-323 BC*. Blackwell: Oxford, 2004.
Wilkinson, T. J. *Archaeological Landscapes of the Near East*. University of Arizona Press: Tucson, 2003.

비옥한 초승달 : 농업의 발상지

Bar-Matthews, M., Ayalon, A., Kaufman, A., and Wasserburg, G.J. "The Eastern Mediterranean paleoclimate as a reflection of regional events: Soreq cave, Israel." *Earth and Planetary Science Letters* 166, 1999, pp85-95.
Bar-Yosef, O. "From sedentary foragers to village hierarchies: The emergence of social institutions" in *The Origin of Human Social Institutions*. Runciman, G., Proceedings of the British Academy 110, 1992, pp1-38.
Bar-Yosef, O. "The lower Paleolithic of the Near East". *Journal of World Prehistory* 8(3), 1994, pp211-265.
Bar-Yosef, O. and Goren-Inbar, N. *The Lithic Assemblages of 'Ubeidiya*. Qedem 34. The Hebrew University of Jerusalem: Jerusalem, 1993.
Bar-Yosef, O. and Valla, F.R., (eds.). *The Natufian Culture*. International Monographs in Prehistory: Ann Arbor, 1991.
Bar-Yosef, O. et al. "The excavations in Kebara Cave." *Current Anthropology* 33(5), 1992, pp497-550.
Belfer-Cohen, A. "The Natufian in the Levant." *Annual Review of Anthropology* 20, 1991, pp167-186.
Belfer-Cohen, A. "Rethinking social stratification in the Natufian culture: The evidence from burials." Campbell, S. and Green, A. (eds.). *The Archaeology of Death in the Ancient Near East*. Oxbow Monographs 51: Edinburgh, 1995, pp9-16.
Bergman, C.A. Ksar Akil, *Lebanon: A Technological and Typological Analysis of the Later Palaeolithic Levels at Ksar Akil and Abu Halaka (Levels XIII-VI)*. Bar International Series 329: Oxford, 1987.
Boyd, B. "On 'sedentism' in the Later Epipalaeolithic (Natufian) Levant." *World Archaeology* 38(2), 2006, pp164-178.
Byrd, B.F. "Public and private, domestic and corporate: The emergence of the Southwest Asian village." *American Antiquity* 59(4), 1994, pp369-666.
Byrd, B.F. "Spanning the gap from Upper Paleolithic to the Natufian: The Early and Middle Epi-Paleolithic." Henry, D.O. (ed.). *The Prehistoric Archaeology of Jordan*. B.A.R. International Series 705. Archaeopress: Oxford, 1998, pp64-82.
Byrd, B.F. and Monahan, C.M. "Death, mortuary ritual and Natufian structure." *Journal of Anthropological Archaeology* 14, 1995, pp251-287.
Campana, D.V. and Crabtree, P.J. "Communal hunting in the Natufian of the Southern Levant: The social and economic implications." *Journal of Mediterranean Archaeology* 3(2), 1990, pp223-243.
Clark, J.D. "The middle Acheulian site at Latamne, northern Syria". *Quaternaria* 9:1, 1967, p68.
Copeland, L. "The Middle and Upper Paleolithic of Lebanon and Syria in the light of Recent Research." Wendorf, F. and Marks, A.E. (eds.). *Problems in Prehistory: North Africa and the Levant*. Southern Methodist University Press: Dallas, 1975, pp317-350.
Copeland, L. "The Lower Paleolithic of Jordan." Henry, D. (ed.). *The Prehistoric History of Jordan* vol. 705, B.A.R. International Series. Archaeopress: Oxford, 1998, pp5-22.
Edwards, P.C. "Problems of recognizing earliest Sedentism: The Natufian example." *Journal of Mediterranean Archaeology* 2(1), 1989, pp5-48.
Eshed, V. et al. "Has the transition to agriculture reshaped the demographic structure of Prehistoric populations? New evidence from the Levant." *American Journal of Physical Anthropology* 124, 2004, pp315-329.
Garrard, A.N. and Gebel, H.G. *The Prehistory of Jordan: the state of research in 1986*. B.A.R. International Series. Archaeopress: Oxford, 1998.
Garrod, D.A.E. and Bate, D.M.A. (eds.). *The Stone Age of Mount Carmel vol. 1: Excavations in the Wady el-Mughara*. Clarendon Press: Oxford, 1937.
Gilead, D. "Handaxe Industries in Israel and the Near East." *World Archaeology* 2(1), 1970, pp1-11.
Gilead, D. "Cleavers in Early Paleolithic Industeris in Israel." *Paleorient* 1, 1973, pp73-86.
Gopher, A. *Arrowhaeds of the Neolithic Levant*. American School of Oriental research dissertation series 10. Eisenbrauns: Indiana, 1994.
Goren-Inbar, N. and Sharon, G. (eds.). *Axe Age: Acheulian Tool-making from Quarry to Discard*. Equinox: London, 2006.
Goren-Inbar, N. and Speth, J.D. (eds.). *Human Paleoecology in the Levantine Corridor*. Oxbow Books: Oxford, 2004.
Goren-Inbar, N., Werker, E., and Feibel, C.S. *The Acheulian Site of Gesher Benot Ya'aqov, Israel: Vol. I. The Wood Assemblage*. Oxbow Books: Oxford, 2002.
Goring-Morris, A.N. *At the Edge, Terminal Pleistocene Hunter-Gatherers in the Negev and Sinai*. B.A.R. International Series 361(i). Archaeopress: Oxford, 1987.
Goring-Morris, A.N. "The Harifian of the Southern Levant" in Bar-Yosef, O. and Valla, F. R. (eds.). *The Natufian culture in the Levant*. Ann Arbor, 1992, pp173-216.
Goring-Morris, A.N. At the Edge: *Terminal Pleistocene Hunter-Gatherers in the Negev and Sinai*. British Archaeological Reports: Oxford, 1987.
Goring-Morris, A.N. and Belfer-Cohen, A. (eds.). *More than meets the eye: studies on upper Palaeolithic diversity in the Near East*. Oxbow/David Brown Book Co.: Oxford, 2003.
Goring-Morris, A.N. et al. "Patterns in the Epi-Paleolithic of the Levant: Debate after Neeley and Barton." *Antiquity* 70, 1996, pp130-147.
Grosman, L. "Preserving cultural traditions in a period of instability: The Late Natufian of the Hilly Mediterranean." *Current Anthropology* 44, 2003, pp571-580.
Grosman, L. and Belfer-Cohen, A. "Zooming onto the Younger Dryas." Cappers, R. T. J. and Bottema, S. Berlin (eds.). *The dawn of farming in the Near East*. Ex Oriente, 2002, pp49-54.
Henry, D.O. (ed.). *Neanderthals in the Levant: Behavioral Organization and the Beginnings of Human Modernity (New Approaches to Anthropological Archaeology)*. Continuum Pub Group: New York, 2003.
Horowitz, A. *The Quaternart of Israel*. Academic Press: New York, 1979.
Hovers, E. "Settlement and subsistence patterns in the Lower Jordan Valley from Epi-Paleolithic to Neolithic times." Hershkowitz, I. (ed.). *People and culture in change: The second symposium on Upper Paleolithic, Mesolithic and Neolithic populations of Europe and the Mediterranean Basin*. B.A.R. International Series 508. Archaeopress: Oxford, 1989, pp37-51.
Levy, T.E., (ed.). *The archaeology of society in the Holy Land*. Leicester University Press: London, 1995.
Marks, A.E. *Prehistory and paleoenvironments in the central Negev, Israel*. Southern Methodist University Press: Dallas, 1976.
Marks, A.E. *Prehistory and Paleoenvironments in the Central Negev, Israel*. Southern Methodist University Press: Dallas, 1983.
Moore, A.M.T. et al. *Village on the Euphrates: From foraging to farming*. Oxford University Press: Oxford, 2000.
Richerson, P.J. et al. "Was agriculture impossible during the Pleistocene but mandatory during the Holocene? A climate hypothesis." *American Antiquity* 66, 2001, pp387-411.
Rollefson, G.O. "The last Aceramic Neolithic of the Levant: a synthesis". *Paleorient* 15, 1989, pp168-173.
Sharon, G. *Acheulian Large Flake Industries: Technology, Chronology, and Significance*. B.A.R. International Series 1701. Archaeopress: Oxford, 2007.

Valla, F.R. "Natufian behaviour in the Hula Basin: The question of territoriality." Goren-Inbar, N. and Speth, J. D. (eds.). *Human Paleoecology in the Levantine Corridor*. Oxbow Books: Oxford, 2004, pp207-220.

메소포타미아 : 문명의 요람

Adams, R.M. *Land Behind Baghdad: A History of Settlement on the Diyala Plains*. University of Chicago Press: Chicago, 1965.
Adams, R.M. *Heartland of Cities: Surveys of Ancient Settlement and Land Use on the Central Floodplain Of the Euphrates*. University of Chicago Press: Chicago, 1981.
Adams, R.M. and Nissen, H.J. *The Uruk Countryside: The Natural Setting of Urban Societies*. University of Chicago Press: Chicago, 1972.
Algaze, Guillermo. *The Uruk World System: The Dynamics of Expansion of Early Mesopotamian Civilization*. University of Chicago Press: Chicago, 1993.
Armajani, Yahya and Ricks, Thomas. *Middle East: Past and Present*. Prentice-Hall: Englewood Cliffs, 1986.
Averbeck, R.E., Chavalas, M.W., and Weisberg, D.B. (eds.). *Life and Culture in the Ancient Near East*. CDL Press: Baltimore, 2003.
Bahn, P.G. *The Cambridge Illustrated History of Archaeology*. Cambridge University Press: Cambridge, 1996.
Barondes, R. *The Garden of the Gods: Mesopotamia, 5000 B.C.: An Anthology of Sumerian, Akkadian and Babylonian Literature*. Christopher Publishing House: Boston, 1957.
Beaulieu, P. *The Reign of Nabonidus, King of Babylon 556-539 B.C.* Yale University Press: New Haven, 1989.
Ben-Arieh, Y. *The Rediscovery of the Holy Land in the Nineteenth Century*. Israel Exploration Society: Jerusalem, 1983.
Black, J. and Green, A. *Gods, Demons and Symbols of Ancient Mesopotamia*. British Museum Press: London, 1992.
Bottéro, J. *Religion in Ancient Mesopotamia*. University of Chicago Press: Chicago, 2001.
Briant, P. *From Cyrus to Alexander: A History of the Persian Empire*. Eisenbrauns: Winona Lake, 2002.
Ceram, C.W. and Marek, Kurt W. *Gods, Graves, and Scholars: The Story of Archaeology*. Vintage Books: London, 1986.
Cohen, R. and Westbrook, R. *Amarna Diplomacy: The Beginnings of International Relations*. Johns Hopkins University Press: Baltimore, 2000.
Cook, J. *The Persian Empire*. Schocken Books: New York,1983.
Dalley, S. *Myths from Mesopotamia*. Oxford University Press: Oxford, 1989.
Davis, T. *Shifting Sands: The Rise and Fall of Biblical Archaeology*. Oxford University Press: New York, 2004.
Donbaz, V. and Grayson, A. *Royal Inscriptions on Clay Cones from Ashur Now in Istanbul*. University of Toronto Press: Toronto, 1984.
Drower, M. *Flinders Petrie. A Life in Archaeology*, 2nd ed. University of Wisconsin Press: Madison, 1996.
Killebrew, A. *Biblical Peoples and Ethnicity: An Archaeological Study of Egyptians, Canaanites, Philistines, and Early Israel*. Society of Biblical Literature: Atlanta, 2005.
Knapp, A.B. *The History and Culture of Ancient Western Asia and Egypt*. Dorsey Press: Chicago, 1988.
Mackey, S. *The Reckoning: Iraq and the Legacy of Saddam Hussein*. W.W. Norton and Co.: New York, 2002.
Mellaart, J. *The Neolithic of the Near East*. Thames and Hudson: London, 1975.
Oates, D. and J. *The Rise of Civilization*. Elsevier-Phaidon: Oxford/London, 1976.
Pollock, S. and Bernbeck, R. (eds.). *Archaeologies of the Middle East*. Blackwell Studies in Global Archaeology. Blackwell: Oxford, 2005.
Postgate, J. N. *The First Empires*. Elsevier-Phaidon: Oxford, 1977.
Redford, D. *Egypt, Canaan, and Israel in Ancient Times*. Princeton University Press:Princeton, 1992.
Snell, D. *Life in the Ancient Near East*. Yale University Press: New Haven, 1997.
Stiebing, W. *Uncovering the Past: A History of Archaeology*. Prometheus Books: Buffalo, 1993.

세력 다툼 : 왕국들의 전쟁

Arnold, B. *Who Were the Babylonians?* Society of Biblical Literature: Atlanta, 2004.
Bryce, T. *The Kingdom of the Hittites*. 2nd ed. University Press: Oxford, 2005.
Chavalas, M. and Younger Jr., K.L. (eds.). *Mesopotamia and the Bible: Comparative Explorations*. Continuum: London/New York, 2002.
Collins, B.J. *The Hittites and their World*. Society of Biblical Literature: Atlanta, 2007.
Drews, R. *The End of the Bronze Age*. Princeton University Press: Princeton, 1993.
Moran, W. *The Amarna Letters*. The Johns Hopkins University Press: Baltimore, 1992.
Saggs, H. W. F. *The Might that was Assyria*, 2nd ed. Sidgwick and Jackson: New York, 1990.
Van de Mieroop, M. *King Hammurabi*. Blackwell: Oxford, 2005.
Westbrook, R. *Amarna Diplomacy: The Beginning of International Relations*. The Johns Hopkins University Press: Baltimore, 2000.
Wilhelm, G. *The Hurrians*. Aris and Phillips: Westminster, 1989.

알려진 세계의 주인들 : 제국의 시대

Aubet M.E. *The Phoenicians and the West: Politics, Colonies and Trade*, 2nd revised ed. Cambridge, 2001.
Briant, P. *From Cyrus to Alexander: A History of the Persian Empire*, translated by Daniels, P. (English translation of French original, published in 1996). Winona Lake, 2002.
Cawkwell, G. *The Greek Wars: The Failure of Persia*. Oxford, 2005.
Curtis, J.E. and Reade, J.E. (eds.). *Art and Empire: Treasures from Assyria in the British Museum*. New York, 1995.
Dalley, S. "Nineveh, Babylon and the Hanging Gardens: Cuneiform and Classical Sources Reconciled". *Iraq* 56, 1994, pp45-58.
Dalley, S. and Oleson, P. "Sennacherib, Archimedes and the Water Screw: The Context of Invention in the Ancient World." *Technology and Culture* 44.1, 2003, pp1-26.
Fuchs, A. and Parpola, S. *The Correspondence of Sargon II, Part III. Letters from Babylonia and the Eastern Provinces*. State Archives of Assyria 15: Helsinki, 2001.
Gallagher, W.R. *Sennacherib's Campaign to Judah: New Studies*. Leiden, 1999.
Grayson, A.K. *Assyrian and Babylonian Chronicles*. Locust Valley: Winona Lake, 1975 (2nd ed. 2000).
Hallo, W.W. (ed.). *The Context of Scripture 2. Monumental Inscriptions from the Biblical World*. Leiden, 2000.
Joannès, F. *The Age of Empires: Mesopotamia in the First Millennium BC*. Edinburgh, 2004.
Kuhrt, A. *The Ancient Near East c.3000-330 BC*. London, 1995.
Lipinski, E. *The Aramaeans: Their Ancient History, Culture, Religion*. Louvain, 2000.
Liverani, M. (ed.). *Neo-Assyrian Geography*. Rome, 1995.
Luckenbill, D.D. *Ancient Records of Assyria and Babylonia*. Chicago, 1989.
Markoe, G. *Phoenicians*. London, 2000.
Melchert, H.C. *The Luwians*. Leiden, 2003.
Millard, A. *The Eponyms of the Assyrian Empire 910-612 BC*. Helsinki.
Miller, M. *Athens and Persia in the fifth century BC: A study in cultural receptivity*. Cambridge, 1997.
Oates, D. and Oates, J. *Nimrud: An Assyrian Imperial City Revealed*. London, 2001.
Parpola, S. and Porter, M. *The Helsinki Atlas of the Near East in the Neo-Assyrian Empire*. Helsinki, 2001.
Root, M.C. *The King and Kingship in Achaemenid Art*. Leiden, 1979.
Russell, J.M. *The Writing on the Wall. Studies in the Architectural Context of Late Assyrian Palace Inscriptions*. Winona Lake, 1999.
Stolper, M.W. "Persepolis Fortification Archive Project Annual Report." *Oriental Institute 2006-2007 Annual Report*, 1999.
Tadmor, H. *The Inscriptions of Tiglath-pileser III King of Assyria*. Jerusalem, 1994.
Wiesehöfer, J. *Ancient Persia from 550 BC to 650 AD* (translated by Azodi, A. and Taurus, I.B.). 2001.
Zimansky, P.E. *Ecology and Empire: The Structure of the Urartian State*. Chicago, 1985.

점령하에서 : 헬레니즘과 로마 시대의 정복자들

Austin, M.M. *The Hellenistic World from Alexander to the Roman Conquest*, 2nd edn. Cambridge, 2007.
Ball, W. *Rome in the East*. London and New York, 2000.
Bosworth, A.B. *Alexander and the East: The Tragedy of Triumph*. Oxford, 1996.
Bosworth, A.B. *Conquest and Empire: The Reign of Alexander the Great*. Cambridge, 1988.
Bosworth, A. B. *The Legacy of Alexander: Politics, Warfare and Propaganda under the Successors*. Oxford, 2002.
Bowersock, G. *Roman Arabia*. Harvard, 1993.
Bowman, A.K. *Egypt after the Pharaohs*. Oxford, 1990.
Butcher, K. *Roman Syria and the Near East*. London, 2003.
Downey, G. *A History of Antioch in Syria*. Princeton, 1961.
Edwell, P.M. *Between Rome and Persia: The Middle Euphrates, Mesopotamia and Palmyra under Roman Control*. London and New York, 2007.
Grainger, J.D. *Seleukos Nikator: Constructing a Hellenistic Kingdom*. London, 1990.
Green, P. *Alexander to Actium: The Hellenistic Age*. London, 1991.
Green, P. *Hellenistic History and Culture*. Berkeley, 1993.
Hammond, N.G.L. *A History of Macedonia vols. 1-3*. Oxford, 1972-1988.
Isaac, B. *The Limits of Empire: The Roman Army in the East*. Oxford, 1990.
Jones, A.H.M. *Cities of the Eastern Roman Provinces*, 2nd edn. Oxford, 1971.
Kennedy, D. and Riley, D. *Rome's Desert Frontier from the Air*. Austin, 1990.
Kennedy, H. *The Great Arab Conquests*. London, 2007.
Lieu, S.N.C. *The Roman Eastern Frontier and the Persian Wars*, Revised edn. London and New York, 1994.
Mahaffy, J.P. *A History of Egypt under the Ptolemaic Dynasty*. London, 2001.
Millar, F. *The Roman Near East: 31 BC-AD 337*. Harvard, 1993.
Parker, S.T. *Romans and Saracens: A History of the Arabian Frontier*. Winona Lake, 1986.
Pollard, N. *Soldiers, Cities and Civilians in Roman Syria*, Ann Arbor, 2000.
Ross, S.K. *Roman Edessa*. London and New York, 2000.
Sartre, M. *The Middle East under Rome*. Belknap: Harvard, 2005.
Sherwin-White, A.N. *Roman Foreign Policy in the East, 168 BC to AD 1*. London, 1984.
Shipley, G. *The Greek World after Alexander*. London and New York, 2000.
Stoneman, R. *Palmyra and its Empire*. Ann Arbor, 1994.
Yarshater, E. (ed.). *The Cambridge History of Iran 7 vols*. Cambridge, 1983.

찾아보기

*일반적인 쪽 번호는 본문을, 이탤릭체는 그림 설명을, 볼드체는 글상자를 의미한다.

출전

Global Book Publishing would like to thank Dannielle Viera for editing the index, as well as Scott Forbes, Marie-Louise Taylor, and Dr John Tidmarsh for their help during the conceptualization process prior to production.

Managing Director:	Chryl Campbell
Publishing Director:	Sarah Anderson
Art Director:	Kylie Mulquin
Project Manager:	Sophia Oravecz
Chief Consultant:	Dr Stephen Bourke
Contributors:	Maree Browne, Professor Mark W. Chavalas, Dr Kate da Costa, Dr Peter Edwell, Dr Yosef Garfinkel, Dr Leore Grosman, Dr Lloyd Llewellyn-Jones, Dr Kevin M. McGeough, Dr Karen Radner, Dr Seth Richardson, Dr Sandra Scham, Dr Gonen Sharon, Dr Matt Waters
Commissioning Editor:	David Kidd
Editors:	Emma Driver, Victoria Fisher, Judith Simpson, Russell Thomson
Map Editor:	Alan Edwards
Cover Design:	Alex Frampton, Kylie Mulquin
Designers:	Kerry Klinner, Lena Lowe, Avril Makula, Thomson Digital
Junior Designer:	Althea Aseoche
Design Concept:	Alex Frampton, Stan Lamond
Cartographer:	John Frith
Graphics:	Althea Aseoche
Picture Research:	Sarah Anderson, David Boehm, Emma Driver, Sophia Oravecz, Maria Stanco
Index:	Michael Ramsden
Proofreader:	Kevin Diletti
Production:	Ian Coles
Contracts:	Alan Edwards
Foreign Rights:	Kate Hill
Publishing Assistant:	Christine Leonards

표지, 표제지, 장 표제지의 사진 설명

앞표지 : 이란 수사에서 발견된 궁사들 부조의 일부

뒤표지 : 이라크 텔로에서 발견된 라가시의 왕 엔타마나의 화병

Page 1 : 이란 페르세폴리스에서 발견된 아파다나 계단 부조

Page 2 : 터키 에페수스에 있는 쿠레테스의 길을 따라 서 있는 하드리아누스의 신전

Pages 4–5 : 이스라엘 마사다 유적

Pages 6–7 : 수메르 시대 초기의 왕실 무덤에 나타난 우르 모자이크의 왕기(王旗) 세부

Page 9 : 요르단 페트라에서 발견된 바위 조각 세부

Pages 10–11 : 이란 페르세폴리스에 있는 상상의 새 조각

Pages 22–23 : 이라크 하디타 근처 유프라테스 강의 지류

Pages 56–57 : 수메르 시대 초기의 왕실 무덤에 나타난 우르 모자이크의 왕기(王旗) 세부

Pages 104–105 : 시리아 마리에서 발견된 성스러운 황소를 이끄는 사제의 프레스코화 세부

Pages 158–159 : 이란 페르세폴리스의 재건된 기념비

Pages 246–247 : 터키 아나톨리아에 있는 페르가 유적의 체스트루스(강의 신) 부조

Pages 310–311 : 웨스트뱅크 유대 사막에 있는 헤로드 왕이 지은 요새

Picture Credits

t=top; b=bottom; l=left; r=right; c=center
AA = Picture Desk/The Art Archive
AAAC = Ancient Art and Architecture Collection
BAF = Bilderberg Archive de fotographen
BM = Trustees of the British Museum
CB = Corbis Australia
GBP = Global Book Publishing
GI = Getty Images
HI = Heritage Image Partnership
NGS = National Geographic Society
PL = Photolibrary
PM = Picture Media
WF = Werner Forman Archive
VE = Visible Earth/NASA

FRONT COVER AA/Archers Musée du Louvre Paris/Gianni Dagli Orti.
BACK COVER AA/Musée du Louvre Paris/Gianni Dagli Orti.
1 GI, 2 GI, 3, GI, 4 GI, 5 GI, 6 GI, 7 GI, 8 GI, 9 GI, 10-11 GI, 12 PL, 13t GI, 13b PL, 14 AA, 15t AA, 15b GI, 16 GI, 17t PL, 17b C, 18 GI, 19t GI, 19b CB, 20 CB, 21t GI, 21b GI, 22-23 GI, 23 AA, 25t PL, 25b CB, 26 GI, 27t Kenneth Garrett, 27b Kenneth Garrett, 28 AL, 29t Kenneth Garrett, 29b GI, 30 PL, 31t Kenneth Garrett/NGS, 31t PL, 32t courtesy of Dr. Leore Grosman, 33 courtesy of Dr. Leore Grosman, 34 Courtesy of Dr. Leore Grosman 35t Courtesy of Dr. Leore Grosman, 35b Courtesy of Dr. Leore Grosman, 36 The Evatt Collection/Flinders University Library, 37t AA, 37b Yosef Garfinkel 38 AAAC, 39t AA, 39b Berthold Steinhilber/Bilderberg Archive de fotographen, 40 PL, 41t akg-images/Erich Lessing, 41b NG/GI, 42t AA, 42b Yosef Garfinkel, 43 AA, 44 P. Dorsellands/courtesy of Dr Gary O. Rollefson, 45t Curt Blair/courtesy of Dr Gary O. Rollefson, 45b John Tsantes/courtesy of Dr Gary O. Rollefson, 46 AA, 47t Catalhoyuk Research Project, 47b AA, 48 CB 49t AA, 49b Sake Elzinga/Hollandse Hoogte Agency, 50t CB, 50b Sake Elzinga/Hollandse Hoogte Agency, 51 AAAC, 52t Yosef Garfinkel, 52b AA, 52b PL, 53 BM, 54 GI, 55t akg-images/Erich Lessing 55b Yosef Garfinkel, 56-57 WF, 57t AA, 59r AA, 59b CB, 60t HI, 60b CB, 61 AA, 62t CB, 62b AA, 63b Aladin Abdel Naby/Reuters/PM, 64 akg-images/Erich Lessing, 65t AA, 65b PL, 66 AA, 67t AA, 67b AA, 68b CB, 68-69 CB, 69r AA, 70t AA, 70b GI, 71 akg-images/Werner Forman, 72t AA, 72b akg-images/Erich Lessing, 73t akg-images/Erich Lessing, 73b AA, 74 CB, 75t AA, 75b AA, 76 akg-images/Erich Lessing , 77t AA, 77b CB, 78 AA, 79t GI 79b AA, 80t CB, 80b GI, 81 akg-images/Erich Lessing, 82 AAAC, 83t WF 83b AA, 84 AA, 85t AA, 85b PL, 86 akg-images/Erich Lessing, 87t AA, 87b AA, 88 akg-images/Erich Lessing, 89t HI, 89b AA, 90 GI, 91t akg-images/Erich Lessing, 91b PL, 92b CB, 92-93 WF, 93r akg-images/Erich Lessing, 94 akg-images/Erich Lessing, 95t HI, 95b AAAC, 96t GI, 96b PL, 97t CB, 97b GI, 98t GI, 98-99 akg-images, 99t AA, 100 AA, 101t GI, 101b akg-images/Erich Lessing, 102t AA, 102b HI, 103t akg-images, 103b akg-images, 104-105 AA, 105t GI, 107t AA, 107b AA, 108 GI, 109t AA, 109b AA, 110 akg-images/Erich Lessing, 111t AA, 111b akg-images/Erich Lessing, 112t GI, 112b AA, 113t AA, 113b AA, 114 AA, 115t AA, 115b GI 116t AA, 116b GI, 117 GI, 118 AA, 119t GI, 119b AA, 120 GI, 121t akg-images/Gerard De George, 121b PL, 122 PL, 123t akg-images/Erich Lessing, 123b akg-images/Erich Lessing, 124 AA, 125t AA, 125b AA, 126 PL, 127t AA, 127b AA, 128t AA, 128b German Archaeological Institute/Hattusa Project/Bekir Kösker, 129t CB, 129b CB, 130 PL, 131t AA, 131b GI, 132 AA, 133t AA, 133b CB, 134 CB, 135t GI, 135b BM, 136 AA, 137t akg-images, 137b AA, 138 PL, 139t CB, 139b GI, 140 PL, 141t CB, 141b PL, 142 AA, 143t AA, 143b BM, 144 WF, 145t CB, 145b GI, 146 GI, 147t AA 147b AA, 148 CB, 149t GI, 149b GI, 150 AA, 151t AA, 151b AA, 152 GI, 153t akg-images/Erich Lessing, 153b WF, 154 BM, 155t AA, 155b CB, 156 GI, 157t akg-images/Erich Lessing, 157b CB, 158-159 GI, 159t GI, 161t AA, 161b AA, 162 GI, 163t AA, 163b AA, 164 AA, 165t akg-images/Erich Lessing, 165b akg-images/Erich Lessing 166t AA, 166b akg-images, 167 AA, 168t akg-images/Werner Forman, 168b AAAC, 169 akg-images/Erich Lessing, 170t AA, 170b GI, 171 AA, 172t CB, 172b CB, 173 GI, 174t AA, 174b AA, 175t AA, 175b AA, 176b AA, 176t BM, 177 Thorne Anderson/CB, 178 AAAC, 178-179 akg-image/Erich Lessing, 179t AAAC, 180 GI, 181t WF, 181b WF, 182t HI, 182b GI, 183 AA, 184 PL, 185t PL 185b PL, 186t AA, 186b akg-images/Erich Lessing, 187 GI, 188 AA, 189t AA, 189b AA, 190 AA, 191t AA,191b AA 192 AA, 193t akg-images, 193b AA, 194 akg-images/Erich Lessing, 195t akg-images, 195b WF, 196t akg-images/Erich Lessing, 196b AA, 197 PL, 198t AAAC, 198b PL, 199 AA, 200 AA 201t CB, 201b PL, 202 WF, 203t akg-images, 203b CB, 204t AA, 204b akg-images/Erich Lessing, 205 AA, 206 PL, 207t BM, 207b PL, 208 AA, 209t PL, 209b GI, 210t CB, 210b CB, 211 akg-images/British Library, 212 GI, 213t AA, 213b GI, 214 GI, 215t CB, 215b PL, 216t AA, 216b AA, 217 AA, 218t akg-images/Bildarchive/Steffens, 218b akg-images/Erich Lessing, 219 GI, 220t CB, 220b CB, 221 AA, 222 akg-images/Erich Lessing 223t AA, 223b AA, 224 GI, 225t CB, 225b CB, 226t AA, 226b AA, 227 CB, 228 akg-images/Suzanne Held, 229t GI, 229b PL, 230t AA, 230b AA, 231t CB, 231b WF, 232 PL, 233t AA, 233b PL, 234 GI, 235t akg-images/Erich Lessing, 235b GI, 236t AA, 236b akg-images/Erich Lessing, 237 CB, 238b GI, 238t GI, 239b AA, 240 CB, 241t akg-images/Erich Lessing 241b CB, 242t AA, 242b WF, 243 AA, 244 AAAC, 245t AA, 245b CB, 246-247 GI, 247t GI, 249t AA, 249b AA, 250t AA, 250b akg-images, 251 AA, 252 PL, 253t akg-images/Peter Connolly, 253b AA, 254t AA, 254b Jacques Descloitres/MODIS Land Rapid Response Team/ VE, 255 CB, 256 AA, 257t AA, 257b Frank and Helen Schreider/National Geographic Stock, 258t CB, 258b AA, 259 GI, 260t AA, 260-261 AA, 261 akg-images, 262 CB, 263t HI, 263b PL, 264 AA, 265t AA, 265b AA, 266t CB, 266b GI, 267t CB, 267b CB, 268b AA, 268-269 AA, 269t AA, 270t AA, 270-271 AA, 271t AA, 272 GI, 273t AA, 273b akg-images/Erich Lessing, 274t GI, 274b akg-images/Erich Lessing, 275 AA, 276t AA, 276-277 GI, 277t akg-images/Nimatallah, 278 akg-images/Erich Lessing, 279t AA, 279b AA, 280 AAAC, 281t CB, 281b GI, 282 WF, 283t AA, 283b akg-images/Gerard Degeorge, 284 AA, 285t AA, 285b PL, 286 AA, 287t AA, 287b AA, 288t GI, 288b GI, 289t WF, 289b CB, 290 GI, 291t CB, 291b GI, 292 CB, 293t akg-images/Erich Lessing, 293cr AA, 294 akg-images/Electa, 295tl AA, 295tr GI, 296t akg-images/Electa, 297t AA, 297b AA, 298 GI, 299t AA, 299b AA, 300 GI, 301t AA, 301b AA, 302 AA, 303t akg-images/Erich Lessing, 303b AA, 304t AA, 304b GI, 305t PL, 305b PL, 306 CB, 307tl akg-images, 307tr Marie-Lan Nguyen/Wikimedia Commons 308 AA 309t PL, 309b AA, 310-311 GI, 311t GI, 312b HI 313 GI, 314t CB, 314b AA, 315t AA, 315b akg-images/Erich Lessing, 316 AA, 317t PL, 317b PL, 318 AA, 319t AA, 319b AA, 320 AA, 321t AA, 321b PL, 322t GI, 322b GI, 323 AA, 324 AA, 325t GI, 325b WF, 326 GI, 327t GI, 327b GI, 328 GI, 329t GI, 329b GI, 330 CB, 331t GI, 331b akg-images/Erich Lessing, 332 AA, 333t AA, 333b AA, 334 akg-images/Coll. B. Garrett, 335t AA, 335b AA, 336 GI, 337t AA, 337b GI, 338 GI, 339t AA, 339b AA, 340 AA, 341t GI, 341b CB, 342 CB, 343t GI, 343b AA, 344 AA, 345t CB, 345b CB, 346b GI, 347t AA, 347b AA, 348 CB, 349t CB, 349b GI, 350t Faleh Kheiber/Reuters/PM, 350b CB, 351t GI, 351b GI.
Feature Page Background Graphic GBP.